本書受全國高校古籍整理研究工作委員會資助指導

古籍研究

《古籍研究》編輯委員會　編

總第73輯

2021年上

鳳凰出版社

圖書在版編目（ＣＩＰ）數據

古籍研究. 總第73輯 / 《古籍研究》編輯委員會編. —— 南京：鳳凰出版社，2021.12
ISBN 978-7-5506-3569-2

Ⅰ.①古… Ⅱ.①古… Ⅲ.①古籍－研究－中國 Ⅳ.①G256

中國版本圖書館CIP數據核字(2021)第254334號

書　　　名	古籍研究（總第73輯）
編　　　者	《古籍研究》編輯委員會
責 任 編 輯	陳曉清
裝 幀 設 計	徐　慧
出 版 發 行	鳳凰出版社（原江蘇古籍出版社） 發行部電話025-83223462
出版社地址	江苏省南京市中央路165號，郵編：210009
照　　　排	南京凱建文化發展有限公司
印　　　刷	安徽省天長市千秋印務有限公司 安徽省天長市鄭集鎮向陽社區邱莊隊真武南路168號
開　　　本	787毫米×1092毫米　1/16
印　　　張	24.75
字　　　數	542千字
版　　　次	2021年12月第1版
印　　　次	2021年12月第1次印刷
標 準 書 號	ISBN 978-7-5506-3569-2
定　　　價	120.00圓

（本書凡印裝錯誤可向承印廠調換，電話：0550-7964049）

《古籍研究》編輯委員會
（按姓氏筆劃排序）

顧　　　問　　安平秋　袁行霈　黃德寬　詹福瑞
　　　　　　　嚴雲綬
主　　　編　　吳懷東
副　主　編　　牛繼清　方錫球　陳道貴　彭君華
　　　　　　　儲泰松
特邀編委　　　朱則傑　朱萬曙　杜澤遜　李運富
　　　　　　　吳承學　莫礪鋒　郭英德　陳大康
　　　　　　　陳尚君　陳慶元　張湧泉　黃天樹
　　　　　　　葛兆光　程章燦　傅　剛　蔣冀騁
編　　　委　　丁　放　牛繼清　方盛良　方錫球
　　　　　　　吳懷東　汪祚民　胡傳志　胡祥雲
　　　　　　　紀健生　徐在國　郭全芝　陳道貴
　　　　　　　陶新民　彭君華　曾　良　楊　軍
　　　　　　　趙應鐸　鮑　恒　儲泰松
編輯部主任　　方盛良
編　　　輯　　王　勇　王　莉　王　曦　李　睿
　　　　　　　束　莉　唐　宸　郝敬　張洪海
　　　　　　　程　燕　劉　一　盧　坡

《古籍研究》主辦單位

安徽大學文學院

安徽大學古籍整理研究所

安徽省古籍整理出版辦公室

淮北師範大學古籍整理研究所

安慶師範大學文學院

安徽師範大學中國詩學研究中心

目 録

文史專論

隔與不隔：談王國維對姜夔的批評 …………………… 張宏生（ 1 ）

杜甫《奉先劉少府新畫山水障歌》歧解辨證 …………… 陳道貴（14）

元稹"模勒"新論 …………………………………………… 莊文龍（23）

"墨戲"新詮 ………………………………………………… 谷疏博（37）

《南渡十將傳》考論 ……………………………………… 孫文起（48）

張綖詩學思想與明代文學復古主義思潮 ………… 張 月 劉明華（56）

論陳維崧詞用調特色及其詞史意義 ……………… 李 睿 徐全亮（69）

趙文哲《娵隅集》發微 …………………………………… 李小雨（83）

目錄與版本

撫州本《周易》抄補考 …………………………………… 章莎菲（97）

《鳳墅法帖》存宋人尺牘文獻徵述 ……………………… 付 梅（140）

明代《海篇心鏡》系字書傳承關係考述 ………………… 李瑩娜（156）

明嘉靖《秦州志》存佚流變考論 ………………………… 劉雁翔（163）

《戒庵老人漫筆》萬曆丙午初刻考 ………………… 張 莉 郝 敬（174）

《本事詩》明清版本源流考 ………………………… 王 彤 董希平（182）

明刊戲曲插圖刻工名表初探 ……………………………… 張青飛（204）

校勘與注釋

《宋史·藝文志》誤載辨證 ………………………………… 李德輝（214）

"對韻音訓"校勘札記 ……………………………… 張 義 郭浩傑（221）

文獻輯考

《唐洛州別駕大將軍崔公長先及其妻厙狄夫人墓志》發微

………………………………………………………… 袁書會（230）

《全宋文》論體文補遺八則 ……………………………… 李 由（237）

署名朱熹的《孫氏宗譜序》考釋 ………………………… 孫桂平（246）

梅曾亮集外文二篇及異文對讀劄記二則 …………… 蔣明恩(254)

古文字研究

"裛器"小議 ……………………………………………… 董　喆(261)

試論清華簡同篇文字的"筆劃區分" …………………… 石從斌(267)

清華簡《筮法》新釋 …………………………………… 蔡飛舟(278)

年譜與傳記

宣城梅氏家族重要文學活動編年 ……………………… 秦　文(284)

皖籍文獻專題

桐城派學者賀培新藏書入藏國家圖書館考述
　　——兼論藏書家研究的開放性思路 ……… 張廷銀　徐慧子(300)

施愚山詩文新輯 ………………………………………… 彭君華(307)

汪志伊著作考述 ………………………………………… 汪　瑩(326)

學術叢劄

佛經文獻字詞考 ………………………………………… 曾　良(336)

《尚書》"厎可績""厎績"新探
　　——兼談大禹開闢陸路交通傳説 …………………… 陳小龍(344)

海外回歸醫籍《黎居士簡易方論》疑難字詞考釋 ……… 李　明(352)

故宫本《王仁昫刊謬補缺切韻》省代號例説 …………… 趙　庸(358)

文獻學評論

《安徽文獻總目》出版的價值與意義 …………………… 紀健生(367)

站在新起點上的鴻篇巨制
　　——讀宗福邦先生等主編《古音匯纂》 ……………… 孫　磊(371)

凝萃·思辨·失語
　　——陳家慶《漢魏六朝詩研究》平議 ………………… 束　莉(376)

一部精益求精的佛教文學論著
　　——"江蘇文庫"版《南朝佛教與文學》評介 … 李小榮　王小天(383)

■ 文史專論

隔與不隔：談王國維對姜夔的批評*

張宏生

摘　要：在《人間詞話》裏，王國維對姜夔褒貶參半，其所貶者，有一個重要方面，就是姜夔的詞"隔"。從審美情趣來説，這和他對唐五代詞的推崇有關。而從寫法上看，則是認爲這樣的作品往往跳動性太强，爲讀者的閲讀理解設置了障礙。若是聯繫當時的時代，又和當時的詞學風氣，即以晚清四大詞人爲代表的群體大力推動吴文英的詞風有關。同時，也和王國維對姜夔的人品評價不高有一定的關係。

關鍵詞：隔；王國維；姜夔；《人間詞話》

在《人間詞話》裏，王國維對姜夔褒貶參半，其所貶者，有一個重要方面，就是姜夔的詞"隔"。關於這個問題，學術界已經有了不少討論，本文不擬具體涉及王國維此論的正誤，主要想探討一下他爲什麽要提出這個問題。

一、王國維論姜夔之隔

王國維在《人間詞話》中有這樣的論述：

> 問"隔"與"不隔"之别……歐陽公《少年游·咏春草》上半闋云："欄干十二獨憑春，晴碧遠連雲。二月三月，千里萬里，行色苦愁人。"①語語都在目前，便是不隔。至云"謝家池上，江淹浦畔"，則隔矣。白石《翠樓吟》："此地。宜有詞仙，擁素雲黄鶴，與君游戲。玉梯凝望久，嘆芳草、萋萋千里。"便是不隔。至"酒祓清愁，花消英氣"，則隔矣。②

談到"隔"，前一個例子説歐陽修寫春草而用了謝靈運"池塘生春草，園柳變鳴

---

* 作者簡介：張宏生，香港浸會大學中文系講座教授，文學博士，主要從事中國文學史、詞學、古典文獻學研究。
　　基金項目：香港研究資助局(UGC)GRF項目。
① 按，歐陽修原作爲"千里萬里，二月三月"，佛雛校釋《新訂〈人間詞話〉廣〈人間詞話〉》(上海：華東師範大學出版社，1990年，第86頁)有按語："此兩句原倒置。"
② 王國維：《人間詞話》，北京：中國人民大學出版社，2004年，第12—13頁。

禽"①以及江淹"春草碧色,春水淥波。送君南浦,傷如之何"之典②;後一個例子説姜夔,姜詞《翠樓吟》寫武昌安遠樓成,建築非常壯觀,登臨其上,撫今思昔,感慨國事,自傷身世,情難自已。對於這首詞,不少批評家給予較高評價,如楊慎"愛其句之奇麗"③,陳廷焯贊爲"一縱一操,筆如游龍,意味深厚,是白石最高之作"④。至於"酒祓清愁,花消英氣"二句,俞陛雲非常推崇:"'清愁''英氣'二句隱有少陵'看鏡''倚樓'之感,句法倜儻而深鬱,自是名句。"⑤這兩句寫登樓的感慨,從脈絡上看,也還順暢,但王國維認爲是"隔",或許覺得其中的轉折稍嫌突然,一定程度上給讀者造成了閱讀障礙。

從這個角度,再看王國維對姜夔其他作品的批評:

> 美成《青玉案》詞:"葉上初陽乾宿雨。水面清圓,一一風荷舉。"此真能得荷之神理者。覺白石《念奴嬌》《惜紅衣》二詞猶有隔霧看花之恨。⑥

"隔霧看花",朦朧而不清楚,當然是"隔"。王國維是以咏荷舉例。周詞中寫荷的數句,既生動,又形象,如在眼前。與此相對照而受到王國維批評的姜夔詞是兩首,《念奴嬌》:

> 鬧紅一舸,記來時嘗與鴛鴦爲侶。三十六陂人未到,水佩風裳無數。翠葉吹涼,玉容銷酒,更灑菰蒲雨。嫣然摇動,冷香飛上詩句。　日暮青蓋亭亭,情人不見,争忍淩波去。只恐舞衣寒易落,愁入西風南浦。高柳垂陰,老魚吹浪,留我花間住。田田多少,幾回沙際歸路。⑦

《惜紅衣》:

> 簟枕邀涼,琴書換日,睡餘無力。細灑冰泉,并刀破甘碧。墻頭唤酒,誰問訊城南詩客。岑寂。高柳晚蟬,説西風消息。　虹梁水陌。魚浪吹香,紅衣半狼藉。維舟試望,故國眇天北。可惜渚邊沙外,不共美人游歷。問甚時同賦、三十六陂秋色。⑧

這兩篇都是白石佳作,但寫荷花有一個共同特點,即强調人的感受,通過寫人來寫荷花,即使涉及對荷花形象的描寫,也帶有比喻性質,而不是像周邦彦那樣的直陳。這實際上是姜夔咏物詞的一個重要特點,所以,在討論咏物詞時,王國維更具體指出:

> 咏物之詞,自以東坡《水龍吟》爲最工,邦卿《雙雙燕》次之。白石《暗香》《疏

---

① (南朝宋)謝靈運:《登池上樓詩》,逯欽立:《先秦漢魏晉南北朝詩・宋詩》卷二,北京:中華書局,1983年,第1161頁。
② (南朝梁)江淹:《别賦》,胡之驥:《江文通集彙注》卷一,北京:中華書局,1984年,第39頁。
③ (明)楊慎:《詞品》卷四,唐圭璋:《詞話叢編》,第1册,北京:中華書局,1986年,第492頁。
④ (清)陳廷焯:《白雨齋詞話》卷二,《詞話叢編》,第4册,第3799頁。
⑤ 俞陛雲:《唐五代兩宋詞選釋》,上海:上海古籍出版社,1985年,第408頁。
⑥ 《人間詞話》,第11頁。按,《青玉案》當作《蘇幕遮》。
⑦ (宋)姜夔著、夏承燾箋校:《姜白石詞編年箋校》卷二,上海:上海古籍出版社,1981年,第30頁。
⑧ 《姜白石詞編年箋校》卷二,第21頁。

影》,格調雖高,然無一語道著,視古人"江邊一樹垂垂發"等句何如耶?①

姜夔的《暗香》《疏影》是詠梅名篇,什麼叫"格調高"? 王國維并沒有解釋,但是,基本上來說,按照古人較高的審美情趣,如果寫物,徒具形似,見物而不見人,是格調不高;即使有物有人,但是放不開,也是格調不高。諸如此類,在以往的文學批評中,已是較爲普遍的觀念。這兩首詞肯定都没有這些弊病,所以王國維承認其格調甚高,但却批評其"無一語道著"。所謂"無一語道著",就是這兩篇作品對於梅花没有正面的形象描寫,而都是通過寫人來寫梅,將梅的格調和人的格調融合在一起,需要仔細體味,纔能够有所理解。像這樣需要拐彎,需要繞圈子的閱讀,是王國維所不贊賞的。換句話說,站在王國維的角度,既然是咏物,則仍然要有生動形象的"體物語"纔是,過於隱晦,類似猜謎,就未免"隔"了。

二、對五代和北宋詞的價值判斷

從上述看,王國維主要是談詞的寫景或詠物,在他看來,無論是寫景,還是詠物,都必須如在耳目之間,不需要過多思忖,否則就是"隔"。要理解這個思路,首先要看一下他的文體論。

王國維論詞,非常推崇五代和北宋,往往轉換不同角度加以稱贊。如:"詞以境界爲最上。有境界,則自成高格,自有名句。五代、北宋之詞所以獨絶者在此。"②"境界說"是《人間詞話》的靈魂,他認爲有境界、格調高者,以五代、北宋爲獨絶,態度非常鮮明。爲了說明五代、北宋詞的成就,他也會轉換角度,如:"詩之三百篇、十九首,詞之五代、北宋,皆無題也。非無題也,詩詞中之意,不能以題盡之也。自《花庵》《草堂》,每調立題,并古人無題之詞亦爲之作題。如觀一幅佳山水,而即曰此某山某河,可乎? 詩有題而詩亡,詞有題而詞亡。"③從詞史實際來看,五代詞確乎無題,但至北宋就漸漸有題了,而且其中不乏佳作,王國維選擇忽視,是認爲那些有題之作,并不能代表從五代發展而來的精華,雖然這個看法不一定正確。

王國維爲什麼如此推崇五代和北宋? 這個問題要從清代詞學復興的角度去考察。

明清之際,詞學醖釀着復興,雲間詞派應運而生,以陳子龍爲主的雲間三子在從事詞體文學創作和詞學的探討時,有着特定的追求。陳子龍《幽蘭草序》說:

> 詞者,樂府之衰變,而歌曲之將啓也。然就其本制,厥有盛衰。晚唐語多俊巧,而意鮮深至,比之於詩,猶齊梁對偶之開律也。自金陵二主以至靖康,代有作者。或穠纖婉麗,極哀艷之情,或流暢澹逸,窮盼倩之趣。然皆境由情生,辭隨意啓,天機偶發,元音自成,繁促之中尚存高渾,斯爲最盛也。④

---

① 《人間詞話》,第12頁。
② 《人間詞話》,第2頁。
③ 《人間詞話》,第17—18頁。
④ (明)陳子龍:《幽蘭草詞序》,《安雅堂稿》卷五,瀋陽:遼寧教育出版社,2003年,第73頁。

這裏提到"金陵二主以至靖康",涵蓋了從晚唐五代一直到北宋的時間段,特別強調的是晚唐五代的發軔之功。這一點,在雲間詞派的其他成員那裏,也能看得很清楚。如蔣平階、沈億年、周積賢等人合著詞集《支機集》,沈億年在《凡例》中就這樣說:"詞雖小道,亦風人餘事。吾黨持論,頗極謹嚴。五季猶有唐風,入宋便開元曲。故專意小令,冀復古音,屏去宋調,庶防流失。"其"謹嚴"的程度,已經達到"五代猶有唐風,入宋便開元曲",連北宋也在否定之列。曹爾堪序雲間詞人董俞的《玉鳧詞》則指出:"(董俞)偶以餘暇工爲小詞,無不抉髓《花間》,奪胎《蘭畹》。"①也是強調從晚唐五代而來的傳統。

雲間詞派注重晚唐五代,有其清楚的邏輯理路,即復興詞學,要從頭做起。這一點被王國維繼承了。王國維自己也對晚唐五代詞下過非常深的工夫。李一氓先生捐贈給四川圖書館的圖書,裏面有一本王國維手稿《唐五代二十家詞》(實際上是二十一家),說明他在這方面的特殊關注。所以我們可以看到,在開創性的層面,他往往特別指向了晚唐五代。如談李後主:"詞至李後主而眼界始大,感慨遂深,遂變伶工之詞而爲士大夫之詞。"②論馮延巳:"馮正中詞雖不失五代風格,而堂廡特大,開北宋一代風氣。"③當然,在實際的詞學探討中,他也并未爲晚唐五代所囿,贊賞的範圍也包括了北宋,但也是從晚唐五代發展而來的傾向。

晚唐五代以迄北宋詞的創作,雖然有着各種不同的風格,但基本的一條,就是寫景言情的直觀性。這當然也有其特定的原因,就是應歌的特點,大體上決定了不能走向晦澀,而在文體上,小令這一特定的形式,也往往求顯不求隱、求直不求曲。

王國維對小令情有獨鍾。他自己的創作,基本上都是小令,他在《人間詞話》裏,所特別表彰的一些作品,很多也都是小令。他對於清代的詞,重點表彰的是納蘭性德:"納蘭容若以自然之眼觀物,以自然之舌言情。此由初入中原,未染漢人風氣,故能真切如此。北宋以來,一人而已。"④什麽叫"以自然之眼觀物,以自然之舌言情"?就是自然真切,直抒胸臆,即目所見,不假他求。這可以從他所欣賞的作品中得到證明。"'明月照積雪''大江流日夜''中天懸明月''黃河落日圓'⑤,此種境界,可謂千古壯觀。求之於詞,唯納蘭容若塞上之作,如《長相思》之'夜深千帳燈'、《如夢令》之'萬帳穹廬人醉,星影搖搖欲墜'差近之。"⑥這段話可以和鍾嶸《詩品序》對讀:"至乎吟咏情性,亦何貴於用事?'思君如流水',既是即目;'高臺多悲風',亦唯所見;'清晨登隴首',羌無故實;'明月照積雪',詎出經史?觀古今勝語,多非補假,皆由直尋。"⑦二者都用了謝靈運《歲暮》詩中的"明月照積雪"一句,雖然王國維籠統地說是"千古壯觀",仍然就是"既是即目"、"亦惟所見"、"羌無故實"、"詎出經史"的意思,因此,儘管納蘭性德還有其他名篇,王國維却獨取這兩首小令,原因或者就在於此。

---

① 馮乾編校:《清詞序跋彙編》卷一,南京:鳳凰出版社,2013年,第14頁。
② 《人間詞話》,第5頁。
③ 《人間詞話》,第6頁。
④⑥ 《人間詞話》,第16頁。
⑤ 按此句應爲"長河落日圓"。
⑦ 曹旭:《詩品集注》,上海:上海古籍出版社,1994年,第174頁。

三、姜夔咏物詞的形式和內容

　　從這個理路出發，姜夔的咏物詞最受王國維的非議。前面曾經説過，王國維特別拿姜夔享有盛名的《暗香》和《疏影》來做例子，説是"格調雖高，然無一語道著"。我們可以回到宋代的語境中，來看看咏物詞的發展。

　　咏物詞，顧名思義，就是以物爲寫作對象，所以，傳形的考慮是不能不提出的。當然，即使是傳形，也有優劣，由於才情的不同，成就會有所區別。其中的佼佼者，如南宋曹邍《玲瓏四犯·被召賦荼蘼》：

　　　　一架幽芳，自過了梅花，獨占清絶。露葉檀心，香滿萬條晴雪。肌素净洗鉛華，似弄玉、乍離瑶闕。看翠蛟、白鳳飛舞，不管暮烟啼鴂。　　酒中風格天然別。記唐宫、賜樽芳冽。玉薤唤得餘春住，猶醉迷飛蝶。天氣乍雨乍晴，長是伴、牡丹時節。夜散瓊樓宴，金鋪深掩，一庭香月。①

運用烘托和比喻、擬人等手法，將荼蘼寫得非常生動形象，正如鍾振振教授所評："此詞之於咏花，真可以説達到了窮妍極態的藝術境地"，不過，"太粘著於物象了，正如專尚形似、法度的宋代院畫，縱然工到極處，畢竟缺少寄託，缺少情感，因而也就缺少激動人心的力量"②。雖然如此，能夠善於傳形，也是一種本事，後來朱彝尊的某些咏物詞就努力向這一路發展，可見這也是一種藝術追求。

　　只是這一種追求形似之作，完全不入王國維的法眼，所以他提也沒提。在他心目中，比較能成境界的是類似史達祖的《雙雙燕》：

　　　　過春社了，度簾幕中間，去年塵冷。差池欲住，試入舊巢相并。還相雕梁藻井。又軟語、商量不定。飄然快拂花梢，翠尾分開紅影。　　芳徑。芹泥雨潤。愛貼地爭飛，競誇輕俊。紅樓歸晚，看足柳昏花暝。應自棲香正穩。便忘了、天涯芳信。愁損翠黛雙蛾，日日畫欄獨凭。③

　　對這首詞，前人評價很高，如卓人月、徐士俊《古今詞統》："不寫形而寫神，不取事而取意，白描高手。"④王士禛《花草蒙拾》："咏物至此，人巧極天工矣！"⑤黄蘇《蓼園詞選》："詞旨倩麗，句句慰貼，匠心獨造，不愧清新之目。"⑥俞陛雲《唐五代兩宋詞選釋》分析得更爲細緻："歸來社燕，回憶去年，題前着筆，便留旋轉之地。巢痕重拂，猶征人之返故居，咏燕亦隱含人事。歐陽永叔愛誦咏燕詩'曉窗驚夢語匆匆'句，此詞云'商量不定'，爲燕語傳神尤妙。'芳徑'四句賦題正面。'柳昏花暝'傳爲名句，多少朱門興廢，皆在'看足'兩字之中。毛晉云'余幼讀《雙雙燕》詞，便心醉梅溪'。於刻《梅溪

---

① 唐圭璋：《全宋詞》，第 5 册，北京：中華書局，1965 年，第 3164 頁。
② 鍾振振：《詞苑獵奇》，桂林：廣西師範大學出版社，2007 年，第 204 頁。
③ 《全宋詞》，第 4 册，第 2326 頁。
④ (明)卓人月、徐士俊：《古今詞統》卷十三，瀋陽：遼寧教育出版社，2000 年，第 479 頁。
⑤ 《詞話叢編》，第 1 册，第 682—683 頁。
⑥ (清)黄蘇：《蓼園詞選》，尹志騰：《清人選評詞集三種》，濟南：齊魯書社，1988 年，第 93 頁。

詞》後,特標出之。結句因燕書未達,念及倚欄人,餘韻悠然。"①大約總是從形神兼備的角度去加以評價。不過,儘管王國維認爲這首詞確實不錯,但在境界上,還是推蘇軾《水龍吟》爲第一。蘇軾《水龍吟·次韻章質夫楊花詞》咏楊花:

似花還似非花,也無人惜從教墜。抛家傍路,思量却是,無情有思。縈損柔腸,困酣嬌眼,欲開還閉。夢隨風萬里,尋郎去處,又還被、鶯呼起。　不恨此花飛盡,恨西園、落紅難綴。曉來雨過,遺蹤何在,一池萍碎。春色三分,二分塵土,一分流水。細看來,不是楊花點點,是離人淚。②

王國維説這是咏物詞中的"最工"之作,但没有説"工"在什麽地方。在《人間詞話》另一處所作的評論,王國維也只是説:"東坡楊花詞,和韻而似元唱;章質夫詞,原唱而似和韻。"③至於原唱與和韻之間的區别,他也没有具體説。章、蘇優劣,北宋就有討論,如曾受業於陳師道的晁沖之曾這樣説:"東坡如毛嬙、西施,浄洗脚面,與天下婦人鬥好,質夫豈可比。"④只是泛泛而論。至南宋朱弁《曲洧舊聞》:"章楶質夫作《水龍吟》咏楊花,其命意用事,清麗可喜,東坡和之,若豪放不入律吕。徐而視之,聲韻諧婉,便覺質夫詞有織繡工夫。"⑤就稍微具體了。説蘇"豪放不入律吕",實際上就是説其跳出了一般咏物詞的範疇,含有從傳形變成擬人的意思。所以魏慶之引了上面晁沖之那段話之後,就接着説:"質夫詞中,所謂'傍珠簾散漫,垂垂欲下,依前被、風扶起',亦可謂曲盡楊花妙處。東坡所和雖高,恐未能及。"⑥主要是從傳形的角度着眼的。唐圭璋對此詞有更爲具體的評判:"本詞是和作。咏物擬人,纏綿多態。詞中刻劃了一個思婦的形象。縈損柔腸,困酣嬌眼,隨風萬里,尋郎去處,是寫楊花,亦是寫思婦,可説是遺貌而得其神。而楊花飛盡化作'離人淚',更生動地寫出她候人不歸所產生的幽怨。王國維認爲'咏物自以東坡《水龍吟》爲最工',就是由於能以楊花喻人,在對楊花的描寫過程中完成對人物形象的塑造。"⑦是寫楊花,也是寫思婦,是一種對人物形象的塑造。這裏,再明白不過地説明了這首詞的特點。

正因爲這首詞實際上已經超越了一般咏物詞的範疇,所以,張炎在《詞源》中探討咏物詞時,就没有提到這一篇。事實上,在南宋人看來,北宋的咏物詞或有缺陷,并不純粹。但是,蘇軾這首詞感情真摯,寫花就是寫人,直抒胸臆,一氣到底,能夠以真感情打動人,也是事實。這正符合王國維的審美觀,所以他給以崇高評價。

反過來看姜夔的《暗香》和《疏影》,其寫法和以上都不同。

辛亥之冬,予載雪詣石湖。止既月,授簡索句,且徵新聲。作此兩曲。石湖把玩不已,使工妓隸習之,音節諧婉,乃名之曰暗香、疏影。

舊時月色,算幾番照我,梅邊吹笛。喚起玉人,不管清寒與攀摘。何遜而今

---

① 《唐五代兩宋詞選釋》,第426頁。
② 《全宋詞》,第1册,第277頁。
③ 《人間詞話》,第12頁。
④⑥ (宋)魏慶之:《詩人玉屑》卷二十一,上海:上海古籍出版社,1978年,第476頁。
⑤ (宋)朱弁:《曲洧舊聞》卷五,《中吴紀聞　曲洧舊聞》,上海:上海古籍出版社,2012年,第129頁。
⑦ 唐圭璋:《唐宋詞選注》,北京:北京出版社,1982年,第208頁。

漸老,都忘却春風詞筆。但怪得竹外疏花,香冷入瑤席。　　江國,正寂寂。嘆寄與路遥,夜雪初積。翠尊易泣,紅萼無言耿相憶。長記曾携手處,千樹壓西湖寒碧。又片片、吹盡也,幾時見得。

　　苔枝綴玉,有翠禽小小,枝上同宿。客裏相逢,籬角黄昏,無言自倚修竹。昭君不慣胡沙遠,但暗憶、江南江北。想佩環、月夜歸來,化作此花幽獨。　　猶記深宫舊事,那人正睡裏,飛近蛾緑。莫似春風,不管盈盈,早與安排金屋。還教一片隨波去,又却怨、玉龍哀曲。等恁時、重覓幽香,已入小窗横幅。①

這兩首詞寫成後,"石湖把玩不已",想是非常欣賞。到了晚宋,張炎更給予極高的評價:"詞之賦梅,惟姜白石《暗香》《疏影》二曲,前無古人,後無來者,自立新意,真爲絶唱。"②張炎的評價中,最根本的在"自立新意"四個字。所謂"自立新意",新在何處,一個闡釋角度是寄託,但在我看來,所謂"新",更重要的是其打破了以往詠物詞慣用的寫法。第一首不斷在過去、現在、未來之間往復,而又以抒情主體加以貫穿,是寫梅,也是寫人。第二首更寫了五個女子,將不同時間、空間、命運的人物交織在一起,以此喚起對梅花的不同想象,虛實變化,起伏空靈。所以,從表現手法上看,正如許昂霄《詞綜偶評》所説的:"二詞絳雲在霄,舒卷自如;又如琪樹玲瓏,金芝布護。"③

但也正因爲如此,這兩首詞就既不像曹邍之作,追求形似的刻畫;也不像史達祖之作,以形傳神,或形神兼備。在寫法上,和蘇軾的《水龍吟》較爲接近。但蘇作是將物擬人化,是人是物,融爲一體;姜作則雖然也以寫人加以貫穿,却上下縱横,不斷跳動,在人與物之間建立不同的聯想。這種以物見人,或以人寓物的寫法,在重意的批評家看來,格調當然是高的,但是,其具體的寫法跳動性太强,爲閱讀理解設置了障礙,所以,也會引致非議。如王闓運《湘綺樓詞選》説:"此二詞最有名,然語高品下,以其貪用典故也。"又特别提到第一首的開頭:"如此起法,即不是詠梅矣。"④或許正是在這個意義上,王國維認爲,這兩首詞"格調雖高,然無一語道著"。

四、夢窗風與白石風

任何一種觀念的提出,都可以在特定的時代中找到緣由。王國維以"不隔"作爲自己的基本理論,和他對於當代詞學風氣的看法有關。

王國維所處的時代,詞學非常發達,有所謂晚清四大詞人之説,即朱祖謀、況周頤、鄭文焯、王鵬運,再加上一位文廷式,基本上可以代表當時傳統詞壇發展的最高成就。這些詞人,大都比王國維大二十多歲,最小的況周頤,也比王國維大十八歲,可以算作王國維的前輩。

---

① 《姜白石詞編年箋校》卷三,第 48 頁。
② (宋)張炎:《詞源》卷下《雜論》,唐圭璋《詞話叢編》,第 1 册,第 266 頁。
③ 《詞話叢編》,第 2 册,第 1558 頁。
④ (清)王闓運:《湘綺樓詞選》,《王闓運手批唐詩選》,上海:上海古籍出版社,1989 年,第 1468 頁。

這些代表性詞人,當時大力推動的是吳文英的詞風。吳文英的創作,在其生活的時代以迄宋末,就有一定的影響力,但褒貶參半。這一點在張炎身上表現得最爲突出。他一方面稱贊吳文英的詞"善於煉字面","格調不侔,句法挺異,俱能特立清新之意,删削靡曼之詞,自成一家,各名於世";另一方面也批評其詞"如七寶樓臺,眩人眼目,碎拆下來,不成片段"①。另一位批評家沈義父也批評吳詞之失"在用事下語太晦處,人不可曉"②。有明一代,吳文英的影響力較小。至清代初年,在詞學復興的風潮中,不少資源得到重新檢視,吳文英的價值也逐漸得到認識,特別是朱彝尊建構出浙西譜系,推崇姜夔,而將吳文英等作爲"具夔之一體"者③,在浙西詞風大盛的背景中,被推到了一個相當的高度。而等到常州詞派走上歷史舞臺,張惠言《詞選》不録吳詞,并在序言中批評其"枝而不物"④,即枝蔓而不合邏輯,但常州詞派的重要傳人周濟却從思致、力度、立意等方面,認爲"夢窗思沉力厚","立意高,取徑遠,皆非餘子所及",并提出了一個"問塗碧山,歷夢窗、稼軒,以返清真之渾化"⑤的學詞途徑。周濟以後,常州詞派得到進一步發展,影響力巨大,周濟對吳文英所作的定位,也漸漸深入人心。

先師程千帆先生一向對晚清詞學評價甚高:"自清季臨桂王氏、歸安朱氏昌明詞學,昔賢校勘箋疏之術但以施諸經子史籍,少降亦僅及詩文而止者,乃始施之於詞。"⑥"自晚清諸老以先儒研經之術治詞,則箋疏表譜校勘輯佚之作次第問世。"⑦"近賢始以清儒治經史之術治詞,於詞之纂録、表譜、箋疏、校勘、輯佚、目録、版本諸端,皆有深入博稽之功,此可總稱之曰詞學文獻學。"⑧認爲晚清諸老以樸學之法治詞,詞於是成爲可以和經史之學相提并論的學問,地位空前提升。在這股熱潮中,對吳文英《夢窗詞》的校勘占有相當大的比重。晚清四大家全部都有校勘夢窗詞的經歷,其中朱祖謀、鄭文焯更是付出了極大的心力,往往一校再校,并設定體例,指導後學。像楊鐵夫就曾專門從香港來到上海,從朱祖謀治夢窗詞。這麽多詞壇巨擘將精力投入到校勘夢窗詞中,顯然爲當時提供了重要的創作樣板,師法對象,所以夢窗風也大爲盛行,"幾若夢窗爲詞家韓、杜"⑨。師法夢窗詞,主要還是出於尊體的目的,因此,努力在其中發掘比興寄托之意,自然是常用的手段,但更重要的還是其創作本身,令人感到詞體的鄭重。正如朱祖謀《夢窗詞集跋》所説:"君特以雋上之才,舉博麗之典,審音拈韻,習諳古諧。故其爲詞也,沉邃縝密,脉絡井井,縋幽抉潛,開徑自行。學者匪造次所能陳其義趣。"⑩涉及典故、聲韻、脉絡等,都有極高的追求,這種境界,建立

---

① (宋)張炎:《詞源》卷下《清空》,《詞話叢編》,第 1 册,第 255、259 頁。
② (宋)沈義父:《樂府指迷》,《詞話叢編》,第 1 册,第 278 頁。
③ (清)朱彝尊:《黑蝶齋詩餘序》,《曝書亭集》卷四十,商務印書館《四部叢刊初編》本,第 332 頁。
④ (清)張惠言:《詞選序》,《詞話叢編》,第 2 册,第 1617 頁。
⑤ (清)周濟:《宋四家詞選目録序論》,《清人選評詞集三種》,第 205 頁。
⑥ 程千帆:《唐宋詞人年譜序》,《程千帆全集》第 14 卷《閑堂詩文合抄》,石家莊:河北教育出版社,2001 年,第 82 頁。
⑦ 程千帆:《(唐玲玲)淮海詞研究序》,《程千帆全集》第 14 卷《閑堂詩文合抄》,第 98 頁。
⑧ 程千帆:《圭翁雜憶》,《程千帆全集》第 14 卷《閑堂詩文合抄》,第 108 頁。
⑨ (清)沈曾植:《菌閣瑣談》附録一《海日樓叢鈔》,《詞話叢編》,第 4 册,第 3613 頁。
⑩ 孫虹:《夢窗詞集校箋》附録三,北京:中華書局,2014 年,第 1842—1843 頁。

了一個標的,所謂"匪造次所能陳其意趣"。既然是創作,正不能"造次",而應非常的敬業。於是,況周頤《蕙風詞話》進一步將夢窗詞的價值揭出:"重者,沉著之謂。在氣格,不在字句。於夢窗詞庶幾見之。即其芬菲鏗麗之作,中間雋句艷字,莫不有沉摯之思,灝瀚之氣,挾之以流轉。令人玩索而不能盡,則其中之所存者厚。沉著者,厚之發見乎外者也。欲學夢窗之緻密,先學夢窗之沉著。即緻密、即沉著。非出乎緻密之外,超乎緻密之上,別有沉著之一境也。夢窗與蘇、辛二公,實殊流而同源。其所爲不同,則夢窗緻密其外耳。其至高至精處,雖擬議形容之,未易得其神似。穎慧之士,束髮操觚,勿輕言學夢窗也。"①朱祖謀和況周頤表達了同樣的意思。

但是,吳文英詞畢竟有着特定的外在形式,況周頤的學生趙尊岳有這樣一段話:"用字研煉,首推夢窗。夢窗有真情真意,以驅策此若干研煉之字面。"②張爾田也說:"近之學夢窗者,其胸中本無真情真景,而但模仿其字面,那得不被有識者所笑乎?"③他們的意思是說,吳文英的詞能夠達到這樣的高度,是由於有"真情真意"或"真情真景",若無"真情真意"或"真情真景",只學字面,就無法學到精髓。然而,在舉世競學夢窗詞的大潮中,任何一個學習者,恐怕都不會承認自己無"真情真意"或"真情真景",況且,是否有"真情真意"或"真情真景",見仁見智,也是一個難以完全主觀評判的事。無論有多麽崇高的追求,要學習夢窗詞,還是先要形似,而既然形似,就無法回避特定的意象、字法、脉絡和結構。所以,學問有高下,筆力有淺深,一種現象,涉及的人多了,未免泥沙俱下,魚龍混雜,在濃厚的夢窗風中,以往張炎所批評的"如七寶樓臺,炫人眼目,碎拆下來,不成片段",沈義父所批評的"用事下語太晦",謝章鋌所批評的"失之澀"④,就一一再現,於是,詞壇多有"務填難調,用澀字,以詰曲聱牙相號召"⑤,以及"避熟就生,競拈僻調"⑥的現象,而爲冒廣生、龍榆生這些有識之士所批評。

王國維的《人間詞話》刊行於 1908 年,實際展開相關思考的時間還要向前推,因此,他本人從事詞學的過程,也是在這種風潮之下,當然感同身受。只是,他的反思并不是怎樣去學吳,而是從根本上摒棄學吳,直接回到晚唐五代、北宋的"直尋"。那麽,這和姜夔有什麽關係呢?

文學流派的發展,有着非常豐富複雜的現象。常州詞派登上歷史舞臺後,除了提出自己的創作理論和鑒賞理論外,也必須樹立自己的創作經典。而在樹立經典時,在很多種情況下,他們并不是推翻此前的經典,完全重起爐灶,而是接過前代其他流派所樹立的經典,加以重新解釋。所以,我們就能看到很有趣的現象:浙西詞派和常州詞派往往有着共同的經典作家。姜夔就是其中的一個。在這個脉絡中來看姜夔的後世接受,有些現象就非常清楚了。朱彝尊在確立浙西詞派的譜系時,提到吳文英是

---

① (清)況周頤:《蕙風詞話》卷二,《詞話叢編》,第 5 册,第 4447—4448 頁。
② 趙尊岳:《填詞叢話》卷三,屈興國《詞話叢編》二編,杭州:浙江古籍出版社,2013 年,第 5 册,第 2742 頁。
③ 張爾田:《與龍榆生論詞書》,《同聲月刊》第 1 卷第 3 號,1941 年。
④ (清)謝章鋌:《賭棋山莊詞話》卷十二,唐圭璋《詞話叢編》,第 4 册,第 3470 頁。
⑤ 冒廣生:《定巢詞序》,《冒鶴亭詞曲論文集》,上海:上海古籍出版社,1992 年,第 494 頁。
⑥ 龍榆生:《晚近詞風之轉變》,《龍榆生詞學論文集》,上海:上海古籍出版社,2009 年,第 419—420 頁。

"具夔之一體者",這或許有着宏觀概括時常常出現的不够嚴密之處,但是,如果從寫作方法上看,一定程度上也能够自圓其説。因爲,在空際迴旋這一點上,他們頗爲相似,儘管外表的感覺并不一樣。

有清一代,姜夔有着極大的影響力。現在《全清詞》尚未編完,具體的數字無法精確統計,但是,根據我編纂《全清詞·順康卷》《雍乾卷》和《嘉道卷》的了解以及對其後咸豐、同治、光緒、宣統四朝詞壇的印象,在具體創作上,姜夔無疑是一個重要的楷模,步其詞韻、擬其詞題、仿其風格者,車載斗量,若從具體作品中所提到的信息加以統計,姜夔的影響因子一定在兩宋詞人中排在靠前的序列,只是,自朱彝尊之後,崇尚白石之風不再以熱潮式的形式出現,而多爲細水長流,浸潤無聲,不像夢窗風,一下子就成爲詞界熱點。王國維顯然對此非常清楚,因此,他的提倡"直尋"的理論,名義上是被其所生活時代的夢窗風所刺激,但作爲一個有眼光的文學批評家,他仍然能够清醒地看到姜夔的詞風,特別是姜夔在詠物詞中所表現出來的一些特色,和他所看到的夢窗風之弊有着千絲萬縷的聯繫,所以,他纔進行了這樣的批評。王國維詞學的根本是"境界説",他對境界有一個看法:"能寫真景物真感情者謂之有境界,否則謂之無境界。"他指出:

> 白石寫景之作,如"二十四橋仍在,波心蕩、冷月無聲","數峰清苦,商略黄昏雨","高樹晚蟬,説西風消息",雖格韻高絶,然如霧裏看花,終隔一層。梅溪、夢窗諸家寫景之病,皆在一隔字。北宋風流,渡江遂絶,抑真有運會存乎其間耶?

這就看得很清楚,白石和夢窗,實際上是連爲一體的。鄒祗謨《遠志齋詞衷》:"詠物固不可不似,尤忌刻意太似。取形不如取神,用事不若用意。"①但在王國維看來,寫景和詠物實爲一體,先要求似。如果根本不似,如畫家所謂"畫牛作馬",只是空言神似,讓讀者猜謎,那也是失去了根本。

五、姜夔的爲人與爲詞

在創作中,喜歡繞彎子寫,表達不那麽直截了當,可能有著作者本人特定的創作思考,但是就對姜夔詞體文學的評價而言,在王國維看來,或許也與其人品和詞品的分裂有關。

王國維指出:"'紛吾既有此内美兮,又重之以修能。'文學之事,於此二者,不可缺一。然詞乃抒情之作,故尤重内美。無内美但有修能,則白石耳。"②"紛吾"二句出自屈原《離騷》,内美指内在品格,修能指外在修養。在王國維看來,詞是非常純粹的文體,創作主體和及其所借助的文本必須高度統一,而姜夔則是分裂的。分裂在什麽地方呢? 王國維説:"東坡之曠在神,白石之曠在貌。白石如王衍,口不言阿堵物,而暗中爲營三窟之計,此其所以可鄙也。"王衍事,見《世説新語·規箴》:"王夷甫(王衍)雅尚玄遠,常嫉其婦貪濁,口未嘗言錢字。婦欲試之,令婢以錢繞床,不得行。夷甫晨

---

① 《詞話叢編》,第1册,第653頁。
② 王國維:《人間詞話删稿》,《人間詞話》,第35頁。

起,見錢閣行,呼婢曰:'舉却阿堵物。'"①這段話是表現王衍的清高,但後人也有視其爲僞君子者,如秦觀《財用上》就說:"晉人王衍者,口不言錢而指以爲阿堵物。臣竊笑之,以爲此乃奸人故爲矯亢,盜虚名於暗世也。"②王衍之所以這樣,就是因爲他不尊重自己的内心,對自己不忠實。忠實二字,非常重要。"詞人之忠實,不獨對人事宜然。即對一草一木,亦須有忠實之意,否則所謂游詞也。"何謂游詞?金應珪《詞選後序》:"哀樂不衷其性,慮嘆無與乎情。連章累篇,義不出乎花鳥,感物指事,理不外乎酬應。雖既雅而不艷,斯有句而無章,是謂游詞。"③詞人要忠實,忠實就是真誠,不掩飾,就能有"内美",有了"内美",當然能夠寫出好的作品,否則,寫出來的就是游詞。在王國維看來,詞品即人品,從詞的寫作上可以看出人品。所以他就說:"讀東坡、稼軒詞,須觀其雅量高致,有伯夷、柳下惠之風。白石雖似蟬蜕塵埃,然終不免局促轅下。"

那麼,王國維爲什麼會對姜夔有這樣的酷評呢?這要從姜夔的生活狀態説起。

姜夔一生没有做過官,他的身份就是個江湖游士。江湖游士是什麽概念呢?宋元之際的方回有這樣一段描述:

> 石屏戴復古,字式之,天台人。早年不甚讀書,中年以詩游諸公間,頗有聲。壽至八十餘。以詩爲生涯而成家。蓋"江湖"游士,多以星命相卜,挾中朝尺書,奔走閩臺郡縣糊口耳。慶元、嘉定以來,乃有詩人爲謁客者,龍洲劉過改之之徒不一,石屏亦其一也。相率成風,至不務舉子業,干求一二要路之書爲介,謂之"闊匾",副以詩篇,動獲數千緡,以至萬緡。如壺山宋謙父自遜,一謁賈似道,獲楮幣二十萬緡以造華居是也。錢塘、湖山,此曹什伯爲群,阮梅峰秀實、林可山洪、孫花翁季蕃、高菊磵九萬,往往雌黄士大夫,口吻可畏,至於望門倒屣。石屏爲人則否,每於廣座中,口不談世事,縉紳多之。④

方回提到南宋的慶元、嘉定以來,有詩人爲謁客者,以詩爲具,行走江湖,獲得達官貴人的青睞,賴以爲生。他特別指出,謁客有不同的類型,雖然没有提到姜夔,但姜夔顯然也是其中的一個。陳造作爲姜夔的朋友,曾有詩描述姜夔的生活方式:"姜郎未仕不求田,依賴生涯九萬箋。稇載珠璣肯分我,北關當有合肥船。"⑤"詩傳侯王家,翰墨到省寺。姜郎粲然文,群虿見孔翠。論交辱見予,駑馬果同駸。念君聚百指,一飽仰臺饋。我亦多病過,忍口嚴酒戒。終勝柳柳州,吐水賦《解祟》。"⑥不管是"依賴生涯九萬箋",還是"一飽仰臺饋",都能使人想見姜夔的生活風貌。他曾先後依賴蕭德藻、范成大和張鑒等人。據戴表元記載:"叔夏之先世高曾祖父,皆鐘鳴鼎食。江湖高才詞客姜夔堯章、孫季蕃花翁之徒,往往出入館穀其門。千金之裝,列駟之聘,談笑得

---

① (南朝宋)劉義慶著、李毓芙注:《世説新語新注》,濟南:山東教育出版社,1989年,第409頁。
② (宋)秦觀著、徐培均箋注:《淮海集箋注》,上海:上海古籍出版社,1994年,第594頁。
③ 《詞話叢編》,第2册,第1619頁。
④ (元)方回:《瀛奎律髓》卷二十,李慶甲:《瀛奎律髓彙評》,上海:上海古籍出版社,2005年,第840頁。
⑤ (宋)陳造:《次堯章餞徐南卿韻二首》之一,賈文昭:《姜夔研究資料彙編》,北京:中華書局,2011年,第2—3頁。
⑥ (宋)陳造:《次姜堯章贈詩卷中韻》之二,《姜夔研究資料彙編》,第2頁。

之,不以爲異。"①至於姜夔和范成大的關係,更是文學史上的美談。陸友仁《研北雜志》卷上:"小紅,順陽公青衣也,有色藝。順陽公之請老,姜堯章詣之。一日受簡徵新聲,堯章製《暗香》《疏影》兩曲,公使二妓肄習之,音節清婉。堯章歸吳興,公尋以小紅贈之。"②

但在當時及後世的很多人看來,姜夔雖然也是清客一類的江湖游士,但品格甚高。就像陸友仁所記述的那樣:"近世以筆墨爲事者,無如姜堯章、趙子固。二公人品高,故所録皆絶俗。"③張鑒曾"念其困躓場屋,至欲輸資以拜爵";"又欲割錫山之膏腴以養其山林無用之身"④,都被姜夔推辭,這就可以與一般的江湖謁客大大區别開來。

可是,王國維顯然不這麽看。他認爲,人都應該是表裏一致的。李後主和納蘭性德的詞之所以寫得那麼好,就是因爲他們有"赤子之心",心裏怎麽想的,就怎麽寫。他曾指出:"吾人謂戲曲小説家爲專門之詩人,非謂其以文學爲職業也。以文學爲職業,餔餟的文學也。職業的文學家以文學得生活,專門之文學家爲文學而生活。今餔餟的文學之途蓋已開矣,吾寧聞征夫思婦之聲,而不屑使此等文學囂然污吾耳也。"⑤在他看來,姜夔既然已經成爲"職業文學者",以文字求謀生,有求於人,他當然不可能總是堅持自我,肯定會放棄自己的一些東西,以達到對方的滿意。《易·乾卦·文言》:"子曰:君子進德修業。忠信所以進德也;修辭立其誠,所以居業也。"孔穎達《正義》:"辭謂文教,誠謂誠實也。外則修理文教,内則立其誠實,内外相成,則有功業可居。故云居業也。"⑥姜夔這樣的生活方式,當然不可能"修辭立其誠",這樣,他的雅未免刻意,他既然無法總是坦蕩地説出自己之所思所想,則爲了掩飾自己,就會繞些圈子,就會有所"隔"。人既然是"隔"的,則藝術上的"隔"也是題中應有之義。當然,爲人處世的"隔"和寫作上的"隔"不一定是一回事,但王國維既然認爲人品決定詞品,通過對其人品的論定,將最被人稱道的所謂"雅"推翻,則將其表現手法上的"隔"予以否定,也似乎有了一定的根據,儘管這種根據可能是牽強的,因爲它不建立在邏輯之上,而是努力塑造一種印象。

認爲姜夔爲人表裏不一,不始於王國維,周濟就曾這樣說:"雅俗有辨,生死有辨,真僞有辨,真僞尤難辨。稼軒豪邁是真,竹山便僞。碧山恬退是真,姜、張皆僞。味在酸鹹之外,未易爲淺嘗人道也。"⑦他還説:"白石脱胎稼軒,變雄健爲清剛,變馳驟爲疏宕,蓋二公皆極熱中,故氣味吻合。"⑧説姜夔是假恬淡、真熱中,大約也是從其生活狀態立論的。儘管常州詞派中不少人都從浙西詞派那裏借來姜夔這個資源,加以重新闡釋,建構自己的經典,但常州詞派中也不是鐵板一塊,其中也有對之進行批判者,

---

① (元)戴表元:《送張叔夏西游序》,《剡源集》卷十三,《叢書集成初編》第 2056 册,第 201 頁。
②③ 《研北雜志》卷下,《姜夔研究資料彙編》,第 62 頁。
④ (宋)周密:《齊東野語》卷十二"姜堯章自叙",北京:中華書局,1983 年,第 212 頁。
⑤ 王國維:《文學小言》,《王國維全集》第 14 卷,杭州:浙江教育出版社,2009 年,第 97 頁。
⑥ (魏)王弼、(晉)韓康伯注、(唐)孔穎達等正義:《周易正義》卷一,(清)阮元校刻《十三經注疏》,北京:中華書局,1980 年,第 15—16 頁。
⑦ 《宋四家詞選目録緒論》,《清人選評詞集三種》,第 207 頁。
⑧ 《宋四家詞選目録緒論》,《清人選評詞集三種》,第 206 頁。

周濟就是常州詞派中對姜夔批判力度較大的人,他曾自述是"退蘇進辛,糾彈姜、張"①,指出姜夔在浙西詞派中雖"號爲宗工,然亦有俗濫處……寒酸處……補湊處……敷衍處……支處……複處"②,所以,他首先將朱彝尊以吳文英爲"具夔之一體"的統序打破,大大提高其地位,然後去除姜夔的光環。王國維或者就是從這裏獲得的資源,儘管他對吳文英也是一樣的不滿。

六、餘　論

　　王國維論詞有着強烈的個性,往往是從所討論的對象中抽出一些特定的現象,去談自己的理論,而不是兼顧相關作家的方方面面。即以姜夔而言,他的有些作品,特別是小令,也寫得簡捷明快,直指人心,如《鷓鴣天》:"肥水東流無盡期。當初不合種相思。夢中未比丹青見,暗裏忽驚山鳥啼。　春未綠,鬢先絲,人間別久不成悲。誰教歲歲紅蓮夜,兩處沈吟各自知。"③若按照王國維評價李後主和納蘭性德的標準,這篇作品也并不遜色,但王國維的目的是借詞談人,或者說是人詞合一,因此,也就選擇性地忽略了。

　　但是,王國維的《人間詞話》雖然并不追求體系性,實際上還是有着明確的理路,即回到早期的詞學生態,強調沒有被污染過的詞心,就好像他稱贊納蘭性德的詞之所以好,是因爲作爲少數民族的作家,初到中原,還沒有沾染不良習氣,因此能够心手相應。這是他以復古爲革新的基本思路,因此,他對姜夔的酷評,包含着對晚清盛行夢窗詞風的反思,在這個意義上,我們可以不必過分考慮其具體的評論是否偏頗,而是要理解他的動機,進而理解那個特定的時代。

---

① 《宋四家詞選目錄緒論》,《清人選評詞集三種》,第208—209頁。
② 《宋四家詞選目錄緒論》,《清人選評詞集三種》,第206頁。
③ 《姜白石詞編年箋校》卷五,第69頁。

杜甫《奉先劉少府新畫山水障歌》歧解辨證

陳道貴

摘　要：杜甫《奉先劉少府新畫山水障歌》，歷來箋注解讀者多存歧見。"赤縣圖"與"滄洲趣"是否爲同一幅畫，"掃却"意爲掃去還是畫成，"遣畫"當作何解等問題，至今尚存歧異之見。梳理考辨各家之説、把握詩歌自身脈絡、徵諸相關詞語的文獻用例，可證"赤縣圖"與"滄洲趣"是性質不同的兩幅畫，"掃却"意爲掃去（掃除），"遣畫"應解爲劉少府遣人作畫；詩中"重毫素""愛畫"等詞語，并非指劉少府自己作畫而言，應解爲劉少府看重繪畫藝術、欣賞繪畫作品。

關鍵詞：《奉先劉少府新畫山水障歌》；赤縣圖；滄洲趣；掃却；遣畫

引　言

　　杜甫這首題畫詩，歷來箋注解讀者多存歧見。"聞君掃却赤縣圖，乘興遣畫滄洲趣"兩句中的"赤縣圖"與"滄洲趣"，指的是同一幅畫還是兩幅不同的畫？"掃却"與"遣畫"應如何理解？與此相關，對於詩中"乘興""重毫素""愛畫"等的解讀，亦嘗生發仁智之見。就這些問題作全面的梳理考辨，擇善而從，明其得失，可以更好地疏通詩意，進而捕捉詩人深藴於字裏行間的主觀情思。

一、"赤縣圖"與"滄洲趣"是否爲同一幅畫

　　古今有關此詩的争議，主要集中在"掃却"與"遣畫"。而對於這兩個詞語的不同釋讀，往往與"赤縣圖"與"滄洲趣"是否爲同一幅畫的問題相關聯。因此，有必要先就此作梳理與考辨。

　　（一）視"赤縣圖"與"滄洲趣"爲同一幅畫。《補注杜詩》該詩注："希曰：按《唐·地理志》注，奉先次赤，故蒲城縣，開元四年更名，隸京兆。劉爲奉先尉，以其邑之山水爲障，故曰掃却赤縣圖。"[①]黃希雖未明言二者是否爲同一幅畫，但將"赤縣圖"解爲"以其邑之山水爲障"，可見他認爲"赤縣圖"與"滄洲趣"同屬"新畫山水障"，是一幅畫

---

* **作者簡介**：陳道貴，安徽大學文學院教授，主要從事六朝唐代文學研究。
　　基金項目：國家社科基金一般項目：杜甫詩歌歧解研究（20BZW055）。
① （宋）黃希原本、黃鶴補注：《補注杜詩》，卷四，臺北："商務印書館"影印文淵閣《四庫全書》本。

的不同部分。王嗣奭謂:"劉爲奉先尉,以其邑之山水爲障,故云'掃却赤縣圖'。所畫本奉先山水,而不爲奉先所局,乘興自遣,遂寫滄洲。"①王氏所言,似在黄希説的基礎上加以申述,認爲"所畫本奉先山水,而不爲奉先所局",將"赤縣圖""滄洲趣"視爲同一幅山水畫的意思更爲明確。林繼中亦持類似觀點,認爲"赤縣圖當指奉先縣形勢(山),與下句'滄洲趣'(水)合讀,則先畫山後畫水,是一幅完整的奉先山水圖"②。(二)視"赤縣圖"與"滄洲趣"爲不同的兩幅畫。汪灝謂:"官署之堂,例圖其所轄之疆界。今一縣中,宰尉莫不然也。觀嚴公所畫蜀道圖可見。意少府堂當亦有縣圖,今劉掃却,與其子新畫山水障。公賞之,爲此作。"③汪氏認爲"赤縣圖"爲官署所轄之疆界的縣圖,與新畫的山水障不同。仇兆鰲謂:"首叙屏障山水。乍見而怪,甚言作勢之異。赤縣圖,別是一幅。滄洲趣,指屏中山水。"④今人曹慕樊贊成此説,謂"聞君""乘興"二句是説劉單"命人抹去原有壁上的奉先縣地圖,又命畫師新於壁上畫山水景物"⑤。

以上二説何者爲優,從詩句本身來看,難以尋覓確切的證據。因此有論者以較爲模糊的語言陳述二者的關係。如趙次公謂:"劉少府善畫,爲奉先之景物猶未曠遠,故杜云聞其掃赤縣圖,乘興遣劉公更作滄州之幽趣矣。"⑥從中我們很難判斷趙氏是將二者視爲不同的兩幅畫,或是同一幅畫的不同部分。如果另闢蹊徑,將焦點聚集到"赤縣圖"與"滄洲趣"這兩個詞語的特定含義上,則可得較爲合理解讀。此詩所謂"赤縣",歷來注者多謂指奉先縣。如上引黄希之言,就將"赤縣"視爲奉先縣。縣圖,一般指某縣所轄疆域之圖,唐人詩文多有涉及。王建《題裴處士碧虛溪居》詩有"細問來時從近遠,溪名載入縣圖中"句⑦,其"縣圖",當指某縣之疆域圖。李德裕《謝恩賜王元逵與臣贊皇縣圖及三祖碑文狀》⑧,所謂"贊皇縣圖"當爲李德裕家鄉趙郡贊皇縣之地域圖。方干詩中亦涉"縣圖",如《送永嘉王令之任》詩"雖展縣圖如到縣,五程猶入縉雲東"、《過姚監故居》詩"不敢邀君徵亦起,致君全得似唐虞。讜言昨嘆離天聽,新冢今聞入縣圖"⑨。劉少府爲奉先尉,詩中"赤縣圖",當與上述數例所涉及的"縣圖"一樣,爲其縣域之圖,不是一般意義上的山水畫。

"滄洲趣"之滄洲,有作地理名詞解者,如《杜工部草堂詩箋》卷六:"《地理志》,滄洲乃景城郡。春秋戰國時爲齊趙二國之境。秦鉅鹿、上谷二郡地。漢高祖置渤海郡。

---

① (明)王嗣奭:《杜臆》卷一,上海:上海古籍出版社,1983年,第36頁。
② 林繼中:《林繼中文集》之《杜詩菁華(上)》,上海:上海古籍出版社,2020年,第160頁。按,林先生在《杜詩選評》中説:"先一幅可能是城市樓臺,後一幅纔是山水。"(西安:三秦出版社,2004年,第41頁)
③ (清)汪灝:《知本堂讀杜》卷四,康熙間刻本,中國國家圖書館藏。汪氏以"掃却"爲掃去,而對於"遣畫"則未加深究,只籠統地説劉少府"與其子新畫山水障"。
④ (清)仇兆鰲:《杜詩詳注》,北京:中華書局,1979年,第275頁。
⑤ 曹慕樊:《杜詩雜説全編》,北京:生活·讀書·新知三聯書店,2009年,第496頁。
⑥ 林繼中:《杜詩趙次公先後解輯校》,上海:上海古籍出版社,2012年,第230頁。
⑦ (清)彭定求等編:《全唐詩》,上海:上海古籍出版社,1986年,第754頁。
⑧ (清)董皓等編:《全唐文》卷七〇四,上海:上海古籍出版社,1990年,第3203頁。
⑨ 《全唐詩》,第1644、1645頁。

唐爲滄洲。滄洲圖乃畫滄海也。"①而杜甫詩中所述之"滄洲趣"之新山水畫，其所涉頗廣，有南方之蒼梧、東部沿海之天姥、耶溪等，顯然不是齊趙之地。歷來注杜者多引謝朓《之宣城郡出新林浦向板橋》詩之句爲注，可謂得之。如《補注杜詩》卷四引洙曰："謝玄暉詩'既歡懷禄情，復協滄洲趣'。"謝朓詩中之"滄洲趣"，《六臣注文選》濟曰："滄洲，洲名，隱者所居。言我既歡得禄，復合此趣矣。"②由此可知，"滄洲""滄洲趣"具有特定含義，用以指與世俗官場相對而言的塵外之境。徵諸唐人之詩，可見此言不虚。杜甫自己的作品中就有此類例子。《曲江對酒》："……縱酒久判人共棄，懶朝真與世相違。吏情更覺滄洲遠，老大徒傷未拂衣。"《奉贈盧五丈參謀琚》："……流年疲蟋蟀，體物幸鸍鸏。孤負滄洲願，誰云晚見招。"③孟浩然《奉先張明府休沐還鄉海亭宴集探得階字》"朱紱心雖重，滄洲趣每懷"④。岑參《宿岐州北郭嚴給事別業》"君雖在青瑣，心不忘滄洲"、《送李翥游江外》"且尋滄洲路，遥指吳雲端"⑤。儲光羲《酬綦毋校書夢耶溪見贈之作》："校文在仙掖，每有滄洲心。況以北窗下，夢游清溪陰……"⑥錢起《藍田溪與魚者宿》："獨游屢忘歸，況此隱淪處。濯髮清泠泉，月明不能去。更憐垂綸叟，静若沙上鷺。一論白雲心，千里滄洲趣。蘆中夜火盡，浦口秋山曙。嘆惜分枝禽，何時更相遇。"⑦從"赤縣圖"與"滄洲趣"的不同，可以得出這樣的結論，即"掃却赤縣圖"之"赤縣圖"與富於滄洲趣的山水畫應該是不同的兩幅畫作。

二、"掃却""遣畫"歧解

（一）"掃却"歧見。對於掃却二字，歷來有畫完（畫成）與掃去二解。古今持畫完（畫成）説者較多。趙次公謂杜甫聽聞劉少府畫了赤縣圖，乘興遣他"更作滄洲之趣"。黃希謂"劉爲奉先尉，以其山水爲障，故曰'掃却赤縣圖'"。趙、黃二人雖未直接用畫成、畫完等詞語，其語所含之意還是比較明確的。今人多持畫完（画成）説。吳庚舜等《杜甫詩選注》謂"掃却"爲"揮灑完成"⑧。《杜甫全集校注》："掃却，畫成。掃，有一揮而就意。"⑨《杜甫集校注》："用筆稱掃"，"却表示動作完成。"⑩

古今持掃去説者相對較少。黃生謂："先是壁圖本邑山水，劉滅而重畫，故曰'掃却'云云。"⑪汪灝謂："少府堂當亦有縣圖，今劉掃却，與其子新畫山水障。"先言堂有縣圖，又謂"今掃却"而"新畫"，以除去解"掃却"之意甚明。今人曹慕樊謂"聞君""乘

---

① （唐）杜甫撰，（宋）魯訔編次，（宋）蔡夢弼箋注：《杜工部草堂詩箋》，《續修四庫全書》影印本，上海：上海古籍出版社，2002年，第56頁。
② （梁）蕭統編，（唐）李善等注：《六臣注文選》，北京：中華書局，1987年，第504頁。
③ 《杜詩詳注》，第449、2003頁。
④ 徐鵬：《孟浩然集校注》，北京：人民文學出版社，1989年，第120頁。
⑤ 陳鐵民、侯忠義：《岑參集校注》，上海：上海古籍出版社，1981年，第192、104頁。
⑥ 《全唐詩》，第317頁。
⑦ 《全唐詩》，第589頁。
⑧ 吳庚舜等：《杜甫詩選注》，上海：上海遠東出版社，2011年，第20頁。
⑨ 蕭滌非主編：《杜甫全集校注》，北京：人民文學出版社，2014年，第529頁。
⑩ 謝思煒：《杜甫集校注》，上海：上海古籍出版社，2015年，第336頁。
⑪ （清）黃生：《杜詩説》，合肥：黃山書社，1994年5月，第88頁。

興"二句是説劉單"命人抹去原有壁上的奉先縣地圖,又命畫師新於壁上畫山水景物"。

（二）"遣畫"歧見。"聞君掃却赤縣圖,乘興遣畫滄洲趣",這兩句之間存在怎樣的承接關係,除了需要弄清"掃却"之意外,還涉及"遣畫"的釋意問題。對"遣畫"之意的不同看法,大體可分爲杜甫遣劉少府畫、劉少府自己遣興而畫、劉少府遣筆作畫、劉少府遣人畫四類。（1）杜甫遣劉少府畫。上引趙次公之言,其"乘興遣劉公更作滄州之幽趣",説的就是杜甫遣劉少府作畫。吴庚舜等謂"遣畫"就是"使畫,即杜甫請劉單新畫山水屏"①。（2）劉少府自己遣興而畫。前文引王嗣奭《杜臆》之言,謂"乘興遣畫滄洲趣"爲"乘興自遣,遂寫滄洲"。盧元昌亦謂"聞君掃却赤縣圖之暇,又乘興新畫此耳"②。莫礪鋒、童强説:"劉少府畫完本縣風景後,乘着餘興再畫這幅山水屏風,以寄托隱逸情趣。"③（3）劉少府遣筆作畫。成善楷認爲"遣"字後雖無動作者,却可補"筆"字（其意當爲乘興遣筆畫滄洲趣）④。（4）劉少府遣人畫。傅庚生等持此説。傅先生認爲此句解爲"遣畫師新畫山水障,辭意較順"⑤。上文提及的曹慕樊"又命畫師新於壁上畫山水景物"之言,其意與傅氏之説同。

將"掃却"解爲完成畫作,其論證多就"掃"字可作揮毫作畫解,其例證多未出"掃"而未即"却"者,難免以彼證此之嫌,可信度值得懷疑（上引趙次公之説,其中"聞其掃赤縣圖",就直接以"掃"解"掃却",似乎有刻意避嫌的味道）。"掃"字可作揮毫作畫解,也可以表"抹去"意⑥,而"掃却"則少了生發歧義的空間。這可能是古今持畫成説者多回避"却"字的緣故。與畫完（畫成）説不同,掃去、掃除説不僅依"掃却"二字立論,且於文獻有徵。"掃"以動作姿態代指用筆之類工具作畫、寫字或塗抹,此爲常識,不煩舉例。"掃却"亦爲常用詞語,意爲掃去、除去。《大唐傳載》:"至德初,當安史亂,河東大饑,忽然荒地十五里生豆穀,及掃却,又復生,約得五六千石。"⑦此例之"掃却",前有"生",後有"復生",其意自然爲掃去、除去。《樂府詩集》卷六五王轂《苦熱行》:"……何當一夕金風發,爲我掃却天下熱。"⑧此例"掃却"爲除去之意更是直接明了。再看一個"掃却"用於繪畫方面的例子。《歷代名畫記》卷三載"中門東《立神》及神之《東西兩鬼》"其下注云:"聖曆後,有神英法師令何長壽掃却,欲重描。神英京兆黨何生,洛下衆僧黨劉行臣,時人以何生雖善山水,至於畫神,不如劉……"⑨神英法師讓何長壽除去原有之畫,欲讓其"重描"。此則材料實有助於理解劉少府掃却縣圖而"遣畫"山水。

畫完（畫成）説另一難以回避的問題是,既然"掃却赤縣圖",即畫成赤縣圖的是劉

---

① 《杜甫詩選注》,第20頁。
② （清）盧元昌撰:《杜詩闡》卷三,《續修四庫全書》影印本。
③ 莫礪鋒、童强:《杜甫詩選》,北京:商務印書館,2018年,第50頁。
④ 成善楷:《杜詩箋記》,成都:巴蜀書社,1989年,第53頁。
⑤ 傅庚生:《杜詩析疑》,西安:陝西人民出版社,1979年,第58頁。
⑥ 曹慕樊:《杜詩雜説全編》,第496頁。
⑦ （唐）佚名等撰:《大唐傳載・幽閑鼓吹・中朝故事》,北京:中華書局,1958年,第17頁。
⑧ （宋）郭茂倩編:《樂府詩集》,北京:中華書局,1979年,第939頁。
⑨ （唐）張彦遠撰、俞劍華注釋:《歷代名畫記》,上海:上海人民美術出版社,1964年,第73頁。

少府,下句"遣畫"者爲誰、被遣者又是誰呢？上文提到解釋"遣畫"之意的四種説法,即劉少府遣興再畫、杜甫請劉少府畫、劉少府遣筆画和劉少府遣人畫四説。倘聯繫詩意加以考量,不難看出前三種解説都是經不起推敲的。如果"掃却"爲劉少府畫完赤縣圖、"遣畫"爲劉少府自己遣興再畫,"乘興遣畫"就成了乘興遣興而畫,杜甫用語似不會如此重複拖遝。將"遣畫"者視爲杜甫,可謂不得已而爲之的牽強之説,它不僅與杜甫做客身份不符,也和詩意脉絡不合。詩的開篇即云"堂上不合生烟霧",以驚嘆之語烘托堂上山水圖給自己的視覺衝擊,然後詳叙此山水圖創作原委與畫之細節等。很明顯,這山水圖在杜甫到訪前已經有了,説杜甫"遣畫"似與理有違。再者,就詩句本身而言,認爲杜甫"乘興遣畫",那麽杜甫所乘之興爲何呢？"聞君掃却赤縣圖,乘興遣畫滄洲趣",聞者自然是杜甫,所謂"興"當與"掃却赤縣圖"有關,因此説杜甫"乘興"遣畫是與詩句所含之意有違的。至於劉少府遣筆作畫説,似屬主觀臆想。"遣筆"之説甚爲生硬,添字作解而無合理之據,似不可取。

與上述三説不同,以掃去解"掃却",將"遣畫"解爲遣畫師作畫,"聞君掃却赤縣圖,乘興遣畫滄洲趣"兩句之間的承接關係顯得清晰曉暢:聽説您(劉少府)掃去了赤縣圖,乘興遣畫師繪製富於滄州趣的新畫。"遣畫"爲吩咐別人作畫,於文獻有徵。郭元振《王昭君》其三:"聞有南河信,傳聞殺畫師。始知君惠重,更遣畫蛾眉。"[①]《太平廣記》載:"并州有人解畫,曾陷北虜,突厥可汗遣畫佛像……"[②]宋代文獻中"遣畫工"作畫之類的記述更是不勝枚舉。杜甫這首詩中的"遣畫",可以看作"遣畫工"之類詞語的詩歌語言表現形式。

將"遣畫"解爲遣人作畫,可能會引起這樣的疑問:在劉少府宅中爲新畫的山水畫作詩,盛贊未具姓名畫工的作品似乎有些費解。這可能是衆多注杜讀杜者傾向於劉少府是這幅山水畫作者的原因之一。其實這個問題是比較容易解決的。盛贊做客的主人家裏的藝術精品,除了贊畫本身外,襯托主人藝術品味的用意是十分明顯的。詩中再三强調"重毫素""愛畫入骨髓",則是,直接表現了劉少府的藝術趣味。杜甫的好友岑參也有類似詩作,其《劉相公中書江山畫障》詩有云"相府徵墨妙,揮毫天地窮。始知丹青筆,能奪造化功"[③]。如果只看詩題,一般會將這幅江山畫障視爲劉相公之作。由"相府徵墨妙",知此畫非劉相公之作,乃劉相公選妙手所畫。而"揮毫天地窮""能奪造化功"則是對畫工技藝的贊美。這些都與杜甫詩極爲相似。

另外,將"掃却"解爲掃去、"遣畫"解爲遣畫工另作山水畫,正與上文所言"赤縣圖"與"滄洲趣"爲兩幅不同類型畫作相契合。即:劉少府心向自然,故除去本地疆域之圖而遣人繪製富於滄洲之趣的山水畫,詩中"乘興"二字可得順暢之解。此所謂"興",乃不樂政事而鍾情自然之興;"掃却赤縣圖"而其興未盡,故"乘興遣畫滄洲趣"。

[①] (宋)郭茂倩編:《樂府詩集》,第430頁。
[②] (宋)李昉等編:《太平廣記》卷一一六,北京:中華書局,1961年,第810頁。
[③] 《岑參集校注》,第264頁。其注"墨"謂指畫。按,"墨妙"一詞,文獻多見,指書法、繪畫高手。高文、王劉純《高適岑參詩選》注"徵墨妙":"謂徵求善畫者。"(开封:河南大學出版社,2008年,第325頁)

三、"新畫山水障"之"障"爲何物

　　此詩除了上述幾個頗具爭議的問題，還有一個不太被人關注的問題，即這幅山水畫是畫在何種介質之上的。古今注解評述此詩者，很少就這一問題發表意見。仇兆鰲謂："山水障，畫山水於屏障也。"①而此"屏障"爲何種屏障則未做詳細說明。上文所引黄生"先是壁圖本邑山水，劉滅而重畫，故曰'掃却'云云"，是將這幅山水畫理解爲畫在墻壁之上的。上文所引曹慕樊之言説劉單"命人抹去原有壁上的奉先縣地圖。又命畫師新於壁上畫山水景物"，可見曹氏亦持繪於壁上之説。謝思煒似將此畫視作畫在以絹、紙等材質的屏障之上，故而批評除去舊畫地理圖而畫新山水説，以爲"畫作於障上，必不能以新覆舊"②。杜甫此詩題中有"山水障"，一般將其理解爲畫山水於障上。障有多種形式，除一般所謂類似可移動的屏風者外，尚有墻壁形式的屏障；而類似屏風的障，其材質又有多種，故有所謂軟障之稱謂。杜甫《李尊師松樹障子歌》"手持新畫青松障"③，此障應屬所謂軟障。有絹、紙之類的"軟障"，當有所謂硬障，像王維《題友人雲母障子》④之"雲母障"即屬此類。此外，所謂"障"，除了有可移動類似屏風的軟、硬障之外，還有以墻壁爲障者，所謂掩障就屬此類。掩障，指影壁之類的建築。《太平廣記》載："天寶中，玄宗召思訓，畫大同殿壁兼掩障。"⑤《夢溪筆談》載："嘗有人自負才名，後爲進士狀首，歷官貴近，曾謫官知海州，有筆工善畫水，召使畫便廳掩障，自爲之記，自書於壁間……"⑥可見在掩障之壁上作畫是比較常見的事，而將掩障之類壁上所繪之畫稱作某某障，也是可以理解的事。《唐朝名畫録》"神品下"載："張藻員外，衣冠文學，時之名流。畫松石山水，當代擅價……所畫圖障，人間至多。今寶應寺西院山水松石之壁，亦有題記，精巧之跡，可居神品也。"⑦這段文字前面説"所畫圖障，人間至多"，後舉寶應寺西院"山水松石之壁"，所謂"圖障"與"山水松石之壁"應屬同類，即"山水松石"這幅壁畫，就是張藻所畫"圖障"之一。高適《同鮮于洛陽於畢員外宅觀畫馬歌》："知君愛鳴琴，仍好千里馬。永日恒思單父中，有時心到宛城下。遇客丹青天下才，白生胡雛控龍媒。主人娛賓畫障開，只言騏驥西極來。半壁趁趨勢不往……"既言"畫障開"，又云"半壁趁趨勢不往，滿堂風飄颯然度"，亦似屬障壁畫。孫欽善就認爲"半壁趁趨勢不往"這一句，"寫壁畫上羣馬奔騰，勢不可止"⑧，由此而推，杜甫詩中"新畫山水障"，未必不是畫於壁間之作。

　　此外，此詩有云"反思前夜風雨急，乃是蒲城鬼神入。元氣淋漓障猶濕，真宰上訴天應泣"。前夜其地風雨急，而其畫"猶濕"。如此山水圖是畫在絹、紙之質的屏障之

---

① 《杜詩詳注》，第 275 頁。
② 《杜甫集校注》，第 336 頁。
③ 《杜詩詳注》，第 459 頁。
④ 陳鐵民：《王維集校注》，北京：中華書局，1997 年，第 2 頁。
⑤ (宋)李昉等編：《太平廣記》卷二一一，第 1619—1620 頁。
⑥ (宋)沈括：《夢溪筆談》卷二二，上海：上海古籍出版社，2015 年，第 146 頁。
⑦ (唐)朱景玄：《唐朝名畫録》，臺北："商務印書館"影印文淵閣《四庫全書》本。
⑧ 孫欽善：《高適集校注》，上海：上海古籍出版社，1984 年，第 253 頁。

上,恐難"猶濕"。若其爲壁畫,"猶濕"則可以理解。以"濕"寫畫,《明皇雜錄》有類似的例子:"唐開元中,關輔大旱,京師缺雨尤甚,亟命大臣遍禱於山澤間,而無感應。上於龍池新創一殿,因召少府監馮紹正,令於四壁各畫一龍。紹正乃先於西壁畫素龍,奇狀婉蜒,如欲振躍。繪事未半,若風雨隨筆而生。上及從官於壁下觀之,鱗甲皆濕……"①

總之,杜甫此詩之"障",詩中未有明言,難以遽斷其性質,故以畫障不能重畫而駁"掃除""掃去"説,立説之基比較脆弱。退一步説,即使"新畫山水障"非繪於壁上,也不能由此而否定"掃除"赤縣圖之説。由前文可知,"赤縣圖"與"滄洲趣"乃不同之兩幅畫,前者之"掃除",并不意味後者一定畫在前者的介質之上。

四、由《文苑英華》所録詩題引發的問題

圍繞"掃却"與"遣畫"而生發的諸多歧異之見,孤立地就其字面而作釋意,有時難以得出令人信服的結論。以筆者所見,對於《奉先劉少府新畫山水障歌》詩存在的諸多疑難問題,傅庚生的觀點值得關注②。此詩《文苑英華》題作《新畫山水障歌》,題下注曰:"奉先尉劉單宅作。"③傅先生將這一詩題與《奉先劉少府新畫山水障歌》作了比較,揭出其與通行之題的差異,認爲後世持山水障是劉少府所畫的觀點,可能是受了通行之題的引導。在此基礎上,對包括"掃却""遣畫"在内的諸多有爭議的問題提出自己的看法。《文苑英華》之題與題注值得關注,主要有兩點。一是可知劉少府之名爲劉單。此點前人已有關注。其二是畫此山水障者未必是劉少府。人們大多傾向於畫山水障的是劉少府本人,在一定意義上説是受了通行之題的引導。"奉先劉少府新畫山水障"存有歧異,既可理解爲奉先劉少府畫的新山水障,也可理解爲劉少府擁有的新畫成的山水障。前者比較淺顯直觀,故歷來解讀者多從此解。基於這樣的認識,在解讀相關詩句時,就會受到干擾,將"掃却""乘興""遣畫"之間的内在脉絡解爲:劉少府先畫完赤縣圖,又乘着餘興畫了富有"滄洲趣"的山水障。將赤縣圖與"滄洲趣"視爲同一幅畫的觀點,也可能受到同樣的先入之見的影響。因爲通行之題的關係,人們一般不會就畫山水障者爲誰産生疑問。而《文苑英華》的詩題,則有産生山水畫障未必爲劉少府所繪之説的可能。《新畫山水障歌(奉先尉劉單宅作)》,從這一詩題中,我們看不到這新畫山水障的畫者是誰;"奉先尉劉單宅作"的注語,也只是提供了這畫障的所在地與詩人寫作這首詩的地方——劉單之宅。擺脱由"奉先劉少府新畫山水障歌"這一詩題導致的先入之見,對於包括"掃却""遣畫"等詞語的解釋就會解除一些有形無形的束縛。正因爲有了這個啟發,傅先生對本詩的諸多問題作了簡要的辨析。其主要觀點有:一、"掃却"不是畫完或畫成,而是掃除、抹去;二、"遣畫"既不是劉少府自己遣興繪畫、杜甫請劉少府作畫,也不是所謂遣筆作畫,而是劉少府遣别人作畫;三、"知君重毫素""愛畫入骨髓",是説劉少府看重、喜愛繪畫這門藝術,并非

---

① (唐)鄭處誨、裴庭裕撰:《明皇雜錄·東觀奏記》,北京:中華書局,1994年,第27頁。
② 《杜詩析疑》,第58頁。
③ (宋)李昉等編:《文苑英華》,北京:中華書局,1966年,第1755頁。

一定指他自己作畫。如依傅庚生對此詩諸多關鍵詞語的釋意,《奉先劉少府新畫山水障歌》可以得到通篇順暢的解說:杜甫來到劉少府的堂上,深爲新畫成的山水障所吸引,爲其高超的畫藝所折服。他知道了劉少府先是掃去原有的赤縣圖(未必自己親自掃去),乘着餘興請畫工畫了一幅山水畫。畫工知道劉少府對繪畫藝術極感興趣("重毫素"),所以將全部心神投入到了繪畫當中。劉少府不僅對繪畫藝術十分感興趣("愛畫入骨髓"),還讓自己的孩子學習繪畫,叫他們在這幅山水畫上留下了墨蹟。

"掃却""遣畫"等問題,上文已就相關歧解作了辨析,可證傅先生的觀點。傅先生將"重毫素"(重畫)、"愛畫"解爲看重、喜歡繪畫藝術而非自己從事繪畫實踐,其説不僅合理,且有文獻用例可據。《世説新語·巧藝》:"戴安道就范宣學,視范所爲:范讀書亦讀書,鈔書亦鈔書。唯獨好畫,范以爲無用,不宜勞思於此。戴乃畫《南都賦》圖;范看畢咨嗟,甚以爲有益,始重畫。"①此處"重畫"説的是范宣改變態度,看重繪畫。朱熹《題祝生畫》:"裴侯愛畫老成癖,歲晚倦游家四壁。隨身只有萬叠山,秘不示人私自惜。俗人敎看亦不識,我獨婆娑三嘆息。問君何處得此奇?和璧隋珠未爲敵。答云衢州老祝翁,胸次自有陰陽工。峙山融川取世界,咳雲唾雨呼雷風……"②此詩之"裴侯愛畫",非指裴侯自己畫畫,而是説他有賞畫之嗜好,把"老祝翁"的畫視作寶貝,秘不示人。

對於傅庚生的觀點,成善楷作了駁論③。第一,對於《文苑英華》的詩題,成善楷認爲該題的可靠性需要進一步證明。筆者以爲,傅庚生引用此題,并非以此題來否定通行之題,而是由此得到啟發,擺脫劉少府畫這幅山水畫的先入之見,從而得出新見。因此,成善楷的批評是没有什麽説服力的。第二,成善楷認爲"掃"可以是揮毫作畫,這并非新鮮的觀點,而其所舉之例也都是"掃"而非"掃却"。這一點也可以説是以彼證此(詳見上文),也没有什麽實際的意義。第三,劉少府愛畫與其子善畫問題。傅先生認爲詩中"知君重毫素"、劉少府"愛畫入骨髓",只是説劉少府特別喜愛繪畫作品,不能因此認定劉少府創作了這幅山水畫。如無先入之見,單單從文字上看,這裏的"重毫素""愛畫"可能產生歧義,即作繪畫創作與看重、欣賞繪畫作品的不同理解。然細味"遣畫"之後"畫師亦無數,好手不可遇。對此融心神,知君重毫素"幾句,其間所述對象似非可以簡單地歸爲劉少府與杜甫。前言"遣畫",繼言"好手不可得",均應視爲對繪製山水障時情境之回溯,即"聞君"之聞所得之信息。如謂畫者爲劉少府本人,不僅"遣"字難以理解,"好手"云云亦頗爲費解。如將"遣畫"視爲劉少府遣畫師作畫,則這幾句之内在脈絡較易疏通。我們可以這樣梳理:這幅山水畫畫得太妙了,來到堂上,仿佛有置身山水林木之間的錯覺。聽説你掃除了壁上原有的縣域圖,乘興讓畫師創作新的山水畫。畫師很多,可真正水準高的却很難遇到。這位難遇的畫師對於創作這幅畫很是用心,因爲他知道你很看重繪畫藝術。接下來的詩句便是誇贊由這山水畫而看出的畫者的高超技藝。"愛畫入骨髓"則説劉少府不是一般地喜歡繪畫藝術

---

① 余嘉錫:《世説新語箋疏》,上海:上海古籍出版社,1993年,第718頁。
② (宋)朱熹:《朱子大全·晦庵先生朱文公文集》卷三,上海:上海古籍出版社,合肥:安徽教育出版社,2010年,第321頁。
③ 《杜詩筆記》,第53頁。

作品,而且讓他自己的兩個孩子也學會了畫畫,水準還挺高。説劉少府愛畫而特別牽涉他的兩個孩子,是爲了體現"重毫素""入骨髓"不是隨便説説的。如果不是真愛,怎麽會讓自己的孩子學畫畫呢?如果是贊劉少府繪畫藝術高超,只需贊畫便可,何必再三説什麽"重毫素""愛畫入骨髓"呢?如果從杜甫於劉少府處看畫、贊畫、贊劉少府愛畫的脈絡中理解此詩,可以看出這幅山水畫雖然不是劉少府所畫,却因畫而見劉少府的品味。而詩末"吾獨胡爲在泥滓,青鞋布襪從此始"之慨嘆,既是杜甫因滄洲趣之妙境而勾起的情感波瀾,又和劉少府"掃却赤縣圖"和"乘興遣畫滄州趣"相呼應,從而使整首詩渾然一體。劉少府不愛"赤縣圖"而喜"滄州趣",恰好觸及詩人内心嚮往山水自然的情愫。悟及於此,讀者就不難得出此詩雖因畫而發,其意則重在畫外。

結　語

由上所述,我們可以在較爲紛繁的歧異之見中,清理出較爲合理而易於疏通全詩脈絡的觀點。依據這些較爲合理的觀點,可以較爲平順自然地疏通詩意,抉發詩人寄寓於詩中的深沉感慨。劉少府掃去"赤縣圖"、遣人畫"滄洲趣"(山水畫)的行爲,是其出處觀的特殊表達方式。叙述劉少府的行爲和贊賞富於滄洲趣的山水畫,則寄寓着詩人强烈的擺脱世俗名利羈絆之情。

元稹"模勒"新論*

莊文龍

摘 要: 元稹《白氏長慶集序》曾謂白居易詩受人"模勒"而"衒賣於市井",前人對此聚訟紛紜,可謂中國雕版印刷史及唐代詩歌傳播史的重大爭議熱點。當中主"模勒"爲雕版印刷者,自明代胡震亨以來不乏其人。後有主"模勒"爲勾勒者,又有主"模勒"爲模寫編輯者。然仔細審視以上説法,可知均有可議之處,未能自圓其説。兹立第四種論説,以"勒"回歸常用之"刻"義,推論"模勒"可釋爲"鎸刻"器物。此説勝於前人諸説處,在詞義上符合"勒"或"模勒"的常見義,在句法上符合"繕寫"與"模勒"的對舉方式,在文意上符合對白詩流行程度的强調,在時代上符合鈔本時代的詩歌傳播情况,在文化上符合傳世文獻及出土文物所反映的題刻風俗。如此,即可解决前人持説的若干局限與偏弊,有助於進一步論證古代文本傳播的載體、篇幅與途徑。

關鍵詞: 元稹;白居易;模勒;雕版印刷;《白氏長慶集》

一、緒言

前人在評論白居易詩之風行時,往往舉元稹撰《白氏長慶集序》之一段文字,其曰:

> 然而二十年間,禁省、觀寺、郵堠墙壁之上無不書,王公妾婦、牛童馬走之口無不道。至於繕寫模勒,衒賣於市井,或持之以交酒茗者,處處皆是。①

這段文字已經成爲研究白居易詩歌、唐代傳播史,乃至書籍雕版印刷史等研究的重要引文,但當中"繕寫模勒"數字的含義却言人人殊。明代胡震亨撰《讀書雜録》,將元白詩的"模勒"作爲唐代出現雕版印刷的論據,此後便陸續有人將此段文字看作中國雕版印刷的文獻記載。現代學者也有不少專門討論"模勒"一語的論文,如楊繩信《"模勒"與版刻考》,以唐元稹《白氏長慶集序》所言"模勒"爲刊刻,引清人趙翼、近人王國維説法爲據,又以《禮記·月令》及漢鄭玄、唐孔穎達、宋方愨、《增韻》等注釋,證"勒"爲"刻"。由此推論"繕寫模勒"指"抄寫制板刻印","作書模勒"即是"印詩篇爲書",并

---

* 作者簡介:莊文龍,南京大學文學院博士生,主要從事清詩研究。
① (唐)元稹:《白氏長慶集序》,《元氏長慶集》卷五十一,北京:文學古籍刊行社,1956年,第654頁。

依此作爲印刷術發明上推至公元835年的理據①。而辛德勇《唐人模勒元白詩非雕版印刷說》一文,先爲"模勒"釋雕版說爭議溯源,次述胡震亨、趙翼,到島田翰、伯希和、卡特等人持說,以及蔣元卿、錢穆等人的反對意見。後而重點介紹翁同文《與印刷史夾纏之元稹筆下"模勒"一詞確詁》《從印刷史論考唐人"模勒"一詞絕不指印刷》等文之主張"模勒"實指"鈎摹",并依此審辨相關文獻,反駁雕版印刷說及申述摹寫說②。蘇勇强《元稹"模勒"續考》一文,則假設了"模勒"作爲"板印"和"摹寫"兩種說法所遇到的疑點。認爲前人以雕版印刷的出現論證元氏"模勒"爲印刷的過程,本身存在邏輯上的問題。最後,蘇氏雖無坐實"模勒"到底所屬何義,但傾向認爲"模勒"有可能是"模寫"的異文③。曹之、郭偉玲《"模勒"釋義辨析》一文,則在雕版說及勾摹說以外推出新見,認爲"模勒"指的是模仿詩歌内容④。劉衛武《元稹筆下"模勒"可釋爲雕版印刷之證》一文,則認爲"'模勒'應釋爲'雕版'",又對勾摹說進行商榷,從籠統和具體兩個方面,論述"'模勒'一詞更强調其責任者在鑴刻工程中的系統整體責任,而'鑴'、'刻'則强調其責任者在鑴刻工程中的個别具體責任"⑤。孫振濤《唐代"書卷"考釋》一文"元稹作品中的'模勒'考"節,也主張"模勒"爲刻碑前的勾摹工序⑥。

　　以上諸說可歸納爲以下三個主要觀點:一是雕版印刷說。以"勒"爲"刻",與繕寫本相對,故模勒爲雕刻本,即印刷本;二是勾摹字跡說。以"模"通"摹",釋模勒爲摹寫。以模勒與鑴刻爲兩工序,故模勒實指仿其字體;三是模寫編輯說。認爲"模勒"指仿寫作品内容而非仿摹字跡。此前討論尤以前兩說爲重,雙方陸續互有反駁,然明顯各文皆破有餘而立不足,所主張的觀點均多漏洞而未能自圓其說,甚至落入自說自話的境地。兹先論問題的提出,平議各說漏洞,以見新說之必要;次論"模勒"詞義,釋其"刻"義;繼論元稹序語文意,釋其用"鑴刻"(器物)義。在諸說未能互相說服的情况下,本文試從諸說平議、詞義考釋、句意析讀、文獻互讀、文物相證等角度,提出第四種假設,主張元稹言下"模勒"應指鑴刻詩文(於器物),而非雕版印刷、勾摹描寫或模寫編輯,適可釋除、串連前三說絕大部分的不足之處。

二、前人"模勒"諸說平議

　　由於古代漢語詞義變化極多,同一詞語在不同時代,甚至同一時代不同語境下也會出現異義。因此,解釋某個文本的詞義,即不能以個别詞例來否定其他詞例的詞義,而應盡可能地結合具體詞義、文本旨意、歷史背景等諸多因素論之。若僅從詞義

---

① 楊繩信:《"模勒"與版刻考》,《西北大學學報》(哲學社會科學版),1981年第2期,第49—50頁。
② 辛德勇:《唐人模勒元白詩非雕版印刷說》,《歷史研究》,2007年第6期,第36—54頁;又載辛德勇:《中國印刷史研究》,北京:生活・讀書・新知三聯書店,2016年,第289—309頁。
③ 蘇勇强:《元稹"模勒"續考》,《晉陽學刊》,2006年第1期,第103—107頁。
④ 曹之、郭偉玲:《"模勒"釋義辨析》,《出版發行研究》,2010年第5期,第70—73頁。
⑤ 劉衛武:《元稹筆下"模勒"可釋爲雕版印刷之證》,《當代圖書館》,2012年第3期,第61—63頁。
⑥ 孫振濤:《唐代"書卷"考釋》,《古籍整理研究學刊》,2016年第6期,第74—77頁。

論之,前人"模勒"諸説皆有可信之處。然綜合考慮衆多客觀因素,則諸説不能回應之疑點甚多,論者宜審慎待之。

(一)"雕版印刷"説難以成立

衆説之中,尤以雕版印刷説較早出現却較難成立。其所面對之問題,至今仍爲持説者所忽略、無視,誠爲可惜。計有以下幾方面:

首先,是雕版印刷出現與廣泛使用的年代争議,近年尤以辛德勇的梳理、辨證最爲詳細。關於雕版印刷之出現,學界至今仍衆説紛紜。雖具體追溯時間頗有不同,但大多學者認爲雕版印刷出現於唐,且最初之印刷品應爲佛道典籍、曆書、醫書等書籍,詩文集雕印之出現則較後,顯示出由前者擴展至後者的延時性①。我們又應該問,白居易的詩集(或篇章)在當時的地位是否能媲美佛教上的經典?甚至是先秦以來的儒家經典、各大家的詩文,致使當時以同樣級别的印刷方式(後來僅見於佛教經典)印行?應該説,人們從技術的條件和特點,到聯想、應用、改良以適用於更多實際需要,本身需要經歷一段啓發、嘗試的時間。辛德勇説:"在這樣的背景下,若是很早就出現雕印鬻賣元白詩作之情況,其性質與同時期其他宗教讀物差别甚大,將顯得非常突兀,恐怕不够合乎情理。"②因此,我們即使在敦煌遺書中可見咸通九年(868)王玠施財所刻的《金剛經》,也不能將當時宗教印刷品的存在理所當然地視作詩文集印刷品出現時間的根據③。而將"模勒"視作雕印品之發行,也未必符合與"繕寫"并行的實際情況。雖然,抄寫詩文集的方式并未因雕版印刷的出現而完全消失,但"後世的情况表明,雕版印刷與人工用普通形式書寫的同一讀物,不可能同時據有一個足够繁榮的市場,雕版印刷品一旦立足,必然斥逐普通手工抄寫讀物出局"④。因此,將元稹語下的"繕寫模勒"看作鈔寫本與雕印本同時取得市場的消費,則於理不合。

其次,是以"模勒"表示板印與印刷事例用詞不符。五代以來,凡板印者,多用"印""印子"等詞。翁同文在《從史學考證論唐人"模勒"一詞絶不指印刷》一文,將唐五代印刷事例列之成表,并説:"很容易發現最早的印刷事例,都以'印'字表示,如印紙、印本、印賣、版印、印子等。到後來,則出現'雕''刻''鐫'等同義字……由於唐五

---

① 關於雕版印刷出現與廣泛使用的討論,可參辛德勇《中國印刷史研究》。
② 辛德勇:《唐人模勒元白詩非雕版印刷説》,第49頁。
③ 打個比方,當我們看到春秋時期的甲骨卜辭遺物,是否就能推論當時既已存在銘刻文字的條件,所以同時期也有銘刻詩歌於甲骨的現象?當我們看到莫高窟的唐代經變壁畫,又是否能推論當時既有繪刻佛經故事上壁的條件,所以同時期也有繪刻傳奇故事於壁上的現象?類似的推論顯然并未考慮到彼此性質的差别。就佛教經像與詩文集的印發背景來説,前者基於宗教上助印功德的目的,便異於後者出於商業上有利收益的目的。根據現存最早的雕版印刷内容,佛經比詩文集的印刷早了一段相當長的時間,也就表明由印刷前者啓發至印刷後者所需的實踐時間。因此,在找不到同期雕版印刷詩文集的證據下,我們很難説元稹言下的"模勒"就是雕版之義。
④ 其注引胡應麟《經籍會通》卷四曰:"凡書市之中,無刻本則抄本價十倍;刻本一出,則抄本咸廢不售矣。"又轉引翁同文《印刷術使書籍成本減低十分之九》引李燾《續資治通鑒長編》記述,曆書發行"舊制歲募書寫費三百千,今模印止三十千"。見辛德勇《唐人模勒元白詩非雕版印刷説》,第45頁。

代的早期印刷名義,全都不離'印'字或'雕'字,以及雕字的同義字,則將長慶四年的'模勒'認爲刻印,在方法上實嫌單例孤證,自然難成立。"①

另外,從詞語義涵的角度來説,此説將"勒"之"鐫刻"義直接等同"刻印"義的論證未安。徐俊曾説:"即使'模勒'意即刊刻,也難以確定爲刊刻書板。"②的確,"模勒"若指雕版印刷,則"模勒"本身需有雕刻成板及印刷成書兩個語意。持説者如楊繩信説:"'繕寫模勒'指的是抄寫制板刻印。"③釋之爲抄寫其詩,以及雕刻其詩并印行,以"刻""印"兩義兼釋"模勒"。然而,縱觀"勒"字雖有鐫刻、書寫、編纂、約束等詞義,但却非如"模印""版印"等常見板印同詞兼有"印"義。因此,前人以"模勒"有"鐫刻"義,繼而下"模勒"等於"刻印"的結論,實有跳躍論證之嫌。至於"模勒"有無可能爲拓印?應也没有,情況與釋"模勒"爲"雕版印刷"相似。退一步來説,即使唐代存在拓印詩集的事實,但單從"繕寫模勒"之語境和句子本身的語法來説,"模勒"雖有"刻"義而無"拓""印"義。拓印技術無疑在唐已經出現,但多用"拓""打"等字表示。因此,以"模勒"之刻義跳躍論證爲拓印義也不妥當。如果元稹想説白詩流行之廣,分別有抄寫本和拓印/板印本,則用"拓""印"等語而非"勒"更合常理。

再者,考察白居易晚年自抄詩集之舉,元白傳世詩文在當時以抄寫形式發行,并無印本出版之跡象。《白氏長慶集後序》云:

> 白氏前著《長慶集》五十卷,元微之爲序。後集二十卷,自爲序。今又續後集五卷,自爲記;前後七十五卷,詩筆大小凡三千八百四十首。集有五本:一本在廬山東林寺經藏院,一本在蘇州南禪寺經藏内,一本在東都勝善寺鉢塔院律庫樓,一本付姪龜郎,一本付外孫談閣童。各藏於家,傳於後。其日本、新羅諸國及兩京人家傳寫者,不在此記。又有《元白唱和因繼集》共十七卷,《劉白唱和集》五卷、《洛下游賞宴集》十卷,其文盡在大集内録出,别行於時。若集内無而假名流傳者,皆謬爲耳。會昌五年夏五月一日,樂天重記。④

所述白集在不同國家地區之傳寫情況,而未曾提及刻印詩集或詩篇之事。又《劉白唱和集解》云:"一二年來,日尋筆硯,同和贈答,不覺滋多。至大和三年春已前,紙墨所存者,凡一百三十八首。……因命小姪龜兒編録,勒成兩卷,仍寫二本:一本付龜兒,一授夢得小兒侖郎,各令收藏,附兩家集。"⑤此述《唱和集解》亦是以傳寫的方式流傳。上文説及最早的雕版印刷與佛教息息相關,而我們再從元白社會地位與佛教背景來看,則知其與佛教寺廟活動關係密切,應熟知佛經印刷常用的"印本""版印"等通行稱謂。因此,蘇勇强便質疑:"元稹是否有必要創造'模勒'一詞以區分其與傳統'抄寫'之不同。又白居易晚期生活富足,若有成熟印刷技術存在,爲什麽不花錢雇人刊

---

① 翁同文:《從史學考證論唐人"模勒"一詞絶不指印刷》,台灣淡江大學中文系:《晚唐的社會與文化》,台北:學生書局,1990年,第362—363頁。
② 徐俊:《敦煌詩集殘卷輯考·前言》,北京:中華書局,2000年,第54—55頁。
③ 楊繩信:《"模勒"與版刻考》,第50頁。
④ (唐)白居易撰,顧學頡校點:《白居易集》,北京:中華書局,1979年,第1552—1553頁。
⑤ 同上,第1452頁。

刻版印自己的詩文集,而花費大的力氣去抄寫呢?"①況且,白詩名滿天下,即使白居易未有足夠能力自行印刷,書商亦應樂意刻而售之。

應再强調的是,雕版印刷在當時是否存在,跟我們針對元稹言下的"模勒"并不構成必然關係。退一步來說,即使元白時已出現此項技術,也未能論證元稹所說爲雕版印刷之義。從現存文物可見,最早的雕版印刷品是佛教經像而非詩文集,說明當時若以此印行詩集或詩篇即屬特異的存在;從早期的印刷詞例可見,"模勒"根本不符合最早的"印""版印"等用詞;從論證的方法可見,以"刻"和"印"兩義同時解釋"模勒"一詞本身即不可信;從文獻記載可見,當時并不存在有關白氏詩文集或篇章的印發跡象。换言之,持說者若不能從雕版印刷的產生背景、早期印刷詞例、模勒的義涵、白集傳寫現象等方面一一回應,實難以爲此說辯護。

(二)"勾摹字跡"說尚有疑點

以模勒爲勾勒字跡說,於諸說中較爲可信,然而也存在疑點。

首先是白居易書法於當時之價值問題。雖然辛德勇說:"雖然不是顔真卿那樣的一代書法宗師,但其字跡亦'不失書家法度',自非尋常文士可比,宋時便被視爲名家法帖收藏。"②但審其引《容齋隨筆》《宣和書譜》《東坡後集》等史料,畢竟可見的只是宋人對元白的書法欣賞程度,而非時人評價。苛刻地說,元白書法於唐時已名滿天下,抑或宋人因其詩名而推崇其手跡,似乎難以判斷。因此,"在元白所處的唐代,抄書是學者的第一要務,書法家多如牛毛。元白雖然書法不錯,但還稱不上一流、二流的書法家,其社會影響主要依賴他們的作品内容,而不是書法。廣大讀者喜歡元白詩主要是其内容而不是其書法"③。

其次,便是書法買賣的問題。實際上,書法字跡的臨摹或僞仿費時費力,與商家速售策略實相矛盾,故張秀民便說:"賣者旨在速售,不可能模仿元白兩人的字體。"④因此退一步來說,即使元白書法於當時已然地位甚高,市場上也難以出現到處交賣臨摹手跡之作。

爲方便論說,此外的一些疑點,如以物易物的合理性、序語的重心語意和"模勒并刻字"的論證問題等,則將於後文"'繕寫模勒'分指抄寫與題刻詩歌之器物"及"'模勒并刻字'補議"兩節一并論述。

(三)"模寫編輯"證據薄弱

以"模勒"爲模寫者成說較新,證據却最爲薄弱。此說所引詞例用法并不常見,其引宋魏慶之《詩人玉屑》卷十云:"詩吟函得到自有得處,如化工生物,千花萬草,不名一物一態。若模勒前人,無自得,只如世間剪裁諸花,見一件樣,只做得一件也。"自注

---

① 蘇勇强:《元稹"模勒"續考》,第 104 頁。
② 辛德勇:《唐人模勒元白詩非雕版印刷說》,第 45 頁。
③ 曹之、郭偉玲:《"模勒"釋義辨析》,第 71 頁。
④ 張秀民:《中國印刷史》,上海:上海人民出版社,1989 年,第 26 頁。

"《漫齋語録》"①。此以模勒作模仿、仿寫，又見於宋何汶《竹莊詩話》②和宋張鎡《仕學規範》③，文字大同小異。然明費經虞《雅倫》卷十九同引此段説話，其中宋人所用"模勒""摸勒"却作"模仿"④。在没有其他用例的前提下，我們很難判斷其"模勒"有"模仿"之義，抑或純粹出於"模勒"由"模仿"訛誤而來。

另外，元稹序語中"繕寫模勒"應作并列結構使用。不論雕版説釋之爲白居易詩集（或篇）的寫本和印本，勾摹説釋之爲白居易詩的抄寫和摹寫書卷，均無礙於"繕寫""模勒"對舉之用法。然而，若以繕寫爲抄寫文字、模勒爲仿寫内容，指涉對象既不相同，則句意欠妥。

可以説，此説在詞義、句法和文意上即不可信。

三、"模勒"可作"鎸刻"解

提出新説的第一步，乃確定"模勒"一詞有"鎸刻"之義，且常見於刻字行爲，與元稹言下之題刻詩歌（非刻印詩篇）語境極爲相近。

先説"勒"之刻義。"勒"字作"刻"解，古來用例甚多。《禮記·月令》曰："物勒工名，以考其誠，工有不當，必行其罪，以究其情。"鄭玄注："勒，刻也。刻工姓名於其器，以察其信，知其不功致。功不當者，取材美而器不堅也。"⑤所謂"物勒工名"，即指將匠名刻上器物，方便追究製作責任。"勒"可作"刻"無疑，此引文也是前人用以釋"模勒"最多之例。當然，如前文所説，前人在借用此條文獻釋"模勒"義時，多混"鎸刻"作"刻印"，是其問題所在。另外，如《史記·封禪書》："二世元年，東巡碣石，并海南，歷泰山，至會稽，皆禮祠之，而刻勒始皇所立石書旁，以章始皇之功德。"⑥則是"刻""勒"合用，亦指刻石。又如《太平廣記》卷七十二"道術二"許君："因得古碑，文字刓缺，不可復識。因剗去舊文，刊勒新記。"⑦則"刊"、"勒"合用，意爲雕刻碑文。詩文中以勒作刻者，亦不少見，如"指歲暮而歸休，咏宏徽於刊勒"（謝靈運《山居賦》）、"當思勒彝鼎，無用想羅裙"（蕭綱《隴西行》）、"燕山猶有石，須勒幾人名"（庾信《出自薊北門行》）等等，甚至白居易的《紫毫筆》，也有"毫雖輕，功甚重，管勒工名充歲貢"句，即用"物勒工名"之事。可見，"勒"具刻義并無可議。

---

① （宋）魏慶之著，王仲聞點校：《詩人玉屑》卷十，北京：中華書局，2011年，第304頁。
② （宋）何汶《竹莊詩話》曰："《漫齋語録》云……詩當咏得到，自有得處。如化工生物，千花萬草，不名一物一態。若模勒前人而無自得，只如世間剪裁諸花見一件樣只做得一件也。"載（宋）何汶（舊説何溪汶）撰，常振國、絳雲點校：《竹莊詩話》卷一，北京：中華書局，1984年，第1頁。
③ （宋）張鎡《仕學規範》卷三十九："詩涵養得到，自有得處，如化工生物，千花萬草，不名一物一態。若模勒前人，無自得，只如世間剪裁諸花，見一件樣，只做得一件也。"自注："已上出《蒲氏漫齋録》。"（宋）張鎡：《仕學規範》外二種，上海：上海古籍出版社，1993年，第197頁。
④ （明）費經虞《雅倫》曰："《漫齋》云……詩要到自有得處，如化工生物、千花萬卉，不名一物一態。若模仿古人，無自得，只如世間翦彩諸花，見一件只做得一件也。"（明）費經虞：《雅倫》卷十九，清康熙四十九年刻本，第14頁。
⑤ （漢）鄭玄注、（唐）孔穎達正義，吕友仁整理：《禮記正義》上，上海：上海古籍出版社，2008年，第725頁。
⑥ （漢）司馬遷：《史記三家注》卷二十八，台北：七略出版社，2003年，第11頁。
⑦ （宋）李昉：《太平廣記》第六册卷七十二，民國掃葉山房石印，1926年，第4頁。

次説"模勒"。雖有研究者認爲應解作"勾勒""勾摹",然考之則模刻、鐫刻、刻勒義更爲常見、直接。今見"模勒"者,多言及刻制碑帖,如唐陸廣微《吳地記》曰:"龍興寺,則天皇后置。御書額八方。開元五年,再興此寺,刺史張廷珪模(樊本作'摹')勒御書於碑。"①既云碑,則似言刻勒而非言書寫於碑。又如宋曹士冕《法帖譜系·雜説上》"淳化法帖":"熙陵……乃出御府所藏歷代真跡,命侍書王著模刻禁中,釐爲十卷。各於卷尾篆書題云:'淳化三年壬辰歲十一月六日奉聖旨模勒上石。'"②所言上石,亦作刻義。

又審核文獻中同一事典之異文,則模勒一詞常用於"刻"義無疑。宋程俱《麟臺故事》記:

> 端拱三年十月,遣中使李懷節以御草書《千字文》一卷付秘閣。李至請於《御製秘閣贊》碑陰模勒上石,帝曰:"《千字文》偶然閑寫,因令勒石,李至更欲鐫勒,且非垂示立教之文。《孝經》一書乃百行之本,朕當親爲書寫,勒在碑陰可也。"③

此段文字,首言李至上請宋太宗,在《御製秘閣贊》的碑陰將御草之《千字文》"模勒上石"。後太宗言及李至欲"鐫勒"《千字文》一事,以《千字文》非垂示立教之文拒絶,并以孝爲百行之本爲由,再令之將御書《孝經》"勒"之碑陰。可知,"模勒""鐫勒""勒"於此記載即同義遞用。又宋江少虞《新雕皇朝類苑》卷三十一"六"條同記此事,曰:

> 九月五日奉詔模勒立石。十月遣中使李懷節以御草書《千字文》一卷付秘閣。李至請於《御制秘閣贊》碑陰勒石。帝謂:"近臣曰《千字文》蓋梁武得鍾繇書破碑千餘字,俾周興嗣以韻次之,詞理固無可取。乘間偶書,且非垂世立教之文。《孝經》一卷乃百行之本,朕嘗親爲書之,勒諸碑陰可也。"因賜李至詔書諭旨。④

此記載與《麟臺故事》雖文字稍異,然先言"模勒立石",再言李至請"勒",後言帝令勒石,當中"模勒"和"勒"明顯皆同用刻義。

我們再考析元人關於"劉商觀弈圖石刻"的詩文綫索。元張雨有詩題爲:"開元真人見貽劉商觀弈圖石刻,毫髮布縷,皆盡精妙。蓋李龍眠臨唐畫本,茅君彦模勒,爲玉局仙翁所藏云"⑤,詩題概述"劉商觀弈圖石刻"一物,乃由李龍眠臨摹唐畫、茅君彦"模勒"石刻,而收藏於蘇東坡之所。當中李氏爲李公麟,字伯時,號龍眠居士,北宋畫家。而茅氏爲茅紹之,元代刻石名手。對於此一典故,元成廷圭《劉商觀弈圖》首四句云:"茅生絶藝天下無,何以刻此觀弈圖。劉商易之亦驚倒,神妙似與龍眠具。"⑥贊嘆

---

① (唐)陸廣微:《吳地記》,南京:江蘇古籍出版社,1999年,第99頁。
② (宋)曹士冕:《法帖譜系》,北京:中華書局,1985年,第1頁。
③ (宋)程俱撰,張富祥校證:《麟臺故事校證》,北京:中華書局,2000年,第255頁。
④ (宋)江少虞:《新雕皇朝類苑》卷三十一第六條,日本元和七年活字印本,第3頁。
⑤ 詩云:"薪桂蘇蘭者,能來立坐隅。徒聞玉楮刻,遂信石枰圖。妙跡傳仙李,高名重大蘇。向來林下意,不敢易樵夫。"見(元)張雨:《句曲外史集》,載(清)顧嗣立:《元詩選》初集三,北京:中華書局,1985年,第2419頁。
⑥ 全詩爲:"茅生絶藝天下無,何以刻此觀弈圖。劉商易之亦驚倒,神妙似與龍眠具。松陰對弈者誰子?豈非角里園公乎!雲綃霧縠古冠佩,童顔雪頂滄溟枯。野樵旁立太險絶,歸來始覺仙凡殊。斧柯竟化作塵土,世間甲子真須臾。老夫只解飲醇酒,一著輸贏曾放乎。市廛有地寄閑身,却覓南山橘中叟。"(元)成廷圭:《居竹軒集》,載(清)顧嗣立:《元詩選》二集上,第660頁。

茅氏刻圖之"絶藝"。元揭傒斯又有詩題曰"題劉商觀弈圖李伯時臨蘇子瞻跋茅君彦刻"①，同樣提及茅氏刻圖。明劉基《題劉商觀弈圖》詩序則云："右昔人臨唐《劉商觀弈圖》，其曰李伯時臨，茅君彦勒，蘇先生識。蓋皆假設之云，而其描寫模刻，實具秒絶，不必問其真作於何人也。"②言茅氏勒，更言其"秒絶"之"模刻"工夫。以上既云石刻圖者，當爲贊嘆茅氏之整體刻工，而非單言其刻石前之勾摹工藝，因此諸人提及茅氏亦直接以"刻"説之。考察以上詩題、詩序和詩文，可見"模勒""刻""勒""模刻"實能互用，故"模勒"一詞最直接的用法即作鑴刻解。

今見文獻異文，又有"摹勒""摩勒""摸勒"等詞，與"模勒"字異意同，如《白氏長慶集序》自注"楊（或作揚）越間多作書模勒"，便有本作"摸勒"③。而再考"模勒""摹勒""摸勒"各詞，則知其多語涉"入石""上石""於石""刻石""刊石""入木"。審其語境，無論以"刻勒""勾勒"或"鑴刻"解之皆合情理。即如宋潛説友《咸淳臨安志》卷七十九"寺觀五"記："開運元年，錢氏建元祐中守蘇文忠公重建法堂有題梁。"注曰："慶元三年，韓松刻曰：東坡先生翰墨無不載於碑刻，惟智果院法堂脊記獨未入石，因命工摹勒，以永其傳。"所欲"永其傳"者，正賴於"摹勒""入石"之舉④。又如清胡聘之《山右石刻叢編》卷十五"布衾銘"："元祐戊辰，侄富摸勒於石，以傳永久。"⑤同樣所謂"以傳永久"，亦以刻石爲"摸勒"義。又如宋談鑰《吴興志》"碑碣"卷十八"聖制御書手詔"條注："在知州廳上，徽宗皇帝御制御書也。崇寧四年九月二十日，奉聖旨摩勒於長官廳。"⑥析地志此卷均述碑碣，"摩勒"亦當指刻制而非單指勾摹御書。這些異文又常與"模刻"⑦"摩刻"⑧"摸刻"⑨"摹刻"⑩"摸鑴"⑪"摹鑴"⑫"鑴勒"⑬等語用法相似，實可

---

① （元）揭傒斯著，李夢生標校：《揭傒斯全集》，上海：上海古籍出版社，2012年，第274頁。
② （明）程敏政編：《皇明文衡》卷四十五跋，《四部叢刊初編縮本》集部，上海：上海商務印書館縮印無錫孫氏小淥天藏明刊本，第379頁。
③ （宋）姚鉉：《唐文粹》卷九十二，四部叢刊景元翻宋小字本，第3頁。
④ （宋）潛説友：《咸淳臨安志》卷七十九，清文淵閣四庫全書本，第14頁。
⑤ （清）胡聘之：《山右石刻叢編》卷十五，太原：山西人民出版社，1988年，第15頁。
⑥ （宋）談鑰：《吴興志》卷十八，民國吴興叢書本，第2頁。
⑦ 《朱文公校昌黎先生集遺文》"嵩山天封宫銘"按："其一在福先寺塔下，當時所見墨跡，不知其後何人模刻於石也。"見（唐）韓愈撰，（宋）朱熹考異：《朱文公校韓昌黎先生集》，上海：商務印書館四部叢刊景元刊本，1919年，第7頁。
⑧ （明）趙崡《石墨鐫華》卷一"夏禹衡岳碑"撰跋："但其文所謂龍畫螺書，鸞漂鳳泊，雖經摩刻，猶可想見古人，惜不得衡岳石上跡耳。"（明）趙崡：《石墨鐫華》卷一，北京：中華書局，1985年，第1頁。
⑨ （唐）盧仝《玉川子詩集注》卷五："其後屯田左員外理盧其頑同，構字以覆其碑而摸刻於他石，以廣其傳。"（唐）盧仝撰，（清）孫之騄注：《玉川子詩集注》卷五，清刻叢書八識本，第16頁。
⑩ （宋）陳思編《寶刻叢編》"慈恩雁塔唐賢題名十卷"："……李知常等俾盡摹刻於石。"（宋）陳思編：《寶刻叢編》，清文淵閣四庫全書本，第35—37頁。
⑪ ［日］中野三敏《和刻法帖（目録篇）》集帖（和·唐）部分第五十條"儒林墨寶"，記："奥付弘化三季歲次丙午（句末漏"冬"字）/十二月翠篔書屋勒成/望雲摸鑴。"（日）中野三敏：《和刻法帖（目録篇）》，東京：青裳堂書店，2011年，第19頁。又見《和刻法帖（図版篇）》，第38頁。
⑫ （宋）曾宏父《石刻鋪叙》卷下"長沙帖"："十卷實秘閣前帖翻本，内義獻帖略有增入。慶曆間，慧照師錢希白摹鑴。"（宋）曾宏父：《石刻鋪叙》，北京：中華書局，1985年，第21頁。
⑬ （唐）封演《封氏聞見記》卷十"修復"："其二碑求得舊文，買石鑴勒，樹之都門。"（唐）封演：《封氏聞見記》，北京：中華書局，1985年，第129頁。

轉相遞用。而當中"模刻""摩刻""摸刻"諸語即不能釋爲具體的"勾摹"(刻石前之工序),而應釋爲"鐫刻""仿刻"。若"模刻"諸詞爲"模勒"異文,則"模勒"亦應釋爲"鐫刻""刻勒"。

據此,可知"模勒"無疑有刻義。若依其最常見、最直接之"刻勒"義,則元稹"繕寫模勒"可釋作"書寫與鐫刻"。以下續説元稹所用之"模勒"。

四、"繕寫模勒"分指抄寫與題刻詩歌之器物

"模勒"雖多言碑帖,但亦見及其他器物,如宋洪适《隸續》卷二"耿氏鐙"條:"兩漢器物銘存於今者,皆是篆文,獨此一鐙用隸。弟薛君酷好篆古,不習隸法。模勒不精,頗失其精。未知此器今藏於誰氏也。"①筆者以爲,模勒若用鐫刻義,可釋爲刻勒器物,而不必、不應釋爲雕版印刷。在"模勒"具有"刻勒""鐫刻"義,以及不能釋爲雕版印刷的前提下,"繕寫模勒"應指題刻白居易詩的器物。其既以繕寫、模勒對舉,語義可釋作"將詩文分別抄寫和雕刻於器物上"或"抄寫詩文和刻寫詩文的器物"②。

前人在討論"繕寫模勒"時,幾乎無一例外地將目光放在書籍、詩卷等紙本文字載體上,忽略了唐詩傳播的其他媒體。因此,即使持"模勒"之"刻"義的學者,也自然地將"鐫刻"等同爲"刻印"。唐詩超出紙張作爲載體的諸多傳播方式,其實早爲學界共識。然就目所見,將元稹此段序語跟唐代日常生活用品作出聯繫的,只有姜革文《商人·商業·唐詩》一書。在此書"唐代商人對於唐詩的傳播"章之"商人利用商品傳播了詩歌"③節中,姜氏在引用元稹序語後説:"詩歌一定要有物質形態的東西作爲載體纔行,這個載體可以是書本,可以是瓷器,可以是扇子,可以是手帕,可以是很多東西,而内容是詩歌。"④并以長沙窯題詩瓷器和《全唐文補編》所收鏡銘作爲示例,其觀點正與筆者的最初設想不謀而合。當然,由於姜氏此節志在爲唐詩的其中一種傳播方式舉例,并未探究"模勒"語義和書籍史上的雕版印刷等問題,故以下試析論之。

據諸多文獻記載和出土文物顯示,在各種大、小型器物上刻勒工名,以至刻事記功之舉,自古有之。先説紙上之材料。將文字題刻在器物上,詩文中并不乏見,唐人如李白《洞庭醉後送絳州吕使君果(一作杲)流澧州》:"贈劍刻玉字,延平兩蛟龍。"張籍《雜曲歌辭·少年行》:"日日鬥雞都市裏,贏得寶刀重刻字。"當中刀劍上所刻,可字可詩。至於明言刻詩者,如《蜀中廣記》卷八:"昔耕者於山掘得小銅版,上鐫詩云:'塵世不我留,身寄白雲浮。若問真遊處,三山與十洲。'不知爲何代物。"⑤再説地下之材

---

① (宋)洪适:《隸續》,《隸釋 隸續》卷二,北京:中華書局,1986年,第3頁,總第302頁。
② "繕寫"最常言及紙帛,然亦有非言紙帛者,如(元)唐桂芳《送程仲庸序》:"獨《王無功傳》,默記於心,於是繕寫屋壁。"以"屋壁"爲"繕寫"之載體。見(元)唐桂芳:《唐氏三先生集·白雲文稿》卷十八,明正德十三年張芹刻本,第30頁;明馮夢龍《新列國志》第八十八回:"龐涓乃求臏傳示鬼谷子注解孫武兵書。臏慨然應允。涓給以木簡,要他繕寫。"以"木簡"爲"繕寫"之載體。見(明)馮夢龍:《新列國志》,瀋陽:遼寧古籍出版社,1996年,第794頁。
③ 姜革文:《商人·商業·唐詩》,上海:復旦大學出版社,2007年,第256—259頁。
④ 同上,第256—257頁。
⑤ (明)曹學佺:《蜀中廣記》外六種,上海:上海古籍出版社,1993年,第44頁,總第119頁。

料。出土文物如一東漢銅鏡,外圈有 55 字銘文:"尚方御鏡真毋傷,功工刻之成文章。左龍右虎辟不祥,朱鳥玄武調陰陽。子孫備具居中央,上有仙人以爲常。長保二親樂富昌,壽敝金石(如)侯王。"①這類刻有詩文的銅鏡在後世出土甚多,不煩列舉。又如今香港古月堂藏"唐代鳳凰牡丹紋葵式鎏金盤","盤底外圍則不作任何鏨飾,觀者均聚焦於脚圈内的鏨文,其上刻有'把酒問月'的四字詩題,并八行篆刻的詩句。(圖五)刻工古樸,放大鏡下人手鏨刻深淺有度,字體鏨作之處與金屬表面侵蝕的程度相約,相信在錘揲之後即進行相應的淺層篆刻。"②可見,早在元白之前,已有於器物刻詩的行爲。

在此值得一提的,是出土自湖南的長沙銅官窯瓷器③,其爲人所知的一大特點,即其題詩裝飾。目前所見完整的題詩瓷器 200 多件,主要是壺、瓶、碗等日用器具④。其中,即有學者判爲白居易詩的改作,詩云:"二月春豐酒,紅泥小火爐。今朝天色好,能飲一杯無?"此四句見《全唐詩》卷四四〇白居易《問劉十九》,詩云:"緑蟻新醅酒,紅泥小火爐。晚來天欲雪,能飲一杯無?"⑤由此可知,唐代白居易及其他詩人的作品,的確曾以題寫在日常器物上的方式傳播。

另外,更應注意李建毛在 2015 年發表的《長沙窯瓷題文雜識》的發現。他説:"以詩文飾瓷以往均認爲出自長沙窯,然從新近出土并流行於民間的資料看,這種説法須予更正。"⑥并舉湘陽縣城出土的一件青瓷碗和一些類碗形殘片,指出它們在碗内口沿以同樣方法刻上五言詩或類詩句,可見題詩器物不限於長沙窯,更可在它稍早建立的岳州窯發現。李氏又比較兩種題詩方式:

> 從書寫方式看,岳州窯題詩爲刻劃,先在將乾未乾的胎上劃刻寫,再施釉覆蓋,字跡通過釉的深淺變化得以識讀。而長沙窯作爲彩瓷窯,則是在潔白的化妝土上,以毛筆蘸彩書字,再罩上透明青釉,形成較强的色差對比,非常醒目。而且字體也跳出岳州窯的蠅頭小楷,變爲揮灑自如的楷、隸、行、草等書,書寫部位不再圍於碗的内口沿,而是位於器物最爲醒目部分,器形也不再拘泥於碗盞,有碟、壺、枕等物。⑦

從這段話中,我們可具體得悉中晚唐市井器物的兩種題詩方式,即刻劃和書字⑧。據此,若以刻勒之意釋讀"模勒"一詞,則元稹序語中"繕寫模勒"一句,實指市人在各種

---

① [美]錢存訓:《書於竹帛:中國古代的文字記録》,上海:上海書店出版社,2006 年,第 37 頁。
② 全詩爲:"青天有月來幾時? 我今停杯一問之。人攀明月不可得,月行却與人相隨。皎如飛鏡臨丹闕,緑烟滅盡清輝發。但見宵從海上來,寧知曉向雲間没? 白兔搗藥秋復春,嫦娥孤棲與誰鄰? 今人不見古時月,今月曾經照古人。古人今人若流水,共看明月皆如此。唯願當歌對酒時,月光長照金樽裏。"趙雨樂:《酒盤上的李白詩:唐代鳳凰牡丹紋葵式鎏金盤的鏨刻溯源》,《灼見名家》專欄"古今藝粹",2017 年 9 月 1 日,http://www.master-insight.com/酒盤上的李白詩:唐代鳳凰牡丹紋葵式鎏金盤的鏨刻
③ 按:長沙窯出土的一些瓷器有"元和三年""開成三年"等紀年,可知爲唐代燒制。
④ 長沙窯暫未見"刻"之器物,然有寺廟之銘文撲滿、茶盞等物,或刻或寫,記録訂制機構或布施人事。李建毛、張艷華:《長沙窯再認識》,《文物天地》,2016 年第 12 期,第 71—77 頁。
⑤ 周世榮:《長沙窯唐詩録存》,《中國詩學》第五輯,1997 年,第 70 頁。
⑥⑦ 李建毛:《長沙窯瓷題文雜識》,《文物天地》,2015 年第 9 期,第 45 頁。
⑧ 其後,李建毛又和張艷華重申"長沙窯的詩文裝飾工藝來自岳州窯"的觀點。同上,第 71—72 頁。

器物上書寫或刻劃白居易詩,再而"衒賣於市井"。

以此爲基礎再看《白氏長慶集序》,則前人諸説中的很多問題皆能得到合理解釋,其曰:

> 而樂天《秦中吟》《賀雨》諷諭等篇,時人罕能知者。然而二十年間,禁省、觀寺、郵堠墻壁之上無不書,王公妾婦、牛童馬走之口無不道。至於繕寫模勒,衒賣於市井,或持之以交酒茗者,處處皆是。(揚越間多作書模勒樂天及予雜詩,賣於市肆之中也。)其甚者,有至於盜竊名姓,苟求自售,雜亂間廁,無可奈何。①

當中可注意數點:一是時人多元的詩歌傳播方式;二是短小的詩歌單位;三是市井出現售賣白詩以至"以物易物"的交易方式;四是白詩的風行程度;五是襲改姓名詩文的錯亂現象。以下依次論之,并比對檢視各説之可能性。

序語提及口頭和書面的兩種詩歌傳播方式。前者指如王公、牛童等不同階層通過背誦、歌唱傳播白詩。後者又可分爲兩種,一是書寫在禁省寺觀等場所墻壁上的白詩,載體較大,乃不能移動的題刻;另一種是載體較小,可以由人傳閱且鬻賣於市井的白詩。從各説考慮,其賣於市井的載體可以是書籍、詩卷,也可以是各種日用器物②。

而其曰"篇",可信當時白詩應以單篇甚至截句,而非別集、全集的書本形式流播③,與近年學者發現唐寫本時代的流傳方式相符合,如徐俊總結唐代寫本時代的詩文的傳布方式:"一般讀者也總是以部分作品甚至單篇爲單位來接觸作家的創作,而根本不可能像刻本時代的讀者,可以通過'別集''全集'的形式去了解作家的作品。"④黄永年也認爲當時市井流播的是一些流行的詩篇,"并不是整部的詩文集"⑤。若是單篇作品流行,則市井所交易的難爲雕印白集,而應爲勾摹書卷,或題刻白詩的各種器物。

再參看明人胡震亨《唐音癸籤》提及的一條史料,其曰:"初疑元相《白集序》所載未盡實,後閲《豐年録》:'開成中,物價至廉,村路賣魚肉者,俗人買以胡綃半尺,士大夫買以樂天詩。'則所云交酒茗者,信有之。"⑥所謂俗人買以胡綃、士大夫買以白詩,一方面説明白詩流播階層之廣,另一方面則透露了一種以物易物的行爲,正補充了

---

① (唐)元稹:《白氏長慶集序》,《元氏長慶集》卷五十一,第1、654頁。
② (唐)杜牧《唐故平盧軍節度巡官隴西李府君墓志銘》載李戡批評元白詩,可補充序語言及之白詩流傳方式,其謂:"嘗痛自元和以來有元、白詩者,纖艷不逞,非莊士雅人,多爲其所破壞。流於民間,疏於屏壁,子父女母,交口教授,淫言媟語,冬寒夏熱,入人肌骨不可除去。"雖是貶斥其艷體詩一類之"元和體",但同時反映了元白詩的流播程度和方式。其曰"流於人間"與其他詩文所記可相互證,於此又可注意的是元白詩的傳播方式。除了"交口教授"之外,元白詩更是以"疏於屏壁"的形式記録和流傳的。《康熙字典》:"疏……又刻也。《禮·明堂位》疏屏,天子之廟飾也。《疏》疏,刻也。屏,樹也。謂刻於屏樹,爲雲氣蟲獸也。《又》殷以疏勺。《注》疏,通刻其頭。《後漢·梁冀傳》窗牖皆綺疏青瑣。《注》鏤爲綺文也。"當然,刻於壁者自是難於市井買賣,但其屏若指枕屏、硯屏一類,即也可能"衒賣於市井"。見(唐)杜牧撰,何錫光校注:《樊川文集校注》,成都:巴蜀書社,2007年,第682頁。
③ 長沙窑瓷器有截句題刻詩,如"劉長卿《苕溪酬梁別後見寄》原作爲六言八句,題詩僅截取中間四句"。陳尚君:《長沙窑唐詩後》,《中國詩學》第五輯,1997年,第76頁。
④ 徐俊:《敦煌詩集殘卷輯考·前言》,第10頁。
⑤ 黄永年:《古籍版本學》,南京:江蘇教育出版社,2005年,第52頁。
⑥ 胡震亨:《唐音癸籤》卷25,《談叢》1,上海:上海古籍出版社,1981年,第270頁。

"至於繕寫模勒,衒賣於市井,或持之以交酒茗者"的序語陳述。據此,應重新思考白詩用作以物易物之事實。辛德勇曾懷疑:"雕印詩篇豈不成了印制鈔票?官府又豈能不管?"①由於雕版印刷有條件大量印行,因此交易之白詩不可能是雕版印刷之産物。然而,交易之白詩不是雕版印刷品,又是否必如辛氏所推測,爲摹寫白氏手跡之作?其實也不必然。當中疑點有二:一是所謂"物價至廉"的客觀交易環境。若白詩手跡值得摹寫,則臨摹作品亦價值不菲,又豈能與"廉物"相交換?二是在於"村路賣魚肉者"是否識字以至識得白詩?甚至能否識別其摹寫工夫之優劣和價值?對此,我們不妨再作一翻"以意逆志":臨摹作品既屬於知識分子間的産物,士大夫又爲何不彼此售换,而必於市井易之以魚肉,交之以酒茗?賣魚肉者若不如辛德勇説,所收白詩用作轉賣士大夫,是否有可能爲賣魚肉者所"自用"?顯然,所賣之物用作自用比轉賣的可能性更大。假如交易品爲題刻白詩之器物,則器物本身便具有大衆使用的價值,村夫本身即能判斷其實用性,也自然樂意直接以物换物而不必大費周章再轉售之。

另外,白居易詩風與其詩之風行程度,正與題刻瓷器所反映之唐詩平民化、生活化的現象相符。序語所謂"禁省、觀寺、郵堠墻壁之上無不書,王公妾婦、牛童馬走之口無不道。至於繕寫模勒,衒賣於市井,或持之以交酒茗者,處處皆是",玩其文意,當爲強調白詩於各地方和各階層的流行現象。然"模勒"若作"勾摹"解,更多説明的是白居易手跡值得摹寫之價值。反而,以"書寫"和"刻勒"解之,則強調了器物上之白詩,文意一貫。又衆所周知,"老嫗能解"之詩風,正是白居易詩於當時能大行其道之原因之一,使其"自長安抵江西三四千里,凡鄉校、佛寺、逆旅、行舟之中,往往有題僕詩者;士庶、僧徒、孀婦、處女之口,每每有詠僕詩者。"②可説元白詩風在唐代平民階層廣受歡迎,也具備在市井被人買賣的條件。今見長沙窰瓷器題詩絶大多數平白易懂,正反映了唐代文化的平民化趨勢,以及唐詩在下層社會的流行,如陳尚君《長沙窰唐詩書後》説:"長沙窰唐詩可作爲唐代民間最流行的詩歌選本來讀。"③而吴順東説:"瓷器題詩雖僅爲一種裝飾的手段,其最終目的實在於促銷。那麽,除了消費者的購買力問題,還須着重考慮他們的文化水平和欣賞層次,也就是説,題材須是衆人喜聞樂見的,内容須是大家明白易懂的,當然,音調也必須能夠朗朗上口,令人過目難忘。"④更認爲:"長沙窰瓷器題詩很大程度上是新樂府運動的産物。"⑤此外,對於長沙窰一瓷器題白居易詩《問劉十九》異於今傳本,周世榮認爲白詩可能改自民歌⑥;吴順東則認爲長沙窰之《問劉十九》題詩是"白氏'竄定'之前力求平易的版本"⑦;陳尚君認爲題刻詩文改寫以適應民間欣賞趣味⑧;蔣寅師也認爲是工匠在知道白詩的前題

---

① 辛德勇:《唐人模勒元白詩非雕版印刷説》,第51頁。
② (唐)白居易撰,顧學頡校點:《白居易集》,第963頁。
③ 陳尚君:《長沙窰唐詩書後》,第76頁。
④ 吴順東:《關於長沙窰詩文瓷的幾點認識》,《湖南考古輯刊》,1999年第1期,第297頁。
⑤ 同上,第298頁。
⑥ 周世榮:《唐五代長沙窰題詩概説》,載《中國詩學》第五輯,1996年,第73頁。
⑦ 同注②,第299頁。
⑧ 陳尚君:《長沙窰唐詩書後》,第76頁。

下刻意改造①。其中陳、蔣二氏說法若能成立,則能反映民間詩歌流傳的變化現象,而這也很可能正是元稹在《序》所說"盜竊名姓,苟求自售,雜亂閒厠,無可奈何"②之感嘆緣由。即使就現代社會論之,一般人也樂於在家中掛上一兩幅書畫用作裝飾,或使用一些印有書畫圖案的日用品,并不必要求對書畫本身有何等程度的認識和批評目光。放之元稹所言,時人的白詩器物與今人家中的藝術化日用品并無太大本質上的差異,而其深入普通人的生活,反映了白詩於當時深入市井民間的程度,便如藝術在現今社會的流行情況。

總括而言,此說勝於前人諸說處主要有五方面。第一,在語義上符合文獻中"模勒"一詞最常見的雕刻義,勝於前人跳躍論證之"刻印"義、較少使用的"勾摹"義、甚少證據的"模仿"義。第二,在句法上符合"繕寫"與"模勒"對舉的用法,指向兩種并列的題詩方式,而不如模仿編輯說在一句中指涉不同對象。第三,在文意上符合元稹序語之一貫主旨,突出白居易詩歌的流行程度,而不如勾摹字跡說之強調白居易書法價值。第四,在時代背景上符合鈔本時代的詩歌流傳情況,而不如雕版印刷說將詩文集與佛教印刷品相提并論。第五,在文化上符合傳世文獻和出土文物所反映的題刻風俗,跟中晚唐唐詩題刻器物所反映唐詩流播載體和現象互相發明。

五、"模勒并刻字"補議

這裏,又須駁議作爲"摹寫"說重要論據的一則說法,以見摹寫說之又一疑點。清人葉昌熾《語石》卷六云:

> 按古碑,凡書模勒,與鐫刻爲二事。何以證之?如唐懷仁《聖教序》,既書諸葛神力勒石矣,又曰武騎尉朱靜藏鐫字。《紀信碑》,既書勒碑人史缶勒矣,又曰石工鐫字。《青城山常道觀敕》,既書觀主甘遺榮勒字矣,又曰晉原吳光□刻。宋《上清太平宮記》,既書副官楊志振模矣,又曰長安忠善居士黃德用刊。此蓋勒字爲一人,鐫字爲一人。若鐫、勒出於一手者,如唐之《張延賞》碑,將作官馬瞻刻字并模勒。《梁守謙功德銘》,天水強瓊模勒并刻字。《澄城縣令鄭公碑》,姜濬模勒并刻字。《再建圓覺大師塔志》,韓師復模勒并刻。或先書刻後書勒,或先書勒後書刻……蓋古人刻碑,或書丹於石,或別書丹,而雙鈎其文以上石。模勒即勾勒,今人以勒字爲刻字,失之矣。③

葉氏舉例甚詳,以刻碑或"先書勒後書刻",或"先書刻後書勒",認爲勒與刻分別爲具體兩事。伯希和、翁同文、辛德勇等繼此說法,也認爲模勒與刻字乃刻碑中的兩個工序,前者止於勾描,後者纔是刀刻。然而,劉衛武否定此說甚爲有力,其舉唐杜光庭《歷代崇道記》,論述"仍模勒諸文字,告示諸道及軍前"之"模勒"應釋爲"雕刻",又舉

---

① 蔣寅:《讀長沙窰瓷器所題唐俗語詩札記》,《咸寧師專學報》,1999年第4期,第65頁。
② 亦有學者認爲長沙窰《問劉十九》詩才是原貌,如吳順東說:"想來像'二九春醴酒'和'今朝天色好'這樣的'家常語',亦必是白氏'竄定'之前力求平易的版本。"同前注③,第299頁。
③ (清)葉昌熾:《語石》,北京:上海書店,1986年,第121頁。

《吴地記》《唐會要》《金石萃編》《麟臺故事》等文獻補充"模勒"之"鐫勒"義。劉氏主張"刻字"乃具體的刀刻行爲,"模勒"實則指抽象的刻碑工事,提出"整體責任"與"具體責任"說①。并細繹《金石粹編》"内作將作官馬瞻刻字并模勒"一句,考析馬瞻的官位與權限升格,説明:

> 馬瞻負責了張延賞葬事中立碑項目的工作,同時,由於其本身爲鐫字匠出身,技術出衆,又擔任了鐫刻碑文的具體任務。這就解釋了爲何馬瞻的責任在《嗣曹王妃碑》的記載上爲"鐫字匠",而在《張延賞碑》的記載上其責任變成了"刻字并模勒"的現象。這也解釋了爲何《大證禪師碑》出現了三人共同"模勒"的現象。②

今以劉氏提出之"整體責任"和"具體責任"說引據論證得當。蓋文獻每謂某帝某將某官"勒石""立石"用以記功和記事,實非指皇帝將軍官員親自刻石,指的仍是整體的刻石活動。類似謂某帝某官"築""修""建"等語,此類總其事者即爲"整體責任",於實際擔任某一工序者則是"具體責任"。而且,"模勒并刻字"和"刻字并模勒"等語,均出現在大型刻勒事件。在這種大型事件中,將"模勒"視作某官員總成刻石之事的"整體責任",而"刻字"乃該人同時擔任實際刻字工序的"具體責任",并無不妥。

另外更應注意,文獻中除了先言"模勒"後言"刻字"外,更有先言"刻字"而後言"模勒"者。若以"模勒"僅爲刻字前之勾摹工序,則"刻字并模勒"釋義甚爲可疑。蓋具體工序乃勾摹字跡在前,刀刻在後,"刻字并模勒"之記錄實即有違刻事次序。然而,若以"模勒"爲整體責任、"刻字"爲具體責任,則語序上無論作"模勒并刻字"或"刻字并模勒",皆能成理。換言之,文獻中此類"模勒"亦非必作勾摹解,元稹序語亦然。

六、結語

昔人強調二重證據法,兹循之大膽假設,小心求證。就詞義的演化而論,由於"模勒"乃廣義上的"鐫刻"之義,而整個刻石工事中又包括"勾摹"工序,繼而引伸出"勾摹"之義。因此,文獻中"模勒"一詞而兼兩義,既有"勾勒"義,又有"刻勒"義,但不能以其中一義完全否定另一義。正如程章燦在《石刻刻工研究》中指出,"模勒"一詞含義複雜,不同碑刻記載須配合其特定語境,纔能判斷其爲"勾摹"抑或"鐫刻"之實際含義③。而就元稹序語的各方面因素來說,其所用的應是"模勒"語例中最直接、最常用的"刻勒""鐫刻""雕刻"義,而所謂"繕寫模勒"且"衒賣於市井"的正是各種題刻白詩的器物,一方面符合文獻中常見"勒"或"模勒"的雕刻義,一方面解決前人持說的若干局限與偏弊,有助我們進一步論證古代文本傳播的載體、篇幅與途徑。所謂真理愈辯愈明,本文試提出新說,旨在拋磚引玉,以就正於大雅方家。

---

① 劉衛武:《元稹筆下"模勒"可釋爲雕版印刷之證》,第 61—63 頁。
② 其謂:"《大證禪師碑》中'檢校僧敬愛封談振、聖善封僧義辨、安定劉英模勒',應當理解爲談振、義辨、劉英三人共同負責了爲大證樹碑的活動(包括選輝、監造等),而不應理解爲三人都有'鈎摹'之舉。"同注①,第 62 頁。
③ 程章燦:《石刻刻工研究》,上海:上海古籍出版社,2008 年。

"墨戲"新詮*

谷疏博

摘 要：近年來對藝術文獻的整理與研究，成爲新的學術增長點。宋元以降，"墨戲"一詞開始頻繁出現在畫史和畫論之中，然而，在古典文獻的研究中，却未能對它予以充分的觀照。故，對於"墨戲"的定義與定位，歷來都是模糊不清的，如同"墨戲"名稱本身，因爲一個"戲"字，總是讓人覺得難以把握與捉摸，認爲它僅是一種隨意且粗率無度、簡略支離的畫作。那麼在中國繪畫史中，它本來的面貌應該是怎樣的？又該如何定位它？本文通過對"墨戲"的詞源學考察以及"墨"與"戲"二者各自内涵與關聯的探討，旨在還原"墨戲"本來的面貌——其意涵源於"墨"之特性與"戲"之精神的高度契合，在以墨爲戲、因墨成戲的互動中，"墨"因"戲"而具有了元氣淋漓的生命感，"戲"因"墨"得以表現真實生命、直抒真情真性。

關鍵詞：墨戲；墨；戲；感興；游戲

在對古典文獻的挖掘與研究中，中國古代文論始終占據着主導，而對於中國古典書法、繪畫、琴樂等藝術理論的探究却存在研究不足與研究缺位的問題。近年來，研究者們已注重在藝術理論領域着力，旨在從古典文獻中挖掘新問題、新觀點，并觀照、研判當下的藝術發展與未來趨勢。然而，對於古典文獻中所出現的藝術概念與專有名詞，仍有未闡釋透闢或研究缺失之處，"墨戲"這一中國古典繪畫中的重要名詞，便是其中的典型。

宋元以降，"墨戲"一詞開始頻繁地出現在畫史和畫論之中。"墨戲"屬於文人畫的傳統，内蘊着文人的審美理想與創作趨向。然而，對於它的定義與定位，歷來都是模糊不定的，至今學界也未能對它作出一個明確的界定。正因此，"墨戲"僅被當作繪畫的潛流，没有形成一個正式的畫派進入主流畫壇。但事實上，"墨戲"又是最能體現"畫即是道""畫爲心物熔冶之結晶""畫乃感情之產物"[①]等中國畫精神本質的，是中國繪畫美學體系中的一個重要範疇。"墨戲"爲何會處於一個如此矛盾的尷尬境地？在中國繪畫史中，到底又該如何定位它？解决上述問題，便需要對"墨戲"的内涵進行一系統、全面的分析，而這也是本文需要解决的主要任務。

---

* **作者簡介**：谷疏博，中國傳媒大學講師，文學博士，藝術學博士後，主要從事古代繪畫美學研究。
  基金項目：國家社會科學基金重點項目"中華美學精神的詩學基因研究"（19AZW001）。
① 周積寅：《中國畫論大辭典》，南京：東南大學出版社，2011年，第68—70頁。

一、"墨戲"的詞源學考察

將"墨戲"二字拆解,"墨,書黑也,從土從黑","戲,三軍之偏也;一曰兵也"①。段玉裁注:"一說謂兵械之名也。引申爲戲豫,爲戲謔,以兵杖可玩弄也,可相鬥也。"在《説文解字》中,"墨"被界定爲一種書畫使用的黑色顏料。"戲"從戈聲,與軍事相關,《説文解字》中將"戲"作"三軍之偏"解,偏是軍隊前面的儀仗隊,他們手中持戈,却不用於戰鬥,而是在具有表演性質的手舞足蹈中製造聲勢、鼓舞士氣。段玉裁用"戲豫""戲謔"爲之作注,恰可表明"戲"顛覆了軍事行爲中兵器作爲戰場殺敵武器的主要功能,實現了從厮殺、對抗、搏擊到扮演、表演功能的一種解構。無論是作"三軍之偏"解還是作"兵械之名"解,"戲"字都帶有一種不正式、非正規以及解構的意味,與我們今天所説的"游戲"意義相通。由此,對於"墨戲",可以理解爲一種在非正式情境下玩弄、游戲筆墨。

《辭源》中對"墨戲"的闡釋爲"寫意畫。隨興成畫,故名"②。它將"墨戲"歸入寫意畫傳統,作爲中國畫傳統畫法之一的寫意,以簡練、概括的筆墨描繪物象,講究神似,取其意態,創作時不需要打草稿,追求縱筆揮灑,一氣呵成③。這樣的畫作不同於苦心經營、精工細筆、講究形似的工筆畫,如閻立本的《步輦圖》、周昉的《簪花仕女圖》、宋徽宗趙佶的《芙蓉錦雞圖》《聽琴圖》等,這類畫作要在打好底稿的基礎上經由反復修改方能定稿,而後還要創作綫描稿,再用經過膠礬加工過的絹或熟宣覆在上面,正式用較細的毛筆勾勒墨綫④,隨後再經過深入描繪、層層渲染,方可完成。顯然,這與追求縱筆揮灑的寫意(墨戲)是背道而馳的。《辭源》中對"墨戲"的第二層釋義"隨興作畫",可見,"墨戲"是一種由"興"觸發所創作的繪畫,俞劍華評述:"興是興致、興趣、興味、興會、興奮,也就是平常所謂高興、興高采烈,作畫必須有興致,纔能精神焕發,心情愉快,下筆淋漓。"(《中國畫理論初稿》油印本)它是畫家在繪畫構思活動達到高潮時的興奮狀態,體現爲繪畫創作過程中的創作衝動,"興"來之際,不可遏制、稍縱即逝、如有神助,這與陸機"若夫應感之會,通塞之紀,來不可遏,去不可止,藏若景滅,行猶響起"(《文賦》)所探討的靈感降臨之際的文學創作是如出一轍的。"興"的創作機制,使得畫者的主觀感受與主體意趣成爲主導,畫什麽題材、什麽形象、以怎樣的方式創作都是隨興、隨緣而定的,在揮毫創作前,甚至創作者本身都不知道他將要創作的具體内容是什麽。即畫者是否創作墨戲,依賴於"興"的生發與否。

二、"墨戲"的内涵

不涉及"墨戲"創作實踐,僅從字源來考察,似乎可以得到一個關於"墨戲"比較粗

---

① (漢)許慎撰,(宋)徐鉉校訂:《説文解字》,北京:中華書局,2013年,第289、266頁。
② 《辭源》,北京:商務印書館,1979年,第一册,第633頁。
③④ 《中國畫論大辭典》,第21頁。

淺的認識，即它是一種在非正規情境下游戲、玩弄筆墨的繪畫活動，它與寫意傳統密不可分，具有隨興而成的特點。詞源學的考察在於從字面意思來對"墨戲"進行界定，雖未將其納入到中國繪畫史中的發展實際去審視，但由其字面本身所傳遞的意涵也具有一定的準確性與參考價值。爲了獲取更接近"墨戲"發展實際的定義，還需在此基礎上，將其置入中國古代繪畫傳統中，考述其內涵所在。

雖然"墨戲"一詞直至北宋時期纔第一次被提出，可對它內涵的理解却可以追溯到先秦時期的莊子。自先秦至清代，各個時期的畫家、書家、書畫理論家分別從"墨戲"之"墨"與"戲"的內涵進行開掘，一個面貌逐漸清晰的"墨戲"開始出現在了我們面前。

(一) "墨戲"之"墨"

對"墨戲"最爲直接的理解即游戲筆墨的活動，而實際上，"墨戲"的提法指向的便是畫家在作品中對"墨"的運用已經達到了相當的程度和水準[①]，也就是說，正是"墨"的發展，催生了"墨戲"一詞的產生，直接影響到了北宋至清代"墨戲"的創作方式與審美特徵。這個前提即是"墨"從"筆"中脱穎而出，爲文人畫家所廣泛重視。潘天壽的《中國繪畫史》一書自宋代以來開闢墨戲畫爲一科，他認爲"吾國繪畫，雖自晉顧愷之之白描人物，宋陸探微之一筆畫，唐王維之破墨[②]，王洽之潑墨[③]，從事水墨與簡筆以來，已開文人墨戲之先緒；然尚未獨立墨戲畫之一科。"[④]潘天壽以凝練的語言總結了文人墨戲發展的源頭，他偏重於技法層面，尤其注重對魏晉南北朝以來"筆""墨"使用演進過程的梳理，筆者以爲，這樣的追溯是合理的，是沿着"墨戲"中"墨"在發展中的重要節點進行總結的。潘天壽在論及陸探微時，寫道："陸探微，幷創一筆畫，連綿不斷，宗炳繼之，曾作《一筆畫百事圖》，已開後代簡筆墨戲之先聲。"[⑤]陸探微創作一筆畫，爲一筆而成，氣脉通連，隔行而不間斷。張彦遠《歷代名畫記》中"論顧陸張吴用筆"又說道：

> 運思揮毫，意不在於畫，故得於畫矣。不滯於手，不凝於心，不知然而然，雖彎弧挺刃，植柱構梁，則界筆直尺豈得入於期間矣。……張、吴之妙，筆才一二，像已應焉，離披點畫，時見缺落，此雖筆不周而意周也。若知畫有疏密二體，方可議乎畫。或者領之而去。[⑥]

張僧繇和吴道子只用一兩筆，形象便應筆而生，雖然常見缺落之筆，但是氣韻與意思

[①] 唐衛萍：《身份建構的焦慮——北宋"士人畫"觀念的發展演變》，北京：中國社會科學出版社，2012年，第168頁。

[②] 破墨：中國畫用墨中最基本的技法，一般分爲"濃破淡"和"淡破濃"兩種。"濃破淡"是指在前一遍淡墨的基礎上，乘濕以濃墨點寫，使之自然滲化；"淡破濃"是指前一遍濃墨的基礎上，乘濕以清水或淡墨沖化，能產生獨特的肌理變化效果。參考《中國畫論大辭典》，第29頁。

[③] 潑墨：一種寫意性很強的中國畫技法，方法是將不同濃淡的水墨潑灑在宣紙上，再依據其自然滲化出的形狀隨機勾寫畫成。也指代大筆飽蘸水墨，快速揮寫，勢如潑出的畫法。參考《中國畫論大辭典》，第29頁。

[④] 潘天壽：《中國繪畫史》，北京：東方出版社，2012年，第134頁。

[⑤] 《中國繪畫史》，第39頁。

[⑥] 于安瀾編著，張自然校訂：《畫史叢書》（一），開封：河南大學出版社，2015年，第33—34頁。

的表達是完整的,這樣的畫風是靠二人的疏筆表現而成的,疏體畫這種筆不周而意周的創作特點與寫意傳統是密切相關的,與"墨戲"亦有共同之處。由此,在"墨"尚未具有獨立性的審美價值之時,筆法中這種以少總多、筆劃連續不間斷、概括性極強的一筆畫、疏體畫創作與"墨戲"在精神上是相通的,用潘天壽的概括,即以簡筆開"墨戲"之先緒。

對於"墨戲"真正的推動,在於"墨"開始受到重視,水墨畫在唐代的誕生,使得"墨"取代了"色"的地位,"以墨代色"自唐末五代以來開始成爲主導。在盛唐之前,綫條和色彩是繪畫的主要造型手段,如顧愷之的《女史箴圖》《洛神賦圖》等,"墨"僅僅是作爲黑色顏料借用筆來勾勒描繪對象的外形輪廓,處於附庸地位。唐代畫家吳道子所獨創的"蘭葉描"畫法,用於人物畫衣紋的曲折向背的表現,可以說開創了由筆法向墨法轉化之先,"蘭葉描"的特點在於畫者在運筆中時提時頓,壓力不均勻,從而在一根綫條之中便產生忽粗忽細的效果,這與顧愷之的高古游絲描細而均勻的用筆方式顯然不同。在一條綫的表現中有粗有細意味着畫者融入思考於其中,他眼中的衣紋不再是一條簡單、直白的綫條,而是有變化、有輕重、有遲緩的寬幅在不斷變化的"墨綫",將運"墨"的思想融入到了"筆"的使用中,使得所描繪的綫更富表現力與生命力,這可以看作是"墨"法運用的萌芽。在《歷代名畫記》中唐代張彥遠的"是故運墨而五色具,謂之得意。意在五色,則物象乖矣"①,可謂水墨登上繪畫藝術舞臺的宣言,墨法獲得了承認,筆法也因墨的廣泛使用獲得了解放而變得豐富。王維《山水訣》有"夫畫道之中,水墨最爲上。肇自然之性,成造化之功"之句。② 王維通過山水水墨畫的嘗試,認識到了墨的運用是自由且極富變化的,其魅力便在於與水交融後產生的複雜多變的效果,而這正是與自然、造化同工的,這也是後世將他奉爲山水畫南宗始祖的緣由之一。五代時期的荆浩,以前人研究爲基礎,建構了以水墨爲中心的理論框架,他在謝赫《古畫品錄》中提出的繪畫"六法"的基礎上,提出"六要","夫畫有六要:一曰氣,二曰韻,三曰思,四曰景,五曰筆,六曰墨"③。"六要"相較於"六法"的一個很大不同在於以"墨"取代了"隨類賦彩",荆浩《筆記法》可以說是對水墨興起較爲全面、明確的記載:

> 墨者,高低濃淡,品物淺深,文彩自然,似非因筆。④
>
> 夫隨類賦彩,自古有能,如水墨暈章,興我唐代。故張璪員外,樹石氣韻俱盛,筆墨積微,真思卓然,不貴五彩,曠古絶今,未之有也。……王右丞筆墨宛麗,氣韻高清,巧寫象成,亦動真思。李將軍理深思遠,筆跡甚精,雖巧而華,大虧墨彩。項容山人樹石頑澀,棱角無蹤,用墨獨得玄門,用筆全無骨。⑤

荆浩舉唐代畫者以墨創作的例子來向人們強調墨的表現效果是筆法所不能取代

---

① 《畫史叢書》(一),第 34 頁。
② 潘雲告主編,何志明、潘運告編著:《唐五代畫論》,長沙:湖南美術出版社,1997 年,第 117 頁。
③ 《唐五代畫論》,第 251 頁。
④ 《唐五代畫論》,第 253 頁。
⑤ 《唐五代畫論》,第 257 頁。

的,張璪、王維、項容均爲以水墨創作精湛、高超者,他總結以水墨創作的特點爲氣韻高雅清爽,融入"度物象而取其真"的思考。相比之下,李思訓、吳道子的畫作因大虧墨色而顯得遺憾、遜色了不少,可見,他對"墨"的重視與推崇。荆浩認爲"用墨獨得玄門",即墨的使用是與"道"關聯的。"玄"字最早出於老子,《道德經·第一章》云:"道可道,非常'道';名可名,非常'名'。'無',名天地之始;'有',名萬物之母。故常'無',欲以觀其妙;常'有',欲以觀其徼。此兩者,同出而異名,同謂之玄。玄之又玄,衆妙之門。"①又,《道德經·第六章》云:"谷神不死,是謂玄牝。玄牝之門,是謂天地根。綿綿若存,用之不勤。"②"玄"門即孕生萬物的本源,即"道"門,可見道是與墨出於同一機杼的。老子在《道德經·第十二章》中有"五色令人目盲,五音令人耳聾……"之論,可見老子認爲道是最爲樸素的,以"玄"③命之,而它又與"墨"同出一色,即以"道"觀"墨",墨的複雜、豐富的變化中可以現出無限豐富的色彩,也最爲契合文人的創作心理。

綜上,"墨"作爲中國繪畫語言的一大系統,它具有與水融合呈現的混沌特性,以及去色彩,去輪廓、邊框等特徵。在唐代以前,"墨"因被限定在緊密之筆所做的輪廓這一前提下,故筆與墨相互融匯的效果極少。它僅作爲色彩之黑色的輪廓、邊框使用,其遇水擴散、氤氳的多樣變化便也無從獲得,直至唐代水墨畫的誕生,使得墨色的擴散不待輪廓的施與就具有象形的作用,而且就墨在繪畫性的意義來說,也是達至極度無盡的豐碩境地④,它不再作爲粗細勻稱、作爲黑色色彩的墨綫,而由墨與水的化合來表現任何的色相,黑白之間(也即陰陽之間)的兩極在相互摩蕩、幻化中獲取了無限可能的色階與色值,將無限的多樣性内含融匯於"一"(即墨色),這與中國哲學傳統中"天地合而萬物生,陰陽接而變化起"正出於同一機杼。去色彩、富變化、與自然造化同工的"墨"更爲合于文人的審美心理與精神品質,隨着"以墨代色""重墨輕色"的理念在唐代及後世文人中獲得廣泛的認同與重視,關於墨法的理論也開始豐富、成熟起來,"墨"的使用也更爲趨於自由、灑脱,技法趨於多元,它也獲得了更廣闊的發展空間,使得更爲自由、隨性的墨戲畫成爲可能。偏重於從筆墨形式、技法的層面去分析"墨戲"的内涵,即"墨"是"墨戲"得以成形與發展的基礎所在;也正是因爲"墨"的凸顯,"戲"纔有了載體與發生的可能。

(二)"墨戲"之"戲"

如果說"墨"是"墨戲"得以成形的物質載體,那麼"戲"則指向畫家創作的自由狀態以及游戲態度,是一種内省的體驗。"墨戲"之"戲"包含多重意涵,并與道家、禪宗思想密不可分,它原自莊子筆下對"解衣盤礴"的畫史之作過程的描摹并逐漸豐富。對於"墨戲"而言,其"戲"指涉超越利害因果的干擾與束縛,原發於"内在需求"的游戲心態與自由態度,以及以"感興"爲機制的作畫方式,并最終在現實境況的間離中實現

---

① 陳鼓應著:《老子注譯及評介》,北京:中華書局,2015 年,第 51 頁。
② 《老子注譯及評介》,第 77 頁。
③ "玄,幽遠也,黑而有赤色者爲玄,象幽而入覆之也,凡玄之屬皆從玄。"引自《說文解字》,第 78 頁。
④ [日]島田修二郎:《逸品畫風》,林保堯譯:《美術研究》,1990 年,第 249—275 頁。

自我本質的復歸以及自身真實屬性的還原。

源於"感興"機制的自由游戲方式。《莊子·田子方》中有這樣一段話,一直爲後世畫家所看重:"宋元君將畫圖,衆史皆至,受揖而立,舐筆和墨,在外者半。有一史後至者,儃儃然不趨,受揖不立,因之舍。公使人視之,則解衣般礴,臝。君曰:'可矣,是真畫者也。'"①莊子借宋元君之口贊譽的那個"解衣盤礴"的畫史是"真畫者",這是中國古代美學中最早對不受束縛的創作態度的表述與認同。可見,莊子定義"真畫者"是基於他不受拘束、合于自然的自由創作態度。雖然這位畫史的創作動機是受詔而作,他所創作的内容也是需要契合宋元君的喜好與要求的,這與"墨戲"隨興而成,不受題材、内容、技法拘束的創作機制似乎是背道而馳的,但是莊子所記述的這位畫史,其作畫態度與狀態却可視爲後世"墨戲"之先導,惲格在《南田畫跋》中寫道:"作畫須有解衣般礴旁若無人意,然後化機在手,元氣狼藉,不爲先匠所拘,而游於法度之外矣。"②顯然,惲格是受到了莊子的影響,并對這種不受束縛的作畫態度加以發展與豐富,以此闡釋不落常規的士人畫創作風格。

南北朝時期姚最《續畫品》中記述南朝梁畫家蕭賁時提到"學不爲人,自娛而已。雖有好事,罕見其跡"③。可見,蕭賁作畫只是爲了愉悦自己,隨着自己的心意自由表達,因他的創作動機,人們極少能見到他的畫跡。宗炳在《畫山水序》中所寫"聖賢映于絕代,萬趣融其神思。余復何爲哉?暢神而已。神之所暢,孰有先焉!"④認爲山水畫令人"暢神",這與蕭賁"自娛"的説法異曲同工,這種繪畫爲己的思潮隨着山水畫在魏晉南北朝時期的興起而逐漸顯露,當然這更與魏晉南北朝時期的政治發展與歷史史實密切相關,這個時期是古代中國政權更迭最爲頻繁的時期,長期的封建割據和連綿不斷的戰争,使得儒家思想的統治地位趨於瓦解,個人意識開始覺醒,魏晉玄學的興起將人們的興趣引向了對萬物根源、本體層面的探討,繪畫知神奸、明戒鑒的認識與教育作用開始有了暢神、自娛的轉向。可見,蕭賁、宗炳的作畫動機已經昭示着後世"墨戲"的實踐。唐代張彦遠在《歷代名畫記》叙畫之源流中首先總結了繪畫的功能"夫畫者,成教化,助人倫、窮神變、測幽微,與六籍同功……"⑤,即繪畫與《詩》《書》《禮》《樂》《易》《春秋》六大經典具有同等功能,以儒家論畫思潮爲主導,認爲繪畫可以教化百姓,維繫人倫,從周朝至唐朝人物畫的興盛便可證明這一點,這些畫作具有"可法可戒""勸善誡惡"的教育作用。由此可見,蕭賁、宗炳等人當時的作畫態度與由此生成的觀點是帶有前瞻意義的。

後世北宋末期的米芾在《畫史》中評述:"要之皆一戲,不當問拙工。意足我自足,放筆一戲空。"⑥元人吴鎮論畫云:"墨戲之作,蓋士大夫詞翰之餘,適一時之興趣。"⑦

---

① 李來源、林木:《中國古代畫論發展史實》,上海:上海人民美術出版社,1997年,第13頁。
② 潘運告主編:《清人論畫》,長沙:湖南美術出版社,2004年,第153頁。
③ 潘運告主編:《漢魏六朝書畫論》,長沙:湖南美術出版社,1997年,第329頁。
④ 《漢魏六朝書畫論》,第289頁。
⑤ 《唐五代畫論》,第139頁。
⑥ 盧輔聖主編:《中國書畫全書》,上海:上海書畫出版社,1993年,第一册,第978頁。
⑦ 《中國古代畫論發展史實》,第165頁。

元人倪瓚在《清閟閣遺稿》中這樣記錄自己的"墨戲","僕之所謂畫者,不過逸筆草草,不求形似,聊以自娛耳"①,這是墨戲畫者對於他們墨戲實踐的理解與闡釋——作畫只爲自尋樂趣而已,無須顧及他人的需求與評價,採取自己適合且喜歡的方式來自由表達內心的"圖式",與工拙技巧無關,這與莊子所論的"真畫者",南朝蕭賁、宗炳的創作動機與狀態是一致的,是一種自由無拘、帶有游戲心態的實踐過程。

　　間離現實而走向自我的復歸。"墨戲"之"戲"的另一指涉層面,即在對現實的間離中實現自我的復歸。從詞源學對"戲"的考察得知,"戲"在於化爲一種表演性質的虛擬的樂感活動,它本指向的是在緊張、壓抑且殘忍無常的戰爭中得以尋求些許的鼓舞、安慰以及快適。即以一種舉重若輕的方式實現對戰爭之解構。對於"墨戲"之"戲"而言,它以一種進入自由、游戲的狀態而暫時與現實脫離或者假定出一個以自我爲主體的世界,正是在此刻畫者得以與殘酷暴虐的專制統治,黑暗渾濁的社會現實,動蕩不安的政權時局間離,而歸於本然的自我,這種自我是真實無妄的,是童蒙的、直抵性靈的,在這種"戲"之狀態下所完成的畫作也是與畫者日常生活中所見之事物大相徑庭的,如徐渭翰墨淋漓之下將四時不同的植物融於一幅畫中,全然不顧其是否合於自然運行之邏輯理性;八大山人筆下目光淩厲、呆滯之"鳥"與"魚"并非日常所見之形貌……因爲此時他們的內心將不再被塵埃所遮蔽,這是從內心直接萌生、迸發而物化於紙、絹之上的,他們所繪的正是世界本然的樣子,亦是自我本來的面目,是在"戲"中所體驗到的與宇宙爲一之狀態。"戲"對於"墨戲"而言是其本質與核心所在,它直通畫者表象層面下所遮蔽的真實生命,指向一種在游戲、戲玩狀態之下的對現實境況舉重若輕的態度,在看似輕鬆、娛樂的作畫情境下,直抵對自我生命的發現。

(三) 以墨爲戲,因墨成戲

　　對於"墨戲"而言,"墨"爲"用"、爲外在的表象、表現;"戲"爲"體",是內在的、本質的。即"墨戲"之"墨"是墨戲得以生成的物質性載體,"墨戲"之"戲"是使得"墨戲"與其他畫科區別開來的根源所在。"墨"因"戲"而具有了元氣淋漓的生命感,"戲"因"墨"而有的放矢,得以直抒真情真性。由此,"墨"與"戲"二者所呈現的正是這種"以墨爲戲,因墨成戲"的并列而順承的關係,而"墨戲"之所以得以生成,正在於"墨"的特性與"戲"之精神的高度契合。

　　"墨"具有象徵創造的混沌特性,同時超越色相而歸於素樸,具有與水融匯、幻化生動之趣的韻律感。從"墨"形式層面上升到其美學意蘊,正是我們獲取"墨"與"戲"之關聯性的樞機所在。石濤在《畫語錄》的筆墨章、氤氳章中對於"墨"哲學意味的總結最爲透闢,"墨之濺筆也以靈,筆之運墨也以神。墨非蒙養而不靈,筆非生活而不神"②。石濤將墨與蒙養相聯繫,朱良志《〈石濤畫語錄〉講記》標注,"蒙養"具有天蒙、

---

① 《中國古代畫論發展史實》,第 174 頁。
② 彭萊:《古代畫論》,上海:上海書店出版社,2009 年,第 355 頁。

鴻蒙、童蒙①的内涵,"靈"則標示着天地之本、人性之本與創造之本②,強調回歸天道,由此,"墨"以其蒙養之靈氣而歸於恒常之道。在綱縕章中,石濤又談道:"筆與墨會,是爲綱縕;綱縕不分,是爲混沌。……在於墨海中立定精神,筆鋒下決出生活,尺幅上換去毛骨,混沌裏放出光明。"③石濤又一次將墨與精神相連,它所體現的是天地未分之前的混然整全的狀態④,認爲"墨"之内涵在於生成、在於孕育。法國漢學家朱利安與石濤對於"墨"之内涵的理解有相融通之處,"中國文人正是單純依靠水墨來渲染由淺及深、由乾及濕、'有無之間'的變化,呈現着諸事物在出現或消失過程中轉瞬即逝的特徵。……墨色隨着稀釋而逐漸暈開,通過一種持續轉換,使得它們從其物質的具體化演化到其心靈維度"⑤。朱利安將"墨"之内涵關涉到畫者之心靈,即人心所欲,不費妝綴,而這也正是"墨"與"戲"得以關聯的紐結。

而"戲"原發於自我生命的深層呼喚,在於去除心靈遮蔽的努力,它與"興"的精神貫通,同時又是對現實世界的一種間離與假定,通過這種看似放縱、怪誕甚至近乎癲狂的外在表現,營構出一個與造化同功的世界,這裏沒有官場傾軋的失意、沒有歷經人生變故與宦海沉浮的悲慟、沒有作爲遺民的亡國之殤,也不必擔心因難符上意而因此獲罪……這裏有的只是通過這短暫的、舉重若輕的"一戲"所暫時找到的生命得以安放之處,通過這種帶有表演功能的虛擬性活動,重新發掘自我,體驗、發現生命。而"墨"的自然流布、淋漓酣暢、翻飛變化的"體道"之性、見"韻"之功足以承載"戲"之精神,二者同指向對天道自然的回歸,指向去除内心遮蔽而洞見真我。"墨"以其蒙養之靈氣歸於恒常之道;"戲"以其看似輕鬆的戲玩、娛樂的表現,實則融于自然之道,以回歸真實本體的境界爲旨歸。這也是"墨戲"得以形成的内在機制。

與此同時,"墨"本身所具備的極度自由感與豐富的變化,即它可濃如黑漆,可淡如烟霧,而在這兩極之間又將存有變化者無數;同時又不受媒介材料表現的限制,如陳容"醉餘大叫,脱巾濡墨,信手塗抹,然後以筆成之"⑥。宋人趙希鵠評米芾作畫:"米南宫多游江浙間,每卜居,必擇山水明秀。……不專用筆,或以紙筋,或以蔗滓,或以蓮房,皆可爲畫。"⑦可見,"墨"的特性爲畫者提供了足夠的施展空間以及充分的自由感,這又與"戲"之戲玩、娛樂的表層含義所指向的身體力行的動作感相契合,"戲"本意與軍事相關,手中持戈在具有表演性質的手舞足蹈中製造聲勢、鼓舞士氣。"戲"

---

① 在《〈石濤畫語錄〉講記》中,朱良志將"蒙養"分爲天蒙、鴻蒙以及童蒙三種内涵,天蒙即順應自然之道,從《周易》蒙卦——上艮下坎及其卦辭分析而得,指向表達生命原初的狀態,天地的原發精神;鴻蒙則強調藝術創造的不可分析性,與氤氲、混沌意思相近,指向天地未分之前的素樸純備狀態,強調藝術創造的一團混沌的特徵,於造化之元氣中取得滋養;童蒙對應著歸"真"之道,"以蒙去蒙,以無法去有法,以拙樸去機巧",回歸自然原初狀態的真實無妄。
② 朱良志:《〈石濤畫語錄〉講記》,北京:中華書局,2018年,第95頁。
③ 《清人論畫》,第15頁。
④ 《〈石濤畫語錄〉講記》,第108頁。
⑤ [法]朱利安著,張穎譯:《大象無形——或論繪畫之非客體》,開封:河南大學出版社,2017年,第392—393頁。
⑥ 盧輔聖主編:《中國書畫全書》,上海:上海書畫出版社,2000年,第二册,第898頁。
⑦ 黄賓虹、鄧實編:《中華美術叢書》,北京:北京古籍出版社,1998年,第五册,第272頁。

既然從兵戈鐵馬中來,崇尚的亦是豪放、率意的筆墨形式[①]。由此,"墨"之技法形式與"戲"之表現也是高度契合的。無論從二者之精神本質,還是從二者之外在表現來看,"墨"與"戲"均是相互生成與促進的。類比於文戲、狹義的古人之游戲(如蹴鞠等)體現在文學與肢體(今天所說的體育競技)上的戲玩,"墨戲"則是繪畫領域的游戲筆墨的體現,"墨戲"正是美學範疇"戲"之内涵在繪畫領域的體現。自中晚唐五代以來,大量墨戲畫者身體力行地踐行着以墨爲戲、因墨成戲的"墨戲"之内涵,從他們的實踐中,也可窺見"墨"與"戲"之内在關聯。

朱景玄在《唐朝名畫録》中記載"逸品三人"中的王墨時曾説其"性多疏野,好酒,凡欲畫圖嶂,先飲。醺酣之後,即以墨潑。或笑或吟,脚蹙手抹。或揮或掃,或淡或濃,隨其形狀,爲山爲石,爲雲爲水。應手隨意,倐若造化"[②]。黄庭堅評蘇軾所畫枯木:"恢詭譎怪,滑稽於秋毫之穎。"又題蘇軾所畫竹石云:"東坡老人翰林公,醉時吐出胸中墨。"[③]鄧椿評米友仁畫云:"天機超逸,不事繩墨,其所作山水,點滴烟雲,草草而成,而不失天真。其風氣自乃翁也。每自題其畫曰:墨戲。"[④]李日華評蘇軾、米芾的墨戲畫説:"蘇玉局、米南宫輩,以才豪揮霍,借翰墨爲戲具,故於酒邊談次率意爲之而無不妙。"[⑤]

上述畫者的作畫過程都是"以墨爲戲"之體現,他們在實踐中,充分利用了"墨"之翻飛、淋漓、潑灑、氤氲之特性作爲他們通過戲玩、游戲進而洞見真我的載體。同時,在他們"以墨爲戲"的實踐中,畫者爲了達到"戲"之狀態往往借助"酒"爲媒介。

原本抒真情、繪真景這種本來屬於畫者本分範圍之内的事情,在繪畫發展的實際中反而成了需要仔細尋覓的難得之物,需要依靠"酒"或其他媒介得以觸發。"墨戲"本該是每位畫家理應掌握的繪畫形式,然而却成爲了創作者超乎尋常的"高難度動作",非有特立獨行的果敢和直面人生的勇氣是難以實現的。産生這個矛盾或者説是問題的核心在於畫者喪失了傾聽内心的能力以及由此引發的"感興"能力的喪失,泯滅個性的文化氛圍,生死哀樂的無常,懷才不遇的悲憤,共同構成了中國文士生存與奮鬥的人生環境,使得他們常常處於苦悶悲愁之中。而正是這樣一種境遇和生存狀態,他們難以將真實的一面得以展現與袒露,這時他們渴望通過藝術創造來揮灑悲憤,排遣苦悶,但是在這樣的社會背景與政治現實之下,他們很少有機會能夠自我表露,常常是帶着面具與重重心防以求能夠"全其身",怎樣能夠幫助文人尤其是士大夫群體找回本真的自我,聆聽内在的需求,進而創作出顯露其心性的"真畫"?中庸儒家文化的主導下,傳統的中國文人對於面臨憂患和困境之時多選擇内在的化解方式,他們較少以鬥争的方式或者是過激的行爲來進行反抗,而是選擇較爲温和的自我化解的方式,這也正是"戲"作爲樂感文化的體現的原因所在。而此時,酒便成了最好的媒介,而"酒"的價值恰恰就在於此。酒激發了畫者"感興",即幫助畫者走向"墨戲"之

---

① 昝瑋寶:《論墨戲的美學特徵》,成都:四川師範大學碩士學位論文,2008年。
② 《中國古代畫論發展史實》,第75頁。
③ 鄧椿:《畫繼》卷三,見《畫史叢書》(二),第359頁。
④ 鄧椿:《畫繼》卷三,見《畫史叢書》(二),第369頁。
⑤ 潘運告主編,運告譯注:《明代畫論》,長沙:湖南美術出版社,2002年,第225頁。

"戲"的狀態。人們在似醉非醉,似醒非醒的狀態之下,最容易流露出真誠坦蕩、率性而爲的真實靈魂,而此刻源於真情的繪畫作品也一定是最具有感染力和生命力的。如八大山人"人愛其筆墨,多置酒招之。預設墨汁數升、紙若千幅於座右。醉後見之,則欣然潑墨……"①

畫者通過酒來復歸天真,酒成爲了實現生命價值的橋梁,幫助畫者回歸自我,回復到心靈的本真,而此刻他們所創作的作品也是合於自然的,以天合天的產物。由此,"戲"所呈現的看似是一種最爲輕鬆、無所掛礙的繪畫方式,其背後卻蘊含着極爲豐富的生命體驗,而它常常是沉重的、悲劇性的、深層的、嚴肅的,常常需要借助某種媒介,纔得以通達。這種"戲"之態度和過程是畫者在日常生活中極其難以出現與獲得的,它被層層遮蔽與裹覆,只有在"感興"之唤起下,纔能得以出現。由此,那些僅從"戲"之表象,而認爲"墨戲"僅意指隨手塗抹、爲怪而怪的無目的之創作,實源於未能對"墨"與"戲"之內涵與關聯進行深入分析所致。

故此,"墨"與"戲"之間的關係在於,"墨"爲"戲"的實現給予了可能及意義,使得"戲"在繪畫領域有的放矢;而"戲"爲"墨"賦予了流動的生命精神,使得"墨"不再僅僅作爲繪畫之媒介而存在。由此,"墨"是"戲"的原因與憑藉,"戲"於"墨"而言,則是其靈魂安放之所。

三、結語

基於上述,從"墨戲"的詞源學考察到對於"墨戲"內涵層次之探討,我們可以對"墨戲"進行這樣一個歸納,"墨戲"即中國古代文人用水墨(兼及使用少量色彩)、綫條,在非正式情境下以游戲的心態來表現的一種藝術形式,通常體現在繪畫與書法領域,在繪畫領域以畫幅較小、畫法趨簡、畫材易於掌握的水墨畫,尤其是水墨小品較爲常見,而書法領域則以結構簡省、筆畫連綿的行、草書爲主導。綜觀歷代典型的墨戲作品與書畫理論中對於"墨戲"的記載,"墨戲"的生成源於"墨"與"戲"的特性與精神的相互磨蕩,并指向三重指涉,它既是文人的一種創作心態,又是一個創作過程或創作方式,同時又可以是一種創作成果,較爲全面地反映了中國古代文人的心理變化與心態特徵。作爲創作心態,"墨戲"指涉的是一種心無掛礙、自由自在、游戲化處之的創作態度。作爲一個創作過程或創作方式,"墨戲"是一個意味着以游戲爲游戲的創作過程。以墨爲戲,因墨而成戲,體現的是以感興爲創作機制的即興創作方式。作爲一種創作成果,其指涉最終需要凝定爲可觸可感的作品。

"墨戲"是一種無意而爲的創作,它最爲真實地展現出古代文人生活的原生態及其心理活動。同時,在無意而爲中又包含着有意爲之的成分。如果說無意爲之在於畫者受到外在的感發與刺激,是基於一種不可把握、無法預料的"天機"的降臨,那麽有意爲之則源於創作者的內在心緒,基於他們內心強烈的抒發與表達的願望,此外還包含他們自身所具備的對於技法的掌握,即擁有隨興而作的素質與能力。由此,"墨

---

① (清)八大山人繪:《八大山人全集》,南昌:江西美術出版社,2000年,第5卷,第1335頁。

戲"實際是一種源發於創作者心靈,而後受到外在觸發、刺激之際的一種即興揮灑與抒寫,體現在作品中,它外顯爲不追求形似工細、不拘泥已有成法,且注重瞬間的揮灑效果的作品。而對於創作者而言,"墨戲"意味着對他們此刻生命狀態與律動的表現。故此,"墨戲"可以理解爲是創作者與作品之間的一種特殊的聯結方式,這種聯結方式已經無法以之前已有的繪畫規則、章法來界定與解釋,它們已經不再奏效、不再適用。

實際上,"墨戲"的内涵并非是一成不變的,這也是歷來對於"墨戲"界定始終没有一個明確的標準和答案的原因之一。"墨戲"可以説是一種介於高雅士氣與世俗之趣間的產物,它有時極度偏向戲謔自娱、率意放縱的看似毫無意義的世俗玩樂,時而又會走向專注學問、人品、才情爲標準的精英高雅旨趣之一端。究竟何爲"墨戲",它可以理解爲一種在"以墨爲戲"的過程中在這兩極之中不斷調和、尋求自洽的產物,它的内涵及意義是在這個過程中生成并得以豐富的。"墨戲"在於"墨"之特性與"戲"之精神高度契合之下的結果,并體現在從作畫心態、過程以及生成作品的每一個階段之中。深入理解"墨戲","戲"是核心所在,因"墨"於墨戲之作的最終呈現狀態,源於"戲"之成分所注入的程度,在以"感興"爲機制的自由游戲中,與現實間離而走向自我的復歸纔是"戲"之真意所在,這也是理解"墨戲"的樞機所在。

《南渡十將傳》考論

孫文起

摘　要：《南渡十將傳》記錄了南渡諸將的抗金事跡，在南宋衆多武將傳記中頗具代表性。長期以來，《南渡十將傳》的版本流傳及思想價值討論得不够充分。《南渡十將傳》的前身是章穎的《四將傳》，《四將傳》刊行不久即與韓世忠等六將傳記合爲《南渡十將傳》。元代之後，《四將傳》與《南渡十將傳》并行於世，直到明代中後期，《四將傳》刻本漸少，轉而主要以鈔本流傳至清代。章穎《四將傳》以及後來的《南渡十將傳》標志着武將群體走進傳記。士大夫借此類作品褒揚愛國將領的忠義氣節，評點歷史人物的功過是非。武將傳記由此獲得歷史的厚重和思想的深刻。

關鍵詞：南渡十將傳；章穎；武將；傳記

一、問題的提出

《南渡十將傳》（簡稱《十將傳》）十卷，明、清官私書目，如《八千卷樓書目》《千頃堂書目》《續文獻通考》等，大多題爲南宋章穎撰。《四庫全書總目》卷六十一《史部·傳記類存目三》云："十將者，劉錡、岳飛、李顯忠、魏勝、韓世忠、張俊、虞允文、張子蓋、張宗顔、吴玠也。劉、岳、李、魏四將，開禧二年表上。後六傳未上。核以《宋史》本傳，此所采摭，未爲詳核。且抑世忠於勝、顯忠後，似亦未安。子蓋、宗顔，戰功寥寥。允文亦僥倖不敗，乃與諸人并數，皆未免不倫也。"[①]據館臣所云，章穎於開禧二年（1206）將劉、岳、李、魏等四人傳記進表上奏，而韓世忠以下六將傳記（以下簡稱"六將傳"）則撰而未進。館臣既然認爲《十將傳》乃章穎一人所撰，其中部分篇章存在的史料采摭與人物編類等問題，自然影響該書的整體評價。

鄧廣銘先生早年曾撰有《宋史岳飛·張憲·牛臯·楊再興傳考辨》一文，梳理《南渡十將傳》《鄂王行實編年》與《宋史》岳飛等人傳記之淵源，其中對《十將傳》成書的判斷與四庫館臣有所不同："在現行十將傳中，前四將均於標題之下載有'史官章穎撰進'字樣，後六傳則不著撰述人名氏，這也等於説明後六者不出自章穎之手，而是後人取來附麗於四將傳後的。既是如此，則《四庫提要》所指責的'抑世忠於勝、顯忠後，似

---

* 作者簡介：孫文起，江蘇師範大學文學院副教授，文學博士，主要從事中國古代傳記研究。
　基金項目：江蘇省高校哲社項目："漢唐傳叙文學轉型研究"（2019SJA0908）。
① （清）永瑢：《四庫全書總目》，北京：中華書局，2003年，第548頁。

亦未妥(安)'一事,也便不足爲章氏病了。"①鄧廣銘先生據題名,斷定劉、岳、李、魏等前四傳應爲章穎所撰,韓世忠以下"六將傳"不出於章氏之手,其中的諸多不當自然與《四將傳》無關。至於章穎《四將傳》的流傳情況,鄧先生認爲"《南渡四將傳》今無其書,公私藏書家的目録中也全都不見著録","知《南渡四將傳》一書在明代中葉已不傳於世。其失傳的原因,據我測想,或即是由於《十將傳》已經流行,無須再單獨刊行之故。若然,則《四將傳》之被增益爲《十將傳》,其事當在南宋末年"②。

以上《十將傳》討論的焦點,是章穎《四將傳》與韓世忠等"六將傳"的關係。鄧文引用《新喻縣志》兩份文獻,即章穎所撰《四將傳》的《進表》和《序》。《進表》和《序》明確章穎最初所進奏的,是劉錡、岳飛、李顯忠、魏勝等四人傳記。據此,鄧廣銘先生認爲《南渡十將傳》的前身爲《四將傳》,"六將傳"與章穎無關,從而維護了《四將傳》的史學價值。

由於時代條件的限制和討論側重的不同,四庫館臣與鄧廣銘先生關於《十將傳》以及章穎《四將傳》的認識雖有可取,但仍有不足。首先,鄧文提到《南渡四將傳》不見於"公私藏書家的目録",此説并不符合實際;其次,《四將傳》以及後來的《十將傳》在流傳過程中存在刻本和鈔本兩個系統,四庫館臣與鄧廣銘先生所見到的應是《十將傳》刻本,但兩家對鈔本均未提及,因此,有關該書存佚和流傳的問題值得進一步探究;再次,《四將傳》爲章穎所撰,《四將傳》之外的韓世忠等"六將傳"長期不受重視,事實上,"六將傳"在觀點、體例上與《四將傳》頗多相似,且史料價值較高,不可因其作者不明而棄之不顧;再次,《十將傳》標志着南渡諸將以群體形象進入傳記,如果結合高宗建炎以來武將傳記大量出現的事實,《四將傳》以及後來《十將傳》的編纂便有着特殊的歷史政治背景,其價值也不應局限於史料層面。

二、章穎《四將傳》的版本流傳

《十將傳》雖常見於明、清官私目録,但該書來歷不詳。宋元諸多目録著述不見此書,章穎《進〈四將傳〉表》也未提及韓世忠等六將傳記。因此,鄧廣銘先生認爲《十將傳》乃後人在章穎《四將傳》的基礎上續作,此説有一定道理,然而,對於《四將傳》後來的流傳情況,鄧文并未論及。

清人黄丕烈曾從書商處購得元刻本《南渡十將傳》一部,并撰寫題跋。題跋後被收録於《士禮居藏書題跋記》卷二,其中論及《南渡十將傳》與《四將傳》之關係。黄丕烈所見元刻本《重刊宋朝南渡十將傳》,共十卷,前四卷(載劉、岳、李、魏四將)卷首題"史官章穎撰",後六卷(載韓世忠、張俊、虞允文、張子蓋、張宗顔、吴玠六將)不題撰人。元刻本《南渡十將傳》今收於《四庫全書存目叢書》,卷末所附黄丕烈手書題跋云:

　　余初見此書,遍檢諸家書目,皆無其書。偶訪周香嚴丈,云晁公武《讀書志》中有之,然止《四將傳》,蓋劉錡、岳飛、李顯忠、魏勝也,亦出於史官章穎所撰而上

①② 鄧廣銘:《宋史岳飛·張憲·牛皋·楊再興傳考辨》,《復旦學報》,1947年第3期,第478頁。

之者。今香嚴所藏毛氏舊鈔本，先之以种諤傳，趙起撰者，此刻所無，後列韓世忠、劉錡、岳飛、李顯忠、魏勝傳，行款與此刻同。每卷不排次第，但云某人傳，無"重刊宋朝南渡十將傳"字樣，又無"宋朝南渡十將列傳"字樣，是必從宋時雕本出也。其不分卷第者，晁《志》本云《四將傳》，可無容別標卷第矣。韓世忠本不在四將列，故毛鈔本在《劉錡傳》前。《劉錡傳》前有《進〈劉岳李魏〉表》，此《十將傳》，故無之也。傳惟劉、岳、李、魏有"史官章穎纂"五字，韓世忠以下皆無之，是必非章穎所纂矣，不知何時合編爲十將，而題曰《重刊》，又曰"宋朝南渡"，是必元人爲之矣。余因其爲秘本，出番錢二十枚購之，其同購者，尚有舊刻《楊鐵崖古樂府》。書估居奇，不肯獨售，此種以彼爲副。爾時嘉慶十年乙丑春三月二十有六日，黃丕烈識。①

據黃丕烈題跋，可知在元刻本《十將傳》之外另有明"毛鈔本"（毛氏汲古閣鈔本）。毛鈔本不分次第，載种諤、韓世忠、劉錡、岳飛、李顯忠、魏勝等六人之事。《种諤傳》即《种太尉傳》，作者趙起，南宋襄陽鎮撫使李橫部下，曾參加討伐僞齊的軍事行動，屢立戰功。《种諤傳》見於《宋史·藝文志》，記北宋种諤抗擊西夏之事，該書單獨刊行，顯然不應編入《南渡十將傳》。清人張金吾《愛日精廬藏書志》卷十三載錄毛氏汲古閣鈔本《中興四將傳》（劉錡、岳飛、李顯忠、魏勝），同時附有章穎《進表》。因此，黃丕烈在周香嚴（周錫瓚）家見到的毛鈔本，應是後人將趙起《种諤傳》、章穎《四將傳》以及《韓世忠傳》合爲一書。毛鈔本流布甚廣，今北京大學圖書館藏鈔本《六將傳》（題章穎、趙起撰）以及南京圖書館藏清鈔本《宋中興四將傳·种諤傳·韓世忠傳》與毛鈔本出自同一系統。

在毛鈔本之外，國家圖書館與臺北"故宮博物院"另藏有明鈔本《南渡十將傳》。該書殘存四、五兩卷，傳主分別是魏勝和韓世忠，卷次與元刻本《南渡十將傳》相同，卷首題"宋朝南渡十將傳"，行款每頁二十四行，每行二十一字，與元刻本相同。可以基本斷定的是，周錫瓚家藏毛鈔本"六將傳"與國圖殘本《十將傳》是不同的兩種鈔本。毛鈔本中劉錡、岳飛、李顯忠、魏勝等四人傳記出自章穎《四將傳》；國圖和臺北故宮所藏殘本，依據的顯然是元刻本《南渡十將傳》。至於毛氏鈔本中的《种諤傳》與《魏勝傳》，乃後人采撼增益，與章穎《四將傳》無關。

《南渡十將傳》的前身，即章穎的《四將傳》，該書在宋元流播甚廣，名目或有不同。趙希弁《讀書附志》載曰"《四將傳》，四卷"，"建炎中興名將劉錡、岳飛、李顯忠、魏勝之傳也。史官章穎撰而上之"②。王應麟《玉海·藝文》云"《開禧四將傳》，（開禧）三年正月十四日，章穎上（劉、岳、李、魏），計七冊。詔付史館"③。《宋史·藝文志》載"《四將傳》，三卷"④。明楊士奇《文淵閣書目》載"《南渡四將傳》，一部三冊"⑤。是知《南渡四將傳》或《開禧四將傳》即章穎《四將傳》，該書在宋代之後的目錄著述中并不鮮見。

---

① 《南渡十將傳》卷首，《四庫全書存目叢書》第87冊，濟南：齊魯書社，1997年，第578頁。
② （宋）晁公武撰，孫猛校證：《郡齋讀書志校證》，上海：上海古籍出版社，2011年，第1134頁。
③ （宋）王應麟撰，武秀成、趙庶洋校證：《玉海藝文校證》卷二十四，南京：鳳凰出版社，2013年，第1177頁。
④ （元）脫脫：《宋史》卷二百七，北京：中華書局，1977年，第5284頁。
⑤ （明）楊士奇：《文淵閣書目》卷十五，上海：商務印書館，1937年，第179頁。

明代姜南《蓉塘詩話》"桯史精忠錄"條云"今南京國子監有板,又有《中興四將傳》《中興十將傳》《岳武穆王傳》皆載王(岳飛)事,皆有印本,惜乎板歲久毀,不復行,罕有知者焉。"①姜南,字叔明,號蓉塘,正德十五年舉人。《蓉塘詩話》作於明嘉靖癸卯年(1543),引文所謂《中興四將傳》《中興十將傳》即章穎《四將傳》以及《南渡十將傳》。清初徐乾學《傳是樓書目》載有鈔本《宋南渡四將傳》五卷,南京圖書館所藏《宋中興四將傳·种諤傳·韓世忠傳》也是清鈔本。可見,《四將傳》刻本亡於明代晚期,鈔本却一直行於世。

以上是《四將傳》的版本流傳情況。概言之,《四將傳》又稱《中興四將傳》或《南渡四將傳》,是由南宋章穎撰進。該書刊行後與韓世忠等"六將傳"合爲《南渡十將傳》。自元代開始,《四將傳》與《南渡十將傳》刻本、鈔本并行於世。直到明代中後期,《四將傳》刻本漸少,主要以鈔本形式流傳至今。

三、"六將傳"的價值及與《四將傳》之關係

章穎《四將傳》的編撰目的,《進〈四將傳〉表》與《〈四將傳〉序》皆有叙述,總其所云,大抵劉錡、岳飛、李顯忠、魏勝等四人"或困於讒奸,或抑於媢嫉,雖忠根於死,義形於色,誓不與賊俱生,而志不獲伸,目不瞑於地下"②。由於秦檜專權,英雄得不到公正的評價,正所謂"頃紛紛於議論,稍變易於是非。事實寖以湮微,士氣爲之沮抑。雖已加於襃典,猶未快於輿情。非假汗青,何由暴白?"③與官修國史不同的是,章穎所撰《四將傳》雖上奏朝廷,但就本質而言,仍屬於私家傳記。章穎記四將抗金事跡并非履行公事,而是要通過傳記爲四將伸志,同時勸勵世人,以資當世。

《四將傳》進獻朝廷不久,便已刊行。《郡齋讀書志·附志》《玉海·藝文》對該書均有著錄。除此之外,曹彦約《昌穀集》卷十七有篇名爲《中興四將贊》的史論,文中評點劉錡、李顯忠、魏勝、岳飛等四將事跡,并云"按李顯忠、魏勝二傳,其人忠勇善戰,亦皆萬人敵"④。曹彦約,淳熙八年進士,曾任禮部侍郎,兵部尚書,卒於理宗紹定元年(1228),可見《四將傳》刊行之後,在士人群體中產生了不小的影響。

《四將傳》既然先於《十將傳》單獨刊行,那麽,韓世忠等"六將傳"與《四將傳》是何關係?《十將傳》目前所能見到的最早本子是黄丕烈收藏的元刻本,其中,劉、岳、李、魏四人傳記出自章穎,而韓世忠等"六將傳"有兩種解釋:四庫館臣認爲"六將傳"出自章穎之手,但没有上奏;鄧廣銘則認爲"六將傳"與章穎無關,是後人僞托。章穎《進〈四將傳〉表》云"臣所撰到劉、岳、李、魏傳,繕寫共七册,隨表上進以聞"⑤。尋其文意,可知劉、岳、李、魏等四篇傳記是章穎特意繕寫以進表朝廷。至於四傳之外,章穎是否另有所撰,當再作討論。

"六將傳"的價值及其與章穎《四將傳》的關係,可以通過作品内容知曉大概。前

---

① (明)姜南:《蓉塘詩話》卷二十,明嘉靖二十二年張國鎮刻本。
②③ 《四庫全書存目叢書》第87册,第587頁。
④ (宋)曹彦約:《昌穀集》,《文淵閣四庫全書》第1167册,臺北:"商務印書館",1986年,第208頁。
⑤ 《四庫全書存目叢書》第87册,第587頁。

人往往將作者問題作爲評判"六將傳"的前提。事實上,"六將傳"的史料及思想價值不容忽視。雖然"六將傳"不如《四將傳》整飭,個別篇目,如《吴玠傳》甚至草創未就,但史料的價值取決於使用者的角度。鄧廣銘先生認爲"十傳之中,只有《吴玠傳》極疏略,似是屬筆未成之稿,其餘九傳無不詳核完贍,取與《宋史》各本傳相核,知其全從此出,且抄襲之跡亦尚多顯然"①。這説明《南渡十將傳》作爲一個整體,得到後世史官的重視,史料價值不可替代。

"六將傳"與《四將傳》也有很深的淵源。首先,韓世忠、張俊、虞允文、張子蓋、張宗顏、吴玠等六人,與《四將傳》中劉、岳、李、魏同爲南宋著名將領。此十將或爲同袍,或爲父子,事跡互有交錯。作爲南渡後抗金的主力,諸將在南宋初期功勛卓著。其次,"六將傳"與《四將傳》的議論文字多以"論曰""史臣曰"展開,具有史論結合的特點。尤其值得注意的是,"六將傳"的作者與章穎一樣,在傳文中并不避諱是非判斷和政治立場,在述論風格上也有明顯的相似性。譬如,"六將傳"主戰,對秦檜"和戎"行爲頗爲憤恨。《虞允文傳》云:"自秦檜和戎以來,二十有餘年,兵政不舉,將士驕惰。辛巳之舉,僅僅自保。楊存中、成閔乃至不敢發一箭向敵。吴璘在蜀,出師衰敗,亦不少張浚符離之役。視往昔强弱何如哉?"②章穎《岳飛傳》亦云:"是時虜上下相疑,其勢已弱。""檜之貪功以自專,忌賢害能,毀中興之大計。其罪上通於天,而世之傾邪之士猶立説以附。"③岳飛冤案爲秦檜一手所致,章穎爲飛立傳當然會痛斥秦檜殘害忠良的行爲。不僅如此,章穎認識到秦檜專權對中興大業的傷害,此與"六將傳"中《虞允文傳》的思考路徑基本一致。

在對具體人物的評價上,"六將傳"的作者能根據史實,對傳主的負面史料没有回避。如《張俊傳》云,"中興以來,俊握兵最早,屢立大功。與韓世忠、劉錡、岳飛見推名將,故稱之曰張、韓、劉、岳","至岳飛冤入,韓世忠救之,俊獨助檜成其事,心術之殊也遐哉"④。《韓世忠傳》的觀點也與之呼應:"(韓世忠)尤純誠不二,力以和議爲非。累疏力争,憂人心之不復振。至岳飛之死,猶能爲伸冤。其視張俊之迎合,遠矣。"⑤由此可見,"六將傳"的作者能够秉持冷静客觀的歷史態度,對具體問題的認識也較爲深刻。"六將傳"與《四將傳》創作立場基本一致,即以儒家忠義道德作爲人物評判的價值取向,在人物事跡的叙述中夾持議論,不失時機地表達個人的歷史、政治觀點。

總之,章穎《四將傳》與"六將傳"是南宋武將傳記中的重要作品,兩者均具有較高的史料價值。根據目前所掌握的材料,雖不能如四庫館臣所推測,斷定"六將傳"是章穎撰而未進,但是,通過對"六將傳"立傳宗旨和思想傾向的考察,可知"六將傳"的作者與章穎具有相似的史官背景和政治立場,"六將傳"的創作時間也不會晚於南宋末。

---

① 《宋史岳飛·張憲·牛皋·楊再興傳考辨》,第475頁。
② 《四庫全書存目叢書》第87册,第668頁。
③ 同上,第628頁。
④ 同上,第660頁。
⑤ 同上,第657頁。

四、《南渡十將傳》與南宋武將傳記的興起

《南渡十將傳》的出現并非孤立的歷史現象,如果結合高宗建炎以來武將傳記的興起,《南渡十將傳》體現了宋代傳記題材的轉變。衆所周知,"崇文抑武"是北宋基本國策,其初衷是爲了抑制武力集團,建立文官政治的新局面。英宗朝時,宰相蔡襄曾云:"今世用人大率以文詞進。大臣,文士也;近侍之臣,文士也;錢穀之司,文士也;邊防大帥,文士也;天下轉運使,文士也;知州郡,文士也。雖有武臣,蓋僅有也。"①"崇文抑武"造成士大夫的社會地位高於武人。用文臣來牽制武將,武將不但喪失了政治話語權,也喪失了文化話語權。於是,北宋私家傳記,絕少看到武官的身影,即便以武事立功者,士大夫也不忘從儒家的角度對其事跡予以褒揚。因此,單就題材而言,武將傳在北宋并不成爲單獨一類,一些涉及武事的作品歸入賢臣傳記更爲合理。

情況到了南宋發生改變。吕中《皇朝中興大事記講義》卷一《中興規模論》提出一個尖鋭的問題:"我朝以仁立國,遠過於漢。而靖康之禍,尤慘於晉。何也?"作者將問題的根源追溯至熙寧變法,其曰"(仁)微間斷於熙寧,復接續於元祐","自紹聖小人,借新法以報私怨。崇寧小人,又托紹聖以導上心","積威之餘,士不復知有名節。而祖宗以義結人心之意失矣。此靖康之禍所以書契以來之所未有也"②。對於靖康危難之際士大夫與廣大軍民的表現,吕中的評判也截然不同:"吾觀靖康之民,無一人敢負國,而士大夫之負朝廷者,何其多也。"③在"金虜犯境""節義之臣"諸條,吕中歷數淪陷區軍民抗金人物事跡以及喪失氣節投敵叛變的臣僚,正反兩面形成鮮明的對比。

實際上,靖康之難,投敵賣國的行爲是普遍存在的,并不局限於士大夫群體。然而,南宋士人對士大夫在靖康國難中不光彩的一面反思得相當深刻。但凡社稷陵替民族危難之時,戰爭的殘酷和人心的叵測成爲不得不直面的現實問題,爲了表彰英勇,激勵後進,士大夫格外看重武將在抗金鬥爭中的忠義氣節。

南宋文人別集中出現了一批武將傳記,如王灼《李彥仙傳》、孫汝聽《張尚書右丞傳》、范浚《徐忠壯傳》、楊萬里《張魏公傳》《劉國禮傳》等。這些作品主要展現南宋初期宋金軍事鬥爭中武將的英勇事跡。

洪邁《容齋五筆》録王灼《李彥仙傳》,傳主李彥仙河南鞏縣人,金兵南侵時,"(仙)散家資,得三千人,入援京師"④,後入陝西堅持抗金。彥仙自建炎元年至建炎四年,轉戰陝州各地,有"精兵三萬,大小二百戰",所轄之地,"合境稱治"。而後因孤立無援,爲奸人陷害,遂死於陝州城巷戰。在圍城之時,金人曾以"河南元帥"招降彥仙,彥仙不爲所動,叱來使"吾寧鬼於宋,安用汝富貴"。忠義之氣甚至令敵人欽佩。王灼《李彥仙傳》記録了西北地方軍民的抗金事跡,傳文對於人物事跡叙説尤爲精細,時間定位精準,給人以歷史的真實感,展現了慘烈的抗金史實,凸顯武將的忠義氣節。

---

① (宋)蔡襄:《蔡襄全集》卷十八,福州:福建人民出版社,1992年,第432頁。
②③ (宋)吕中:《類編皇朝大事記講義》,上海:上海人民出版社,2014年,第431頁。
④ (宋)洪邁:《容齋隨筆·五筆》卷六,北京:中華書局,2005年,第896頁。

南宋武將題材的傳記多屬於私傳範疇，作者在傳記中并不避諱個人觀點，因此，武將傳所記之事較爲充實，英雄形象較爲突出。如范浚《徐忠壯傳》以徐徽言抗金事跡爲題材，該文見於范浚《范香溪先生文集》卷二十。徐徽言爲晉寧守軍，金兵進犯陝西時，率衆與敵周旋，堅守晉寧城，不屈戰死。徐徽言事跡與李彦仙頗爲相似，金軍屢次勸降，徽言大義凛然，不爲所動。范浚對其忠義之行評價道：

  徽言死封疆，於祭法宜祀，其得所以易名者，以勸忠也。惟我國家受天命，臣萬方，聖聖繼承，仁涵澤濡，海内澹然，熙乂怡逸，垂二百載，民華顛不目金革。戎政垢玩，將駘弱不武，士卒墮冗耄孏，備數伍符，戈甲鹽蠹，城障夷陠。一旦外侮間蔓，揚埃猾夏，鼓行長驅，所向降陷。大都小邑，督帥偏裨，捐城跳身，望旗奔遁，或除館具炊，以遲寇至，苟幸脱死，不畏不愧，不可指數。有如忘身殉國，伏節不撓，蓋千萬僅得一二可者焉。①

在徐徽言事跡中，作者看到的是淪陷區軍民英勇抗金的不屈和將帥面對必死之戰所表現的膽量和勇氣，此與貪生畏死之徒的賣國行徑形成鮮明對比。

包括《十將傳》在内的南宋武將傳記，繼承了宋代傳記重議論的一貫風格，即在人物事跡中發掘道德模範意義，輔之以議論時政。"戰"與"和"是南宋政治的兩大主題。對於主戰派而言，武將的忠勇事跡無疑應受褒揚。因此，《十將傳》的出現也與時代政治息息相關。

相比同時代的官修史書，《十將傳》顯然更爲生動，且富有思想性。南宋時期的官修國史往往以叙述人物履歷爲主，很少有在傳文中表達史官的個人觀點。朱熹曾對當時史官編修提出批評，其曰："史甚弊，因《神宗實録》皆不敢寫。傳聞只據人自録來者。纔對者，便要所上文字，并奏對語上史館。"又云："今之修史者，只是依本子寫，不敢增減一字。蓋自紹聖初，章惇爲相，蔡卞修國史，將欲以史事中傷諸公。前史官范純仁、黄魯直已去職，各令於開封府界内居住，就近報國史院，取會文字。諸所不樂者，逐一條問黄、范，又須疏其所以然，至無可問，方令去。後來史官因此懲創，故不敢有所增損也。"②官修史書的不足促使南宋私家傳記創作尤爲興盛，與政治關涉頗深的武將傳記得到士大夫的青睞。章穎《四將傳序》云："中興以來，諸大將宣皇威，敵王愾。垂功名於竹帛，紀勳伐於金石。"又云："跡其(四將)規恢次序，實係當時之强弱，關後世之理亂，使不詳記而備載之，則孰知機失於前而患貽於後世哉。"③章穎對武將傳記的認識頗具有代表性。武將傳雖記一人之始終，却是對一段歷史的反思，如前文提到的王灼《李彦仙傳》、范浚《徐忠壯傳》皆是如此。

開禧前後，北伐呼聲愈發高漲，武將傳褒揚模範，反思現政，可讀性較强，傳播範圍也較爲廣泛。吴白牧《夢粱録》記載當時"講史"小説，曰："王六大夫元係御前供話，爲幕士請給講諸史俱通。敷演《復華篇》及中興名將傳，聽者紛紛。"④"中興名將"應

---

① (宋)范浚：《范香溪先生文集》卷二十一，《四部叢刊續編》第 65 册，上海：上海書店，1985 年。
② (宋)黎靖德：《朱子語類》卷一百二十八，北京：中華書局，1986 年，第 3078 頁。
③ 《四庫全書存目叢書》第 87 册，第 587 頁。
④ (宋)吴自牧：《夢粱録》卷二十，杭州：浙江人民出版社，1984 年，第 196 頁。

是指劉錡、岳飛、李顯忠、魏勝等人。由此可見,章穎的武將傳很快深入民間,演化爲"説話"藝術。南渡諸將事跡在南宋中後期也已擁有了廣泛的受衆。

南宋政權始終面臨着嚴峻的政治形勢,在内政外交的困境下,士大夫并非一味地偏安逃避,而是希望通過英雄事跡提倡志節忠勇,以振奮當世。章穎《四將傳》及後來的《南渡十將傳》標志着武將以群體的形象走進傳記。士大夫在此類作品中襃揚愛國將領的忠義氣節,對歷史人物的是非功過直言不諱,武將傳記由此獲得歷史的厚重和思想的深刻。

《朱書全集》(《安徽古籍叢書》第二十九輯)

(清)朱書撰,戴廷傑(法)、蔡昌榮、石鐘揚整理,束莉編輯,黄山書社2021年11月版。朱書(1654—1707),安徽宿松人,清代前期理學家、文學家,"皖江文化"概念的首倡者。《朱書全集》匯輯了海内外尚存的朱書詩文集的多种珍貴版本,并對散佚在信札、家譜、地方志、文史評論、書畫作品中的佚著進行了全面鈎沉,包括:《杜谿文稿》九卷、《杜谿文稿外集》七卷、《杜谿詩稿》三卷、《杜谿詩稿外集》二卷、《杜谿時文集》七卷、《游歷記存》一卷、《評點東萊博議》四卷、附録4种,計60萬字。該書的整理出版,有助於考察桐城派早期發展的多重綫索和複雜形態,再現清代皖江地區文化生態,并爲評析清代前期士林精神史的流變提供啓示。

張綖詩學思想與明代文學復古主義思潮*

張 月 劉明華

摘 要：明代張綖以詞學成就爲後世所重，然其詩學思想前後轉變對把握復古思潮下江左文人詩學主張具有重要啓示。文章通過張綖以格調論爲主的詩學主張與其詩歌創作實踐進行對照分析，從南北文學地域傳統、親人名儒影響、革易前轍傾向等方面論述其與明代詩學派別，特別是與前七子的關係，藉以探究復古思潮影響下明代江左文人詩學思想之演變。

關鍵詞：張綖；注杜；詩學思想；復古思潮

張綖（1487—1543），字世文，號南湖，高郵人，明代詞曲家、詩人，著有《詩餘圖譜》《草堂詩餘別録》《杜工部詩通》《杜律本義》《杜詩釋》①《張南湖先生詩集》《南湖入楚吟》，此外還整理刊刻了《西崑酬唱集》《王西樓先生樂府》《王西樓先生詩集》《淮海集》等。以往研究者多將目光集中在張綖詞學成就上，往往忽略其詩人特質，近年來學界始對張綖詩作及其文學思想有所重視②。張綖作爲明代治杜代表，在詩作上也用力甚多，從其詩集與杜注中，我們不僅可見明代治杜側重選注、評點的社會風尚，更能尋繹張綖詩學思想轉變及特點，以此審視以張綖爲代表的江左文人所受到的復古思潮影響。

---

* 作者簡介：張月，《杜甫研究學刊》編輯部編輯，文學碩士，主要從事唐代文學研究、杜甫研究。劉明華，西南大學文學院教授，文學博士，主要從事唐宋文學研究、杜甫研究。
  基金項目：國家社會科學基金重點項目：杜詩異文整理與杜詩經典化研究（20AZW013）階段成果。
① 據王燕飛考證國家圖書館所藏孤本《杜詩釋》殘卷的作者爲張綖。參見王燕飛：《明代張綖的杜詩研究》，《文藝評論》，2013年第10期，第42—46頁。
② 期刊方面有王燕飛《明代張綖的杜詩研究》(《文藝評論》2013年第10期)、張海濤《立志勤學的張綖》(《文史知識》2013年第6期)、《明代張綖交游考》(《湖北理工學院學報(人文社會科學版)》2015年第4期)、《張綖詩文補輯》(《湘南學院學報》2016年第1期)，闵定慶、張洲《張綖文輯録》(《古籍整理研究學刊》2014年第6期)、《張綖家世述略》(《江蘇師範大學學報(哲學社會科學版)》2018年第2期)，闵定慶《張綖年譜稿略》(《詞學》2015年第2期)，李慧《簡論張綖的〈張南湖先生詩集〉》(《揚州教育學院學報》2019年第2期)；學位論文方面有葉輝《張綖研究》(復旦大學2000年碩士學位論文)、劉姝潔《張綖及其文學思想研究》(華東師範大學2014年碩士學位論文)、張月《張綖〈杜工部詩通〉研究》(西南大學2015年碩士學位論文)、李慧《張綖〈張南湖先生詩集〉研究》(揚州大學2019年碩士學位論文)等均對張綖詩文有相關探討。此外，綦維《金元明杜詩學研究》(山東大學2002年博士學位論文)，王燕飛《論明代杜詩選注和評點的特色》(《杜甫研究學刊》2012年第1期)、《明代杜詩選録和評點研究》(西北師範大學2011年碩士學位論文)也對張綖《杜工部詩通》進行了簡單論述。

一、思與詩的張力:張綖詩學思想與創作實踐的統一

明代詩歌成就雖有限,但詩論較爲活躍,風氣較盛,正如朱東潤先生所言:"而大膽的批評精神,直至明代始見卓越,在號稱復古之四子中爲尤甚。常人持論,對於明代每加菲薄,倘就文學批評之觀點論之,不能不爲之驚異也。"①明人在對歷代詩歌創作風貌的自覺總結與整體評論方面成就頗豐,胡應麟《詩藪》、許學夷《詩源辨體》便是復古派詩歌批評的集大成之作。明代最爲突出的學術景觀即七子派與初唐六朝派的對峙與爭鋒,前者主張"古體宗漢魏,近體宗盛唐",後者則出於對前者的反駁而提倡"宗六朝"。初唐六朝派的興盛乃是江左詩風的承繼,以吳中、金陵爲代表的六朝派早在弘治年間已有發展,如祝允明、徐禎卿可謂開吳中六朝派先聲。張綖歷成化、弘治、正德、嘉靖四朝,上接以李東陽爲首的茶陵派,又與前七子同時,且與金陵詩人顧璘、顧璘,吳中詩人皇甫汸等爲友,故其詩學思想較爲複雜②,早期學習"香奩體",中後期推崇復古"格調"論,特別是入楚後,詩宗老杜,詩格奇古。值得注意的是,四庫館臣對張綖詩作評價不高,認爲"多艷體,頗涉佻薄,殆玉臺香奩之末流。每卷皆附詞數闋,考綖嘗作填詞圖譜,蓋刻意於倚聲者,宜其詩皆如詞矣"③。要之,四庫館臣評價更多針對張綖早期詩作,如不加區別而將其入楚後的創作一概論之,則有失偏頗,下文試述之。

(一) 歸本儒家傳統詩教

《杜工部詩通》以元范梈《杜工部詩范德機批選》爲底本,張守中記云:

> 清江范德機先生批點杜詩共三百十一篇,皆精深高古之什,蓋欲合苞經之數,悉有深意。太史公云:"古者詩三千餘篇,孔子刪之爲三百五篇,皆弦歌之,以求合《韶》《武》《雅》《頌》之音。"然則清江《杜選》其亦有志求合《韶》《武》《雅》《頌》之音者耶,可謂嚴矣。先大夫南湖公瞖亂即有志當世之務,早年舉於鄉,歷正德、嘉靖中,涵揉不露,與世異趣,恥覥知己,雅好古文詞,感遇之情契於杜者獨深。暇日取清江所選杜詩爲之注釋、證事、釋文,悉加考究,以會杜子之本意,題曰《杜詩通》。……由先君之意而逆杜子之志,以上溯三百篇之旨,則是集之刻尚亦有神於風教哉。④

張守中乃張綖之子,其文説明了三個問題:一是以孔子刪選詩爲示範。范梈《杜工部詩范德機批選》選詩 311 篇,張綖以其爲底本選詩并注釋,二者皆欲合《詩經》三百篇

---

① 朱東潤:《何景明批評論述評》,《中國文學論集》,北京:中華書局,1983年,第 61 頁。
② 張綖雖無專門的詩論著述,但其詩學思想可見於詩集、注本、序跋中,尤以《杜工部詩通》《張南湖先生詩集》最爲集中,將其相互參看,可見其詩學轉變軌跡。
③ (明)張綖:《張南湖先生詩集》附錄,《四庫全書存目叢書》,集部第 68 册,山東:齊魯書社,1997年,第 398 頁。
④ (明)張綖:《杜工部詩通》,《四庫全書存目叢書》,集部第 4 册,山東:齊魯書社,1997年,第 464—465 頁。文中所引張綖之杜注皆出自此書,不再一一出注。

之數,以求合乎儒家禮樂文明。二是注杜淵源。張綖詩《送世觀弟北赴京畿應試》言"先君崇儒術,詩書踵前系"①,是說其高祖張文質,由科舉入仕,任元朝雲南宣慰使,張綖棄農賈應科舉,以續高祖"崇儒"之餘緒,這與杜甫"奉儒守官,未墜素業"②相通。三是注杜宗旨與選詩標準。張綖注杜在於以杜詩為大宗,上溯《詩經》,以裨於風教為指歸,而這也正是傳統儒家重禮樂教化文學觀的顯著特點。顯然,張綖議人論詩,帶有傳統儒家詩教色彩,因此在注解杜詩時,對具有"詩史"紀實性的杜詩給予更多關注,充分表現杜甫忠孝仁義、心憂家國的精神。

在《杜工部詩通》中,我們可見張綖儒家詩教觀,一是重視君子節氣,告誡士人應固持操守,如其注《遣意二首》云:"世有大可憂者,衆人不知所憂,惟君子獨憂之;然世有可適意者,衆人不知所適,惟君子獨取之以自適。如'一徑野花落,孤村春水生''雲掩初弦月,香傳小樹花',此景此趣,誰不見之而取之以適者,君子也。"再如評《秋雨嘆三首》其一道:"前四句喻君子處亂世而不墮其節,後四句則公憂其終不能保其節,深惜之也。空白頭,愛莫助也。"強調君子自適與堅守之態度。二是指斥世道昏庸,描述民不聊生之狀,如"前四句喻世道昏亂,後四句言百穀不成,民無以為生也"(《秋雨嘆三首》其二注)、"彼上古葛天之民,惟知自適,不任國憂,故阮籍為身謀而熟醉,但今日高賢遠引,巨賊橫行,宇内大亂,不能不為之深悲者"(《晦日尋崔戢李封》注)。三是雖流露哀情傷時之意但仍盼望中興。不論是評《春望》中"總見傷時之意以結之",亦或《哀江頭》中的"哀情至矣",張綖都準確發掘了杜甫面對國破家亡時的悲情,見其稷契之心,"此因鳳發興,思世治也。亦可以見其忠懇之心矣"(《鳳凰台》)。此外如《哀王孫》《悲陳陶》《北征》《潼關吏》《洗兵馬》等詩,張綖也多直接從傳統詩教觀出發,闡釋杜甫忠君愛國思想與憂國時艱的矛盾複雜心境。

儒家傳統詩教觀在張綖後期詩歌創作中也有不少反映,如《迎春日新霽通城感事》"方宜偕時和,誰能邊鞭撻。狡氓甘觸羅,獷俗乖我闉",《秋日興國聽雨亭感述》"抱痾思遐蹈,竊禄恥寡績。羈軮乖夙志,長道阻良覿",《奉贈廖學士二十韻》"盛代天源迥,中興景運昌。應時生輔弼,曠世際明良",以及《通山館中喜雪》"君不見山南山北田園蕪,人家鬻子輸官租。官租輸納苦不足,日嚴鞭撻喧哀呼。又不見軒車往來山下道,茫茫百里無青草。我忝觀風過此間,憂民無計徒成惱"等詩作,皆是關心百姓生計、痛斥國家剝削無度、期盼賢君忠臣的現實主義詩作,充分發揚"詩言志"的傳統詩教觀。

(二) 重視性情抒發

張綖論詩主乎性情,自言"歌咏以養性情,故歌聲之詞,有不得而廢者"③。觀其一生創作,前後階段雖呈現出不同詩風,但真誠發抒貫穿始終。張綖早期詩作受六朝詩體及李商隱、韓偓影響,"弱冠作無題詩及香奩雜詩數十首,一時盛傳,以為淮海才

---

① 《張南湖先生詩集》,第 391 頁。文中所引張綖詩皆出自此書,不再一一出注。
② (唐)杜甫著,(清)仇兆鰲注:《杜詩詳注》,北京:中華書局,1979 年,第 2172 頁。
③ (明)張綖:《草堂詩餘別錄》,明黎儀抄本,上海圖書館藏。

子"①,詩作多直接抒發相思閨怨,風格多委婉香艷,頗有晚唐香奩遺風,比如學李商隱而作的《擬無題四首》、仿韓偓而作的《閨怨》《香奩詩八首》《效韓致光二首》等。同時張綖詩作也涉及寫景咏物,以抒年少情愁、時光易逝之感慨,大體意境類同。這一階段張綖直抒胸臆,對閨怨情思與纖細柔弱的自然風光着墨甚多,詩作雖格調不高,卻也能從個人日常生活感受出發,見其真率。如《湖上二首》其一"遠夢依稀萬仞山,烟波無極自愁顔。似聞吹笛孤雲外,未得乘槎一水間。日末只應親錯落,月明誰伴美潺湲。碧霄飛鵲多如雨,不帶仙人一字還",詩人借景抒情,將湖光美景與自身情緒相交織,加之多使用如"遠夢""孤雲""潺湲""仙人"等充滿柔弱感的詞語,使得全詩籠罩淡淡愁緒,類似還有《雜詩五首》《大雪漫興四首》等詩。

任職武昌通判後,張綖詩風逐漸轉變,加之弘、正年間正是復古運動興盛階段,張綖詩學觀念受到復古派干預現實主張與"重情"思想影響,詩作內容發生變化,多直面現實、酬贈唱和、弔古紀行之作。如"欲追清會夢難尋,千里相望共此心。高論感時還慷慨,壯懷隨世且浮沉。杜陵老去依嚴幙,宋玉秋來動楚吟。暮倚危樓獨凝睇,西風吹起滿城砧"(《寄孫南崖》)、"霜落湖天秋氣高,菊花招客飲新醪。喜逢玉友開三徑,未怕金英笑二毛。細嗅寒香知病去,朗吟斜日覺詩豪。重陽未過餘清興,乘暇來吟定幾遭"(《病起賞菊》),此時詩風開始向杜甫靠攏,呈現自然豪邁之氣。

中國古代詩學史上存在"詩言志"與"詩緣情"兩種不同的詩學觀,前者揭示了詩歌教化作用,後者强調詩歌藝術作用。從《詩經》突出"志"的儒家詩教觀到兩漢《毛詩序》引入"情"這一要素,再到魏晉陸機于《文賦》提出"詩緣情"的觀點,中國詩學觀念發生了重大變化,逐漸形成了"情志合一"的典型詩學觀。張綖强調詩歌"情志合一"功能,他爲嘉靖十六年(1537)刊刻的《西崑酬唱集》作序時説道:

> 論詩者,類知宗盛唐,黜晚唐,斯二體,信有辨矣。然詩道性情,古人採之觀風正樂,以在治忽者也。如不得作者之意,徒曰盛唐。盛唐予不知,直似盛唐,亦何以也。杜少陵,盛唐之祖也;李義山,晚唐之冠也,體相懸絶矣,荆國乃謂唐人學杜者,惟義山得其藩籬,此可以意會矣。……子美云:"文章一小技,於道未必尊。"作者之言蓋如此。夫惟達宣聖游藝之旨,審杜老技道之序,味介甫藩籬之説,而得歐公變崑之意,詩道其庶矣乎!②

張綖認爲杜甫與李商隱作詩同歸於"觀風正樂"的儒家傳統詩道,而歷來論詩者只知"宗盛唐,黜晚唐",將二者完全對立背離,忽視了"情志合一"的一致性,可見張綖對詩道正統性的維護。此時張綖詩歌擺脱了早期傷春悲秋、視野狹窄之弊端,更多關注現實社會并爲之發聲,可以説實踐并完成了其"以在治忽者"之目的。汪必東在《入楚吟序》中評價張綖"五七長短古今律絶詩,雖諸體咸備,非寸寫性能,而豪飲奇之",指出其詩歌諸體完備,詩風奇古。又説他"往往托詩以自適焉,感興於物,寓意於事,平氣於聲,成而歌葉之,歌葉而咏議,以得之真趣,自得浮榮,何有其心休休,其樂住住,適

---

① 《張南湖先生詩集》,第325頁。
② (宋)楊億編,王仲犖注:《西崑酬唱集注》附錄二,北京:中華書局,1980年,第340—341頁。

孰大焉"①,這繼承了《毛詩序》"情動於中而形於言"②的"情志合一"觀,將情志并舉,符合中國古代文藝理論的發展。

(三)以"格調"論詩

弘、正年間,以李夢陽、何景明爲首的前七子正式提出了以"格調説"爲中心的詩學主張,這也是復古運動的最核心觀點:"格"即"思想内容、法度和語言","格、思、意、義、法、篇、句"等屬於"格"之範疇;"調"大體指"情感、文采、音韻","調、氣、情、音、色、詞、味"等屬於"調"之範圍③;再從思想内容與聲律形式兩方面對"格調"進行了要求:"格"要"高古","調"需"宛亮"。受此思潮影響,張綖注杜詩時尤其重視"格"。如注《牽牛織女》云:

> 守禮自相合,棄禮必不容。彼夫婦之愛皆生於敬,君臣之恩亦猶是也。大小有佳期者,小而男女之合,大而君臣之遇,皆有佳期。合必以禮者,女之佳期;進必以正者,士之佳期,故戒之在至公也。如或不在至公,則合之而不以其禮,進之而不由於正,殆非所以相合相遇之道矣。……剛明正大之主,又豈以不令之士而爲臣哉。是詩,高古嚴正,可見古作者之意,觀者深味有得,自不涉凡近矣。

《牽牛織女》作于大曆年間杜甫暫居夔州時,其用"牽牛織女"故事作比以興,由七夕祈請的世俗傳説引出儒家傳統君臣之道。張綖將此詩定爲"高古嚴正",認爲"專爲士者進身之道而言",内容思想高尚精深、不落世俗,完全符合儒家所提倡的君臣正統觀,評價甚高。

復古派成員大多積極參與社會政治,因而要求詩之"格"能反映現實,具有高尚情操與深厚意藴;另一方面其所批評的主要對象是宋代以來理學家的文學觀以及具有理學化傾向的詩歌,故又重視詩歌之"調",如張綖注《高都護驄馬行》云:

> 凡詩人題咏,必須胸次之高,下筆方能卓絶不凡。杜公此詩如"雄姿未受伏櫪恩,猛氣猶思戰場利",又云"青絲絡頭爲君老,何由却出横門道",如此狀物,不唯格韻高,亦足以見少陵人品。若曹唐《病馬》詩:"一朝千里心猶在,争敢潛忘秣飼恩。"乃乞兒語也。其意趣可憐也哉!

張綖將此詩與唐人曹唐《病馬》詩作比,認爲杜詩形象描摹了驄馬雄姿與氣勢,而曹詩"意趣可憐"如乞兒語,反襯出杜詩格韻胸襟的高妙。這裏張綖將人品内涵引入"格調"説,對"格調"論有所擴大,使人品成爲詩歌"格調"的評判標準,對此後文將細論之。

(四)重視作詩才力

杜甫在詩歌中多次論及"詩才",有自嘲語"我今衰老才力薄,潮乎潮乎奈汝

---

① (明)張綖:《南湖入楚吟》,明嘉靖十七年蔣芝刻本,中國國家圖書館藏。
② (清)阮元校刻:《十三經注疏·毛詩正義》卷一之一,清嘉慶二十年南昌府學刻本,第5a頁。
③ 羅宗强:《明代文學思想史》,北京:中華書局,2013年,第212頁。

何"①;也有褒重他者,如稱贊薛璩"賦詩賓客間,揮灑動八垠。乃知蓋代手,才力老益神"②,稱贊蘇涣"才力素壯,辭句動人"③;更有詩論"才力應難跨數公,凡今誰是出群雄。或看翡翠蘭苕上,未掣鯨魚碧海中"④。在杜甫看來,所謂有才力者乃"鯨魚碧海"諸人,即兼古人才力而有渾涵汪洋、千匯萬狀者;而所謂"翡翠蘭苕"則指研揣聲病、尋章摘句之徒,僅有雕蟲小技難登大雅之堂。受杜甫影響,張綖將才力作爲衡量詩人成就的法則,他在注解《蘇端薛復筵簡薛華醉歌》一詩時,論述了自己對於"才力"的看法:

> 大概詩才有二:有才華,有才力,詞情藻麗之謂華,氣量宏深之謂力。華配則翡翠蘭苕也,力配則鯨魚碧海也。華凡纖巧者皆能爲之,若才力則非大手筆不能也。何劉數子之作,不過詞華已耳,是以其力未工,雖兼鮑照,猶愁絕倒。戔戔之士,其得不見笑於大方家也。韓退之謂:"李杜文章在,光焰萬丈長。"正以其才力勝耳。然才力非可強爲,必作者度越一世,然後風格高邁,自成一家。又公以薛華與李白并稱,華竟不聞於後世,則不朽者詞章果足恃乎? 立言君子,其必有説矣。

在張綖看來,詩才乃才華與才力之合,前者集中在詩歌語言,可以摹擬學習而得,後者則包含風骨力道等詩歌深層意藴,非大家不能有。"何劉數子"指何遜、劉孝綽、沈約、謝朓等,四人詞情華麗,却僅得才華,當屬前者;而李杜二人則以才力取勝,"度越一世"自成大家。這裏張綖援引杜詩,用"翡翠蘭苕""鯨魚碧海"作比闡述詩才有關論點,符合歷代文論家對詩才的普遍看法,不同之處在於他將"才力"與"格調"同論,以此作爲衡量"大家"的標準範式,既肯定了李杜成就,更引發對詩人才力這一創作能力的思考,豐富了古代詩歌創作論的内涵。

(五) 以杜甫爲典範

復古派詩宗杜甫,大多把杜詩作爲復古對象之一。對此錢謙益曾評價李夢陽"以復古自命,曰'古詩必漢魏,必三謝;今體必初盛唐、必杜,舍是無詩焉'"⑤。而在張綖的詩學體系中,杜甫的地位明晰可鑒,他的詩學理念、創作實踐都受到杜甫及其詩歌的影響,特别是任職武昌通判後。有關張綖詞作成就暫且不論,觀其詩學,可知他以杜甫"温柔敦厚"的儒家詩教爲理論基點,遠溯"風雅",近接復古派的格調學説,追求沉鬱頓挫與詩格高古的融合,最終形成了自己的詩學理念。

張綖推尊杜甫,首先表現在對杜甫精神的體認上。杜甫作爲忠義臣子、人倫道德的典範,其歷史地位在被世人不斷接受的過程中得到認同,從宋代"詩聖"地位的確立到明代中後期"詩聖"之專指,都使他成爲儒家傳統文化的重要組成。與杜甫的仁民

---

① 《杜詩詳注》,第 1553 頁。
② 《杜詩詳注》,第 1622 頁。
③ 《杜詩詳注》,第 2014 頁。
④ 《杜詩詳注》,第 900 頁。
⑤ (清)錢謙益輯,許逸民、林淑敏點校:《列朝詩集》,第 7 册,北京:中華書局,2007 年,第 3466 頁。

愛物、心憂家國相通,張綖年幼時亦有同理心:"嘗見道旁餓殍死者,撫而哭之,曰:'他日爲政,何以使天下無此餓夫也?'"①可見其關心天下蒼生的赤子之心與以天下爲己任的博大胸懷。無論是青年時對"豪家算利銖兼兩,悍吏催租夏接冬"(《歷城沈老自言嘗稱貸先公,思其寬惠,舊業既凋,見於感泣》)的指責,或是中年在野所作的《九日寄西樓(是歲大荒)》對百姓貧困挣扎的擔憂,還是晚期爲官因大旱逢雪,"忽然見此瑞物飛,遂令蹙額開顔笑"(《通山館中喜雪》)的欣喜之情,都是在不斷踐行"以詩言志",爲百姓發聲,表達自己濟世救民之志、再淳風俗之願。因受耽吟誤政之讒言,張綖也有歸隱之心,在詩中發出"如何公館連宵夢,只夢南湖把釣鉤"之語,然而對家國百姓的熱愛,最終使其堅守"樑棟真堪壯聖朝"的初衷,這種情緒在《大治縣》"朱鉛終日事鞭撻,慚愧先賢撫字勞。幾欲抽簪向江海,不堪束帶繫官曹。深山俗獷雖爲梗,荒歲民窮半是逃"一詩中抒發得淋漓盡致。

其次張綖崇杜由精神外化爲形式,通過注杜完成對杜詩的再認識與重構。"前後七子"時代出現了不少杜詩批注本,據《杜集書錄》《杜集書目提要》著録,前後七子有《批杜詩》(李夢陽撰)、《評杜詩鈔》(李攀龍撰)、《批點杜工部集》(王世貞撰)等杜詩選本,雖已散佚,但足可見時人將杜詩奉爲圭臬。其他現存有影響的杜注如楊慎《杜詩選》、汪瑗《杜律五言補注》、王維楨《杜律七言頗解》等也都是在復古思潮影響下產生。因此在復古思潮及崇杜影響下,張綖將杜甫作爲取法對象,著有《杜工部詩通》《杜律本義》《杜詩釋》等,如侯一元《〈杜工部詩通〉序》所言:"夫南湖先生者,憲使張公父也,平生精力半在此書。"②張綖自論注杜緣由,曰:"杜陵雖稱詩史,而沉鬱頓挫,感人於言意之表,是其自負。說者乃謂其句句字字咸有意藏焉,則牽合附會,而非其本意者多矣。夫釋詩之病,舛誤者,其失易知;牽會者,其失難辨,將使初學之士惑焉。"③後人讀杜受"杜詩無一字無來歷"影響,往往存在牽強附會、求之過深之弊,因此爲釐清舛誤、解初學之人困惑、恢復杜詩本旨,張綖以黄庭堅學杜之法使學人思而自得爲最上,注多淺顯流暢,對杜詩内涵或異議處較少生發與考證。從早期的《杜詩釋》到晚年的《杜律本義》《杜工部詩通》④,張綖通過對杜詩的編選、題解、箋注,將杜甫在政治上的失意經歷以及文學上的追求與自己相契合,實現"裨於風教"之目的,張守中稱其"夫詩追少陵渢渢乎,幾於風雅頌矣"⑤,所言非虚。

但張綖對杜甫的推重,更多源於創作上的追慕。張綖認爲杜詩能合《韶》《武》《雅》《頌》之音,最爲符合儒家"温柔敦厚"詩教,而這也是杜詩在明代中後期受到空前重視的原因。在詩歌内容上,體現爲對杜詩實録精神的學習與模仿,如作於嘉靖十四年的《滅蝗行》"官家石穀易石蝗,我民争摑走踉蹌",對這一年高郵災害頻發、民不聊

---

① 《張南湖先生詩集》,第 396 頁。
② 《杜工部詩通》,第 343 頁。
③ (明)張綖:《杜工部詩通》,黄永武主編《杜詩叢刊》,第二輯,臺北:大通書局,1974 年,第 499 頁。
④ 據王燕飛考證,《杜詩釋》或爲張綖早期作品。而《杜律本義》早于《杜工部詩通》完成。張綖于《杜律本義引》末書:"嘉靖己亥歲臘日,高郵張綖書於採石舟次",是知其成於嘉靖十八年(1539)。而據侯一麟《杜詩通後小叙》:"竟又直道致歸,卧朋上……最後乃取范氏所選杜詩,釋之曰《杜詩通》。"可知此書應完成于張綖歸隱南湖之後,則應爲嘉靖十九年(1540)以後。
⑤ 《杜工部詩通》,第 365 頁。

生的狀况予以真實再現。再如《歷城沈老自言嘗稱貸先公，思其寬惠，舊業既凋，見於感泣》云："荒村老翁頭如雪，扶杖凄然淚滿胸。爲説而今非往日，却嗟見我即先公。豪家算利銖兼兩，悍吏催租夏接冬。桑柘蕭條雞犬散，不知何日見年豐。"這與杜詩《兵車行》相類，同具詩史特性。在詩歌藝術表現上化用杜詩，如"江山有待留君佳，魑魅何知喜客過"(《次韻黄甫百泉赤壁二首》其二)，化用杜詩"文章憎命達，魑魅喜人過"①(《天末懷李白》)；還偶用杜韻，如《舟中冬至用老杜年年至日長爲客詩韻》步韻杜甫《冬至》，杜甫將冬至旅居夔州與十年長安對比，有心折路迷之慨，而張綖此詩在同抒久客難歸的窮愁自傷之情外，頗有仕途雖艱也無妨的灑脱之情。

二、從香奩到格調：張綖詩學宗尚的轉變

明代文學思想在不同時期呈現各自特點，如永樂至正統年間大盛的台閣體文學思潮；弘治、正德間的文學思想是以政教文學思想爲主轉向多元文學思想；直至弘治後到嘉靖初的"前後七子"文學復古思潮與"六朝派"獨抒情懷的出現，掀起了有明一代文學盛景。張綖歷經成、弘、正、嘉四個時期，其詩學觀也有明顯轉變。對此，同時期的許榖和朱曰藩有較爲準確的評價，前者直言張綖"近體源于杜陵，參以岑、高悲壯"②，後者言其詩風"入楚後詩格更奇，辭更古，旨趣更沉著。方超西崑之畛域，闖少陵之堂室"③。縱觀張綖詩學觀念的變化，除自身革易前轍的傾向外，同時受制于地域文化傳統、親人名儒交往等多方影響。

第一，南北文學地域傳統的影響，這集中體現在張綖早期詩歌上。復古七子派與六朝派的對峙是有明一代最爲顯著的詩學特徵，其形成分庭抗禮之局面不僅是宗漢魏與宗六朝二者間詩學觀念的分畛異趣，背後更是涉及南北文學地域傳統問題④。復古七子中多爲北方士人，如以李夢陽爲首的開封作家群、以何景明爲首的信陽作家群等，他們上溯風雅，用宗漢尊唐的復古思想作爲發揚關隴中原文化的途徑，而這種强烈的中原本位意識讓他們多以詩學正統自居。而六朝派成員多爲江左詩人，今人認爲六朝派由"吳中、金陵兩地及楊慎與其同調"構成，三者間"又因交游而互通聲氣"⑤，同屬江左人士的張綖自然受制地域，詩文帶有强烈的六朝文氣，而這一點也集中反映在其早期詩詞中，如"東風吹客思凄迷，城北城南柳色齊。天覽亭空烟漠漠，文游台在草凄凄"(《春城懷古得西字》)、"紈扇輕裙到處宜，暖風摇曳細腰肢。相逢綺陌回眸處，瞥見雕欄轉角時"(《咏行》)、"池上徘徊看彩雲，輕風吹動藕絲裙。午窗睡起聊憑檻，春院愁來獨倚門"(《咏立》)、"細雨霏微灑草堂，即看景物動年光。曉風初報梅花信，臘酒新開柏葉香"(《立春》)，借柔美、微小的景物，以清新流麗的筆法寫出閑適中略帶悵惘的生命情趣，具有六朝初唐體的華美平腴。

---

① 《南湖入楚吟》，明嘉靖十七年蔣芝刻本。
② 《張南湖先生詩集》，第 325 頁。
③ 陳斌：《明代中古詩歌接受與批評研究》，上海：上海三聯書店，2009 年，第 171 頁。
④ 《明代中古詩歌接受與批評研究》，第 101 頁。
⑤ 《杜詩詳注》，第 590 頁。

第二,親人名儒的交往。張綖詩學思想的形成是以其交往游歷爲現實依據的,通過張綖詩詞及交游稽考可知,其與王陽明、王磐、顧璘、顧瑮、顧磐等均有密切的交往。而這些人分别在不同階段對張綖思想和文學觀念産生了不同程度影響,爲其詩學宗尚的轉變提供了直接契機。張綖早期習六朝詩風,究其原因除江左一帶文學地域性因素外,也與其岳父王磐密不可分。張綖自弱冠從王磐學詞曲前後近二十年,"每填一篇,必求合某宫某調第幾聲,其聲出入第幾犯,務俾抗墜圓美,合作而出,故能獨步於絶響之後,稱'再來少游'"①,因此張綖早期詩作呈現以詞爲詩的特點,内容與風格近於其詞。王磐一生性情灑脱,詩律風格流麗,對復古派始終持反對態度,這在一定程度上影響了張綖對復古運動的態度。入楚後,張綖詩風變化最爲顯著,詩辭奇古,旨趣沉鬱,有類杜甫,這或許與顧璘、顧瑮兄弟二人交往有關。嘉靖十六年(1537),張綖任武昌通判,顧璘起爲右副都御史巡撫湖廣,顧瑮致仕還鄉南京,張綖與二人交往頻繁。顧璘早期詩學六朝,與陳沂、王韋,號"金陵三俊",又與朱應登稱四大家,後爲七子派盟友,開始轉師漢唐,反對藻麗詩風并否認其早年宗六朝經歷。其詩風矩矱唐人,以風調勝,其《批點唐音》曰:"始學詩,一意唐風,若所批點《唐音》,乃其用力功程也。"②嘉靖初,學六朝初唐風氣日盛,已加入復古陣營的顧璘爲此憂心疾首,認爲"國家今日之文,不知一變而盛乎?再變而衰乎?不可不深長慮也"③。顧瑮同爲金陵詩人,詩文多宏肆藻麗,但其詩所透露出的復古意識已爲晚明焦竑所注意,"公之詩,寓目寫心,聲比字屬,雖氣質渾渾,不見刻畫,而無一不中古法"④,指出其詩注重古法。其時,張綖與顧氏兄弟"講論評品,傾竭不吝,益相厚善"⑤,三人對當時詩風必有探討切磋,而張綖與二顧的交往更是爲自身詩風趨向復古主義推波助瀾。

第三,自身革易前轍的傾向。由喜香奩之風到崇杜之氣,張綖文學思想的轉變實則有跡可循。張綖論詩以情性爲本位,這也是其人生價值觀念在文學領域的投射,幼時嘗見道旁死者撫而哭之,蓋其悲天憫人天性,與儒家仁愛之心相通,反映於文學上便是以傳統儒家詩教爲標準,而杜甫作爲儒家詩教典範,自然成爲其後期學習摹擬對象。從張綖詩作内容和風格演變可知,中後期隨着自我文學意識的萌芽以及人生閲歷與社會環境的影響,張綖更多關注現實,崇杜、學杜,詩風變爲沉鬱奇古且向現實主義靠攏,如嘉靖初年其詩多爲記事抒情,或酬贈唱和、或借物遣興、或紀行游歷、或抒不第失意,擺脱了早期囿於狹窄題材的弊端,内容愈加深廣。

三、張綖詩學觀念與明代復古思潮間的互動

由前述可知張綖詩學思想是在文學復古運動背景下形成并實踐的,其後期詩學觀念大多與復古派所持主張同調。因此釐清張綖詩學觀念與明代復古思潮間的互動

---

① 《張南湖先生詩集》,第 325 頁。
② 張宏生、于景祥著:《中國歷代唐詩書目提要》,第四編,沈陽:遼海出版社,2015 年,第 244 頁。
③ (明)顧璘:《與陳鶴論詩》,《息園存稿文》卷九,四庫全書本。
④ (明)焦竑撰,李劍雄點校:《寒松齋存稿序》,《澹園集》,北京:中華書局,1999 年,第 165—166 頁。
⑤ 《張南湖先生詩集》,第 395 頁。

關係可成爲我們觀察張綎詩風變化的重要視角。

(一) 與復古派趨同，恪守儒家詩教觀，否定詩歌理學化

張綎可貴之處在於對不同文學思想能辯證吸收，承認文學的獨立性而非政治附庸。第一，反映在其對"以理爲詩"傾向的否定。張綎曾受教於明代理學家吕柟。吕柟可視爲"前七子"派周圍人物，胡纘宗曰："弘治間，李按察夢陽謂詩必宗少陵，康殿撰海謂文必祖馬遷，天下學士大夫多從之，士類靡然。……時則有若王太史九思、張民部鳳翔、段翰檢炅、馬泰卿理、吕宗伯柟……實與李、康同趣，雖言人人殊，而其旨歸則遷與甫也。"①指其與七子派復古主旨一致即詩宗杜甫、文祖司馬遷。然據其文録考察，吕柟雖爲復古同調，却與前七子文學思想指向不盡相同，他提倡漢文、否定唐詩，明確提出"唐詩不廢，天下不治；漢文不興，天下不平"②、"自漢以來詩亡"③，認爲以杜甫、韓愈爲代表的唐詩"溺於辭"而"道微"，强調詩歌"風言乎其俗也，雅言乎其政也，頌言乎其德也"④的教化性。嘉靖十六年（1537），時任武昌通判的張綎暫回高郵并拜訪吕柟向其求學，"論及岳武穆班師及所説《論語》數條，吕公嘆服，曰：'君所見到此，若得嘉惠後學，有益於居官多矣'"⑤。張綎或向吕柟透露罷官之意，因此吕柟對其言："'前日汝不欲做官，聚徒講學，甚好。然做官功業有限，而講學造就人材，功業尤大。'又曰：'古人高風，真不在言語文字之間。'"⑥可見，吕柟在肯定張綎人品與學養的同時贊同其棄官講學，并認爲詩文并非賢者高風之體現。這表明，吕柟從理學思想出發，以仁義道德爲本，將傳統儒教文學觀與宣導經世致用的實學思想合流，最終形成了自身帶有深刻理學烙印的詩歌觀。對此，張綎有選擇性的吸收，對吕柟詩作中以及宋元以來詩歌創作中的理學化傾向有意識的排斥，避免自身創作走入理學化誤區。第二，吸收復古派有關内容與形式并重之主張。"正大深刻的思想意義與渾樸圓融的藝術境界的完美統一，是七子派對古典詩歌審美特徵的深刻體會，也是其格調的主要内涵"⑦，復古派强調詩文須表達真情實感，反映社會重大現實問題，同時又注重作品文采與技巧，重振詩歌審美特性。張綎即遵循此種觀念，宣導"情志合一"的儒家詩教觀，追求作品本身内容雅正與充沛情感合力而成的感化人心之用。

(二) 與復古派"重情"一致，借比興手法爲情張本

以李夢陽、徐禎卿爲代表的復古派多選擇"詩緣情"説，提倡"文必秦漢，詩必盛唐"，着眼於文學的抒情功能，追求古樸渾厚詩風，同時又批判中唐以下詩歌中的理學化傾向，因此他們往往將情感與"比興"作爲重要範疇論證。作爲復古運動先聲的李

---

① （明）胡纘宗：《西玄詩集序》，《鳥鼠山人小集》卷十二，明嘉靖刻本，天津圖書館藏。
② （明）吕柟撰，趙瑞民點校：《涇野子内篇》卷之二，北京：中華書局，1992年，第17頁。
③ 《涇野子内篇》，第2頁。
④ 同上，第19頁。
⑤ 《張南湖先生詩集》，第396—397頁。
⑥ 《涇野子内篇》，第261頁。
⑦ 《明代中古詩歌接受與批評研究》，第7頁。

東陽即重"比興",其言"詩有三義,賦止居一,而比興居其二。所謂比與興者,皆托物寓情而爲之者也。……此詩之所以貴情思,而輕事實也"①。隨後的前七子論述中也有表現,如李夢陽引王叔武語"詩有六義,比興要焉。夫文人學子,比興寡而直率多,何也?出於情寡而工於詞多也。夫途巷蠢蠢之夫,固無文也,乃其謳也、咢也、呻也、吟也,行占而坐歌,食咄而寤嗟,此唱而彼和,無不有比焉、興焉。無非其情也,斯足以觀義矣"②,指出"情"與"比興"密切相關。另外李夢陽曾對同爲前七子成員的徐禎卿有過如下評價:"今詳其文,溫雅以發情,微婉以諷事,爽暢以達其氣,比興以則其義,蒼古以蓄其詞,議擬以一其格,悲鳴以泄不平,参伍以錯其變。"③關於李夢陽在文中以"守而未化,蹊徑存焉"之語譏嘲徐禎卿,兹不論述,僅從其對徐禎卿詩文特徵的把握可見徐詩同樣善用"比興"以表其義。情感的本質在於真情,選擇恰當的表達方式是避免僞情發生的前提④,因此假諸"比興"爲情張本,觸類引申,成爲當時文學復古派統一主張,張綖對此手法的學習,朱曰藩有所注意:

　　是故魏晉以還,歷代製作,只郊廟燕饗樂章稍存雅則,自餘閨情宫怨之什紛如矣。然美人托咏于顯王,宓妃取諭於賢臣,使其哀音柔弄,果足以達誠所天。一旦聆之,爲之泫然回心焉,是故亦諷諫之一端也,可盡少哉!……然予聞新安有程方岳旦者,奇士也。與先生善,每醉後歌先生詩曰:"野性素於時事薄,羈懷翻共酒杯親。"又曰:"黄金易鑄爐中像,白玉難開璞裏心。"輒爲之泣下不能已。吁!若程公者,何邪?非有感於托諷之深如此邪?此固可以占先生才情之妙矣。⑤

朱曰藩此番論調是針對張綖中後期詩歌而言,他認爲比興寄托作爲詩歌傳統表現手法最能傳遞情思,而張綖詩作即因此纔得以實現諷喻,也纔有程公泣涕之事,這就是說比興手法與情感特徵是密切相關的,但需注意"即使是技巧,也是來自感情表達的需要,感情的表達需要是第一位的"⑥。張綖詩風前後期雖差別甚大,中後期轉爲宗杜、出語依於節義,其詩歌内涵也隨之相應變化,但借比興以抒性情這一主張顯然已逐漸成爲其詩學思想的重要組成。

(三) 由"人品"論"格調",擴大復古派"格調"説内涵

永樂、正德年間,李東陽與李夢陽先後主持明代詩壇,開啓了"格調"論詩的風氣。"格調"一詞有學者⑦將它溯源于王昌齡《論文意》:"凡作詩之體,意是格,聲是律,聲

---

① (明)李東陽撰,周寅賓校點:《懷麓堂詩話》,《李東陽集》,長沙:岳麓書社,2008年,第1506頁。
② (清)趙本植纂修,慶陽市地方志辦公室整理,張壓、王立明、齊社祥、馬嘯點校:《乾隆新修慶陽府志》卷四十一,北京:中華書局,2013年,第477頁。
③ (明)李夢陽:《徐迪功集序》,《空同集》卷五十二,文淵閣《四庫全書》本。
④ 王秀臣:《初唐"對立詩論"——〈毛詩正義〉論詩、樂之"情"》,《杜甫研究學刊》,2018年第1期,第85頁。
⑤ 《張南湖先生詩集》,第325—326頁。
⑥ 吴懷東:《〈月夜〉與思婦詩的"奪胎換骨"》,《杜甫研究學刊》,2020年第1期,第7頁。
⑦ 青木正兒認爲"格調"一詞可追溯至王昌齡《論文意》一文。參見蔣寅:《"正宗"的氣象和藴含——沈德潛新格調詩學的理論品位》,《文藝研究》,2016年第10期,第45—53頁。

辨則律清,格律全,然後始有調。"①至宋代,姜夔《白石道人詩說》云:"意出於格,先得格也。格出於意,先得意也。"②認爲"格"建立在"意"之基礎上,意高則句深調古,有學者認爲其說乃明代格調論之萌芽③。而對明代詩學影響最深的當屬嚴羽,其"詩之法有五:曰體制,曰格力,曰氣象,曰興趣,曰音節"④,論及詩歌"復古之法",直接影響復古派詩學主張。從李東陽"詩必有具眼,亦必有具耳。眼主格,耳主聲"⑤,再到李夢陽"夫詩有七難,格古、調逸、氣舒、句渾、音圓、思沖、情以發之,七者備而後詩昌也"⑥,"高古者格,宛亮者調"⑦以及徐禎卿"思或朽腐而未精,情或零落而未備,詞或罅缺而未博,氣或柔獷而未調,格或莠亂而未葉,咸爲病焉"⑧,"格調"說成爲明代復古詩學的核心内涵,成爲一種具有美學追求與風格的詩歌審美價值標準。上述復古派成員雖對"格調"具體内容有不同理解,但無一例外都承認其乃中國古典詩歌審美特徵。張綖吸收復古"格調"說,并在此基礎上進行補充,把詩人内在人品作爲"格調"基礎,將人品與格調并舉。其實這與中國傳統文學批評"詩品與人品"論相類,孔子曾言"有德者必有言",韓愈、黄庭堅、楊慎等都有"人品如是,則詩品之高"等相關言論,認爲詩人内心情感、品行好壞、個性胸襟往往與作品休戚相關。張綖曾爲《王西樓先生詩集》作序,肯定先師王磐人品,并由此見詩品。"詩之爲物,古今作者多矣,而有工與弗工者,顧其人品何如耳。……此其襟度有過人者,故其所作沖融曠逸,類其爲人"⑨。再如前述《高都護驄馬行》詩中,張綖將杜甫廣闊胸襟與高尚人品視爲其詩格調高古的前提。在張綖看來詩作與人品相輔相成,詩乃作者内心世界的外在反映,詩人内心情感與其文字聲調應是合理統一的,如人品脱略塵俗、胸襟過人,則其所作應"沖融曠逸,類其爲人",此由"格調"出發提出人品可觀詩品論,是懇切得當的。

(四) 對復古派剽竊流弊的反思

張綖雖爲復古派追隨者,但其對復古派的主張并不完全贊同,對"七子派"帶來的矯枉過正、眼界過狹的弊端也有清晰認識。其《與許少行論詩簡》云:

> 竊恐非笑之者甚於笑登徒也。然詩之爲道,鄙人實竊與聞一二。前所論後乎其形似,先乎其性情者,誠愚見平生一得也。蓋詩先體制學之者往往以名家爲尚。國初林子羽輩學盛唐,袁景文輩學老杜,近時徐元定、李崆峒亦然。詩學雖多門,其大家數不過此二種而已。今觀諸公之什一,開卷間宛然復見古人。徐而

---

① [日]空海輯:《文鏡秘府論·南卷》,張伯偉編校:《隋唐五代詩格校考》,南京:江蘇古籍出版社,2002年,第160頁。
② (宋)姜夔:《白石道人詩說》,(清)何文焕輯:《歷代詩話》,北京:中華書局,1981年,第682頁。
③ 查清華:《格調論的思維模式》,《社會科學戰綫》,2004年第6期。
④ (宋)嚴羽:《滄浪詩話·詩辨》,(宋)嚴羽著,郭紹虞校釋:《滄浪詩話校釋》,北京:人民文學出版社,1961年,第5頁。
⑤ 《懷麓堂詩話》,第1502頁。
⑥ (明)李夢陽:《空同集》卷四十八,文淵閣《四庫全書》本。
⑦ 《空同集》卷六十二,文淵閣《四庫全書》本。
⑧ (明)徐禎卿著:《談藝錄》,(清)何文焕輯:《歷代詩話》,北京:中華書局,1981年,第765頁。
⑨ (明)張綖:《王西樓先生詩集序》,(清)左輝春纂:《續增高郵州志》,第五册,清道光二十三年刊本。

味之,流出肺腑之趣識者猶或少焉。……矧詩道之爲技乎? 夫體制不可無,要在寫其胸中之真耳。①

在此文中,張綖仍舊提出"後乎形似,先乎性情"的詩學主張,對明代前中期復古風尚,及其以擬習爲途徑、强調體制格調的匡範以達復古之鵠的的弊端給予了批評,是對復古派過分强調體制格調的反駁。七子復古派發展到後期,出現取法狹窄、剿襲雷同之弊,張綖顯然認識到復古派在後期理論與實踐中的局限,因而强調詩歌的抒情特徵乃詩之要義,這也是復古派最初以"因情立格"作爲剔除明代前期理性充斥詩文的對策,只不過後來復古派陷入矯枉過正的迷局,這也導致嘉靖六朝派的興起,後者意欲突破前七子宗漢魏、盛唐既高且狹的格局,矯撥李夢陽等人的重質輕文弊端,擬復興六朝詩歌達到革易詩風的目的,是對傳統正統觀念的一次轉撥。

具有"濟世之心"的張綖在文學意識自我選擇與明代復古思潮影響之下,詩學思想産生明顯變化,由早年習六朝詩轉舵復古七子、服膺杜甫,這與徐禎卿、顧璘、朱應登等江左詩人的詩學思想軌跡大抵相同,不過對於後者所表現出的對早年習六朝追悔莫及,甚至删詩鄙棄之態度,張綖似乎未有如此徹底,這或許與其作詩不多以及未入復古派核心陣營有關。然而其詩學思想反映出的前後差異及其所體現的儒家傳統詩教觀、重視格調性情、尊崇杜甫等詩學觀點對把握復古思潮下江左文人詩學主張具有重要啓示。另外,其對"前七子"後期復古模擬之弊給予的反駁與批評,亦可見其追隨復古却不盲從的詩學理論格局。

---

① 《南湖入楚吟》,明嘉靖十七年蔣芝明刻本。

論陳維崧詞用調特色及其詞史意義

李 睿 徐全亮

摘 要：清初著名詞人陳維崧詞用調爲歷代詞人之冠。其用調特色體現爲用調廣泛，重點擇調，并拓寬了詞調的表現範圍，豐富了詞調的聲情；他還發掘古調，對詞調的形式進行了深入探索。陳維崧詞的用調體現出其尚雅求新的詞學觀念，與萬樹的《詞律》相呼應，强化了詞的文體特性，促進了清初詞學的復興，具有重要的詞史意義。

關鍵詞：陳維崧；《迦陵詞全集》；清代；用調；詞史

陳維崧（1625—1682），字其年，號迦陵。清代著名詞人，陽羨詞派領袖。近些年來對陳維崧生平、交游、詞風等方面的研究均取得了可觀成果，但在詞調研究上尚顯不足。詞調是詞體形式的重要方面，詞的體性特徵正是從"調有定句，句有定字，字有定聲"的詞調運用中表現出來。詞調對詞的結構、句式、聲調、押韻起着關鍵性的作用，體現着詞的聲情特點，與詞的風格密切相關，是凝聚外部形式與審美内涵的載體。運用詞調的能力，是檢驗詞人才力的重要標志，充分體現出作者對詞體形式的把握能力。陳維崧詞的用調宏富，爲歷代詞人之冠，且特色鮮明，對詞史的發展具有重要意義，本文即從這一角度試作探討，希冀對現有成果作一些補充與修正。

一、廣泛用調，重點擇調

清代詞學是在對明代詞學弊端的反思中得以復興的，清初詞學家意識到明代的格律舛誤是造成詞體不振的重要原因，因而自覺地加以糾正，他們有着較爲普遍的詞律意識，隨着詞律探討的深入，一些編撰精審的詞譜得以問世，萬樹的《詞律》刊刻於康熙二十六年（1687），此後又有《欽定詞譜》對其進行增補。這爲填詞者提供了格律上參照與創作的範本，改變了創作無所依據的狀況，規範了詞的格律，催生了詞壇的活力，爲清詞的發展指出向上一路。與詞譜對詞律的理論總結相呼應的是陳維崧的創作。萬樹《詞律·自序》説："戊申、己酉之間即與陳檢討其年論此志于金臺客

---

* **作者簡介**：李睿，安徽大學文學院副教授，文學博士，主要從事古代詞學研究。徐全亮，阜陽幼兒師範高等專科學校講師，文學碩士，主要從事古代詞學研究。

基金項目：國家社科基金一般項目（16BZW077）資助成果。

邸。"①表明在康熙七年、八年前後，同是陽羨詞派成員的萬樹就與陳維崧認真討論了聲律問題，《詞律》的編纂是與陳維崧的切磋分不開的。陳維崧較早地對詞調進行關注，康熙七年（1668）左右，其《烏絲詞》結集刊刻，即是按照詞調編排，其中小令46調，98首；中調22調，39首；長調70調，129首。共138調，266首。平均不到兩首詞用一個調，用調較富。《烏絲詞》之後，陳維崧中後期主要詞作的合集爲《迦陵詞》，有康熙手抄稿本，收詞358調，詞作1364首。康熙二十一年（1682）陳維崧去世以後，蔣景祁精選陳詞700餘首，編成《陳檢討詞鈔》十二卷，於康熙二十三年（1684）付梓，也是按照小令、中調、長調編次，小令176首，中調144首，長調458首，共778首。由其四弟陳宗石整理輯録刊刻的患立堂本《陳迦陵文集》爲收録最全之本，其中詩歌、文集、儷體部分於康熙二十五年（1686）、二十六年（1687）出版，詞的全集於康熙二十八年（1689）出版，即《迦陵詞全集》，此集將《烏絲詞》與稿本《迦陵詞》合在一起（只有數首出入），收小令111調，390首，從14字的《竹枝》到58字的《小重山》；中調112調，295首，從60字的《臨江仙》到92字的《絳都春》；長調193調，944首，從93字的《滿江紅》到240字的《豐樂樓》②。共用416調，1629首。《迦陵詞全集》的編排體例是按詞調的字數由少到多進行排列，用調廣泛，在一些詞調下標注詞調别名，還對部分同名異調、同調異名的詞調作考證，將考證結果標注在詞調之後。這些在形式上都很接近通行的詞譜樣式，具有詞譜化的特徵。在詞學中興呈萌芽之態的清初，陳維崧以復興詞調來振興詞學，希望以自己的詞集作爲格律與文本的範本，一定程度上承擔起詞譜的功用。

陳維崧詞的用調廣泛，小令、中調、長調都占有相當的比重，從下表中可以看出：

表1-1 《迦陵詞全集》用調情況統計

詞調類别	小令	中調	長調
用調數	111	112	193
占全部詞調的比例	26.7%	27%	46%
填詞數	390	295	944
占全部詞作的比例	24%	18%	58%

表1-2 《迦陵詞全集》一調填詞少於十首的數量統計

類别	一調一詞者	一調二詞者	一調三詞者	一調四詞者	一調五詞者	一調六詞者	一調七詞者	一調八詞者	一調九詞者
小令	60	20	5	4	3	3	3	0	1
中調	58	23	11	5	2	4	2	1	1
長調	86	38	26	9	6	3	4	1	1

---

① （清）萬樹：《詞律》，上海：上海古籍出版社，1984年，第7頁。
② 明代顧從敬《類編草堂詩餘》和清代毛先舒均以58字以内爲小令，59字至90字爲中調，91字以上爲長調，後爲人們所慣用，《湖海樓詞》與此劃分標準略有差異。

續表

類別	一調一詞者	一調二詞者	一調三詞者	一調四詞者	一調五詞者	一調六詞者	一調七詞者	一調八詞者	一調九詞者
合計	204	81	42	18	11	10	9	2	3

通過以上的統計可以看出陳維崧詞用調的幾個特點：

（一）廣泛用調。《迦陵詞全集》中小令、中調、長調都占一定比重；一調一詞者共204調，占總調數的一半左右，一調十詞以下的共380調，占總調數的90％以上。這些都可以看出《迦陵詞全集》具有以詞備調的特點，幾近一部大型詞譜。陳維崧詞豐富的題材與廣泛用調有密切關係。每個詞調有其適合表現的內容與獨特的聲情特點，如果局限於幾個詞調，表現的內容就會趨於狹窄，風格也會趨於單一。用調廣泛是題材廣泛的基礎；而創作題材的廣泛，也促使作者選用更多的詞調對其加以表現。

（二）重點擇調。《迦陵詞全集》用調雖然宏富，但并不是平均用力，而是重點突出。絕大多數的詞調填詞數有限，在每一類詞調中，作者都偏愛某幾個詞調，大量運用。他創作較多的詞調如下：一調填詞100首以上者有兩調：《賀新郎》135首、《念奴嬌》108首；一調填詞50首以上者四調：《賀新郎》《念奴嬌》《滿江紅》《沁園春》；一調填詞30首以上者共八調，除以上四調之外，還有《蝶戀花》《水調歌頭》《滿庭芳》《望江南》。共填詞565首，占總詞數的34.5％。這些重點使用的詞調均爲聲情流美的熟調，既有《賀新郎》《念奴嬌》《滿江紅》《沁園春》這樣的慷慨豪壯之調，也有《水調歌頭》這樣的明快流利之調，《滿庭芳》《蝶戀花》這樣的婉約纏綿之調，《望江南》這樣的清新婉麗之調。清代中期以還，詞學家多以豪放論迦陵詞，其實，迦陵的獨異之處在於他以豪放爲主導風格的同時，致力於風格多樣性的呈現，對婉約詞也頗傾注心力，近似詩史上杜甫海涵地負的風格。

（三）偏愛長調。無論是用調數還是填詞數，長調多於小令、中調，在《迦陵詞全集》中成就最高。《迦陵詞全集》於長調用力最深，這是以創作實踐扭轉詞壇風氣。明代後期以還，詞學家開始思考明代詞體不振的原因，認爲格律舛誤是一個重要因素。明代俞彥說："今人既不解歌，而詞家任意染指，不過小令中調，尚多以律詩手爲之，不知孰爲音，孰爲調，何怪乎詞之亡已。"① 由於不解音律，任意爲之，以寫律詩的方法創作小令和中調，不敢嘗試長調，故而造成詞體之衰。清初詞學家對長調之難有深切體會，劉體仁《七頌堂詞繹》云："長調最難工，蕪累與癡重同忌，襯字不可少，又忌淺熟。"② 彭孫遹《金粟詞話》云："長調之難於小調者，難於語氣貫串，不冗不復，徘徊宛轉，自然成文。今人作詞，中小調獨多，長調寥寥不概見，當由興寄所成，非專詣耳。"③ 小令無論在句式還是格律上都接近近體詩，這使得諳熟詩歌創作的詞人運用起來駕輕就熟。而長調的結構更加複雜，有順序、倒叙、插叙、逆挽、折轉等，句法也更加多樣，如一字豆、折腰句法，在聲調上對平仄四聲的要求也更加嚴格，故而只有致力

---

① （明）俞彥：《爰園詞話》，載《詞話叢編》，北京：中華書局，1986年，第400頁。
② 《詞話叢編》，第622頁。
③ 《詞話叢編》，第725頁。

於長調,纔能充分了解詞的體性特徵,把握詞之語體風格與審美特點,成爲真正的詞學專家。陳維崧知難而上,創作了長調193調,944首,意在專力爲詞,改變詞壇以詞爲"小道"、游戲爲之的風氣。他對部分長調進行大量創作,一調數十首甚至一百多首,大大推動了這些詞調的衍流嬗變,推動了詞學的振興。具體如下表所示:

表1-3 《迦陵詞全集》一調填詞在十首以上的長調統計

調名	賀新郎	念奴嬌	滿江紅	沁園春	水調歌頭	滿庭芳	水龍吟	齊天樂	金菊對芙蓉	摸魚兒
填詞數	135	108	96	73	39	31	21	12	12	10

《迦陵詞全集》所用長調雖多,但也重點突出。填詞在10首以上的詞調共10個,陳維崧用這10個詞調(占長調總調數的5%)填了537首詞(占長調總詞數的57%),其中《賀新郎》填至135首之多,前無古人;僅《賀新郎》《念奴嬌》《滿江紅》《沁園春》四調就創作412首,將近占長調總數的一半。

實際上,陳維崧的創作,經歷了一個由青睞小令到偏愛長調的轉變。陳維崧在《任植齋詞序》中追溯自己庚寅、辛卯間填詞時"……妄意詞之工者,不過獲數致語足矣,毋事爲深湛之思也"①,庚寅、辛卯是1650年、1651年,陳維崧二十六七歲,這時所作詞多爲花間風格的小令,鄒祗謨、王士禎主編的大型詞選《倚聲初集》,所選的陳維崧詞也多爲柔婉艷麗的小令,題目以春閨、春愁、春恨、艷情等爲主,風格比較單一,詞境不夠開闊。由於人生際遇的變化、生活閱歷的豐富,陳維崧的詞學觀與情感也發生了改變。江山易主使士大夫失去家國的依靠,世家名聲在新朝毫無價值;案獄迭起,進身無路,於是家國之恨,身世之感,一一於詞發之。風流蘊藉、篇幅短小的小令不再適宜表達滿腔悲憤之情,故而詞人多選擇句式錯綜複雜、容量較大、適宜鋪排、慷慨悲壯的長調,來抒發深重的故國之思、敘寫對往昔繁華的追憶、表達華屋山丘的歷史滄桑感。長調與陳維崧富贍的才情相符,更易於酣暢淋漓地抒發繁複的情感,形成其豪放爲主的風格。此時他對自己早年的浮艷詞風痛加批斥:"乃余向所爲詞,今復讀之,輒頭頸發赤,大悔恨不止。"②後來他在自己的詞集中幾乎删去了《倚聲初集》中選錄的全部詞作,蔣景祁稱其"刻於《倚聲》者,過輒棄去,間有人誦其逸句,至嘁嘔不欲聽"③,可見其轉變之大。陳維崧對早年所作詞的悔恨和删棄意味着其詞藝走向成熟,突破了小令爲主的狹隘而開拓氣勢恢弘的長調,詞境向深遠闊大邁進。嚴迪昌先生稱陳維崧的詞"骨力勁挺警拔,氣勢渾茫磅礴,神思飛揚騰躍,情致酣暢淋漓……縱筆寫來,浩浩蕩蕩,茫茫蒼蒼,完全不顧任何習慣的審美傾向的約束"④,而這些只有長調這一相對開闊的詞體纔能容得下。

---

① (清)陳維崧著、陳振鵬標點、李學穎校補:《陳維崧集》,上海:上海古籍出版社,2010年,第271頁。
② 《陳維崧集》,第255頁。
③ (清)蔣景祁:《陳檢討詞鈔序》,《陳檢討集》,(清)康熙天藜閣刻本。
④ 嚴迪昌:《清詞史》,南京:江蘇古籍出版社,1999年,第213頁。

正如吳梅《詞學通論》所說:"凡題意寬大,宜於抒寫胸襟者,當用長調。而長調中以蘇辛豪放之作爲宜。"①迦陵的長調,多寫家國之感、壯志難酬、懷古咏史等宏大題材。他的懷古咏史詞,慷慨悲凉,淋漓盡致,如《滿江紅·汴京懷古》:

> 鉛築無成,不通道、英雄竟死。猶有客、棄家破產,東求力士。太息已看秦帝矣,悲歌只念韓亡耳。道旁觀誰道祖龍耶? 妄男子。狙擊處,悲風起;大索罷,浮雲逝。嘆事雖不就,波騰海沸。嬴政關河空宿草,劉郎宫寢成荒壘。只千年還響子房椎,奸雄悸。(博浪城)

《滿江紅》詞調句式多變,有三言、四言、五言、七言、八言,節奏鏗鏘,氣勢磅礴,最宜抒發慷慨激揚之音。這裏既有對歷史人物的品評,也有對英雄成敗的感嘆,感慨沉至,飛揚騰躍。是詞,也是史評。詞中對典故信手拈來,又自然渾脱,毫無牽强刻意之感。

對於陳維崧這幾個長調的特點與造詣,陳廷焯《白雨齋詞話》有專門評述:

> 《滿江紅》諸闋,英姿颯爽,無不雄健。迦陵《汴京懷古》十首,措語極健,可作史傳讀。
> 《念奴嬌·游京口竹林寺》……英思壯采,何其橫霸如此。
> 《沁園春》諸詞亦甚雄偉,登尉繚台一闋,尤爲感慨沉至。
> 《賀新郎》調,填至一百三十餘首之多,每章俱於蒼莽中見骨力,精悍之色,不可逼視。第四韻尤能振拔,如"北固外晴江夜走""其上有秦時明月"……皆是突接,精神更覺百倍。
> 《賀新郎》有洞穿七劄、筆力橫絶者……此類皆得未曾有,真足驚心動魄。
> 《賀新郎》贈何生鐵一篇,飛揚跋扈,不可羈縛……一味橫霸,亦足雄跨一時。
> 《水調歌頭》諸闋,英姿颯爽,行氣如虹,不及稼軒之神化,而老辣處時復過之,真稼軒後勁也。
> 《水調歌頭·雪夜再贈季希韓》"豈意有今日"五字,悲極,憤極,如聞熊啼兕吼。②

陳廷焯分析了迦陵詞用調錯落多變的聲韻特點和起承轉合的手法,他大量使用蘇辛豪放派常用的長調,以聲律展現氣格,把剛健不平之氣注入詞内,重振稼軒風,恢復了慷慨激昂之音,有利於拓寬詞境,推尊詞體。

《迦陵詞全集》豐富多彩之面貌的形成,與他廣泛用調相聯繫;而沉雄俊爽之主導風格的形成,與他重點擇調、偏愛長調密切相關。

二、拓寬詞調的表現範圍,豐富詞調的聲情

古代韻文要求聲情諧美,這不僅是指創作中的"守律",還包含着更深廣的内涵。

---

① 吳梅:《詞學通論》,上海:華東師範大學出版社,1996年,第40頁。
② 《詞話叢編》,第3840—3843頁。

對詞這一特富音樂美感的文體而言,這一點顯得尤爲重要。吳熊和先生《唐宋詞通論》指出,唐宋時期選聲擇調應考慮擇聲情,每個詞調在音調、句式、情感、風格上有不同的特點,擇聲情就是要求調的聲情與詞的文情彼此諧和,融爲一體。例如寫壯詞不能用艷歌,寫艷歌也難以用雄曲①。不過,這不是一成不變的,正如同一樂調,并不是只能包容一種情感,同一詞調變換了宮調,聲情就會有所變化,故而田玉琪《詞調史研究》認爲:"從詞調聲情的角度看,可以將詞人的創作分爲本調和變調。所謂本調就是與詞調原有音調、情感風格保持一致的作品,即使未賦調名本意,也屬於本調。所謂變調,就是與原有音調、情感風格相比變化較大的作品。"②同樣的節奏旋律,到底適於表達怎樣的情感,應體現怎樣的風格,是用調時須特別留意的。

《迦陵詞全集》在創作本調、深入領會詞調聲情特點的基礎上,拓寬了詞調的題材,豐富了詞調的聲情,同一詞調可以有不同的題材指向。以《賀新郎》爲例,此調押仄聲韻,句法多變,句式從三言到八言長短交錯,頗有頓挫跌宕之勢,爲蘇辛豪放派的常用詞調,始見於蘇軾的《賀新涼》(乳燕飛華屋),後來通用名爲《賀新郎》。南宋辛棄疾、劉克莊、吳潛、劉辰翁、蔣捷擅長此調,稼軒填至 24 首,主要用其抒家國感愴,述英雄壯懷。陳維崧除了將該調用於這個方面以外,還將其用於懷友悼亡、相思愛情、寫景紀游、酬唱贈別等,拓展了詞調的表現範圍,達到以聲摹情、以聲傳情的境地,這也是他在師法蘇辛基礎上的可貴創新。《賀新郎·汝州月夜被酒感懷董二》是悼念亡友、詞人董文友的佳構:

> 今夜清輝苦。真醉矣、人生有幾,關山如許。極目海天渾一碧,回首家鄉何處? 總則是、年年羈旅。脱帽憑欄何限恨,倚風前、細把寒更數。誰更打、嚴城鼓。　　無端忽憶疏狂侶。曾記得、烏衣巷口,別來如雨。明月也知千里共,照盡秦樓楚戍。應漸到、故人黄土。只恐白楊和月冷,比人間、更有銷魂處。汝河水,白如乳。

《賀新郎》一調,用入聲部韻者較激壯,用上、去聲部韻者較凄鬱,此詞用凄鬱的上去聲韻,從飄零羈旅的落魄身世寫起,多用虚詞管領,悲壯而激越,將感情醖釀至濃烈處,由羈旅之恨過渡到對亡友的懷念,化用東坡的"料得年年腸斷處,明月夜,短松崗",將清輝籠罩下的人間與白楊蕭蕭的墓地比照寫來,睽隔之悲與身世之感融爲一體,而後以短促而沉痛的三言景語結尾,深沉的情感如河水一般激蕩、迴旋、停滀,氣勢奔放又含蓄不盡。詞人利用《賀新郎》詞調奇偶相生、參差錯落的句式特點,表現憂憤不平的情思;又用幽咽的語部韻、多用"厲而舉"的上聲韻,造成悲凉的情調。整首詞從抒情達意的需要出發,以悲咽沉着的聲韻突出了悲凉的情感基調,聲情并茂,情文相生。

《水龍吟》是嘹亮的笛曲,清曠高亢,爲蘇辛常用詞調,而陳維崧的《水龍吟·秋感》是一首戀情詞:

---

① 吳熊和:《唐宋詞通論》,杭州:浙江古籍出版社,2010 年,第 134—135 頁。
② 田玉琪:《詞調史研究》,北京:人民出版社,2012 年,第 69 頁。

夜來幾陣西風，匆匆偷換人間世。淒涼不爲，秦宮漢殿，被伊吹碎；祇恨人生，些些往事，也成流水。想桃花露井，桐英永巷，青驄馬，曾經繫。光景如新宛記，記相逢，瑤臺姝麗。微烟淡月，回廊複館，許多情事。今日重游，野花亂蝶，迷濛而已。願天公還我，那年一帶，玉樓銀砌。

全詞將敘事、抒情、描寫有機地結合起來，詞人於往昔戀情的深情回顧中，寄託着深沉的今昔盛衰之感，深化了主題。"淒涼不爲，秦宮漢殿，被伊吹碎；祇恨人生，些些往事，也成流水"，改變了以意象結撰的寫法，綜合運用奔連句和轉折句，一氣貫注；較多的散文化句式、虛詞的運用，增強了氣勢，而單行散句中的兩處四言偶句"桃花露井，桐英永巷"，"微烟淡月，回廊複館"，又在錯落有致中增添了整齊婉麗之美。結句打破了《水龍吟》詞調多用一三句式的寫法（如"搵英雄淚"），用二二句式（玉樓銀砌），却顯得更爲整飭有力。迦陵利用詞調的聲情特點，對詞調的句式、聲調、情感風格作適度改造，創作出洗盡鉛華的戀情詞，音韻鏗鏘，流轉自如，詞的文情與調的聲情水乳交融，十分諧美。

陳維崧關注詞調聲情的豐富性，并由此創作了不少與原有音調、情感風格相比變化較大的"變調"之詞。比如《點絳唇》一調最早見於馮延巳詞，本意爲女子化妝打扮，相思愛情爲此調本色題材，而陳維崧用該調創作出頗負盛名的懷古詞《點絳唇·夜宿臨洺驛》：

晴髻離離，太行山勢如蝌蚪。稗花盈畝，一寸霜皮厚。趙魏燕韓，歷歷堪回首。悲風吼，臨洺驛口，黃葉中原走。

他利用該調密集的韻脚、乾净利落的短句，形成緊張急促的氣勢；在仄聲韻中，除了"厚"之外，都爲"厲而舉"的上聲韻："蚪""畝""首""吼""口""走"，顯得悲壯沉鬱。誇張與比擬的運用，增強了辭采與氣勢；懷古之幽思與鬱勃不平的身世之感相交融，感慨沉至。一般來說，小令由於容量有限，難以運氣蓄勢、盤轉起伏。迦陵以雄放之筆寫小令，尺幅之中有千里之勢，開創了令詞創作的新境界。

除了在廣度上拓展詞調的表現範圍，陳維崧還在深度上挖掘詞調聲情的豐富性，在一首詞中糅合各種風格，達到剛柔相濟的佳境。如《沁園春·題徐渭文〈鍾山梅花圖〉同雲臣南耕京少作》便是一首融豪放、婉約、清剛爲一體的佳作：

十萬瓊枝，矯若銀虬，翩如玉鯨。正困不勝烟，香浮南内；嬌偏怯雨，影落西清。夾岸亭台，接天歌板，十四樓中樂太平。誰争賞？有珠璫貴戚，玉佩公卿。

如今潮打孤城，只商女船頭月自明。嘆一夜啼烏，落花有恨；五陵石馬，流水無聲。尋去疑無，看來似夢，一幅生綃淚寫成。携此卷、伴水天閑話，江海餘生。

陽羨詞派陳維崧、史惟圓、曹亮武、蔣景祁等人群起爲徐元琜的《鍾山梅花圖》題詞，是一次群體性的憑弔故國活動。《沁園春》爲宋代及後代常用詞調，句法上以四言爲多，長於鋪叙，上下片句法、聲韻除換頭外其他全同，風格明快、灑脱、勁健，聲情流美，爲豪放派代表詞調。迦陵此詞中四言句均爲對偶："矯若銀虬，翩如玉鯨"、"夾岸亭台，接天歌板"、"珠璫貴戚，玉佩公卿"、"尋去疑無，看來似夢"、"水天閑話，江海餘生",增加了行文的氣勢與文采;上片"困不勝烟,香浮南内;嬌偏怯雨,影落西清"、下片"嘆一夜啼烏,落花有恨;五陵石馬,流水無聲"的駢文句式,最是點睛之筆,一寫鍾山梅花之絢爛多姿,一抒改朝換代後的綿綿悵恨,以精工的對偶形成鮮明的對照,耐人咀嚼。詞人很好地把握了《沁園春》的句式、聲調、情感特點,於灑脱豪邁的風神之中,融入清麗婉轉之思、低回曲折之筆。手抄稿本《迦陵詞》評曰:"此首前段更覺綺麗……後段更覺悲楚。""激楚盡致,如聽幽蘭緑水之曲,使人幾不自持。"[1]陳廷焯《白雨齋詞話》云:"其年《沁園春》最佳者,如題徐渭文鍾山梅花圖……情詞兼勝,骨韻都高,幾合蘇、辛、周、姜爲一手。"[2]高度評價了其熔鑄衆長、自成一家的藝術風貌。嚴迪昌先生認爲這首詞既有"'一夜啼烏、落花有恨'的哀思,又有對'接天歌板'的苟安,'樂太平'的怨慨,更有抨擊'珠璫貴戚,玉佩公卿'的誤國之深意"[3],都指出這首詞角度的多樣與意藴的豐厚。

從上述三首詞中還可以看出陳維崧善於發揮去聲字的妙用,産生不同尋常的聲情效果。清代以萬樹爲代表的詞學家特别强調去聲字在詞調中不可取代的作用,《詞律》云:"上聲之中上入二者可以作平,去則獨異","去聲激厲勁遠,其腔高","當用去者,非去則激不起。"[4]杜文瀾《憩園詞話》道:"平上去三聲,間有可以互代,惟去聲則獨用,其聲激厲勁遠,轉折跌蕩,全繫乎此,故領調亦必用之。"[5]都認爲去聲字高亢有力,在詞律中發揮着重要作用,尤其在領字格及其詞情轉折跌宕之處應多用去聲。以上《賀新郎·汝州月夜被酒感懷董二》一詞中,動詞如"醉""是""記""共""照",副詞如"細""漸",兩處"更",於關鍵處用振厲清遠的去聲字將詞情振起,骨力勁挺,富於氣勢。而這首詞的韻腳以上聲字爲主,這恰好和去聲字相配合,造成聲韻的和諧。在《水龍吟·秋感》中,韻腳除"水""已"之外,其他都用響亮的去聲字;動詞如"换""爲""被""恨""記""願"也爲去聲,而這些詞串起作者的感情脉絡,在意義上亦是關鍵之處。迦陵對去聲的妙用,造成盤旋揚厲之感,與《水龍吟》高亢嘹亮的聲情特點相符。《沁園春》詞調的上下片各有兩處引起偶句的領字,迦陵的《沁園春·題徐渭文〈鍾山梅花圖〉同雲臣南耕京少作》中,除"有"字爲上聲外,其他三處領字如"正""嘆""伴"都爲清越的去聲字,於詞情跌宕處振起,最爲有力,富於聲情之美。

《迦陵詞全集》拓寬了詞調的表現範圍,在廣度和深度上豐富了詞調的聲情,既有本調,也有變調,陳維崧能根據所寫物件之不同,適當在聲韻上作調整,充分發揮詞調的優勢,創作出大量聲情諧美之作,在繼承蘇辛的基礎上體現出可貴的創新。

三、發掘古調,開發詞調的用途與形式

在詞調的選擇上,陳維崧重新發現唐宋詞調,以復興古調促進詞學中興,有利於

---

[1] 白静:《手抄稿本〈迦陵詞〉評語輯録》,《手抄稿本〈迦陵詞〉研究》,南開大學 2007 年博士學位論文。
[2] 《詞話叢編》,第 3842 頁。
[3] 《清詞史》,第 187 頁。
[4] (清)萬樹:《詞律發凡》,《詞律》卷一,上海:上海古籍出版社,2013 年,第 15 頁。
[5] 《詞話叢編》,第 2855 頁。

詞調的規範化及傳播；他還憑藉豐富的創作經驗，進一步探索詞調的用途與形式，在唐宋詞的基礎上有所創新。

陳維崧除了多用聲情流美的常見熟調之外，還挖掘唐宋以後較沉寂的古調，回歸唐宋傳統。在他所用的詞調中，有些是冷落的唐五代舊調，如《蘇幕遮》《感皇恩》《謁金門》《獻衷心》《望江南》《長相思》《竹枝》《瀟湘神》《酒泉子》《南柯子》《河瀆神》《女冠子》《思帝鄉》《河傳》《浣溪沙》《春光好》《中興樂》《甘州子》《相見歡》《麥秀兩岐》《紗窗恨》《柳含烟》《贊成功》《玉樓春》《三字令》等，還有見於《倚聲初集》的集外詞——《蕃女怨》與《荷葉杯》①。這些詞調長期被埋没，如《女冠子》爲兩宋所無，《思帝鄉》兩宋金元俱無存詞，《蕃女怨》與《荷葉杯》宋代作者各僅存一人。迦陵對其進行發掘，創作出獨具一格的詞。如其早年的作品《荷葉杯·所見》："突遇荼䕷絶艷，幽店，早爐邊。春城特築花壇坫。麗殺，酒旗天。"還有《蕃女怨·五更愁》："榕亭一夜殘燈警，霜濃蟲省。五更風，十年事，無形無影。梅花窸窣慘人聽，半池冰。"情思濃鬱，近乎李賀詩"古艷"的特點。《望江南》（即《憶江南》）爲中晚唐詞調，在宋代非常流行，但金元兩代除了道教詞人賦道情之外，文人很少填此調。清初詞人如吳偉業、史惟圓、董俞、曹溶等人以《望江南》調名本意進行唱和，歌咏江南風物之美，抒發故國之思。陳維崧的《望江南》一調填詞35首，在當時發揮了推波助瀾的作用。他用聯章組詞的形式，以追憶的筆調描寫南京、杭州、蘇州、揚州、如皋、陽羨、南陽、商丘等地的自然風光與風土人情，除了表達對往昔的懷念，還蘊含深切的故國情懷。與白居易的《憶江南》一脈相承，而內涵更深厚。

陳維崧在追慕唐宋詞傳統的同時，對詞調的用途進行進一步的探索與開發，完善詞調的功能。《河傳》是個古老的調子，較早爲溫庭筠的《河傳》（湖上，閑望），是南吕宫的閨情詞，聲情婉轉感傷。《湖海樓詞》中《河傳》共有12體13首，全部用來咏物，咏五色鶯粟、楊花、玫瑰、榆錢、櫻桃、青梅等，這些詞以描寫見長，色彩絢爛，清新可誦。《浣溪沙》一調在唐五代主要寫戀情，聲情柔婉流麗，在宋代詞壇大爲流行，爲用調最多者，宋人用其咏物抒懷，至蘇軾，詞調題材得以拓寬，他有一首《浣溪沙·即事》："畫隼橫江喜再游，老魚跳檻識清謳。流年未肯付東流。黄菊籬邊無悵望，白雲鄉裏有温柔。挽回霜鬢莫教休。"描繪故地重游的場景與感受，開創了即事詞的寫作。宋代以後則很少使用該調，在清初詞壇顯得較爲生僻。陳維崧填《浣溪沙》至16首之多，用其描繪特定場景，創作"即事詞"，如"癸丑東溪雨中修禊""春日同史雲臣遠公買舟山游小泊祝陵紀事""偶憩清和庵即事""山塘即事""蚌埠即事""月夜虎丘紀所見""雨中由楓橋至齊門""投金瀨懷古"等，這類即事詞描繪旅途中所見某個場景，或白描，或點染，歷歷在目，如《浣溪沙·山塘即事》："窈窕山塘半酒家，浣衣歸去笑吳娃，東風吹得繡裙斜。琴幾研光麋綠竹，楸枰敲落水仙花，碧紗窗影浸山茶。"《迦陵詞》手抄稿本中評曰："芳華綺麗，直壓《花間》名作。"②《浣溪沙·蚌埠即事》："㴱㴱淮河杳似年，森森蚌嶺遠攢天，風來吹作鷿帆圓。奈熟叟擎千顆雨，柳濃兒浴一溪烟，黄瓜涼

---

① 此處判定詞調爲唐五代詞調的依據爲田玉琪《詞調史研究》。
② 《手抄稿本〈迦陵詞〉評語輯録》。

粉趁墟船。"《浣溪沙》的第二句和第三句平仄相同,第五和第六句亦同,顯得聲律平穩,叫"剪刀尾"。其中第四、五兩句以對仗工整見長,第一、二句用對仗者較少,《浣溪沙·蚌埠即事》則第一、二句也運用了對仗,在文辭上更顯整飭之美。他運用宏觀描寫與工筆細繪相結合,動靜、虛實結合,畫面感極強,充滿濃鬱的鄉土氣息,王士禎評道:"似坡公'牛衣古柳賣黃瓜。'"①可見迦陵在運用古調之時,并非對前人亦步亦趨,而是在詞調功能與用途上有着獨到的見解。

陳維崧還在詞調的形式上作了一些有益的嘗試,開創了長調組詞。歷來詞人多用小令寫聯章組詞,以彌補小令篇幅短小之不足,迦陵則不限於此。《滿江紅》一調組詞最多,《滿江紅·悵悵詞》五首寫屢試不第的悲慨,喑嗚叱咤,將一腔懷才不遇之悲抒發得淋漓盡致;《滿江紅·江村夏咏》九首描摹農村生活的各個方面,既有農村景物的描繪,又有風土人情的刻畫。最負盛名的是《滿江紅·汴京懷古》十首,遍咏夷門、博浪城、廣武山、吹臺、官渡、金明池、樊樓、玉津園、周邸等汴京古跡,敘事、議論、抒情有機結合,容量豐富,内涵深廣。《白雨齋詞話》評爲"措語極健,可作史傳讀"②。這些長調組詞,或向縱深開拓情感,或在描寫上用力,運用多種藝術手法,最大限度地發揮了長調善於運氣蓄勢、騰挪變化以及鋪陳排比的優勢,形成才情富贍、鋪張揚厲的風格。陳維崧的長調組詞,增强了詞調的表現力。

組詞中還有一類叠韻詞。迦陵創作叠韻詞與詞壇的唱和之風有一定關係。陳維崧是故國世家之後,師友衆多,交游廣泛,唱和贈答詞在《迦陵詞全集》中有近三百首,占有較大比重。同調同題的贈答唱和,有一種規模效應,有利於詞調的規範化及其傳播,活躍詞壇的創作,擴大影響。康熙五年(1666),陳維崧和廣陵詞友冒襄、王士禄、曹爾堪、李長祥、陳世祥、宗元鼎、宋琬、季公琦等人宴集紅橋,以《念奴嬌》爲題填詞唱和,衆人作品後結集《紅橋倡和集》刊刻行世。《紅橋倡和集》中陳維崧作了12首《念奴嬌》,为宴集時的限韻之作,押入聲的"屋""沃"部韻,詞人用一系列促迫的入聲韻,抒發一腔鬱憤不平之思,形成了飛揚感激、淋漓感慨的詞風。發生在康熙十年(1671)的秋水軒唱和詞,爲押"剪"字韻的《賀新郎》,在詞壇掀起雄渾蒼凉的稼軒風,也促進了叠韻詞的發展。陳維崧還有《滿江紅·咏雪》叠韻組詞共八首,同押"藥"部韻,分咏宫闈、閨閣、塞外、樓中、袁宅、馬上、曲中、酒家各處的雪,實際上是描繪各種不同類型的人物在雪中的所見所感,寫法類同江淹《别賦》;此外還有描繪鄉村風光的《蝶戀花》同用"紙"部韻,共十六首;《賀新郎》同用"物"部韻以及"馬""禡"部韻,都叠至十五首之多。《念奴嬌》中秋組詞從八月初七寫至八月十六,同押"月"部韻,共十首。叠韻組詞涵蓋面廣,容量大,脈絡貫通,首尾呼應,在章法結構上具有整體性,是對詞調功能與形式的開拓。陳維崧的叠韻組詞在當時廣受關注,其紅橋唱和的《念奴嬌》組詞,展示了其富贍的才力,爲詞壇激賞,詞學家孫默評道:"兹《念奴嬌》十二首乃與荔裳、顧庵、西樵諸君子唱和廣陵者,飛揚感激,淋漓豪蕩,昔人評王右軍書如龍跳天門,虎卧鳳闕,吾於其年諸詞亦云。"徐釚評曰:"既庭宋夫子示我廣陵唱和諸詞,曼聲歌之,哀

---

① 《手抄稿本〈迦陵詞〉評語輯録》。
② 《詞話叢編》,第3841頁。

激如秋雨,其托寄非淺耶?淋漓感慨,一何至是?"①

古代文學史上,文學家往往借"復古"的大纛以創新,陳維崧在用調上挖掘唐宋以後被埋沒的詞調,有利於創作出風格意境與元明詞不同的作品,恢復唐宋詞學傳統,回歸經典,推動詞學的復振。在此基礎上,他進一步開發詞調的用途與形式,創作長調叠韻組詞,完善了詞調的功能。

四、創作本意詞

在用調上追溯調名本原,創作本意詞,是陳維崧詞用調上的一大特色。詞在起源之初,多緣題而作。宋代黄昇《唐宋諸賢絕妙詞選》曰:"唐詞多緣題,所賦《臨江仙》言仙事,《女冠子》則述道情,《河瀆神》則咏祠廟,大概不失本題之意。爾後漸變,去題遠矣。"②此時用調名本意的詞較多。吴熊和先生《唐宋詞通論》也認爲,唐宋時期選聲擇調要考慮擇曲名。擇曲名就是指作詞不光要選擇調聲,有時也須顧及調名③。如果説早期的詞配樂演唱,本身無題,故而講究擇曲名,在詞告别歌唱時代以後,詞調的名字——詞牌就成了純粹的格律規範,擇曲名的本意詞逐漸消失。但是,仍有少部分詞的内容與調名相關,保留了詞的本意,即爲本意詞。明代中期至清初,詞學家開始留意本意詞的創作,李雯、蔣平階、沈憶年、周積賢、吴騏、吴偉業、毛奇齡、黄永、董元愷、吴綺等人都創作了一些本意詞。《迦陵詞全集》用調名本意的有80餘調145首詞,可以分爲狹義的本意詞與廣義的本意詞。前者指詞調與所咏之事相合,并標注爲本意的詞;後者是指雖未標注爲本意詞,但詞調與所咏之事相合或有聯繫的詞。前者如《楊柳枝·本意》《柳含烟·本意》咏柳,《秋夜雨·本意》咏秋雨;後者如《玉簟凉·夏景》《繫裙腰·咏裙》《茶瓶兒·咏茗》《城頭月·月下》《蕙蘭芳引·咏蘭》等。

《迦陵詞全集》中的本意詞,善於選取形象性强、富於畫面感的調名,將其與所咏物件相對應,狀物真切,刻畫細緻,如同此調爲此詞而設,亦豐富了調名的美學内涵。《青杏兒·本意》:"六尺小簾漪,交網外、杏子累累。流光暗换無人覺,纔看緑綻,俄驚茜透,忽訝黄垂。回首憶芳菲,記二月、花正開時。匀圓擬把筠籃摘,怪他墻上,誰家颺過,紅畫竿兒。"詞先寫杏子由青澀到成熟,"纔看緑綻"幾句,色彩絢麗,副詞精當,動詞傳神。在回憶早春杏花開放之後描繪了兩幅摘杏的場景:這邊樹下正要提籃採摘,那邊墻上又颺過畫竿準備撲杏,生動而不乏諧趣。再如《新荷葉·本意》:"緑擷成帷,江妃纖手初紉。叠遍錢錢,較花饒有清芬。蓮舟出浦,水雲寬、碧到無痕。嬌擎翠蓋,彩鴛穩護腰身。風起青蘋,纔低旋舉繽紛。戲灑泉珠,側盤瀉玉傾銀。摘時須早,怕秋來、最不宜人。後湖衰柳,同他一樣消魂。"詞運用了鋪陳的手法,加之比喻、烘托,不但捕捉了新荷的神韻,還虛寫了採蓮的場景,清新靈動,調名與詞的内容水乳交融,相映生輝,帶給人豐富的美感體驗。

---

① 《手抄稿本〈迦陵詞〉評語輯録》。
② 黄昇《唐宋諸賢絕妙詞選》卷一李珣《巫山一段雲》二詞下注。
③ 吴熊和:《唐宋詞通論》,第134—136頁。

龍榆生先生説:"詞本倚聲而作,則詞中所表之情,必與曲中所表之情相應","唐五代乃至北宋柳永、秦觀、周邦彥諸家之作,類多本意,不復於調外標題。蓋聲詞本不相離,倚聲制詞,必相吻合故也。"在曲譜散亡之後,"若但依其句度長短,殊未足于盡曲中之情"①。可見詞在五代北宋時爲倚聲填詞,詞中所表之情與曲中所表之情是相應的,曲譜失傳後,詞的平仄譜中還保留着音樂性的特徵,聲律與情感是相應的,優秀的詞人都很重視聲情與詞情的配合,本意詞的創作則在"聲辭"相配上更爲留心。田玉琪《詞調史研究》説:"詞調聲情,既指詞調音樂形式體現的風格特徵,也包含詞調語文形式展示的音韻魅力。"②陳維崧的本意詞善於在聲情上摹擬該調較早的詞,追溯調名本源,形成古雅的格調,創作出聲情并茂、意境優美的本意詞,試看撰有小序的《水龍吟》:

安慶龍二爲舍人光能知夙生事,自言蓋凌波池中老龍也,魂夢往來,時常仿佛;又言生平每當凄風碎雨,則奮躍欲狂,一遇晴霽,則吻燥神枯,怏怏不樂。睦州方進士某爲作傳,傳最詳。凌波池,在西京終南山下。

三生石上精靈,依稀認得重來路。終南山下,凌波池畔,紅泉綠樹。水國前緣,綃宫閑話,冷風酸雨。記耕烟跋浪,揚鬐濺沫,夜碧落,朝懸圃。　　一自甘泉獻賦,謫紅塵,此間殊誤。鐵笛滄州,驪珠樓館,幾回驚痞。太液鯨紅,玉河蜃黑,舊游何處? 正霜天萬斛,西風隱隱,有銀濤怒。

龍光,字二爲,號凌波,江蘇宜興人,原籍安徽望江。清康熙六年(1667)官中書。他是陳維崧的好友,陽羨詞派的成員之一。這首詞叙寫龍光傳奇的身世。小序言龍光能知前生之事,自言曾是終南山下凌波池中的老龍,每當風雨交加,他就興奮不已;遇到晴天便口乾舌燥,怏怏不樂。小序具有叙事色彩,爲詞作了鋪墊;詞則側重抒發感慨。

上片回顧主人公前生爲龍的經歷。"三生石上精靈,依稀認得重來路",將龍光比作三生石上的精靈,自然地引起下文對前生的回顧。"終南山下,凌波池畔"點明蛟龍所處之地,接下來是氛圍的渲染,在紅泉綠樹之間,時見蛟龍的出没。"水國前緣,綃宫閑話,冷風酸雨",突出蛟龍的生活習性,也寓有華屋山丘的世事蒼涼之感。"酸雨",化用李賀《金銅仙人辭漢歌》中"東關酸風射眸子"之詩句,打通了味覺和觸覺,是通感的修辭手法。"記耕烟跋浪,揚鬐濺沫"幾句集中描寫蛟龍,"記"字,領起回憶。動詞奇警傳神。"夜碧落,朝懸圃"寫蛟龍的行蹤,在碧落(天空)懸圃(神話傳説中仙人居住的地方,在昆侖山頂)的浩瀚空間裏展現其縱橫捭闔的精神風貌。下片亦龍亦人,寫主人公的身世巨變。"一自甘泉獻賦,謫紅塵,此間殊誤",這裏以西漢揚雄比擬龍光,説他命運不濟,終於謫入凡間,淪爲凡人。"鐵笛滄州",詩詞中經常用龍吟形容笛聲,如"笛奏龍吟水,簫鳴鳳下空。"(李白《宫中行樂詞》)"晚來橫笛好,泓下亦龍吟。"(杜甫《劉九法曹鄭瑕丘石門宴集》)這裏由龍吟聯想到笛聲,反其道而用之。"驪珠樓館",驪珠是古代傳説中驪龍頷下的寶珠。欲取驪珠,須潛入深淵中,待驪龍熟睡

---

① 龍榆生:《研究詞學之商榷》,《龍榆生詞學論文集》,上海,上海古籍出版社,2009年版。
② 《詞調史研究》,第61頁。

時纔能竊得,後來比喻珍貴的事物。這裏由本義兼及比喻義,意蘊豐富。前一句寫笛聲繚繞的水邊,後一句寫金碧輝煌的樓臺。"幾回驚寤",寤,睡醒之意;也通"悟",醒悟、明白之意。這句將前兩句一筆抹倒,龍光前生的種種像是做了一場夢,繁華落盡,滄海桑田,夢醒之時一切都不復存在。"太液鯨紅,玉河蜃黑,舊游何處?"太液是漢代建章宫北的池名,西漢的都城在長安,爲龍光前生所在;玉河即北京宛平縣之玉泉,以產玉得名,這裏指代都城北京,爲龍光今生所在。作者將前生和今生交并寫來,形成鮮明的對照。"鯨紅蜃黑",喻波詭雲譎的事態。京城的風雲動蕩,寓海立山飛、改朝换代之意。"舊游何處",對夙昔生涯進行回顧,"正霜天萬斛,西風隱隱,有銀濤怒",以景結情,筆墨生動飛舞,意境雄奇開闊。總之,詞人以《水龍吟》一調叙寫由龍轉世的好友的傳奇人生,實是以"轉世"象徵鼎革之變帶來的巨大人生變故,龍光對前生的不能忘懷正隱喻着眷戀故國之情。出於抒情達意的需要,全詞以精煉傳神的動詞、四言爲主的整齊有力的句式,去聲爲主的清越響亮的韻脚,雄健的筆力,充分發揮了《水龍吟》一調的聲情特點,聲情并茂、情文相生;詞人以如此獨特的手法傳達故國之思,調名與詞意高度契合,堪稱"調奇語奇意奇",夭矯奇肆,別具一格。故手抄稿本《迦陵詞》評曰:"奇人奇事,經鴻筆驅染,便覺濤飛山走。"①

陳維崧的一些本意詞寄託深遠。尤其是叙寫家國之恨的詞,往往不是直抒胸臆,而是宕開一筆,將情感隱藏起來,寄慨遥深。劉熙載《藝概·詞概》對詞的創作中相反相成藝術辯證法的運用有着很深刻的見解:"詞之妙莫妙於以不言言之,非不言也,寄言也。如寄深於淺,寄厚於輕,寄勁於婉,寄直于曲,寄實於虛,寄正于餘,皆是。"②本意詞將詞的這個特點表現得淋漓盡致。通過本意詞抒發不便明言的情感,產生"語深辭隱"的美感效果,如《夏初臨·本意》(癸丑三月十九日用明楊孟載韻):

> 中酒心情,拆綿時節,薺騰剛送春歸。一畝池塘,綠陰濃觸簾衣。柳花攪亂晴暉。更畫梁、玉翦交飛。販茶船重,挑筍人忙,山市成圍。　驀然却想,三十年前,銅駝恨積,金谷人稀。劃殘竹粉,舊愁寫向欄西。惆悵移時。鎮無聊、掐損薔薇。許誰知?細柳新蒲,都付鵑啼。

楊孟載即元末明初文學家楊基,原作如下:

> 瘦緑添肥,病紅催老,園林昨夜春歸。深院東風,輕羅試著單衣。雨餘門掩斜暉。看梅梁、乳燕初飛。荷錢猶小,芭蕉漸長,新竹成圍。　何郎粉淡,荀令香消,紫鸞夢遠,青鳥書稀。新愁舊恨,在他紅藥欄西。記得當時,水晶簾、一架薔薇。有誰知,千山杜鵑,無數鶯啼。

楊詞描寫初夏風光,寓傷春懷人之意。陳維崧用其韻并在詞題中標明癸丑,即康熙十二年(1673)的三月十九,此時距明崇禎皇帝自縊日已有三十年。"驀然却想,三十年前,銅駝恨積,金谷人稀"運用銅駝荆棘、金谷園的典故,"細柳新蒲,都付鵑啼",化用杜甫《哀江頭》"江頭宫殿鎖千門,細柳新蒲爲誰緑",曲折委婉地慨嘆明亡。陳維

---

① 《手抄稿本〈迦陵詞〉評語輯録》。
② 唐圭璋:《詞話叢編》,第3709頁。

崧這類"敢拈大題目,出大意義"的詞,有不少用賦法直叙其事,這首詞則有意識地避開正面直接的叙寫,寄慨遥深,如同譚獻《篋中詞》云:"故家喬木,語自不同。"標明"本意",一方面是故爲隱曲之辭,或多或少地隱去了三月十九這個日子的敏感性,增加了含蓄的韻味。另一方面,詞雖標明本意,多有初夏風光的描繪,但有關典故的化用,情感之惆悵,表明詞旨并不在此,其抒發的感情遠非"夏初臨"的字面意思所能涵括,這就與讀者的期待視野形成一定反差,使讀者體會到調名涵義的另一面,獲得不同尋常的閱讀感受。

總之,從用調上看,迦陵多用蘇辛豪放派青睞的長調,發掘冷落的唐宋詞調,關注調名本意,創作本意詞,這些都是追溯唐宋詞傳統,對唐宋詞進行了深刻而全面的繼承;同時,師承前人但不爲所囿,創作出獨具面目的清人詞,是陳維崧更高的藝術追求。陽羡派詞人蔣景祁對此有精闢的闡述:"詞之興,其非古矣。《花間》猶唐音也,《草堂》則宋調矣,元明而後,駸駸卑靡。學者苟有志於古之作者,而守其藩籬,即起溫韋周秦蘇辛諸公於今日,其不能有所度越也已。……向使先生於詞,墨守專家,沉雄蕩激,則目爲傖父;柔聲曼節,或鄙爲婦人。即極力爲幽情妙緒,昔人已有至之者,其能開疆辟遠,曠古絶今,一至此也耶。"①可以説,陳維崧在用調上的創新與其融匯衆長、開疆辟遠的藝術實踐相呼應,在詞學中興呈萌芽之態的清初,他以復興詞調來復興詞學,促進了詞調的規範化及傳播,推動了創作風氣與審美趣尚的轉變,有利於强化詞的文體特性,打開新局面。陳維崧在詞調上的實踐與萬樹《詞律》相輔相成,促進了清詞的復興,具有重要的詞史意義。

儘管《迦陵詞全集》在用調上成就卓越,但由於詞壇審美趣尚的消長變化,并未得到詞學家的充分肯定。清代影響最大的詞派——浙派與常州派的詞學有定於一尊之祈向,浙派崇尚清空醇雅,末流則至於空疏無物。常州派力主寄託,弊端乃至一味復古、流於狹窄生澀,他們都不强調題材的廣泛與風格的多樣,對《迦陵詞全集》在用調上的建樹亦少有推崇。由於迦陵詞中有些竭力渲染、言無不盡的長調或組詞,給人逞才使氣、不夠含蓄的印象,清代中期以還,便有詞論家以此批評迦陵詞"一覽無餘""粗率"。陳廷焯《白雨齋詞話》不乏對迦陵的贊美之辭,但仍以宋詞爲標杆考量清詞:"自有陳(陳維崧)朱(朱彝尊),古意全失"②,"大抵其年(陳維崧)、錫鬯(朱彝尊)、太鴻(厲鶚)三人,負其才力,皆欲於宋賢外別開天地。而不知宋賢範圍,必不可越。陳、朱固非正聲,樊榭亦屬別調。"③如果處處以宋詞爲準繩來衡量清詞,則迦陵詞不免"古意全失",淪爲"別調",如果以創新爲文學的第一要義,則迦陵詞恰恰是爲詞學的發展指出向上一路,由此在詞史上産生了深遠的影響。

---

① 《陳檢討詞鈔序》。
② 《詞話叢編》,第 3845 頁。
③ 《詞話叢編》,第 3847 頁。

趙文哲《娵隅集》發微

李小雨

摘　要：《娵隅集》是趙文哲在被朝廷遠發雲南的路途中，以及抵達雲南之後陸續所作的詩歌結集。相比去滇之前，趙文哲創作心態發生了較大變化。詩集內容涵蓋了行程紀險、友朋贈答、懷古詠史，以及在異鄉的奇特見聞和日常生活等方面。趙詩長於古體，紀奇詩明顯受到韓愈影響，又出以獨特的字法句法，使詩歌的內容與形式愈加相應。數首和坡詩，表現出作者在逆境中以蘇軾爲精神典範，强自慰己的姿態。與友朋的贈答，暗含趙文哲對自身的期許，同時也飽含遠游之人對親朋的深切掛念。趙文哲的際遇與他的敏感性情相結合，使其詩歌體現出對有限生命的焦慮與期待。趙文哲不幸於軍中罹難，更使後世悼念他的詩作蒙上一層傷其類的哀慟色彩。内容與形式的呼應，遭際與物化帶來的感喟，都使這部詩集成爲清代詩壇中較爲特别的存在。

關鍵詞：趙文哲；娵隅集；紀險；紀奇；遠游

趙文哲(1725—1773)，字損之，一字升之，號璞庵、璞函，"吴中七子"之一，江蘇上海(今上海市)人。乾隆二十七年(1762)賜舉人，官户部河南司主事。乾隆三十三年(1768)受兩淮提引案牽連得罪，被兵部尚書阿桂請爲雲貴軍中掌書記。五年後死於木果木之難，年僅四十九歲。趙氏詩才拔卓，備受時人推崇，法式善云："王西莊嘗語人曰：'今日江左詩人，當以趙損之爲第一手……'"①王西莊即王鳴盛，他曾與趙文哲并列爲"吴中七子"之一。詩文評習慣用詩筆健來論趙詩，如朱庭珍《筱園詩話》評曰："歸愚所定吴門七子，惟曹來殷、王蘭泉二人，後有進境。趙損之筆頗健，惜早死。餘俱平平無奇矣。"②袁枚也有此意："吴中七子中，趙文哲損之詩筆最健。"③沈德潛執掌紫陽書院期間，曾選定趙文哲、王鳴盛、王昶、吴泰來、錢大昕、曹仁虎、黄文蓮爲"吴中

---

* 作者簡介：李小雨，華南師範大學文學院助理研究員，文學博士，主要從事中國古典詩詞研究。
① (清)法式善：《梧門詩話》卷七，顧廷龍主編：《續修四庫全書》，上海：上海古籍出版社，2002年，第1705册，第118頁。
② (清)朱庭珍：《筱園詩話》，郭紹虞編選、富壽蓀標點：《清詩話續編》，上海：上海古籍出版社，2016年，第2364頁。
③ (清)袁枚：《隨園詩話》卷十，袁枚撰、唐婷譯注：《隨園詩話譯注》，上海：上海三聯書店，2014年，第140頁。

七子"。乾隆十六年(1751),沈氏還手編《吴中七子詩選》①爲之揄揚。七子之中,除王昶後來在詩壇稱名,其他人在詩歌創作上都無甚名聲。趙文哲在七子之中詩才佼佼,這在當時大概是公認的事實。

趙文哲所著詩集有三種,除《娵隅集》外,還有《嬿雅堂別集》(以下稱《別集》)和《嬿雅堂詩續集》(以下稱《續集》)。《別集》共六卷,清乾隆五十九年(1794)刻,卷一二爲賦,卷三爲頌,卷四是試體詩并附詩話,卷五六是經義;共收詩 102 首。《續集》四卷,又名《藏海廬集》,清乾隆五十六年(1791)刻,集中多送別、祝壽、題圖等可基本歸屬爲人際交往類的詩作,是趙文哲未赴雲南之前,在吴中及入京爲官後所作,收詩 95 首。相較之下,《娵隅集》存詩 290 首,比《別集》《續集》詩作總和尚多。詩作數量既如此懸殊,再考慮到趙文哲自身遭際及敏感性情,認爲其在遷逐雲南之後,創作心態出現了較大變化,應當是合理的推斷。

一 《娵隅集》的產生

乾隆三十三年(1768),趙文哲因受"兩淮提引案"牽連,與王昶一同被朝廷發落。彼時兵部尚書阿桂以定邊右副將軍總督雲貴,奏請趙、王二人爲軍中掌書記,這一請求獲得朝廷詔許②。當年十月,趙文哲與王昶一同從京師前往雲南,歷時三月之久纔抵達騰越。《娵隅集》中第一首《發京師》,記載了離京之時友朋相送、内心難堪之情景,此後詩歌便持續載録沿途見聞及左遷心態,直到乾隆三十八年(1773)六月,四十九歲的趙文哲罹難軍中③爲止。這部一直深受趙文哲重視的詩集,不料最後却成爲他人生的終章。

(一)"娵隅"意涵詮解

"娵隅"是我國古代南方少數民族對"魚"的稱呼,屬"蠻語"。趙文哲用"娵隅"來給其詩集命名,大約還與《世説新語》"排調"條中一則講述南蠻參軍郝隆的事蹟有關:

> 郝隆爲桓公南蠻參軍。三月三日會,作詩,不能者罰酒三斗。隆初以不能受罰,既飲,攬筆便作一句云:"娵隅躍清池。"桓問:"娵隅是何物?"答曰:"蠻名魚爲娵隅。"桓公曰:"作詩何以作蠻語?"隆曰:"千里投公,始得一蠻府參軍,那得不作蠻語也!"④

---

① (清)嚴榮《述庵先生年譜》"十六年辛未,二十八歲(中略)秋,沈公甄録先生、鳳喈、企晋、曉徵、升之、來殷及上海黄芳亭孝廉文蓮詩爲吴中七子詩選。"王昶《春融堂集》附,《清代詩文集匯編》,上海:上海古籍出版社,2010 年,第 358 册,第 663 頁。

② (清)王昶《恤贈光禄寺少卿户部主事趙君墓志銘》:"戊子秋,侍講學士紀昀、中書舍人徐步雲泄兩淮鹽運使盧見曾事,君與余牽連得罪,會兵部尚書阿公桂以定邊右副將軍總督雲南貴州,請以余兩人掌書記,詔許之。"王昶《春融堂集》卷五三,《清代詩文集匯編》,第 358 册,第 527 頁。

③ 《清史稿》列傳二七六:"三十八年,兵至木果木,六月,小金川降者叛,與金川合抄後路,師將潰,在軍者逆知賊大,至相率逃竄,文哲毅然以爲身任幕府贊畫,且叠荷國恩,詎可舍帥臣而去,卒與温福同死。"趙爾巽等撰《清史稿》卷四八九,北京:中華書局,1977 年,第 44 册,第 13494 頁。

④ (南朝宋)劉義慶撰,劉孝標注,楊勇校箋:《世説新語》,北京:中華書局,2006 年,第 3 册,第 720 頁。

趙文哲遠發雲南,以蠻府參軍自比,大概在他心中,此後所作詩篇也可稱作"蠻語"。陳文述曾爲《娵隅集》題句云:"江南七子才無敵,蠻府參軍是國殤。"①將"蠻府參軍"與"江南七子"對舉,顯是注意到"娵隅"二字的出處。要理解趙文哲以蠻語命名詩集的心態,還應從他較完整的人生經歷加以體會。乾隆二十七年(1762),三十八歲的趙文哲因南巡獻詩被賜舉人,授內閣中書。六年後的秋天,兩淮提引案發,趙文哲與王昶因言語不密,被朝廷發落。此時趙文哲剛剛被提拔爲侍講學士,突遭遺抑,心中失落可想而知。"千里投公,始得蠻府參軍,那得不作蠻語"雖出自郝隆,卻分明可視作趙文哲夫子自道。仕途受挫,雖被阿桂請爲軍中掌書記,畢竟離家千里之遙,又值清緬之戰,是否能夠重歸故土都難以逆料,即便大體和平,仍是前途未卜。

"排調"指調弄、嘲笑。趙文哲以收錄此類中的條目命名,多少帶有以自嘲來強自寬慰的意願。但從詩歌記錄中表現出的多重心態來看,歷經千辛萬苦的行旅之路,風景與習俗均喚起他異於往昔的感受,像趙文哲這般"心細如髮"②的敏感詩人,終究不能對這樣的重大遭際付之一笑。因此,"娵隅"雖然出於"排調",但對趙文哲來説,卻很有些自傷意味蘊於其中。

(二)《娵隅集》的編定與創作心態

《娵隅集》由趙文哲子秉淵編定,於乾隆五十四年(1789)刊刻,卷後注有"己酉閏端午,男秉淵恭校於錦城旅館"③,末附馮應榴於乾隆三十七年(1772)六月爲詩集所作跋文一篇。馮氏是趙文哲在軍機處時的同僚兼詩友,跋文較爲詳細地記載了他得到《娵隅集》的經過,從中可知趙文哲對《娵隅集》早有規劃與安排,因錄全文如次:

> 余自丙戌夏至京師始識璞函先生於薇省,嗣同直樞禁,昕夕相依,先生每成詩文輒持示予。予頻以"才大如海,心細如髮"爲頌,先生必笑而頷之。後先生從軍於滇,聞其著述益富。昨冬暮,余視學蜀中,先生亦適隨溫相國幕府來川,顧以先期赴邊陲,迄今尚未得握手也。比奉先生手書云,有《娵隅集》三册,存渝州守朱子潁處,屬取讀之。因於校閲餘暇,反覆咀吟,較前氣愈傑,品愈高,直欲與少陵、東坡並驅爭勝。而先生所歷之地之事之時,則又少陵、東坡所未嘗歷者。古人云"窮而後工",又云"讀萬卷行萬里",先生固當之不愧矣,而猶不信其爲必傳無疑乎?朱太守先爲抄得前兩册,以匆匆北歸,未竟其事,余乃命小胥補爲第三册,因致書先生,乞留副本,而以原稿寄還。謹書數言於册尾,以識步趨饑渴之意,先生長嗣名秉淵,年纔逾冠,學已大成,雖未知後之論者與《斜川集》何如,要之非宗武宗文輩可同年語矣。④

起首叙二人於乾隆三十一年(1766)相識於軍機處,屢屢相伴談詩論文,甚爲相得。乾

---

① (清)陳文述:《編國朝人詩爲〈遠游集〉,已得十家,各題一絶》其二,《頤道堂集》外集卷五,清嘉慶十二年刻道光增修本。
② (清)馮應榴:《跋〈娵隅集〉》,《娵隅集》卷末,清乾隆五十四年刻本。
③ 《娵隅集》卷末。趙秉淵,文哲長子,字少鈍,號實君,乾隆四十二年(1777)因父死木果木之難,蔭襲恩騎尉,改補內閣中書、軍機處行走,轉兵部主事。
④ 《娵隅集》卷末。

隆三十六年(1771),趙文哲從雲南轉移到成都途中,將三册《娵隅集》存放於渝州守朱子穎處,其後馮應榴視學蜀中,遂修書囑其取閱。趙文哲對自己創作體現出強烈自信,因此他主動設法保存詩集,或許還期望其流傳開來。

馮應榴指出,趙文哲入滇從軍後"著述益富",這是實情。正如前文所述,趙文哲在行滇途中及在滇所作詩的數量,遠遠超過他此前在吳中和京師所作詩的總和。所謂"在軍中所見殊方絶徼,可驚可愕狀一發之於詩,尤瑰瑋絶特,性機警,善析人情物態"①,從去滇路上的奇情異景,到個人遭遇與心態,再到不同的風俗習慣等,皆隨手記於詩中。如徐世昌所説,"升之長於古體,黔滇途中所作,尤爲奇詭,多前人所未道"②,而這些都憑借詩歌得以流傳和保存。

馮氏還認爲,比起趙文哲未赴滇之前的創作,如今的這些詩歌"氣愈傑、品愈高",并以杜甫、蘇軾這兩位唐、宋巔峰詩人來與之比擬,誇贊之情溢於言表,可謂推美至極。對於馮氏的這種推美,一方面固然要考慮到這無疑有着杜甫的紀行詩和蘇軾共有的被貶至南方的經歷的影響,因而纔被拿來連類對比,但另一方面,對趙氏赴滇之後的創作加以肯定,認爲超越其前期詩作,繼承了杜甫、蘇軾的創作精神與創作傳統,則是無疑的。至於"先生所歷之地之事之時,則又少陵、東坡所未嘗歷者",又是進一步具體分析,於同中見異,點出趙詩所具有的獨特之處。馮跋中亦可見出趙文哲記録當地新奇異景及新風的主動態度,這似乎可以反映出清代一部分詩人的創作心態。趙文哲在《滇中雜感》十二首前有序云:

> 予居滇久,凡所經歷之地之人之事之物,其有慨於中者,必托諸詩歌,以抒其閔嘿牢落之感。顧或迫於行役而不暇以爲,或爲而未底於成時。若有宿物著胸膈間。比來戍火平安,幕府多暇,輒尋繹遺忘,補綴闕略,得詩十二章,凡二千四百八十字,竊取樂天秦中、東坡鳳翔之義録而存之,以俟後之采風於滇者。③

凡使詩人心有所感之物之事,皆以詩紀之;"閔嘿"即憂鬱不語,"牢落"指孤寂無聊,可見被發落的詩人内心鬱結,靠作詩加以排遣。但因軍務在身,有時來不及記録,或者來不及一下寫完或寫得滿意,心中便會時時惦念。於是趁戍火平安、幕府多暇之時,"尋繹遺忘,補綴闕略",將這一組詩補闕完善。

至於"取樂天秦中、東坡鳳翔之義""俟後之采風於滇者",則拈出白居易和蘇軾爲例,揭出趙文哲另一種創作心態,也值得關注。白居易嘗作《秦中吟》十首,序云:"貞元、元和之際,予在長安,聞見之間,有足悲者。因直歌其事,命爲《秦中吟》。"④蘇軾《鳳翔八觀》詩是赴陝西鳳翔任判官時所作,序曰:"《鳳翔八觀》詩,記可觀者八也。昔司馬子長登會稽,探禹穴,不遠千里;而李太白亦以七澤之觀至荆州。二子蓋悲世悼俗,自傷不見古人,而欲一觀其遺跡,故其勤如此。鳳翔當秦、蜀之交,士大夫之所朝

---

① (清)李元度輯:《國朝先正事略》卷四二"文苑"《陸耳山先生事略》附,清同治刻本。
② (清)徐世昌輯:《晚晴簃詩匯》卷九十,民國退耕堂刻本。
③ (清)趙文哲:《滇中雜感十二首》,《娵隅集》卷七。
④ (唐)白居易:《秦中吟》,白居易著,顧學頡校點:《白居易集》,北京:中華書局,1979年,第30頁。

夕往來此八觀者,又皆跬步可至,而好事者有不能遍觀焉,故作詩以告欲觀而不知者。"①白、蘇二位大詩人,將自己前往他地路途中的見聞主動用詩記錄下來,這種行爲既上承自《詩》、樂府以來"直書其事"的創作傳統,又爲其他未到此地之人提供相應參考。趙文哲所謂"采風"也有此意,這可以視爲趙文哲到滇後勤於作詩的動機之一。

此外,集中懷古詩的創作動機或者也可作這樣的理解。《娵隅集》中時見懷古之作,如《趙州城南舊有千秋亭是漢光武即位處》《襄陽懷諸葛武侯故居五首》《荆州懷古六韻》《鐵女祠》《宋玉宅》《申包胥廟》《江亭絶句黄山谷夢吴城小龍女處也》《屠陵吕侯祠》《武陵》《滄浪水》《楚貢亭》《晃州驛懷古》《鎮遠晚登太和洞》《文德關》《相見坡》《天威徑歌》《騰越城南訪金氏古松十六韻》等,從河北趙州城到湖北襄陽、荆州、宜城,再到湖南、貴州,最終進入雲南,一路上幾乎遍訪沿途古跡。這不僅是文人修養的體現,也反映出趙文哲主動"采風"的意識,爲他的行旅增添了歷史文化意藴。以《過江至虎渡口》爲例,詩序云:"古岷江自今枝江縣分流東南行,故《禹貢》云東至於澧,今北江正流并不合澧,乃古之沱水自南流日微,而北流乃專受大江之名,此虎口渡,猶南岸分流達澧州之遺跡也。"無異於一篇引古據今的地理考證。此詩前四句都在重述詩注内容,後四句云"驛樹迴寒照,汀蘆颺夕波。天涯摇落感,真覺楚南多",浪跡天涯的飄泊之感與深秋凋零之情融合一處,寓情於景,將自身感喟匯入歷史遺跡之中,從而形成更加豐富的情感層次。

趙文哲身在軍中,却將自己的詩集專門交由渝州守保管,還拜托馮應榴取閱并作跋語,從這些舉動不難窺見趙文哲希望詩集能够流播開來的心願。如果將他對《娵隅集》的態度與對待少作的態度進行對比,這一動機就更清晰:

> 昔在吴中與述庵及王光禄禮堂、吴舍人竹嶼、黄學博星槎、錢學士辛楣、曹編修習庵結吟社,沈宗伯歸愚先生序而刻之,詩皆少作,今已大半焚棄,然當時曾流傳至日本……②

沈德潛曾爲包括趙文哲在内的"吴中七子"刊刻《吴中七子詩選》③,上述引文中"序而刻之"者便是指沈德潛爲此選作序并加以刊刻。雖然在當時人的評論中,趙文哲就已經是七子之中最具作詩功力的一位,但他却將該時期所作詩篇焚棄大半,足見他本人對吴中時期的詩作還不甚滿意。

主動焚棄少作與積極存留《娵隅集》,這兩種行爲在態度上的區别不言而喻。《娵隅集》對趙文哲來説是獨特的,不僅記録了他在異地的見聞,更是他這一段重要的人

---

① (宋)蘇軾:《鳳翔八觀》,蘇軾著,馮應榴輯注,黄任軻、朱懷春校點:《蘇軾詩集合注》,上海:上海古籍出版社,2001年,第144頁。

② (清)趙文哲:《予與充齋既和述庵乞字韻詩,翼日述庵復出一章見示,且云此後當以一丸泥封函穀任公等濟河焚舟矣,是直謂我不能更借一戰也。再以此詩挑之,并邀充齋同作》,《娵隅集》卷五。

③ 《吴中七子詩選》在《春融堂集》《小峴山人集》等時人詩文集中均被提及,《八千卷樓書目》集部記載有"《七子詩選》十四卷,國朝沈德潛編刊本"。《錢辛楣先生年譜》(清咸豐間刻本)"十五年庚午年二十三歲""院長艮齋先生以疾辭去,代之者長洲沈歸愚先生也"條下有注云:"沈公諱德潛,己未進士,官至禮部尚書,在院録刊江左七子詩選,七子者公及王光禄王少司寇、吴竹嶼舍人、趙損之光禄、曹習庵學士、黄芳亭司諭也,書成風行於世,賈舶有携至日本者。"可見流播之廣。

生遭際所留下的痕跡。隨軍而行的經歷,給詩集塗抹上顛沛流離的人生況味,也讓詩人懷抱對未知人生的擔憂。對於任何一位對人生有祈盼、對自己有期待的詩人來説,設法使自己的詩集流傳下來,可以説是非常自然的心理。

二　詩集内容:"紀異之瑰瑋"與"日常求放心"

陳文述曾編《遠游集》,把清朝詩人以"遠游"爲主題的詩集編在一處,趙文哲《娵隅集》位列第二,在吴兆騫《秋笳集》之後。陳文述爲趙集題詞云:"驃騎營空碧血涼,金江東下恨猶長。江南七子才無敵,蠻府參軍是國殤。"①從趙文哲死事説起,將趙氏起初名列吴中七子與後來做雲南軍中掌書記進行對比,但這一評論限於絶句的短小體制,并未深入論述其詩心詩情。至於文學創作中的"遠游"主題,最早可追溯到屈原《楚辭·遠游》:"悲時俗之迫阨兮,願輕舉而遠游。"屈原因被讒而遠離他熱愛的故土,遠游之中的記述、抒情、奇異的想象等,都成爲這一經典主題在文學創作中的典型因素。在後世遠游文學創作中,"紀異"遂逐漸成爲比較主要的内容。

(一) 紀異之瑰瑋

趙文哲滇行途中有許多異於平常的地方,這些"異"包括經歷之異、風景之異、氣候之異、習俗之異與心態之異。這也是"異"在《娵隅集》中有明確而強烈體現的原因。離開京師前往滇南,沿途很多險灘奇峰,"乍脱一灘險,又逢一峰奇"的情形十分常見。途經湖南湖北則多行水路,以至詩人在《暮抵白石灘乘月復行》中稱:"快意意轉怯,語僕僕勿諷。灘行我何知,别有驚弓痛。"②路途險異程度使詩人對行灘已心生懼意,有如驚弓之鳥。《自魚子洞抵雷洞清浪二灘怪石亘四十里爲灘行絶險處》云:"久客性命輕,輕舟重超越。"十注投身在這種驚心動魄的旅途之中久了,面對大自然的神力,人力顯得那樣渺小,自然便生出一種"輕性命"的無可奈何。但詩人并非真的不重視性命,只是面對奇險屢屢產生,心驚之下試圖寬慰自己罷了。又如《大風過芝草白榕諸灘》"行人幸無恙,何啻破冢出""風水自相關,吾命果安托"等句,寫出大風大浪後重又平復下來,不禁覺得剛纔的歷險不啻死過一次,回想起來像是撿回性命。如此這般出生入死、命懸一綫的經歷,給詩人留下深刻印象。

其他詩句如"險阻已屢經,噩夢尚如昨"③,儘管這樣險惡的經歷已經屢屢發生,一路也積攢下相當的經驗,但内心的驚懼却依然很深,以至夜夜噩夢如初。具體的驚險程度,《大池灘》有詳細描述:"我舟最後發,忽遇石角嶻。百丈罣急流,舟如斷蘆颭。一夫出應募,懸縴踏幽窅。翻身雪浪中,微見一燈閃。抉石負而趨,一步猶一險。前舟見相賀,到岸鼓音紞。急傾勞酒勞,驚定生百感。安得百萬夫,習流號勇敢。"從發

---

① (清)陳文述:《編國朝人詩爲〈遠游集〉,已得十家,各題一絶》其二,《頤道堂集》外集卷五,清嘉慶十二年刻道光增修本。
② (清)趙文哲:《暮抵白石灘乘月復行》,《娵隅集》卷一。
③ (清)趙文哲:《薄暮上連州灘,水石險惡,急流處忽斷一縴舟,倒退不能止,述庵遣人助挽始得上》,《娵隅集》卷一。

舟至抵岸,每一步幾乎都能致命,以至終於抵達岸上後衆人頻頻相賀。

離家愈來愈遠,但距離没有冲淡詩人對親人的思念,反而使情思愈加細密,甚至連天氣也成爲觸動詩人内心的敏感指針,《苦雨》詩便鮮明表露出這種心緒:

> 惡灘喧十里,苦雨颯五更。繫舟楓葉落,哀猨還亂鳴。誰令一寸腸,攪此千萬聲。斯地楚南裔,屈子所屢經。溪山積哀怨,假物鳴不平。我行異流放,何爲涕交傾。拭涕轉自咎,太上慚忘情。長安有兒女,挑燈念孤征。此詩不忍寄,此聲難共聽。①

雨在南下途中本是極其常見的氣象之一,這種尋常却在行旅之人心中引發格外的惆悵。以"苦雨"爲題,固然因爲行旅途中遇雨使人煩憂,但細味之,仍可能是受到深層次原因的誘發——詩人不得不離開故園親人,心中不自覺地要將兩地進行比對,這是思鄉之情的委曲表露。詩末四句從對面寫起,講述家中兒女對自己的思念,這種手法在詩歌寫作中屢見不鮮,也恰恰傳達出詩人内心深重的思念。"此詩不忍寄,此聲難共聽",心中感情既無處寄放,也没法宣泄,只能鬱結於胸。趙文哲心細如髮,即使是吃笋、橘等小事,也能引發他的鄉情,如"舊日居鄉里,輕雷度水塘。玳尖紛滿路,最憶共携筐",又"家計千頭重,鄉書百顆珍。感君懷袖意,繫我獨沾巾"②。在南地吃笋、橘,使詩人想起以前在故鄉時品嘗的情景,同樣的食物,但時地已不同,對身世的喟嘆,也就埋藏於思鄉之情中。

除開天氣,但凡遇見此前不常見到的景物,趙文哲也必作詩以紀,展現出一種較強的獵奇心。這一點僅從詩題中便可見出一二,如《鳥獸中鸚鵡孔雀猿象,四者皆中土所罕見,而夷地則多有之,各賦一詩》《山中古樹多爲藤所束縛,所見老柘一株,其被困之狀尤怪,爲詩記之》《雨中劉錦洲太守招集湯氏園亭小飲,即席成四律爲贈,亭前立石甚奇,古梅四五本,亦百餘年物,故中二章專及之》《儉堂昨上北山,見崖石間皆松樹,高者僅尺許,而奇姿鬱蟠,如千百年物,歸以素紙寫之,勁秀特絶,爲題一詩》等。法式善等評《娵隅集》云:

> 集中多從征作,風俗之俶詭,山川之險怪,可驚可愕,每於詩傳之。③
>
> 於山川險峻、道途艱苦、蠻烟瘴雨、兵戈倥傯,叙述甚詳,而筆力矯健,長句尤具馳驟縱橫之氣。④

一路的異景,詩人都記於筆下。"俶詭"指奇異,與"險怪"一起用來説明所述之物的"異";與詩人心中所懷"驚愕"之情一道構成《娵隅集》"紀異"詩的主要内容特徵。在這種險異情緒之中,又隱隱充滿了對前路未卜的憂慮。這些紀異詩歌可能并非爲傳統詩學所謂"言志""抒情"的功能所囊括,但這種書寫行爲本身便具有某種意味。面對失魂落魄的現實,以及由此帶來的複雜情感,從某種意義上説,在行滇途中,作詩已

---

① (清)趙文哲:《苦雨》,《娵隅集》卷一。
② (清)趙文哲:《和述庵食笋橘有感二首》,《娵隅集》卷一。
③ (清)法式善:《梧門詩話》卷七,顧廷龍主編《續修四庫全書》,第1705册,第118—119頁。
④ (清)王培荀:《聽雨樓隨筆》卷一,清道光二十五年刻本。

經成爲趙文哲用以應付現實、撫慰内心的方式。伴隨每日所見景物之異，内心情感或也隨之波動。

前引徐世昌詩評，已注意到《娬隅集》的"長於古體"與"奇詭"詩風①。作紀奇詩時，趙文哲常常選用古體，這也是他擅長的體裁之一②。此外，這些紀奇詩一定程度上呈現出韓愈詩的風格，字裏行間流淌着一種詭異之氣。這主要體現在取譬方式上，如灘行遭遇連亘怪石四十里，連篇以戰喻石："立者啼怪豕，卧者瞰饑虎。大者亘數畝，鋭者卓一柱。亟奔群相從，特起旅而拒。左右互冲突，不知爲誰侮。""石陣勢忽變，沿江布勁卒。步步接短兵，一入復一出。"③將怪石比喻成對抗而行的兵陣。本來是乘船穿行在怪石之中，却猶如與怪石對戰，雙方各具陣勢曲折。這一譬喻不僅寫出石之怪奇，也映襯出灘行之絶險。叠字的運用也出人意料，如以"不變變愈奇，斯極看山興。滬溪溪又南，廿里石壁亘"④寫石壁，其中"不變變愈奇"與"滬溪溪又南"都是在五言中重複第二、三字，字面上故意重複，但第一個叠字在語義上歸屬前半句，後一個叠字歸屬後半句，語調節奏上又須在二三叠字中間作一次停頓，從而形成一種獨特的復沓。此外，趙文哲擅用代詞，使詩歌兼有散文的節奏感，如寫怪偉之石開篇即云"楚南謂多石，斯語殊憒詑。灘行始信然，怪很亦可怕。""斯""亦"等代詞和副詞的使用，明顯增添了詩歌散文化的氣息。

以上從内容和形式兩方面論述趙文哲紀異詩的主要内容特徵。抵達雲南之後，趙文哲除了紀異獵奇，在日常生活的詩歌題材上也花費不少筆墨，這類創作展現出詩人面對眼前生活所付出的日復一日的努力。對日常的凝視，也確實回饋給他些許慰藉。

（二）日常求放心

趙文哲甫一抵達雲南地界，便步東坡韻作詩數首。《己丑元日同述庵至螺峰圓通寺禮佛，用東坡同游羅浮道院及棲禪精舍詩韻》記述了元日登圓通寺的經過與感想："昨夢了無痕，非來亦非逝。"《宿雲濤寺浴温泉，用東坡白水山佛足岩詩韻》又云："神觀霾瘴烟，我命輕一羽。"二詩皆注明用東坡詩韻，似乎努力使東坡在人格上照亮自己，將今比昔，覺"非來非逝"，用佛禪精理來作開解。不僅在精神境界上鼓勵自己向東坡靠攏，甚至在日常起居方面也效仿東坡，如《和東坡謫居三適詩并次其韻》分别以"旦起理髮""午窗坐睡"以及"夜卧濯足"⑤爲題，截取早、午、晚三個典型場景，似乎表示在努力適應新生活。以日常生活入詩，使俗事審美化，可視作對日常的間離。從平平常常的日常事務中體察生命，這種静觀多少給予詩人一種切實的安慰。

比起行旅中的驚險顛簸，此時總算得到暫時安定。此前，趙文哲曾有過對東坡詩

---

① （清）徐世昌：《晚晴簃詩匯》卷九十，民國退耕堂刻本。
② 趙文哲著有《娬雅堂詩話》《娬雅堂詩别集》卷四"試體詩"附，分體論五古、七古、五律、七律及五七絶，其中論五七古篇幅尤多且論斷精當，與他本人長於古體情況相合。
③ （清）趙文哲：《自魚子洞抵雷洞清浪二灘，怪石亘四十里，爲灘行絶險處》，《娬隅集》卷一。
④ （清）趙文哲：《自白沙灘至白龍岩所見石壁甚奇紀詩二首》，《娬隅集》卷一。
⑤ （清）趙文哲：《和東坡謫居三適詩并次其韻》，《娬隅集》卷三。

的關注,《婣雅堂詩別集》卷三"頌"中,有三首用東坡韻的詩作。但《娵隅集》中和東坡的頻率大大增多,可以明顯感受到趙文哲以東坡爲模範的一種傾向。在中國文人心中,東坡一向以其超凡脱俗的曠達胸襟成爲人生楷模,尤其在困境中給人慰藉。同樣被貶往南方,這一共同經歷所産生的對東坡的更深的理解,使趙文哲將自身情感投射其中,這大概是趙文哲步東坡詩韻的原因之一。

綜上所述,無論是紀異還是日常化書寫,都反映出趙文哲的生命歷程與内心波瀾。詩人在面對人生動蕩時的態度和反應,使詩歌承載了情感的抒發,對緩解内心的焦慮起到一定緩衝作用。這也使詩歌創作成爲詩人在不那麽明亮的生活中的希望。

三 平生風義:從《娵隅集》看趙文哲在滇時期的交游

趙文哲在滇時期,與友朋和家人均保有聯絡,大致形成了較爲分明的三個友朋交際圈:一是未仕前的吴中群體;二是出仕後的京師群體;三是去滇後的軍中群體。

(一) 吴中與京師群體

這三個群體中都存在值得關注的代表人物,不過,有一個人同時存在於這三個群體之中,幾乎與趙文哲如影隨形,這個人就是王昶。趙、王二人不僅是同鄉,年少便同時得到文壇巨擘沈德潜的賞識,并列於"吴中七子"之中,後來二人在京一同得罪入滇,一路更是出生入死、相伴相隨。這從趙文哲詩題中便可見出:"薄暮上連州灘,水石險惡,急流處忽斷一縴舟,倒退不能止,述庵遣人助挽,始得上。"共同經歷艱險的路途,自然能够加深情誼。《夜至沙市登舟》詩注云:"所雇舟稍偪仄,是夕將與述庵分宿。"可知在到達沙市之前,二人一直是吃住同處。趙文哲贈王昶詩云:"廿年香火感深盟,萬里猶爲并轡行。尚憶牽衣同拜母,真從戴笠早稱兄。驚看蹤跡如逃劫,忽對詩篇似隔生。爲話故園心轉壯,要令絶域遍春耕。"①前半首便是他們擁有并行人生軌跡的寫照。

趙、王在未去雲南之前便有酬唱贈答,如王昶喪妾後,趙文哲曾作詩相慰:"節過團圞初夜長,君今不樂且臨觴。月光朗似許元度,酒味清於顧建康。心逐雁程何浩渺,詩隨蛩候太凄涼。中年絲竹差作達,勝踏白雲來帝鄉。"②詩作背景是招諸友集會,大約作於宴席之上。前半四句與宴集有關,泛寫集會時間與場景,將王昶的遭遇嵌入其中:應詩題"八月十六"之時,已過了中秋團圓,故稱"節過團圞",暗含王昶與其妾天人兩隔、再也不能團圓之意。如此則心境自然"不樂",將一腔哀緒寄於杯酒之中。五六句從正反兩面寫王昶之憂,"浩渺"不可追,"凄涼"不可解。末二句分别用典來作寬慰:一是《晉書》中,謝安語王羲之云:"中年以來,傷於哀樂,與親友别,輒作數日惡。"王答曰:"年在桑榆,自然至此,頃正賴絲竹陶寫。"二是用《莊子》"千歲厭世,去而上仙,乘彼白雲,至於帝鄉",均勸王昶姑且用絲竹之聲來排遣憂懷,不要因爲失妾

---

① (清)趙文哲:《酬王述庵見贈次韻》,《娵隅集》卷一。
② (清)趙文哲:《八月十六日招王述庵比部同諸子寓廬小集,時王有姬人之戚,即次見示原韻慰之》,《婣雅堂詩續集》卷四,清乾隆五十六年刻本。

而太過悲傷厭世。

如果說二人原本就有交情，那麽同去雲南之後，人生低潮期的互相陪伴，更能夠加深心靈上的親密。比如途中聽聞大雁之聲，同時唤起二人客懷斷腸之情："萬里孤征客，程程趁雁行。一聲聲欲斷，今夕近瀟湘。"①孤征萬里，驚聞雁聲，内心不堪，使人斷腸。同題共作，互相唱和，這種共通的情感對遠游之人自然是一種難得的撫慰。

由詩題可見，趙、王在軍中也經常以詩相酬唱，諸如《酬述庵送歸騰越之作即次原韻》《述庵見和前篇三叠韻酬之》《寓齋即事柬述庵七叠前韻》皆是。趙文哲經常邀請王昶共同作詩，如《夢中得末二句，似宫怨詩，三次前韻足成之，并邀述庵同作》，以至和詩時蠟燭燃盡，但詩興未斷，便立即於枕上口占②。和詩總是有挑戰性的，興之所至，甚至以詩挑之③。逢節令或花期也會賦詩以紀，如《七夕招明碧夢王述庵小集即席次碧夢韻》《永昌七月水仙花已開述庵有作三用前韻和之》。公事之外，雨夜對弈之事也讓詩人頗有意興，《雨夜同述庵蘭谷對弈五次前韻》便是。凡此種種，都可見出詩歌在雙方的軍中生活中都充當了重要的角色，而詩歌與共同經歷更是維繫二人關係的重要紐帶。交際之密，兼及同鄉身份，使這類酬唱更蒙上一層親密色彩。

趙文哲後來慘死軍中，幸存下來的王昶最終返京。在王昶編選的《湖海詩傳》中，有一卷專門收録趙文哲詩作。趙翼注意到此舉，非常敏鋭地指出："蓋公與璞函同從軍滇蜀，璞函已殉難木果木，故存殁之感倍深，亦可見篤於風義矣。"④這種平生風義，恐怕有相當深的一部分，都是當年於軍中共事孕育而成的。

抵雲南之後，趙文哲繼續與吴中及京中故人聯繫，常有書信往還。其中，趙文哲與趙翼的情誼值得關注。二趙十分相得，趙文哲去雲南以後，趙翼正在粤西，來信感嘆無人可共論詩，苦悶之情溢於言表。趙文哲有詩紀之：

> 瘴雨炎風百五春，八千里外對床人。便同把酒愁無那，况遣挑燈影獨親。帶甲關山迷遠夢，加餐書問感閑身。相逢未必還相識，骨相虞翻一倍屯。

> 蠻語居然入幕賓，六張五角事休論。更無老淚沾歧路，剩有餘生累故人。病馬嘶風愁折阪，荒雞號雨耐蕭晨。佩刀澁盡霜華影，猶向床頭作響頻。

> 舊是金門索米臣，升沉雖判總勞薪。魂收斗極哀元叔，耳塞韶華悵景真（來書言，在粤西時竟無一人可與言詩者）。顧我遠留懸磬室，感君獨作望雲人。蘆笙嗚咽蘭江路，又見天涯上冢辰。

> 日下天南句有神，驪珠十四淚攙匀。世皆欲殺公言過，夷尚思居我氣馴。息壤空留青嶂好（雲松昔言，歸田之日當買張氏青山莊别業爲居，并有分宅之約），

---

① （清）趙文哲：《聞雁和述庵》，《媕囈集》卷一。
② （清）趙文哲：《和述庵五詩未竟而燭忽燼枕上占之》，《媕囈集》卷四。
③ （清）趙文哲：《予與充齋既和述庵乞字韻詩，翼日述庵復出一章見示，且云此後當以一丸泥封函穀任公等濟河焚舟矣，是直謂我不能更借一戰也，再以此詩挑之，并邀充齋同作》，《媕囈集》卷五。
④ （清）趙翼：《述庵侍郎遣人送示新刻〈湖海詩傳〉，所輯皆生平交舊，凡六百餘人。人各繫小傳，其心力可謂勤矣，敬題六絶句》，《甌北集》卷四六，清嘉慶十七年湛貽堂刻本。此外，王昶實在是僥幸，趙文哲遇難之時，王昶因在南路軍故而無恙。事見秦瀛《刑部侍郎蘭泉王公墓誌銘》，云："木果木之變，公友趙文哲隨温公没於事，而公在南路得無恙。"《碑傳集》卷三七，清道光刻本。

莵裘未卜白頭新。安邊樓畔悲歌動,誰道初明是恨人。①

前二首從"我"的角度來寫,後二首側重於對方。"對床人"語出白居易《雨中招張司業宿》:"能來同宿否,聽雨對床眠。"夏末秋初逢到落雨之時,四處泥濘,不便出門玩賞,因招張籍來家中對床聽雨,這體現的是友朋歡愉。趙文哲後來回憶己丑(1769)春與趙翼同賞騰越杜鵑花之事,并約後游,但此後趙文哲屢屢因公務無法前去觀賞,因發感慨:"對床聽雨之外,此又一可感事也。"②往昔二人相處時的歡樂情境,使人感念。"相逢未必還相識"是自嘲之辭,"更無老淚沾歧路"化用"無爲在歧路,兒女共沾巾",稍微轉換辭氣,便使與友人分別的苦楚轉深一層。三四首中分別有兩處自注,一是趙翼寄信給趙文哲,抱怨在粵西時無一人可與言詩,益發懷念與趙文哲論詩的過往;二是兩人此前有買山分宅之約,則二人互相引爲人生知己可得而述。

(二) 軍中群體

趙文哲之所以來到軍中,起因便是得罪朝廷之後由兵部尚書阿桂請爲軍中掌書記③。據説二人相交甚契,現在可見趙文哲軍中時期與阿桂唱酬篇目也達十三首之多。但從趙詩略顯客氣的辭情來看,二人的交往或許并未超越上下級處事關係。以《庚寅初度日雲岩先生召飲侑以新詩即席次元韻二章奉酬》爲例:

閏歲霜來早,來添鬢上花。狂歌全爛漫,醉墨半欹斜。老矣非關病,歸哉不爲家。我辰竟安在,把酒一長嗟。

香泥團作顆,囊繡暈生花(時贈物有香珠佩囊)。載錫華箋重,長吟畫燭斜。授衣將改歲,入幕久同家。明日關門道,嚴裝辦咄嗟。④

二詩用同一韻脚,詩題中注明是次阿桂詩歌原韻。但主題有別,第一首以"庚寅初度"爲主要內容,寫自己在遠地慶生,白鬢之人,把酒長嘆。第二首則重在叙述"雲岩先生召飲",從詩注云"時贈物有香珠佩囊"可知阿桂對趙文哲的關切,而"入幕久同家""嚴裝辦咄嗟"等句,則表現出趙文哲對軍中職責的明確認識,表明自己定不負重托的心意。

從京中前往雲南邊界,身在軍營,雖然當時整體處於和平年代,但回歸故里對趙文哲來説仍是一件飄渺之事。身負國職的詩人,更不便在詩中公開渲染這種對歸家的期待。但此類較爲隱秘的情感,仍可以從趙文哲對家書的態度中有所體察。回歸無疑是一種長懸於心的希冀,也是《娵隅集》的底色。杜甫早已寫出戰時家書的珍貴,

---

① (清)趙文哲:《家雲松太守聞予赴滇,馳書慰問,并示近句云"遂令日下無名士,却喜天南有故人"。比予至永昌浹月,而雲松尚滯留騰越,感時念舊,即用人字韻作四章報之》,《娵隅集》卷三。

② (清)趙文哲:《騰越州治東數里有何氏舊池館,杜鵑最盛。己丑春,曾偕家雲松游焉。水竹幽蔚,花光綵天,爲徘回久之。雲松既返粵西,予顧頻往於此。又值花時,遣奴子探頻云,已試花十數日,後當大開。予適以事遽返永昌,遂不及往。臨發惘惘,輒爲此詩寄雲松。對床聽雨之外,此又一可感事也》,《娵隅集》卷八。

③ (清)程晉芳《勉行堂文集》卷六《四死事傳》之"趙文哲"條:"君以漏泄禁中語去官,時尚書阿公桂將督師滇南幕府,闕書記,聞君才,奏請君暨郎中王昶同行。君慨然辭家,匹馬短衣,從阿公以南由楚之黔之滇之緬甸。"清嘉慶二十五年冀蘭泰吴鳴捷刻本。

④ (清)趙文哲:《庚寅初度日雲岩先生召飲侑以新詩,即席次元韻二章奉酬》,《娵隅集》卷六。

"感時花濺淚,恨別鳥驚心。烽火連三月,家書抵萬金。"對趙文哲來説,家書永遠能够給予他内心最深的撫慰。比如行經河南,趙文哲見到驛舍中月季新發之花,便折枝附於家書中①,懷着"江南無所有,聊贈一枝春"的心情,試圖把路途中的氣息寄予家人。另一方面,收到家書自然令人欣喜,都是又鄭重又歡喜地展開閱讀,如《得家書》二首云:

  臨江欹枕薄疴餘,人與秋蟲共一墟。茅草蓋頭飛瘴雨,自吹爨火讀家書。
  宿疾初聞勿藥徵,天涯垂死喜難勝。愁他理綫拈針手(内子右臂久患風痺,來書云近已向愈,可拈針矣),又爲征衣戀一燈。②

第一首寫在薄病之中聽聞秋夜的雨聲蟲聲,借着灶膛火光展讀家書。第二首從家書中得知妻子宿疾已愈,并不直書内心思念,反寫妻子爲自己作冬衣,使人體會到分隔兩地的親情。他習慣從對面去寫,而不是直接抒發情感,有一首作於七夕的詩也是如此:"蠻童笑問知蓮節(永昌人不知七夕爲佳節),旅席驚看試橘春。料得長安小兒女,堆盤瓜果話征人。"③漂流在外,每逢佳節倍思親。"長安小兒女"從杜甫《月夜》而來,叙寫自己境况之後,并不順着接續表達自己的情感,而是寫身處故地的親人如何在月下思念自己。逢到佳節時令之時,無法抑止的思念之情便更爲深切,如《至日寄内》《戊子除夕》都是如此,往年能够一起歡度,如今只能把酒寄詩,孤獨地思念遠在天邊的親人。因此,時時翻檢家書,對遠人不啻一種慰藉。這種隱秘的思鄉之情,也可從其他詩題中略略窺見,如《騰越曉發過甘露寺,值牡丹大開,駐玩久之。憶初從軍時過此看花,已二年矣,偶占四絶句》,看花在古人的生活中儘管是日常消遣,但對敏感的詩人來説,也極易從眼中之花聯想到看花之人,"花有重開日,人無再少年",兩年時間在物理空間上似乎不好衡量其短長,但若以趙文哲的心理時間爲基準,則必然是漫長的。

  與此同時,遠游詩人對自身身份的定位也發生了一些微妙變化。《娵隅集》中屢屢用"瘴客""歧路客""悲秋客""劫餘身"來自指,如"身滯瘴雲最深處,莫將今我盼來思"④,"萬里重爲冲瘴客,五更來共卧瘖兵"⑤,又如"身病獨成岐路客,語長半爲夾江兵"⑥,再如"天涯同是劫餘身,清淺銀灣未起塵"⑦,從詩人所處地域、所遭境遇的角度來重新界定和定位自己的身份,不僅體現出與此前生活環境與場景的睽違,還傳達出詩人在此種境遇之中一種凄苦的心態。

  以上分别列舉了趙文哲從軍雲南之後,與吴中、京中以及雲南軍中典型交際對象的唱酬之作。由這些典型可作出推測,趙文哲在雲南時期,與朋友的交往基本仍是靠作詩。詩歌使他維持與友朋的交往,讓他審視自己不同以往的生活,自然地,也由之

---

① (清)趙文哲:《新鄭驛舍見月季方作花偶折一枝附家書中戲題三絶句》,《娵隅集》卷一。
② (清)趙文哲:《得家書二首》,《娵隅集》卷四。
③⑦ (清)趙文哲:《七夕招明碧夢王述庵小集即席次碧夢韻》,《娵隅集》卷六。
④ (清)趙文哲:《寄宋小岩衡州三叠前韻》,《娵隅集》卷五。
⑤ (清)趙文哲:《夜雨再次前韻索補山和之》,《娵隅集》卷四。
⑥ (清)趙文哲:《至隴川宿錢充齋觀察寓舍,連得王述庵比部惠書,并用檠字倡和詩韻賦詩見懷,四叠前韻却寄,兼邀充齋和之》,《娵隅集》卷四。

牽連出從前沒有體會過的複雜感受。

四　文壇嗣響：對趙文哲的紀念

　　有關趙文哲死事的記錄，鑒於歷史現場中王昶離此事最近，因此他爲趙文哲所作的墓志銘尤其值得關注。銘文云："（乾隆三十六年［1771］）九月，命溫公偕阿公赴蜀討之，奏以余與君行。十月至成都，復以君爲中書舍人。明年壬辰五月，余從阿公由章谷攻達烏，君留溫公所。是冬，克美諾小金川平，晉君户部主事，又從溫公由空喀進討金川。又明年癸巳，兵至木果木，攻五月弗克。六月，小金川降者叛，與金川合鈔後路，初十日師潰，賊邀於險，溫公歿，君與其難，時年四十有九。"①簡要叙述了二人一同從雲南隨軍轉移到蜀地討逆的經過。乾隆三十七年（1772），王昶隨阿軍攻達烏，趙文哲隨溫軍討金川，分兵兩路，後來文哲死於木果木叛圍之亂，從此天人兩隔。王昶編有清詩總集《湖海詩傳》，其中專有一卷篇幅載録趙文哲詩，趙翼稱王昶此行實是"平生風義"的表現。"余與君同郡也，弱冠同學，同官於朝，又以事同譴，同從於軍也，知君者莫余爲詳"②。在這種紀念之中，很容易體會到王昶對自己幸存的驚心，對命運無常的深慨。

　　趙文哲身故之後，清代名人如蔣士銓、李調元、錢大昕、孫士毅、石韞玉、查禮、朱孝純、金兆燕、阮元等都作有哀悼詩篇。趙翼爲王昶《湖海詩傳》題詩稱："獨憶當年老趙岐，與公同出不同歸。挑燈别閲《娵隅集》，痛絶空山暴骨時。"③後來趙翼翻閲文哲子秉淵編定的《娵隅集》，泫然作詩："故人已殉蜀山高，遺稿猶看戰伐勞。歸骨難歸千鳥道，斫頭便斫一鴻毛。國隆恤典官修祀，已奉旨入昭忠祠。……"④二趙之間情誼已見前述，此處再讀趙詩，其哀可感。

　　詩歌而外，查禮還作有詞以悼文哲。趙文哲與查禮之間早有交往，趙在雲南時，曾受查禮之托，爲查所編《查氏一門烈婦女編》題詩⑤，到成都後，與查禮過從較密，《娵隅集》卷十中有數詩可證：如《初抵成都先寄查儉堂觀察》《軍中夜起簡儉堂》《儉堂昨上北山，見崖石間皆松樹，高者僅尺許，而奇姿鬱蟠如千百年物，歸以素紙寫之，勁秀特絶，爲題一詩》和《北山行帳夜大雷雨，讀儉堂從軍行有感，即次其韻》。查禮集中亦有相應詩篇可應，如《王德甫考功由滇南來川，以詩遥寄，子月六日偕趙損之抵汶川，留榻行館，因次原韻以答》《趙損之中翰隨溫將軍自滇來蜀，進勦金鸞，初抵成都，

---

① （清）王昶：《恤贈光禄寺少卿户部主事趙君墓志銘》，《春融堂集》卷五三，《清代詩文集匯編》，第 358 册，第 527 頁。《清史稿》列傳二七六記此事云："三十八年，兵至木果木，六月，小金川降者叛，與金川合抄後路，師將潰，在軍者逆知賊大，至相率逃竄，文哲毅然以身爲幕府贊畫，且叠荷國恩，詎可舍帥臣而去，卒與溫福同死。"將這段文字與王昶爲趙文哲所作墓志銘作比，則"文哲毅然以爲身爲幕府贊畫，且叠荷國恩，詎可舍帥臣而去，卒與溫福同死"數句出處不明，真實程度尚待考。

② （清）王昶：《恤贈光禄寺少卿户部主事趙君墓志銘》，《春融堂集》卷五三，《清代詩文集匯編》，第 358 册，第 527 頁。

③ （清）趙翼：《述庵司寇新刻大集見貽展誦之餘爲題長句兼懷亡友璞函》，《甌北集》卷三六。

④ （清）趙翼：《璞函娵隅集令嗣少鈍已爲刊行翻閲之餘泫然有作》，《甌北集》卷四五。

⑤ （清）趙文哲：《查儉堂觀察自蜀寄示〈查氏一門烈女編〉敬題長句》，《娵隅集》卷八。

先以詩寄,次韻走答》等,可知二人詩作唱和之勤。後趙文哲殉難,查禮有《摸魚兒》詞以哭之,詞前序曰:"趙損之博學多能,工詩賦文詞,隨將軍至蜀,討金川土司勳軍務。癸巳六月十日,我兵潰於木果木,將軍陣亡,損之亦遇害。損之,名文哲,號璞函,江蘇上海人,由内閣中書授户部河南司主事。"詞曰:"嘆才比江郎,詩推杜老,難覓舊時伴。""蠻箋痛寫傷心句,回憶昔游腸斷。"又云:"還想見,沙磧冷、荒烟白骨千秋凶憶。忠魂不展。正塞上笳鳴,峰閑猿泣,戎馬感人遠。"① 表達了對故友的思念與哀痛。

此外,文壇還逐漸形成了爲《趙璞函授詩圖》題詩的風氣,石韞玉、翁方綱和李雲章都有相關題圖詩。如石韞玉《奉題趙損之先生丙舍授詩圖遺像卷》:"磨盾曾揮萬里毫,紫薇花亞謫仙曹。雲間舊夢尋鷗約,馬上新篇被豹韜。猶有青箱貽故紙,更無碧血瘞征袍。側聞世賞恩重沛,追録書生汗馬勞。"② 將畫中題詩之像與其戎馬生涯并舉,突出趙文哲的人生悲劇,加深詩歌的感染力。清代畫風極盛,題圖詩也因之大盛於時,題授詩遺像圖無疑也是紀念趙文哲的一種方式。

綜上所述,無論是悼亡詩還是題圖詩,這些詩都是對趙文哲作爲一名文人却死難軍中這樣悲慘遭遇的深切感慨,傳達出人類作爲一種物群共通的物傷其類的情感形式。這大概也是趙文哲一直爲人書寫的原因之一。

五 小結

《娵隅集》是一部產生於行旅途中的詩集,它的獨特性與趙文哲本人的親身經歷有極大關聯。清代陳文述將其編入《遠游集》,可以想見在清代便有人嘗試將其進行分類并定位。詩歌能夠在逆境中給人慰藉,在順勢中增添詩趣,其義可得而述。趙文哲四十九歲歿於軍中,但他流傳下來的詩歌其實成爲延續其生命的一種形式。這大概是趙文哲在去雲南途中作詩甚勤,乃至三卷而後便請友人代爲抄録,并囑爲序的原因所在。人壽有盡,而文章却可以永遠流傳,這是身爲文人永遠追求的驕傲。

該集中對南下途中的驚險遭遇以及南方的奇景異觀進行了非常細致的敘述,詩的寫作風格借鑒了韓愈,不僅在語言上表現出拗口的奇特,在風格上也選擇了這類詭奇之風進行模仿。這一方面反映出尚奇在清詩中的延續,一方面也呈現出《娵隅集》的寫作特徵。將眼觀之奇與内心思鄉之情雜糅一處,形成一種獨特的書寫風味,這是趙文哲獨特的人生經歷和鋭感靈心所賦予他的,也是使其詩不同於他人的重要因素。

---

① (清)查禮:《摸魚兒·哭趙損之農部有序》,《銅鼓書堂遺稿》卷二七,清乾隆查淳刻本。
② (清)石韞玉:《奉題趙損之先生丙舍授詩圖遺像卷》,《獨學廬稿》二稿卷二,清寫刻獨學廬全稿本。

■ 目録與版本

撫州本《周易》抄補考*

章莎菲

摘　要：現存宋版《周易注》中，淳熙撫州公使庫刻本是一個特殊的本子。其卷一至六爲宋刻遞修本，卷七至十原槧已佚，以抄本配成完帙。關於其配補的部分，歷來皆判定爲"清影宋鈔"。本文即對此觀點作出辨證。通過將撫本配補的四卷内容與其他宋元版《周易注》進行全面系統的校勘，分析其"異文率"和"相似度"，可以發現撫本抄補部分所據依的底本有二：一爲宋浙刊本《周易注》，一爲清武英殿仿刻相臺岳氏本《周易注》。同時，本文又從撫本的遞藏源流和藏書家間的交游往還這一角度，推斷出撫本抄補工作進行的大致時間、地點和可能情形，最終得出撫本配補部分的性質爲"明抄宋本"及"清抄仿岳本"的結論。

關鍵詞：撫州本《周易》；抄補情況；《周易》校勘；藏書軼事

一、撫州本《周易》與參校諸本的基本情况

傳世宋版《周易注》中，南宋孝宗淳熙（1174—1189）撫州公使庫刊遞修本蓋爲最古者之一[①]。該本原當十卷（《易注》九卷附《略例》一卷），今實存卷一至六（上、下經），卷首題"周易上（下）經某傳第幾/（低六或七字）王弼注"，尾題"周易卷第幾"及經注字數；卷七以下（《易傳》及《略例》）均抄補。不附《釋文》。半葉十行十六字，注雙行二十四字。四周雙欄，版心白口，雙黑魚尾，上記大小字數[②]，中題"周易幾"，下記刊工姓名[③]。版心中有記"癸丑重刊"者（八葉），有記"壬戌刊（刁）"者（二十八葉），有記"開禧乙丑換"者（卷一第十六葉），有記"壬申重刊"者（二十一葉）。是自光宗紹熙四

---

* **作者簡介**：章莎菲，中國人民大學國學院博士後，主要從事經學與古文獻學研究。

① 此從日本學者阿部隆一之説，阿部氏嘗謂"周易注の宋元版には、……本版（引者案：指南宋孝宗朝浙刊版《周易注》，現藏中國國家圖書館，書號5428）は撫州公使庫版と并ぶ最古版にして"（［日］阿部隆一：《北京南京上海観書記》，《阿部隆一遺稿集》第一卷，東京：汲古書院，1993年，第402頁）。

② 字數偶見記於下者，如卷二第五葉、卷三第八葉。

③ 據張元濟先生統計，刊工姓名"有高安道、劉振、余仁、朱諒（原注：朱京。引者案：王國維先生《宋撫州本〈周易〉跋》作'朱涼'）、余堅、吳生、曾柏、黎友直、周荄、鄒郁、劉明、鄒通、周達、施贊、高甫、高安國、嚴卓、駱仲、嚴思敬、余章、虞大全、左彦、劉元、嚴思用、李仁、李子章、詹矣（原注：占焕）、劉安全、黎明、高榮、蔡伯□、黄志誨、葉文、弓顯、吳申、高安富等"（張元濟撰，陳先行整理：《涵芬樓燼餘書録》，北京：商務印書館，2018年，第一册，第2頁）。

年(1193)以下①,屢有修版刊換。宋諱"殷""匡""恒""貞""徵""戌""桓""媾""姤""慎""敦"(補版)諸字皆避。鈐有"玉蘭堂""華氏明伯""華復初印""季振宜讀書""季振宜印""滄葦""孔氏季脩""盧木齋藏書""盧弼"等印,知其曾經文徵明、華復初、季振宜、岳雪樓孔氏、盧靖盧弼兄弟等收藏。後歸涵芬樓,《四部叢刊》(初編)影印之。現藏中國國家圖書館②。以下簡稱"撫本"。

關於撫本卷七以下的抄補情況,歷來均著録爲"清影宋鈔",其甄斷之依據及所從影抄之本,則未有明言,致生吾輩疑竇。今乃揀宋元舊刊《周易注》數種,詳校此本卷七至十,并參酌注疏合刻本數帙之異文③,庶幾能解此惑。

所選以參校之經注本凡六通:

1. 南宋孝宗朝(1163—1189)浙刊《周易注》九卷附《略例》一卷,不附《釋文》。卷首(卷一至六)題"周易上(下)經某傳第幾/(低十二字)王弼注"④,尾題"周易卷第幾"。半葉十二行二十四字,注雙行同。左右雙欄,白口,單黑魚尾,版心中題"易幾",下記刊工姓名⑤。天禄琳琅舊藏。《天禄琳琅書目後編》謂"是書不載鐫板年月,於孝宗以上諱俱闕筆⑥,乃淳熙、乾道年刊⑦。字畫圓匀,槧法浄密,宋本中之佳者"⑧。阿部隆一氏綜合考量此本避諱、版式行款及刻工活動時地(乾道至嘉定間杭州地區)等

---

① 按上述"癸丑重刊"在光宗紹熙四年,"壬戌刊(刓)"在寧宗嘉泰二年(1202),"開禧乙丑換"在寧宗開禧元年(1205),"壬申重刊"在寧宗嘉定五年(1212)。沈曾植以修版之時上去淳熙僅三十年,"而板已壞爛,以刊換之多,足以知其刷印之多也"(沈曾植跋,見沈曾植撰、柳岳梅整理:《海日樓書録》,《歷史文獻》第十六輯,上海:上海古籍出版社,2012年,第418頁)。然張元濟所引沈跋則云"(修版之時)上去淳熙不過三十年,不應版遽損壞,則此或岳氏所謂撫舊本耶"(《涵芬樓燼餘書録》,第3頁),似未定此本爲淳熙所刻,而張氏依沈説,謂此本"必刻於孝宗之世。沈氏斷爲撫州舊本,可無疑也",亦未確指其刻於淳熙。按此本版框高廣、行數字數及字體(原刊葉)并與淳熙四年(1177)撫州公使庫刻本《禮記注》相同,且刊工姓名亦有與撫本《禮記》同者,故仍從《北京圖書館古籍善本書目》《中國古籍善本書目》及阿部隆一氏等定爲淳熙撫州公使庫刻本。

② 上述此本信息,參考季振宜《延令宋板書目》是書條目((清)季振宜:《季滄葦藏書目》,影印清嘉慶乙丑(1805)黄丕烈士禮居刻本,《續修四庫全書》第920冊,上海:上海古籍出版社,1995—2002年,第605頁)、傅增湘《藏園群書經眼録》卷一是書提要(北京:中華書局,2009年,第7頁)、王國維《宋撫州本〈周易〉跋》(《觀堂別集》卷三,《王國維遺書》第四冊,上海:上海古籍書店,1983年)、沈曾植是書跋(《海日樓書録》,第418頁)、張元濟《涵芬樓燼餘書録》是書叙録(第2—4頁)、《北京圖書館古籍善本書目·經部》是書條目(北京:書目文獻出版社,1989年,第12頁)、《中國古籍善本書目》卷一是書條目(上海:上海古籍出版社,1989年,第41頁)、阿部隆一《宋元版所在目録》是書條目(《阿部隆一遺稿集》第一卷,第11頁)等,結合筆者察驗《四部叢刊》影印本所得。

③ 撫本爲經注本,依常理推斷,其抄配部分所據之底本亦當是經注本。但具體如何抄配,實際上取決於主事者之文獻條件與個人抉擇,故不能完全排除其抄配所據底本爲注疏合刻本而從中摘録經注部分、改造卷首尾題署以合原書卷題的可能。只是由於這種可能性較小,我們祇將各經注本與撫本進行通校(卷七至十),再取所校得之異義質諸各注疏合刻本(亦僅選取不同類型之早期刊本及其代表性者),以備不虞。

④ 經注本上下經(卷一至六)、《繫辭》以下《易傳》(卷七至九)及《略例》(卷十)之卷題有所異同,此及下簡述諸本僅舉上下經卷題者,以後文將詳細比校衆本卷七以下題卷之文字及格式,故此略之。

⑤ 據阿部隆一統計,刊工姓名有周彦、周、彦、章中、中、濮宣、宣、劉昭、宋、李(《北京南京上海観書記》,《阿部隆一遺稿集》第一卷,第401頁)。

⑥ 按,孝宗以上諱"玄""弘""殷""匡""筐""恒""貞""桓""構""媾""遘""慎"字闕筆,光宗以下諱字不闕。

⑦ 乾道在淳熙之前,是孝宗第二個年號(1165—1173)。

⑧ (清)彭元瑞等:《天禄琳琅書目後編》卷二,《清人書目題跋叢刊(十)》,北京:中華書局,1995年,第243頁。

信息，推斷其可能爲淳熙年間浙地的公使庫刊本①。是書鈐有"貞元""伯雅"二印及"天禄繼鑑""天禄琳琅""乾隆御覽之寶""五福五代堂寶""八徵耄念之寶""太上皇帝之寶"六璽，知其入藏天禄琳琅前曾經明人王世貞舊藏。世貞嘗云："余生平所購《周易》《禮經》《毛詩》《左傳》《史記》《三國志》《唐書》之類過二千餘卷，皆宋本精絶。"②此蓋其一也。劉薔《天禄琳琅知見書録》考證是書於"宣統十四年(1922)七月十五日賞溥傑，從此流失宫外，所幸又回歸公藏"③。現藏中國國家圖書館④。以下簡稱"天禄本"。

2. 南宋孝宗朝建陽坊刻本《周易注》九卷附《略例》一卷，經注後隨附《釋文》(以○號間隔)。卷一首行題"周易上經乾傳第一"，下夾注《釋文》至次行止，三行低五字署"王弼注"(下夾注《釋文》)，四行低五字署"唐國子博士兼太子中允贈齊州刺史吴縣開國男陸德明釋文附"；卷二至六首行題"周易上(下)經某傳第幾"，下空四或五字署"王弼注"，不復署陸元朗結銜。卷尾題"周易卷第幾"。半葉十二行，行廿一、二字不等，注(含《釋文》)用雙行，行廿八字。左右雙欄，白口，雙黑魚尾，版心中題"易幾"。楮墨精良，書體秀媚。宋諱"玄""弦""弘""殷""匡""筐""恒""貞""徵""懲""桓""構""媾""溝""邁""慎"等字皆闕筆⑤，而"敦""惇"等字不闕⑥，是知其刻於南宋孝宗之世，非書後秦蕙田跋所謂"北宋佳本"也⑦。是書卷十末葉及書後附葉有明清人題識數則："天啓七年丁卯歲三月六日董其昌觀于頑仙廬"(左鈐"玄宰"章)；"萬曆庚辰三月二日文嘉閲"；"崇禎壬申午日，黄子羽携過清瑶嶼，與張異度同觀。去先叔祖文水翁題識時已五十二年矣。震孟"(下鈐"文震孟印")；"崇禎甲戌陽月過趺影齋，焚香觀。陸孟鳧、曹孟林、葛君常在座。文從簡"⑧；秦蕙田跋(詳前注)。書鈐"玉蘭堂圖書記"

---

① 《北京南京上海觀書記》，第402頁。
② (明)王世貞：《又前後漢書後》，《弇州山人四部稿》卷一二九，《景印文淵閣四庫全書》第1281册，臺北：臺灣"商務印書館"，1986年，第168頁。
③ 劉薔：《天禄琳琅知見書録》，北京：北京大學出版社，2017年，第24頁。
④ 上述此本信息，參考《天禄琳琅書目後編》卷二是書提要、《北京圖書館古籍善本書目·經部》是書條目(第12頁)、《中國古籍善本書目》卷一是書條目(第41頁)、阿部隆一《宋元版所在目録》是書條目(《阿部隆一遺稿集》第一卷，第11頁)、阿部隆一《北京南京上海觀書記》是書叙録(《阿部隆一遺稿集》第一卷，第401—402頁)、劉薔《天禄琳琅知見書録》是書叙録(第23—24頁)等，結合筆者察驗原書照片所得。
⑤ 玄、貞二字避諱不甚嚴。
⑥ 宋光宗名惇。
⑦ 書後附葉秦味經跋云："此真北宋佳本，人世存者尠矣，宜董、文諸公(引者案：指董其昌、文徵明等)欽愛而珍異之。吾家世有舊刻，久多散佚。此書得之玉峰徐氏。吉光片羽，爲味經窩藏書第一，子子孫孫其善守之。乾隆二十九年歲在甲申味經秦蕙田識。"瞿鏞《鐵琴銅劍樓藏書目録》是書提要未從秦説，且已指出此本"蓋孝宗時刻本也"(卷一，影印清光緒常熟瞿氏家塾刻本，《續修四庫全書》第926册，第43頁)。孟森先生《宋本周易注附釋文校記》則斥秦説"未免鹵莽之習，非耐心審勘之談"(東京文求堂影刊此本後附孟氏《校記》，1928年)。孟氏以下，趙萬里、阿部隆一、李致忠諸氏亦皆據避諱情况審定此本爲孝宗時刊本。
⑧ 按此書鈐有"玉蘭堂圖書記"，又有文嘉(字休承，號文水，文徵明少子)萬曆庚辰(1580)識語，可知其曾爲長洲文氏收藏。然天啓七年(1627)董其昌(字玄宰)觀此書於陳繼儒處(頑仙廬)，而崇禎壬申(1632)黄翼聖(字子羽)携書過文震孟(字文起，號湛持，謚文肅，文徵明曾孫，出自徵明長子彭一脉，故稱文嘉爲"先叔祖")居(清瑶嶼)，崇禎甲戌(1634)文從簡(字彦可，文嘉孫)又觀此書於黄翼聖處(據《(嘉慶)直隸太倉州志》卷五三嘉慶七年(1802)刻本，《續修四庫全書》第698册，第112頁)，黄翼聖有《趺影齋詩集》，則"趺影齋"蓋爲黄氏室名)，是此書萬曆間尚在文氏處，而後似輾轉爲陳繼儒、黄翼聖所得，非文氏子孫世守。

"大司寇章""約齋""伯符""叔介""闕氏收藏圖書""毛晉""宋本""甲""毛氏子晉""汲古主人""子晉""海虞毛晉子晉圖書記""徐健菴""乾學""錫山秦氏珍藏圖書""秦蕙田印""味經""味經窩藏書印""蕙田之印""汪士鐘印""閬原父印""平陽汪氏藏書印""憲奎""秋浦""平江汪憲奎秋浦印記""紹基秘笈""瞿氏鑒藏金石記""菰里瞿鏞""鐵琴銅劍樓""瞿秉清印""小謨觴仙館""不夜于氏藏書印"等印,知其曾經長洲文氏、汲古閣、徐乾學、秦蕙田、汪士鐘、汪憲奎、常熟瞿氏、于昌進等收藏。現藏中國國家圖書館,有《中華再造善本》影印本①。以下簡稱"建本"。

3. 南宋建陽坊刻《纂圖互注周易》十卷,卷後附圖六(《序上下經圖》《楊氏太極圖》《河圖之數》《洛書之數》《古今易學傳授之圖》《六十四卦大象圖》)。經注後隨附《釋文》(被釋字出以綫圍),又附"重言""重意""互注"(陰文,出以墨圍,"互注"雙欄)。卷一首行題"纂圖互注周易上經乾傳第一",次行低一字半夾注《釋文》(以○號領起"陸德明《音義》曰"云云),至三行止,四行低三字署"王弼注"(下夾注《釋文》);卷二至六首行題"纂圖互注周易上(下)經某傳第幾"(卷六"注"作"注"),下空二至四字不等署"王弼注"(卷六"注"作"注")。卷一至五尾題"纂圖互注周易卷第幾"(卷四"第"作"之"),卷六尾題"纂圖互注周易下經豐傳卷第六"。半葉十一行二十一字,注(含《釋文》等)雙行二十五字。左右雙欄,左欄外有書耳記卦名、篇名及卷、葉數。綫黑口,雙黑魚尾,版心中題"易幾"。宋諱"弘""殷""匡""筐""恒""貞""徵""桓""媾""遘""慎""敦"等字皆避②,則此本刊刻時間當不早於光宗。鈐有"陸樹聲印""歸安陸樹聲叔桐父印""陸押""春初早韭秋末晚松""仲漣弍字猗唐""周錫瓚印""香嚴""平安館記""曾存定邸行有恒堂""映川珍玩""周映川收藏書畫記""寐叜""禮岳樓""己酉""苤圃收藏"諸印,知其曾經陸樹聲、周錫瓚、載銓、沈曾植、張乃熊等收藏。顧永新師謂"此本是今存唯一的一部宋刻纂圖互注重言重意本"《周易》③。現藏臺灣"中央圖書館"④。以下簡稱"纂圖本"。

---

① 上述此本信息,參考徐乾學《傳是樓書目》是書條目(影印中國國家圖書館藏清道光八年(1828)劉氏味經書屋抄本,《續修四庫全書》第 920 冊,第 637 頁)、瞿鏞《鐵琴銅劍樓藏書目錄》卷一是書叙錄(第 43—44 頁)、孟森《宋本周易注附釋文校記》、《中國版刻圖錄(增訂本)》是書提要(北京:文物出版社,1961 年,第 35 頁)、《北京圖書館古籍善本書目·經部》是書條目(第 12 頁)、《中國古籍善本書目》卷一是書條目(第 41 頁)、阿部隆一《宋元版所在目錄》是書條目(《阿部隆一遺稿集》第一卷,第 11 頁)、《中華再造善本總目提要·唐宋編》是書提要(李致忠作。國家圖書館出版社,2013 年,第 1—3 頁)、顧永新《日系古鈔、古活字〈周易〉經注本研究》(《第二屆十三經注疏與經學文獻國際學術研討會論文集》,會議由福建師範大學主辦,2019 年 8 月 24—25 日,《論文集》未正式出版,第 43 頁)等,結合筆者察驗《中華再造善本》影印本及考證書後題識所得。

② 個別"慎"字未闕筆,蓋坊本偶有疏漏之故。

③ 《日系古鈔、古活字〈周易〉經注本研究》,《第二屆十三經注疏與經學文獻國際學術研討會論文集》,第 43 頁。

④ 上述此本信息,參考《"國立中央圖書館"善本書目》甲編卷一是書條目(臺北:"中華叢書委員會",1957 年,第 1 頁)、《"國立中央圖書館"宋本圖錄》是書提要(臺北:"中華叢書委員會",1958 年,第 2 頁)、阿部隆一《宋元版所在目錄》是書條目(《阿部隆一遺稿集》第一卷,第 11 頁)、臺灣"中央圖書館"古籍與特藏文獻資源網頁(http://rbook.ncl.edu.tw/NCLSearch/)是書詳目等,結合筆者察驗此書數位版所得。

4. 元相臺岳氏荊谿家塾刻《周易注》九卷附《略例》一卷①，"略采《釋文》中音切附入注後(引者案：所附音切上以○號與注文間隔，被釋字出以綫圍)，有句讀，有四聲圈識"②。卷首(卷一至六)題"周易上(下)經某傳第幾/(低九或十字)王弼注"，尾題"周易卷第幾"。半葉八行十七字，注雙行同。四周雙欄，左欄外有書耳記卦名、篇名。版心白口，雙黑魚尾，上記大小字數，中題"易幾"，下記刊工姓名③。除卷一外④，每卷末葉均有"相臺岳氏刻梓荊谿家塾"十字亞形木記。書鈐"吳門周公瑕氏""六止居士""群玉山樵""袁樞之印""袁伯應珍藏印""翰林院典籍廳關防"(漢滿篆書)"海鹽張元濟經收""涵芬樓""涵芬樓藏"諸印，知其爲明人周天球、袁樞舊藏，曾作爲四庫進呈本⑤，後又爲涵芬樓所得。現藏中國國家圖書館，有《中華再造善本》影印本⑥。以下簡稱"岳本"。

5. 清乾隆四十八年(1783)武英殿仿刻相臺岳氏荊谿家塾本《周易注》九卷附《略例》一卷⑦。以其仿刻，故卷題、行款、版式、牌記等與前揭岳本幾無二致。惟版心上不記字數，而署"乾隆四十八年/武英殿仿宋本"，版心中題"周易幾"，下無刊工姓名，與岳本不同。每卷末葉左欄外下方別出一耳，記書版臣工姓名("內閣中書/進士/舉人臣某敬書")。各卷後均附《考證》。書前有高宗御筆《五經萃室記》一文及《題宋版易經》一詩。按此仿刻本所據底本殆非前揭岳本，以其所仿刻諸印("晉府書畫之印""子子孫孫永寶用""敬德堂圖書印""李國壽印""陳定書印""陳氏世寶""滄葦""季振宜印""健庵""乾學之印""崑山徐氏家藏""古希天子""乾隆御覽之寶""天祿繼鑑""天祿琳琅"等)無一見於前揭岳本。此仿刻本所據底本迭經明代晉藩、季振宜、徐乾學等收藏，後入藏天祿琳琅，今不可見，其與前揭岳本雖非一本而實屬一式。仿刻本存世較多，今採用哈佛大學哈佛燕京圖書館藏本。以下簡稱"仿岳本"。

---

① 舊説以相臺岳氏群經爲宋時岳珂所刊，故張元濟《涵芬樓燼餘書錄》著錄此本爲"宋刊本"(第5頁)。孟森先生已疑其非，謂此本"宋諱無一缺筆，與一切宋本書不同"，惟仍囿於舊説，遂指此本爲"宋以後一種翻刻"(孟森：《相臺本周易校記》，《國立北平圖書館館刊》第十卷第三號，1936年，第119—120頁)。張政烺先生乃辨舊説之誤，謂"相臺本群經乃元初義興岳氏據廖瑩中世綵堂本校正重刻，與岳珂無涉"(《中國版刻圖錄》第一冊《春秋經傳集解》解題稱引，第56頁)。趙萬里先生以"張説甚確"，并考訂相臺本群經實爲岳飛九世孫岳浚所刊(《中國版刻圖錄》第一冊《春秋經傳集解》解題，第56頁)。張先生後來又作《讀〈相臺書塾刊正九經三傳沿革例〉》一文詳考其事(《張政烺文史論集》，北京：中華書局，2004年，第166—188頁)。張、趙二氏之説遂成不刊之論。

② 孟森《相臺本周易校記》，《國立北平圖書館館刊》第十卷第三號，第119頁。

③ 據張元濟先生統計，刊工姓名"二字者，有翁福、趙堅、仲明等；一字者，有范、方、翁、毛、趙、孫、張、王、葉、弓、子、堅、共、拱、祀、杞、圭等"(《涵芬樓燼餘書錄》是書提要，第5頁)。

④ 卷一末葉版面留白有限，故無牌記。

⑤ 由"翰林院典籍廳關防"(漢滿篆書)一印可知。此印與四庫進呈本之關係詳劉薔《"翰林院印"與四庫進呈本真僞之判定》(氏著《清華園裏讀舊書》，卷二，長沙：岳麓書社，2010年，第131—138頁)。

⑥ 上述此本信息，參考孟森《相臺本周易校記》(《國立北平圖書館館刊》第十卷第三號，第119—124頁)、張元濟《涵芬樓燼餘書錄》是書提要(第5頁)、《北京圖書館古籍善本書目·經部》是書條目(第12頁)、《中國古籍善本書目》卷一是書條目(第41頁)等，結合筆者察驗《中華再造善本》影印本所得。

⑦ 既已具前揭岳本而復取此仿刻本參校者，以仿刻本與元本之文字仍微有異同，且元本難得，抄補撫本者未必得見，而仿刻本或稍易得之，故亦取以參校。

6. 日本元龜(1570—1572)、天正(1573—1591)間寫本《周易注》九卷附《略例》一卷①,《略例》注下附《釋文》(以此本《略例》抄自纂圖互注本故爾。所附《釋文》與注文間無區別標識)。寫本題卷較隨意,卷首(卷一至六)題"周易上(下)經某傳第幾/(低十或十一字)王弼注"(卷二不署"王弼注",該行留白),尾題則各卷不同:卷一題"周易卷第幾"及經注字數;卷二題"周易卷第二終",不記經注字數;卷三題"周易上經第三",不記經注字數;卷四題"周易卷第四",不記經注字數;卷五題"周易下經卷五",不記經注字數;卷六題"周易下經卷第六"及經注字數。四周單欄,有界,半葉八行十六字,注雙行同。書內鈐有"江雲渭樹""羅山"印,知其爲林羅山舊藏②。其餘鈐印有"勉亭""林氏藏書""昌平坂學問所""大學藏書""淺草文庫""書籍館印""日本政府圖書"。現藏日本國立公文書館③。以下簡稱"林家古本"。

上述六通經注本皆通校其卷七至十。校得異文後,取以下四種注疏合刻本就異文處進行核對:陳鱣舊藏南宋初兩浙東路茶鹽司刻宋元遞修八行本《周易注疏》十三卷(今藏中國國家圖書館,有《古逸叢書三編》影印本,以下簡稱"陳本")④、元刻元印十行本《周易兼義》九卷(美國加州大學伯克利分校東亞圖書館藏,以下簡稱"元印十行本")、元刻明正德嘉靖遞修十行本《周易兼義》九卷(北京市文物局藏,有《中華再造善本》影印本,以下簡稱"文物局十行本")、明萬曆十四年(1586)北京國子監刻九行本《周易兼義》九卷(德國巴伐利亞邦立圖書館藏,以下簡稱"監本")。由於此四種注疏合刻本僅備參核,且與撫本這類經注本分屬截然不同的版本類型,故其版式行款等詳情皆不具。

二、撫本抄補部分的來源分析

考撫本卷七至十抄補部分(以下簡稱"撫抄")之版式行款,與卷一至六類同(惟版心上不記大小字數,下無刊工姓名),蓋抄補者有意爲之,使前後統一。細察撫抄之書體,可知卷七至九(《繫辭》至《雜卦》)與卷十(《略例》并序)殆非一人所書。爲審慎起見,以下比校撫抄與各本之異同時,皆將卷七至九與卷十各自分説。

首先比對撫抄與各經注本之卷題,如表1、2所示:

---

① 依常理推斷,抄補撫本者必不得見日本古寫本,今仍取以讐校者,備不虞也。
② 據《經籍訪古志》卷一是書提要([日]澁江全善、森立之等撰,杜澤遜、班龍門點校,上海:上海古籍出版社,2017年,第8頁)。
③ 上述此本信息,主要參考顧永新《日系古鈔、古活字〈周易〉經注本研究》(《(第二届)十三經注疏與經學文獻國際學術研討會論文集》,第44—45頁),并簡稱"林家古本"亦爲顧氏所倡。
④ 按南宋初兩浙東路茶鹽司刻八行本《周易注疏》有未經遞修之本,今不擇彼而取陳本者,以彼向藏日本,料爲抄補撫本者不可得見之本。

表1　撫抄(卷七至九)與參校諸經注本題識對照表

卷次	卷題類目	撫抄	天祿本	建本	纂圖本	岳本	仿岳本	林家古本
卷七	首題	周易繫辭上第七/(低五字半)韓康伯注	周易繫辭上第七/(低十二字)韓康伯注	周易繫辭上第七(下夾注《釋文》)韓康伯注	纂圖互注周易繫辭上卷之七/(低一字夾注《釋文》,下空一字)韓康伯注	周易繫辭上第七/(低十字)韓康伯注	同岳本	周易繫辞上第七/(低十一字)韓康伯注
卷七	尾題	"周易卷第七"及"經/注"①	周易卷第七	周易卷第七	纂圖互注周易卷之七	周易卷第七	同岳本	"周易卷第七"及經注字數
卷八	首題	周易繫辭下第八/(低五字半)韓康伯注	周易繫辭下第八/(低十二字)韓康伯注	周易繫辭卷第八(下空約二字)韓康伯注	纂圖互注周易繫辭下卷之八(下空二字)韓(空一字)康伯(空一字)注	周易繫辭下第八/(低九字)韓康伯注	同岳本	周易繫辞下卷第八/(低十一字)韓康伯注
卷八	尾題	周易卷第八	周易卷第八	周易卷第八	纂圖互注周易繫辭下卷之八	周易卷第八	同岳本	"周易卷第八"及經注字數
卷九 卷首	首題	周易說卦第九/(低五字半)韓康伯注	周易説卦第九/(低十二字)韓康伯注	周易説卦第九(下空三字半)韓康伯注	纂圖互注周易説卦卷之九(下空二字半)韓(空半字)康伯(空半字)注	周易説卦第九(下空四字)韓康伯注	同岳本	周易説卦卷第九/(低十一字)韓康伯注
卷九 子卷	篇名	周易序卦第十	周易序卦第十	周易序卦第十	周易序卦第十	周易序卦第十	同岳本	周易經序卦第十(下空一字)韓康伯注(小字)
卷九 子卷	篇名	周易雜卦第十一	周易雜卦第十一	周易雜卦第十一	周易雜卦第十一	周易雜卦第十一	同岳本	周易雜卦傳第十一
卷九 卷尾	尾題	周易卷第九	周易卷第九	周易卷第九	纂圖互注周易卷之九	周易卷第九	同岳本	"周易説卦第九(下空三字)序傳第十/雜卦第十一(小字)"及經注字數

---

① 撫本卷一至六卷尾皆記經注字數,抄補者蓋欲仿此舊式,而未進行實際計算,故僅存"經/注"二字,其下無具體數目。

表2　撫抄(卷十)與參校諸經注本題識對照表

卷次	卷題類目	撫抄	天禄本	建本	纂圖本	岳本	仿岳本	林家古本
卷十	《略例序》題	周易略例序/(低五字)唐四門助教邢(空一字)璹(空一字)注	周易略例并序/(低十字)唐四門助教邢(空四字)璹(空一字)注	周易略例并叙(下空二字)唐四門助教邢(空半字)璹(空一字)注	纂圖互注周易略例序(下空一字)唐四門助教邢璹(空半字)注	周易略例序/(低六字)唐四門助教邢(空一字)璹(空一字)注	同岳本	纂圖互注周易略例序/(低五字)唐四門助教刑璹(空二字)注
卷十	卷首題	周易略例卷第十/明象(下空九字)王弼	周易略例第十(下有雙行小注)/明象	周易略例第十(下有雙行小注及《釋文》)/明象(下空約八字)王弼注	周易略例第十(下有雙行小注及《釋文》)/明象	周易略例卷第十/明象(下空十字)王弼	同岳本	同纂圖本
卷十	卷尾題	(無)	周易卷第十	周易卷第十	(出以魚尾)○卷終	周易卷第十	同岳本	纂圖互注周易略例卷第十

由以上二表可知,參校諸本中無與撫抄於卷題文字及其書寫格式上完全相同者,然仍有極近似者:卷七至九,撫抄與天禄本相類,惟署韓氏注前低幾字略異;卷十,撫抄與岳本、仿岳本相類,惟卷末無尾題,蓋抄補者一時疏漏也。

比對完卷題,繼而當校以《易傳》之分章、分節。按經注本卷七至九包含《易傳》五篇:《繫辭上》《繫辭下》《說卦》《序卦》《雜卦》。《繫辭》篇幅長、內容多,既已分爲上、下二篇,古人乃又於篇內分章,最通行之法即孔穎達所分《上繫》十二章、《下繫》九章。《說卦》詳論八卦取象之事,條分縷析,眉目清朗,故古人亦爲之分節,仍多依孔氏分爲十八節。《序卦》依上下經卦序而敷陳其理,故往往爲學者隨上下經分爲二節。《雜卦》篇幅短小,故不再分節。上述分章、分節之法於寫經鏤版亦有外化體現,即以提行示之。然書手間有遺漏,或未盡依章節提行。比校此項,蓋亦可略窺撫抄與各參校本之關聯小大:

表3　撫抄與參校諸經注本章節提行情況對照表

【說明】一章或一節首句提行者,志以✓號;未提行而與上文連書者,志以×號;該句恰值換行而未能確定是否提行者,志以△號;一章或一節內再提行者,志以✓✓號;一章或一節首句未提行而章內反有提行者,志以×✓號。

篇名	章節	撫抄	天禄本	建本	纂圖本	岳本	仿岳本	林家古本
《繫辭上》	第一章	✓	✓	✓	✓	✓	✓	✓
	第二章	✓	✓	△	✓	✓	✓	×
	第三章	✓	✓	×	✓	✓	✓	△

續表

篇名	章節	撫抄	天禄本	建本	纂圖本	岳本	仿岳本	林家古本
《繫辭上》	第四章	✓	✓	✓	✓	✓	✓	✓
	第五章	✓	✓	✓	✓✓	✓	✓	×
	第六章	✓	✓	✓	✓	✓	✓	✓
	第七章	△	△	×	✓	✓	✓	✓
	第八章	✓	✓	✓	✓	△	△	✓
	第九章	✓	✓	×	✓	✓	✓	✓
	第十章	✓	✓	✓	✓	✓	✓	✓
	第十一章	✓	✓	×	✓	✓	✓	✓
	第十二章	✓	✓	×	✓	✓	✓	✓
《繫辭下》	第一章	✓	✓	✓	✓	✓	✓	✓
	第二章	×	×	✓	×	✓	✓	×
	第三章	×	×	✓	×	×	×	×
	第四章	×	×	×	×	✓	✓	×
	第五章	×	×	×	×	✓	✓	×
	第六章	✓	✓	×	✓	✓	✓	✓
	第七章	✓	✓	×✓	✓✓	✓✓	✓✓	×
	第八章	×	×	×✓	×✓	△	△	×
	第九章	✓	✓	×	✓	✓	✓	×
《說卦》	第一節	✓	✓	✓	✓	✓	✓	✓
	第二節	✓	✓	✓	✓	✓	✓	✓
	第三節	△	×	✓	✓	✓	✓	✓
	第四節	✓	✓	✓	✓	✓	✓	✓
	第五節	△	×	×	×	×	×	✓
	第六節	✓	✓	×	×	×	×	✓
	第七節	✓	✓	✓	✓	✓	✓	✓
	第八節	×	△	×	✓	✓	✓	✓
	第九節	△	△	×	✓	✓	✓	✓
	第十節	×	△	×	✓	✓	✓	✓
	第十一節	✓	✓	✓	✓	✓	✓	✓
	第十二節	✓	✓	✓	✓	✓	✓	✓
	第十三節	✓	✓	✓	✓	✓	✓	✓

續表

篇名	章節	撫抄	天禄本	建本	纂圖本	岳本	仿岳本	林家古本
《説卦》	第十四節	✓	✓	✓	✓	✓	✓	✓
	第十五節	✓	✓	✓	✓	✓	✓	✓
	第十六節	✓	△	✓	✓	✓	✓	✓
	第十七節	✓	✓	✓	✓	✓	✓	✓
	第十八節	✓	✓	✓	✓	✓	✓	✓
《序卦》	第一節	✓	✓	✓	✓	✓	✓	✓
	第二節	✓	✓	✓	✓	✓	✓	×

由上表進行統計，在41次涉及提行的情況中，撫抄與天禄本相同者爲36次，與建本相同者爲25次，與纂圖本相同者爲31次，與岳本、仿岳本相同者爲28次，與林家古本相同者爲27次，足見撫抄與天禄本於提行之式最爲近似，且二本不同之五次，皆是其中一本提行情況不能確定者，故實可忽略不計，而認定二本體式十分相類（卷七至九）。

然無論卷題抑或提行體式，皆屬外部證據，終不及校勘所得異文之有説服力。通校撫抄與參校諸本卷七至九、卷十兩部分，得《異文表》三附文後（卷七至九見表6，卷十《略例序》見表7，卷十《略例》見表8）①。

由表6可知，在卷七至九凡309條異文中，撫抄與參校諸本皆異者共23條（No.12、No.56、No.98、No.106、No.109、No.114、No.117、No.118、No.137、No.140、No.143、No.166、No.174、No.199、No.216、No.218、No.238、No.244、No.246、No.275、No.281、No.303、No.307），約占總數的7.44%。這部分異文多是由於抄寫之疏漏而造成的脱、譌、乙、異②，非撫抄特出於衆本者，或足見撫抄源流者。其中脱之例如《繫辭下》第二章"蓋取諸涣（原注：涣者，乘理以散動也）。服牛乘馬，引重致遠，以利天下，蓋取諸隨"，自"蓋取諸涣"之"涣"字以下至"蓋取諸隨"之"諸"字凡二十四字（傳文十六字，注文八字），撫抄并脱，餘各本均不脱（No.137）；又如《説卦》"動萬物者，莫疾乎雷。橈萬物者，莫疾乎風"，自"莫疾乎雷"之"雷"字以下至"莫疾乎風"之"乎"字凡八字，撫抄脱，餘各本不脱（No.244）；此皆因上下句式類同而誤奪數字。由此可見，撫抄蓋非影抄本。譌之例如《繫辭上》第十一章"是故《易》有大極，是生兩儀"注"夫有必始於无"，撫抄誤夫爲天，餘各本均不誤（No.109）；又如同一章"莫大乎蓍龜"，撫抄誤蓍爲著，餘各本均不誤（No.114）：此多因形近而譌。乙之例如《繫辭上》第十章"是故闔户謂之坤"，撫抄"謂之"二字乙爲"之謂"（No.106），雖亦可通，然下文"闢户謂之乾，一闔一闢謂之變，往來不窮謂之通。見乃謂之象，形乃謂之器，制而用之謂之法，利用出入，民咸用之，謂之神"皆作"謂之"，依文例則此不當異，故知撫抄倒

---

① 分三表者，以三表所列參校本之數量各異。陳本不附《略例》并序，故表7、8不復列入；十行本及監本雖有《略例》而無其序，故不列入表7。

② 此所謂"異"，特指異文中於文義可兩通者，非脱、譌、衍、倒之屬。

乙。異之例如《繫辭下》第七章"唯變所適"注"變動貴於適時"，惟撫抄"於"作"乎"（No. 199），按此處"於""乎"二字義皆可通；又如《繫辭下》第八章"周之盛德邪"，惟撫抄"邪"作"耶"（No. 216），按此處"邪"字爲句末語氣詞，音餘嗟反，故亦可作"耶"。由上舉諸例可知，撫抄與參校諸本皆異之 23 條異文多爲抄寫者無心之失，於判定撫抄所從出之源蓋無涉。

不計上述 23 條異文，就餘下 286 條異文統計撫抄（卷七至九）與參校諸本之"異文率"及"相似度"，得結果如下：

表 4　撫抄（卷七至九）與參校諸本的"異文率"及"相似度"一覽表

【說明】以陳本、元印十行本、文物局十行本、監本并非通校，故其實際的"異文率"必大於或等於統計結果，而實際的"相似度"必小於或等於統計結果。

	天祿本	建本	纂圖本	岳本	仿岳本	林家古本	陳本	元印十行本	文物局十行本	監本
異文條數	5	75	46	40	42	223	≥32	≥35	≥39	≥39
異文率（約）	1.75%	26.22%	16.08%	13.99%	14.69%	77.97%	≥11.19%	≥12.24%	≥13.64%	≥13.64%
相似度（約）	98.25%	73.78%	83.92%	86.01%	85.31%	22.03%	≤88.81%	≤87.76%	≤86.36%	≤86.36%

由上表可知，撫抄（卷七至九）與天祿本的"異文率"最低、"相似度"最高，二本僅有 5 條異文（No. 142、No. 159、No. 168、No. 170、No. 172）。分析這 5 條異文可以發現，除 No. 159 外，餘四條皆可歸入異體字範疇①；至於 No. 159，實際上是撫抄的譌字②，以文物局十行本亦譌，故難以歸入上述"與諸本皆異"的異文類型中。如此一來，撫抄與天祿本的"異文率"幾乎約等於 0，而"相似度"則近乎 100%。

尤其值得注意的是，僅見於天祿本而不見於他本的一些異文或譌誤亦爲撫抄所沿襲：《繫辭上》第三章"《易》與天地準"，惟撫抄與天祿本誤"天"爲"大"，餘各本均不誤（No. 26）；《繫辭下》第四章"子曰知幾"至"其知幾乎"注"於道不冥而有求焉"，惟撫抄與天祿本誤"冥"爲"宜"，餘各本均不誤（No. 163）；《繫辭下》第七章"如臨父母"下注"不可以息也"，惟撫抄與天祿本誤"息"爲"殆"，餘各本均不誤（No. 203）；《繫辭下》第八章"二多譽"注"二處中"，除撫抄及天祿本外，餘各本中下皆有"和"字（No. 210）；

---

① No. 142：《繫辭下》第二章"蓋取諸睽"，除撫抄、元印十行本、文物局十行本"睽"作"暌"外，餘本并作"睽"。按"暌"爲"睽"之後起異體字。No. 168、No. 170、No. 172：《繫辭下》第四章"《易》曰'不遠復，无祇悔，元吉'"及其注"免夫祇悔""祇，大也"，傳文"祇"字撫抄、監本作"祇"，注文"祇"字撫抄、文物局十行本、監本作"祇"，餘本并作"祇"。按"祇""祇"本爲二字，祇音巨支反，義爲"神祇"，引申有"大"義；祇音旨夷反，義爲"敬"。王弼注既釋其爲"大也"，則原當作"祇"可知，"无祇悔"即"無大悔"之義。不過，由於"祇""祇"二字僅有點畫之別，故於版刻中常涌用，在此類情形中仍當將其視作異體字。

② No. 159：《繫辭下》第四章"《易》曰屨校滅趾"，撫抄、文物局十行本"屨"誤"履"。按，儘管"屨""履"同義，然《繫辭》此處爲引用噬嗑卦初九之辭，彼文"屨"自漢熹平石經已如是（馬王堆漢墓帛書《周易》作句，與"屨"古音同在侯部見紐；阜陽雙古堆漢簡《周易》作"屨"，古音亦屬侯部；是"句""屨"與"屨"音近可通，而與"履"之古音（脂部來紐）則相去甚遠，以此側面證明原當作"屨"）；即就《繫辭》本文而論，馬王堆帛書《繫辭》作"構"（侯部見紐），"構"亦與"屨"音近，與"履"音遠。唐石經作"屨"，皆可證"屨"是而"履"非。

《序卦》"家道窮必乖"注"唯嚴與敬",惟撫抄與天禄本誤"唯"爲"雖",餘各本均不誤(No. 272);《序卦》"革物者"至"故受之以鼎"注"鼎所以和齊生物",惟撫抄與天禄本"齊"作"濟"(No. 279);《雜卦》"比樂師憂"注"親比則樂",惟撫抄與天禄本誤"親"爲"雜",餘各本均不誤(No. 289);《雜卦》"井通而困相遇也"注"困,安所遇而不濫也",除撫抄及天禄本外,餘各本"安"下皆有"於"字(No. 299)。這些例子更充分而有力地證明了撫抄(卷七至九)所據底本即天禄本。這也與上文通過考察卷題、行款所得之結果吻合。

前文曾提到,撫抄有兩種書體,當非一人所書。經校勘,始知二體之下隱藏其源出二本之實。由表7、8可知,撫抄(卷十)與諸本皆異之異文凡20條(No. 6、No. 20、No. 22、No. 23、No. 38、No. 43、No. 44、No. 46、No. 49、No. 57、No. 58、No. 62、No. 82、No. 83、No. 107、No. 109、No. 113、No. 114、No. 118、No. 119),占總數172條的約11.63%。此比例看似較高,然細察各條異文,亦多爲抄寫時疏忽而導致的脱、譌、衍、倒、異。脱之例如《略例·明象》"忘象以求其意",惟撫抄脱"忘"字,餘各本均不脱(No. 114)。譌之例如《略例·明象》"夫動不能制動"至"貞夫一者也"注"動是衆,衆由一制也",惟撫抄誤"制"爲"致"(No. 6);又如《略例·明爻通變》"同舟而濟,則胡越何患乎異心"及其注"猶若胡越",惟撫抄誤"胡"爲"吳"(No. 49):此蓋由"一致""吳越"等辭連言習見,故誤耳。衍之例如《略例·明象》"縱復或值"至"之由也"注"遺健順則空説龍馬",撫抄則下衍"則"字(No. 113)。倒之例如《略例·明卦適變通爻》"故卦以反對而爻亦皆變"注"爻變亦準也",撫抄"變亦"二字乙爲"亦變"(No. 58)①,蓋不解文義而致誤。異之例如《略例·明卦適變通爻》"辟險尚遠",惟撫抄"辟"作"避"(No. 82),按此處"辟""避"可視爲古今字,其義則一。綜觀以上諸例,知此類異文與判斷撫抄所從出之源多無涉。

不計上述20條異文,就餘下152條異文統計撫抄(卷十)與參校諸本之"異文率"及"相似度",得結果如下:

表5 撫抄(卷十)與參校諸本的"異文率"及"相似度"一覽表

【説明】十行本及監本無《略例序》,故其統計總數爲148條,與經注本統計總數152條有別。又,陳本、十行本、監本并非通校,故其實際的"異文率"必大於或等於統計結果,而實際的"相似度"必小於或等於統計結果。

	天禄本	建本	纂圖本	岳本	仿岳本	林家古本	元印十行本	文物局十行本	監本
異文條數	52	60	51	4	2	117	42	56	50
異文率(約)	34.21%	39.47%	33.55%	2.63%	1.32%	76.97%	≥28.38	≥37.84%	≥33.78%
相似度(約)	65.79%	60.53%	66.45%	97.37%	98.68%	23.03%	≤71.62%	≤62.16%	≤66.22%

由上表可知,撫抄(卷十)與仿岳本的"異文率"最低、"相似度"最高,二本僅有2

---

① 十行本"爻變亦準也"句作"爻變示唯也","示""唯"乃"亦""準"形近之譌;監本以十行本此句不通,故改爲"爻變亦應也",稍近原文。然皆可從側面證明撫抄"變亦"二字誤乙。

條異文(No. 84、No. 87),且這 2 條異文均可歸入異體字範疇①。因此撫抄卷十出於仿岳本的概率近乎 100%。這也與前文通過卷題的比對所得出的結論相呼應。

或曰,仿岳本既翻刻自岳本,而岳本與撫抄亦呈現出"低異文率"及"高相似度"之特徵,何以遽斷定撫抄出自仿岳本而非岳本?按卷十中岳本與仿岳本存在兩處異文:一是《略例序》"是以孔子三絕",除撫抄及仿岳本外,餘各本"子"均作"丘"(岳本亦如是);二是《略例下·卦略》睽卦卦象☲☱(兑下離上),惟岳本卦象誤作☰☱(兑下乾上),餘各本皆不誤。是撫抄既有仿岳本僅見之異文,又未襲岳本之誤,故知其出自仿岳本而非岳本。

僅就《略例》的情況看來,經注本間的區別具有系統性。岳本(翻自世綵堂本)、仿岳本較之天禄本、建本、纂圖本、林家古本(抄自纂圖本)這些早期版本而言,删削了數處注文,訂正了不少明顯的譌誤,如《略例》篇題下注文"略例者,舉釋綱目之名,統明大理之稱。略,不具也;例,舉并也。然以先儒注《易》二十餘家,雖小有異同,而迭相祖述。雖比王氏所見特殊,故作《略例》二篇,以辯諸家之惑,錯綜文理,具録之也"凡七十一字,天禄本、建本、纂圖本、林家古本并存(惟文字稍有異同),而岳本、仿岳本則刊去;又如《略例·明爻通變》"是故卦以存時,爻以示變"下注文"卦以存時,爻以應變"八字,天禄本、建本、纂圖本、林家古本并存,而岳本、仿岳本則删省,蓋以此注與正文實相差無幾,徒留無益;又如《略例·明卦適變通爻》"故觀變動者存乎應,察安危者存乎位"注"有應而動",天禄本、建本、纂圖本、林家古本皆誤倒爲"而有應動",岳本、仿岳本乃訂正之;等等。蓋此等校訂工作,廖瑩中世綵堂本已始其事,而岳本因襲之,故與天禄本之屬劃然有别。

三、藏書家間的文獻往還

前文通過對撫抄與參校諸本進行行款、體式及異文等方面的全面比校及分析,已能得出較爲確鑿的結論,即:撫抄卷七至九所據底本爲天禄本,而卷十所據底本則爲仿岳本,撫抄并非影抄本。然則其抄於何時?又爲何人所抄補?何以需據二本?

上文已揭,撫本曾經文徵明、華復初遞藏,而天禄本爲王世貞舊藏,三氏實大有淵源。按文待詔與華氏父子(華雲、華復初)過從甚密,常爲華氏座上客②,且嘗爲華氏祖居緑筠窩作圖③,彼此甚相得。然則文衡山所藏撫本之歸於華氏,亦情理中事。華

---

① No. 84:《略例·明卦適變通爻》"比、復好先,乾、壯惡首"注"无祇悔",除撫抄、建本、林家古本外,餘各本"祇"皆作"祇"。按,此處祇、祇可視作異體字(詳前注)。No. 87:《略例·明卦適變通爻》"明夷務闇,豐尚光大"注"豐繇云",撫抄、岳本、仿岳本、林家古本、監本"繇"作"繇"。按,當"繇"作"卦兆之辭"解時音直又反,或於其字沾一"卜"旁以明其義,故"繇""繇"可視爲古今字。

② 王世貞《華補菴先生詩集序》云:"若文徵仲父子、祝希哲、陳復甫、許元復、陸叔平、彭孔嘉、周公瑕、袁魯望之屬,有屈年而與先交者,有屈先生年而與交者,下上揚挖,無時不過從。"(《弇州山人四部續稿》卷五四,《景印文淵閣四庫全書》第 1282 册,第 712 頁)又,《少岳華司諭先生七十序》云:"公(引者案:指華雲)好客,先生(引者案:指華復初)則亦好客,客若文待詔父子、彭孔嘉、陳復甫、周公瑕、袁魯望輩。"(《弇州山人四部續稿》卷三八,第 504 頁)

③ 王世貞《緑筠窩卷歌序》云:"永樂間無錫華翁有緑筠窩……後失之火,翁五世孫補菴先生復創窩竹間,衡山太史爲續圖,仍有諸體書諸君詩於後。"(《弇州山人四部稿》卷一九,第 247 頁)

雲,字從龍,號補庵;其長子華復初,字明伯,號少岳。父子皆"性好書"①,故"家藏書甚富"②。王世貞之父王忬與華雲爲同年③,世貞少時即以"通家子"獲從補庵公游④,而"弱冠時侍先生(華雲)坐,見目以小友"⑤。由於年齒之關係,世貞與華復初交往更多⑥,自謂"余雖從秋官公(華雲)游,第游先生(華復初)之日長"⑦,更"以愛女女先生少子"⑧,故"知先生最深"⑨。是華、王二氏之交不可謂不深摯。

華氏父子雖爲文學書畫之士,亦頗於古籍之蒐藏、讎校處用力。朱孟震言華復初"少有才名,克嗣其家學,取藏書一一校讎之"⑩。王世貞亦言華雲每以作文及讎校事屬其子復初,而"靡不當公意"⑪。又,世貞嘗記其與華明伯之文獻往還事一云:

> 始余得佛氏經一藏於華明伯所,闕百之二,乞善書者補之,爲茲閣以奉,扁之曰"藏經"。可十載而得道經一藏於沈氏子所,亦闕百之一,其補書亦如之,附奉閣之右室(闕)。⑫

足見二氏常互通文獻有無,如遇書闕則"乞善書者補之"。由是可以推測,華氏得自玉蘭堂之撫本蓋僅存卷一至六,以其闕,明伯遂借抄世貞所藏宋刻佳本(天祿本),補足之。然或以《周易略例》非經非傳,故不抄附。以此僅配成九卷,與清初季振宜書目所錄"《周易》九卷"正合⑬。至於《略例》之抄配,則當在乾隆四十八年(1783)武英殿仿刻岳本問世、流傳以後,由其時收藏撫本者據仿岳本抄補之。是以諸家著錄所謂撫本"卷七至十配清影宋鈔"之説實誤,當謂"卷七至九配明抄宋本⑭,卷十配清抄仿岳本"。

附錄異文表

【説明】凡常見異體字、繁簡字、通假字、版刻譌字及日系抄本規律性特殊用字等(如總/揔/縂/惣/捴、聰/聰、歛/斂、疏/疎/疎、跡/跡、无/無、末/未、棄/弃、歸/帰/飯)皆不出校。

表6 撫抄(卷七至九)與參校諸本異文表

	撫抄	天祿本	建本	纂圖本	岳本	仿岳本	林家古本	陳本	元印十行本	文物局十行本	監本
1	(注)以定乾坤之體	同	同	同	同	同	體下有也字	同	同	同	同

---

① ④ ⑪ 王世貞《少岳華司諭先生七十序》,《弇州山人四部續稿》卷三八,第504頁。

② (明)朱孟震:《河上楮談》卷三,影印中國國家圖書館藏明萬曆刻《朱秉器全集》本,《四庫全書存目叢書》子部一〇四,濟南:齊魯書社,1995年,第651頁。

③ 王世貞《華補庵先生詩集序》云:"余之先人大司馬公同先生舉於辛丑。"(《弇州山人四部續稿》卷五四,第712頁)

⑤ 王世貞《華補庵先生詩集序》,《弇州山人四部續稿》卷五四,第712頁。

⑥ 王世貞少於華明伯十五年(見《祭華明伯廣文文》,《弇州山人四部續稿》卷一五三,《景印文淵閣四庫全書》第1284冊,第223頁)。

⑦⑧⑨ 王世貞《少岳華司諭先生七十序》,《弇州山人四部續稿》卷三八,第505頁。

⑩ 《河上楮談》卷三,第651頁。

⑫ 《弇州山人四部續稿》卷六二,第808頁。

⑬ 《季滄葦藏書目》,第605頁。

⑭ 卷七至九爲明人抄寫之證據還體現在,多見明版書文字之異體寫法,如類作頬、顋、肯作肎,脊作脊,瘠作瘠(偏旁月、目混用),等等。

續表

	撫抄	天禄本	建本	纂圖本	岳本	仿岳本	林家古本	陳本	元印十行本	文物局十行本	監本
2	（注）則剛柔之分著矣	同	同	同	同	同	無則字	同	同	同	同
3	（注）乖其所趣則凶	同	同	同	同	同	趣作起	趣作趍	同	同	同
4	（注）象況日月星辰	同	同	同	同	同	況作謂	同	同	同	同
5	（注）縣象運轉	同	同	縣作懸	縣作懸	縣作懸	同	同	縣作懸	縣作懸	縣作懸
6	（注）以成昏明	同	同	同	同	同	以上有而字	同	同	同	同
7	（注）言運化之推移	同	同	同	同	同	移下有也字	同	同	同	同
8	（注）故曰易簡	同	同	同	同	同	簡下有也字	同	同	同	同
9	（注）故曰有功	同	同	同	同	同	功下有也字	同	同	同	同
10	可大則賢人之業（注）天地易簡，萬物各載其形。聖人不爲,群方各遂其業	同	同	同	同	同	無正文并注凡二十七字，後以小字抄補於旁	同	同	同	同
11	（注）故以賢人目其德業	同	同	目作名	同	同	業下有也字	目作名	同	同	同
12	（注）極易簡則通天下之理	則下有能字	則下有能字	則下有能字	則下有能字	則下有能字	則下有能字	則下有能字	則下有能字	則下有能字	則下有能字
13	（注）故能成象并乎天地	同	同	同	同	同	地下有也字	同	同	同	同
14	（注）夜則陰柔	同	同	同	同	同	柔下有也字	同	同	同	同
15	（注）辨變化之小大	同	同	辨似作卞	同	同	同	辨作辯	同	同	辨作辯
16	（注）序,《易》象之次序	同	同	同	同	同	上序字下有者字,下序字下有也字	同	同	同	同
17	是以"自天祐之,吉无不利"	同	同	同	同	同	利下有也字	同	同	同	同

續表

	撫抄	天祿本	建本	纂圖本	岳本	仿岳本	林家古本	陳本	元印十行本	文物局十行本	監本
18	（注）彖總一卦之義也	同	也作者	同	同	同	同	同	同	同	同
19	（注）齊猶言辯也	同	猶作由	同	同	同	辯作辨	同	辯作辨	辯作辨	同
20	辯吉凶者存乎辭	同	同	同	同	同	辯作辨	同	同	同	同
21	（注）吉凶悔吝小疵无咎	同	同	疵字無法辨認，似非疵字	同	同	同	同	同	同	同
22	（注）故動而无咎存乎其悔過也	同	同	無其字	無其字	無其字	無其字	無其字，過作道	無其字	無其字	無其字
23	是故卦有小大，辭有險易	同	同	同	同	同	辭上有而字	同	同	同	同
24	（注）之否則其辭險	同	同	同	同	同	險下有也字	同	同	同	同
25	辭也者，各指其所之	同	同	同	同	同	無者字	同	同	同	同
26	《易》與大地準	同	大作天	大作天	大作天	大作天	大作天	大作天	大作天	大作天	大作天
27	（注）作《易》以準天地	同	同	同	同	同	地下有也字	同	同	同	同
28	（注）死生者，始終之數也	同	同	同	同	同	無也字	同	同	同	同
29	（注）而游魂爲變也	同	同	無而字	無而字	無而字	同	同	同	同	同
30	（注）无幽而不通也	同	同	同	同	同	而作西	同	同	同	同
31	安土敦乎仁，故能愛	同	故作莫	同	同	同	同	同	同	同	同
32	（注）則仁功贍矣	同	同	同	同	同	矣作也	同	同	同	同
33	（注）不係一方者也	同	同	同	同	同	係作繫	同	同	同	同
34	（注）則物宜得矣	同	同	同	同	同	宜得作得宜	同	同	同	同
35	（注）方體者，皆係於形器者也	同	同	於作乎	於作乎	於作乎	係作繫	同	同	同	同

續表

	撫抄	天祿本	建本	纂圖本	岳本	仿岳本	林家古本	陳本	元印十行本	文物局十行本	監本
36	（注）不可以一方一體明	同	同	同	同	同	明下有也字	同	同	同	同
37	（注）不可為象	同	不可作而道	同	同	同	同	同	同	同	同
38	（注）因神以明道	同	同	同	同	同	道下有也字	同	同	同	同
39	繼之者善也	同	繼作斷	同	同	同	同	同	同	同	同
40	（注）知者資道	同	同	資字難以辨認，似非資字	同	同	同	同	同	同	同
41	（注）以見其知	同	知作智	同	同	同	同	同	同	同	同
42	（注）各盡其分	同	同	同	同	同	分下有也字	同	同	同	同
43	百姓日用而不知	同	同	同	同	同	知下有也字	同	同	同	同
44	（注）衣被萬物	同	被作披	同	同	同	同	同	同	同	同
45	（注）故曰藏諸用	同	同	用下有也字	用下有也字	用下有也字	用下有也字	用下有也字	同	同	同
46	（注）則有經營之功也	同	同	功作跡	功作跡	功作跡	功作跡	功作亦	功作跡	功作跡	功作跡
47	（注）盛德大業所以能至	同	同	同	同	同	至下有也字	同	同	同	同
48	（注）故曰富有	同	同	同	同	同	有下有也字	同	同	同	同
49	（注）體化合變	同	合作居	同	同	同	同	同	同	同	同
50	（注）故曰日新	同	同	同	同	同	新下有也字	同	同	同	同
51	（注）以成化生	同	同	同	同	同	生下有也字	同	同	同	同
52	（注）擬乾之象	同	同	同	同	同	象下有也字	同	同	同	同
53	（注）效坤之法	同	同	同	同	同	法下有也字	同	同	同	同
54	（注）故曰陰陽不測	同	測作則	同	同	同	同	同	同	同	同

续表

	撫抄	天禄本	建本	纂圖本	岳本	仿岳本	林家古本	陳本	元印十行本	文物局十行本	監本
55	（注）是以明兩儀以大極爲始	同	同	大作太	大作太	同	大作太	同	同	大作太	大作太
56	（注）變化而稱極乎神也	變上有言字	變上有言字	變上有言字	變上有言字	變上有言字	變上有言字	變上有言字	變上有言字	變上有言字	變上有言字
57	（注）由神而冥於神者也	同	同	無者字	無者字	無者字	同	無者字	無者字	無者字	同
58	夫《易》廣矣大矣	同	同	同	同	同	上矣字作乎	同	同	同	同
59	（注）則近而當	同	同	同	同	同	當下有也字	同	同	同	同
60	（注）動則闢開以生物也	同	同	同	同	同	闢開作開闢	同	同	闢作闢	同
61	（注）坤以禽闢言乎其形	同	同	同	同	同	形下有也字	同	同	同	同
62	（注）配此四義	同	同	同	同	同	義下有也字	同	同	同	同
63	子曰《易》其至矣乎	同	同	同	同	同	無乎字	同	同	同	同
64	（注）禮以卑爲用	同	同	同	同	同	用下有也字	同	同	同	同
65	（注）典禮，適時之所用	同	同	同	同	同	用下有也字	同	同	同	同
66	（注）惡之則逆於順	同	則作作	同	同	同	同	同	同	同	同
67	（注）錯之則乖於理	同	同	同	同	同	理下有也字	同	同	同	同
68	擬議以成其變化	同	同	同	同	同	無其字	同	同	同	同
69	（注）則盡變化之道	同	同	同	同	同	道下有也字	同	同	同	同
70	吾與爾靡之	同	靡作縻	同	同	同	同	同	同	同	同
71	（注）脩誠則物應	同	誠作成	同	同	同	同	同	同	同	同
72	（注）出言户庭，千里或應	同	同	同	同	同	應下有之字	同	同	同	同
73	（注）定失得者慎於樞機	同	同	失得作得失	同	同	失得作得失	同	同	同	同

續表

	撫抄	天禄本	建本	纂圖本	岳本	仿岳本	林家古本	陳本	元印十行本	文物局十行本	監本
74	則千里之外應之,況其邇者乎	同	同	同	同	同	無其字	同	同	同	同
75	(注)豈係乎一方哉	同	同	同	同	同	係作繫	同	同	同	同
76	(注)君子出處默語	同	默語作語默	同	同	同	同	同	同	同	同
77	(注)道同則應	同	同	同	同	同	應下有也字	同	同	同	同
78	(注)則其一不用也	同	一似作二	同	同	同	也上有者字	同	同	同	同
79	(注)斯《易》之大極也	同	同	同	同	同	大作太	同	大作太	大作太	大作太
80	(注)必因於有	同	因作困	同	同	同	同	同	同	同	同
81	(注)不足復揲者也	同	同	同	同	同	無復字	同	同	同	同
82	(注)凡閏	同	同	閏下有者字	閏下有者字	閏下有者字	閏下有者字	閏下有者字	同	同	同
83	(注)以合成金木水火土	同	同	同	同	同	土下有也字	同	同	同	同
84	(注)五耦合爲三十	同	同	同	同	同	十下有也字	同	同	同	同
85	(注)鬼神以此行	同	同	同	同	同	行下有也字	同	同	同	同
86	(注)六爻二百一十六策	同	同	同	同	同	策下有也字	同	同	同	同
87	(注)六爻一百四十四策	同	同	無一字	無一字	無一字	無一字,策下有也字	無一字	無一字	無一字	無一字
88	(注)伸之,六十四卦	同	同	同	同	同	卦下有也字	同	同	同	同
89	(注)由神以成其用	同	同	同	同	同	用下有也字	同	同	同	同
90	(注)可與應對萬物之求	同	同	與作以	與作以	與作以	與作以	與作以	與作以	與作以	與作以
91	(注)則知神之所爲	同	同	同	同	同	爲下有乎字	同	同	同	同
92	(注)可得而用也	同	同	同	同	同	也上有者字	同	同	同	同

	撫抄	天禄本	建本	纂圖本	岳本	仿岳本	林家古本	陳本	元印十行本	文物局十行本	監本
93	非天下之至精，其孰能與於此	同	無於字	同	同	同	同	同	同	同	同
94	非天下之至變	同	無之字	同	同	同	同	同	同	同	同
95	（注）象數所由立	同	同	同	同	同	數作類	同	同	同	同
96	夫《易》，聖人之所以極深而研幾也	同	無之字	同	同	同	易下有者字	同	同	同	同
97	（注）故曰聖人之道	同	同	同	同	同	道下有也字	同	同	同	同
98	（注）成天下之志	志作務	志作務	志作務	志作務	志作務	志作務	志作務	志作務	志作務	志作務
99	（注）以告吉凶	同	同	同	同	同	凶下有也字	同	同	同	告下有人字
100	（注）洗濯萬物之心	同	同	同	同	同	心下有也字	同	同	同	同
101	（注）萬物日用而不能知其原	同	同	同	同	同	原作深	同	同	同	同
102	其孰能與此哉	同	與下有於字	與下有於字	與下有於字	與下有於字	與下有於字	同	同	同	與下有於字
103	古之聰明叡知神武而不殺者夫	同	同	同	同	同	叡作睿	同	同	同	同
104	（注）服萬物而不以威刑也	同	同	同	同	同	也上有者字	同	刑作形	刑作形	同
105	聖人以此齊戒	同	同	同	同	同	齊作齋	同	同	同	同
106	是故闔戶之謂坤	之謂作謂之	之謂作謂之	之謂作謂之	之謂作謂之	之謂作謂之	之謂作謂之	之謂作謂之	之謂作謂之	之謂作謂之	之謂作謂之
107	（注）坤道包物	同	同	同	同	同	物下有也字	同	同	同	同
108	（注）乾道施生	同	同	同	同	同	生下有也字	同	同	同	同
109	（注）天有必始於无	天作夫	天作夫	天作夫	天作夫	天作夫	天作夫	天作夫	天作夫	天作夫	天作夫

續表

	撫抄	天禄本	建本	纂圖本	岳本	仿岳本	林家古本	陳本	元印十行本	文物局十行本	監本
110	(注)則吉凶可定	同	無則字	同	同	同	定下有也字	同	同	同	同
111	(注)則廣大悉備	同	同	同	同	同	備下有也字	同	同	同	同
112	縣象著明	同	縣作懸	同	同	同	同	同	同	同	同
113	(注)位所以一天下之動而濟萬物	同	同	同	同	同	物下有也字	同	同	同	同
114	莫大乎蓍龜	著作蓍	著作蓍	著作蓍	著作蓍	著作蓍	著作蓍	著作蓍	著作蓍	著作蓍	著作蓍
115	《易》曰"自天祐之，吉无不利"	同	同	同	同	同	利下有也字	同	同	同	同
116	(注)通則久	同	久下有也字	同	同	同	同	同	同	同	同
117	乾坤其《易》之緼耶	緼作縕,耶作邪	緼作縕,耶作邪	緼作縕,耶作邪	緼作縕,耶作邪	緼作縕,耶作邪	緼作縕,耶作邪	緼作縕,耶作邪	緼作縕,耶作邪	緼作縕,耶作邪	緼作縕,耶作邪
118	(注)緼,淵奧也	緼作縕	緼作縕	緼作縕	緼作縕	緼作縕	緼作縕	緼作縕	緼作縕	緼作縕	緼作縕
119	(注)故舉而錯之於民	同	同	同	同	同	民下有也字	同	同	同	同
120	是故夫象,聖人有以見天下之賾	同	同	同	同	同	之下有至字	同	同	同	同
121	(注)故存乎其人	同	同	同	同	同	人下有也字	同	同	同	同
122	(注)順足於内	同	同	同	同	同	内下有也字	同	同	同	同
123	(注)或否或泰	同	同	同	同	同	泰下有也字	同	同	同	同
124	(注)況之六爻動以適時者也	同	同	同	同	同	六爻下重六爻	同	同	同	同
125	(注)有變動而後有吉凶	同	同	同	同	同	凶下有也字	同	同	同	同
126	(注)殉吉則未離乎凶	同	未作朱	同	同	同	同	同	同	同	同

續表

	撫抄	天祿本	建本	纂圖本	岳本	仿岳本	林家古本	陳本	元印十行本	文物局十行本	監本
127	（注）莫大乎位	同	同	同	同	同	乎作於	同	同	同	同
128	（注）故曰聖人之大寶曰位	同	同	同	同	同	位下有也字	同	同	同	同
129	（注）財所以資物生也	同	同	同	同	同	也上有者字	同	同	同	同
130	（注）无微不究	同	同	微作細	同	同	微作細	同	同	同	同
131	（注）細則觀鳥獸之文與地之宜也	同	同	同	同	宜作直	同	同	同	同	同
132	（注）魚麗于水	同	同	同	于作於	于作於	同	同	同	同	同
133	（注）獸麗于山也	同	無也字	同	同	同	同	同	同	同	同
134	揉木爲耒	同	同	同	同	同	揉作楺	同	同	同	同
135	（注）以益萬物	同	同	同	同	同	物下有者也二字	同	同	同	同
136	（注）不懈倦也	同	同	同	同	同	不上有而字	同	懈作解	懈作解	懈作解
137	脱正文"渙服牛乘馬引重致遠以利天下蓋取諸"及注文"渙者乘理以散動也"（在正文渙字下）凡二十四字	不脱	不脱	不脱	不脱	不脱（注文也字上有者字）	不脱	不脱	不脱（注文動字作通）	不脱（注文動字作通）	不脱（注文動字作通）
138	（注）各得其宜也	同	無也字	同	同	同	也上有者字	同	同	同	同
139	重門擊柝	同	同	同	同	同	柝作拆	同	同	同	同
140	以待賓客	賓作暴	賓作暴	賓作暴	賓作暴	賓作暴	賓作暴	賓作暴	賓作暴	賓作暴	賓作暴
141	（注）取其備豫	同	同	備豫作豫備	同	同	備豫作豫備	同	備豫作豫備	備豫作豫備	備豫作豫備
142	蓋取諸暌	暌作睽	暌作睽	暌作睽	暌作睽	暌作睽	暌作睽	暌作睽	同	同	暌作睽

續表

	撫抄	天祿本	建本	纂圖本	岳本	仿岳本	林家古本	陳本	元印十行本	文物局十行本	監本
143	後之聖人易之以棺槨	上之字作世，槨作椁	上之字作世，槨作椁	上之字作世，槨作椁	上之字作世，槨作椁	上之字作世，槨作椁	上之字作世，槨作椁	上之字作世，槨作椁	上之字作世，槨作椁	上之字作世，槨作椁	上之字作世
144	（注）取其過厚	同	同	同	同	同	厚下有也字	同	同	同	同
145	（注）以統卦義也	同	同	同	同	同	也上有者字	同	同	同	同
146	（注）故耦爲之主	同	同	同	同	同	主下有也字	同	同	同	同
147	（注）臣以有事代終	同	事下有則字	同	同	同	同	同	同	同	同
148	（注）故陽卦曰君子之道	同	道下有也字	同	同	同	同	同	同	同	同
149	（注）不思而至	同	至下有也字	同	同	同	至下有矣字	同	同	同	同
150	（注）不慮而盡矣	同	同	同	同	同	矣下有也字	同	同	同	同
151	以求信也	同	同	信作伸	同	同	同	同	同	同	同
152	（注）感而遂通	同	同	同	同	同	通下有者也二字	同	同	同	同
153	（注）理必由乎其宗	同	同	同	同	同	宗作崇	同	同	同	同
154	（注）忘其安身以殉功美	同	同	殉作徇	殉作徇	殉作徇	殉作徇	同	同	同	同
155	《易》曰困于石	同	同	同	同	同	困作困	同	同	同	同
156	君子藏器於身	同	同	同	同	同	於作于	同	同	同	同
157	語成器而動者也	同	而下有後字	同	同	同	而下有後字	同	同	同	同
158	小人不恥不仁	同	恥作耻	同	同	同	恥作耻	同	同	同	同
159	《易》曰履校滅趾	履作屨	履作屨	履作屨	履作屨	履作屨	履作屨	履作屨	履作屨	同	履作屨
160	治而不忘亂	同	忘作亡	同	同	同	同	同	同	同	同
161	繫于苞桑	同	苞作包	同	同	同	同	同	同	同	同
162	力少而任重	同	同	同	少作小	少作小	同	同	同	少作小	少作小

續表

	撫抄	天禄本	建本	纂圖本	岳本	仿岳本	林家古本	陳本	元印十行本	文物局十行本	監本
163	（注）於道不宜而有求焉	同	宜作冥	宜作冥	宜作冥	宜作冥	宜作冥	宜作冥	宜作冥	宜作冥	宜作冥
164	（注）未免乎瀆也	同	同	同	同	同	無乎字	同	同	同	同
165	（注）故能朗然玄照	同	朗作郎	同	同	同	同	同	照作昭	照作昭	照作昭
166	萬物之望	物作夫	物作夫	物作夫	物作夫	物作夫	物作夫	物作夫	物作夫	物作夫	物作夫
167	（注）此知幾其神乎	同	同	同	同	同	乎作者也	同	同	同	同
168	《易》曰"不遠復，无祇悔，元吉"	祇作祗	祇作祗	祇作祗	祇作祗	祇作祗	祇作祗	祇作祗	祇作祗	祇作祗	同
169	（注）吉凶者，失得之象也	同	失得作得失	同	同	同	同	同	同	同	同
170	（注）免夫祇悔	祇作祗	祇作祗	祇作祗	祇作祗	祇作祗	免上有吉字，祇作祗	祇作祗	祇作祗	同	同
171	（注）而終獲元吉	同	同	同	同	同	吉下有也字	同	同	同	同
172	（注）祇，大也	祇作祗	祇作祗	祇作祗	祇作祗	祇作祗	祇作祗	祇作祗	祇作祗	同	同
173	男女構精，萬物化生	同	同	同	同	同	萬上有而字	同	同	同	同
174	則得其交	交作友	交作友	交作友	交作友	交作友	交作友	交作友	交作友	交作友	交作友
175	（注）則衆之所不迕也	同	迕作忤	同	同	同	迕作逆	同	同	同	同
176	（注）不相逾越	同	同	同	同	同	越下有也字	同	同	同	同
177	（注）況爻繇之辭也	同	同	同	繇作繇	繇作繇	繇作繇	同	同	同	繇作繇
178	（注）世衰則失得彌彰	同	同	則作而	同	同	則上有而字，彰下有也字	同	同	同	同
179	（注）爻繇之辭，所以辨失得	同	同	同	繇作繇	繇作繇	繇作繇	辨作辯	同	辨作明	繇作繇，辨作明
180	（注）无來不察	同	察作祭	同	同	同	同	同	同	同	同

續表

	撫抄	天祿本	建本	纂圖本	岳本	仿岳本	林家古本	陳本	元印十行本	文物局十行本	監本
181	辨物正言	同	辨作辯	同	同	同	同	辨作辯	同	同	同
182	（注）使各當其名也	同	同	同	同	同	使下有物字	同	同	同	同
183	（注）理類辨明	同	辨作辯	同	同	同	同	辨作辯	同	同	同
184	（注）因小以喻大	同	同	同	同	同	大下有也字	同	同	同	同
185	其事肆而隱	同	同	同	同	同	肆作報	同	同	同	同
186	（注）貳則失得也	同	同	同	同	同	貳作二	同	同	同	同
187	（注）失得之報者	同	同	無此五字	同	同	同	同	同	同	同
188	（注）乖其理則凶	同	同	同	同	同	凶下有也字	同	同	同	同
189	困，德之辯也	同	同	同	同	同	辯作辨	同	同	辯作辨	辯作辨
190	復，小而辨於物	同	辨作辯	同	同	同	同	同	同	同	同
191	（注）微而辨之	同	辨作辯	同	同	同	同	同	同	同	同
192	（注）不遠復也	同	同	同	同	同	也上有者字	同	同	同	同
193	（注）是以能恒	同	同	同	同	同	恒下有也字	同	同	同	同
194	（注）因物興務	同	同	同	同	同	因作困	同	同	同	同
195	（注）井所居不移而能遷其施也	同	也上有者字	同	同	同	同	同	同	同	同
196	（注）而百姓不知其由也	同	同	同	同	同	其下有所字	同	同	同	同
197	（注）无怨於物	同	同	同	同	同	物下有也字	同	同	同	同
198	井以辯義	同	同	同	同	辯作辨	辯作辨	辯作辨	同	同	辯作辨
199	（注）變動貴乎適時	乎作於	乎作於	乎作於	乎作於	乎作於	乎作於	乎作於	乎作於	乎作於	乎作於
200	（注）趣舍存乎會也	同	同	同	同	同	乎下有其字	同	同	同	同

續表

	撫抄	天禄本	建本	纂圖本	岳本	仿岳本	林家古本	陳本	元印十行本	文物局十行本	監本
201	（注）外内猶隱顯	同	同	同	同	同	顯下有也字	同	猶作尤	猶作尤	同
202	（注）此外内之戒也	同	外内作内外，也上有者字	同	同	同	同	同	同	同	同
203	（注）不可以殆也	同	殆作怠	殆作怠	殆作怠	殆作怠	殆作怠	殆作怠	殆作怠	殆作怠	殆作怠
204	（注）道不虛行	同	同	同	同	同	行下有也字	同	同	同	同
205	原始要終	同	同	同	同	同	終作絡	同	同	同	同
206	卒成之終	同	同	同	同	同	終作絡	同	同	同	同
207	（注）故易知也	同	也上有者字	同	同	同	同	同	同	同	同
208	辯是與非	同	同	同	同	同	辯作辨	同	同	同	辯作辨
209	（注）而一以貫之	同	同	同	同	同	之下有者也二字	同	同	同	同
210	（注）二處中	同	中下有和字	中下有和字	中下有和字	中下有和字	中下有和字	中下有和字	中下有和字	中下有和字	中下有和字
211	（注）須援而濟	同	同	同	同	同	須作預	同	同	同	同
212	（注）閑邪存誠	同	同	存下有其字	存下有其字	存下有其字	同	同	同	同	同
213	六者非它也	同	同	同	同	同	它作他	同	同	同	同
214	（注）故曰爻有等故曰物	同	無"爻有等故曰"五字	同	爻下重爻字	爻下重爻字	物下有也字	同	同	同	同
215	（注）玄黃相雜	同	同	同	同	同	雜下有也字	同	相作錯	相作錯	相作錯
216	周之盛德耶	耶作邪	耶作邪	耶作邪	耶作邪	耶作邪	耶作邪	耶作邪	耶作邪	耶作邪	耶作邪
217	（注）能精爲者之務	同	同	同	同	同	務下有也字	同	同	同	同
218	（注）則覩方來之驗也	騐作驗	騐作驗	騐作驗	騐作驗	騐作驗	覩作觀，騐作驗	騐作驗	騐作驗	騐作驗	騐作驗

續表

	撫抄	天祿本	建本	纂圖本	岳本	仿岳本	林家古本	陳本	元印十行本	文物局十行本	監本
219	（注）通幽深之故，故百姓與能	同	無下故字	同	同	同	同	同	同	同	同
220	（注）以象告人	同	同	同	同	同	人下有也字	同	同	同	同
221	（注）然後逆順者殊	同	同	同	同	同	殊下有功字	同	後作后	後作后	同
222	（注）故吉凶生	同	同	同	同	同	生下有也字	同	同	同	同
223	（注）近況比爻也	同	比作此	同	同	同	同	同	同	同	況作凡
224	（注）必有乖違之患	同	同	同	同	同	患下有也字	同	同	同	同
225	（注）存事以考之	同	同	同	同	同	考作孝	同	同	同	同
226	失其守者其辭屈	同	同	同	同	同	屈下有也字	同	同	同	同
227	（注）不知所以然而然也	同	同	同	同	同	也上有者字	同	同	同	同
228	參天兩地而倚數	同	同	同	同	同	參作叁	同	同	同	同
229	（注）參，奇也	同	同	同	同	同	參作叁	同	同	同	同
230	（注）六八陰數	同	同	同	同	同	數下有也字	同	同	同	同
231	（注）蓍則錯綜天地參兩之數	同	同	同	同	同	參作叁	同	同	同	同
232	（注）故蓍曰參天兩地而倚數	同	同	同	同	同	參作叁	同	同	同	同
233	"和順於道德而理於義"下無注	同	有注"《易》所以和天道、明地德、理行義也"凡十三字	同	同	同	有注"《易》所以和天道、順地德、理仁義也"凡十三字	同	同	同	同
234	將以順性命之理	同	同	同	同	同	理下有也字	同	同	同	同

續表

	撫抄	天祿本	建本	纂圖本	岳本	仿岳本	林家古本	陳本	元印十行本	文物局十行本	監本
235	（注）剛柔者言其形	同	同	同	剛柔作柔剛	剛柔作柔剛	形下有也字	同	同	同	同
236	（注）或有在形而言陰陽者	同	同	同	同	同	無有字	同	同	同	同
237	（注）在氣而言柔剛者	同	同	柔剛作剛柔	同	同	同	同	同	同	同
238	（注）變理備	變下有化字	變下有化字	變下有化字	變下有化字	變下有化字	變下有化字	變下有化字	變下有化字	變下有化字	變下有化字
239	（注）作《易》以逆覩來事	同	同	同	同	同	覩作觀	同	同	同	同
240	（注）以前民用	同	同	同	同	同	用下有也字	同	同	同	同
241	言萬物之絜齊也	同	同	同	同	同	絜作潔	同	同	同	同
242	故曰致役乎坤	同	同	同	同	同	坤下有也字	同	同	同	同
243	乾，西北之卦也	同	北下有方字	同	同	同	同	同	同	同	同
244	脱正文"雷橈萬物者莫疾乎"八字	不脱	不脱	不脱	不脱	不脱	不脱	不脱	不脱	不脱	不脱
245	終萬物、始萬物者，莫盛乎艮	同	同	上物字下有者字	同	同	同	同	同	同	同
246	爲蒼筤竹	筤作莨	筤作莨	筤作莨	筤作莨	筤作莨	筤作莨	筤作莨	筤作莨	筤作莨	筤作莨
247	爲萑葦	同	同	同	同	同	萑作蓷	同	同	同	同
248	爲不果	同	不作木	同	同	同	同	同	同	同	同
249	其於人也爲加憂	同	同	同	同	同	於下衍於字	同	同	同	同
250	爲鼈	同	鼈作鱉	同	同	同	同	同	鼈作鱉	鼈作鱉	鼈作鱉
251	爲蠃	同	同	同	同	同	蠃作贏	同	同	同	同
252	其於木也爲堅多節	同	同	同	同	同	爲堅作堅爲	同	同	同	同
253	（注）則争无由息	同	无作元	同	同	同	同	同	同	同	同

續表

	撫抄	天禄本	建本	纂圖本	岳本	仿岳本	林家古本	陳本	元印十行本	文物局十行本	監本
254	（注）不謀而合	同	同	同	同	同	合下有也字	同	同	同	同
255	物大然後可觀	同	同	同	同	同	觀下有也字	同	同	同	同
256	（注）可觀則異方合會也	同	合會作會合	同	同	同	同	合作念	同	同	同
257	剝窮上反下	同	同	同	同	同	下字下有也字	同	同	同	同
258	復則不妄矣	同	同	同	同	同	矣作也	同	同	同	同
259	然後可畜	同	同	同	同	同	畜下有也字	同	同	同	同
260	物畜然後可養	同	同	同	同	同	養下有也字	同	同	同	同
261	不養則不可動	同	同	同	同	同	動下有也字	同	同	同	同
262	故受之以坎	同	同	同	同	同	坎上有習字	同	同	同	同
263	（注）極陷則反所麗也	同	同	同	同	同	反所作所反	同	同	同	同
264	然後禮義有所錯	同	同	同	同	同	錯下有矣字	同	同	同	同
265	（注）咸柔上而剛下	同	咸作或	同	同	同	同	同	同	同	同
266	（注）感應以相與	同	同	同	同	同	同	感作咸	同	同	同
267	（注）故夫子殷勤深述其義	同	同	殷勤作慇懃	殷勤作慇懃	殷勤作慇懃	勤作懃	同	同	同	同
268	（注）而不係之於離也	同	同	同	同	同	係作繋	同	同	離作雜	離作雜
269	（注）夫《易》六畫成卦	同	畫下有而字	同	同	同	同	同	同	同	同
270	故受之以遯	同	無以字	同	同	同	同	同	同	同	同
271	（注）月盈則食	同	同	同	同	同	食下有也字	同	月作日	月作日	同
272	（注）雖嚴與敬	同	雖作唯	雖作唯	雖作唯	雖作唯	雖作唯	雖作唯	雖作唯	雖作唯	雖作唯
273	（注）其敝必乖也	同	敝作蔽	同	同	同	敝作敞	同	同	同	同

续表

	撫抄	天禄本	建本	纂圖本	岳本	仿岳本	林家古本	陳本	元印十行本	文物局十行本	監本
274	乖必有難	同	同	同	同	同	有字下有所字	同	同	同	同
275	物不可終難	可下有以字	可下有以字	可下有以字	可下有以字	可下有以字	可下有以字，終作經	可下有以字	可下有以字	可下有以字	可下有以字
276	決必有遇	同	同	同	同	同	有字下有所字	同	同	同	有字下有所字
277	井道不可不革	同	同	同	同	同	革下有也字	同	同	同	同
278	（注）宜革易其故	同	同	同	同	同	故下有也字	同	同	同	同
279	（注）鼎所以和濟生物	同	濟作齊	濟作齊	濟作齊	濟作齊	濟作齊	濟作齊	濟作齊	濟作齊	濟作齊
280	物不可以終動止之	同	動下有動必二字	同	動下有動必二字	動下有動必二字	動下有動必二字	同	同	同	同
281	故受之歸妹	之下有以字	之下有以字	之下有以字	之下有以字	之下有以字	之下有以字	之下有以字	之下有以字	之下有以字	之下有以字
282	（注）説不可偏係	同	係作孫	同	同	同	係作繫	同	同	同	同
283	（注）渙者發暢而无所壅滯則殊趣	同	同	同	同	同	同	同	同	趣作越	趣作越
284	節而信之	同	同	同	同	同	而下有後字	同	同	同	同
285	（注）則宜信以守之	同	同	同	同	同	之下有者字	同	同	同	同
286	故受之以小過	同	同	同	同	同	受之作之受	同	同	同	同
287	（注）而以信爲過	同	同	同	同	同	過下有也字	同	同	同	同
288	（注）《雜卦》者，雜糅衆卦，錯綜其義，或以同相類，或以異相明也	同	糅作揉	同	無此注二十二字	無此注二十二字	同	同	同	同	同
289	（注）雜比則樂	同	雜作親	雜作親	雜作親	雜作親	雜作親	雜作親	雜作親	雜作親	雜作親
290	（注）故曰求	同	同	同	同	同	求下有也字	同	同	同	同

續表

	撫抄	天禄本	建本	纂圖本	岳本	仿岳本	林家古本	陳本	元印十行本	文物局十行本	監本
291	（注）君子經綸之時	同	同	子下有以字	子下有以字	子下有以字	同	同	同	同	同
292	（注）雖見而磐桓利貞	同	磐作盤	同	同	同	磐作盤	同	同	同	同
293	（注）謙者不自重也	同	同	同	也作大	也作大	重下有大字	也作大	也作大	也作大	也作大
294	（注）巽貴卑退	同	同	同	同	同	退下有也字	同	卑作畢	同	同
295	蠱則飭也	同	飭作飾	飭作飾	同	同	飭作飾	飭作飾	同	飭作飭,不成字	同
296	（注）隨則有事	同	同	同	同	同	隨下有時字	同	同	同	同
297	（注）飭,整治也	同	飭作飾	飭作飾	同	同	飭作飾	飭作飾	同	同	同
298	（注）物熟則剝落也	同	同	同	熟作孰	熟作孰	同	同	熟作孰	同	同
299	（注）困,安所遇而不濫也	同	安下有於字	安下有於字	安下有於字	安下有於字	安下有於字	安下有於字	安下有於字	安下有於字	安下有於字
300	（注）莫速乎咸	同	同	同	同	同	咸下有也字	同	同	同	同
301	（注）大正則小人止	同	同	大下有人字	同	同	同	同	同	止作也	同
302	（注）小人亨則君子退	同	同	同	同	同	退下有也字	同	退下有也字	亨作享,退下有也字	退下有也字
303	（注）水潤水	下水字作下	下水字作下	下水字作下	下水字作下	下水字作下	下水字作下	下水字作下	下水字作下	下水字作下	下水字作下
304	（注）不足以兼濟也	同	同	同	同	同	濟作齊	同	同	同	同
305	遘,遇也	同	同	同	同	遘作姤	同	同	遘作姤	遘作姤	遘作姤
306	漸,女歸	同	同	同	同	同	下有也字	同	同	同	同
307	歸昧,女之終也	昧作妹	昧作妹	昧作妹	昧作妹	昧作妹	昧作妹	昧作妹	昧作妹	昧作妹	昧作妹
308	（注）女終於出嫁也	同	同	同	於作必	同	同	同	同	同	同

續表

撫抄	天禄本	建本	纂圖本	岳本	仿岳本	林家古本	陳本	元印十行本	文物局十行本	監本
309 （注）君子以決小人，長其道，小人見決去，爲深憂也	同	同	無此注十八字	無此注十八字	無此注十八字	同	無此注十八字	無此注十八字	無此注十八字	無此注十八字

表7　撫抄（卷十《略例·序》）與參校諸本異文表

	撫抄	天禄本	建本	纂圖本	林家古本	岳本	仿岳本
1	是以孔子三絶	子作丘	子作丘	子作丘	子作丘	子作丘	同
2	魯仲尼之論備矣	魯作孔	魯作孔	魯作孔	魯作孔	同	同
3	輒爲注解	注作注	注作注	注作注	注作注	同	同
4	亦猶螢燐增輝於太陽	太作大	太作大	同	太作大	同	同

表8　撫抄（卷十《略例》）與參校諸本異文表

	撫抄	天禄本	建本	纂圖本	林家古本	岳本	仿岳本	元印十行本	文物局十行本	監本
1	篇題下無注	有注"略例者，舉釋綱目之名，統明大理之稱。略，不具也；例，舉并也。然以先儒注《易》二十餘家，雖小有異同，而迭相祖述。雖比王氏所見特殊，故作《略例》二篇，以辯諸家之惑，錯綜文理，具録之也"凡七十一字	有注"略例者，舉釋綱目之名，統明大理之稱。略，不具也；例，舉并也。然以先儒注《易》二十餘家，雖小有異同，而迭相祖述。雖比王氏所見特殊，故作《略例》二篇，以辯諸家之惑，錯綜文理，具録之也"凡七十一字	有注"略例者，舉釋綱目之名，統明大理之稱。略，不具也；例，舉并也。然以先儒注《易》二十餘家，雖小有異同，而迭相祖述。雖比王氏所見特殊，故作《略例》二篇，以辯諸家之惑，錯綜文理，具録之也"凡七十一字	有注"略例者，舉釋綱目之名，統明大理之稱。略，不具也；例，舉并也。然以先儒注《易》二十餘家，雖小此有異同，而迭相祖述。雖比王氏所見特殊，故作《略例》二篇，以辨諸家之惑，錯綜文理，具録之也"凡七十二字	同	同	同	同	同

續表

	撫抄	天禄本	建本	纂圖本	林家古本	岳本	仿岳本	元印十行本	文物局十行本	監本
2	（注）而曰何	而作故	而作故	而作故	而作故	同	同	而作故	而作故	而作故
3	（注）明，辯也，辯卦體功用所由之主	同	同	同	辯作辨	同	同	無辯也、功用四字	無辯也、功用四字	無辯也、功用四字
4	（注）義在一爻明辯也	同	同	同	辯作辨	同	同	同	同	同
5	（注）君體合道，動是衆	同	同	道下多"動合道"三字	同	同	同	同	同	同
6	（注）動是衆，衆由一致也	無下衆字，致作制	無下衆字，致作制	無下衆字，致作制	無下衆字，致作制	致作制	致作制	無下衆字，致作制	無下衆字，致作制	無下衆字，致作制
7	（注）致猶歸也	猶作由	猶作由	同	同	同	同	同	同	同
8	（注）有必歸於一	必作心	必作心	必作心	必作心	同	同	無有字，一下有也字	無有字，一下有也字	無有字，一下有也字
9	（注）故無心於存	同	同	同	同	同	同	無此句	無此句	無此句
10	（注）必由君主統之也	同	同	主作王	主作王	同	同	同	同	同
11	（注）會之以元首	同	同	以作有	以作有	同	同	同	同	同
12	（注）舉貞一之主	同	主作注	同	主作法	同	同	同	同	同
13	（注）可立主以定之	同	同	同	之作也	同	同	同	同	同
14	辯是與非	同	同	同	辯作辨	同	同	同	同	同
15	（注）辯，明也	同	同	同	辯作辨	同	同	同	同	同
16	（注）剛來而得中也	同	來作柔	來作柔	同	同	同	同	同	同
17	（注）无爲之一者	同	同	同	同	同	同	無此句	無此句	無此句
18	（注）御之以君主也	同	同	主似作王	主作王	同	同	同	同	同

續表

	撫抄	天禄本	建本	纂圖本	林家古本	岳本	仿岳本	元印十行本	文物局十行本	監本
19	（注）覩之以琁璣	同	同	同	琁作旅（旅之異體）	同	同	同	同	琁作璇
20	（注）君能馭民	馭作御	馭作御	馭作御	馭作御	馭作御	馭作御	馭作御	馭作御	馭作御
21	（注）中正之用	中正作忠貞	中正作忠貞	中正作忠貞	中正作忠貞	同	同	同	同	同
22	（注）自此以下	以作已	以作已	以作已	以作已	以作已	以作已	以作已	以作已	以作已
23	陽苟一也	也作焉	也作焉	也作焉	也作焉	也作焉	也作焉	也作焉	也作焉	也作焉
24	（注）王氏曰	曰作口	同	同	同	同	同	無氏字	無氏字	無氏字
25	（注）物雖繁，不憂錯亂	不上有而字	不上有而字	不上有而字	不上有而字	同	同	同	同	同
26	非天下之至賾	同	賾作頤	同	同	同	同	同	同	同
27	其孰能與於此乎	無乎字	同	同	同	同	同	無乎字	無乎字	無乎字
28	（注）萬物雖雜	雖作離	雖作離	同	同	同	同	同	同	同
29	小題"明爻通變"下無注	同	同	同	有注"以明爻爲本，而廣通衆物之變，會成明爻之義也"凡十九字	同	同	同	同	同
30	（注）假設問辭	同	假作叚	假作叚	同	同	同	同	同	同
31	（注）情欲僞動	同	情作清	同	同	同	同	同	同	同
32	（注）人之多辟	同	同	同	辟作僻	同	同	辟作僻	辟作僻	辟作僻
33	（注）己獨取正	取作處	取作處	取作處	取作處	同	同	取作處	取作處	取作處
34	（注）初九身雖潛屈	無初九二字	無初九二字	無初九二字	無初九二字	同	同	同	同	同
35	（注）故曰屈伸	同	同	同	伸下有也字	同	同	伸作身	伸作身	伸作身
36	（注）愈期待時	同	同	同	愈作心	同	同	同	同	同

續表

	撫抄	天禄本	建本	纂圖本	林家古本	岳本	仿岳本	元印十行本	文物局十行本	監本
37	（注）志懷剛武，爲于大君	武下有人字	武下有人字	爲作人	武下有人字	同	同	同	同	同
38	（注）汗成霶霈	霶作霂	霶作霂	霶作霂	霶作霂	霶作霂	霶作霂	霶作霂	汗作汙，霶作霂	霶作霂
39	（注）九三"輿説輻"	同	同	三作二	三作二	同	同	三作二	三作二	三作二
40	遠不必乖	同	同	同	乖下有也字	同	同	同	同	同
41	（注）此明无識感有識	同	同	同	有作无	同	同	有作无	有作无	有作无
42	（注）置兵戈於逃散之地	同	同	同	兵作丘	同	同	同	地作感	地作域
43	則吳越何患乎異心	吳作胡	吳作胡	吳作胡	吳作胡	吳作胡	吳作胡	吳作胡	吳作胡	吳作胡
44	（注）猶若吳越	吳作胡	吳作胡	吳作胡	吳作胡	吳作胡	吳作胡	吳作胡	吳作胡	吳作胡
45	不煩強武	强作彊	同	同	同	同	同	强作彊	强作彊	强作彊
46	（注）知趨舍	趨作取	趨作取	趨作取	趨作取	趨作趣	趨作趣	趨作取	趨作取	趨作取
47	（注）辯吉凶	同	同	辯作辨	同	同	同	同	同	同
48	故有善邇而遠至	同	同	同	善作繕	同	同	同	同	同
49	（注）厥孚交加	加作如	加作如	加作如	加作如	加作如	加作如	加作如	加作如	加作如
50	（注）更相推謝	推作雜	同	同	同	同	同	同	同	同
51	（注）在陽之時，不以生長而爲力	同	同	同	力作功	同	同	同	同	同
52	"是故卦以存時，爻以示變"下無注	有注"卦以存時，爻以應變"凡八字	有注"卦以存時，爻以應變"凡八字	有注"卦以存時，爻以應變"凡八字	有注"卦以存時，爻以應變"凡八字	同	同	有注"卦以存時，爻以應變"凡八字	有注"卦以存時，爻以應變"凡八字	有注"卦以存時，爻以應變"凡八字
53	（注）一時有大畜之制	畜下有比、泰二字	畜下有比、泰二字	畜下有比、泰二字	畜下有比、泰二字	同	同	同	同	同

续表

	撫抄	天祿本	建本	纂圖本	林家古本	岳本	仿岳本	元印十行本	文物局十行本	監本
54	（注）反有天衢之用	衢下有後夫、復隍四字	衢下有後夫、復隍四字	衢下有後夫、復隍四字	衢下有後夫、復隍四字	同	同	同	同	同
55	（注）一時有豐亨之吉	吉作用	吉作用	吉作用	吉作用	同	同	吉作用	吉作用	吉作用
56	（注）反有羈旅之凶是也	羈作羇，無是字	無是字	無是字	無是字	同	同	無是字	無是字	羈作羇，無是字
57	（注）否之初六，拔茅彙征	征作貞	征作貞	征作貞	征作貞	征作貞	征作貞	無之字，征作貞	無之字，征作貞	無之字，征作貞
58	（注）爻亦變準也	亦變作變亦	亦變作變亦	亦變作變亦	亦變作變亦	亦變作變亦	亦變作變亦	此句作"爻變示唯也"	此句作"爻變示唯也"	此句作"爻變亦應也"
59	（注）則觀知動靜也	同	同	同	動作運	同	同	無也字	無也字	無也字
60	（注）故小過六五乘剛逆也	乘作承	乘作承	乘作承	同	同	同	同	同	同
61	始終之象也	始終作終始	同	同	同	同	同	始終作終始	始終作終始	始終作終始
62	（注）外卦是出	是作爲	是作爲	是作爲	是作爲	是作爲	是作爲	是作爲	是作爲	是作爲
63	是故雖遠而可以動者	同	同	同	動作運	同	同	同	同	同
64	雖險而可以處者，得其時也	同	同	同	得作適	同	同	同	同	同
65	（注）上下雖遠而動者，有其應也	無也字	無也字	無也字	動作運，無也字	同	同	無也字	無也字	無也字
66	（注）革六二去五雖遠	革下有之字	革下有之字	革下有之字	革下有之字	同	同	同	二作至	同
67	（注）往者无咎也	同	同	同	者作吉	同	同	同	往作住	同

續表

	撫抄	天禄本	建本	纂圖本	林家古本	岳本	仿岳本	元印十行本	文物局十行本	監本
68	（注）則噬嗑六五"噬乾肉，得黃金"之例	同	下噬字作筮	同	例下有也字	同	同	同	上噬字作筮，五作并	同
69	（注）則泰之初九"拔茅茹，以其彙，征吉"之例是也	同	同	同	茹作茹	同	同	無則、之二字	無則、之二字	無則、之二字
70	（注）物甚爭競	同	同	同	爭作斷	同	同	同	同	同
71	（注）爻有變動在乎應	在作存	在作存	在作存	在作存	同	同	同	在字缺上橫劃似仕字，乎作中	乎作中
72	（注）有應而動	有應與而字乙	有應與而字乙	有應與而字乙	有應與而字乙	同	同	無有應二字	無有應二字	無有應二字
73	（注）爻之安危在乎位	同	同	在作存	同	同	同	同	乎作中	乎作中
74	（注）得位則安	無得位二字	無得位二字	無得位二字	無得位二字	同	同	同	同	同
75	（注）若節之六四"安節，亨"之例	例下有是字	例下有是字	例下有是字	例下有是字	同	同	例下有也字	下節字作臨，例作則，下有也字	若作居，例下有也字
76	（注）若晉之九四"晉如鼫鼠，貞厲"之類是	是下有也字	是下有也字	是下有也字	是下有也字	同	同	無若字，鼫作鼠，是下有也字	無若字，厲作臨，類作事，是似專，下有也字	無若字，類作事，是下有也字
77	辯逆順者存乎承乘	同	同	同	辯作辨	同	同	同	同	同
78	（注）陰乘於陽，逆也	陰、陽二字互乙	陰、陽二字互乙	陰、陽二字互乙	同	同	同	陰、陽二字互乙，乘作承	陰、陽二字互乙，乘作承	陰、陽二字互乙

續表

	撫抄	天禄本	建本	纂圖本	林家古本	岳本	仿岳本	元印十行本	文物局十行本	監本
79	（注）師之六二"師或輿尸，凶"	同	同	同	二作三	二作三	同	二作三，輿似與	六作或，二作三，輿作與	二作三
80	（注）陰承於陽，順也	同	承作乘	同	同	同	同	同	同	同
81	（注）雖失其正，"小吝，无咎"也	同	同	同	吝作各，无咎作咎无	同	同	同	同	同
82	避險尚遠	避作辟	避作辟	避作辟	避作辟	避作辟	避作辟	避作辟	避作辟	避作辟
83	趨時貴近	趨作趣	趨作趣	趨作趣	趨作趣	趨作趣	趨作趣	趨作趣	趨作趣	趨作趣
84	（注）无祇悔	祇作祗	同	祇作祗	同	祇作祗	祇作祗	祇作祗	祇作祗	祇作祗
85	（注）大壯上六"羝羊觸藩"	同	同	同	藩作潘	同	同	同	同	同
86	明夷務闇	闇作暗	闇作暗	闇作暗	闇作暗	同	同	同	同	同
87	（注）豐繇云	同	同	同	繇作繇	繇作繇	繇作繇	同	同	繇作繇
88	（注）不可過越而動	同	同	同	動作運	同	同	同	同	動作犯
89	（注）有它吝	同	同	同	它作佗	同	同	同	同	同
90	（注）此所適違時也	無也字，其處作一方圍（□）	無也字	無也字	同	同	同	同	同	同
91	（注）弒滅君主	同	同	同	弒作殺	同	同	弒作誅	弒作誅	弒作誅
92	（注）焚如	焚作焚	同	同	焚作焚	同	同	同	同	同
93	（注）不可慢易	易下有也字	易下有也字	易下有也字	易下有也字	同	同	同	同	同
94	（注）家人九三"家人嗃嗃，悔，厲，吉。婦子嘻嘻，終吝"是也	"家人九三"上有若字，無是也二字	"家人九三"上有若字，無是也二字	"家人九三"上有若字，無是也二字	"家人九三"上有若字，無是也二字	同	同	三作五，無是也二字	三作五，無是也二字	無是也二字

續表

	撫抄	天禄本	建本	纂圖本	林家古本	岳本	仿岳本	元印十行本	文物局十行本	監本
95	（注）吉凶之始彰也，存乎微	同	同	同	存作在	同	同	同	同	同
96	（注）龍則象之意也	無之字	無之字	無之字	無之字	同	同	無之字，也上有者字	龍則二字處作墨釘，無之字，也上有者字	龍則二字處空字，無之字，也上有者字
97	（注）尋言可以觀龍	同	同	同	龍下有矣字	同	同	同	尋字處作墨釘	同
98	（注）故可尋象以觀意	同	同	同	無以字	同	同	同	同	同
99	（注）意之盡也	同	同	同	也作之	同	同	同	同	同
100	（注）言以著之	同	同	同	言以作以言	同	同	同	同	同
101	（注）既得乾意	意作象	意作象	意作象	意作象	同	同	意作象	意作象	意作象
102	（注）所存者在意也	同	同	同	在作存，也作者	同	同	同	同	同
103	（注）所存者在象也	同	同	同	在作存	同	同	同	同	同
104	（注）棄執而後得之	後作從	後作從	後作從	而作之，後作從	同	同	同	同	同
105	（注）義同爲驗也	同	同	同	驗下有義字	同	同	同	同	同
106	（注）遯无坤，六二亦稱牛	二作三	二作三	二作三	同	同	同	同	二作三	二作三
107	（注）明夷无健	健作乾	健作乾	健作乾	健作乾	健作乾	健作乾	健作乾	健作乾	健作乾
108	而或者定馬於乾	同	同	同	或作惑	同	同	同	同	同
109	（注）推廣金木水火土爲象也	推廣作廣推	推廣作廣推	推廣作廣推	推廣作廣推	推廣作廣推	推廣作廣推	推廣作廣推	推廣作廣推	推廣作廣推
110	巧愈彌其	愈作偽	同	同	愈作喻	同	同	同	同	同

續表

	撫抄	天禄本	建本	纂圖本	林家古本	岳本	仿岳本	元印十行本	文物局十行本	監本
111	（注）失之甚	同	同	同	甚下有也字	同	同	甚下有也字	甚下有也字	甚下有也字
112	蓋存象忘意之由也	同	同	同	蓋上有斯字	同	同	同	同	同
113	（注）遺健順則則空說龍馬	不衍則字	不衍則字	不衍則字	不衍則字	不衍則字	不衍則字	不衍則字,馬下有也字	不衍則字,馬下有也字	不衍則字,馬下有也字
114	象以求其意	象上有忘字	象上有忘字	象上有忘字	象上有忘字	象上有忘字	象上有忘字	象上有忘字	象上有忘字	象上有忘字
115	小題"辯位"	同	同	同	辯作辨	同	同	同	同	同
116	又《繫辭》但論三五、二四同功異位	同	同	同	功下有而字	同	同	同	同	同
117	（注）問其意也	問作同	問作同	問作同	同	同	同	問作同	問作同	問作同
118	（注）陽之居也	之居作居之	之居作居之	之居作居之	之居作居之	之居作居之	之居作居之	之居作居之	陽作陰,之居作居之	陽作陰,之居作居之
119	（注）陰之居也	之居作居之	之居作居之	之居作居之	之居作居之	之居作居之	之居作居之	陰作陽,之居作居之	陰作陽,之居作居之	陰作陽,之居作居之
120	上有位而云无者也	同	同	同	无下有位字	同	同	同	同	同
121	（注）君子居之	同	同	同	之下有也字	同	同	同	君作居	同
122	（注）各守其位	各作名	各作名	同	同	同	同	同	同	同
123	卑爲陰位	同	同	同	卑上有以字	同	同	同	同	同
124	故位无常分	同	同	位作謂	同	同	同	同	同	同
125	（注）四爻有尊卑之序	同	同	同	之下有常字	同	同	同	同	同
126	（注）終始无陰陽之常主也	同	同	同	同	同	同	常作恒	常作恒	常作恒

續表

	撫抄	天禄本	建本	纂圖本	林家古本	岳本	仿岳本	元印十行本	文物局十行本	監本
127	卦以六爻爲成	同	同	同	爻下有而字	同	同	同	同	同
128	（注）貞能幹濟於物	同	同	同	貞下有者字	同	同	同	同	同
129	（注）所與比者	同	比作此	同	同	同	同	無此句	無此句	無此句
130	故凡陰陽二爻	同	同	同	陰陽作陽陰	同	同	同	同	同
131	（注）情不相得之例	同	同	例作類	例作類	同	同	無此句	無此句	無此句
132	同辟以相疏	同	同	同	辟作避	同	同	同	同	同
133	（注）九四有應於初	同	同	同	應下重應字	同	同	同	同	同
134	象者各辯一爻之義者也	同	同	同	辯作辨	同	同	同	同	同
135	（注）其在二乎	同	二作一	二作一	同	同	同	二作一	同
136	（注）以剛而來正夫羣小	同	來作求	來作求	無而字	同	同	同	同	同
137	凡《彖》者，通論一卦之體者也。一卦之體，必由一爻爲主	同	同	同	通作統	同	同	同	同	同
138	則指明一爻之美	同	同	同	美作義	同	同	同	同	同
139	䷍大有之類是也	同	同	同	無卦象，其處亦未留空	同	同	無卦象，其處亦未留空	無卦象，其處亦未留空	無卦象，其處亦未留空
140	䷶豐卦之類是也	同	同	同	無卦象，其處亦未留空	同	同	無卦象，其處亦未留空	無卦象，其處亦未留空	無卦象，其處亦未留空
141	凡言无咎者，本皆有咎者也	同	同	同	脫"咎者本皆有咎"六字，以小字補注於旁	同	同	同	同	同

續表

	撫抄	天禄本	建本	纂圖本	林家古本	岳本	仿岳本	元印十行本	文物局十行本	監本
142	"吉，无咎"者	同	同	同	同	同	同	吉作言	吉作言	吉作言
143	（注）注云興役動衆	同	同	同	云作注，動作運	同	同	同	同	注作注
144	（注）需之九二	同	同	二作三	同	同	同	同	同	同
145	或有罪自己招	同	同	同	招下有致字	同	同	同	同	同
146	小題"卦略"下無注	有注"凡十一卦"四字	無注，有《釋文》"凡十一卦"四字	有"凡十一卦"四字，未能確定爲注或《釋文》	有"凡十一卦"四字，未能確定爲注或《釋文》	同	同	同	無小題并注	同
147	屯卦卦象☳	同	誤作比卦卦象☷	同	無卦象，其處留空	同	同	同	同	同
148	不召自往，馬雖班如	馬作焉	馬作焉	同	同	同	同	同	同	同
149	（注）萬民歸之	民作人	民作人	民作人	民作人	同	同	民作人	民作人	民作人
150	蒙卦卦象☶	同	誤作師卦卦象☷	同	無卦象，其處留空	同	同	同	同	同
151	闇者求明	同	同	同	明下有者字	同	同	同	同	同
152	故童蒙求我	同	同	同	我下有也字	同	同	同	同	同
153	履卦卦象☱	同	誤作无妄卦卦象☳	同	無卦象，其處留空	同	同	同	同	同
154	故此一卦皆以陽處陰爲美也	同	同	同	陰下有位字	同	同	同	美作失	美作吉
155	（注）則見咥也	同	咥作至	同	同	同	同	同	同	同
156	觀卦卦象☴	同	誤作剥卦卦象☶	同	無卦象，其處留空	同	同	誤作剥卦卦象☶	誤作剥卦卦象☶	同
157	棟橈之世也	同	同	同	橈作撓	同	同	同	同	同
158	棟已橈矣	同	同	同	橈作撓	同	同	同	同	同

續表

	撫抄	天禄本	建本	纂圖本	林家古本	岳本	仿岳本	元印十行本	文物局十行本	監本
159	則所瞻褊矣	同	同	同	瞻作贍	同	同	同	同	同
160	九四有應	九上有故字	同	同	九上有故字	同	同	九上有故字	九上有故字	九上有故字
161	（注）心无係應爲吉	同	同	同	心作必	同	同	同	同	同
162	（注）不係爲美	無爲字	無爲字	無爲字	同	同	同	同	同	同
163	明夷卦卦象䷣	同	誤作泰卦卦象䷊	同	無卦象，其處留空	同	同	初爻下多一陽爻	初爻下多一陽爻	同
164	三處明極而征至闇	同	征作往	同	同	同	同	同	同	同
165	睽卦卦象䷥	同	同	同	無卦象，其處留空	誤作履卦卦象䷉	同	同	同	同
166	睽而通也	同	同	同	也上有者字	同	同	睽作暌	同
167	洽乃疑亡也	同	亡作七	同	同	同	同	洽作治	洽作始
168	其統在於惡闇而已矣	在於二字處漫漶，惡作昧	同	同	同	同	同	同	同	同

《鳳墅法帖》存宋人尺牘文獻徵述*

付 梅

摘 要：《鳳墅法帖》是一部宋人摹刻、專收宋人墨蹟的宋代叢帖。其中所涉及的人物幾乎涵蓋兩宋各界名流，所存作品以尺牘爲主，且多不見宋人文集中。現存主要有上海圖書館藏《鳳墅》宋拓殘本及清代歸安姚氏《鳳墅殘帖釋文》八卷、錢大昕《鳳墅殘帖釋文》二卷。將這些拓本及釋文分類統計整理，研究其存佚狀況，并將這些存世尺牘佚文的主要內容、關鍵信息進行初步分析，可以充分展現宋人尺牘內容的豐富性及其重要的歷史文獻價值。

關鍵詞：鳳墅法帖；宋代；尺牘

《鳳墅法帖》是南宋文人曾宏父在嘉熙、淳祐間所刻的一部叢帖。這部刻帖收集了曾宏父所收所見的宋代名人墨蹟，所涉及的人物幾乎涵蓋兩宋各界名流，且這些作品絕大部分都不見於宋人專集中，對宋人尺牘的傳世有着莫大的價值。也是現存最早的一部宋人斷代法帖，所收兩宋名人墨蹟中百分之九十以上都是尺牘，可謂是一部宋代文人尺牘手跡專集。此帖刻工精細，所收多是精品，在當時就有很高的評價。

如此重要的一部宋代文學藝術研究資料專輯，却没有得到學界應有的重視。遍檢各種研究資料，已有成果僅有如下幾篇論文：徐森玉的《鬱孤臺帖和鳳墅帖》和孫啓治的《鳳墅帖簡介》對它作了簡單的介紹，列出了其中所涉及的兩宋名人。徐森玉指出此帖"幾乎包括了宋代，特别是南渡前後大部分知名人物的筆跡，其内容多是信劄和詩翰……不僅爲我們保留了可靠的宋代書法藝術資料和可貴的文學史資料；同時，也在一定程度上豐富了我們對宋南渡前後有關歷史事件和歷史人物的某些知識"，并呼籲學界"及早關注、利用這一珍稀文獻"[1]。金程宇《鳳墅帖與宋代文學輯佚》認爲此帖多爲宋代名臣、學者、文士的公私信劄，可爲宋代文學文獻增添不少新材料。利用上海圖書館藏殘拓本輯録出一百五十餘人的佚簡近兩百通，他"驚嘆於此帖内容的豐富，同時也感到相關研究的冷落"[2]。金傳道《北宋書信研究》亦從上圖殘拓中輯得

---

* **作者簡介**：付梅，河南農業大學文法學院講師，文學博士，主要從事唐宋文學研究。
基金項目：全國高等院校古籍整理研究工作委員會"宋代法帖中的尺牘整理研究"(2025)。
[1] 徐森玉：《鬱孤臺帖和鳳墅帖》，《文物》，1961年第8期，第10頁。
[2] 金程宇：《鳳墅帖與宋代文學輯佚》，《古典文獻研究》總第9輯(2006年)，第23頁。

佚文55篇①。水賚佑《鳳墅帖中的黄庭堅作品考》②、陳志平《黄庭堅六帖考》③都對殘拓本中前集卷十一黄帖作出了考證。彭國忠《從一通佚書看辛棄疾紹熙四年的行實和心態》《朱熹佚書二通考》④則對其中辛棄疾與朱熹的佚簡進行了考證。彭國忠《宋代鳳墅法帖整理研究》⑤又論述了《鳳墅法帖》作爲一部主要收録宋人手劄的書法作品集的價值和意義，認爲它内容廣泛，涵蓋了兩宋時期政治、文化、學術、藝術等各個領域，對研究兩宋士人心態，文學觀、文體觀，宗教、地域、價值觀念都是不可多得的第一手資料，有着豐富多樣的學術價值。且這些手跡百分之九十不見於宋人别集、總集，是"天壤間僅存的文字"，具有無可替代的價值。

如上綜述可見雖然《鳳墅法帖》及其價值早已被學界發現，但是目前關於這批尺牘佚文的研究成果仍僅見零星考釋與部分輯録，并無系統整理研究。上圖《鳳墅帖》殘拓僅影印出版，無對應釋文，不便閲讀研究。南圖、國圖等機構所藏《鳳墅殘帖釋文》八卷本、十卷本藏本甚多，然無系統版本源流分析、文字校勘整理。亦不便學者研究。且《鳳墅殘帖釋文》八卷本中仍有尺牘佚文92通未被輯録出來。這部叢帖對保存宋代尺牘文獻，探究宋人尺牘形制及尺牘與法帖的關聯，意義之重大、研究之欠缺，可見一斑。

本文將在綜合整理上海圖書館藏宋拓《鳳墅法帖》孤本十二卷、南京圖書館藏姚晏釋文八卷及錢大昕釋文二卷⑥的基礎上，從尺牘文學整理與研究的角度對《鳳墅帖》的文獻價值作一個整體的考述。

一、《鳳墅法帖》各卷所收尺牘存佚情況統計

《鳳墅法帖》編者曾宏父，字幼卿，廬陵（今江西吉水）人，自稱鳳墅逸客。他用7年時間刻了一部收宋人墨蹟最多的匯帖，置於家塾鳳山書院，將其命名爲《鳳墅帖》。《鳳墅法帖》全帖四十四卷，計十二册，十二萬餘字，規模宏大。此叢帖包括前帖二十卷，續帖二十卷，附刻畫帖二卷，題咏二卷，計共四十四卷。其中前帖十七卷、續帖十七卷計三十四卷"俱以真跡入石"，其餘則"取别本摹刻"。據曾宏父的題跋可知前集所收所有書帖都是根據他本人所藏真跡摹刻上石。後集之中也多爲對照真跡、拓本摹刻。帖中所收均爲兩宋著名人物的書跡，這些真跡主體則是兩宋各界名流、文人士

---

① 金傳道：《北宋書信研究》，復旦大學博士學位論文，2008年。
② 水賚佑：《宋代帖學研究》，上海：上海人民美術出版社，2001年，第155頁。
③ 陳志平：《黄庭堅六帖考》，《書法叢刊》，2004第1期，第18頁。
④ 彭國忠：《從一通佚書看辛棄疾紹熙四年的行實和心態》，《文學遺産》，2005年第1期，第140頁；《朱熹佚書二通考》，《古籍整理研究學刊》，2006年第2期，第14頁。
⑤ 彭國忠：《宋代鳳墅法帖整理研究》，《中文自學指導》，2007年第5期，第21頁。
⑥ 《鳳墅殘帖釋文》錢大昕二卷本，全國各大圖書館多有收藏；姚氏八卷本則中國國家圖書館、南京圖書館、陝西省圖書館、上海圖書館、吉林大學圖書館各藏一部，上海圖書館還藏有一個抄本。由於筆者尚未能盡見這些版本，其中的版本源流關係，只能留待下一步繼續研究。本文主要以南京圖書館藏八卷本對參國家圖書館藏本作爲研究底本。

大夫的往還尺牘。錢大昕跋云："《鳳墅法帖》……皆諸公書翰。"①姚衡云："宋時書翰之盛,莫備於此。"②《鳳墅法帖》中所保存的真跡拓本,對研究作爲一種綜合藝術形式的尺牘意義就更加重大,豐富的圖像資料可補傳統書信體裁在形制研究上的短板。

因爲《鳳墅法帖》隨刻隨拓,故全本甚少。此帖宋時已無全帙存世,現存僅有上海圖書館藏的《鳳墅法帖》孤本殘拓十二卷,以及南京圖書館、國家圖書館等地所藏的歸安姚氏《鳳墅殘帖釋文》八卷本、十卷本(爲八卷本附錢大昕釋文的兩卷)、錢大昕《鳳墅殘帖釋文》二卷本。綜合考察上述資料,還能看到其部分原貌。筆者以現存拓本、釋文本爲基礎,參考曾宏父《石刻鋪叙》及歷代關於法帖的研究著作,如容庚《帖考》《叢帖目》等各種相關資料,可對《鳳墅法帖》各卷具體存佚情況作一個統計如下表:

表1　《鳳墅法帖》各卷存佚情況統計表

卷數		帖目	存佚情況	存目(帖)	尺牘(通)
前帖二十卷	卷一	七朝宸翰	佚	不詳	不詳
	卷二	東都名相名賢帖	佚	不詳	不詳
	卷三	東都南渡廷魁帖	存(釋文)	12	11
	卷四	熙豐黨人暨崇觀攻黨帖	佚	不詳	不詳
	卷五	清江三劉帖	存(釋文)	11	11
	卷六	曾南豐暨武城帖	佚	不詳	不詳
	卷七	蔡忠惠暨蘇帖	佚	不詳	不詳
	卷八	蘇門諸賢帖	佚	不詳	不詳
	卷九	歐陽文忠唐三宗贊稿、司馬文正議百官表、書東坡翰苑制稿	佚	不詳	不詳
	卷十	東都名賢詩贊、六一集古跋	佚	不詳	不詳
	卷十一	黃太史帖	存(拓)	12	11
	卷十二	米元章寶晉帖	佚	不詳	不詳
	卷十三	南渡名相帖	存(釋文)	24	24
	卷十四	南渡執政帖	存(釋文)	21	21
	卷十五	南渡儒行帖、南渡廷魁帖、南渡史學帖	存(拓并釋)	22	22
	卷十六	紹興正論帖、慶元正人帖	存(釋文)	24	23
	卷十七	南渡文藝帖	存(釋文)	23	22
	卷十八	南渡名賢詩帖	存(拓并釋)	21	1
	卷十九	南渡詩文題跋	佚	不詳	不詳
	卷二十	吳紫溪范石湖楊逃禪帖	佚	不詳	不詳

---

① (清)錢大昕:《鳳墅殘帖釋文》跋文,叢書集成初編本。
② (清)姚衡:《鳳墅殘帖釋文》跋,清末歸安姚氏刊本,南京圖書館藏。

續表

卷數		帖目	存佚情況	存目(帖)	尺牘(通)
畫帖二卷	卷上	宣和墨戲道子風雩圖伯時九歌圖等十二段	佚	不詳	不詳
	卷下	羲之蘭亭圖并叙文考訂	佚	不詳	不詳
續帖二十卷	卷一	東都名賢文忠烈等帖	佚	不詳	不詳
	卷二	歐陽公梁史斷稿、康節逢春吟	佚	不詳	不詳
	卷三	江南李主吳越錢王帖、東都名賢帖	存(拓)	19	8
	卷四	南渡忠義帖、將相帖、名賢帖	存(拓)	24	18
	卷五	向文簡呂文靖宋景文東都名賢帖	佚	不詳	不詳
	卷六	羅愈試銜告身、女真閩主等僞宣制度外帖	佚	不詳	不詳
	卷七	胡文定致堂五峰南渡儒行帖	佚	不詳	不詳
	卷八	乾淳續相南渡名賢帖、陸放翁楊誠翁書語孟章句并詩文	佚	不詳	不詳
	卷九	李梁谿游青原詩	佚	不詳	不詳
	卷十	石湖詩帖	存(拓并釋)	1	0
	卷十一	石湖詩并帖	存(拓并釋)	3	2
	卷十二	東都相帖	存(拓)	9	9
	卷十三	南渡相帖	存(拓)	4	4
	卷十四	名賢帖	存(拓)	12	12
	卷十五	東都文藝帖	存(釋文)	5	0
	卷十六	文藝帖	存(拓)	9	3
	卷十七	太祖書大宋一統字太宗雜書英宗賜懷璉批神宗書西郊書詩哲宗書罰弗及嗣四字欽宗書琢玉賦憲聖吳后書歸田賦	佚	不詳	不詳
	卷十八	東都名賢	佚	不詳	不詳
	卷十九	東都文藝	佚	不詳	不詳
	卷二十	名畫題跋又有二帖	佚	不詳	不詳
題咏二卷	卷上	不詳	佚	不詳	不詳
	卷下	不詳	佚	不詳	不詳
總計	44卷		20卷	256帖	202通

由上表可見,目前《鳳墅法帖》共存拓本十二卷,釋文十卷,除去拓本與釋文重複的前帖卷十五、十八,現存有前帖卷三、五、十一(殘)、十三、十四、十五、十六、十七、十八,續帖卷三、四、十、十一、十二、十三、十四、十五、十六,計存世二十卷,尚存兩宋名

賢墨蹟 256 帖,其中 202 帖爲尺牘。

根據《鳳墅法帖》命名規律,還可以推斷已散佚的二十四卷中尺牘的大致份量。以存世帖及帖目來看,其中詩文作品都能從題目中體現出來,如續帖卷九"李梁谿游青原詩"等。畫二卷、題咏二卷,亦可知爲書畫題跋之類。而尺牘則往往命名爲"帖"。目前存世的 20 卷中,題名爲"某帖"的,有 7 卷全爲尺牘:前帖卷五清江三劉帖、卷十三南渡名相帖、卷十四南渡執政帖、卷十五南渡儒行帖、南渡廷魁帖、南渡史學帖、續帖卷十二東都相帖、卷十三南渡相帖、卷十四名賢帖。有 6 卷九成以上爲尺牘:前帖卷三東都南渡廷魁帖、卷十一黃太史帖、卷十六紹興正論帖、慶元正人帖、卷十七南渡文藝帖、續帖卷三江南李主、吳越錢王帖、東都名賢帖、卷四南渡忠義帖、將相帖、名賢帖。由此我們可以推斷曾宏父一般以"帖"命名的卷次,都是以尺牘爲主的。已散佚的 24 卷中仍有 10 卷直接以"帖"命名,內容當亦以尺牘爲主。則《鳳墅法帖》中至少有 23 卷的內容全部或大部分爲尺牘。因此,說這是一部"兩宋名賢尺牘墨蹟匯刻法帖"也不爲誇張。

二、《鳳墅法帖》中所存尺牘文獻徵述

僅就《鳳墅法帖》中現存尺牘來看,它在宋代尺牘研究中的文獻價值是非同一般的。上表所見存世的二十卷中,南京圖書館藏《鳳墅殘帖釋文》八卷 122 帖中,含尺牘 92 通;錢大昕《鳳墅殘帖釋文》二卷(卷第十三、十四)45 帖中,含尺牘 45 通;上海圖書館殘拓《鳳墅帖》十二卷 136 帖中,含尺牘 90 通。南圖八卷本與上圖十二卷本中并存前集卷十五、十八,續集卷十、卷十一,計 25 通尺牘內容重複。則《鳳墅法帖》現存宋人法書計 256 帖,其中包含尺牘 202 通。尺牘占比近 80%。這 202 通尺牘的詳細情況如下表:

表 2 鳳墅法帖所存尺牘文獻統計表①

序號	作者及篇目	作者簡介及作品存世簡況	本帖性質	全宋文册
前帖卷三東都南渡廷魁帖(前闕十一幅)				
1	馬御史 與公謹賢甥書	馬涓,元祐六年狀元,元符中爲監察御史	佚文	無
2	畢 書示帖	畢漸,元祐九年狀元	佚文	135
3	俞述古 與判部侍講書	俞栗,崇寧五年狀元,以述古殿學士知江寧府	佚文	157
4	沈 風度帖	沈晦,宣和六年狀元	佚文	174

---

① 爲求可見法帖全貌,雖上圖殘拓、錢大昕兩卷已爲學者拈出,本表仍全列其中。凡已爲前人所發現者,皆在所屬卷目欄脚注中標注。《鳳墅法帖》收錄尺牘的編排原則是根據時間、身份等因素依類編錄,題簽多署官稱、字號、謚號等,但大部分尺牘格式皆以"某(作者名字)啓"開頭。故本表作者簡介欄目重點介紹能與尺牘署名信息相對應的身份信息。表中"佚 *"意爲此帖本佚文,《全宋文》據錢大昕《鳳墅殘帖釋文》錄入。《全宋文》册指該作者作品在《全宋文》中的册次。

續表

序號	作者及篇目	作者簡介及作品存世簡況	本帖性質	全宋文册
5	張文忠公 萬安帖	張九成,紹興二年狀元,謚文忠	佚文	183
6	黃正字 與韓吉解元書	黃公度,紹興八年狀元,曾任秘書省正字	佚文	206
7	王户書 光膺帖	王佐,紹興十八年狀元,官至權户部尚書	佚文	225
8	董大參 與定功學正書	董德元,紹興十八年恩榜狀元,官至參知政事	佚文	186
9	趙紫薇 與修武陳丈書	趙逵,紹興二十一年狀元,官至中書舍人	佚文	212
10	張紫薇 國史帖	張孝祥,紹興二十四年狀元,歷任中書舍人	佚文	253
11	王詹事 與宮使舍人書	王十朋,紹興二十七年狀元,歷任太子詹事	佚文	208
\multicolumn{5}{前帖卷五清江三劉帖}
12	劉敞與 十四弟中舍書	劉敞,字原父,號公是,有《公是集》五十四卷存世	佚文	59
13	與思貢書	同上	佚文	同上
14	與十四虞部諸弟書	同上	佚文	同上
15	劉攽 與十四哥虞部書	劉攽,劉敞弟。字貢父,號公非。有《彭城集》四十卷存世	佚文	68
16	與十四哥中舍書	同上	佚文	同上
17	劉敞 與四叔大卿書	劉敞	佚文	59
18	與府推學士書	同上	佚文	同上
19	劉攽 與君成學士書	劉攽	佚文	68
20	劉奉世 與持正主客書	劉奉世,字仲馮,劉敞子。精漢書學,與父、叔並稱三劉	佚文	無
21	與斯立宣德書一	同上	佚文	同上
22	與斯立宣德書二	同上	佚文	同上
\multicolumn{5}{前帖卷十一黃太史帖}
23	黃太史 熙寧初帖	黃庭堅,曾以秘書丞兼國史編修官	佚文	104
24	近賢帖	同上	佚文	同上
25	介卿帖	同上	佚文	同上
26	奉別逾年帖	同上	佚文	同上
27	元明梁縣尉帖	同上	佚文	同上

續表

序號	作者及篇目	作者簡介及作品存世簡況	本帖性質	全宋文册
28	前日承惠訪帖	同上	佚文	同上
29	與足下之先君子游帖	同上	存①	同上
30	□政慈惠帖	同上	佚文	同上
31	孤苦窮悴帖	同上	佚文	同上
32	僧惟清帖	同上	佚文	同上
33	□差兵級帖	同上	佚文	同上
	前帖卷十三南渡名相帖			
34	李忠定公 與茂德承務書	李綱，官至尚書左僕射兼門下侍郎，謚忠定	佚*	169
35	吕忠穆公 臨安帖	吕頤浩，官至同中書門下平章事兼知樞密院事，謚忠穆	佚*	141
36	朱忠靖公 與宫使右丞書	朱勝非，官至右僕射兼知樞密院事，謚忠靖	佚*	167
37	張忠獻公 與參議侍郎書	張浚，官至同平章事兼知樞密院，謚忠獻	佚*	187
38	趙忠簡公 劉振孫帖	趙鼎，官至尚書左僕射，謚忠簡	佚文	174
39	陳文恭公 與知縣學士書	陳康伯，官至尚書左僕射、同平章事兼樞密使，謚文恭	佚*	188
40	梁文靖公 輒瀝忱悃帖	梁克家，官至右丞相兼樞密使，謚文靖	佚*	226
41	葉　廢放餘生帖	葉衡，官至右丞相兼樞密使	佚*	221
42	王文定公 舅氏志銘帖	王淮，官至左丞相，謚文定	佚*	225
43	周文忠公 充員乘障帖	周必大，官至樞密使、左丞相，謚文忠	佚*	226
44	春雨及時帖	同上	佚*	同上
45	寒事雲初帖	同上	佚*	同上
46	留　昨聞帖臺屬之命帖	留正，官至簽書樞密院事、左丞相，謚忠宣	佚*	241
47	屢蒙賜誨帖	同上	佚*	同上
48	國郊帖（請違台範帖）	同上	佚*	同上
49	葛文定公 誨劄帖	葛邲，官至右丞相，謚文定	佚*	258
50	中聞帖（召還郎省帖）	同上	佚*	同上

---

① 《黃庭堅全集》卷十七《答蕭子孝書》，文字略有不同。詳見黃君《宋刻鳳墅帖黃庭堅手劄十種》，《中國書法》，2005年第5期，第18頁。

續表

序號	作者及篇目	作者簡介及作品存世簡況	本帖性質	全宋文册
51	趙忠定王 垂喻帖	趙汝愚,官至右丞相,謚忠定	佚*	273
52	交鄰帖	同上	佚*	同上
53	余忠肅公 區區帖	余端禮,官至左丞相,謚忠肅	佚*	258
54	春半帖	同上	佚*	同上
55	京文忠公 塵埃帖	京鏜,官至左丞相,謚文忠	佚*	271
56	擢贊帖	同上	佚*	同上
57	謝惠正王 濫司憲府帖	謝深甫,官至右丞相,謚惠正,卒後追封信王	佚文	277
前帖卷十四南渡執政帖				
58	馮　與世望提宫書	馮澥,官至尚書左丞	佚*	130
59	路允迪 寄食帖	路允迪,官至簽書樞密院事	佚*	158
60	葉義問 秋暑帖	葉義問,官至同知樞密院事	佚*	188
61	鄭忠肅公 六十七兄帖	鄭毅,官至簽書樞密院事,卒謚忠肅	佚*	158
62	二	同上	佚*	同上
63	徐樞秘 束哥帖	徐俯,官至簽書樞密院事兼權參知政事	佚*	146
64	賀清簡公 三月五日帖	賀允中,官至知樞密院事兼參知政事,謚清簡	佚*	182
65	張澂 雨餘帖	張澂,官至尚書右丞	佚*	185
66	王藺 風度帖	王藺,官至樞密使	佚*	273
67	羅文恭公 空疏帖	羅點,官至簽書樞密院事,謚文恭	佚*	283
68	薛賁 小龍團茶帖	薛賁,历官權户部侍郎	佚文	無
69	林正惠公 察院年丈帖	林大中,官至簽書樞密院事,謚正惠	佚*	242
70	八月初帖	同上	佚*	同上
71	樓宣獻公 與判府寺丞帖	樓鑰,官至參知政事,謚宣獻	佚*	262
72	與判府寺丞帖二	同上	佚*	同上
73	葉翥 記曹帖	葉翥,官至簽書樞密院事	佚*	223
74	許及之 復歸帖	許及之,官至知樞密院兼參知政事	佚*	280
75	袁說友 兹者帖	袁說友,官至參知政事	佚*	274
76	雷孝友 問念帖	雷孝友,官至參知政事	佚*	272

續表

序號	作者及篇目	作者簡介及作品存世簡況	本帖性質	全宋文册
77	邱崇 氣候淑均帖	邱崇,拜同知樞密院事,謚忠定	佚文	無
78	何澹 春令帖	何澹,官至同知樞密院事兼參知政事	佚*	282
前帖卷十五南渡儒行帖、南渡廷魁帖、南渡史學帖				
79	尹和靖 秋中帖	尹焞,程頤弟子,賜號和靖居士	佚文	142
80	祁遺公 廬陵帖	祁寬,尹焞門人,隱居不仕,自稱廬阜老圃	佚文	183
81	張宣公 與子澄知縣書	張栻,與朱熹、吕祖謙爲講學友,時稱東南三賢。賜謚曰宣	佚文①	255
82	朱文公 與子澄寺簿書	朱熹,紹興十八年進士,世稱朱文公	佚文②	243
83	建昌帖	同上	佚文	同上
84	吕成公 與子澄縣丞書	吕祖謙,卒謚成,婺學開創者	佚文	261
85	吕寺丞 不貢帖	吕祖儉,兄祖謙弟,曾任太府丞	佚文	282
86	劉寺簿 提宫中書舍人帖	劉清之,曾任太常寺主簿,從朱熹學	佚文	258
87	楊啓書 閩餘帖	楊方,隆興元年進士,歷編修官等	佚文	254
88	陳□□ 與公度總幹書	陳孔碩,淳熙二年進士,學者稱北山先生	佚文	282
89	石大夫 晚遠帖	石書問,字叔訪,隆興元年進士,官至朝請大夫	佚文	無
90	石華文 朝行帖	石宗昭,字應之,石書問子。乾道八年進士,直華文閣	佚文	277
91	吴□□ 寒暄帖	吴獵,字德夫,淳熙進士,以敷文閣學士知成都府	佚文	280
92	袁正獻公 暑潦帖	袁燮,字和叔,淳熙八年進士,謚正獻	佚文	281
93	開河帖	同上	佚文	同上
94	木□□ 謙施帖	木待問,字蘊之,隆興元年狀元	佚文	278
95	鄭□□ 色誨帖	鄭僑,字惠叔,乾道五年狀元	佚文	273
96	衛□□ 道德帖	衛涇,字清叔,淳熙十一年狀元	佚文	291
97	王□□ 台閣帖	王容,字南强,淳熙十四年狀元	佚文	293

---

① (宋)張栻著,楊世文點校:《南軒先生集》,據本書收入補遺卷,中華書局,2015年,第1479頁。

② 本帖計四百餘字,其中"《行記》甚佳,但人説天池光怪,有飛空往來,或入簷楹,或出自房闥者,與所記不類,豈偶有所遺,抑所見適止此耶? 此爲陳寳之屬,無足深怪。世人胸次昏瞶隘狹,自以爲疑耳。此《記》流傳,亦足以少袪其惑也"一段96字又見《朱文公文集》卷三十五。

續表

序號	作者及篇目	作者簡介及作品存世簡況	本帖性質	全宋文册
98	鄒□□ 炎序帖	鄒應龍,字景初,慶元二年狀元	佚文	306
99	袁正肅公 秋颸帖	袁甫,號蒙齋,嘉定七年狀元,謚正肅	佚文	323
100	李文簡公 寵餞帖	李燾,字仁甫,謚文簡。著有《續資治通鑒長編》	佚文	210
前帖卷十六紹興正論帖、慶元正人帖				
101	胡文簡公 論和議封事帖	胡銓,字邦衡,號澹庵,謚忠簡,曾上書請斬秦檜	佚文	195
102	王敷文 鄉里帖	王庭珪,號盧溪,直敷文閣,胡銓被貶,曾賦詩送行	佚文	158
103	李莊簡公 與邦衡編修書	李光,字泰發,謚莊簡。主戰,反對議和,面斥秦檜	佚文	154
104	眷愛帖	同上	佚文	同上
105	幕官帖	同上	佚文	同上
106	張文忠公 與邦直權府書	張九成,字子韶,號橫浦居士,謚文忠。反對秦檜議和	佚文	183
107	台旌帖	同上	佚文	同上
108	大惠普覺禪師 需香帖	僧宗杲,臨濟宗傳人,為張九成黨,忤秦檜	佚文	179
109	芮御史 閩中帖	芮燁,字仲蒙,以作詩譏訕,忤秦檜,被除名	佚文	無
110	連寶學 南夫親征帖	連南夫,寶文閣學士,以和議為非,力主戰守,故累起累廢	佚文	176
111	徐戶侍 與新仲知府書	徐林,隆興初為吏部侍郎,反對符離之役	佚文	181
112	折樞密 委喻帖	折彥質,歷簽書樞密院事,為趙鼎薦引,忤秦檜	佚文	176
113	張忠定公 宣城帖	張燾,字子公,謚忠定。力詆和議,忤秦檜	佚文	183
114	夢寐帖	同上	佚文	同上
115	李戶侍 遷居帖	李彌遜,官至戶部侍郎,秦檜主和議,彌遜極論之,以力沮和議罷職	佚文	180
116	彭忠肅公 雨濕帖	彭龜年,謚忠肅。立朝骨鯁,屢上章乞逐韓侂冑	佚文	278
117	孫獻簡公 與知府寺丞書	孫逢吉,謚獻簡。彭龜年論韓侂冑專僭,出補郡,逢吉力爭之,遂忤侂冑,出知太平州	佚文	259

續表

序號	作者及篇目	作者簡介及作品存世簡況	本帖性質	全宋文册
118	章　與判寺大卿書	章穎，韓侂胄用事，請留趙汝愚，罷職	佚文	277
119	尤文簡公　高義帖	尤袤，謚文簡，嘗繳奏韓侂胄轉官制	存①	225
120	鄭湜　懷仰帖	鄭湜，趙汝愚罷相，鄭湜草制，坐無貶辭免，入慶元黨籍	佚文	260
121	鄧　秋氣帖	鄧馹，字千里，爲中書舍人，忤韓侂胄，以僞黨罷職	佚文	無
122	徐　與判府寺丞書	徐誼，與韓侂胄不合，謫官南安軍	佚文	282
123	倪文節公　光符帖	倪思，謚文節。任吏部侍郎兼直學士院，忤韓侂胄，貶官	佚文	282
	前帖卷十七南渡文藝帖			
124	孫鴻慶覿　與宮使資政書	孫覿，號鴻慶居士，政和四年中詞科，詩文頗工，尤長四六	佚文	158
125	涂宣幹帖	同上	佚文	同上
126	汪龍溪　桂兵帖	汪藻，號龍溪，工詩文，尤長四六，有《龍溪文集》	佚文	156
127	韓陵陽　與提舉承議書	韓駒，世稱陵陽先生，制詞簡重，爲時所推	佚文	161
128	與提舉朝奉書	同上	佚文	同上
129	陳簡齋　台眷帖	陳與義，號簡齋，曾任翰林學士、知制誥，工詩	佚文	182
130	趙安樂　與辨道户曹書	趙令時，字德麟，宗室，早以才敏聞，有《安樂集》	佚文	133
131	洪老圃　完庫帖	洪芻，有才名，尤工詩，有《老圃集》	佚文	135
132	向鄉林　與茂德迪功書	向子諲，號鄉林居士，著有《鄉林文集》、《酒邊詞》等	佚文	無
133	與茂德監祠書	同上	佚文	同上
134	陳　魏參帖	陳正同，《宋史》無傳，紹興末任刑部侍郎	佚文	無
135	洪東園　知府殿撰舍人帖	洪遵，紹興十二年試中博學宏詞科	佚文	219
136	章　南荆帖	章森，字德茂，官至焕章閣直學士知興元府	佚文	280
137	謝艮齋　與無玷判台書	謝諤，字昌國，稱艮齋先生，著述頗豐	佚文	220

---

① 見《全宋文》"與曾侍郎無玷書"，上海辭書出版社、安徽教育出版社，2006年，第225册，第218頁。

《鳳墅法帖》存宋人尺牘文獻徵述

續表

序號	作者及篇目	作者簡介及作品存世簡況	本帖性質	全宋文册
138	小林幽僻帖	同上	佚文	同上
139	窮居野處帖	同上	佚文	同上
140	楊誠齋 與知縣朝議書	楊萬里,號誠齋,工詩,爲南宋四大家之一,有《誠齋集》	佚文	237
141	濫司平准帖	同上	佚文	同上
142	陸可齋 與監丞七丈書	陸游,字務觀,號放翁,又號可齋①,南宋中興四大家之一	佚文	222
143	辛稼軒 坎壈帖	辛棄疾,號稼軒,有《稼軒詞》	佚文	275
144	何月湖 與判府寺丞書	何異,號月湖,官至寶章閣學士知泉州,有《月湖詩集》	佚文	241
145	與知府寺丞書	同上	佚文	同上
前帖卷十八南渡名賢詩帖				
146	陳主簿 詩翰	不詳	佚文	無
續帖卷三江南李主吳越錢王帖、東都名賢帖				
147	吳越忠懿王 報江仁憲帖	錢俶,太平興國三年上表納土,封淮海國王,謚忠懿	佚文	無
148	陳了齋 與誼公書	陳瓘,字瑩中,號了齋,有《四明尊堯集》等	佚文	129
149	李日涉翁 蒙貺以新詩帖	李彭,字商老,詩文富贍,爲江西派詩人,有《日涉園集》	佚文	135
150	賈文元公 與孫宣公奭書	賈昌朝,仕至同中書門下平章事兼樞密使,謚文元	佚文	23
151	王編修 客至自越帖	王渙之,元祐中任太學博士,編修《兩朝魯衛信錄》	佚文	132
152	瑩中素貧帖	同上	佚文	同上
153	李大夫 與瑩中右司書	李之儀,字端叔,自號姑溪居士,官朝請大夫	佚文	111
154	郭殿丞 蒙世帖	郭祥正,字功父,官殿中丞。少有詩聲,時人比李太白	佚文	80
續帖卷四南渡忠義帖、將相帖、名賢帖				
155	楊忠襄公 與季廉詩翰	楊邦乂,建炎三年金兵南侵,不屈而殉國,謚忠襄	佚文	無
156	與士廉書二通	同上	佚文	同上
157	其二	同上	佚文	同上

① 周必大《泛舟遊山錄》有注:"可齋陸務觀所立也",(宋)周必大《文忠集》卷一百六十九。

續表

序號	作者及篇目	作者簡介及作品存世簡況	本帖性質	全宋文册
158	劉武忠公 分闖無功帖	劉錡,慷慨深毅,有儒將風範,曾擊敗兀朮長勝軍,謚武忠	佚文	149
159	湘中帖	同上	佚文	同上
160	虞忠肅公 間別未久劄子	虞允文,曾取得采石大捷,官至左丞相兼樞密使,謚忠肅	存①	207
161	示垂諭劄子	同上	佚文	同上
162	岳武穆王 與通判學士書	岳飛,南渡抗金名將,孝宗時追謚武穆,寧宗時追封鄂王	佚文	196
163	已至洪井帖	同上	佚文	同上
164	平虜亭記帖	同上	佚文	同上
165	劉忠肅公 旬月從游帖	劉珙,字共父,謚忠肅	佚文	無
166	劉知樞 與少通任書	劉玨,字希范,崇寧五年進士,建炎中權知樞密院事	佚文	149
167	滕知樞 獲逐瞻謁劄子	滕康,字子濟,崇寧五年進士,權直三省樞密院事	佚文	175
168	胡禮書 不知免喪帖	胡寅,字明仲,宣和進士。紹興四年除禮部侍郎兼侍講	佚文	189
169	左右誣撓帖	同上	佚文	同上
170	許右丞 還書已領帖	許翰,字崧老,元祐三年進士,高宗時拜尚書右丞	佚文	144
171	李次對 與戀德書	李樸,字先之,紹聖元年進士,徽宗即位,召對	佚文	135
172	近承惠書帖	同上	佚文	同上
	續帖卷十一石湖詩并帖			
173	范石湖 百冗帖	范成大,號石湖居士,南宋中興四家之一	佚文	224
174	頹放帖	同上	佚文	同上
	續帖卷十二東都相帖			
175	張文懿公 上煩指示帖	張士遜,字順之,官至同中書門下平章事,謚文懿	佚文	10
176	晏文獻公 冬寒帖	晏殊,字同叔,官至同門下平章事,謚文獻	佚文	19
177	龐莊敏公 與學士子京書	龐籍,官至樞密使,謚莊敏	佚文	17
178	蘇司空 不意凶變帖	蘇頌,官至尚書右僕射兼中書侍郎,卒贈司空、魏國公	佚文	60

---

① 《全宋文》據《宋代蜀文輯存》收入,名爲《按撫歸正人劄子》,第207册,第113頁。

续表

序號	作者及篇目	作者簡介及作品存世簡況	本帖性質	全宋文册
179	陳文恭公 與昭文相公書	陳執中,官至同中書門下平章事,謚文恭	佚文	19
180	王文恭公 與監倉國博書	王珪,慶曆二年進士,官至同中書門下平章事,謚文恭	佚文	52
181	趙清憲公 與明叔舍人書	趙挺之,熙寧進士,官至尚書右僕射,謚清憲	佚文	97
182	唐少宰 方息傳舍帖	唐恪,靖康初拜少宰兼中書侍郎	佚文	141
183	劉文安公 與觀文相公書	劉沆,天聖八年進士,官至同中書門下平章事,謚文安	佚文	20
續帖卷十三南渡相帖				
184	史越王 與參政相公書	史浩,官至尚書右僕射,追封越王,謚忠定	佚文	199
185	鄭魏王 與華文郎中劄子	鄭清之,官至左丞相兼樞密使,追封魏郡王,謚忠定	佚文	308
186	秦申王 都騎已臨帖	秦檜,官至左僕射,專國政凡十八年,卒贈申王	佚文	182
187	別紙勤懇帖	同上	佚文	同上
續帖卷十四名賢帖				
188	范文正公 與仲儀待制書	范仲淹,大中祥符八年進士,官至參知政事,謚文正	存①	18
189	馬忠肅公 老兄赴任帖	馬亮,太平興國五年進士,累官工部尚書,謚忠肅	佚文	7
190	蒲密院 贈文字帖	蒲宗孟,字傳正,皇祐五年進士,官至尚書左丞	佚文	75
191	吳密院 雨寒帖	吳居厚,字敦老,嘉祐八年進士,官至知樞密院	佚文	84
192	劉忠定公 與曹宣教書	劉安世,字器之,熙寧八年進士,謚忠定	佚文	117
193	蔡紫微 試罷帖	蔡肇,字天啓,元豐二年進士,官至中書舍人	佚文	117
194	鄭左丞 與伯成承務書	鄭雍,字公肅,嘉祐二年進士,官至尚書左丞	佚文	78
195	薛恭敏公 旌車過境帖	薛向,字師正,官至樞密副使,謚恭敏	佚文	48
196	劉次對 所生之日帖	劉瑾,字元忠,歷知應天府,兼南京留守司,帥真定等	佚文	無

① 《全宋文》據《范文正公尺牘》卷下收此帖,分兩通《與仲儀待制書》二、三,第18册,第380頁。

續表

序號	作者及篇目	作者簡介及作品存世簡況	本帖性質	全宋文冊
197	劉次對 與兼美教授書	劉佩，字寬夫，瑾子，紹興進士，官至待制。文集無傳	佚文	無
198	疲曳帖	同上	佚文	同上
199	劉徽學 示諭文字帖	劉才邵，字美中，宣和二年中宏詞科，官至權吏部尚書	佚文	175
續帖卷十六文藝帖				
200	章莊敏公 與叔昆大夫書	章粢，治平二年試禮部第一，才武兼備，諡莊敏	佚文	72
201	徹視寬遠帖	同上	佚文	同上
202	林和靖 尹君處士帖	林逋，字君復，隱居孤山，天聖二年卒，賜諡和靖先生	佚文	10

上表 202 通尺牘中僅有 3 通保存於文人文集。剩餘 199 通都是宋人尺牘佚文，不見於傳世文集，也不見於歷代傳世文學文獻中，是彌足珍貴的文獻資料。尤其是上圖殘拓，更是"天壤間獨存"的宋人尺牘真跡摩刻上石的拓本，價值可想而知。歸安姚氏的八卷本雖無圖像，却保存了大量宋人尺牘佚文，其中僅 2 通并見文人文集，文獻價值之大，可見一斑。

同時，上表所見書帖帖目及《鳳墅法帖》中具體文本來看，此帖確實彙集了兩宋各界人物墨跡。兩宋各界名流，上至皇帝宸翰，下至歷朝名臣如徐鉉、歐陽修、蔡襄、蘇軾、黃庭堅、米芾、薛紹彭、張孝祥、陸游、范成大、朱熹等等盡在其中。確實客觀達到了曾宏父《石刻鋪叙》中所計劃通過此帖"略庶可備皇朝文物之盛"的目標。如上文所論可知，這些名人書跡絕大部分皆爲尺牘作品。則兩宋名人尺牘作爲"欲類吾宋三百年間書法自成一家以傳無窮"[①]的載體，在展現宋世輝煌文明中，也是大有價值的。

三、《鳳墅法帖》所存宋人尺牘的研究價值

《鳳墅法帖》爲宋人匯刻的一部宋人集帖，其中十之八九都是宋人尺牘。雖然目前已不見全帙，僅餘其半，對宋代尺牘研究仍有重要的意義。

首先，保存大量宋人尺牘佚文。如上文統計，《鳳墅法帖》現存宋人法書計 256 帖，其中包含尺牘 202 通，這些尺牘基本都是宋人尺牘佚文，不見於各家傳世文集，也不見於其他歷代傳世文獻中，是彌足珍貴的資料，對於研究宋代文學具有重要價值。

上文表中除范仲淹、黃庭堅、李之儀、孫覿、李綱、周必大、樓鑰、張九成、朱熹等少數人文集保存比較完整、所存尺牘也比較豐富外，絕大多數人所存文章在十數篇左右，大多還是從史料中摘録的奏章表啓，以及從他人文集中輯出的題跋序記，其中并無尺牘書札的存在。《鳳墅法帖》所收這些人的尺牘佚文，爲我們提供了研究作家生

---

① （宋）曾宏父：《石刻鋪叙》卷下，丛书集成初编本。

平、思想的珍貴材料。尤其是對上表中十六家在《全宋文》中完全没有作品收録,如石書問、楊邦乂等人而言,這些尺牘更是目前可見的他們在天壤之間僅存的文字。尺牘中親友之間的竊竊私語,讓他們從史書的符號化形象中獨立出來,擁有了真實感和人情味。這些尺牘佚文對以上作家的研究自然是有直接幫助的。

其次,尺牘物質層面與書法藝術層面的展示。據曾宏父《石刻鋪叙》及其他相關資料記載,《鳳墅法帖》所收書翰都是曾宏父一生中所見所藏。姚衡《鳳墅殘帖釋文》序中説:"宋時書翰之盛,莫備於此。……墨光如漆,生動欲飛,稀世寶也。"① 錢大昕在其《鳳墅殘帖釋文》跋中也説道:"卷中所載皆諸公書翰,而與其父少師往還之帖,居其太半。古人書問不輕假手門客,行草大小疏密不拘,要皆秀逸可愛。"② 熠熠生輝的手書真跡在以文字爲傳播形式的文人文集中是見不到的。因此《鳳墅法帖》無論對於宋代尺牘的流傳,還是對尺牘書跡、書儀等的研究都有重要而獨特的價值。

上海圖書館藏孤本殘拓十二卷,更是"天壤間獨存"的宋人尺牘真跡摹刻上石的拓本,這些作爲"法帖"保存的尺牘文獻,保留了宋人尺牘的部分原始面貌。其格式、平闕、書法表現形式(行楷爲主,楷書、草書次之),較大程度地保留了宋人尺牘的書面形制、墨蹟形態、書法風格等原始形態。清人姚衡整理的《鳳墅殘帖釋文》十卷,雖僅存釋文,却仍通過標明第一行、第二行及平闕格式等,一定程度上保留了原拓的形制信息。結合書法研究對墨蹟與文人創作心態等諸多方面的表達來看,這些墨蹟形態補充着文本内容,向我們展示了宋人尺牘的完整風貌。我們能從墨蹟與文字的結合中,看到飛動的神采、超逸的靈魂。這些形制、墨蹟形態的保存,對於擴展局限于以書面文本爲中心的文學研究視野是大有幫助的,也是我們通過文本與書法墨蹟去透視文人當時的創作心態與場景的一個利器。

第三,多方面的史料價值。《鳳墅法帖》的價值不限於文學與書法方面,它同時還是珍貴的第一手政治、歷史、社會文化文獻。這些珍貴的尺牘中既有時代風雲,也有文人唱和,還有物質往來。在這些尺牘中我們可以看到宋人的多面性與生活的豐富多彩。他們在同一通尺牘之中既探討公務時事,也探討兒女親事;既有饋贈請托,還有學術探討。他們通過尺牘訴衷腸、表慰問、通有無、濟危難,在幾行或深或淺、或莊或諧的筆墨之中,將個人的交際往來,社會的風雲變幻,時代的風俗趣尚都一一表露。這些内容都并非單獨的文學或書法的視角能夠概括的。

然而目前無論是文學方面,還是書法方面,對《鳳墅法帖》的研究都比較匱乏,甚至没有一個整合現有殘拓與釋文的完整的整理校注本。有鑒於此,筆者計劃將現存各種版本的《鳳墅法帖》進行録文、校勘、注釋,以期給學界提供一個比較完備的整理本。在此基礎上,對《鳳墅法帖》進行深入全面地研究。

---

① (清)姚衡:《鳳墅殘帖釋文》序,清末歸安姚氏刊本,南京圖書館藏。
② (清)錢大昕:《鳳墅殘帖釋文》,《嘉定錢大昕全集》,南京:鳳凰出版社,2016年,第471頁。

明代《海篇心鏡》系字書傳承關係考述*

李瑩娜

摘　要: 明代以蕭良有《海篇心鏡》爲代表的同系字書現存十餘種,這些字書之間具有一定的傳承關係。根據除部首外四畫以下單字的編排情況看,該系字書分別遵從兩種不同的編排方式。從同一單字在不同字書的直音情況看,該系字書大致有兩種不同的注音來源。此外,部分字書注有反切音,這些反切輾轉相承,體現出相同的語音特徵。對《海篇心鏡》系字書傳承關係的考察,具有辭書學、語音學以及字典修訂等多方面的價值。

關鍵詞:《海篇心鏡》;單字編排;直音;反切;傳承關係

　　明萬曆十年(1582),蕭良有以《海篇直音》(全稱爲《新校經史海篇直音》)爲底本,將原書的部首由音序編次法改爲義類編次法,編成《海篇心鏡》(全稱爲《翰林筆削字義韻律鰲頭海篇心鏡》)一書①。蕭氏之書在當時頗受認可,同類型字書隨之蜂出。日本學者大巖本幸次將此類字書歸入"海篇類"字書中的"心鏡"系列②,本文稱《海篇心鏡》系字書。

　　目前關於《海篇心鏡》系字書的研究主要是從版本學、文字學、訓詁學等角度入手,進行概括性或對比性的介紹,如李凡、石杏美、馮旭瑩等學者的研究③。對該系字書傳承關係的研究,目前尚未全面展開,只有大巖本幸次、巫俊勳等少數學者的文章偶有涉及。而且,他們的觀點是基於版式、目錄、編纂體例的比較得出的,缺乏字書內部的證據。本文在此基礎上,從字書中具體單字的編排和注音情況兩方面入手,試對《海篇心鏡》系字書的傳承關係作初步分析。現將筆者所能見到的《海篇心鏡》系字書列出④:

　　1. 蕭良有著《翰林筆削字義韻律鰲頭海篇心鏡》(1594)⑤,加利福尼亞大學伯克利分校圖書館藏;

---

*　作者簡介:李瑩娜,復旦大學古籍整理研究所漢語言文字學專業博士生,研究方向爲漢語史。
① 巫俊勳:《論〈翰林筆削字義韻律鰲頭海篇心鏡〉之編輯特色與流行》,第1—38頁。
② [日]大巖本幸次:《明代"海篇類"字書群に関する二、三の問題(附:現存海篇類目錄)》,《東北大學中國語學文學論集(第4號)》,宮城縣:東北大學,1999年,第19—33頁;[日]大巖本幸次:《明代海篇類字書知見錄》,《東北大學中國語學文學論集(第9號)》,宮城縣:東北大學,2004年,第101—136頁。
③ 李凡:《〈翰林海篇心鏡〉版本考述——兼述中韓古代書籍交流的特殊現象》,《歷史文獻研究》,2019年第1期,第215—225頁;石杏美:《〈海篇群玉〉與〈四聲篇海〉字篇對比研究》,河北大學碩士學位論文,2015年;馮旭瑩:《〈海篇心鏡〉與〈四聲篇海〉釋義對比研究》,河北大學碩士學位論文,2019年。
④ 原書刊刻或序刊時間明確的,在括號内標注。部分字書的刊刻時間參考了大巖本幸次、巫俊勳的研究。
⑤ 現存最早是日本國會圖書館藏萬曆十年(1582)本,但已殘缺不全,本文使用萬曆甲午(1594)本。

2. 鄒德溥彙集《刻太古遺蹤海篇集韻大全》(1589)，早稻田大學圖書館藏；

3. 李廷機修輯《新鐫玉堂鰲正龍頭字林備考韻海全書》(1595)，日本內閣文庫藏；

4. 劉孔當重訂《翰林重考字義韻律大板海篇心鏡》(1596)，日本國立國會圖書館藏；

5. 余象斗纂《三台館仰止子考古詳訂遵韻海篇正宗》(1598)，哈佛大學漢和圖書館藏；

6. 曾六德輯考《鼎刻台閣考證遵古韻律海篇大成》(1604)，日本內閣文庫藏；

7. 陳五昌重訂《翰林重考字義韻律大板海篇明鏡》(1606 年左右)，日本內閣文庫藏；

8. 武緯子補訂《鼎鐫洪武元韻勘正補訂經書切字海篇玉鑑》(1601—1609)，日本內閣文庫藏；

9. 吳亮修輯《鍥五車字義韻學事類四明海篇》(1609)，日本內閣文庫藏；

10. 葉向高撰《新鍥閣老臺山葉先生訂釋龍頭切韻海篇星鏡》(1606—1627)，日本內閣文庫藏；

11. 朱孔陽輯《新刻瑞樟軒訂正字韻合璧》(1628)，《四庫存目叢書》，湖南圖書館藏；

12. 陳仁錫閱①《新刻洪武元韻勘正切字海篇群玉》(1641)，哈佛大學漢和圖書館藏②；

13. 陳仁錫閱《陳明卿太史考古詳訂遵韻海篇朝宗》，哈佛大學漢和圖書館藏；

14. 凌霄鳳訂《鼎鍥木天考正鰲頭海篇棲鵠》，日本內閣文庫藏；

15. 陳仁錫纂訂《新鐫陳太史纂訂海篇彙編全書》，日本內閣文庫藏。

除了上述字書，湯顯祖校正的《精刻海若湯先生校訂音釋海篇統匯》③和余彰德所刻《重校古本五音類聚四聲切韻直音海篇大全》④也被大巖本幸次歸入"海篇類"字書"心鏡"系列。經查閱可知，這兩部字書的部首未采用義類編次法，與其他字書的編纂體例不符，故此處不予討論。

一、《海篇心鏡》系字書單字編排方式的比較

蕭良有《海篇心鏡》沿襲《四聲篇海》(全稱爲《改并五音類聚四聲篇》)和《海篇直音》以來單字筆畫編排法的傳統⑤：在字數衆多的部首中，除部首外多於四畫的字按

---

① 根據巫俊勳(2018)的考證，陳仁錫當時已經逝世，不可能審閱該書。本文暫從之。
② 已知序刻最早的是崇禎己卯(1639)本，目前尚未發現。
③ (明)湯顯祖校正：《精刻海若湯先生校訂音釋海篇統匯》，美國國會圖書館藏天啓改元(1621)序刊本。此書題爲湯顯祖校正，疑爲偽托，暫從之。
④ (明)余彰德鼎鍥：《重校古本五音類聚四聲音切韻海大全》，日本內閣文庫藏萬曆壬寅(1602)序刊本。
⑤ 《論〈翰林筆削字義韻律鰲頭海篇心鏡〉之編輯特色與流行》，第 18 頁。

筆畫數分段編排,除部首外少於四畫的字不按筆畫數分段編排①。除部首外四畫以上單字的編排,《海篇心鏡》系字書大致相同。然而,除部首外四畫以下單字的編排,有的書遵從蕭良有《海篇心鏡》,有的書則有所改動,具體例子詳見表1。表中同時列出相關單字在《字彙》②中的位置,以資比較。表中"/"左側數字表示該字除部首外的筆畫數,右側數字表示該字在該畫段的位次,"○"表示該字不按筆畫數編排。例如"黚"字在蕭氏《海篇心鏡》位於"黑部"不分畫段字組的第3位,在《韻海全書》位於"黑部"第三畫段的第2位。

表1　單字編排方式對比例表③

	黚（黑部）	鬾（鬼部）	阞（阜部）	町（田部）	雩（雨部）	盂（皿部）	弘（弓部）	骭（骨部）
蕭氏《海篇心鏡》	○/3	○/3	○/3	○/6	○/7	○/2	○/31	○/15
《海篇集韻大全》	○/2	○/3	○/7	○/6	○/6	○/2	○/7	○/15
劉氏《海篇心鏡》	○/3	○/3	○/3	○/3	○/3	○/3	○/7	○/15
《海篇明鏡》	○/3	○/3	○/3	○/3	○/3	○/3	○/7	○/15
《四明海篇》	○/10	○/5	○/11	○/1	○/5	○/5	○/12	○/5
《字韻合璧》	○/10	○/4	○/7	○/5	○/6	○/8	○/7	○/17
《海篇棲鵠》	○/7	○/3	○/2	○/7	○/3	○/6	○/10	○/6
《韻海全書》	三/2	三/2	二/2	二/4	三/4	三/1	三/13	一/2
《海篇正宗》	○/3	三/5	二/3	二/1	三/4	三/1	三/7	一/2
《海篇玉鑑》	○/3	三/2	二/2	二/1	三/4	三/1	三/7	一/2
《海篇大成》	○/3	三/2	二/2	二/1	三/4	三/1	三/7	○/15
《海篇星鏡》	○/3	三/2	○/3	○/16	三/4	○/2	○/3	○/15
《海篇群玉》	○/3	三/2	二/2	二/1	三/5	三/1	三/7	二/1
《海篇朝宗》	○/3	三/5	二/3	二/1④	三/5	三/1	三/8	一/2
《海篇彙編全書》	○/3	三/2	○/3	○/6	○/7	三/1	○/26	○/14
《字彙》	三/1	○/7	二/7	二/7	三/5	三/5	三/3	無

表1中的字書可分爲兩類:第一類遵循傳統的單字編排法,對除部首外四畫以下單字不分畫段。第二類改進了傳統單字編排法,對除部首外四畫以下單字區分畫段。

第一類字書中,刊行時間較早的前四部字書單字位次大致相近。相比之下,刊行

---

① 《四聲篇海》全書分444部,有71個字數衆多的部首區分單字畫段,《海篇直音》承之。蕭氏《海篇心鏡》在《海篇直音》基礎上對另外字數較多的29個部首區分單字畫段,總計100個部首區分畫段。
② （明）梅膺祚:《字彙》,《續修四庫全書》232、233册,上海:上海古籍出版社,2002年。
③ 表中字書皆用簡稱,兩部《海篇心鏡》分別標出作者姓氏。
④ 《海篇朝宗》第"二"畫段誤作第"三十"畫段,今改。

時間較晚的後三部書單字位次差異較大,其原因值得探討。

《四明海篇》凡例云:"舊刻《海篇》,概以字之畫數爲先後,自四而五,五而六,六而七,七而至二三十餘畫。混多於前者有之,置少於後者有之,是以畫數爲虛設,且不分上下左右之類,殊眩人心目。今分爲四類,仍以畫數之多少,列於先後。"這段話闡明了《四明海篇》的體例,即每部先以"上下左右"區分結構,再按傳統辦法區分畫段,如"黔"位於該書"黑部""左類"第○畫第 10 位。顯然,結構的區分引起了單字位次的變化。

《字韻合璧》和《海篇棲鵠》兩書有意識地根據筆畫數的多寡排列位次。例如,其他字書的"黔"皆列於"黗"之前,而這兩部書的"黔"皆列於"黗"之後。這樣也會引起原有單字位次的變化。

總而言之,刊行時間較晚的《四明海篇》《字韻合璧》《海篇棲鵠》三部書雖然不區分畫段,但却改變了單字的位次,試圖對傳統的單字編排法有所改進。

第二類字書中,《韻海全書》對除部首外四畫以下單字畫段的區分最爲徹底,其餘字書的區分則不够徹底。

《韻海全書》首卷上欄曰:"近時刊刻《海篇》,'魚豕'之訛殊甚。如各部內,一二三四號之字,一雜於五,五雜於四。前後舛亂者,今皆正之。"該書編者認爲,以往的字書對除部首外一二三四畫之字的編排存在問題,應該一一正之。因此《韻海全書》在收字較多的部首中,對所有單字嚴格按筆畫數分段編排。

《韻海全書》在單字編排上的改進,對其後的《海篇正宗》《海篇玉鑑》《海篇大成》《海篇星鏡》《海篇群玉》《海篇朝宗》《海篇彙編全書》等或多或少產生了影響。不過從實際情况看,《海篇正宗》等書并未完全擺脱傳統單字編排法的束縛,如"黔"在《海篇正宗》等書中依然不區分畫段。

《字彙》對相關單字的編排,與第二類字書有相似之處。劉葉秋指出:"明代的字書,從實用方面説,比以前的字書,有了較大的進步:一般字典的編排體例,顯見革新,尤以《字彙》爲具有獨創性的成就。"[①]體現在單字編次上,明代多數字書對除部首外四畫以下單字皆不分畫段,到了《字彙》則爲之一變,有區分畫段的現象[②]。顯然,《字彙》在單字編次上的變化,與《韻海全書》《海篇正宗》等明代後期的字書有着莫大關係。可以説,以《韻海全書》爲代表的字書,將除部首外四畫以下單字由不分畫段改爲區分畫段,使得單字編排法更爲科學合理。這是漢語字典編纂史中較爲重要的環節,對其後字典的編纂產生了深遠影響。

二、《海篇心鏡》系字書直音字的比較

《海篇心鏡》系字書大多以直音字注音,出現較晚的字書在沿襲已有字書的直音時,常産生各種訛誤。訛誤的直音語音字價值很小,但對確定字書之間的傳承關係却

---

① 劉葉秋:《中國字典史略》,北京:中華書局,1983 年,第 127 頁。
② 李姍:《明代辭書漢字部首法的演變》,天津師範大學碩士學位論文,2018 年,第 74 頁。

有重要作用,詳見表2。爲便於比較,同時列出相關字在《海篇直音》①中的讀音。

表2　單字直音情況對比例表②

	焙(火部)	坩(土部)	氿(氵部)	汤(水部)	颫(風部)	戔(戈部)	砀(石部)	弘(弓部)	骱(骨部)
《海篇直音》	傾	堪	鳩	念	己	升	勻	彈	千
蕭氏《海篇心鏡》	傾	堪	鳩	念	己	升	句	彈	千
《海篇集韻大全》	傾	堪	—	念	己	升	句	彈	千
《韻海全書》	傾	堪	鳩	念	己	升	句	彈	千
《海篇星鏡》	傾	堪	鳩	念	己	升	句	彈	千
《字韻合璧》	傾	堪	鳩	仞	己	升	句	彈	蔔
《海篇棲鵠》	傾	堪	鳩	念	己	棄	勻	丸	蔔
劉氏《海篇心鏡》	顧	湛	馮	稔	刮	弁	勻	丸	蔔
《海篇明鏡》	顧	湛	馮	稔	刮	弁	勻	丸	蔔
《四明海篇》	顧	湛	馮	稔	刮	弁	勻	丸	蔔
《海篇彙編全書》	顧	湛	馮	軌	刮	弁	勻	丸	蔔
《海篇正宗》	顧	湛	馮	稔	己	弁	勻	丸	不
《海篇玉鑑》	顧	湛	馮	稔	己	弁	勻	丸	不
《海篇大成》	顧	湛	馮	稔	己	弁	勻	丸	蔔
《海篇群玉》	顧	湛	馮	稔	刮	弁	勻	丸	不
《海篇朝宗》	顧	湛	馮	稔	己	弁	勻	丸	不

　　根據直音字的不同,表2中的字書大致可分爲兩類:一類基本承自蕭良有所編《海篇心鏡》,另一類基本承自劉孔當重訂《海篇心鏡》。

　　蕭良有《海篇心鏡》在同系字書中成書最早,其注音必然影響其他字書。蕭書的注音和《海篇直音》基本一致,故沿襲蕭氏《海篇心鏡》的字書,直音訛誤情況相對較少。

　　劉孔當《海篇心鏡》是蕭氏《海篇心鏡》現存最早的重訂本③。在對蕭書注音進行修訂時,劉書或許參考了《海篇直音》的注音,例如其對"砀"字注音的修改。但劉書同時也產生了很多訛誤音,例如其對"焙""坩""氿""汤""颫""戔""骱"的注音。劉書訛誤的直音字被其後許多字書繼承,成爲它們具有傳承關係的明證。

　　從"颫""骱"兩字的直音情況看,劉孔當《海篇心鏡》以及《海篇明鏡》《四明海篇》《海篇彙編全書》四書的關係更爲密切,《海篇正宗》《海篇玉鑑》《海篇大成》《海篇群

---

① (明)佚名:《新校經史海篇直音》,《續修四庫全書》231册,上海:上海古籍出版社,2002年。
② 表中"—"表示該注音字在書中缺失。
③ 《〈翰林海篇心鏡〉版本考述——兼述中韓古代書籍交流的特殊現象》,第223頁。

玉》《海篇朝宗》五書的關係更爲密切①。

上述分類只是大致的趨勢,具體到每部字書,直音情況都是複雜的。首先,《字韻合璧》和《海篇棲鵠》的直音以蕭書爲主,同時可能參考了劉書。其次,部分字書的訛誤是擅改直音字造成的,如《字韻合璧》《海篇彙編全書》對"冽"的注音。此外,還有些字書因再次訛寫,導致直音訛誤更甚,如《海篇棲鵠》對"戋"的注音、《海篇彙編全書》對"砳"的注音。可見《海篇心鏡》系字書的直音存在比較嚴重的訛誤情況。

利用訛誤直音字研究明代《海篇心鏡》系字書的傳承關係,有助於理清訛誤音注的來源,爲後代權威字書的修訂做出貢獻。例如:《康熙字典·亅部》:"亅,《海篇》音馮。"《中文大辭典》也將"亅"注音爲"馮"。據《康熙字典》凡例可知《海篇》即《海篇大成》。而在表2中,直音字"馮"是《海篇大成》沿襲劉孔當《海篇心鏡》而來的訛誤字。故《康熙字典》和《中文大辭典》將"亅"注音爲"馮"是錯誤的。

三、《海篇心鏡》系字書反切的比較

大巖本幸次指出《海篇集韻大全》《海篇正宗》《海篇玉鑑》《海篇群玉》四部字書的反切具有相關性②,他的意見是正確的。《四聲篇海》是這些書反切音注的終極來源③,各書之間又輾轉相承,同時含有自創成分,顯示出了相同的語音特徵。具體例子詳見表3。

表3 《海篇心鏡》系字書反切對比例表④

	辛 (辛部)	颷 (風部)	尊 (酉部)	愺 (心部)	焜 (光部)	厽 (厶部)
《四聲篇海》	思人切	力交切	子昆切	蘇到切	混	帝
《海篇集韻大全》	思人切	力周切	子昆切	蘇到切	古渾切	帝
《海篇正宗》	思人切	力周切	之真切	蘇到切	古渾切	之替切
《海篇玉鑑》	思人切	力周切	之真切	初到切	古渾切	之替切
《海篇群玉》	思人切	力周切	之真切	初到切	古渾切	之替切

上述字書反切之間的傳承關係從表3可見一斑:

《海篇集韻大全》與《四聲篇海》的反切基本一致,偶爾也有修改反切的情況,例如"颷"的讀音由"力交肴切"改爲"力周尤切"⑤。當《四聲篇海》注直音時,《海篇集韻大全》據直音字創製反切,例如據"混匣"將"焜"注爲"古見渾切";

---

① 不可否認的是,《海篇群玉》對"颲"的注音以及《海篇大成》對"骭"的注音可能受到了劉孔當《海篇心鏡》的影響。
② 《明代海篇類字書知見錄》,第122、124頁。
③ (金)韓孝彥、韓道昭撰,(明)釋文儒等刪補:《成化丁亥重刊改并五音類聚四聲篇海》,《續修四庫全書》229冊,上海:上海古籍出版社,2002年。
④ 《海篇集韻大全》"厽"未注反切,表中列出其直音字,用以和其他字書作對比。
⑤ 此處以小字標注修改前後的中古聲紐或韻部,用以說明其中包含的音變現象,下同。

《海篇正宗》的反切基本同於《海篇集韻大全》,有時也進行修改,例如將"尊精"的讀音由"子精昆切"改爲"之章真切"。當《海篇集韻大全》注直音時,《海篇正宗》也根據直音字創製反切,例如據"帝端"將"奈"注爲"之章替切";

《海篇玉鑑》的反切基本同於《海篇正宗》,偶爾也進行修改,例如將"愱"的讀音由"蘇心到切"改爲"初初到切";

《海篇群玉》的反切和《海篇玉鑑》幾乎全同,新創的反切極少。

《海篇集韻大全》等四部書顯示出的以流攝注效攝、以見母注匣母、以章母注精母、以章母注端母、以初母注心母等語音特徵,與宋代閩北人朱熹方音中的聲韻母特徵相符合①,與明代閩北方言韻書《六音字典》的語音特徵相符合②,還可與現代閩方言相印證③。經考察,《海篇集韻大全》補遺者夏從仁爲今福建武夷山人,《海篇正宗》編者余象斗爲今福建建陽人。《海篇玉鑑》和《海篇群玉》的編者里籍不詳,但都刻於明代建陽書坊④。因此,這些字書新創製的反切體現出閩音特徵也就不難理解了。

總之,《海篇集韻大全》《海篇正宗》《海篇玉鑑》《海篇群玉》四部字書的反切既有傳承又有創新,新創的反切體現出閩方音特徵。目前對《海篇心鏡》系字書的語音研究很不充分,全面挖掘其中的方音現象可以提高《海篇心鏡》系字書在語音學研究中的價值。

四、結　語

《海篇心鏡》系字書的體例、内容皆有相似性,它們之間的傳承關係是複雜的。本文從單字的編排和注音情況兩方面入手,對部分《海篇心鏡》系字書的傳承關係進行簡單考述。根據除部首外少於四畫的單字是否區分畫段,《海篇心鏡》系字書可分爲兩類:一類沿襲蕭良有《海篇心鏡》的體例不分畫段,另一類受《韻海全書》的影響區分畫段。根據直音字情況的不同,該系字書也大致分爲兩類:第一類基本承自蕭良有的《海篇心鏡》,第二類主要與劉孔當《海篇心鏡》保持一致。此外,《海篇集韻大全》《海篇正宗》《海篇玉鑑》《海篇群玉》對許多單字注有反切音,它們的反切具有較爲直接的傳承關係,偶爾體現出閩方音特徵。受篇幅所限,本文的研究只是舉例性的,不當之處,祈請方家指正。

---

① 劉曉南:《朱熹與閩方言》,《方言》,2001年第1期,第17—33頁;劉曉南:《朱熹詩經楚辭叶音中的閩音聲母》,《方言》,2002年第4期,第299—321頁。
② 馬重奇:《明清閩北方言韻書手抄本音系研究》,北京:商務印書館,2014年,第44—66、177—180頁。
③ 陳章太、李如龍:《閩語研究》,北京:語文出版社,1991年,第8—11、70頁。
④ 《海篇玉鑑》由熊沖宇種德堂刊刻,《海篇群玉》由劉欽恩藜光閣刊刻。

明嘉靖《秦州志》存佚流變考論

劉雁翔

摘　要：明嘉靖三十七年（1558），著名學者、方志學家胡纘宗應秦州知州之邀，撰成《秦州志》。此志《明史》卷九七《藝文二》有著録，明萬曆年間已殘，分巡隴右道李國士主持重刻之。清順治十三年（1656）分巡隴右道宋琬邀離職閒居的原伏羌縣令王一經以明嘉靖《秦州志》爲藍本，續修完成順治《秦州志》。順治《秦州志》最大的特點是將明嘉靖《秦州志》整體"搬遷"，經研究表明，"搬遷"忠實原文，完全徹底。清乾隆時明嘉靖《秦州志》散佚，而其内容借順治《秦州志》之殼得以留存。

關鍵詞：《秦州志》；胡纘宗；李國士；宋琬

　　明代地方志編修繁盛，而散佚者亦復不少，據統計"明代方志今存約八百七十餘種"①，并不算多。明嘉靖《秦州志》，爲著名學者、方志學家胡纘宗所纂，是隴右名志，《明史》卷九七《藝文二》著録，但此志在清乾隆年間即已散佚，長期以來學界是只聞其名，不見其書。2001年，天水市志辦公室通過浙江大學教授陳橋驛從日本引回足本順治《秦州志》，仔細研讀，發現此志和明嘉靖《秦州志》大有關係，嘉靖《秦州志》内容被其完全複製，因而得以借殼留存。兹將研讀心得陳述如下，以期對研究明代方志學有所裨益。

一、胡纘宗及其嘉靖《秦州志》

　　胡纘宗（1480—1560），字孝思，一字世甫，號鳥鼠山人，一號可泉，明陝西鞏昌府秦州秦安縣（今甘肅秦安縣）人。正德三年（1508）進士。歷官翰林院檢討、潼川州知州、安慶知府、蘇州知府、河南左布政使、山東巡撫右副都御史、河南巡撫右副都御史等。精研文史，著作宏富，在詩辭歌賦、經學、方志學等方面咸有成就，尤其在方志學方面貢獻尤爲突出。著有《鳥鼠山人集》《安慶府志》《秦州志》《鞏郡記》《秦安志》等。

1.《明史》著録及清代《秦州志》序文記載

　　本文所論嘉靖《秦州志》，即胡纘宗所纂，嘉靖三十七年（1558）成書，散佚。《明史》卷九七《藝文二》著録，有云：

---

* 作者簡介：劉雁翔，天水師範學院歷史文化學院教授，主要從事中國古代史及地域文化研究。
　基金項目：國家社科基金項目：隴右文學編年史（17BZW130）階段性成果。
① 陳光貽：《中國方志學史》，福州：福建人民出版社，1998年，第86頁。

>胡纘宗,《漢中府志》十卷,《鞏郡記》三十卷,《秦州志》三十卷。①

按：胡纘宗所纂《漢中府志》之説法僅見於此,也不見其書,《鞏郡記》現殘存6卷。引文所言"《秦州志》三十卷"即本文所論嘉靖《秦州志》,其原刻散佚,好在現存幾部清代《秦州志》卷首序文多次提及。順治《秦州志》卷首之分巡隴右道宋琬序説：

>然則秦之有志,自胡可泉先輩載筆以後,百有餘年而闕焉未備,豈非邦大夫之過歟？

又,乾隆《直隸秦州新志》卷首之秦州知州費廷珍序説：

>秦州之有志,自明嘉靖時秦安胡中丞可泉先生始。先生以淹雅之才,潤澤史法,徵文考獻,爰助爲書,必非凡手所及,惜原刻已不可復覯。

又,光緒《秦州直隸州新志》卷首之秦州知州余澤春序説：

>秦州之有志,明嘉靖時胡公纘宗實始修之,至國朝順治迄乾隆修者再焉。

由幾段序文知,在清代,嘉靖《秦州志》被視爲"秦州之有志"的開山之作、《秦州志》的祖本,而此志在乾隆年"惜原刻已不可復覯"。

2. 胡纘宗《秦記序》

關於嘉靖《秦州志》的流傳情況,我們還可以通過幾部《秦州志》卷首相沿收録的明代的兩個序——纂者胡纘宗序和分巡隴右道李國士序繼續追蹤。胡纘宗序,順治《秦州志》標題爲"秦記",列在清宋琬序、明李國士序之後；乾隆《直隸秦州新志》標題爲"舊志序",列在明李國士序之後；光緒《秦州直隸州新志》無標題,列在譚繼洵、姚協贊、余澤春、匡冀之、張珩諸人序之後。胡序全文皆是他和秦州知州"質庵先生"(原序未署姓名)的對話,形式獨特,談及《秦州志》的編纂緣起等事,胡還以自白的方式談論其編纂主導思想以及所纂《秦州志》之旨趣。

>《安慶記》,予稍變之,然未仿古也,而覽者不以爲枝。《鞏郡記》,予又變之,然未劣今也,而覽者不以爲糜。兹《秦記》或以爲今而非今也,或以爲古而非古也。二泉公嘗志許昌,滸西公嘗志武功,舉世稱之,兹記敢比二志？猶夫二記爾,何以復我侯？是故,述,述乎古,以詔乎今也；表,表乎物,以儀乎人也。曰地理,敷土也；曰官師,建官也；曰選舉,賓興也；曰儀制,遵憲也；曰邊防,禦戎也；曰食貨,理財也；曰兵戎,紀兵也；曰灾祥,記異也；曰藝文,勒實也。考皇述帝,郡不得而紀也,其諸列傳允文允武,非程度乎,而聖政巍巍也；克忠克孝,非準則乎,而聖教穆穆也。況循足以勸,酷足以懲哉！然皆本之遷史、固書,然遷、固之罪人也。

從中可知胡的確主纂有《秦州志》,也可知其不斷反思修志實踐,反復強調志書要有裨實用纔是正道,並就《秦州志》的體例及功用做了説明。據胡序,秦州知州"質庵先生"專程前往胡纘宗老家鳥鼠山房拜訪並委託修志之事是在"嘉靖戊午暮春",即嘉靖三

---

① （清）張廷玉等：《明史》,北京：中華書局,1974年,第2410頁。

十七年三月①，胡作序的時間爲落款所記的"嘉靖戊午秋七月七日"，即嘉靖三十七年七月七日，滿打滿算其間爲四個月零七天，這個區間即是《秦州志》完成的時間。胡是明代著名方志學家，此嘉靖《秦州志》是他主纂的最後一部方志，序文落款特意標明"七十九翁胡纘宗"，兩年後他在老家秦安去世。以七十九歲的高齡，勇於任事，奮力完成《秦州志》，爲以後秦州修志確立典範，的確難能可貴。

3. 李國士《重刻秦州記序》

李國士序，順治《秦州志》標題爲"重刻秦州記序"，列在宋琬序之後；乾隆《直隸秦州新志》標題爲"舊志序"，列在胡纘宗序之前；光緒《秦州直隸州新志》無標題，列在諸序之最後。

李國士之序，其落款作"萬曆二十六年暮春上浣之吉賜進士第整飭鞏昌等處撫民兵備分巡隴右道陝西按察司右參政李國士頓首拜書"。其人乾隆《直隸秦州新志》卷七《官師下》"分巡隴右道"目、光緒《秦州直隸州新志》卷九《官師上》"分巡隴右道"失載。天水市城區國家重點文物保護單位胡氏民居之南宅子大門留存李國士所題牌匾"副憲第"，上款有"賜進士第分巡隴右道右參政李國士"字樣，可爲印證。明正德之後分巡隴右道駐秦州，由是身爲分巡隴右道的李國士和秦州就有了交集。

李國士（1534—1608），字汝志，明鳳陽府亳州（今安徽亳州）人。萬曆五年（1577）進士。歷官豐城縣令、刑科給事中、浙江僉事、分巡隴右道、廣西按察使、山西左布政使等。光緒《亳州志》卷十二《人物志》有傳。

李國士之序先以親見親聞叙説秦州山川秀麗、風俗淳樸、人物傑出，再就是談論秦州地方志的存佚及徵集嘉靖《秦州志》過程，最後評議《秦州志》的特點和文獻價值。有云：

> 然前事之不忘，後事者之鑒也。借令往勝湮没無徵，不寧山川弗張于職方，而執政者亦何以觀謠俗。余因諗之秦守，守曰："秦故有記，爲秦安胡中丞所編，其人往矣，歲遠殘缺，弗可考。"余乃檄秦安令徵遺編於其家，得完書卒業。《記》有述、有表、有志、有考、有列傳，其事則自羲軒以暨挽近，其文則自經傳以至諸史，無所不載，而又分門析類，條列班班，文獻於是乎有徵矣。

嘉靖《秦州志》成書於嘉靖三十七年（1558），距李國士作序的萬曆二十六年（1598）也就是四十一年的時間，一部官書怎麽就"歲遠殘缺，弗可考"了，可異！李國士是一位負責的官員，面對秦州無志的現狀，發文命秦安縣令從胡氏後人家中徵得"遺編"，補齊"殘缺"，重新刻印之，并作《重刻秦州記序》予以表彰。有云："中丞胡公，爲昭代名士，蓋亦鍾天水之奇者。余不獲身事之，猶幸見其文也。謀垂有永，因命築氏新之，若夫葺佚芟繁，則俟後之君子。"只四十一年一部官書即成"殘編"，似是稿本，而李國士序題名特意標明"重刻"，所以嘉靖《秦州志》還應是刻本，而胡氏後人收藏的"遺編"應是稿本。

4. 嘉靖《秦州志》異名

胡纘宗行文尚古，喜好將所纂志書稱"記"，如《鞏郡記》，如將《安慶府志》稱《安慶

---

① 明嘉靖十九年（1540），胡纘宗在河南巡撫右副都御史任上，因行臺失火引咎辭歸秦安老家閑居。

記》或《安慶郡乘》。所以,嘉靖《秦州志》題名胡序稱《秦記》、李序稱《秦州記》,或許這就是胡初修本和李重刻本的正名。我們考述則採用《明史》卷九七《藝文二》的著錄名——《秦州志》。

這部嘉靖《秦州志》,自清乾隆之後誰都没見過原刻,關於它的零星信息都來自幾部《秦州志》卷首所附的胡纘宗序和李國士序。於是,對這部志書,一些方志學著作或不錄,或依胡序、李序模糊記述。如黃葦主編的《中國地方志辭典》①、中國方志大辭典編委會主編的《中國方志大辭典》②不設此志詞條,列胡纘宗小傳而所纂志書不提此志之名。張維《隴右方志錄》、金恩輝等《中國地方志總目提要》有本志詞條,以《秦州記》標名,完全以胡、李二序爲據簡單摘引著錄③,表明此志曾經存世。

二、宋琬及其順治《秦州志》

宋琬(1614—1673),字玉叔,號荔裳,明末清初山東萊陽人。順治四年(1647)進士。順治十年(1653)授分巡隴右道兵備僉事,順治十一年春到任,駐節秦州。值秦州大地震,竭力拯恤災民,并捐俸銀、家財重修被震毁的城垣。次年,重建杜甫祠,刊刻杜甫詩碑。十三年,倡修《秦州志》。此外還修築南湖堤壩,人稱"宋公堤",政績卓著。十四年春離任,奉調直隸永平道。後秦州民衆在城南水月寺立生祠紀念。著有《安雅堂集》。

1. 順治《秦州志》全帙現世及其刻本時間

順治《秦州志》,《中國地方志聯合目録》著録,有云:

> 順治《秦州志》13卷。(清)宋琬等纂修,清順治十一年刻本。甘肅(存卷10—13)。注:日本内閣文庫有全帙。④

就是説順治《秦州志》國内留存的只是殘卷。引文中的"甘肅"指甘肅省圖書館,其"清順治十一年刻本"的説法不確,下文將有詳考。因爲只是殘卷,修志姓氏、卷十之前的情形不得而知,考察其主要内容,所能依據的只能是乾隆《直隸秦州新志》、光緒《秦州直隸州新志》所附的宋琬序等幾個序。張維《隴右方志録》説:

> 順治《秦州志》,佚。清順治時分巡道萊陽宋琬修。⑤

按:説順治《秦州志》佚,不確。可見,在張維著録時的民國年間,此《秦州志》已難得一見。

即如金恩輝等主編《中國地方志總目提要》設"順治《秦州志》"詞條:

> 順治《秦州志》十三卷　清宋琬修。琬,字荔裳,山東萊陽人。乾隆《直隸秦

---

① 黃葦主編:《中國地方志辭典》,合肥:黃山書社,1986年,第257頁。
② 中國方志大辭典編委會:《中國方志大辭典》,杭州:浙江人民出版社,1988年,第380頁。
③ 張維:《隴右方志録》,《中國西北文獻叢書》第77册,蘭州:蘭州古籍書店,第546—547頁;金恩輝等:《中國地方志總目提要》甘肅省部分,臺北:漢美圖書有限公司,1996年,第17頁。
④ 中國科學院北京天文臺主編:《中國地方志聯合目録》,北京:中華書局,第215頁。
⑤ 《隴右方志録》,第547頁;《中國地方志總目提要》甘肅省部分,第17頁。

州新志》費廷珍序謂:"國初,伏羌令王君去官寓秦,兵備僉事萊陽宋荔裳先生屬纂修之。分門別類,與中丞原序所云略同,顧其編次,頗涉繁蕪。"以此觀之,是志爲伏羌縣令王君所纂,修纂時間爲順治年間。存卷十至十三,卷十皇紀考,記伏羲傳説,帝紀考,記唐高祖李淵事,又附孝昭上官皇后,楚王靈龜妃上官氏;卷十一列傳一名宦(自秦至順治十一年);卷十二列傳二列賢;卷十三隱逸、仙釋、流寓、文苑、郡雄、孝行、列女、節婦。名宦記至順治十一年姜光胤,并有順治六年語。所記伏羲傳説、唐高祖李淵事彌足珍貴。有順治年間刻本。甘肅省圖書館存卷十至十三,據《中國地方志聯合目録》載,日本内閣文庫有全帙。

由於未見全帙,介紹只能是浮光掠影,泛泛而談。還應指出,"伏羌縣令王君所纂"之"王君"是尊稱王先生之意,不是具體人名。

2001年,天水市地方志辦公室通過浙江大學教授陳橋驛將日本内閣文庫所藏順治《秦州志》全帙引回①,諸多問題如編纂者爲何人、編次如何、内容如何等迎刃而解,不辨自明。引回之後陳先生還撰文《關於編纂〈國外圖書館收藏中國地方志孤(善)本目録〉的建議——并簡介新近引回的順治〈秦州志〉》②,詳盡介紹引進順治《秦州志》情況,并對志書做了簡要介紹,指出此志和明嘉靖《秦州志》的版本多有關聯——"順治《秦州志》,其實就是萬曆重刻本的再重刻本"。真知灼見,理應珍視。不過言此志的刊刻時間沿用《中國地方志聯合目録》"清順治十一年刻本"説法,尚有商榷餘地。

日本内閣文庫本順治《秦州志》原刻本不標刻本時間,而卷首主持修志者宋琬之序也没有落款③,於是此志何年印行不甚明確。《中國地方志聯合目録》"清順治十一年刻本"説取宋琬在任分巡隴右道第一年的時間,似無據。事實上,宋琬上任伊始,秦州遭遇百年未遇的大地震,秦州城垣幾乎震平,百姓傷亡慘重。其詩《丁酉春赴任北平留别秦州守姜繼海》有云:"余以甲午初,謬領隴頭節。維時值天災,厚地忽而裂。可憐半秦民,骨肉斃陶穴。板屋盡丘墟,堅城無遺堞……"④詩題之"秦州守姜繼海"即秦州知州姜光胤。詩句之"甲午"爲順治甲午即順治十一年(1654)。對這次地震,康熙《秦州志·災祥》有詳載:

> 十一年六月秦州地大震,年餘不止,凡城垣官舍崩圮殆盡。震死男婦七千四百六十四口,摇倒房屋三千六百九十二間,震塌窑寨不可勝計。⑤

面對如此大禍,賑災是第一要務,根本無暇顧及修志之事。那麽,刻本的時間似無解

---

① 2001年7月陳橋驛教授應邀來天水參加公祭伏羲大典,天水市地方志辦公室主任劉瑪莉和我一道拜訪之,談及引回流散日本的順治《秦州志》之事,陳先生慨然應許,當年11月陳先生即將引回的順治《秦州志》郵寄天水地方辦公室。

② 陳橋驛:《關於編纂〈國外圖書館收藏中國地方志孤(善)本目録〉的建議——并簡介新近引回的順治〈秦州志〉》,《中國地方志》2002年第1期。

③ 順治《秦州志》宋琬之序没有落款,乾隆《直隸秦州新志》卷首《舊志序》所附宋琬序有落款"順治丁酉夏四月分巡隴西道東海宋琬序",不知何據。頗疑這個落款是"乾隆志"的主纂者增補的,"順治丁酉夏四月"即順治十四年四月,此爲宋琬離開秦州赴任直隸永平道的時間。

④ (清)宋琬撰,馬祖熙標校:《安雅堂全集》,上海:上海古籍出版社,2007年,第6頁。

⑤ 康熙《秦州志》,康熙二十六年抄本。

了,非也。仔細閲讀宋琬之序發現其叙説修志始末暗含修志時間。序有云:

> 然則秦之有志,自胡可泉先輩載筆,以後百有餘年而闕焉未備,豈非邦大夫之過歟! 三韓姜君,以豐沛之彦來刺西州,實藉將予。會當甲午崩騫之變,余偕郡守竭音羽之瘁者終年,民有寧宇。余顧姜君曰:"是非秦州之一大興革乎? 惜哉! 舊史之蕪也。"姜君乃毅然任衰輯。適當亭王令心古新去其國,憩南湖度夏,余遂以其事屬之,嚴殿撮搜,軼微稽裁,住復三閲月而書成。州所有人物之大,封疆之重,山川雲物、草木禽魚之微,亦庶於是乎備矣。胡先生其許我哉!

請注意"適當亭王令心古新去其國,憩南湖度夏,余遂以其事屬之,嚴殿撮搜,軼微稽裁,住復三閲月而書成"一語。是説賑災工作告一段落,"我"和知州"姜君"籌劃修志之時,恰好"當亭王令心古新去其國",在南湖(在秦州城南)度夏,於是就將修志之事托付之,前後三月之後書成。現在我們只需知道"當亭王令心古"是誰,"新去其國"是何時,即可知順治《秦州志》的纂者和修志時間了。

"當亭"北魏所設縣,治所在今天水市秦州區關子鎮,轄今甘谷縣,明清時或將伏羌縣(今甘谷縣)雅稱"當亭"。"當亭王令心古"就是伏羌縣令王心古。王心古即王一經,心古其字也。所謂"新去其國"就是新近離任。他的離任時間我們可借助乾隆《伏羌縣志》判定。據乾隆《伏羌縣志》卷四《官師志》:"王一經,江南吴縣,拔貢,順治十年任。蒞政明練,胥吏難欺,加意訓示,視如子弟。建魁閣,以培風氣,設文會以示程式,邑之科第起興,公之力也。民感德立祠。"王一經傳之後,列其繼任者劉源浚,有云:"劉源浚,北直滑縣,進士,順治十三年任……"後繼者"順治十三年任"意味着王離任。知伏羌縣令王一經在任時間爲順治十年至十三年(1653—1656)。宋琬《安雅堂全集》有好幾首詩涉及王一經,其中《王心古以細故解職詩以慰之》云:

> 爾作當亭宰,三年實辛苦。罷官人不信,垂橐吏何貧。松菊陶元亮,綸竿鄭子真。坐令賢者去,使節愧風塵。[①]

對王之罷官表示同情,可見宋、王二人關係不錯,"三年實辛苦"也可見王在任三年。其"順治十年任",離職當然是順治十三年。

由此,我們可斷定,順治《秦州志》起修於順治十三年夏,按宋琬序"住復三閲月而書成",就是説本年秋天書成。書成刻板印刷就應是順治十四年了。對此,順治《秦州志》記事也有明證,其卷四《建置志》録宋琬《重修秦州城垣記》,落款爲"順治丁酉春二月賜進士第欽差分巡隴西道陝西按察司僉事加一級賜蟒服東海宋琬撰",順治丁酉即順治十四年(1657),宋亦于本年離職赴任直隸永平道[②],也可佐證順治《秦州志》刻于順治十四年。

2. 順治《秦州志》簡介

弄清楚此志修成及刊刻時間,讀通宋琬序,再結合日本内閣文庫本,即可爲順治《秦州志》撰寫一則比較準確的詞條。

---

① (清)宋琬撰,馬祖熙標校:《安雅堂全集》上海:上海古籍出版社,2007年,第45頁。
② 汪超宏:《宋琬年譜》,北京:人民文學出版社,2010年,第119頁。

順治《秦州志》,宋琬、姜光胤修,王一經纂,順治十四年(1657)刻本。清順治十一年,著名詩人宋琬任分巡隴右道,駐節秦州。順治十三年,政事之餘,論及修志事宜,知明胡纘宗所纂嘉靖《秦州志》之後州志近百年無人續修,宋便提議秦州知州姜光胤組織重修州志,姜即着手收集資料,恰好伏羌縣令王一經離職後在秦州南湖閑居,遂聘爲總纂。自夏至秋,三個月完成志稿,次年刻版印行。志分十三卷,編次爲:卷一述(州郡述、郡縣述),卷二表(疆域表、沿革表、職官表、古今人表),卷三地理志,卷四建置志,卷五官師志,卷六選舉志、儀制志、邊防志,卷七食貨志、兵戎志,卷八灾祥志,卷九藝文志,卷十考(皇紀考、帝紀考),卷十一列傳一(名宦),卷十二列傳二(列賢),卷十三列傳三(隱逸、流寓、文苑、群雄),卷十三列傳四(孝行、列女、節婦)①。本志每卷之首都有"《秦州志》纂修姓氏",標明"明資政尹大夫都察院副都御使胡纘宗纂修""清奉直大夫按察司僉事賜蟒服加一級宋琬、奉直大夫秦州知州姜光胤重修""文林郎伏羌知縣王一經重纂",由此可知本志是在明胡纘宗嘉靖《秦州志》的基礎上續補而成,體例完全沿襲,於是在前面首先署胡纘宗之名。就是說胡纘宗嘉靖《秦州志》似已散佚,實際上借助順治《秦州志》得以保存。國內殘存十至十三卷,現藏甘肅省圖書館。日本內閣文庫有全本。2001年,天水市志辦公室通過陳橋驛先生引回此全本,現藏天水市地方志辦公室資料室。

三、從嘉靖《秦州志》到順治《秦州志》

　　前文已述及,陳橋驛先生在《關於編纂〈國外圖書館收藏中國地方志孤(善)本目錄〉的建議———并簡介新近引回的順治〈秦州志〉》文中簡介順治《秦州志》時斷言"順治《秦州志》,其實就是萬曆重刻本的再重刻本",無疑目光獨到,直指真相。而限於本文的重心在陳述編纂《國外圖書館收藏中國地方志孤(善)本目錄》,對爲何順治《秦州志》"其實就是萬曆重刻本的再重刻本"在引證《舊志序》和順治《秦州志》所列"纂修姓氏"之外,未有詳細論證,兹再爲舉證之。

(一)順治《秦州志》借殼"搬遷"嘉靖《秦州志》舉證

　　舉證一,順治《秦州志》所列"纂修姓氏"。這無疑是最直接的證據,有必要重複說明。順治《秦州志》在每一卷之卷首都分行標明:

> 明資政尹大夫都察院副都御使胡纘宗纂修
> 清奉直大夫按察司僉事賜蟒服加一級宋琬、奉直大夫秦州知州姜光胤重修
> 文林郎伏羌知縣王一經重纂

很明確,"胡纘宗纂修"是說《秦州志》本來由胡纘宗原創,"重修"是說重修的倡導者、主持人是宋琬和姜光胤,"重纂"是說由王一經在胡纘宗編寫的基礎上再編寫。將第一作者署名"胡纘宗",不掩前善,順治《秦州志》的做法值得稱道。

---

① 原志列傳三、列傳四都標爲"卷十三"。

舉證二,明代記事斷限。綜觀全志,幾處很容易辨識的如《名宦》有清代補刻明崇禎年間内容之外,其明代記事,均在嘉靖《秦州志》完稿的嘉靖三十七年之前。以"嘉靖"年號記事、距成書年份最近者爲嘉靖三十五年①。記地震止於嘉靖三十七年。

舉證三,明代記事痕跡。細閱順治《秦州志》,其行文中不時出現唯明人纔會使用的稱謂。志中記述明代史事,時有稱"國朝""國初"者。如卷十《皇紀考》録歌頌伏羲詩歌,有標目爲"國朝陳鳳梧"者。陳鳳梧(1475—1541),明江西泰和人,弘治九年(1496)進士,累官至督察院右副都御史,和胡纘宗同代。再如卷十二《列傳二·列賢》記明初人物,出現"國初"一詞,説門克新"國初以儒士任州學訓導"、張錦"國初謫戍居岷"。"國朝""國初"只能是當朝人記當朝事的筆調,記明代史事用之,當是胡纘宗原文未經改易的結果。

舉證四,胡氏筆法。胡纘宗喜好以史法修志,其所纂《安慶府志》郡記、邑記、郡縣表、疆域表、職官表、古今人表等標目,和順治《秦州志》之卷一述(州郡述、郡縣述)、卷二表(疆域表、沿革表、職官表、古今人表)完全合拍,無疑是胡氏風格的體現。胡纘宗所纂方志,現存者每一分志前都有類似概述的議論,嘉靖《秦安志》直接標爲"胡纘宗曰"。順治《秦州志》在每卷之都有"論曰",無疑胡之手筆。其卷三《地理志》之"論曰"有云:"吾嘗登卦臺,俯清渭,穆然於羲皇之日未幾,而儀龍吐九州之人,身寄於摩蕩者久之。"這裏的"吾"正是胡本人。明嘉靖十一年至十三年(1532—1534)胡丁憂居家,曾登卦臺(在今甘肅天水市西北)參謁伏羲廟,并在廟内留住三日,并有詩文②。另卷三《地理志》記麥積山達340餘字,行文有類游記。這肯定和胡正德十五年(1520)游歷麥積山有關③。其卷四《建制志》在記述城垣、官署、祠廟等建築時附録周洪謨、王九思、伍福等人碑記多篇,這也是胡氏風格,他的嘉靖《秦安志》即是如此。順治《秦州志》記胡之家鄉秦安,資料明顯要比秦州另外兩個轄縣清水、禮縣豐富得多,而其《地理志》記秦安者基本沿襲胡之嘉靖《秦安志》内容。順治《秦州志》涉及胡之先人或避諱、或附長傳。如卷三《地理志》有云:"……迤東南爲邢村(二里),有可泉寺,有知縣贈都憲胡公墓,教諭封郎中贈都憲胡公墓,迤西爲隴山,迤北爲鎖峽。"其中知縣胡公即胡之祖父胡璉,教諭胡公是胡之父胡士濟。邢村,又稱邢泉村,是胡之出生地,現建有胡纘宗紀念館。另,卷五《選舉志》,在"鄉貢"目列胡璉、胡士濟,都附有長傳。按理説胡璉、胡士濟都是國子生,職位也不高,附長傳頗不合志例。不合志例而有長傳,只能説是胡纘宗念及親情而致。其卷十二《列傳二·列賢》門克新傳有言:"門公官至上卿,鄉人失傳,誤以《長江記》塞之,子被于《國初事蹟》中閲出,而知門公之遇不偶也。"其中"子被"即兒子胡被,這是典型的胡纘宗語氣。胡被,胡纘宗次子,嘉靖二十五年舉人。

通過以上列舉,可以清楚地看出來,順治《秦州志》從頭到尾處處都有胡纘宗的影子,胡氏特色鮮明,由此可基本判定此志完全因襲胡纘宗嘉靖《秦州志》,嘉靖《秦州

---

① 順治《秦州志》卷五《官師志》記秦安縣令説:"汪瀚,山西啓安衛人,鄉進士。嘉靖丙辰任。"嘉靖丙辰即嘉靖三十五年。
② 劉雁翔:《伏羲廟志》,蘭州:甘肅文化出版社,2003年,第382頁。
③ 張錦秀:《麥積山石窟志》,蘭州:甘肅人民出版社,2002年,第270頁。

志》被完全複製"搬遷"過來了。

(二) 順治《秦州志》增補内容評估

在認識順治《秦州志》胡氏特色之後,還需給增補情況算一筆總帳,以理清此志所載何爲因襲内容,何爲新添内容。兹按卷目依次辨析之。

卷一《述》。州郡述,記事止于明成化九年;郡縣述,記事也止於明成化九年。

卷二《表》。其疆域表、沿革表、職官表、古今人表四表記事均止於明代。

卷三《地理志》。記事止于明代,成化九年新設的禮縣和秦州舊轄的秦安、清水并列。

卷四《建置志》。明代記事止於明嘉靖二十三年之前。記秦州城,在胡纘宗記文之後添加宋琬《重修秦州城垣記》,落款爲"時順治丁酉春二月"。

卷五《官師志》。其"按察僉事"目,在嘉靖年間在任的分巡隴右道按察僉事馮惟訥之後添加明崇禎末年在任的范學淹。清代記事,"按察僉事"目列于之士、宋琬 2 人,附簡介。"秦州知州"目列潘、姜光胤 2 人①,"同知"目列陳、王 2 人,"州判"目列朱國材 1 人,"吏目"目列史 1 人。轄縣列禮縣、清水、秦安知縣各 1 人。記事止於順治十一年。

卷六《選舉志》《儀制志》《邊防志》。其《選舉志》明代記事"進士"目止於明嘉靖八年,"舉人"目止於嘉靖三十一年。清代記事,"舉人"目列順治十四年中舉者 2 人。其《儀制志》,記事止於明嘉靖間,個別詞條下有主纂者王一經增注文字,如"社稷壇"詞條下增注:"廢久矣,順治丙申,知州姜光胤鼎建。""風雲雷雨山川壇"詞條下增注"今亦廢。知州姜光胤鼎建,規模雖未備,然皆壯麗可觀矣。""李杜祠"詞條下增注:"舊建天靖山西麓,因甲午地震,盡圮。順治丙申兵憲宋公捐俸鼎新,規模閎敞,視昔有加。"其《邊防志》明清内容雜合,不好區分,蓋記明代秦州衛職官、依據史料考述秦州險要者是嘉靖《秦州志》内容。記清"守將游擊"等爲清代内容。在明代詞條下加注"今裁"或"今盡裁"應是主纂者王一經所爲。

卷七《食貨志》《兵戎志》。其《食貨志》記事無紀年,而有載"青布四百五十一尺二寸,白布九百二尺四寸。俱于府給領,解秦州衛。時造軍器,仍貯于衛","衛"即秦州衛,清代無此設置,可斷定所記還是明代之事。其《兵戎志》記軍事大事記,記事止於明嘉靖十四年。

卷八《灾祥志》。其嘉靖三十七年之後的萬曆年間記事 1 條、崇禎年間記事 9 條爲增補者。清代順治年間記事 5 條增補者。

卷九《藝文志》。其《羲皇列圖》載《先天次序圖》《先天方點陣圖》《羲皇畫卦圖》等刻圖 11 幅,并附胡纘宗《卦台記》《分心石説》等,此應出自胡纘宗《伏羲台志》。其《博平令堅公墓碑》碑文在散文編最末,題下標注"嘉靖丙寅春三月秦州知州廓田杜廷棟撰立石",嘉靖丙寅即嘉靖四十五年,年份在明《秦州志》成書的嘉靖三十七年之後,應是添加者。其詩歌收錄止於明代。

---

① 秦州知州"潘"之名字順治《秦州志》失載,下文之"陳""王""史"情形相同,只記有姓氏。

卷十《考》（皇紀考、帝紀考），其中收有明陳鳳梧、胡纘宗《伏羲贊》各一首，無清代內容。

卷十一《列傳一·名宦》。記事止於明代，所記最末一人是明崇禎十六年死難的秦州代理知州朱廷鄴。朱傳應爲添加者。

卷十二《列傳·列賢》。記事止於明代，所記最末二人爲胡纘宗、胡忻（1556—1616）。胡忻傳有"禮部尚書孫瑋爲之志"等語，胡卒于明萬曆四十四年（1616），"爲之志"即爲之作墓志銘，肯定在本年之後，故胡傳應爲添加者。

卷十三《列傳三》（隱逸、流寓、文苑、群雄）。記事止於明代。

卷十三《列傳四》（孝行、列女、節婦）。記事止於明嘉靖之前。

有了上述辨析，我們完全可以判定順治《秦州志》就是嘉靖《秦州志》＋很少量明末內容＋少量的順治十四年之前的清代內容組成，進一步說，清代王一經所謂"重纂"并非將原有《秦州志》體例、內容打亂重新纂輯，而是在嘉靖《秦州志》個別卷之末尾添加了幾個"小補丁"，份量不大，總計不足一萬字。至於增補的某些明代內容如卷九《藝文志》入選的胡纘宗詩歌，卷十二《列傳·列賢》胡纘宗傳記，或爲明萬曆二十六年李國士之重刻《秦州志》時所爲。

（三）順治《秦州志》再刻本

甘肅省圖書館藏有順治《秦州志》殘本（十至十三卷），和日本引回的內閣文庫本兩相對照，有些地方不合拍。比如內閣文庫本卷十一《列傳一·名宦》最末一人是明崇禎十六年死難的秦州代理知州朱廷鄴，而省圖藏本在朱廷鄴之後增添清秦州知州姜光胤長傳，且字體和朱傳有別。再如內閣文庫本卷十一《列傳二·列賢》最末一人是明末守城死難的秦安人宋簨，而省圖藏本在宋簨之後增添清初曾任廣東右布政司的秦州人楊名顯和明末英勇守城的秦州人宋芝。還如卷十一《列傳三》內閣文庫本無"仙釋"目，而省圖藏本有"仙釋"，爲東周尹喜、元代梁志通等數人立傳，并在"仙釋"目題首標明"增補《秦州志》卷十三"字樣；另，卷十一《列傳三·節婦》內閣文庫本最末一人是魏景芳妻，而省圖藏本在魏景芳妻之後增列節婦數人。可證順治《秦州志》存在增補再刻本。

至於增補再刻時間，可依據增補本所增之秦州知州姜光胤傳"甲午升任秦州""在任六年"兩語判斷。"甲午"即順治甲午，即順治十一年（1654），在任六年即爲順治十六年。再刻時間或爲順治十六年（1659）。推論如下：順治《秦州志》纂修由分巡隴右道宋琬和秦州知州姜光胤共同發起，順治十四年春志書初刻本面世，宋琬調動，姜繼續在職，至順治十六年行將離任，覺得自己爲官一任，造福一方，政績不少，原刻本上"秦州知州"名錄下"姜光胤，遼東人，順治十一年任"區區十餘字不足以記其功，於是就示意主事者在初刻本《名宦傳》中爲自己補刻長傳（240字），連帶着對其他人物傳也少量增補，再刻印行。增補再刻本是在原版上補刻，工作量不大，短期可以完成，將其出版時間定在姜光胤離任的順治十六年問題不大。因爲領導還要樂見其成。

(四)嘉靖《秦州志》卷目蠡測

據《明史》卷九七《藝文二》,胡纘宗纂有《秦州志》三十卷,而整體"搬遷"繼承之順治《秦州志》只有十三卷,差異原因,我們是否可以大膽蠡測,《明史》所録"三十卷"乃十三卷之誤,留疑問以待博雅君子。

(五)順治《秦州志》簡評

評價此志,可以簡單概括爲兩句話:繼承得之忠實,增補失之草率。分開説,此志最大的特點是將明嘉靖《秦州志》整體借殼"搬遷",多種跡象表明,"搬遷"忠實原文,完全徹底。如嘉靖志卷六《邊防志》記秦州的關隘有西關,重纂者有疑問,便注云:"疑云秦州西關。今西關無險阻,恐是關子嶺。其險誠如關,可以捍禦。"只是注,没有自以爲是改。正是由於忠實繼承,清乾隆之前散佚之嘉靖《秦州志》借此志之殼得以留存。而其增補,做得很不到位。就明代而言,嘉靖之後史事增補極少。就清代而言,增補内容多和在任的兩個行政長官宋琬、姜光胤有關,有官本位之嫌;而卷五《官師志》補記秦州職官名録,共補 6 人,4 人有姓無名;卷八《災祥志》明末清初記事次序紊亂,等等,的確失之草率。

《戒庵老人漫筆》萬曆丙午初刻考

張 莉 郝 敬

摘 要:明萬曆三十四年(1606)李銓前書樓刻本《藏説小萃》中所收李詡《戒庵老人漫筆》是李如一(鶚翀)初次刊刻其祖父作品,也即《戒庵老人漫筆》的初刻本是叢書本。李如一在萬曆二十五年丁酉年完成對李詡作品的整理編輯,但并未刊刻成書,因此所謂《戒庵老人漫筆》萬曆二十五年李如一初刻本并不存在,而實爲書賈將《藏説小萃》本《戒庵老人漫筆》單獨抽取刊印導致今人誤判。

關鍵詞:《戒庵老人漫筆》;《藏説小萃》;萬曆丁酉;萬曆丙午

《戒庵老人漫筆》爲明李詡所著,據是書序跋云其爲弘治、萬曆間人,壽八十八,生年約爲弘治十八年(1505),卒年約爲萬曆二十一年(1593)。其書今存明清時期刻本鈔本數種。董清花《〈戒庵老人漫筆〉研究》①云此書明代刻本有二,一爲萬曆二十五年(1597)李如一初刻本,八卷,今有《續修四庫全書》影印本②;一爲萬曆三十四年(1606)李銓前書樓重刻本,八卷,今有《北京圖書館古籍珍本叢刊》影印本③。董氏云前者爲《戒庵老人漫筆》八卷本目下所存最早刻本,後者爲前者重刻本,似與魏連科先生《戒庵老人漫筆》點校本所持觀點同源。中華書局《歷代史料筆記叢刊·元明史料筆記》收魏連科先生點校《戒庵老人漫筆》一書,點校説明云"此書於明萬曆二十五年(1597)由李詡之孫李如一初刻,附於《藏説小萃》中,王穉登爲之作序"④。兩者所斷皆爲今之常論,如《中國古籍善本書目·子部雜家類》著錄:"戒庵老人漫筆》八卷,明李詡撰,明萬曆二十五年李鶚翀刻本。"⑤《中國古籍善本書目·叢部彙編叢書類》著錄:"《藏説小萃》十集十一種二十七卷,明李如一編,明萬曆三十四年李銓前書樓刻本(《汴游録》配清抄本),清唐翰題,李葆恂、吴重熹跋。"⑥將萬曆二十五年李如一刻本

---

* 作者簡介:張莉,合肥工業大學文法學院副教授,主要從事中國古代文學、古典文獻學與中國傳統文化研究。郝敬,安徽大學文學院副教授,主要從事中國古代文學、古典文獻學研究。

基金項目:安徽省哲社規劃一般項目:宋元小説觀念分化研究(AHSKY2018D111)。

① 董清花:《〈戒庵老人漫筆〉研究》,福建師範大學 2011 年碩士學位論文。
② (明)李詡撰,李如一編:《戒庵老人漫筆》,《續修四庫全書》第 1173 册子部雜家類,上海:上海古籍出版社,2002 年。
③ (明)李詡撰,李如一編:《藏説小萃》,《北京圖書館古籍珍本叢刊》第 83 册子部叢書類,北京:書目文獻出版社,1990 年。
④ (明)李詡撰,魏連科點校:《戒庵老人漫筆》(元明史料筆記叢刊),北京:中華書局,1982 年,第 8 頁。
⑤ 《中國古籍善本書目》(子部),上海:上海古籍出版社,1994 年,第 661 頁。
⑥ 《中國古籍善本書目》(叢部),上海:上海古籍出版社,1989 年,第 203 頁。

作爲初刻本,萬曆三十四年李銓前書樓刻本《藏説小萃》中的《戒庵老人漫筆》作爲重刻本,疑皆有誤。

一

今檢《戒庵老人漫筆》之《續修四庫全書》影印本,底本出處未詳指,當爲中華書局藏本。其書雙拼影印,間有汙漫不清者。其版每半葉九行十八字,花口,單魚尾,左右雙邊。前有行書影刻王穉登所撰《戒庵老人漫筆序》文(版心云"漫筆序"),楷刻李如一序文(版心云"漫筆小序"),末云"萬曆丁酉歲仲秋乙酉日",後接《戒庵老人漫筆總目》(版心云"漫筆總目"),方爲正文八卷。其書有康熙間休寧王文柏鈐印"摘藻堂藏書印""平陽季子收藏圖書"與"中華書局圖書館藏書"印、愛日館主人徐鈞鈐印"曉霞""徐鈞印""曉霞藏本"等,又有嘉慶至同治間清人讀書手批之側批、眉批、夾批十餘處。董氏與魏連科先生俱稱此本爲萬曆二十五年(1597)李如一初刻本,所據當爲李序所云丁酉之歲,但其序末云:"……緣不獲同志揚摧,因循三載,輒發輒止。今年秋,幸起濂周先生謙光慨然任校勘之勞,計帙折衷,厘爲八卷,遂告成編。前後一遵原筆,不敢稍有更置竄入……"則文意僅爲編書完成,并未確指刊刻成書,是爲一疑。董氏又云此書排版與李銓前書樓本不同,舉"唐伯虎《漫興》"一例佐之,并言此書李如一之批注和印記皆被李銓前書樓本替換爲李銓之批注和印記,但筆者未在此本發現如董氏所言李如一之批注和印記,因此對校董氏所云萬曆三十四年李銓前書樓重刻本。

《戒庵老人漫筆》之《北京圖書館古籍珍本叢刊》影印本,所據底本藏國家圖書館。其書爲《藏説小萃》十一種之一種,屬丁、戊、己、庚、辛五集,分裝第7册至第14册,共8册。《藏説小萃》全書分裝18册,版式一致,遞藏有緒。書前有手書題識三種,其一分爲數條,云:"是書亦得於《拜經叢鈔》中,傳本甚罕,寶之。戊辰三月記。舊爲沈氏葆藏本。卷中脱葉甚多,逐標籤記以待補。丁集《汴游録》佚。癸集《明良記》四卷亦佚,在《洹詞》前。《藏説小萃》九家十一種二十七卷,都凡十集,皆江陰文獻。"其一云:"甲辰秋就繆炎之同年,鈔配缺頁。炎之藏鈔刻兩本,蓋本邑喬木世家也。孟冬朔志。唐鷦安戊辰題字待補缺頁,越三十七年,甲辰始補成之。得書非易,藏書非易,因再志之。《保孤記》收朱書三行,槎客筆。"其字書寫差強,文末鈐印"中惸"。據其文所述,則首篇題識當爲唐翰所作,本篇爲拜經樓主人吴騫所作。其一云:"癸丑六月養疴沽上,承石蓮閣主人以此書見假,快讀兼旬,病魔退舍。書凡十一種,法曾寓目者惟《暖姝由筆》暨《洹詞》耳。《洹詞》,安陽刻於後渠全集者乃足本,此李氏摘抄本也。朱(李葆恂誤書爲"李")子儋詩,牧齋收入《列朝詩集》丁集中,法曾藏其名墨,杏花小幅有唐伯虎、張伯起跋識,唐稱爲澄江後人,張語其畫瀟灑不減元人,云此書除後渠五川外,盡江陰人鄉邦著述,薈萃以傳,爲一邑徵文故獻之資,即備國史採擇編摩之料,其盛事也。葆恂嘗欲搜訪吾州先正著作,勒爲一考,以賀黄門集得而收失,遂懶散不復料理,披覽斯編,有愧李君多矣。臾翁李葆恂揮汗識於孤笑軒",中有鈐印"石蓮堪",文末有九字陰文鈐印,磨漫不清。據上三種題識,此書當在清末民初爲吴騫、唐翰、吴重熹等收藏,曾有李葆恂借閱,繆荃孫鈔配等書事。

《藏說小萃》前有陳繼儒《藏說小萃序》,楷刻,半葉六行十二字,版心云"藏說小萃前序"。首頁有鈐印"人生一樂""北京圖書館藏""石蓮經眼"等,序云"貫之刻既成,輕舟五百里問序於余",末頁有鈐印"陳繼儒印"和陰陽文合刻"緩緩道人"。其後爲李如一《藏說小萃序》,楷刻,半葉六行十四字,版心云"藏說小萃前序"。首頁有鈐印"趙元方藏"。序末云"各有序引,統列標目。萬曆,歲在丙午,春二月望日"。則是書刊刻當爲丙午萬曆三十四年(1606)。其後即爲"藏說小萃標目",楷刻,半葉九行十八字,版心亦云"藏說小萃標目"。首頁有鈐印"毗陵董康審定"和"董康暨侍姬玉奴珍藏書籍記",末頁云"龍飛萬曆,柔兆敦牂歲,重光單閼月,赤岸李氏銓於前書樓付金閶梓人鐫行",則刊刻時間爲萬曆丙午年辛卯月,即萬曆三十四年(1606)四月,地點爲蘇州,無疑。其後爲張鳳翼《藏說小萃後序》。行草影刻,半葉六行字不等,版心亦云"藏說小萃後序"。首頁有鈐印"吳中懌秘笈印""身齊逸民名綴下士",序末云"編次甲乙,同付剞劂……萬曆丙午秋",末頁有鈐印"吳國男子""張氏伯起"。此頁末亦有批語"伯起先生學富而才優,其樹藝林赤幟久矣,今登大耋"。按張鳳翼生年,則此語約批於崇禎二年(1629)。

《藏說小萃》正文,篇次井然,版式一致。其版每半葉九行十八字,花口,單魚尾,左右雙邊。第一種《公餘日錄》。其前有李如一《公餘日錄引》,首頁有鈐印"鈁""課花庵""侍兒沁玉",文末云"時萬曆丙午春二月上弦前一日"。其後爲《公餘日錄總目》及正文一卷。首頁有鈐印"沈葆之印""留仙""海豐吳重熹印",内有批書浮簽兩處。第二種《宦遊紀聞》。其前有李如一《宦遊紀聞序》,有批語。其後爲正文一卷。第三種《水南翰記》。其前有李葆恂手書題識一篇,文末有鈐印"猛庵"。後爲李如一《水南翰記題辭》、林樹聲《明故嘉議大夫南京光祿寺卿致仕水南先生張公行狀》及正文一卷,首頁有鈐印"海豐吳重熹印",末頁有李如一考辨之文。第四種《存餘堂詩話》。其前有李如一《存餘堂詩話序》、文徵明《朱子儋墓志銘》,後爲正文一卷,首頁有鈐印"海豐吳重熹印"。第五種《暖姝由筆》,前有李如一《暖姝由筆序》、張衮《蕪山山人墓碣銘》、徐充《六師贊》及正文三卷。卷一首頁有鈐印"兔床過眼""沈葆""留仙氏""海豐吳重熹印",内脱兩葉,有浮簽、夾批各一處。卷二首頁有鈐印"海豐吳重熹印",内殘兩葉,有夾批兩處。卷三内殘半葉。第六種《汴游錄》。首頁有鈐印"海豐吳重熹印"。

第七種《戒庵老人漫筆》。其前有行書影刻王穉登撰《戒庵老人漫筆序》,與《續修四庫全書》影印本無異,首頁有鈐印"留仙""佛容爲弟子",末頁有鈐印"青羊君""王穉登印",版心云"漫筆序"。其後爲李如一題識之文,無標題,版心云"漫筆小序",文末云"萬曆丁酉歲仲秋乙酉日",與《續修四庫全書》影印本無異。其後爲《戒庵老人漫筆總目》,版心云"漫筆總目",與《續修四庫全書》影印本無異。首頁有鈐印"趙元方藏""沈葆之印""留仙氏"。其後正文八卷,各卷卷首有鈐印"海豐吳重熹印",卷三、卷五、卷七另有鈐印"沈葆""留仙"不等。卷二首末各有數處污損。卷二有眉批一條。卷三、卷六有一處殘損。卷四有浮簽。卷四有一處殘損。卷七有夾批三處、眉批一處,殘損三處。卷八前有手書題識,内有夾批兩處、殘損兩處,卷末有手書"己巳十六年月讀"批語。

第八種《延州筆記》。其前有唐觀《延州筆記序》,序末云"嘉靖甲寅",又附李如一題識文字一段,文末云"庚子秋季",則此段文字當作於萬曆二十八年庚子(1600)。其後又有手書批語一條。其後爲正文四卷,首頁有鈐印"沈葆之印""留仙""海豐吳重熹印",卷一末脱一葉,卷三、卷四有夾批各一處。第九種《洹詞紀事》。前有手書題識云:"《洹詞紀事》抄脱後廿一條,《續》抄脱首葉。'佛乃點胡'以下。《保孤記》後有槎客朱書三行。"按其内容與筆跡,當爲吳騫所書。後爲鄭曉《尚書崔文敏公傳》,首頁有鈐印"留仙氏",另有一印磨滅不清。後爲《洹詞紀事抄目録》,亦有鈐印"常默道人""留仙氏",後爲李如一《洹詞記事鈔小引》,末云"時庚子秋白露前六日……寒露前三日録成",則此段文字當作於萬曆二十八年庚子(1600)。後爲《洹詞紀事抄》正文一卷,首頁有鈐印"海豐吳重熹印",内有破損兩處、夾批一處。又《洹詞紀事續抄》正文一卷,前有李如一題識,文云"前抄成於庚子秋,倐越七載矣,今春,哀邑先輩諸説部梓行之。發篋得前鈔焉,懼其或泯焉,弗永也,因合楊憲副二記,附爲一帙。夏月",則是文當在萬曆三十四年丙午(1607)夏撰成。内有破損一處。第十種《明良記》,前有李如一《明良記小引》,其後爲正文四卷,首頁有鈐印"海豐吳重熹印",卷一脱兩葉,卷二有破損一處。第十一種《保孤記》,首頁有鈐印"海豐吳重熹印",後附《吳學愚與夏少洲書》,又附《桂翁老先生遺孤還宗序》,又附李如一跋文,文末云"時萬曆丙午春二月四日",則此文當在萬曆三十四年丙午(1607)春撰成。文末有手書批語一條,及鈐印"北京圖書館藏"與"石蓮涉獵"。

二

觀李銓前書樓刻本《藏説小萃》版式刊刻,内中各書皆如《戒庵老人漫筆》,宛然一體。而此本《戒庵老人漫筆》,與董氏所云萬曆二十五年李如一初刻本對校,除却"唐伯虎《漫興》"一處排版稍異,餘皆相同,刻字佳者如是,不佳者亦如是。本書四個組成部分,與董氏所云萬曆二十五年李如一初刻本完全一致,如表1所示。

表1 "初刻本"與前書樓刻本對比

	董氏所云萬曆二十五年李如一初刻本《戒庵老人漫筆》	李銓前書樓刻本《藏説小萃》本《戒庵老人漫筆》	備註
1	標題"戒庵老人漫筆序",版心云"漫筆序"	標題"戒庵老人漫筆序",版心云"漫筆序"	王穉登撰
2	無標題,版心云"漫筆小序"	無標題,版心云"漫筆小序"	李鶚翀(如一)撰
3	標題"戒庵老人漫筆總目",版心云"漫筆總目"	標題"戒庵老人漫筆總目",版心云"漫筆總目"	李如一標目
4	正文八卷	正文八卷	李詡撰,周謙光校勘分卷

如表1所示,李如一所撰序文,李銓本無論正文亦或版心,并無"重刻"字樣,不知董氏云此序乃"重刻戒庵老人漫筆序"所據何來?

雖然我們無法從《戒庵老人漫筆》的王穉登序文與李如一序文中得知該書刊刻的確切時間，但我們可以從《藏説小萃》的各書序跋中得知其書刊刻的確切時間與相關信息。爲求簡明，如表2所示。

表 2 《藏説小萃》各書序跋信息表

	各書序跋篇目	文中所具相關信息	備注
1	陳繼儒《藏説小萃序》	貫之刻既成，輕舟五百里問序於余。	此序完成當於刻書之時。
2	李如一《藏説小萃序》	各有序引，統列標目。萬曆，歲在丙午，春二月望日。	此序完成於萬曆丙午年春二月，即萬曆三十四年(1606)
3	李如一《藏説小萃標目》後李銓語	龍飛萬曆，柔兆敦牂歲，重光單閼月，赤岸李氏銓於前書樓付金閶梓人鐫行。	刊刻時間爲萬曆丙午年辛卯月，即萬曆三十四年(1606)四月，地點爲蘇州。
4	張鳳翼《藏説小萃後序》	編次甲乙，同付剞劂……萬曆丙午秋	此序完成於萬曆丙午年秋刻書之時，即萬曆三十四年(1606)秋
5	李如一《公餘日録引》	時萬曆丙午春二月上弦前一日	此文完成當於萬曆丙午年春二月，即萬曆三十四年(1606)
6	李如一《宦游紀聞序》		
7	李如一《水南翰記題辭》		
8	李如一《存餘堂詩話序》		
9	李如一《暖姝由筆序》	萬曆，歲次丙午，春仲，書於得月樓之側坐中	此文完成於萬曆丙午年仲春，即萬曆三十四年(1606)
10	王穉登《戒庵老人漫筆序》		
11	李如一《(戒庵老人)漫筆小序》	鶚因檢括要領，略爲品目，標於卷首……在萬曆丁酉歲仲秋乙酉日	此文完成於萬曆丁酉年仲秋，即萬曆二十五年(1597)
12	唐覲《延州筆記序》	嘉靖甲寅	此文完成於嘉靖甲寅年，即嘉靖三十三年(1554)
13	唐覲《延州筆記序》後李如一題識文字	庚子秋季	此文完成於萬曆庚子年秋，即萬曆二十八年(1600)
14	李如一《洹詞記事抄小引》	時庚子秋白露前六日……寒露前三日録成	此文完成於萬曆庚子年秋，即萬曆二十八年(1600)
15	李如一《洹詞記事續鈔》	前抄成於庚子秋，倐越七載矣。今春，哀邑先輩諸説部梓行之。發篋得前鈔焉，懼其或泯焉，弗永也，因與楊憲副二記，附爲一帙。夏月	此文完成於萬曆丙午年夏，即萬曆三十四年(1606)

續表

	各書序跋篇目	文中所具相關信息	備注
16	李如一《明良記小引》		
17	李如一《保孤記跋文》	時萬曆丙午春二月四日	此文完成於萬曆丙午年春二月,即萬曆三十四年(1606)

從表2所示的各篇題跋文字内容看,《藏説小萃》初次結集刊刻於萬曆丙午年,即萬曆三十四年(1606)。而這本書中所收的各類作品成書時間不一,有的成書時間甚早,但本書刊刻時都保留了這些作品集之前已有的序跋,如唐覲《延州筆記序》等。因此,有理由相信,李如一《(戒庵老人)漫筆小序》也是以相同性質爲由被保留的之前的一篇文字。那麽,只要辨析《戒庵老人漫筆》這部作品被放到《藏説小萃》中,作爲《藏説小萃》的一個部分被整體刊刻之前,《戒庵老人漫筆》是已經單獨刊刻成書還是僅僅處於一個編輯好的文稿狀態,就可以基本解决前文提及的版本疑惑。

明清易代,李詡藏書之世德堂、李如一藏書之得月樓毀於兵燹,家藏之書亦毀。順治五年(1648)春,李如一孫李成之於友人處得《藏説小萃》,重加刊刻,此書今藏中國科學院圖書館,《中國古籍善本書目·子部雜家類》著録云:"《戒庵老人漫筆》八卷,明李詡撰,清順治五年李成之世德堂刻本。"①《四庫全書存目叢書·子部雜家類》有影印本,題爲"中國科學院圖書館藏清順治五年李成之世德堂重刻本"②。此版《戒庵老人漫筆》除保留王穉登《戒庵老人漫筆序》,另附徐遵湯《重刻戒庵漫筆序》、錢裔美《跋》和李成之《重刻漫筆跋》。其中,李成之跋文云:"先高祖戒庵公篤學力行,少補博士,晚遊成均,每究心時務,精研理學,綜核經史,馳騁百家,一一親爲删訂,參以心得而匯爲崇帙,皆其壯時事也。晚年更博極群書,凡耳目睹記,輒捉筆識之,不分古今,不別事類,久而成編,題曰《老人漫筆》。先大父近複公刊之《藏説小萃》中,盛行於世久矣。"③則李詡《戒庵老人漫筆》成書後,李如一加以整理編輯,收於《藏説小萃》中一并刊刻。而我們已知,《藏説小萃》初次刊刻是在萬曆丙午年,即萬曆三十四年(1606)。而《戒庵老人漫筆》由李詡編成,并於萬曆丁酉年,即萬曆二十五年(1597)撰成序文後,并未及時刊刻是書,而是等到刊印《藏説小萃》叢書時纔一并刊刻。李成之此言去祖父李如一刊刻《藏説小萃》其時未遠,當言之不虛,可爲一據。

三

從《藏説小萃》各篇序跋文字辨析《戒庵老人漫筆》成版時間後,只有一個問題需要厘清,即董氏所云,書中"唐伯虎《漫興》"一處排版差異,此處差異在《戒庵老人漫筆》卷五。《續修四庫全書》影印本,即董氏所云萬曆丁酉初刻本云:

---

① 《中國古籍善本書目》(子部),第661頁。
② (明)李詡撰,李如一編:《戒庵老人漫筆》,《四庫全書存目叢書》第111册子部雜家類,濟南:齊魯書社,1995年。
③ (明)李詡撰,李如一編:《戒庵老人漫筆》,清順治五年李成之世德堂刻本。

　　　　唐伯虎《漫興》十首,余見其親筆行書者兩處,互有不同,想隨意點竄,未有定者,因并録之。

　　　　　　　　　　三

　　　　一身憔悴掛衣衿,半壁藤蘿覆釜鬵。一云"久遭名累怨青衿,不變貧交喜素琴"。去日苦多休檢曆,知音諒少莫修琴。一云"已息心機成落托,任教世態有升沉"。平康驢背駝殘醉,穀雨花壇費朗吟。老向酒杯棋局畔,此身何望/甘分不甘心。

而國圖所藏李銓前書樓《藏説小萃》本,即萬曆丙午刻本云:

　　　　唐伯虎《漫興》十首,余見其親筆行書者兩處,互有不同,想隨意點竄,未有定者,因并録之。

　　　　　　　　　　三

　　　　一身憔悴掛衣衿,半壁藤蘿覆釜鬵。去日苦多休檢曆,知音諒少莫修琴。
　　一云"久遭名累怨青衿,不變貧交喜素琴。已息心機成落托,任教世態有升沉"。
　　　　平康驢背駝殘醉,穀雨花壇費朗吟。老向酒杯棋局畔,此身何望/甘分不甘心。

　　就詩句文字看,只有排版位置先後差異,文字內容并無不同。而《四庫全書存目叢書》所收、中科院圖書館所藏順治五年李成之世德堂刻本《戒庵老人漫筆》,此處內容與國圖所藏李銓前書樓《藏説小萃》本,即萬曆丙午刻本完全相同。則李成之跋文所稱"近於友人家得觀《藏説小萃》",錢裔美跋文所稱"今春中表弟汝集出友人處所獲故家藏《漫筆》",皆爲國圖所藏李銓前書樓《藏説小萃》本,即萬曆丙午刻本無疑。至此,萬曆丙午本《藏説小萃》與順治世德堂刻本《戒庵老人漫筆》的遞承關係井然有序,而所謂萬曆丁酉《戒庵老人漫筆》初刻本,依然疑點重重。

　　那麼,兩種詩句表述次序,究竟孰先孰後,我們還可根據唐寅別集的收録情況加以佐證。唐寅在世時未見文集流傳,今見最早文集是明嘉靖甲午年,即嘉靖十三年(1534)由袁褧所輯二卷《唐伯虎集》,但此書未收《漫興》十首。萬曆壬辰年,即萬曆二十年(1592),何大成輯得《唐伯虎先生集》,仍未收《漫興》十首。萬曆丁未年,即萬曆三十五年(1607),何大成輯得《唐伯虎先生外編》,卷一收《漫興》十首。其云:

　　　　　　　　漫興　十首
　　　　　　　　　其三
　　　　一身憔悴掛衣衿,半壁藤蘿覆釜鬵。已息心機成落托,任教世態有升沉。
　　　　平康驢背駝殘醉,穀雨花壇費朗吟。老向酒杯棋局畔,此身何望不甘心。

其後收《又漫興》十首,并有題下小注。其云:

　　　　　　　　又漫興　十首
　　　　《戒庵老人漫筆》云:"唐伯虎《漫興》十首,余見其親筆行書者兩處,互有不同,想隨意點竄,未有定者,因并録之。"
　　　　　　　　　其三
　　　　久遭名累怨青衿,不變貧交托素歆。去日苦多休檢曆,知音諒少莫修琴。

平康驢背駝殘醉,穀雨花壇費朗吟。老向酒杯棋局畔,此身甘分不甘心。①

如上,何大成使用已刊刻成書的《戒庵老人漫筆》,輯得唐伯虎逸詩。但詩句首聯頷聯次序仍與前述兩本《漫語》所錄不同,并有個別文字差異。萬曆壬子年,即萬曆四十年(1612),沈思所編《唐伯虎集》,亦注意到利用《戒庵老人漫筆》輯佚,但改變了何大成的處理方式,其卷二云:

漫興

按,《戒庵老人漫筆》云:"唐伯虎《漫興》十首,余見其親筆行書者兩處,互有不同,想隨意點竄,未有定者,因并錄之。"今刪刻十首。

二

久遭名累怨青衿,半壁藤蘿覆釜鬵。去日苦多休檢曆,知音諒少莫修琴。
平康驢背駝殘醉,穀雨花壇費朗吟。老向酒杯棋局畔,此身何望不甘心。②

沈思刪改確定後的《漫興》,首聯頷聯駁雜無序,違背了李詡并列異文的存疑本意。從此例也可看出,唐伯虎《漫興》流傳至今,本就如李詡所言尚未定稿。如以二聯排版位置不同,定其版刻時間先後,實不足據。

綜上,筆者以爲,無論從版式刊刻、文字内容還是刻工字跡變化,無論是李如一《漫筆小序》還是《藏說小萃》各篇序跋的信息所指,董氏所云《戒庵老人漫筆》萬曆丁酉李如一初刻本和《藏說小萃》萬曆丙午李銓前書樓刻本中《戒庵老人漫筆》都呈現出極其高度的一致性。由於李成之《重刻漫筆跋》明確指出,李如一初次刊刻《戒庵老人漫筆》是將其作爲《藏說小萃》的一種,而《藏說小萃》首次刊刻是在萬曆丙午年,所以,李如一撰於萬曆丁酉年的《漫筆小序》僅指編書完成,《戒庵老人漫筆》其時尚未刊刻,實際上也就不存在所謂的《戒庵老人漫筆》萬曆丁酉李如一初刻本。至於《續修四庫全書》所收《戒庵老人漫筆》與《藏說小萃》萬曆丙午李銓前書樓刻本中《戒庵老人漫筆》出現一處排版差異,筆者以爲最大的可能性是書商將《藏說小萃》叢書本《戒庵老人漫筆》單獨抽出刊印,以叢書零種代替單刻本,并作修版所致。考慮到明代書賈作僞之常見現象,不能排除這種可能性。那麼,作爲單刻本出現的《戒庵老人漫筆》,由於僅保留了李如一在萬曆丁酉年編書完成時所撰之序文,也就難免會被誤認爲在萬曆丁酉年,即萬曆二十五年(1597)初次刊刻。而原本是初次刊刻的萬曆丙午年,即萬曆三十四年(1606)李銓前書樓刻本《藏說小萃》本《戒庵老人漫筆》,則被誤認爲是前者的重刻本,也就不足怪矣。

---

① (明)唐寅撰,何大成輯:《唐伯虎先生集、唐伯虎先生外編、唐伯虎先生外編續刻》,《續修四庫全書》本,底本爲南京圖書館藏萬曆刻本。
② (明)唐寅撰,沈思編:《唐伯虎集》,萬曆壬子翠竺山房刊本。

《本事詩》明清版本源流考

王　彤　董希平

摘　要：《顧氏文房小説》所收《本事詩》爲明代《本事詩》刊刻之源。《增訂古今逸史》本和《津逮秘書》本直接取自《顧氏文房小説》，并加以校訂。重校《説郛》(120卷)本以《增訂古今逸史》本爲底本，其後各本(《唐宋叢書》本、《五朝小説》本、《唐人百家小説》本、《古今詩話》本)皆衍生於此。《津逮秘書》本《本事詩》後出轉精，是刊刻最爲精良的明代版本。清本《本事詩》受明《增訂古今逸史》本和《唐人百家小説》本影響最大。清代《本事詩》諸本中，《四庫全書》本最早，《唐人説薈》本則流傳較廣，影響較大。利用《太平廣記》《唐詩紀事》《詩話總龜》等宋人相關文獻材料來校勘《本事詩》，是清刻《本事詩》的一個重要特徵。

關鍵詞：《本事詩》；明清版本；源流

　　《本事詩》是反映唐代文學創作和文學批評的重要文獻，它開創了"以詩繫事""以事明詩"的著述形式，也成爲宋代詩話的前身。《本事詩》唐、宋、元本無傳，明清以來刻本計13種，其中明刻本9種，清刻本4種。諸刻本對於序言、目録、正文三部分的處理不一，正文文字各有異同。今試理清其版本變化情況，并辨其優劣。

一、《本事詩》明清版本刊刻情況

　　《本事詩》明代刻本計有9種，清代刻本4種，無單行本，皆作爲小説、詩話或者秘本書籍收録於各種叢書。按刊刻時間，總述如次：

（一）《顧氏文房小説》本（簡稱顧本）

　　《顧氏文房小説》，又稱《陽山顧氏文房小説》，明顧元慶(1487—1565)在正德、嘉靖年間①刻於長洲陽山(今蘇州吳中區)的家塾中。該叢書收録了自漢至宋的小説40種，計58卷。所收多爲唐宋傳奇、筆記小説及見聞雜録，也有一些關於雜考、詩文評

＊　作者簡介：王彤，中共北京市通州區委宣傳部；董希平，中國傳媒大學人文學院教授，主要從事中國古代文學、詩詞藝術與演唱傳播研究。
　　基金項目：國家社科基金重大項目"制度文體與中國古代文章學研究"(19ZDA246)。
　①　《顧氏文房小説》所收40種書，有28種篇末附有牌記，記録編刊者姓名、籍貫、書籍的版本依據或刊刻地點等内容。其中有3個牌記中寫明了刊刻時間，分別是：《山家清事》文末有"嘉靖壬辰長洲顧氏家塾梓行"字樣，《松窗雜録》文末有"嘉靖辛卯夷白齋重雕"字樣，《詩品》文末有"正德丁丑長洲堞川顧氏雕"字樣。可見該叢書刻於正德、嘉靖年間，歷時多年纔得以刊印完成。

論類的書籍。

《本事詩》係該叢書第 37 種,是傳世《本事詩》的最早刊本。題孟啓[①]撰。書前有孟啓自序及《本事詩》目錄。其版式爲:每半頁十行,行十八字,白口,左右雙邊,單魚尾。每則本事的第一行頂格寫,其他各行則空出一格,從第二格寫起,以便將每則本事區分開。卷内版心標"本事詩"或"本事"字樣,書耳印有"陽山顧氏文房"六字。

今有明嘉靖間顧氏夷白齋刊本,又有民國十四年(1925)上海商務印書館涵芬樓影印明刊本[②]。

(二)《增訂古今逸史》本(簡稱古今逸史本)

《古今逸史》,明新安吳琯(生卒年不詳)校輯,成書於萬曆年間,書前有吳琯自序、編纂凡例及叢書目錄。吳琯輯刻是書的用意,在於補闕正史、拾遺逸聞,故其在《自序》中說道:"是編所集,其人則一時巨公,其文則千載鴻筆,入正史則可補其闕,出正史則可拾其遺。"全書分"逸志"與"逸記"兩大類。"逸志"又分"合志""分志"兩小類,所收書多關於語言、文字、地理、宫室、典制、風土、傳聞等;"逸記"又分"紀""世家""列傳"三小類,主要爲歷史、人物、志怪等方面的内容[③]。《古今逸史》現行版本,按其收錄書籍種數的不同,有 22 種、26 種、42 種及 55 種四種版本。其中 55 種本,由吳中珩參與校勘增補,成爲定本,又稱爲《增訂古今逸史》[④]。

《本事詩》僅收錄在 55 種本《增訂古今逸史》當中。其"逸記"類下的"列傳"收錄《本事詩》一卷,書前題"唐孟啓撰,明吳琯校"字樣,無孟啓自序及《本事詩》目錄。其版式爲:每半頁十行,行二十字,白口,左右雙邊,單魚尾。書口處標有"本事詩"字樣,版心下端標有頁碼。

今有明萬曆間吳琯校刻本,又有民國二十六年(1937)上海商務印書館涵芬樓影印明刊本,收入《景印元明善本叢書十種》中。

---

① 《本事詩》作者名字有"啓""棨""綮"三種寫法,經諸學者考辨,確認爲"啓"。詳參内山知也《〈本事詩〉校勘記》(《隋唐小說研究》,上海:復旦大學出版社,2010 年);王夢鷗《本事詩校補考釋》(《唐人小說研究三集》,臺北:臺北藝文印書館,1974 年);胡可先、童曉剛《本事詩新考》(《中國典籍與文化》,南京:鳳凰出版社,2004 年第 1 期);陳尚君《〈本事詩〉作者孟啓家世生平考》(載項楚主編《新國學》第 6 卷,成都:巴蜀書社,2006 年。亦載《唐代文學研究》第 12 輯,桂林:廣西師範大學出版社,2008 年)。明清諸刻本皆作"孟啓",本文從之。

② 1925 年上海涵芬樓影印明本《顧氏文房小說》,書前印有叢書目錄。目錄字體與叢書内容不同,可斷定爲涵芬樓編印者所加。此目錄中所標《本事詩》作者爲"孟棨",與叢書中《本事詩》序言及正文所標作者"孟啓"不同。

③ 李春光:《古籍叢書述論》,瀋陽:遼瀋書社,1991 年,第 54 頁。

④ 對於吳中珩參校增補吳琯《古今逸史》,學術界存在兩種不同看法。一種認爲,吳中珩在吳琯生前即參與此書增補,完成定本,二人乃通家合作的方式:"吳琯輯刻的最後定本《增訂古今逸史》55 種,是一部搜拾宏富、刻印考究的古逸叢書,也題有吳中珩的名字。中珩是吳勉學之子,此種合作爲通家合作。"(見徐學林:《徽州刻書》,合肥:安徽人民出版社,2005 年,第 222 頁)。另一種則認爲這是"剜改題名"的現象。如王重民《中國善本書提要》中,通過明萬曆刻本與商務印書館影印本的對比發現:影印本自序題"吳琯"名,而刻本題"吳中珩";《白虎通》《小爾雅》《古今注》三種,影印本均題"吳琯"校訂,刻本改爲"吳中珩"。王重民由此推定,吳琯下世後,吳中珩多篡入己名(見王重民:《中國善本書提要》,上海:上海古籍出版社,1983 年,子部叢書類,第 417 頁)。

(三)《天都閣藏書》本(簡稱天都閣本)①

《天都閣藏書》,明歙縣(今屬安徽)程好之輯。因程氏居住於天都山下,故以天都閣命名其室。《四庫全書總目提要》《中國叢書綜録》録其編者爲程允兆,實誤。因程允兆曾作《天都閣藏書序》,序中云:"家弟好之慨之,暇日出其所藏鍾仲偉《詩品》、楊用修《詞品》、庾肩吾《書品》、李方叔《畫品》以及雜著種種,悉合而梓之,題之曰天都閣藏書。"刊此書者,實爲好之而非胤兆②。此書序言中稱"丁卯長至",未著年號。《四庫全書總目提要》稱"相其版式,全仿閔景賢《快書》,確爲萬曆以後之本。所謂丁卯,蓋天啓七年也"。

全書收録書籍十五種,共二十六卷。

(四) 重編《説郛》(120卷本)(簡稱重編《説郛》本)

重編《説郛》120卷,天台陶宗儀纂、姚安陶珽重輯。是書所録凡一千三百餘種,共120卷。今人多稱"重編《説郛》"或"重校《説郛》",以便與陶宗儀之100卷《説郛》相區別。是書乃陶珽於杭州讀書時,與陳繼儒、潘之恒等朋儕分校而成。故其原編印本或始刻於萬曆末年,而大部分刊刻於天啓年間。後其版片分散各處,清初纔得以由分而合,成爲通行宛委山堂本120卷《説郛》。因此,通行版本已非原編印本③。

該叢書卷八十收録《本事詩》一卷,題孟棨撰。書前無孟棨自序及《本事詩》目録。其版式爲:每半頁九行,行二十字,白口,左右雙邊,單魚尾。書口處標有"本事詩"字樣,卷内版心下端標有頁碼。

今有清順治三年(1646)兩浙督學周南李際期宛委山堂刊本。1988年上海古籍出版社《説郛三種》第二種即據此本影印。

(五)《唐人百家小説》本(簡稱百家小説本)

《唐人百家小説》,桃園居士輯。書前有《唐人小説序》,末句云"桃園居士撰"字樣,序末署名"錢塘張斐然書"。序言後録有"唐人百家小説總目"。全書分爲偏録家、瑣記家、諷刺家和傳奇家四類,共收一百四十八種(缺兩種)④。其中絶大部分書目,在撰人之下標有校閲者姓名,如《杜陽雜編》題"武林鄒質士閲",《劉賓客嘉話録》題"武林嚴調御閲",《東皋子外傳》題"張遂辰校閲"等。僅第4帙至第10帙所録《隋唐嘉話》《桂苑叢談》《周秦行紀》《朝野僉載》《南楚新聞》《金華雜編》《瀟湘録》七種書撰人下無校閲人。

---

① 《天都閣藏書》一書,據筆者所知,現僅兩處存有,分別爲國家圖書館古籍館及南京圖書館。然國家圖書館古籍館由於裝修,善本書目無法借閲;南京圖書館所藏爲膠片,已爲蟲蛀,無法閲讀,筆者未能見到此書原本。故該文所論版本源流,未涉及此書,待後補録。

② 吴楓:《簡明中國古籍辭典》,長春:吉林文史出版社,1988年,第86頁。

③ 昌彼得:《説郛考》,臺北:文史哲出版社,1979年,第22—31頁。

④ 單行本《唐人百家小説》總目中録有一百四十八種,然内容中缺《集異志》《漁具咏》兩書。又目録中《紅綫傳》下有"見劍俠"字樣,《劉無雙傳》《霍小玉傳》下有"見豪客"字樣,《題葉詩考》《章台柳傳》下有"見本事"字樣。這五種書又復見於其他書中,因此僅存目,内容不録。

該叢書"瑣記家"類中第 37 帙收《本事詩》一卷,題孟棨撰。書前有"唐孟棨撰,武林顧懋樊閱"字樣。無孟棨自序及《本事詩》目録。其版式爲:每半頁九行,行二十字,白口,左右雙邊,單魚尾。書口處標有"本事詩"字樣,版心下端標有頁碼。

此書今僅見於北京大學圖書館。

(六)《五朝小説》本(簡稱五朝本)

《五朝小説》,又名《正續太平廣記》,編者不詳,或不止一人。全書選取自魏晉至明代的志怪、傳奇、志人等書近四百種,分爲魏晉小説(署名苕上野客)、唐人百家小説(署名桃園居士)、宋人百家小説(署名桃源溪父)、皇明百家小説(署名石間沈延松)四部分,故合稱"五朝小説"。

《五朝小説》中所録《唐人百家小説》,收書 104 種。它與上文所述單行本《唐人百家小説》名同而實不同。首先,五朝本《唐人小説序》雖與百家小説本同,但文末却缺少"錢塘張斐然書"字樣。其次,二者收録書籍的種數、書名及次序皆不相同。其三,五朝本《唐人百家小説》分爲偏録家、瑣記家、傳奇家三類,百家小説本則多"諷刺家"一類。另外,五朝本中也没有校閲者姓名。

《五朝小説》中的《唐人百家小説》"瑣記家"類第 55 帙收《本事詩》一卷,題孟棨撰。無孟棨自序及《本事詩》目録。其版式爲:每半頁九行,行二十字,白口,左右雙邊,單魚尾。書口處標有"本事詩"字樣,版心下端標有頁碼。

今有 1926 年上海掃葉山房石印本,改題爲《五朝小説大觀》。

(七)《唐宋叢書》本(簡稱唐宋本)

《唐宋叢書》,明末錢塘鍾人傑(字瑞先)、張遂辰(字卿子)輯。全書體例仿照明何鏜《漢魏叢書》,分經翼、别史、子餘、載籍四部分,收書共 103 種。其書以唐宋人著作爲主。

《唐宋叢書》"載籍"類收録《本事詩》一卷,題孟棨撰。書前無孟棨自序及《本事詩》目録。其版式爲:每半頁九行,行二十字。白口,左右雙邊,單魚尾。有斷版。

今有明末刻本。

(八)《古今詩話》本(簡稱詩話本)

《古今詩話》,明末陳繼儒(1558—1639)輯。全書收録自唐至明詩話類著作 79 種 83 卷,編次無順序可言,錯訛亦較多。因陳繼儒字仲醇,號眉公,故卷首題"陳眉公先生集古今詩話"字樣。書前有稽留山人序。

該叢書卷七收《本事詩》一卷,題孟棨撰。書前無孟棨自序及《本事詩》目録。其版式爲:每半頁九行,行二十字。白口,左右雙邊,單魚尾。

今有明末心遠堂刻本,崇禎年間杭州讀書坊刊本,又有 1973 年臺灣廣文書局影印臺灣"中央圖書館"藏明末刊本,輯入《古今詩話續編》中。

(九)《津逮秘書》本(簡稱津本)

《津逮秘書》,明末常熟(今屬江蘇省)毛晉(1599—1659)輯刻。明胡震亨曾於萬曆年間編纂《秘册彙函》，收書 24 種，因火灾而使刻板殘毁，尚未刊完。後是書殘版歸於毛晉，并入《津逮秘書》中。故《四庫全書總目·子部·雜家類》云："凡版心書名在魚尾下，用宋本舊式者，皆震亨之舊。書名在魚尾上而下刻'汲古閣'字者，皆晉所增。"叢書前有胡震亨所作《小引》及《題詞》，又有毛晉崇禎庚午(1630)所作序言。然《津逮秘書》最終目録編定、全書集印，或已至清初①。全書共分十五集，收書 141 種，751 卷。

該叢書第七集收録《本事詩》一卷，書前有孟棨自序，但無《本事詩》目録。正文前有"唐孟棨傳，明毛晉訂"字樣。其版式爲：每半頁八行，行十九字，白口，左右雙邊。書口有"本事詩"字樣，版心下方標有"汲古閣"字樣，因此其所收《本事詩》乃毛晉補録，而非源自《秘册彙函》中。《本事詩》後有毛晉所作跋語，全文轉録如下：

  宋計有功《唐詩紀事》一書，余酷好之。然微嫌其詳於載詩，略於紀事爾。比覽初中緣情感事七類，皆叙事夾詩句，令人展卷掩卷，美動七情，又不流於靡艷一派，真所謂好色而不淫者歟。或病其卷帙太簡，曾見蟹蝦鴿臛羅列方丈者？然猶覺偽吴處常子未免蛇足云。

  湖南毛晉識

今有虞山毛氏汲古閣刊本，又有民國十一年(1922)上海博古齋據汲古閣影印本。

(十)《四庫全書》本(簡稱《四庫》本)

《四庫全書》是清乾隆年間官修的一部卷帙浩繁的叢書，由紀昀主持編纂。該叢書從乾隆三十八年(1773)開始編修，至乾隆四十七年(1782)纔得以完成。其中《本事詩》一書，勘校完成於乾隆四十六年(1781)。全書由經、史、子、集四部分構成，分爲 44 類，收録古籍 3503 種，保存了豐富的文獻資料。

《本事詩》收録於《四庫全書》"集部九·詩文評類"，題爲孟棨撰，無《本事詩》序言及目録。其版式爲：每半頁八行，行二十一字，白口，單魚尾。書口處有"欽定四庫全書"字樣，卷内版心標有"本事詩"字樣。其書前"提要"中，對《本事詩》作者姓名以及部分條目進行了考辨，將《本事詩》作者斷爲"孟棨"。

今有文淵閣、文津閣本。

(十一)《唐人説薈》本(即《唐代叢書》本)

《唐人説薈》，清蓮塘居士陳世熙(生卒年不詳)於山陰(今浙江紹興)輯刻而成，刻於乾隆五十七年(1792)。全書分爲十六集，收録唐代志怪、傳奇、志人小説，兼及部分五代及宋代作者，共收小説 164 種。書前有彭鼇、周光達序言及陳世熙所作"例言"。後王文誥於嘉慶十一年(1806)翻刻陳世熙書，改題名爲《唐代叢書》，二書實爲一書。

---

① 《津逮秘書》的成書年代，一直衆説紛紜。清人王鳴盛《蛾術編》認爲其成書於崇禎三年(1630)；法式善《陶廬雜録》則認爲其成書於崇禎十三年(1640)。查毛氏原序及《南唐書跋》，毛氏購胡震亨《秘册彙函》板在崇禎三年，時合舊刻"不啻百有餘種"，且已立"津逮"之名，則叢書雛形已具。但是，此後刊刻的仍然不少，而以第十五集的《錦帶書》跋署順治乙丑(1649)爲最遲，可見目録編定，全書集印，當是清初之事。詳參孔毅《汲古閣刻本〈津逮秘書〉雜考》(《四川圖書館學報》，1989 年第 2 期)。

《唐人説薈》第七集中收録《本事詩》一卷,題孟棨撰,書前無《本事詩》序言及目録。其版式爲:每半頁九行,行二十一字,白口,單魚尾。書口有"本事詩"字樣。

該書現存版本較多,有乾隆五十七年(1792)刻本,即抱秀軒刊本。又有同治三年(1864)刻本、同治八年(1869)右文堂刊本。後有清宣統三年(1911)上海掃葉山房石印本,改其版式爲"每半頁十五行,行三十二字,白口,四周雙邊,單魚尾"。

(十二)《龍威秘書》本(簡《稱龍》本)

《龍威秘書》,清馬俊良(字巘山)於其家鄉浙江石門輯刻而成,刻於乾隆五十九年(1794)。該叢書共十集,收書177種。其中一集爲"漢魏叢書采珍",二集爲"四庫論録",三集爲"古今詩話集雋",四集爲"晉唐小説暢觀",五集爲"古今叢説拾遺",六集爲"名臣四六奏章",七集爲"吳氏説鈴攬勝",八集爲"西河經義存醇",九集爲"荒外奇書",十集爲"説文繫傳",每集卷首皆有輯者序言。

該叢書第三集"古今詩話集雋"中收録《本事詩》一卷,題孟棨撰。無孟棨自序,無目録。其版式爲:每半頁九行,行二十一字,細黑口,左右雙邊。版心上端標有"本事詩"字樣,版心下端標有頁碼。

今有乾隆五十九年(1794)石門馬氏大酉山房刊本,後有嘉慶元年(1796)世德堂重刊本。

(十三)《藝苑捃華》本

《藝苑捃華》,清顧之逵(1752—1797)輯刻於元和(今江蘇蘇州),因其書齋名爲小讀書堆,故他又被稱之爲"小讀書堆主人"。該叢書收書48種,多爲罕見之本。書前有趙懷玉所作序。

該叢書收録《本事詩》一卷,於所收49種書籍中之第十種,題孟棨撰。無孟棨自序,無目録。其版式爲:每半頁九行,行二十一字,白口。版心上端標有"本事詩"字樣,版心下端標有頁碼。

有同治七年(1868)務本堂刊本。

二、《本事詩》明清版本源流

依據上述12種《本事詩》(除《天都閣藏書》外)的刊刻時間、全書構成的差異,以及比較正文文字異同,大致可理清其相互關係。兹縷述其源流如次:

(一)所有明代版本皆源自同一底本:《顧氏文房小説》本

前文所列迄今所見明代《本事詩》所有版本。皆爲一卷,所收本事數量相同,皆爲41則。又皆分爲七類,每類的數目也相同。

此外,這些版本存在一些相同的誤字、闕文。具體如下:

1. 情感第一·第六則:

顧況在洛,乘門與三詩友游於苑中。

"乘門"一詞,當爲"乘間"的誤字。"乘間"乃"利用機會,趁空"之意,而"乘門"則僅指代"和尚",與文意不符。《太平廣記》卷一九八、《詩話總龜・前集》卷二十三所引《本事詩》此則,所據當爲宋本,皆作"乘間"。而明代所有版本中,此處皆作"乘門",實誤。

2. 情感第一・第八則:

> 連三歲不果迓,因以良金買練囊中寄之,題詩曰……

此句有歧義,文意不通。若"以良金"表方式狀語,"練囊中"作補語,則動詞"買"缺少賓語;若動詞"買"的賓語爲"練囊",則"中"字多餘。考此則故事源自許堯左《柳氏傳》,《太平廣記》卷四八五載《柳氏傳》此處爲"以練囊盛麩金",可知"買"的賓語應爲"麩金"。蓋此處"買"字當爲"置"字的誤字。因"買"的繁體寫爲"買",與"置"相似,故誤寫爲"買"。

3. 怨憤第四・第五則:

> 化里鑿池種竹,起臺榭。□方下第,或謂執政惡之,故不在選,怨憤尤極。

此則起句即爲"化里鑿池種竹",不明其意,下文"方下第"也無主語,因此"化里"上應有闕文。考宋曾慥《類説》卷五十一所收節錄本《本事詩》,此爲"賈島初有詩名,狂狷薄行。久不中第,裴晉公興化里鑿池起臺榭。島方下第,怨憤題詩亭內……"或即爲此其闕文。

4. 嘲戲第七・第七則:

> 及五十六十,薄施妝粉,或黑,視之如鳩盤荼。

"或黑"一詞,上應有脫文。"或"字表示選擇或并列,而此處僅列一個選項,并無選擇項或者并列項,故定有闕文。又宋曾慥《類説》卷五十一、宋祝穆《古今事文類聚・後集》卷十四及宋謝維新《古今合璧事類備要・前集》卷二十八所錄《本事詩》此則,皆作"或青或黑",當爲此則原貌。蓋此處用雖薄施了妝粉,但面色依舊或黑或青、如鳩盤荼,來形容五十、六十歲女子的醜陋之狀。而明代諸版本中,無一例外皆缺少"或青"二字。

可見,《本事詩》的明代版本當出於同一底本。由於《顧氏文房小説》成書於正德、嘉靖年間,是傳世《本事詩》最早版本。它所依據的底本是明本還是宋本,暫時不能確定。因此,明代所有版本的源頭,當爲《顧氏文房小説》本,亦或是顧本所依據的底本,今已散佚不傳。

(二)《增訂古今逸史》本直接源自《顧氏文房小説》本

吳琯《增訂古今逸史》,成書於萬曆年間,略晚於《顧氏文房小説》。因此本《本事詩》書前印有"唐孟啓傳,明吳琯校"的字樣,可知這一版本經過了吳琯校勘修訂而成。其底本或直接來自《顧氏文房小説》本。理由如下:

1. 顧本中的部分明顯訛誤,《古今逸史》本或延續其誤,或空格不寫

《顧氏文房小説》所錄書籍,雖大部分是根據宋本或舊本刊刻而成,但在刊刻過程

中也存在訛誤。對於顧本所錄《本事詩》訛誤之處,雖大部分在《古今逸史》本中被改正過來,但也存在一部分因未被校勘者發現,而存留下來。具體有如下五處①:

(1) 情感第一·第八則:

　　韓翃與韓翊

此則本事乃"韓翃章臺柳"與"與此韓翃"兩部分連綴而成。其中男主人公姓名,全文前後共出現了七次②,顧本皆作"韓翊"。史本中前三處爲"韓翃",後四處爲"韓翊"。考"章臺柳"的故事,出於許堯左《柳氏傳》。其單行本不傳,最早對其記載便是《太平廣記》。《太平廣記》卷四八五載《柳氏傳》作"韓翃",《詩話總龜·前集》卷二十三引陳翰《異聞集》中所載"章臺柳"之事,亦作"韓翃"。然《類説》卷五十一、《紺珠集》卷九所載《本事詩》中《章臺柳》一則,皆作"韓翊"。

又"與此韓翃"的故事,《太平廣記》卷一九八、《類説》及《紺珠集》所引《本事詩》皆作"韓翊"。考文中德宗所提及的詩句"春城無處不飛花,寒食東風御柳斜。日暮漢宮傳蠟燭,青烟散入五侯家"乃中唐詩人韓翃的名作,題名《寒食》。又《新唐書》卷二〇三"盧綸"條中提及"與此韓翃"一事,稱其爲大曆十才子之一,名"翃",原文如下:"時有兩韓翃,其一爲刺史。宰相請孰與? 德宗曰:'與詩人韓翃。'"③

根據《本事詩》的編撰規律可知,在《本事詩》中,兩個故事相似或有關聯,或爲同一主人公,纔會被連綴爲一則。因此"章臺柳"和"與此韓翃"兩個故事,男主人公當爲同一個人,即"韓翃"。顧本或受《柳氏傳》的影響,將人名寫爲"韓翊"。吳琯在編校時,僅修正了前三處,而後四處則未修改。

(2) 情感第一·第八則:

　　柳每以暇日,隙壁窺韓所居,即蕭然葭父,聞客至,必名人。

"葭父"一詞,有誤。"蕭然葭父"一詞,在文中形容韓翃居處簡陋蕭條、雜草叢生的境況。"葭"指蘆葦,表示屋中雜草之貌,而"葭"與"父"搭配則無任何意義。因此顧本此處實誤,史本同。津本中改爲"葭艾",更易理解。

(3) 情感第一·第十二則:

　　崔亦睠盼而歸,示後絶不復至,及來歲清明……

"示後"一詞,無意。"示後"在歷代文獻中連用時,多爲動賓結構,表示"示範後人、啓示後學"之意。作時間狀語,則無此用法。又《太平廣記》卷二七四作"爾後",或爲原貌。蓋"示"與"爾"字形相近,顧本在刊刻過程中出現錯誤。史本同。説本、津本等改作"嗣後"。

---

① 因文中提到的部分版本中訛誤較爲明顯,王夢鷗先生《〈本事詩〉校補考釋》中也有所提及,但辨析較爲簡略。本文在王氏的基礎上,作進一步的分析。
② 此則中有一句,顧本、史本爲"舉目爲惡詩韓翊,翊殊不得意",津本爲"舉目爲惡詩,韓邑邑殊不得意",《唐人説薈》等版本則改作"舉目爲惡詩韓翃。韓邑邑殊不得意"。因各本情況多有不同,故部分版本在此處出現的男主人公姓名,不算作統計範圍,其他處共出現了七次。
③ (宋)歐陽修、宋祁:《新唐書》,北京:中華書局,1975年,第5786頁。

(4) 情感第一・第十二則：

自去年以來，常恍惚若有所失。此日與之出……

"此日"當爲"比日"之誤。"比日"爲"近日、近來"之意，而"此日"則僅僅指"這一日"。據原文來看，此句乃老翁向崔護叙述之前的事，故"比日"更爲合適。且《太平廣記》、説本、津本等版本并爲"比日"。蓋"比"與"此"字形相近，顧本刊刻錯誤，而史本延續。

(5) 高逸第三・第二則：

嘗與一二同年，城南游覽，至文八寺。有禪僧……杜嘆訝，因題詩曰："家在城南杜曲傍，兩枝仙桂一時芳。禪師都未知名姓，始覺空門意味長。"

"文八寺"一名，僅顧本與史本爲此名，其他版本中各有不同。《詩話總龜・前集》卷三十所載爲"丈六寺"，重校《説郛》本、津本等皆作"文公寺"。考清人馮集梧《樊川詩集注・樊川外集》引上文中杜牧的詩句，題作《贈終南蘭若僧》，下有小字註曰："《戍籤》題下云：與同年城南游覽，至丈八寺贈禪僧。"① 因文中提到"城南游覽"之説，詩歌又題爲《贈終南蘭若僧》，因此寺院當在長安城南，且在終南山上。考鄠縣（今西安户縣）南依終南山，且縣中至今仍有丈八寺村，蓋此村便是因寺而得名。故此處正確的地名或應爲"丈八寺"。

除此之外，顧本中有一錯訛處，史本既未承襲其誤，也未更正，而是空缺未寫。蓋吳琯校勘時，發現錯處又不知正確的原文，便空缺不寫。

(6) 事感第二・第三則：

……遍問座隅山水，則褒如所奔走城在其左，諸葛所征之路次其右……花疑褒女笑，棧想武侯征。

"褒如"一詞，史本作"褒□"，空缺未寫。此句在傳世《元氏長慶集》及《太平廣記》中的記載都不完整：《元氏長慶集》作"遍問座隅山川，則曰又褒次其右"②；《太平廣記》引《本事詩》爲"余時在諸葛所征之路次，不勝感今懷古"③。可見，兩處皆有闕文。考宋人祝穆所作《方輿勝覽》卷六十六"棧想武侯征"條下引元稹《褒城贈黃明府詩序》云："遍問其褒陽山水，則褒姒所奔之城在其左，諸葛亮所征之路次其右。"《唐詩紀事》卷三十七引《本事詩》與其相同，作"褒姒"。然《詩話總龜》卷二十五作"褒女所奔之城在其左，諸葛所征之地在其右"。就文意來看，"褒女"與"褒姒"二者皆可，"褒女"即指代"褒姒"，未知原文。吳琯或因不能確定，故空缺。從顧本將其誤作"褒如"來看，似乎顧本所依據的版本作"褒女"。

2. 顧本爲墨釘處，《古今逸史》本中亦爲墨釘

顧本"怨憤第四・第五則"中，有兩處因缺字而形成的墨釘：

---

① （清）馮集梧：《樊川詩集注》，上海：上海古籍出版社，1978年，第368頁。
② （唐）元稹：《元氏長慶集》，據《四部叢刊》本，嘉靖三十一年刻本，藏於江南圖書館。
③ （宋）李昉等：《太平廣記》，北京：中華書局，1961年，第4073頁。

化裏鑿池種竹,起臺榭。□方下第,或謂執政惡之,故不在選,怨憤尤極。遂於□內題詩曰……

文中兩處"□",即顧本中的墨釘。史本此處與顧本全同,亦爲墨釘。可見,史本是以顧本爲底本的。

3. 史本經吳琯校訂,與顧本有不同之處

吳琯在《古今逸史·凡例》中有"故今所集,幸使流傳;少加訂正,何從伐異"之説,故史本《本事詩》中的部分文字,由於編者的校改,而與顧本不同。這些不同之處,又可分爲兩種情況,第一種爲史本更正了顧本中的明顯訛誤:

表1

條目	不同之處	顧本	史本
一 8①	有虞" "將許俊	候	侯
一 8	即以韓" "示之	扎	札
一 9	張深" "之	言	信
一 12	人面桃花相" "紅	應	映
二 3	" "問座隅山水	偏	徧
三 3	贏得青樓薄" "名	行	幸
六 3	" "築郊原古	上	卜
七 1	美人" "音信闊	兮邁	邁兮
七 6	" "以罪謫	曾	會

上表中顧本存在的訛誤,很明顯是由於刻工在刊刻時所造成的,如:誤刻偏旁,誤添或誤缺一筆,或者將某字誤刻爲形近的另一個字。而吳琯的校訂,使其在史本中得以正確呈現。

另種情況是,顧本與史本的相異處,没有明確的正誤之分,兩種都可說得通:

表2

條目	不同之處	顧本	史本
一 1	"照"與"鏡"	照	鏡
一 2	知之" "成疾	痛憤	憤痛
一 3	寧忘" "日恩	舊	昔
一 3	看花滿" "涙	目	眼
一 4	含情更" "棉	着	著
一 6	有" "苑中尋春	客來	人於
一 7	" "不知而召置之	何故	故何

---

① 爲表述方便,表格中"一 8"即指代《本事詩》"情感第一·第八則",下文表格中皆同。

续表

條目	不同之處	顧本	史本
一 7	柳條藤蔓繫" "情	人	離
一 8	往日" "今在否	依依	青青
一 8	" "烟散入五侯家	青	輕
一 9	君室何如"我"	我	缺"我"字
三 1	歸飛" "枝上啼	鴉鴉	啞啞
三 1	" "殿宿鴛鴦	珠	金
三 3	杜又自飲三" "	嚼	爵
五 1	敕李氏" "一百	決	杖
五 2	龍" "隱寂寥	君	宫
五 4	花時同醉破" "愁	新	春
五 4	醉折花枝" "酒籌	作	當
七 4	相與拊掌" "笑	而	大
七 6	大家必" "賜金龜	若	欲
七 6	中宗亦以" "賜之	金魚	緋魚
七 7	嘗謂" "曰	之	人
七 7	安有人不畏" "耶	九子魔母	九子母

上表中兩個版本的不同之處,並不會對文意產生影響,如"照"與"鏡"都表示鏡子的意思,"滿目淚"與"滿眼淚"、"拊掌而笑"與"拊掌大笑"、"金魚"與"緋魚"的意思亦都相同。

史本中的修改處,大部分有依據,如:顧本中"青烟散入五侯家"句,《唐詩紀事》中與顧本同,史本據《太平廣記》和《類說》將其改爲"輕烟"。再如:顧本中"醉折花枝作酒籌"句,《唐詩紀事》《類說》中的記載與顧本同,史本據《太平廣記》改爲"當酒籌"。而史本中另一些改動,雖没有依據,但較顧本更爲合理,如:將"繫人情"改爲"繫離情"、將"珠殿"改爲"金殿"、將"大家必若賜金龜"改爲"大家必欲賜金龜"等等。

綜上所述,筆者推斷,吴琯《增訂古今逸史》本《本事詩》,是以顧本爲底本,並經過吴琯校訂而成的。史本更正了顧本中的部分刊刻訛誤,對其他部分字句也進行了更改。然而史本却未錄《本事詩》孟啓自序及《本事詩》目錄,這也是後世大多傳本缺少自序和目錄的原因所在。

(三) 重校《説郛》一百二十卷本直接源自《古今逸史》本

明陶珽重編《説郛》一百二十卷,當直接以《古今逸史》本爲底本。二者雖版式略有不同,但從内容看,除有兩處小字缺少之外,其他幾乎完全一致。雖亦有改動之處,但僅有幾處,數量很少。

1. 重校《説郛》本缺少序言、目録

重校《説郛》本《本事詩》前無孟棨序言及《本事詩》目録,這一點與《古今逸史》本相同,而與顧本相異。

2. 《古今逸史本》明顯訛誤處,重編《説郛》本悉承其誤

(1) 情感第一・第八則:

> 後數干,淄青節度侯希逸奏爲從事。

"後數年",史本誤作"後數干",蓋版刻時造成錯誤。説本同。

(2) 事感第二・第一則:

> 唯兔葵燕麥,動摇動春風耳。

"動摇於",史本誤作"動摇動"。説本同。

3. 《古今逸史本》與顧本的不同之處,《説郛》本皆與《古今逸史》本同

除此之外,由於吴琯對《古今逸史》進行校訂,因此史本與顧本仍存在不少不同之處。對於這些相異之處,重編《説郛》皆與史本同,無一與顧本同。具體内容見表2。

因此,筆者推定,重校《説郛》本當源自史本無疑。重校《説郛》的編輯者可能根本未見過顧本。

(四)《唐人百家小説》本、《五朝小説》本、《唐宋叢書》本、《古今詩話》本可能皆源自重校《説郛》本

《唐人百家小説》《五朝小説》《唐宋叢書》及《古今詩話》四書,具體成書年份不能確定,僅可確定爲明末叢書。四書版式與重校《説郛》一百二十卷本同,皆爲"每半頁九行,行二十字,白口,左右雙邊,單魚尾",或從重校《説郛》中抽印而成,理由如次:

1. 重編《説郛》校閲者與其他三書的編者有相同者

重校《説郛》一百二十卷,題陶珽重輯。今通行本乃明末編刻本。據學者考證,今通行本已不是原編初印的版本,乃是掇拾殘餘版片并補刻重印而成。原編初印本今雖不存,但由於明末《廣漢魏叢書》《百川學海》《續百川學海》等書或從重編《説郛》中抽印部分原版或摻刻數種編印而成,因此可以從這些叢書中窺見其初版版式。① 《廣漢魏叢書》等叢書,每書首頁第二行撰者姓名下,皆題有校閲者的姓名,如"武林徐仁毓閲""嚴之麟校閲",且書中有圈點痕跡。今通行本重編《説郛》多由初版刪去撰人之"撰"字或"著"、校閲者姓名及書中圈點重印而成,僅第六卷中殘留一處。②

北京大學圖書館館藏單行本《唐人百家小説》,其版式與上述叢書相同,且於每書首頁第二行下,亦題有校閲者姓名,這些校閲者與叢書相比皆相同。可知,此單行本《唐人百家小説》,當亦由初版《説郛》中抽印其中唐代人的著作而成。

其中第17帙《梅妃傳》、第70帙《志怪録》撰人下有"武林鍾人傑閲"字樣;第20帙《李林甫外傳》、第125帙《人虎傳》撰人下有"鍾人傑閲"字樣;第22帙《東皋子外

---

① 《説郛考》,第25—26頁。
② 重校《説郛》第六卷《傳道正統》書首頁殘留有"宋李元剛著嚴之麟校閲"的字樣。

傳》、第 38 帙《北里志》、第 63 帙《諧皋記》、第 68 帙《前定録》、第 100 帙《白猿傳》、第 103 帙《琵琶婦傳》撰人下有"張遂辰校閱"或"明張遂辰閱"等字樣。而鍾人傑、張遂辰乃《唐宋叢書》的編者，陳繼儒爲《古今詩話》的編者。可見，他們都參與過《説郛》的編刊校閲，因此其著作從《説郛》中抽印是很有可能的。

2. 當時確實存在盜印重校《説郛》而改名的情況

根據當時人記載，這幾種書確有被盜印重編《説郛》的現象。如清莫友芝《邵亭知見傳本書目》卷十《説郛》下注云：

> 路小洲云：坊中所售《五朝小説紀事》一書，即用《説郛》移易次第改標行目爲之者。

又：

> 明人有書帕本，往往刷印《説郛》數十種，即稱某叢書，余嘗見《唐宋叢書》却（引文原文是"即"）是也。①

可見，在當時，從卷帙龐大的 120 卷《説郛》中抽印部分內容，另起名目而成爲新書的現象，是大量存在的。

3. 從《本事詩》內容看，四版皆與重編《説郛》本相同

從《本事詩》的文本來看，四個版本與重編《説郛》本如出一轍。首先，重編《説郛》本中存在其他版本所没有的錯誤，這些錯誤在《唐人百家小説》本、《五朝小説》本、《唐宋叢書》本及《古今詩話》本中皆延續下來。這些錯誤，除了上文所提到的重編《説郛》本延續《古今逸史》中而來的錯誤，即"後數千""動摇動"兩處之外，還有以下幾處：

（1）情感第一·第八則

> 闔座同見希逸，白其故。希逸扼腕奪髯……

"扼腕奪髯"一詞，當爲"扼腕奮髯"之誤。"扼腕"爲"用一隻手握住另一隻手的手腕"之意，"奮髯"即抖動鬍鬚，兩詞皆表示激憤之意。"奪髯"一詞無意義。因奪的繁體"奪"與奮的繁體"奮"字形相似，説本誤。

（2）情感第一·第十二則

> 妖姿媚熊，綽有餘妍。

"妖姿媚熊"一詞，爲"妖姿媚態"之誤。因"熊"與態的繁體"態"字形相似，説本誤。其他三本同。

（3）高逸第三·第二則

> 傍人以累捷誇之。顧而笑曰："皆不能也。"

"皆不能"，顧本、史本及津本皆作"皆不知"。《類説》《古今詩話》亦作"不知"。據文意來看，此處表示山寺老僧不知杜牧登科之事，而非"不能"之意。説本誤。

---

① （清）莫友芝撰，傅增湘訂補，傅熹年整理：《藏園訂補邵亭知見傳本書目》，北京：中華書局，2009 年，第752 頁。

(4) 徵異第五・第三則

妙匠珠山骨,刳中事調烹。

"珠"字應爲"琢"字之誤。

除此之外,還存在數處此五本相同,而與顧本、史本皆不同之處:

表3

條目	不同之處	顧本與史本	説本及其他四本
一 8	韓" "殊不得意	翊翊	邑邑
一 12	" "絕不復至	示後	嗣後
一 12	" "日與之出	此	比
三 1	西山" "銜半邊日	猶	欲
三 1	金壺丁丁漏水" "	盡	多
三 1	二内臣" "扶之	腋	掖
三 1	借問" "來太瘦生	別	何
五 4	也向慈恩" "游	院院	院裏

由此可見,重校《説郛》本、《唐人百家小説》本、《唐宋叢書》本、《古今詩話》、《五朝小説》五個版本,爲同一版本系統。後四本很可能出自重編《説郛》本。

(五)《津逮秘書》本以顧本爲底本,又參校他本,并經過編者校訂

《津逮秘書》乃明末藏書家、出版家毛晉所輯刻。毛氏刻《津逮秘書》,多選用舊本、善本。雖然其中也會存在一些不夠精細的地方,但在明代叢書中屬於比較規範、品質較好的一部。

《津逮秘書》本《本事詩》,是《本事詩》衆多版本中較爲精良的本子。究其源流,此本當以顧本爲底本,又參校了其他版本。

1. 津本存在僅與顧本同,與其他版本皆不同的内容

津本來源於顧本的最直接證據,乃是其中部分内容,傳世本《本事詩》中僅有津本和顧本相同,其他版本皆與其相異。具體如下:

表4

條目	内　容	顧本與津本	其他版本
一 1	"鏡"與"照"	照	鏡
一 2	知之" "成疾	痛憤	憤痛
一 3	寧忘" "日恩	舊	昔
一 3	看花滿" "淚	目	眼
一 4	含情更" "棉	着	著
一 6	有" "苑中尋春	客來	人於

續表

條目	内容	顧本與津本	其他版本
一 6	後數"　"	年	幹
一 6	往日"　"今在否	依依	青青
一 9	君室何如"我"	我	缺少"我"字
一 9	大家必"　"賜金龜	若	欲
一 9	安有人不畏"　"耶	九子魔母	九子母

各傳世本《本事詩》中,有11處内容僅顧本和津本相同,其他版本皆與其相異;且顧本刊刻年代較早。因此,津本當是以顧本爲底本。

2. 津本參校了其他版本

由於《津逮秘書》的編者毛晉爲著名的藏書家,家藏書籍衆多;且《津逮秘書》刊刻於明末,相較其他明代版本晚出,故此本《本事詩》在編刻時,當參校過其他幾個版本。如津本中存在與重編《説郛》本、百家小説本、唐宋本、詩話本、五朝本等相同,却與顧本、《古今逸史》本不同之處:

表 5

條目	内容	顧、史本	津本及其他
一 8	韓"　"殊不得意	翊翊	邑邑
一 8	"　"絶不復至	示後	嗣後
一 8	吾女笄"年"知書	無"年"字	有"年"
一 8	"　"日與之出	此	比
一 8	"　"女所以不嫁者	一	此
三 1	金壺丁丁漏水"　"	盡	多
三 1	借問"　"來太瘦生	别	何
五 4	也向慈恩"　"游	院院	院裏

由此可知,津本在參照《顧氏文房小説》本的同時,一定也參校過重編《説郛》本、百家小説本、唐宋本、詩話本、五朝本中的一個版本。但具體參看了哪一個明本,則不得而知了。

3. 津本由於經過毛晉校訂,存在與其他版本皆不相同者

《津逮秘書》收書141種,每書首頁作者姓名之後,皆有"明毛晉訂"的字樣,如《本事詩》首頁即有"唐孟啓傳　明毛晉訂"的字樣。可見,其所收書皆經過了毛晉本人的校訂。因此,《津逮秘書》本《本事詩》又存在與其他明代版本皆不相同之處:

表 6

條目	内容	其他版本	津本
一 8	韓以李"　"大丈夫	豁落	豁達

续表

條目	内容	其他版本	津本
一 8	車中投一紅巾""小合子	苞	包
一 8	人面桃花相""紅	應	暎
一 8	崔亦感""	慟	動
二 2	近""新詩	者	日
二 2	種桃道士""	今何在	歸何處
二 3	連飛""觥	十數	數十
二 3	故陳、李二集律詩""少	殊	絕
二 3	""殿""鴛鴦	珠 宿	金 鎖
三 2	當""制策登科	年	時
三 2	具""對之	以	没有"以"
五 1	哭於其""葬	無"所"	有"所"
五 1	看余""石橋	度	渡
五 1	捕之不""	獲	護
五 1	不""至歟	期	其
七 1	誠如聖""	旨	諭
七 1	薄施""粉	妝	脂

(六)《四庫全書》本源於《增訂古今逸史》本

《四庫全書》所收《本事詩》，置於集部詩文評類，是清代最早的《本事詩》版本。書前有"總校官進士臣朱鈐，校對官編修臣吴錫麒，謄録監生臣廖光陽"字樣。其所據底本應爲明代吴琯編校的《增訂古今逸史》。依據如下：

1. 四庫本闕文處與顧本、史本同，而顧本、史本相異之處，四庫多與史本同

如前所述，《本事詩》"怨憤第四·第五則"中存在闕字現象。顧本、史本闕字處皆爲墨釘，如下：

……■方下第……遂於■内題詩曰……

而明代其他版本，如《説郛》一百二十卷本、津本皆將此則補全爲：

……島方下第……遂於庭内題詩曰……

四庫本中，此兩處亦爲闕字，以"闕"字表示如下：

……闕方下第……遂於闕内題詩曰……

可見，四庫本僅可能以顧本或者史本爲底本，或應未參校其他的明代版本。然以顧本、史本與四庫本相比照不難發現，史本對顧本的修訂之處，即史本與顧本的相異之處(參見表1)，四庫本幾乎全與史本相同，與顧本異。

并且,在"情感第一·第十二則"中:

入歸,見左扉有字……

"入歸"一詞,或爲"及歸"之誤。明代其他各個版本皆爲"及歸",僅四庫本與史本同作"入歸"。可見,四庫本所抄錄的底本,即是《增訂古今逸史》本。

2. 四庫本對史本的修改之處,多根據宋代《太平廣記》《類説》《唐詩紀事》等所引《本事詩》文字改動

除了與史本諸多相同之處外,四庫本中也有部分字句不僅與史本不同,與明代其他版本也皆不同。具體有以下幾處:

表7

條目		内容	史本	四庫本
一	4	我與汝結今" "緣	身	生
一	5	試留青黛" "	着	著
一	8	顧" "然自疑	况	怳
一	8	昨" "備言之矣	暮	已
一	8	韓" "殊不得意	翊翊	翃翃
一	12	崔亦睠" "而歸	盼	盻
一	12	" "絶不復至	示後	自後
一	12	吾女"笄年"知書	無"年"字	"甫笄"
二	2	"動摇"春風耳	動	動摇春風耳
二	2	桃花" "盡菜花開	静	净
二	3	至褒城望驛		遥望驛
二	3	有大池		亭有大池
二	3	褒" "所奔走城在其左	闕	姒
二	3	依稀迷姓" "	字	氏
二	3	" "漸識平生	即	積
二	3	陂陁數" "城	大	丈
二	4	因爲楊柳" "詞	之	枝
三	1	" "以上位處之	便	將
四	2	吴武陵" "	有文筆才	有文才
五	3	將" "困之	已	以
六	2	詩" "帖	牘	牋
七	2	不" "皇后邪	爲	畏
七	6	"官還秩"	官還秩	還秩

這些不同之處,大部分不是毫無根據改動,而是據宋代收録《本事詩》部分條目的

書如《太平廣記》《類説》等修改,或者是根據《本事詩》故事的來源進行修改。如:

(1) 據《太平廣記》修改

事感第二·第三則:

  陂陁數大城——陂陁數丈城

《太平廣記》《元氏長慶集》皆作"丈"。

(2) 據《類説》修改

情感第一·第四則:

  試留青黛着——試留青黛著

(3) 據《唐詩紀事》《詩話總龜》修改

情感第一·第四則:

  我與汝結今身緣——我與汝結今生緣

《詩話總龜》作"吾與爾結今生緣",《唐詩紀事》作"吾與汝結今生緣"。

事感第二·第三則:

  褒□所奔走城在其左——褒姒所奔走城在其左

《唐詩紀事》作"褒姒所奔之城在其左"。

據此,四庫本來自於《增訂古今逸史》本,當無疑。

(七)《唐人説薈》本來源於《唐人百家小説》本

《唐人説薈》爲清蓮塘居士陳世熙所編。《唐人説薈》本《本事詩》來源於《唐人百家小説》本,理由如次:

1. 例言中點明了其所依據的版本

《唐人説薈》的"例言"中記載了它所依據的版本:

  小説多矣,而以唐人爲最,可以周應世之務,供吟咏之資……舊本爲桃源居士所纂,坊間流行甚少,計一百四十四種,每種略取數條,條不數事。今復搜輯《四庫》書及《太平廣記》《説郛》等,得一百六十四種,間有意緒可采者附益之。

所謂"舊本爲桃園居士所纂"的"舊本",應爲《唐人百家小説》。《五朝小説》中的《唐人百家小説》與單行本《唐人百家小説》,皆署名爲"桃園居士"。然《五朝小説》中的《唐人百家小説》,僅收書104種,與"例言"所説144種不相符。單行本《唐人百家小説》則收書148種(缺兩種)。可見,《唐人説薈》很可能是以單行本《唐人百家小説》,或者某一種144種的《唐人百家小説》爲底本。

2.《唐人説薈》本內容亦接近《唐人百家小説》本,但更正幾處明顯訛誤

《本事詩》的文本內容中,明代諸多版本的相異之處,《唐人説薈》本皆與《唐人百家小説》相同。并且《唐人説薈》中還更改了《唐人百家小説》中的數處明顯訛誤:

扼腕奪髯——扼腕奮髯 妖姿媚熊——妖姿媚態

蕭然葭父——蕭然葭艾 皆不能也——皆不知也

3.《唐人説薈》與《唐人百家小説》的不同之處,多據《太平廣記》等宋人文獻修改

在明本《本事詩》各個版本存在差異之處,《唐人説薈》本與《唐人百家小説》本皆相同。然而,《唐人説薈》本又存在衆多與明本的不同之處:

表8

條目		內容	明代版本	《唐人説薈》本
一	2	唐武后" "	載初中	時
一	2	知之寵" "	待	愛
一	6	亦題葉" "	上	缺"上"字
一	7	色亦" "	爛妙	娟妙
一	7	"淚下隨言"	淚下隨言	言隨淚下
一	7	韓召樂將" "	責曰	責之曰
一	7	乃" "笞之	十	無"十"字
一	7	命" "百縑	妓與	與妓
一	8	柳每以暇" "隙壁	日	無"日"字
一	8	後" "閑居	事罷	罷府
一	8	李" "勉鎮夷門	相	缺"相"字
一	8	" "目爲惡詩	舉	共
一	8	韓" "殊不得意	"翊翊"或"邑邑"	翊韓邑邑
一	11	仙蹤" "可尋	尚	更
一	11	紗窗" "想春相憶	暗	遙
一	11	料得" "天上月	此時	夜來
一	12	吾女笄"年"知書	無"年"字	有"年"字
二	3	至襃城" "	望驛	遙望驛
二	3	"有大池"	"有大池"	亭有大池
二	3	" "愴古今情	貪	還
三	1	"白"出《蜀道難》	無"白"字	有"白"字
三	1	" "以上位處之	便	欲
三	1	得逸才詞人" "	咏出之	吟咏之
四	2	吳武陵" "	有文筆才	雖有才華
四	2	嘗爲" "	部內刺史	容州部內史
四	2	" "令廣州幕吏	敕	刺史
四	2	吏少年" "	科第	自負科第
四	5	" "鑿池種竹	闕文	賈島於興化
四	5	侮慢不" "	避	遜
四	5	"憾而終"	憾而終	抱憾而終

續表

條目		内容	明代版本	《唐人説薈》本
五	2	即吟與" "	之	聽之
六	2	詩" "帖	贖	試
六	3	皆符所" "	命	夢
七	2	不" "皇后" "邪	"爲"，無"聞"字	"畏"，有"聞"字
七	3	騎豬向南" "	趍	竄
七	4	昔日浮" "伯	丘	邱
七	6	" "以罪謫	曾	以罪謫
七	6	"官還秩"	官還秩	復官秩
七	6	朱紱未" "	復	還
七	6	回波爾" "佺期	時	似
七	6	"内宴"	内宴	亦因内宴
七	6	群臣撰詞" "	曰	曰用曰
七	6	倚翻燈" "汙張五	暗	脂
七	6	" "王相	其	直
七	6	賣却貓兒相" "	報上	賞

經過比照不難發現，《唐人説薈》本的這些改動之處，并非全無依據，其中大部分皆是根據《太平廣記》《類説》等書或是故事的最初出處，進行過校勘，并據以修改的。如其中據《太平廣記》修改的有：

表9

條目		内容	明本	《唐人説薈》據《太平廣記》改
一	8	後" "閑居	事罷	罷府
一	8	李" "勉鎮夷門	相	缺"相"字
一	8	" "目爲惡詩	舉	共
三	1	"白"出《蜀道難》	無"白"字	有"白"字
三	1	得逸才詞人" "	咏出之	吟咏之
四	2	吳武陵" "	有文筆才	雖有才華
四	2	嘗爲" "	部内刺史	容州部内史
四	2	" "令廣州幕吏	敕	刺史
四	2	吏少年" "	科第	自負科第
六	3	皆符所" "	命	夢
七	6	" "以罪謫	曾	以罪謫
七	6	"官還秩"	官還秩	復官秩

續表

條目	内容	明本	《唐人説薈》據《太平廣記》改
七 6	朱紱未" "	復	還
七 6	"内宴"	内宴	亦因内宴
七 6	群臣撰詞" "	曰	曰用曰
七 6	倚翻燈" "汙張五	暗	脂
七 6	" "王相	其	直
七 6	賣却貓兒相" "	報上	賞

還有一處闕文,《唐人説薈》本據《類説》補全,即"怨憤第四·第五則"中,據《類説》補爲"(賈島於興化)鑿池種竹……"。

可見,《唐人説薈》本《本事詩》的成書,是以明代《唐人百家小説》本爲底本,又校以《太平廣記》《類説》等書而得以完成。

(八)《龍威秘書》本源自《唐人説薈》本

《龍威秘書》一書,被認爲是從前人叢書中摘抄彙集而成。據程毅中先生考證:"其第一集'漢魏叢書采珍'是從《廣漢魏叢書》選輯的,第四集'晉唐小説暢觀'大體是根據《五朝小説》和《唐人説薈》翻印的,第五集'古今叢説拾遺'大多采自宛委山堂本《説郛》,其中還特别列了《説郛雜著》一目,成爲叢書裹的一種小叢書。"① 由此可見,這一叢書的品質并不太高。

就《本事詩》而言,《龍威秘書》當從《唐人説薈》中來。首先,兩者版式相同,皆爲"每半頁九行,行二十一字"。其次,上文中所列之《唐人説薈》本與明本的相異之處(參見表8),龍本又皆與《唐人説薈》本相同。

(九)《藝苑捃華》本係從《龍威秘書》中抽印而成

《藝苑捃華》係吴中藏書家顧之逵輯刻而成,并得到了顧廣圻的校勘。清趙懷玉爲其所作序言中説:"小讀書堆主人插架既富,尤嗜説部,丹黄之餘,摘擇善本,仿《百川學海》,薈而梓之。"然該叢書刊刻并不精良,故丁錫根在《中國歷代小説序跋集》中便指出:"顧氏爲著名藏書家,是書所收,率見《龍威秘書》《唐人説薈》,以其收藏之富,鑒别之精,不當簡陋如此。蓋書實從《龍威秘書》等叢書中隨意抽取、雜湊而成。"②

就《本事詩》而言,《藝苑捃華》當從《龍威秘書》中來。首先,兩者版式相同,皆爲"每半頁九行,行二十一字"。其次,兩書皆將范攄《雲溪友議》、司空圖《二十四詩品》和孟啓的《本事詩》合爲一册。另外,就内容而言,兩書皆完全一致。可見,《藝苑捃華》本《本事詩》源於《龍威秘書》本。

---

① 程毅中:《古代叢書瑣談》,《程毅中文存》,北京:中華書局,2006年,第564頁。
② 丁錫根:《中國歷代小説序跋集》,北京:人民文學出版社,1996年,第1798頁。

三、結語

概而言之,《本事詩》明清版本流變過程爲:

明代《顧氏文房小説》所收《本事詩》是明代最早的《本事詩》刊本,爲明代《本事詩》之源。《增訂古今逸史》本和《津逮秘書》本則直接取自《顧氏文房小説》,并加以校訂。重校《説郛》一百二十卷本以《增訂古今逸史》本爲底本,其後各本(《唐宋叢書》本、《五朝小説》本、《唐人百家小説》本、《古今詩話》本)則衍生於此本。由於《津逮秘書》本成書年代較晚,且參校多個版本,故《津逮秘書》本《本事詩》後出轉精,是刊刻最爲精良的明代版本。

清本《本事詩》受明代的《增訂古今逸史》本和《唐人百家小説》本影響最大。在清代的《本事詩》諸本中,《四庫全書》本最早,而《唐人説薈》本則流傳較廣,影響比較大。

清人顯然發現了傳世本《本事詩》訛誤太多的問題。他們利用《太平廣記》《唐詩紀事》《詩話總龜》等宋人文獻相關材料來校勘《本事詩》的情況較多,這也是清本《本事詩》的一個重要特徵。

如此,《本事詩》明清版本源流可圖示如下:

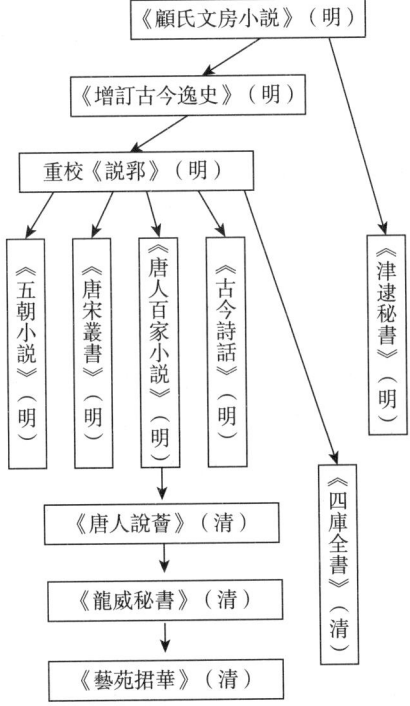

明刊戲曲插圖刻工名表初探*

張青飛

摘　要： 在利用近年新發現的戲曲文獻的基礎上，筆者對現存明刊戲曲插圖刻工信息進行全面輯錄，發現在74種戲曲版本中，有58位刻工，其中黃氏刻工24人，其他姓氏刻工34人。他們分別來自南京、蘇州、杭州、安徽新安及旌德、福建建陽等地，其中黃應光、劉素明、項南洲分別爲徽州、建陽、杭州刻工的翹楚。明刊本中的刻工署名形態經歷了演變，這昭示了戲曲插圖之精緻化與文雅化。這些插圖刻工信息不僅可爲戲曲古籍辨偽與考訂提供佐證，而且有利於出版史、戲曲史研究的深化，值得研究者重視與利用。

關鍵詞： 刻工；戲曲插圖；明代

　　刻工作爲古代出版業發展中的關鍵一環，對書籍傳播起到了不容忽視的作用。明刊戲曲插圖存世數量多，且大多精美悦目，與當時衆多優秀刻工的辛勤付出息息相關。前輩學人對明刊戲曲插圖刻工的關注，今知最早始於上世紀三十年代馬廉撰《歙中繡刻圖畫名手》，其中收刻工77人，含明刊戲曲插圖刻工29人。[①] 雖僅簡略羅列刻工姓名與書名，但首次爲明代戲曲插圖刻工研究提供了重要資料。至五十年代，鄭振鐸在此基礎上首次勾勒出了明刊戲曲插圖史，在整體上揭示了插圖刻工的輝煌業績。[②] 而後，張秀民與周蕪先後對徽籍黃氏刻工進行了較細致的考證，为研究者深入認識黃氏刻工群在明代戲曲插圖鐫刻中的重要貢獻助益良多。[③] 因戲曲插圖及插圖本資料不易搜集，故而對明代戲曲插圖刻工信息的搜羅還不系統，對刻工流動與署名形態還缺乏較深入研究。因此，在版本調查爲基礎上，本文力圖系統搜集、整理刻工信息，爲全面了解明代戲曲插圖刊刻提供較全面的資料，以期有助於出版史、戲曲史及版本學之研究。

---

* **作者簡介：** 張青飛，寶雞文理學院文學與新聞傳播學院副教授，文學博士，主要從事中國戲曲史研究。
　基金項目： 國家社會科學基金重大項目"《全明戲曲》編纂及明代戲曲文獻研究"（10&ZD105）
① 馬廉：《歙中繡刻圖畫名手》，《馬隅卿小説戲曲論集》，北京：中華書局，2006年，第201—206頁。
② 鄭振鐸：《中國古代木刻畫史略》，上海：上海書店出版社，2006年，第97—126頁。
③ 張秀民：《明代徽派版畫黃姓刻工考略》，《張秀民印刷史論文集》，北京：印刷工業出版社，1988年，第171—179頁；周蕪：《〈黃氏宗譜〉與黃氏刻工考證》，《徽派版畫史論集》，合肥：安徽人民出版社，1984年，第19—47頁。

一、明刊戲曲插圖刻工名表

在現存明刊戲曲插圖本中,刻工在序跋、凡例、目錄、版心、插圖的左右邊角以及圖中的樹根、石隙中,不時會留下姓名信息。筆者在前輩學者搜羅的基礎上,利用近年新發現的一些稀見戲曲文獻,對其中的戲曲插圖刻工信息進行全面輯錄與整理。爲便於檢索利用,本表以年代爲序,以版本介紹的形式列舉刊刻時地,并附有刻工姓名及具體署名位置。本表收 74 種戲曲版本,共計 58 位刻工。

(一) 明初至嘉靖時期(1368—1566)

《新刊元本蔡伯喈琵琶記》,弘治年間刊,王充、仇壽、以忠、以才[①]。

(二) 隆慶、萬曆時期(1567—1620)

(1)《西廂記雜錄》,隆慶間蘇州衆芳書齋,何鈐,"鶯鶯遺艷"版心底端楷書鐫署"何鈐"[②];

(2)《勸善記》,萬曆十年(1582)徽州高石山房,黄鋌,序後及第八十五頁版心署"歙邑黄鋌刻";

(3)《琵琶記》,萬曆二十五年(1597)汪光華玩虎軒序金陵刊,黄一楷、黄一鳳[③];

(4)《玉簪記》,萬曆二十六年(1598)徽州觀化軒,黄鏒(近陽),署"黄近陽鐫";

(5)《金蓮記》,萬曆三十四年(1606)杭州陳氏函三館,馬志廷;

(6)《詞林一枝》[④],萬曆三十四或三十五年建陽書林葉志元,陳聘洲、陳騰雲,卷二第三幅圖題"聘洲鐫";卷四第一幅圖題"聘洲鐫",第二幅題"書林陳騰雲鐫";

(7)《李卓吾先生批評琵琶記》,萬曆三十八年(1610)夏杭州容與堂,黄應光,上卷首圖左邊署"新安黄應光鐫";

(8)《李卓吾先生批評北西廂記》,萬曆三十八年(1610)虎林容與堂,黄應光,第十幅圖左下鐫"應光";

(9)《元本出相南琵琶記》,萬曆三十八年(1610)冬杭州起鳳館序刻,黄一楷、黄一鳳,第三出插圖署"黄一楷",第十三出插圖署"鳴岐";

(10)《元本出相北西廂記》,萬曆三十八年(1610)冬杭州起鳳館序刻,黄一楷,第四、二十出圖之左上角有"黄一楷鐫"之款識;

(11)《玉穀新簧》,萬曆三十八年(1610)孟秋月建陽書林劉次泉原刊、書林廷禮補板合刊,劉次泉,圖中無署名,據此書爲劉次泉原刊而定;

(12)《摘錦奇音》,萬曆三十九年(1611)徽州敦睦堂張三懷刊,盧少峰、榮岳,卷一第二幅圖左端鐫"盧少峰",卷三第四幅右下題"榮岳";

---

① 黄仕忠:《〈琵琶記〉研究》,廣州:廣東高等教育出版社,1996 年,第 171 頁。
② 周亮:《明清戲曲版畫》,合肥:安徽美術出版社,2010 年,第 42 頁。
③ 首都圖書館:《古本戲曲十大名著版畫全編》(下),北京:綫裝書局,1996 年,第 42 頁。
④ 郭英德、王麗娟:《〈詞林一枝〉〈八能奏錦〉編纂年代考》,《文藝研究》,2006 年第 8 期,第 55 頁。

（13）《重刻訂正元本批點畫意北西廂》，萬曆三十九年（1611）冬刻，黃應光，第一幅圖左下角署"新安黃應光鐫"，鈐白文印"觀父"；第五幅右下角鈐印"黃觀父氏"；

（14）《新校注古本西廂記》，萬曆四十二年（1614）武林香雪居（朱朝鼎），黃應光，首幅"崔娘遺照"像書口下端署"新安黃應光鐫"；

（15）《夢境記》，萬曆四十三年（1615）徽州百歲堂，黃行素，首幅版心下方鐫"古歙黃行素刻"；

（16）《昆侖奴》，萬曆四十三年（1615）山陰劉氏武林刊本，黃應光，第三幅圖中太湖石空隙署"新安黃應光鐫"，隱蔽；

（17）《元曲選》，萬曆四十三年（1615）—萬曆四十四年（1616）雕蟲館，黃應光、黃禮卿、黃端甫等①；

（18）《吳歈萃雅》，萬曆四十四年（1616）長洲周之標於蘇州刊，章鏞②，卷首周之標《題辭》末楷書署"古吳章鏞刻"；

（19）《牡丹亭還魂記》，萬曆四十五年（1617）石林居士序刻本，黃吉甫（德新）、黃應淳、黃端甫、黃翔甫、黃一鳳（鳴岐），圖中尖小字體署"吉甫、端甫、鳴岐"；

（20）《紅梨記》，萬曆四十八年（1620）湖州烏程凌性德朱墨套印本，劉杲卿，"素娘遺照"版心下方鐫"劉杲卿刻"；

（21）《袁了凡先生釋義西廂記》，萬曆間金陵環翠堂，陳震衷、陳聘洲，圖中署有"陳震衷刻""陳震衷""陳聘洲鐫"等；

（22）《袁了凡先生釋義琵琶記》，萬曆間金陵環翠堂，蔡繼所、劉少臺、陳震衷，第十六出《丹陛陳情》插圖署"蔡繼所刻"，第十九出《強就鸞凰》插圖署"劉少臺刊"，第二十二出《琴訴荷池》插圖署"蔡繼所"，第四十二出《一門旌賞》插圖署"陳震衷刻"；

（23）《西廂記考》，萬曆間蘇州刊，夏緣宗，第一幅圖署"夏緣宗鐫"；

（24）《元本出相北西廂記》，萬曆間金陵玩虎軒，黃鏻、黃應岳，圖中一幅左上署"黃鏻鐫"，另一幅左上署"黃應岳鐫"；

（25）《重校北西廂記》，萬曆間刊本，劉次泉，第一、二十出插圖鐫"次泉刻像"；《重校北西廂記》（李卓吾先生批評西廂記），萬曆間建陽三槐堂，劉次泉，第二十出插圖右偏中上有一方形刻工題款，鐫"次泉刻像"四字，按：劉次泉曾刻《重校西廂記》插圖，只是難以斷定二者原刻與翻刻之別③；

（26）《李卓吾先生批評幽閨記》，萬曆間杭州容與堂，謝茂陽，首幅鐫"謝茂陽刻"；

（27）《李卓吾先生批評香囊記》，萬曆間杭州容與堂，黃應光；

（28）《浣紗記》，萬曆間杭州容與堂，黃一鳳、黃一楷、黃一彬、黃應祥④；

---

① 《中國古代木刻畫史略》，第113頁。
② 李國慶：《明代刻工書工自署"吳郡"小錄》（一），《文獻》，1994年第1期，第245頁。
③ 陳旭耀：《現存明刊〈西廂記〉綜錄》，上海：上海古籍出版社，第63頁。
④ 吳書蔭：《〈浣紗記〉版本概述》，《面向二十一世紀：中外文化的衝突與融合學術研討會論文集》，1998年，第282頁。

(29)《紅拂記》，萬曆間杭州容與堂，黃應光、姜體乾，第二幅圖左側署"姜體乾刻"；

(30)《李卓吾先生批評玉簪記》，萬曆間杭州容與堂，鳳梧，署"鳳梧刊"；

(31)《玉合記》，萬曆間杭州容與堂，黃應光、姜體乾，下卷卷首第八、九、十幅皆靠左署"應光"，不甚顯眼；

(32)《鼎鐫陳眉公先生批評西厢記》，萬曆間建陽師儉堂刊，陳聘洲、劉次泉、陳升雲、鳳洲，第三幅右署"聘洲刊"，第四幅署"次泉刊"，第六幅署"陳升雲刊"，第七幅署"陳聘洲刻"，第九幅署"鳳洲刊"；

(33)《鼎鐫陳眉公先生批評琵琶記》，萬曆間建陽師儉堂刊，劉次泉，第五出插圖鐫"次泉刊"；

(34)《鼎鐫陳眉公先生批評幽閨記》，萬曆間建陽師儉堂刊，劉素明，第九幅圖左樹木中署"劉素明刊"，按：此署名十分隱蔽；

(35)《鼎鐫陳眉公先生批評紅拂記》，萬曆間建陽師儉堂刊，劉次泉，第九幅署"次泉刊"；

(36)《鼎鐫陳眉公先生批評玉簪記》，萬曆間建陽師儉堂刊，劉素明，第二幅圖左署"劉素明刊"；第四幅署"劉素明鐫，素明圖書（陽文印）"，此幅曲文款署同；第十幅插圖右邊署"劉素明刻"；

(37)《鼎鐫陳眉公先生批評繡襦記》，萬曆間建陽師儉堂刊，劉素明，第六幅插圖所題曲文後署"劉素明刻"；

(38)《明珠記》，萬曆間建陽師儉堂，劉素明、陳聘洲，署"劉素明刊""陳聘洲鐫"；

(39)《玉合記》，萬曆間金陵繼志齋，黃應組，首幅署"黃應組鐫"；

(40)《紅葉記》，萬曆間金陵繼志齋，劉大德，首幅款題"新安何龍畫，宛陵劉大德鐫"；

(41)《紅梅記》，萬曆間金陵廣慶堂，劉君裕，首幅刻"君裕劉鐫"；

(42)《四聲猿》，萬曆間徽州刻，黃伯符，目錄葉版心下端署"黃伯符刻"；

(43)《大雅堂樂府》，萬曆間徽州汪氏大雅堂刻，黃伯符；

(44)《重校琵琶記》，萬曆間集義堂，曾子章，第十九出插圖鐫"曾子章刻"，按：此本首爲《琵琶記》序，署"丁酉臘日玩虎軒主人叙并書"，可知此本實爲集義堂據萬曆二十五年(1597)玩虎軒刊本重校翻刻，圖係覆刻；

(45)《古雜劇》，萬曆間武林王驥德顧曲齋刊，黃一鳳（字鳴岐）、黃翔甫、黃端甫、黃德新（字吉甫）、黃德修（字原明）、黃應秋、黃一楷、方庭芳，大多數圖中皆署有刻工的字或名；

(46)《西樓記》，萬曆間蘇州劍嘯閣原刻本，郭卓然，卷首"題西樓記"後署"旌德郭卓然刻"；

(47)《麒麟記》，萬曆間福建刊，劉素明，末幅版心署"素明刻像"；

(48)《玉簪記》，萬曆間還雅齋，黃德時。

(三) 泰昌、天啓、崇禎時期(1621—1644)

(1)《牡丹亭》，泰昌元年(1620)吴興閔氏朱墨套印本，汪文佐、劉升伯、劉杲卿，第七幅版心署"汪文佐鎸"，文佐白文印；第十二幅版心下署"劉升伯鎸"，升伯白文印，第十四幅圖左下方屏風一角署"劉杲卿"；

(2)《詞壇清玩·盤邁碩人增改定本》(西廂定本)，天啓辛酉(元年，1621)暮春金陵序刻，劉素明，第三幅圖之中上題"襯殘紅芳徑軟，步香沉的樣兒淺"，款署"劉素明/素明(白文鈐印)"；

(3)《詞林逸響》，天啓三年(1623)蘇州萃錦堂，趙邦賢，《凡例》後署"趙邦賢刻"；

(4)《王季重先生批點牡丹亭》，天啓三年(1623)著壇藏版刊，劉素明，首幅圖署"劉素明"，按：圖版半葉與武林本、朱氏玉海堂本諸本同，唯將單面擴爲雙面；

(5)《萬壑清音》，天啓四年(1624)蘇州延陵西爽堂，黄光宇；

(6)《西廂記》，天啓間湖州凌濛初刻朱墨套印本，黄一彬，首幅插圖版心頁碼之下署"新安黄一彬刻"；

(7)《硃訂西廂記》，天啓間金陵朱墨套印，劉素明，首幅圖右有"素明刊像"，第三十八幅(末幅)鎸"劉素明刊"；

(8)《紅杏記》，天啓間建陽潭陽黄氏存誠堂，劉素明；

(9)《琵琶記》(淩刻臞仙本)，天啓年間吴興凌濛初刻朱墨套印本，鄭聖卿，全書卷末"西吴三珠生跋"版心下端刻"鄭聖卿鎸"；

(10)《盛名雜劇》，初集刊於崇禎二年(1629)，崇禎三年(1630)至崇禎四年(1641)又成二集武林刊①，黄真如，序之版心下刻"古歙黄真如鎸"；

(11)《纏頭百練》二集，崇禎三年(1630)武林刊，洪國良，插圖題有刻工"洪國良"②；

(12)《詩賦盟》，崇禎十年(1637)武林白雪齋刻，項南洲，首圖署"武林項南洲刻"，按：《白雪樓五種曲》其餘四種從插圖風格看，應皆爲項南洲所刻；

(13)《張深之先生正北西廂秘本》，崇禎十二年(1639)暮冬序刻，項南洲，首幅左下角鎸"武林項南洲刊"，第四幅左有"項南洲刊"，第五幅中間有"武林項南洲刊"；

(14)《李卓吾先生批點西廂記真本》，崇禎庚辰(十三年，1640)仲秋序武林刻，項南洲，首幅"雙文小像"與陳洪綬繪、項南洲刻同出一源，應是項氏重刻；第五幅右下角署"項仲華刊"，第七幅右邊鎸"南洲"，第十一幅左署"武林項南洲刻"，第十三幅右邊署"南洲"；

(15)《蘇門嘯》，崇禎十五年(1642)序蘇州敲月齋刻本，項南洲、洪國良③；

(16)《怡春錦》(纏頭百練)，崇禎間武林刊，洪國良，首葉《纏頭百練序》版心鎸"洪國良鎸"；

(17)《玄雪譜》，崇禎間武林刊，黄子立，卷一第一幅正圖鎸"黄子立刻"，卷一第

---

① 羅旭舟：《〈盛名雜劇〉的輯刊與流傳》，《文學遺産》，2013年第2期，第102頁。
② 尤海燕：《明代折子戲研究》，首都師範大學博士學位論文，2009年，第125頁。
③ 陳志勇、楊波：《明雜劇〈蘇門嘯〉的版本形態與文本價值》，《文化遺産》，2015年第1期，第53頁。

四幅正圖鐫"子立刻";卷三第一幅正圖鐫"子立刻",卷三第三幅鐫"黃子立刻";

(18)《燕子箋》,崇禎間武林刊,項南洲,首幅署"武林項南洲刻",第六幅署"項南洲刻";

(19)《節義鴛鴦冢嬌紅記》,崇禎間武林刊,項南洲,首幅版心署"項南洲刊";

(20)《馮猶龍批評西樓記》,明末刊本,項南洲,首圖版心下方鐫"項南洲刊";

(21)《丹青記》,明末建陽師儉堂,劉素明①;

(22)《丹桂記》,明末建陽師儉堂,劉素明,第九幅題有"一封章奏明君,素明筆";

(23)《硃訂琵琶記》,明末朱墨套印本,劉素明,卷首圖版心下方鐫"素明刻像",第七幅鐫"劉素文刊",按:查閱《明代刊工姓名索引》,無劉素文,二者可能爲一人;

(24)《明珠記》,明末,劉素明、劉素文②;

(25)《李丹記》③,明末,時海滚,首幅鐫"時海滚刻"。

二、主要刻工來源及流動區域

現知明代有 58 位刻工曾鐫刻戲曲插圖,分別來自南京、蘇州、杭州、建陽、安徽新安及旌德等地,可分爲徽州黃氏刻工群與其他姓氏刻工,其中黃氏刻工 24 人,其他姓氏刻工 34 人。

徽州黃氏有悠久的鐫刻傳統,自明正統至清道光年間(1436—1850)延綿四百餘年,其中萬曆至明末清初(1573—1661)爲鼎盛輝煌期。在署有刻工姓名的 74 種戲曲插圖本中,26 種爲黃氏刻工所刻。查閱《徽州歙邑仇村黃氏世襲表》④後,發現曾刊刻戲曲插圖的 24 位徽州黃氏刻工大多可於其中找到本名、別名或字號,由此可確知黃氏二十五世至二十七世祖孫三代曾參與明代戲曲插圖鐫刻。如萬曆二十六年(1598)徽州觀化軒《玉簪記》插圖署"黃近陽鐫","近陽"乃黃鏌字;萬曆間王驥德於武林刊《古雜劇》,圖中多署有刻工的字或名,其中就有"黃應秋"署名。黃鏌、黃應秋爲父子關係,子承父業。黃鏌萬曆前期於徽州從事刊刻工作,至子輩黃應秋隨戲曲刊刻中心的遷移而轉至杭州。

黃氏刻工群曾分別在徽州、金陵、杭州、蘇州、湖州等地從事戲曲插圖刊刻。這些地區皆曾有過戲曲插圖刊刻的興盛局面:徽州、金陵在萬曆前期爲盛,蘇杭地區在萬曆後期至明末爲盛。從表中可看出,諸多徽籍刻工如黃應光、黃一楷、黃子立等,在萬曆後期於杭州從事戲曲插圖鐫刻,其中以黃應光所鐫爲最多。

黃應光,字觀父,安徽歙縣人,生於萬曆二十年(1592),歙縣仇村黃氏第二十六世,遷杭州。目前知其參與插圖鐫刻的版本有 9 種,居黃氏刻工之首。在萬曆後期的

---

① [日]根山徹:《徐肅穎删潤〈玉茗堂丹青記〉新探》,華瑋:《湯顯祖與〈牡丹亭〉》,台北:"中央研究院"中國文哲研究所,2005 年,第 371 頁。

② 查閱《明代刊工姓名索引》(李國慶:《明代刊工姓名索引》,上海:上海古籍出版社,1998 年),無劉素文,二者可能爲一人。

③ 程芸:《明傳奇〈李丹記〉作者劉還初新考》,《文獻》,2011 年第 1 期,第 23 頁。

④ 李國慶:《徽州歙邑仇村黃氏世襲表》,《明代刊工姓名索引》,第 567 頁。

六七年間,黄應光主要在杭州及其附近鎸刻戲曲插圖。此時恰是戲曲刊刻中心轉移至杭州地區之時,杭州所刊戲曲插圖尤以精美著稱。他所服務的書坊知有容與堂、臧氏雕蟲館、山陰劉雲龍與朱朝鼎香雪居等,其中爲容與堂刻五種,占今所知容與堂所刊戲曲插圖本大半之多。臧氏雕蟲館、朱朝鼎香雪居及山陰劉雲龍,皆是極重插圖藝術的文人型出版商。在現存明刊戲曲插圖中,前兩者品質超群絶倫,這也從側面凸顯出黄應光的鎸刻技藝頗受文人推崇。萬曆四十二年(1614)序刻香雪居《新校注古本西廂記》首幅"崔娘遺照"像畫口下端署"新安黄應光鎸",知其插圖爲黄應光所刻。其《例》云:"繪圖似非大雅,舊本手出俗工,益憎面目。"①這意味着此本插圖之繪者與刻工皆不凡,黄應光正是出版者眼中不同一般俗工之良工,正如鄭振鐸所説:"總之,幅幅是可喜的。在黄氏一族裏,應光是其中的白眉無疑。"②

據統計,目前所知其他姓氏刻工有 34 人,其中刊刻 1 種的有:何鈐、鳳梧、劉大德、馬志廷、劉君裕、時海滚、郭卓然、陳騰雲、盧少鋒、榮岳、章鏞、陳升雲、鳳洲、趙邦賢、王充、仇壽、以忠、以才、曾子章、蔡繼所、劉少臺、鄭聖卿、謝茂陽、汪文佐、劉升伯、夏緑宗;刊刻 2 種的有:姜體乾、劉杲卿、陳震衷;刊刻 3 種的有:洪國良;刊刻 4 種的有:陳聘洲;刊刻 5 種的有:劉次泉;刊刻 6 種的有項南洲;刊刻 13 種的有劉素明。

劉素明(約 1595—1655),名國好,以字行。其籍貫有金陵、武林(今杭州)、建安(今福建建陽)等不同看法。據清光緒庚辰(1880)重刊《劉氏族譜》和《貞房劉氏宗譜》載,知劉氏始祖可上溯至晚唐移居建陽麻沙的京兆萬年(今陝西臨潼)人劉翺。劉氏家族刻書始於北宋,元明以降,刻書者多出於劉翺四子元、亨、利、貞四房中的貞房一脉。劉素明正是貞房的第二十六世孫,也是明中期建陽刻書家劉宏毅的五世孫。③由此,我們可確知劉素明爲刻書世家出身的建陽刻工。劉氏的刊刻活動集中於萬曆至明末間,工作地點主要在金陵與建陽,目前尚未發現他在晚明戲曲刊刻中心杭州鎸刻有作品。其署名插圖本有半數爲師儉堂出版,可知主要受雇於建陽書坊師儉堂。與他有關聯的插圖所署之畫家名姓或不明,或不可信,這間接證明了劉素明多爲獨立鎸刻,繪刻兼擅。

項南洲(1615—1670),字仲華,武林(今杭州)人,是晚明時年富力强的一位刻工。今知其所刊戲曲插圖有六種。項氏鎸刻活動主要集中於崇禎年間(1610—1644),其中崇禎十年(1637)、崇禎十二年(1639)、崇禎十三年(1640)皆有刊刻。除爲文人張琦白雪齋鎸刻《詩賦盟》插圖外,其餘五種,書坊名皆不可知。不過我們有理由相信,其餘五種也應爲文人出版商所主持刊刻。從插圖中畫家與項氏之署名及今存插圖本之精美程度,不難看出項南洲以精湛的技藝受到文人出版商的青睞,而其鎸刻的精緻也正是當時文人趣味之所在。

在項氏所刻 6 種戲曲插圖中,4 種可確定刊刻地點正是晚明戲曲插圖刊刻的重要據點杭州。其中《西廂記》《嬌紅記》《燕子箋》皆是戲曲史上膾炙人口的名劇,并曾在短暫的不足兩年的時間内,兩度刊刻《西廂記》,較爲少見。項南洲還曾兩度與名畫

---

① 《現存明刊〈西廂記〉綜録》,第 137 頁。
② 《中國古代木刻畫史略》,第 113 頁。
③ 方彦壽:《建陽劉氏刻書考》(上),《文獻》,1988 年第 2 期,第 197 頁。

家陳洪綬合作,可見其鐫刻之藝術性頗受推崇。在他所鐫刻的戲曲插圖中,皆有署名,其中《張深之先生正北西廂秘本》署名三處,《李卓吾先生批點西廂記真本》署名四處,由此可看出項氏迥異於帶有"匠氣"的一般刻工,他不僅對自身技藝充滿自信,且還具有獨立的傳世意識,此點正與文人們頗爲相通。

劉次泉,活躍於明代萬曆時期,應是福建建陽刻工。今知其所刊刻戲曲插圖有5種,曾服務於閩建書坊師儉堂與三槐堂,可看出劉氏的鐫刻活動主要集中在萬歷年間的建陽地區,是目前所知建陽地區戲曲插圖刻工中僅次於劉素明之唯一一人。

另外還有洪國良,字聞遠,生平無考,鄭振鐸稱其"也是一位後起之秀"[1],今知其所刊刻的戲曲插圖有3種。作爲徽州黃氏刻工外最出類拔萃者,洪國良主要於崇禎年間在蘇杭地區從事鐫刻,其精緻技藝與晚明戲曲插圖的瑰麗風格相得益彰。

總之,黃應光可作爲徽州刻工的代表,劉素明可作爲建陽刻工的代表,項南洲可作爲杭州刻工的代表,三人皆是當時衆多從事插圖鐫刻者中的翹楚。相較於大多湮没無聞的刻工,他們的名姓幸運地留存了下來。

三、刻工署名形態

在萬曆之前的明刊戲曲插圖本中,署名的戲曲插圖刻工較少見,目前僅知兩例。一爲弘治年間所刊《新刊元本蔡伯喈琵琶記》,僅存清陸貽典鈔本,今從鈔本《附録》知爲插圖本,從上卷卷末所署"元本王充、仇壽、以忠、以才刊"知刻工姓名[2]。這應是目前所知最早署有刻工姓名的明刊戲曲插圖本,只是原本不存,署名具體情況不明。另一爲隆慶間蘇州衆芳書齋所刊《西廂記雜録》,有圖三幅,其中"鶯鶯遺艷"一幅,版心底端楷書鐫署"何鈐"[3]。此爲最早留下刻工姓名的《西廂記》插圖。這一時期戲曲插圖刻工署名很少,與此時戲曲插圖古樸粗陋的風格是相符的。

萬曆年間起,隨着戲曲插圖本的大量刊刻,署有刻工姓名的刊本逐漸增多,目前所知有72種,占所知署名刊本的97%。就其署名形態看,大致分兩種:

一、題於圖外

有題於序跋、凡例之後者。如萬曆十年(1582)徽州高石山房刊《勸善記》,卷前《勸善記序》後有"歙邑黃鋌刻";天啓三年(1623)蘇州萃錦堂刊《詞林逸響》,《凡例》後署"趙邦賢刻"。有題於序跋、目録版心的。如崇禎間武林刊《盛明雜劇》,序之版心下署"古歙黃真如鐫";萬曆間徽州刊《四聲猿》,目録葉版心下端署"黃伯符刻"。這些署名皆處於卷首或整部書前幾頁的位置,大多皆離插圖略遠,與插圖的關係并不密切,這也反映出刻工引以爲豪的不僅僅是插圖,還有他們刊字的技藝。

有題於插圖版心者。其中署名於首幅版心者較爲常見,如萬曆四十八年(1620)湖州烏程凌性德朱墨套印本《紅梨記》,卷前首幅插圖"素娘遺照"版心下方鐫"劉杲卿";署於末幅版心者,如萬曆間建陽書坊所刊《麒麟記》,最末幅插圖版心署"素明刻

---

[1] 《中國古代木刻畫史略》,第120頁。
[2] 《〈琵琶記〉研究》,第171頁。
[3] 《明清戲曲版畫》,第42頁。

像";署於中間某幅版心者,如泰昌元年(1620)湖州烏程茅暎刻朱墨套印本《牡丹亭》,第七幅版心署"汪文佐鐫","文佐"白文印,第十二幅版心下署"劉升伯鐫","升伯"白文印,雖署名於插圖版心,但鐫有印章,較特殊。還有署名於插圖書口者,如萬曆四十二年(1614)武林朱朝鼎香雪居《新校注古本西廂記》,第一幅"崔娘遺照"像書口下端有"新安黃應光鐫"。這些署名離插圖已較近,但整體而言還未進入插圖之中。無論署名於序跋、凡例之後,還是序跋、目錄版心,或插圖版心與插圖書口,皆説明刻工地位還不太受重視。他們的署名距所刻插圖的距離還顯得略遠,這與其匠人的地位和身份有關。

二、題於圖内

插圖内部鐫有刻工姓名者,在萬曆以後較常見。大致可分兩種情况:

(一)插圖中題署不正式,位置略顯隱蔽。如萬曆間建陽師儉堂刊《鼎鐫陳眉公先生批評幽閨記》,其中第九幅圖左樹木中署"劉素明刊";萬曆四十三年(1615)武林山陰劉氏(劉雲龍)刊《昆侖奴》,第三幅圖中太湖石空隙署"新安黃應光鐫"。這些署名十分隱蔽,讀圖時稍不注意便會忽略。

有時插圖中刻工的署名會用較小的字體,如萬曆四十五年(1617)石林居士序刻本《牡丹亭還魂記》,圖中尖小字體署"吉甫、端甫、鳴岐",皆位於邊角,極小且不易見,有利於保持插圖的美觀。唐宋以來,民間畫匠往往會在陶瓷、家具之類的隱蔽之處留下他們的名姓,從這些題署中我們仍可看出此類署名形態之遺存。刻工的名姓刊署在插圖的邊角或石縫、樹隙、器物邊緣等,體現了刻工长久以來作爲工匠卑微的身份地位。即使如黃應光、劉素明這些當時的知名刻工,有時也會如此。

(二)插圖中題署正式,位置顯眼,有的甚至接近於書畫署名款識。此類較爲常見。

一般會在第一幅插圖中署名,如萬曆間金陵繼志齋刊《玉合記》,在插於第二齣的第一幅插圖接近居中的位置楷體鐫署"黃應組鐫";有時會在首幅與末幅皆署名,如天啓間金陵刊《碟訂西廂記》,首幅圖右楷書署"素明刊像",第三十八幅(最末幅)圖左畫中的小窗内鐫"劉素明刊",頗爲有趣。由此可看出插圖中刻工題名的位置明顯,字體規整,令讀圖人較易識別。

有時刻工會署名於中間某幅插圖之中,如萬曆間建陽師儉堂刊《鼎鐫陳眉公先生批評琵琶記》,第五出插圖鐫"次泉刊";《鼎鐫陳眉公先生批評紅拂記》,第九幅署"次泉刊"。

有時刻工署名於不止一幅插圖之内,密度頗高。如崇禎間武林刊《燕子箋》,首幅署"武林項南洲刻",第六幅署"項南洲刻";崇禎庚辰(十三年,1640)仲秋序刻《李卓吾先生批點西廂記真本》,第五幅右下角署"項仲華刊",第七幅圖右邊鐫"南洲",第十一幅圖左署"武林項南洲刻",第十三幅圖右邊署"南洲",十幅正圖中四幅有刻工署名,密度相當之高。從中可看出署名密度較高的插圖多由項南洲、劉素明等當時的名工所刻。主要原因在于他們技藝精湛,有强大的市場號召力;同時,名刻工声名高於一般刻工,有較自主的署名權,自身也有期望作品傳世的留名意識。

在文人出版者眼中,畫師的地位有時要高於刻工。如明末吳興凌濛初刻朱墨套印本《琵琶記》，畫家於第二十幅圖左端空白處金文署"吳門王文衡圖，青城（白文篆印）"，刻工於全書卷末"西吳三珠生跋"版心下端署刻"鄭聖卿鐫"。二者署名位置顯然有別：一在插圖最末一幅，爲書畫款署，正式且鈐印；一在卷末版心。由此不僅可看出在文人出版家凌濛初眼中二人地位有別，而且還可看出在插圖本製作中畫家與刻工的角色地位差異。然有的刻工署名却接近於書畫題款。如萬曆間建陽師儉堂刊《鼎鐫陳眉公先生批評玉簪記》第四幅署"劉素明鐫，素明圖書（陽文印）"，且鈐有印章；萬曆間金陵繼志齋刊《紅葉記》，首幅插圖左下角楷書題"新安何龍畫，宛陵劉大德鐫"，刻工與畫家并題，爲正式的類似於書畫的題款。可見，只有黃應光、項南洲、劉素明等名刻工，纔能在插圖中較多地署名，且位置顯眼，有時還會鈐印，接近於畫家的署名。這皆得益於其鐫刻技藝的精湛與文人們的賞識。

  要而言之，萬曆年間以後，刻工署名在明刊戲曲插圖本中愈來愈多，愈來愈顯，愈來愈正式，部分已接近畫家的題署。原因在於隨着戲曲插圖的日益精美化與雅化，曾被視爲匠人的刻工的技藝逐漸受到文人群之認可。正如明崇禎四年（1631）《徐文長先生批評北西廂記凡例》云："摹繪原非雅相，今更闊圖大像，惡山水，醜人物，殊令嘔唾。兹刻名畫名工，兩拔其最。畫有一筆不精必裂，工有一絲不細必毀。内附寫意二十圖，俱案頭雅賞，以公同好。良費苦心，珍此作譜。"①插圖獨立的欣賞價值越來越高，逐漸成爲文人欣賞把玩的精美藝術品。從刻工署名形態的演變中，不難看出刻工署名形態之變化與戲曲插圖之精緻化、雅化互爲表裏。

  總之，通過對明代戲曲插圖刻工的基本情況的梳理，我們不難看出：明代戲曲插圖藝術的輝煌離不開刻工們的辛勤付出，他們本身就是插圖史與戲曲史的重要構成部分。這些留存下來的刻工信息具有重要的戲曲史意義，不僅可以用來判別作品的刊行年代、刊刻地點及版本間的關係，還可以爲古籍整理和出版史的研究提供資料和佐證，值得研究者重視。

---

① 《明刊〈西廂記〉綜録》，第219頁。

■校勘與注釋

《宋史·藝文志》誤載辨證[*]

李德輝

摘　要：《宋史·藝文志》在正史經籍藝文志中錯誤最多。主要錯誤有三種：一爲書籍迭經傳抄刻印而造成的文字訛誤，一爲書籍重複著録或歸類錯誤，一爲因編者學識能力或工作態度粗疏而造成的誤載。後面兩種錯誤數量多、隱藏深、校勘難度大。連同撰人姓名之誤，多達百餘條，集中在集部、子部、史部，經部最少。這些錯誤，多數出自《宋志》編者之手，是與事實相違的誤載，有必要逐條考證辨析，以免貽誤讀者。

關鍵詞：《宋史藝文志》；誤載；辨證

　　正史藝文志，以《宋史·藝文志》錯誤最多。近百年來，雖屢經學者考證，仍然多有。其誤根據性質，又可分三種：一爲古籍傳抄刻印的文字訛誤，一爲書籍重複著録或歸類錯誤，一爲因編者學識不到或態度粗疏而造成的誤載。前一種錯誤雖多，但相對來說還是比較容易發現和解決。唯有第二、三種錯誤，數量很多，校勘難度大，部分人名書名錯誤還隱藏很深。其中僅有少數誤文，目前通行的《中華書局》1985 年版有指正，前人及今人研究成果有涉及。此外連同撰人姓名之誤，共計百餘條，都未經指正(《宋志》人名之誤多達上百條，以涉及過廣，另文專論)。其中集部錯誤最多，其次爲子部，其次爲史部，經部最少，有必要逐條辨析指明，以免貽誤讀者。今以中華書局點校本 1985 年版爲底本，據諸書及石刻史料校正如下。如有標點之誤，亦隨文指出。

一、書名錯誤 17 條

　　1. 《宋志二》別史類：" 焦璐《聖朝年代記》一作紀十卷。" 記爲紀之誤，其書爲編年体著作，紀乃紀年之意，非記事之記。《新唐書·藝文志二》編年類：" 焦璐《唐朝年代紀》十卷，徐州從事，龐勛亂，遇害。"《崇文總目》卷二同。《通志·藝文略三》史類·編年作唐焦潞《唐朝年代記》。《通鑑考異》三引是書，亦皆作《唐朝年代記》，可證作記是。

　　2. 《宋志三》別史類：" 程光榮《唐補注記》三卷。" 注字爲衍文。《宋志二》編年類

---

[*] 作者簡介：李德輝，湖南科技大學中國古代文學與社會文化研究基地教授，主要從事中國古代文學與社會文化研究。
基金項目：國家社科基金重大課題 " 中國古代文學制度研究 "(17ZDA238)。

有程正柔《大唐補紀》，《崇文總目》卷二雜史類下作《唐補記》，《直齋書錄解題》卷五雜史類作《大唐補記》，《通志·藝文略三》雜史·唐作《唐補紀》，《遂初堂書目·雜史類》作《唐補記》，《資治通鑑考異》卷二五作《唐補記》或《唐補紀》，均無注字，知爲衍文。

3.《宋志三》刑法類："王行先一作仙《令律守鑑》二卷。"人名作行先是，書名"令律"乃"律令"之倒誤。《新唐書·藝文志二》刑法類："王行先《律令手鑑》二卷。"《崇文總目》卷二刑法類、《玉海》卷六六同。《通志·藝文略三》史類·刑法作一卷。

4.《宋志四》釋氏類："齊寶《神要》三卷。"神爲禪之形訛。《崇文總目》卷四釋書類中："僧齊寶《禪要》三卷。"保留了正確書名。

5.《宋志四》釋氏類："純休《無性和尚說法記》一卷。"性爲住之誤。《宋志四》釋氏類："《無住和尚說法》二卷，僧鈍林集。"保留了正確書名。二者實爲一書，《宋志》重複著錄。《通志·藝文略五》釋家·語錄："《唐無住和尚說法記》三卷，唐僧純休集。"

6.《宋志二》傳記類："李隱一作隨《唐記奇事》十卷。""記奇事"爲"奇事記"之倒誤。《宋志》本條之外，且在《宋志五》小說類重複著錄"李隱《大唐奇事》十卷。"《新唐書·藝文志三》小說家類："李隱《大唐奇事記》十卷，咸通中人。"《崇文總目》卷三小說類下、《通志·藝文略三》史類·傳記·冥異同。《遂初堂書目·小說類》亦有《大唐奇事》，可正《宋志》之誤。

7.《宋志五》小說類："《秉一作乘異》三卷。"秉爲乘之誤，異下且奪志或記字。《宋志五》小說類：張君房"又《乘異記》三卷"，即此書。《郡齋讀書志》卷三下小說類、《文獻通考》卷二一六："《乘異記》三卷，右皇朝張君房撰。其序謂'乘者，載記之名。異者，非常之事。'蓋志鬼神變怪之書，凡十一門，七十五事。"《麈史》卷二："集賢張君房⋯⋯嘗撰《乘異記》三編。"《賓退錄》卷八："前人所著稗說，來示如徐鼎臣《稽神錄》⋯⋯張君房《乘異》、呂灌園《測幽》、張師正《述異志》、畢仲荀《幕府燕閑錄》七書，多歷年二十，而所就卷帙皆不能多。"均有志或記字，《宋志》脫去此字，當據補。

8.《宋志五》小說類："《溟洪錄》二卷。"溟爲冥之誤。《崇文總目》卷三小說類下："《冥洪錄》一卷。"《通志·藝文略三》史類·傳記·冥異："《冥洪錄》一卷。"《路史》卷四七："昔高從誨鎮渚宮，出經其處⋯⋯慮萬世下有或泛溢，爰以石屋鎮之，蓋本之《冥洪錄》裴相、歐獻之事也。"均作冥，知作溟誤。

9.《宋志五》五行類："李淳風《立觀經》一卷。"立爲玄之訛。《宋秘書省續編到四庫闕書目》卷二陰陽類："李淳風《玄觀經》一卷。"《通志·藝文略六》五行三·相法："李淳風《元觀經》一卷。"知作玄是。

10.《宋志六》醫書類："《耆婆六十四問》一卷。"六爲八之誤。《通志·藝文略七》醫方下·病源、《崇文總目》卷三醫書類二均作"《耆婆八十四問》一卷"。

11.《宋志七》別集類："王仁裕《乘輅集》五卷。"輅爲軺之誤，乘軺指奉命出使。《通志·藝文略八》別集五："王仁裕《紫閣集》十一卷，又《乘軺集》五卷。"同卷表章："《乘軺集》一卷，周王仁裕撰。"《十國春秋》卷四四《前蜀·王仁裕傳》："生平作詩滿萬首，蜀人呼曰'詩窖子'。所著《紫閣集》《乘軺集》⋯⋯諸書傳于世。又輯《國風總類》五十卷，時多稱道之。"

12.《宋志七》別集類："和凝《演論集》三卷。"論爲綸之誤。《崇文總目》卷五別集類二:"《演論集》五十卷,和凝撰。"《通志·藝文略八》別集五·五代同,知其在宋代就誤爲論。綸指中書誥命或翰林制詔,演綸指其後晉天福四至六年,在翰林學士院掌綸誥,《演綸集》則此間所撰誥命之彙編,與任職有直接關聯。《宋秘書省續編到四庫闕書目》卷一總集類即有其《□綸集》十卷,演字雖脱,但綸字仍在,保留了正確記載。和凝在後唐明宗時,嘗以主客員外郎知制誥,尋詔入翰林,充學士,轉主客郎中,充職,撰述較多。《夢溪筆談》卷一六:"和魯公有艷詞一編,名《香奩集》。凝後貴,乃嫁其名爲韓偓。今世傳韓偓《香奩集》,乃凝所爲也。凝生平著述,分爲《演綸》《游藝》《孝悌》《疑獄》《香奩》《籯金》六集。"知作綸是。

13.《宋志七》別集類:"康駢《九筆雜編》十五卷。"筆爲華之形訛。《宋秘書省續編到四庫闕書目》卷一別集類作佚名《九華雜編》十五卷。《唐音癸籤》卷三〇:"康駢,《九華雜編》十五卷。"《江南通志》卷一九二:"《九華雜編》十五卷,《劇談錄》,俱秋浦康駢。"知筆乃華之形誤。

14.《宋志七》別集類:"《説李中集》三卷。"説字乃衍文,非書名,或爲承上文《裴説集》而致誤。《宋志七》別集類庫本作"《李中詩集》三卷",不衍。《崇文總目》卷五別集類三:李中《碧雲集》一卷。《四部叢刊》影印宋刊《碧雲集》首孟賓于《碧雲集序》:"今睹淦陽宰隴西李中,字有中,緣情入妙,麗則可知。出示全編,備多奇句……以公五七言兼六言三百篇,目曰《碧雲集》。癸酉年八月五日序。"癸酉,宋開寶六年。《郡齋讀書志》卷一八別集類中:"《李有中詩集》二卷,右僞唐李有中。嘗爲新塗(淦)令,與水部郎中孟賓于善,賓于稱其詩如方干、賈島之徒。"《唐才子傳》卷一〇《李中傳》:"李中字有中,九江人也……有《碧雲集》,今傳。"

15.《宋志七》別集類:《黄台江西表狀》五卷,將撰人名黄台誤標爲書名。《新唐志四》作"黄台《江西表狀》二卷。鍾傳從事。"《崇文總目》卷五別集類七、《通志·藝文略八》表章同,不誤,知黄台爲人名,被點校者誤爲書名。

16.《宋志七》別集類:"僧智圓《間居編》五十一卷。"(5387頁)間爲閑之誤。《宋志四》釋氏類作"僧智圓《閑居編》五十一卷"(5187頁),雖然重複著錄,但是書名不誤,即此書。《宋志》此處書名雖不誤,但歸類錯誤,此書實非佛書,乃文集。《補續高僧傳》卷二《智圓傳》:"字無外,錢塘徐氏子……於講道之外,以詩文自娛。有雜述五十卷,題曰《閑居編》。"《武林梵志》卷十《古德機緣·瑪瑙寺》:"宋孤山法師名智圓,字無外,錢塘徐氏。八歲出家……師少抱羸疾,多杜門獨居,惟與處士林逋爲鄰友相好,以詩文自娱,雜著五十一卷,題曰《閑居編》。乾興元年二月十七日自作祭文挽辭,越二日,示寂。"《宋詩紀事》卷九一:"智圓字無外,錢塘人,俗姓徐,自號中庸子。居孤山瑪瑙院,與處士林逋爲鄰友。有《閑居編》。"

17.《宋志八》總集類:"《相江集》十卷。"相乃湘之訛。《直齋書錄解題》卷一五總集類:"《相江集》三卷,不知何人集。相江者,韶州曲江別名。"《文獻通考》卷二四九:"《湘江集》三卷,陳氏曰:不知何人集。湘江者,韶州曲江別名。"是元代中葉馬端臨所見本,仍作湘江,不訛。《廣東通志》卷四三《謫宦志》:"朱翼字仲新,安慶人。弱冠,入太學三舍,登科。歷官中書舍人。秦檜惡其不附和議,諷言者論其黨趙鼎,謫居韶州十四年。始寓延祥寺,後於城西南隅,得黄氏廢圃,居之。名山勝境,題咏殆遍。所著有《湘江集》。後遷秘閣修撰。"當即此書。

二、誤署撰人11條

1.《宋志三》譜牒類:"林寶《姓苑》三卷,又《姓史》四卷、《元和姓纂》十卷、《五姓證事》二十卷。"除《元和姓纂》外,其餘三書均爲文宗朝學者林贊撰,《宋志》誤林贊爲林寶。《新唐書·藝文志二》譜牒類:"《皇唐玉牒》一百一十卷。開成二年,李衢、林寶撰。"《通志·藝文略四》譜系·皇族同,知《宋志》之誤承自《新唐書·藝文志》。《舊唐書》卷一七下《文宗紀下》,開成三年四月"癸丑,屯田郎中李衢、沔王府長史林贊等進所修《皇唐玉牒》一百五十卷。"《唐會要》卷六五:"開成二年六月,修玉牒官屯田郎中李衢等奏:'竊以《聖唐玉牒》與史冊并驅,立號建名,期于不朽。伏乞付宰臣商量,於玉牒之上特創嘉名,以光帝籍。'敕旨:'宜以《皇唐玉牒》爲名。'"《册府元龜》卷六二一:"開成元年閏六月乙未,召宗正卿李弘澤問圖譜。弘澤對以'自肅宗已來,并未修續。臣已請追林贊、鄭覃,與李固言。'林贊實有氏族學,時論以爲不公。癸卯,敕追沔王府長史、分司東都林贊同修七聖玉牒,從宗正寺之請也。"知《新唐書·藝文志》《宋志》均誤林贊爲林寶。

2.《宋志二》傳記類:"陸希聲《北戶雜錄》三卷。""段公路《北戶雜錄》一卷。"後一條撰人正確,前一條三卷本作陸希聲撰則誤,蓋《宋志》編者誤《北戶錄序》作者爲《北戶錄》作者。今通行本《北戶錄》首《原序》末確有"予嘗觀圖於書府,君狀貌一似鄒平公,而又能以文學世其家,於乎,鄒平公爲有後矣。因爲之序而不辭。右拾遺内供奉陸希聲撰"之標署。《新唐書·藝文志二》地理類:"段公路《北戶雜錄》三卷,文昌孫。"《崇文總目》卷二地理類、《通志·藝文略四》地理·蠻夷、《宋秘書省續編到四庫闕書目》卷二小説類同。《能改齋漫錄》卷一五《吉了禽》:"唐萬年縣尉段公路,撰《北戶錄》,紀廉州民獲赤白吉了者。"知撰人乃段公路,非陸希聲。

3.《宋志五》小説類:"張説《五代新説》二卷。"張説乃張詢古之誤。《宋志二》別史類:"張詢古《五代新説》二卷。"當以此爲正。《新唐書·藝文志二》小説家類:"張絢古《五代新記》二卷。"據下文,絢爲詢之訛,人名當從《宋志》。《全唐文補編》卷一四張絢古《五代新説序》:"予咸亨之始,著作東觀,以三餘之暇,閲五代之書。後與好事者談,或以宜叙存錄目。時搦管隨記疏之,因而詮次,遂加題目,名曰《五代新説》,凡三十篇,分爲兩卷。"《崇文總目》卷二雜史類上:"《五代新説》二卷,張絢古撰。"《通志·藝文略三》史類·雜史:"《五代新記》二卷,張絢古撰,記梁、陳、北齊、周、隋事。"《郡齋讀書志》卷六雜史類:"《五代新説》二卷,右唐張詢古撰。以梁、陳、北齊、周、隋君臣雜事,分三十門撰次。"岑仲勉《郎官柱題名新著錄》吏部員外郎第四行、司封員外郎第三行有張詢古,吏部郎中第四行有張詢故,當爲一人,高宗、武后時在世。《新唐書·宰相世系表二下》清河東武城張氏:"詢古,吏部侍郎。"其人爲隋江都贊務張虔威孫。神功元年正月綦連耀伏誅時,張詢古與劉奇同時爲吏部侍郎,見《新唐書》卷一一二《員半千傳》,參《舊唐書·則天皇后紀》。

4.《宋志五》小説類:"劉曦度《鑑誡錄》三卷。"蓋誤書序作者爲小説作者,此書實爲後蜀何光遠撰,非劉作。《宋志》本條之外,下文又有"何光遠《鑑誡録》三卷",撰人、書名正確,但又重複著録。《十國春秋》卷五六《後蜀九·何光遠傳》:"何光遠,字輝夫,東海人也……又常著《鑑誡録》十卷,纂輯唐以來君臣事蹟可爲世法者。"《宋秘書省續編到四庫闕書目》卷二小説類亦有何光遠《鑑戒録》三卷。《郡齋讀書志》卷一三小説類:"《鑑誡録》十卷,右後蜀何光遠撰。字輝夫,東海人,廣政中,纂輯唐以來君臣事跡可爲世鑒者。前有劉曦度序。李獻臣云,不知何時人,考之不詳也。"《寶刻類編》卷七《劉曦度》:"《重修文宣王廟記》,劉纂撰,天成四年七月十三日記,遂寧。"《四庫提要》:"舊本前有劉曦度序,亦見希弁《志》。《宋史·藝文志》遂以劉曦度《鑑誡録》三卷、何光遠《鑑誡録》三卷,分爲二書,益舛誤矣。"

5.《宋志五》小説類:"李翱《卓異記》一卷。"李翱爲陳翱之誤。《宋志》同卷同類又有"陳翰一作翱《卓異記》一卷。"保留了撰人的正確姓名。《新唐書·藝文志三》:"陳翱《卓異記》一卷,憲、穆時人。"《通志·藝文略三》史類·傳記·冥異同。《玉海》卷五七:"《書目》:'《卓異記》一卷,開成中,李翱撰唐世君臣盛事,如封禪并兩朝三代爲相之類。二十七類。《崇文目》云陳翱撰。乾符中,裴紫芝續一卷,載唐衣冠盛事。"《郡齋讀書志》卷一三小説類:"《卓異記》一卷,右唐李翱撰,或題云陳翱。開成中,在襄陽,記唐室君臣功業殊異者,二十七類。"可見其誤承自宋代載籍記載。《直齋書録解題》卷一一小説家類:"《卓異記》一卷。案:原本不著卷數,今據《宋志》補入。稱李翱撰,記當時君臣卓絶盛事。或云長城陳翱。案:《宋志》既載李翱《卓異記》,又有《卓異記》一卷,題陳翰撰,注云'一作翱',疑一書而誤分爲二也。"實非一分爲二,乃因名同而誤署撰人。

6.《宋志五》小説類:"干寶《搜神總記》十卷。"誤題撰人,此書實非干寶撰,乃唐五代無名氏撰。《崇文總目》卷三小説類下:"《搜神總記》十卷。原釋:不著撰人名氏,或題干寶撰,非也。"

7.《宋志七》別集類:"盧肇《愈風集》十卷。"誤署撰人。據《崇文總目》卷五別集類七:"《愈風集》十卷,盧嗣業撰。"《通志·藝文略八》表章同。據《北里志》及《唐語林》卷七,作者盧嗣業乃盧簡辭之子,少有詞藝,無操守,乾符中舉進士,與孫偓、崔昭彦、趙光逢同時。《宋志七》誤爲盧肇文集。

8.《宋志七》別集類:"《僧來鵬詩》一卷。"實誤,來鵬,江西詩人,未嘗爲僧,來鵬實可鵬之誤。《宋志七》別集類:"僧可朋《玉壘集》十卷。"《宋秘書省續編到四庫闕書目》卷一別集類作《僧可朋詩》七卷。《十國春秋》卷五七《後蜀·僧可朋傳》:"僧可朋,丹棱人,能詩……少與盧延讓、幹干爲詩友。來蜀,與歐陽炯相善,炯比之孟郊、賈島,力薦於後主……可朋有詩千餘篇,號《玉壘集》……皆佳句也。"即此人。

9.《宋志八》總集類:"劉元濟《正聲集》五卷,王正範《續正聲集》五卷。"此書僅卷首序文爲劉允濟作,《正聲集》爲孫翌編,見《新唐書·藝文志四》總集類,《宋志》編纂者或誤作序者爲撰人,又將劉允濟之名誤爲元濟。五卷亦三卷之誤。《宋志八》本條下文又有"孫翌《正聲集》三卷",不誤。《崇文總目》卷五總集類下有《正聲集》三卷、《續正聲集》五卷。《通志·藝文略八》總集類:"《正聲集》三卷,唐孫季良集。""《續正聲集》五卷,後唐王正範集。"撰人、卷數當以此爲准。

10.《宋志八》總集類："許孟容《謝亭詩集》一卷。"實誤作序者爲書籍編撰者。《崇文總目五》總集類下："《謝亭詩》一卷，李遜編。"《通志·藝文略八》詩總集類："《謝亭詩》一卷，唐李遜鎮襄陽，以所送行詩筆於襄陽謝亭。"李遜元和十年出爲襄州刺史、山南東道節度使，許孟容時在朝爲官，當是爲序者，《宋志》誤爲撰人。

11.《宋志八》總集類："南康筆《代耕心鑑》十卷、《干禄寶典》二十七卷。"後書實非南康筆（康南華之倒誤）作。《顏魯公集》卷七《銀青光禄大夫……康使君（希銑）神道碑銘》："君諱希銑……開元初，入計。至京，抗表請致仕……冬十月二十有二日，不幸遘疾，薨於會稽覺胤里第，春秋七十一……侄……秀州長史元瓌著《干禄寶典》三十卷。侄刑部員外郎瓘，男美原尉南華，撰《代耕心鏡》十卷。"知《干禄寶典》係康元瓌著，《宋志》一并歸於康南華名下，誤其撰人。

三、卷數錯誤 2 條

1.《宋志一》易類："李翱《易詮》七卷。"七爲三之誤。《新唐志一》易類："李翱《易詮》三卷。"《玉海》三六引《國史志》："李翱《易詮》三卷。"

2.《宋志七》別集類："《孫魴詩集》三卷。"下文又有"《孫魴詩》五卷"，重複著録，其中五乃三之訛。《崇文總目》卷五別集類五："《孫魴詩》三卷。"《通志·藝文略八》別集五·僞朝："《孫魴詩》三卷，僞唐。"均作三卷。《十國春秋》卷三一《孫魴傳》、馬令《南唐書》卷一三："烈祖召見，授宗正郎，卒。有詩百篇行世。"《江南野史》卷七："孫魴，世爲南昌人，家貧好學。及長，會唐末喪亂，都官郎鄭谷亦避亂，歸宜春，魴往師之，頗得其誘掖，後有能詩之名。向與沈彬及桑門齊已、虛中之徒，爲唱和儔侶……有集僅百篇，皆此類。"詩一百首，斷無五卷之多，知作三是。

四、書籍歸類錯誤 5 條

1.《宋志六》類事類："《魯史分門屬類賦》一卷。"不署撰人。《宋志七》別集類："崔昇《魯史分門屬類賦》一卷。"同一書而重複著録，且實爲類書而誤入別集。《郡齋讀書志》卷一四類書類："《魯史分門屬類賦》三卷，右皇朝楊筠撰，以《左氏》事類分十門，各爲律賦一篇。乾德四年奏御，詔褒之。"其歸類當從《郡齋》。

2.《宋志二》傳記類："于政立《類林》十卷。"此書實非傳記，而是類書。《宋志六》類事類："于政立《類林》十卷。"《通志·藝文略七》類書上："《六帖》三十卷，唐于政立編。"《玉海》卷五五引《中興書目》："唐于政立《類林》十卷，分五十目，記古人事跡。"《新唐書·藝文志三》類書類："于立政《類林》十卷。"《崇文總目》卷三類書類上同，均作類書，可見作傳記誤。

3.《宋志二》傳記類："陸希聲《北户雜録》三卷。""段公路《北户雜録》一卷。"按此二書實非傳記，而是地理風土雜記。此書《新唐書·藝文志二》《崇文總目》卷二均編入地理類，《通志·藝文略四》列於地理·蠻夷，《秘續目二》列入小説類，其歸類均較之《宋志》科學。

4.《宋志五》五行類:"竇維鋈《廣古今五行記》三十卷。"其下不遠處又有"竇塗《廣古今陽復五行記》三十卷",以爲二書,實誤。且竇氏此書爲志怪體小説,非陰陽五行之書,而置于五行類,亦誤。

5.《宋志七》別集類:"趙昌嗣《九證心戒》一卷。"按此書實乃佛書,非別集,《宋志》誤編。

五、書名誤標 1 條

1.《宋志五》小説類:"俞子《螢雪叢説子俞子》一卷。"俞子爲書名中自帶的人名,非作者名。《千頃唐書目》卷一二:"俞成德《俞子螢雪叢説》二卷,東陽人。"《説郛》卷一五上《螢雪叢説》卷上:"余自四十以後,便不出應舉,人笑其無能爲也……自此功名灰念,加以拙於謀利,時復優游黄卷,考究討論,付之書記,囊螢映雪,無所不爲,塵積日久,遂成一編,目曰《螢雪叢説》,寶其實也……慶元庚申八月望日,東陽俞成元德漫録。"《浙江通志》卷二四六:"《螢雪叢説》二卷,《百川書志》:宋東陽俞成德記。"知撰人爲俞成德,俞子則爲書名中包含的人名,全稱《子俞子螢雪叢説》,簡稱時去掉俞子二字。

"對韻音訓"校勘札記

張 義 郭浩傑

摘 要："對韻音訓"是《四聲篇海》所標八種"明頭號樣"之一，其性質歷來多有誤解。其所轄之字當僅限於標記之下第一字，總計一百五十五字，然訛錯頗多。本文擬以成化本爲底本，早期版本爲校本，并參照《新修玉篇》及《改并五音集韻》加以勘正。

關鍵詞：《四聲篇海》；對韻音訓；《五音集韻》；《新修玉篇》；《廣集韻》

"對韻音訓"是《四聲篇海》所標八種"明頭號樣"之一，歷來被誤認爲是《四聲篇海》的來源文獻①。我們在《"對韻音訓"考》（待刊）一文中指出"對韻音訓"乃韓氏對照韻書對來源於《玉篇》的部分字頭之音訓進行增累而作的隨文標注，它并非一部字書，"對韻音訓"標記所轄之字僅限於其下一字，其所對之韻乃韓氏泰和本《五音集韻》。以這一標準來看，涉及"對韻音訓"的字頭計155字，它大概是韓道昭編撰《改并五音集韻》的副產品。在對這155字音訓的考察中，發現存在大量訛誤。誠如明人趙宧光所批"取坊版半邊，市肆土撰，或模糊臆度，或汙墨贅疣……漫不知彼字即此字，多字即一字也。"

《四聲篇海》之通行本爲成化本，早期版本主要有金崇慶本（僅存十至十二卷）、金崇慶刻元修本（僅存一至三卷）以及元至元本（十五卷全）三個版本，雖文字漫滅不清，然亦可資對校。故本校擬以成化本爲底本，金元間三個版本爲校本，輔以《新修累音引證群籍玉篇》及《改并五音集韻》加以校正。泰和本《改并五音集韻》今已不得見，傳本《改并五音集韻》與泰和本的主要差異僅在韻部合并，根據韓氏韻部合并規則以及全書切語選擇原則②，我們在一定程度上可以還原泰和本的面貌。金人邢準《新修累音引證群籍玉篇》累音所據之《廣集韻》乃爲泰和本之祖本荊璞《五音集韻》的據本③，其音訓材料亦可資借鑒。今依上述材料，校出四十八條如下（主要側重音切）：

---

* **作者簡介**：張義，淮北師範大學文學院副教授，文學博士，主要從事漢語史及古籍數字化研究；郭浩傑，淮北師範大學文學院漢語言文字學專業碩士生。

基金項目：安徽省哲學社會科學規劃項目"《四聲篇海》整理與研究"（AHSKY2016D119）。

① 《篇海類編》所附之《字學書目》以其爲一部八卷本字書，《康熙字典》亦用方框（引書標記）加以標識，《漢語大字典》及今人文章亦多言"××引《對韻音訓》"。

② 《改并五音集韻》一般以《廣韻》字序爲準，所增之字多取自《集韻》，其切語取自《廣韻》，《廣韻》未有之小韻，取自《集韻》。

③ 趙曉慶：《金代韻書〈廣集韻〉與〈五音集韻〉關係探究》，《古漢語研究》，2017年第2期。

(1)"鉉"胡犬切,舉鼎耳也。又古玄切,亦舉鼎也。又古還、古閑二切,同上義。又古榮切,亦舉鼎。(卷二金部五畫)

按:"古榮切"當爲"古螢切"之訛。此讀來自《集韻》青韻"涓熒切"小韻,對應《廣韻》切語當爲"古螢切",《改并五音集韻》同。"古榮切"讀庚韻見母,不匹配,且文獻中"鉉"未見有"古榮切"之讀。可能韓氏口語中"螢""榮"同音致訛①,這一點,拙文《〈五音集韻〉引〈廣韻〉〈集韻〉異文所見之金代若干語音現象》已有論證②。

(2)"鐔"徒含切,劍口。又徐林切,劍鼻。又餘針切,同上義。又徒感切,亦劍口。又尋浸切,刀本。又徒各切,劍珥。(卷二金部十二畫)

按:當補"時占切"一讀。"對韻音訓"是對照韻書補充部分《玉篇》字頭音訓。《玉篇》"鐔"字訓"徒含切,劍鼻。又夕林、時占二切"。徒含、夕林二切已收,唯脱"時占切",宜據補。

(3)"卷"九免、九緩二切,收也。或作捲,又作捲……(卷二金部十二畫)

按:當補"九遠切"一讀。《集韻》《五音集韻》及《新修玉篇》均有此讀,"對韻音訓"脱,宜據補。又《玉篇》作"九免、力媛二切","力媛切"當爲"九緩切"之訛,韻書"卷"皆無此讀,且均爲見組聲紐,來母一讀甚異。"力媛"應爲"九緩"形似而訛。《四聲篇海》亦有校訂《玉篇》之功。

(4)"呼"荒烏切,唤也。《説文》曰:"外息也。"又許交切,吴人謂叫爲呼。又荒故切,與謼義同。又呼訐切,與孔雓同。又呼個切,發聲也。《春秋傳》:"呼,役夫也。"又練結切,雞所鳴也。(卷二口部六畫)

按:"練結切"一讀當删。此一音訓與其他甚異。據釋文考,"雞所鳴"當爲"呼"字之訓,《集韻》屑韻"力結切"小韻下即書作"呼",或爲形似而訛。《新修玉篇》所據之《廣集韻》亦誤承。《改并五音集韻》不録,此或韓道昭修正。

(5)"咥"虚記、虚吉二切,《詩》曰:"咥其笑矣。"又大結切,《易》曰:"不咥人享。"……又許吉切,笑也……又徒結切,笑也,齧也。(卷二口部六畫)

按:"許吉切"及"徒結切"皆爲重出音讀,當删。"虚吉切""許吉切"皆爲質韻曉母開口四等,"大結切"及"徒結切"皆爲屑韻定母開口四等,音義亦同。韓氏在《玉篇》基礎上增累音義,疏忽了對重音的排除。

(6)"啜"丑芮切……又陟劣切,言多不止……又殊雪切,嘗也,《爾雅》出。又音輟,《詩》云:"啜其泣矣。"啜,泣貌。又嘗悦切,茹也。(卷二口部八畫)

按:"嘗悦切"及"陟劣切"皆爲重出音讀,當删。"陟劣切"與音輟之讀皆爲薛韻知母合口三等,"嘗悦切"與"殊雪切"皆爲薛韻禪母合口三等。亦爲在《玉篇》基礎上增累音義重出。

(7)"噫"於其切,恨聲。又於擬切,嘆聲。又於化切,痛聲。又烏界切,噫氣。又於力切,語辭也。又於禁切,氣出兒。(卷二口部十二畫)

按:當補"於希切"一讀。《集韻》《五音集韻》及《新修玉篇》均有此讀,"對韻音訓"

---

① 韓道昭將庚韻三等合并到了清韻,雖然其韻書中存在三四等對立,但其口語中三四等已經合流,故"螢""榮"同音。

② 張義:《〈五音集韻〉引〈廣韻〉〈集韻〉異文所見之金代若干語音現象》,《語言研究》,2016年第2期。

未收。《集韻》訓"哀痛聲，或作俀、譩、噫"，宜據補。

（8）"犴"胡安、俄寒二切，胡地野狗，似狐而小。又古寒切，野犴，獸名也。又五漢切，獸也。又古莧切，逐虎犬也。（卷二犬部三畫）

按："五漢切"當爲"五旰切"之訛。此讀對應《廣韻》"五旰切"，《新修玉篇》及"對韻音訓"皆爲"五漢切"。此切未見《新修玉篇》、"對韻音訓"之外其他辭書。《新修玉篇》中此切出自"韻又"之前，當爲《類玉篇海》中王太、秘祥等人誤改，韓氏誤承。《改并五音集韻》從《廣韻》作"五旰切"，宜據正。

（9）"狛"筆戟切，獸名。又補各切，亦獸名，似狼。又匹各切（獸名），善驅羊。又白駕切，亦獸名，似狼也。（卷二犬部五畫）

按：當補"傍陌切"一讀。《集韻》《五音集韻》及《新修玉篇》均有此讀，"對韻音訓"未收。《集韻》"薄陌切"訓"獸名，似狼"。或書作"狛"，宜據補。

（10）"猰"公八切，雜犬也。又烏八切，（猰）㺄，獸名。又古黠切，犬也。又烏結切，獸名，似獼。又苦結切，（猰）犺，不仁。又烏兮切，猰㺄，（獸名）。又於計切，獸名也。（卷二犬部九畫）

按："古黠切"之讀與《集韻》《五音集韻》及《新修玉篇》皆異，《五音集韻》作"古鎋切"，與《廣韻》同。崇慶本、元修本皆作"古鎋切"，與《五音集韻》同。宜據正。

（11）"鱟"乎漏切，魚名。又莫候切，亦魚名，出日南。又於角切，亦魚名也。又胡邁切，《山海經》云："形如惠文冠，青黑色，十二足，長五六尺，似蟹也。（雌）常負雄，漁者取之必得，其雙子如麻子，南人爲醬也。"（卷三魚部十三畫）

按：當補"烏酷切"一讀。《廣韻》《集韻》《五音集韻》及《新修玉篇》皆有"烏酷切"一讀，訓"魚名"，宜據補。

（12）"刖"五厥、五刮二切，斷足也。又魚厥切，同上義。又五忽切，刮刖。又五割切，絕也。又五活切，絕也。又下刮切，危也。（卷四刀部四畫）

按："五厥切""魚厥切"皆爲月韻疑母合口三等，重出。"五厥切"乃《玉篇》切語，依例當保留，"魚厥切"宜刪。

（13）"籍"七跡、倉革二切，刺取鼈也。《周禮》："凡邦之籍事，沈重讀。"又鋤陌切，《說文》："刺也，引《周禮》籍魚鼈，通作擉。"又士角切，取魚箔也。又楚革切，矛也。又測角、救角二切。（卷五竹部十一畫）

按：當補"秦昔切""測戟切"二讀。《集韻》《新修玉篇》皆有九讀，此二讀當爲常讀音，《廣韻》皆有收錄。宜據補。

（14）"選"思兗切，擇也。又所劣切，稱銖兩數。又蘇管切，物之數也，與算同。又辭纂切，數也。又息絹切，亦揀擇皃。（卷五辵部十二畫）

按：當補"數滑切"一讀。此讀源自《集韻》䫂韻審母，訓"金銖，兩名也"，《五音集韻》及《新修玉篇》皆承。宜據補。

（15）"姐"兹野切，羌人呼母。又慈野切，彌姐，羌族名。又臧可切，嫜母也。又將比切，母也。又將預切，嬌也。又祥預切，孈也。（卷五女部五畫）

按：當補"側魚切"一讀。此讀源自《集韻》魚韻"臻魚切"小韻，訓"嬶姐，女態"，對應《廣韻》"側魚切"。《五音集韻》及《新修玉篇》皆承。宜據補。

(16)"娎"蘇禾切,《穆天子傳》:"盛姬喪,天子三女,叔娎爲主。"又醋伽切,訬疾。又昨禾切,亦訬疾也,一曰女字。又七戈切,亦周穆王女字。又子骳切,安也。又則卧切。(卷五女部七畫)

按:"子骳切"一讀,《廣韻》《集韻》《五音集韻》皆不收,依其釋文考,當爲"侳"字之訓,《廣韻》"醋伽切"小韻之後是"子骳切"小韻,收録"侳"字,《新修玉篇》"娎"下亦録有"子骳切"一讀,且居於"韻又"標記之前①,當自《類玉篇海》時即已誤入"娎"字之下。宜據删。

(17)"嫗"烏遇切,老嫗也。《説文》云:"母也。"又古侯切,曲也。又恪侯切,闋,人名,陳有夏嫗夫。又於武切,以氣曰煦,以體曰嫗。又衣遇切,老嫗也。(卷五女部十二畫)

按:"烏遇切"與"衣遇切"重出。"烏遇切"乃《玉篇》切語,韓氏據韻書新增切語,未去重音。依例宜保留《玉篇》切語,删"衣遇切"。又"古侯切"之訓與他讀皆異,考諸《玉篇》,當爲"鉤"之釋文混入,宜删。

(18)"癉"徒干切,風在手足病。又都寒切,小兒病。又他干切,勞病。又丁可切,人怒也。又丁佐切,《爾雅》曰:"勞也。"又得案切,亦作勞也。(卷五疒部九畫)

按:"得案切"或爲"得按切"之訛。《新修玉篇》與《五音集韻》皆作"得按切",與《廣韻》切語相合。"對韻音訓"讀作"得案切",或爲同音致訛。又《集韻》《新修玉篇》《五音集韻》此字皆有旱韻端母一讀,"對韻音訓"闋,宜據補。

(19)"賁"府文切,飾也。又符文切,三足龜也。又孚員切,《山海經》云:"桂林八樹作賁隅。"又布還切,古文,班駁也,文也。又博昆切,勇也,《周禮》有虎賁氏。符非切,姓也,出《姓苑》。又般美切,卦名,賁飾。又方問切,有勇力也。又房吻切,怒也。又力竹切,賁渾,地名。(卷六貝部五畫)

按:孚員、般美二切未見於"對韻音訓"之外任何辭書。《新修玉篇》與《五音集韻》皆作"孚袁切"。"孚員切"或爲"孚袁切"之音訛,依例宜正。又"般美切"當爲旨韻幫母開口三等,傳世之辭書皆無此讀,亦無此切語,不知所本。依釋文考,與《集韻》《新修玉篇》《五音集韻》"彼義切"同,且"對韻音訓"正好又漏收了寘韻幫母一讀,又"美"與"義"形似,且"彼""般"皆幫母字,疑"般美切"或爲"彼義切"之訛。

(20)"敦"都回切,《詩》曰:"敦彼獨宿。"又都昆切,迫也,亦厚也。又他昆切,敦悗心不明也。又度官切,鳶之別名。又都聊切,天子弓也。又直由切,覆也,《禮》每敦一几。又徒損切,混沌不慧。又都隊切,器名。《周禮》:"珠盤玉敦。"又都困切,竪也。又徒到切,覆也。又徒皓切,亦覆也,《禮》:"每敦一几。"(卷六攴部九畫)

按:之尹、徒渾二切,《集韻》《五音集韻》《新修玉篇》皆有收録,依例當補。

(21)"驕"九妖切,壯兒義,野馬也,亦逸也。又去遥切,馬壯。又巨嚻切,人名,陳有袁驕。又許驕切,猲驕,短喙犬也。又居天切,慣驕而不可禁之。又嬌廟切,馬行兒。(卷七馬部十二畫)

————————

① 趙曉慶《新修玉篇重音的三個層次》一文指出《新修玉篇》中"韻又"標記之後音訓屬於邢準依據《廣集韻》增累,字頭之後,"韻又"標記之前的音訓當屬《類玉篇海》所增。

按:《五音集韻》《新修玉篇》皆有"舉朱切"一讀,依例當補。

(22)"累"力追切,累牛。又落猥切,山名。又路罪切,山名。又力委切,十泰之重也。又良僞切,緣及也。又良遇切,匈奴官名。又良涉切,地名,鉅鹿下曲陽西南肥累城。(卷七糸部五畫)

按:落猥、路罪二切重出。此二讀在《集韻》中即已重出,《廣集韻》及"對韻音訓"繼承,《五音集韻》中,韓氏以其爲"一母複張之切語",加以删并。宜從。

(23)"方"甫亡切,法術也。《説文》云:"係并舡也。"又府良切,四方也。又符方切,方輿,縣名。又步光切,彷徨。又分兩切,又文兩切,方魍。(卷八方部四畫)

按:甫亡、府良二切重出。據釋文考,"甫亡切"或爲《玉篇》"甫芒切"之訛。韓氏據韻增音未及去重。宜删"府良切"之音訓。

(24)"罷"皮解切,休也。又音疲,亟也。又彼爲切,《爾雅》云:"罷如熊。"又敷羈切,辜磔牲以祭。又蒲巴切,止也。《論語》云:"欲罷不能。"又甫委切,停罷。又皮彼切,(罷)遣有罪。又薄蟹切,止也。又傍下切,止也。又芳逼切,折也,同作腷。(卷八网部十畫)

按:皮解、薄蟹二切重出。"皮解切"乃《玉篇》切語,韓氏據韻增音未及去重。宜删"薄蟹切"之音訓。

(25)"跢"丁泰切,倒也。又丁左切,小行兒也。又陟栗切,《廣雅》:"蹢躅跢跦也。"又當蓋切,倒跢。又直離切。又得何切,攜幼行也。又丁佐切,小兒行也。(卷九足部六畫)

按:丁泰、當蓋二切重出。"丁泰切"乃《玉篇》切語,韓氏增音未及去重。宜删"當蓋切"之音訓。又"丁左切"或爲"丁佐切"之訛,《玉篇》《廣韻》此訓皆讀"丁佐切",宜據正。

(26)"芍"都歷切,蓮子也。又時若切,芍藥也。又七略切,又呼臭切,亦陂名。又胡了切,亦草名。又古了切,鳧茈草。又之若切,亦草名。又張略切,芍藥香草,可和食也。(卷九艸部三畫)

按:"時若切"當爲"市若切"之訛。《廣韻》《五音集韻》皆作"市若切"。依例"對韻音訓"亦當作"市若切"。考至元本此處作"市若切",不違定例。此或成化本《四聲篇海》篡改,宜據正。

(27)"苛"賀多切,小草生兒,又煩也,怒也。又胡可切,急也。又火何切,譏察也。又胡歌切,政煩也。又黑嗟切,辨察也。(卷九艸部五畫)

按:賀多、胡歌二切重出。"賀多切"爲《玉篇》切語,韓氏增音未及去重。宜删"胡歌切"之音訓。又"火何切"一讀,《集韻》《五音集韻》《新修玉篇》皆作"虎何切",違例。考至元本此處作"虎何切",此或成化本《四聲篇海》篡改,宜據正。

(28)"苴"七閭切,苴麻也。子閭切,苞苴也……又子魚切,苞苴,亦姓也。又七余切,履中藉也。(卷九艸部五畫)

按:子魚、子閭二切,七余、七閭二切重出。七閭、子閭二切皆《玉篇》切語,韓氏增音未及去重。依例宜删子魚、七余二切之音訓。又《集韻》《五音集韻》《新修玉篇》皆有姥韻精母合口一等一讀,"對韻音訓"脱,宜據補。依例宜補"則古切"一讀。

（29）"䕳"於于、去尤二切，烏䕳也。又去鳩切，烏䕳，草名。又烏候切，《爾雅》："今之刺榆也。"又豈俱切，或作藬，花皃。又衣遇切，莖也。又烏候切，暖也。（卷九艸部十二畫）

按：去尤、去鳩二切重出。"去尤切"乃《玉篇》切語，韓氏增音未及去重。依例宜删"去鳩切"之音訓。又《集韻》《五音集韻》《新修玉篇》皆有虞韻敷母、昌母、曉母三讀，"對韻音訓"脱，宜據補。

（30）"薜"蒲計切，薜荔。又蒲拜切，水草名。又匹賜切，射鳥具。又蒲角切，器破裂也。又博厄切，《爾雅》："當歸也，又薜山麻。"又必益切，同上義。又芳辟切，與僻同。又補革切。（卷九艸部十三畫）

按："匹賜切"一讀，其釋文與他讀甚異。《集韻》《五音集韻》《新修玉篇》皆無此讀。據釋文考，《集韻》匹智切"薜"之訓與此同，此或因形似而誤錄入"薜"字之下。宜據删。又博厄、補革二切重出，"補革切"乃《玉篇》切語，韓氏增音未及去重，依例宜删"博厄切"之音訓。

（31）"愀"七由切，色變。又自由切，同上。又七遥切，《莊子》云："愀然變容。"又子小切，色變皃。又親小切，同上義。又子了切，變也。又子酉切，愀然變色。又在久切，《莊子》云："亦變色者兒也。"（卷十心部九畫）

按：自由、在久二切與《五音集韻》《新修玉篇》異，有違定例。"自由切"一讀《五音集韻》《新修玉篇》皆作"自秋切"，然考《四聲篇海》總目録中平聲第十九酉部之注音亦作"自由切"，另與"愀"同小韻酋、猶、𩸐、鰽、蘸、䎛等字亦作"自由切"，可能《四聲篇海》之據本《五音篇》中已有改讀。又《五音集韻》"在九切"小韻愀、湫二字在"對韻音訓"中皆作"在久切"，又《新修玉篇》中與愀、湫二字同小韻的"嫶"字亦注"韻又在久切"，此韻當爲《廣集韻》，可見《廣集韻》中，此小韻切語已訛作"在久切"，後爲荆樸《五音集韻》繼承。可據正。

（32）"惷"充允切，擾動也，亂也。又書容切，愚也。又尺容切，亦愚也。又丑江切，愚也。又竹用切，愚也。又陟降切，愚皃。又尺尹切，惷惷，動也。（卷十心部九畫）

按：充允、尺尹二切重出。"充允切"乃《玉篇》切語，韓氏增音未及去重，依例宜删"尺尹切"之音訓。又書容、尺容、丑江、竹用、陟降五切皆有愚蠢之意，其讀音多爲通江二攝，與臻攝準韻"充允切"之讀甚異。"惷"之聲符爲"春"，當與"充允切"匹配，訓擾動也，而與通、江二攝之讀匹配的當爲從"春"之"惷"。韓氏不考，誤將二字之音義并收，并以"充允切"配以字頭"惷"。宜删通、江二攝五讀之音訓。

（33）"扱"初洽切，婦拜扱也，手至地也。又魚及切，拜手至地。又居立切，引也。又去急切，《儀禮》："婦拜扱地。"又初戢切，取也。又許及切，斂持也。又七接切，揷也。又楚洽切，取也，獲也，舉也，又《説文》云："收也。"（卷十二手部四畫）

按：初洽、楚洽二切重出。"初洽切"乃《玉篇》切語，韓氏增音未及去重，依例宜删"楚洽切"之音訓。

（34）"扡"敕豸切，折也。又移爾切，離也。又胡改、胡槩、弋支三切，動也。又吐何、徒何二切，加也。又昌者切，脣垂兒。（卷十二手部六畫）

按:《集韻》《五音集韻》《新修玉篇》皆有支韻澄母開口三等一讀,"對韻音訓"脱,宜據補。又胡改、胡槩、弋支三切訓"動也",不當。韻書"挏"皆無"胡改切""胡槩切"之讀,據釋文考,此二切或爲"挍"字之切,《五音集韻》"挍"有此二讀,義亦同。又"弋支切",韻書皆訓"加也",此訓與胡改、胡槩二讀并訓,不當。宜刪胡改、胡槩二切,且改"弋支切"之釋文。

(35)"捜"所鳩切,索也,求也……又疎有切,春獵也……(卷十二手部十畫)

按:"疎有切"之讀,《廣韻》《集韻》《五音集韻》《新修玉篇》皆無。據釋文考,《五音集韻》疎有切"獀",訓與此同。韓氏不考,誤置"捜"字之下,宜據删。

(36)"摽"匹叫、孚尭、怖交三切,摽,擊也。又符少切,落也。又甫遥切,擊也。又撫招切,同上義。又匹交切,摽,擲也。又平表切,落也。又符少、匹妙二切。又昆召、普擊二切,亦擊也。(卷十二手部十一畫)

按:符少、匹交二切重出。"符少切"乃《玉篇》切語,韓氏增音未及去重,依例宜删"匹交切"之音訓。又"符少切"二現,首現乃爲《玉篇》之切,後據韻書增音,《廣韻》亦有"符少切"一讀,韓氏亦未去重。宜據删。

(37)"撮"借官切,乘器也。又祖外切,會(攝頭)椎也。又初買切,指取物也。又子括切,結撮也。又倉括切,六十四黍(爲圭,爲撮)。又子悦切,《尸子》曰:"行險也。"又子活切,取物也。(卷十二手部十二畫)

按:子活、子括二切重出。"子活切"乃《玉篇》切語,韓氏增音未及去重,依例宜删"子括切"之音訓。

(38)"汰"他蓋、徒蓋二切,淘汰過也。又余制、他替、度皆三切,沙汰擇也。(卷十二水部三畫)

按:"他替切",《集韻》《五音集韻》《新修玉篇》皆作"他計切","對韻音訓"之切語有違定例,"他替切"不見於任何辭書,考《廣韻》"他計切"之代表字就是"替","替""汰"同音,疑同音致訛。可據正。

(39)"涳"口江、口東二切,直流也。又女江切,姓也。又許江切,水流直也。又苦紅切,涳濛小雨也。又苦貢切,水直流也。(卷十二水部八畫)

按:口東、苦紅二切重出。"口東切"乃《玉篇》切語,韓氏增音未及去重,依例宜删"苦紅切"之音訓。

(40)"濕"他合切,水名,在平原。又失入切,水霑也。又似入切,原濕,與隰義同。又蘇協切,《春秋》有公子濕。又五合切,濕陰,漢侯國名。又音湿字,義同。(卷十二水部十四畫)

按:音"湿"與"失入切"重出,音"湿"乃《玉篇》之讀,韓氏增音未及去重,依例宜删"失入切"之音訓。

(41)"濫"魯甘切,邑名,在邾。又力敢切,漬果也。一曰染也。又徒敢切,(竹)磬也。又胡暫切,與鑑義同。又盧紺切,濫,氾濫也。又胡黤切,水名,泉正出之皃。(卷十二水部十四畫)

按:力敢、盧紺二切,《新修玉篇》作"盧敢切""盧瞰切"(《五音集韻》合并韻部,更換了切語而有所異),"對韻音訓"之切語有違定例。考金崇慶本及元至元本,皆與《新修玉篇》同。此或成化本誤書。

（42）"灤"盧各切，水名，在濟南。又匹各切，陂灤也。又書藥切，《爾雅》云："灤，貫衆也。"又以灼切，貫節也。又郎擊切，貫渠也。又盧谷、盧毒二切，亦水名。又呂角切，在齊魯間。又音粕，陂洛也。（卷十二水部十五畫）

按：音"粕"與"匹各切"重出，音"粕"乃《玉篇》之讀，韓氏增音未及去重，依例宜删"匹各切"之音訓。

（43）"亢"户郎切，人頸也。又星名，一曰亢。又胡郎切，頏亢也。又古行切，老聃弟子亢桑子。又客庚切，跡也。又胡朗切，咽也。又苦浪切，旱也。又下浪切，烏咽也。（卷十三亢部）

按：胡郎、户郎二切重出。此處重出非因《玉篇》增音所致，疑因"亢"乃亢部一字，其部首注音亦爲"户郎切"，切語誤承，後又據韻增音致重。又"胡朗切"之讀不見於《集韻》《五音集韻》《新修玉篇》，此三韻皆有之古郎、各朗二切，亦未見於"對韻音訓"，然其釋文又相合，疑户郎、胡朗二切乃古郎、各朗二切之訛，此或能解胡郎、户郎二切重出之疑。

（44）"戾"郎計切，乖也，待也，利也，立也，來也，至也，罪也，定也。《説文》曰："曲也，從犬出户下也。"又他計切，緇車也。又特計、他盍二切，亦輻車旁推也。又徒蓋切，亦同上義。又縛結切，罪也，曲也。（卷十三户部三畫）

按：他計、特計、他盍、徒蓋四切之訓與郎計、練結二切甚異。據釋文考，前四切當爲"戻"字之讀。韓氏不考，誤將"戻"字之音訓置於"戾"字下，宜據删。又《集韻》《五音集韻》《新修玉篇》皆有至韻來母一讀，"對韻音訓"脱，宜據補。

（45）"頮"魚既切，癡頮，不聰明也。又五怪、火怪二切，同上義。又他怪切，擊頭聲。又虎伯切，出《莊子》。又胡麥切，頮然也。（卷十三頁部十一畫）

按：虎伯、胡麥二切之音訓與他讀甚異，且辭書中"頮"字皆無此二讀。據釋文考，此或爲"䂵"字之切語。"䂵""頮"二字形音迥異，何以混入？此或爲誤抄了事先做好的卡片。卷十二石部四畫中"䂵"亦爲"對韻音訓"之字頭。

（46）"襦"直爾、敕爾二切，奪衣也，徹也。又移爾切，福也。又他爾切，《易》曰："以襦受服之。"敕豸切，衣絮偏也。又直離切，襦毡。又息移切，福也。又是支、弋支二切，福也。（卷十三頁部十一畫）

按：移尔、息移、是支、弋支四切之訓與他讀甚異，此四讀訓"福也"，當從示作"禠"，辭書"禠"字之音訓亦與此合。此或韓氏因形似失考，誤將"禠"之音訓置於"襦"下。宜據删。

（47）"邪"以遮切，琅邪郡。又音斜，《論語》云："思無邪。"又以諸切，緩也，《詩》云："其虚其邪。"又似魚切，《說文》："緩也。"又似嗟切，鬼病也。又視遮切，歸邪，星名。（卷十三邑部五畫）

按：音"斜"與"似嗟切"重出。音"斜"乃《玉篇》之讀，韓氏增音未及去重，依例宜删"似嗟切"之音訓。

（48）"僤"徒干切，疾也，明也。又市連切，態也。又於權切，地名，在魯……（卷十五人部十三畫）

按："於權切"一讀僅見於"對韻音訓"及《五音集韻》，據釋文考，此音當取自《集韻》"稱延切"。《經典釋文》"及僤"亦言"昌善反，一音昌然反，《字林》作左氏作闡"。《集韻》《新修玉篇》此訓皆作仙韻昌母三等。考諸《五音集韻》"於權切"小韻，發現九字中，嬽、㵎、䖝三字確爲仙韻影母，而穿、獌、僤、嘽、憚、闡等六字，除穿字外，其餘在《廣韻》《集韻》中皆爲仙韻穿母字，穿字當爲小韻聲紐。另外，"穿"字之下還有"火起皃，又昌延切"之訓。對照《廣韻》發現，於權切"嬽"小韻在尺延切"燀"小韻之前，很可能標注小韻聲紐時，漏書了小韻代表字，致使尺延切"燀"小韻所有字頭混入了於權切"嬽"小韻。這一訛誤很可能自荊璞《五音集韻》即已存在，此或荊璞"隨母取切"之誤，因爲如果韓氏所爲，頂多就遺漏了小韻字頭"燀"字，不煩再改釋文爲"又昌延切"。此一條即可縮小"對韻音訓"所對韻書之範圍。宜據改切語爲"昌延切"。

■ 文獻輯考

《唐洛州別駕大將軍崔公長先及其妻厙狄夫人墓志》發微*

袁書會

摘　要：《唐代墓志彙編》中所收錄的武德〇〇三和武德〇〇五兩方墓志爲唐初厙狄夫人與其夫崔長先的墓志。崔長先，新、舊《唐書》及《資治通鑒》均無記載，墓志記載其出身博陵崔氏，出身顯貴，并參加過李世民平定王世充的戰事。厙狄夫人出身武川系北鎮豪族强宗，二人結合明顯是當時胡漢貴族聯合的典範。本文考察了崔氏夫婦的家世及相關史實，對現墓志彙編中錄文及紀年避諱及墓志文點斷上提出了自己的看法。

關鍵詞：唐代墓志；紀年；崔氏

周紹良先生主編的《唐代墓志彙編》和《唐代墓志彙編續集》，系統整理了唐代出土墓志文獻，爲研究唐代文學、歷史等提供了堅實的文獻基礎，嘉惠學林，功莫大焉。衆多學者已經根據二編，在唐史、唐詩及唐代文化研究諸多方面結出了累累碩果。不久前筆者在研讀《唐代墓志彙編》中，對其中武德〇〇三、〇〇五兩方墓志進行了較爲詳細的閱讀，現就其中一些問題，進行梳理，并求教於大方。爲研究方面，現將武德〇〇三、〇〇五兩方墓志文迻錄如下：

武德〇〇三

【蓋】失

【志文】

大唐洛州別駕大將軍崔公妻厙狄夫人墓志銘

夫人諱真相，恒州代郡人也。祖幹，齊太尉公太宰章武王；考洛，驃騎將軍和州刺史；并俊才重世，舊業承家。自北處於龍庭，圖南擬於鵬舉。一匡天下，驅馳締構之初；六合樞揆，燮理財成之際，或太宰居上公之位，或驃騎立冠軍之功，拜後拜前，著乎齊册。夫人出自公宫，長於師氏，柔情玉潤，潔志冰清。逾閫待傅之行，非禮不動；内則中饋之敬，造次無違。言歸崔室，得其匹也。采蘩之職靡衍，幽蘭之操逾烈。弄璋介福，庭多比玉之兒；惟蛇在夢，室滿乘龍之女。既而與善

---
* 作者簡介：袁書會，西藏民族大學文學院教授，文學博士，華東師範大學兼職教授，博士生導師，主要從事唐宋代文學研究。

基金項目：國家社會科學基金一般項目"唐代涉蕃詔敕文整理與研究"（20BZW058）。

無驗,遘疾彌留,逝者如斯,奄然從化。武德六年歲次癸未六月乙巳朔二日景午,卒於洛州廨舍,時年五十有九。仍以其月五日己酉權殯於邙山之南原,勒銘玄室,代諸彤管。其詞曰:

  燕山層構,瀚海洪源,降神間出,英靈實繁。挺生章武,靈流後昆,居載作牧,服冕乘軒。載育邦媛,如玉之溫,三從不爽,四德斯敦。美昭希蔡,思賢慕樊,教子偕隱,匡夫直言。浮光電滅,馳景風翻,東方醳騎,北郭歸魂。砌蕪華屋,路斷泉門,於嗟彼美,零落平原。

第二息行褒　第四息行感　第四女適隴西李氏　第七女適范陽盧氏

(周紹良藏拓本)①

  武德〇〇五

【蓋】失。

【志文】

  □諱長先,字後已,博陵安平人也。自六韜陳策,四履專征,故以騰茂管□□功竹帛。漢長岑、長駟即公之十六世祖也。曾祖軌,魏中散大夫;祖威,齊荊州長史;父期,齊東郡太守;并政若神明,化稱清靜。公才實挺生,器乃稀世,仁孝之性,本惟天植;溫潤之質,非由外獎。翱翔書圃,游息翰林,聞一知十,得門睹奧。釋褐黃州黃陂縣尉,以治政有功,超遷監察御史。權豪望風而自退,桀黠畏威而斂跡。出為許州司兵參軍,轉襄城郡主簿,遷河南郡新安縣長,損益蒲密之政,斟酌韋絃之術。雖翔鸞舞庭,方茲未擬;災蝗避境,豈足多尚。俄而三精霧塞,五岳塵飛,豺狼當於路衢,氛祲昏於鞏洛。公妙達機兆,奮翼雲漢,詔拜大將軍尚書比部郎中。於時東夏未賓,方清四險,爰奉敕旨,總督軍糧。洛中底定,特蒙褒賞,改授洛州總管府司馬,參籌蕃政,贊輯民和,問望逾休,風芳自遠。總管府廢,仍受洛州別駕。王基之和協青土,陳蕃之辟召豫州,豈如導俗訓民,令行禁止者也。宜窮千月之壽,極九命之尊,與善無徵,殲良奄及,以武德八年歲次乙酉七月癸巳朔,十四日景午,終於洛州公館,春秋六十有二。粵以武德九年歲次景戌二月庚申朔,廿三日壬午,葬於洛州河南縣東都城北十里千金鄉安善裡。邙山之陽,瀍水之曲,荒郊寂寞,春物依菲。青烟結於遙素,空山上於翠微。落日沉而暮霞斂,高松寒而晨霧霏。勒斯銘於隴隧,紀遺迥於泉扉。其銘曰:

  派源姜水,分封齊國,命氏開基,承家載德。金聲玉振,貽慶流則,著美清貞,有聞學植。其一惟公傑起,命世挺生,忠乃資性,孝本天成。馳騁百氏,耕耘六經,神襟夷曠,壯思縱橫。其二學優幹祿,彈冠筮仕,初贊一同,終臨百里。運鐘戰爭,世變朝市,騰躍雲霄,奮迅泥滓。其三登壇受拜,含香禮闥,朱輪既轄,翠纓亦飛。流斯美譽,播此清徽,頻贊方岳,探幽照微。其四昊天不弔,忽此殲良,泉扃幽隱,玄夜綿長。宿楚將列,拱木成行,式銘墓道,用紀風芳。其五長子前穀州司戶參軍行褒欲報劬勞,情兼嶷慕,追惟愛敬,禮備充皇,事親之道既終,生民之

---

① 周紹良主編:《唐代墓志彙編》,上海:上海古籍出版社,1992年,第2頁。

本斯畢。

(周紹良藏拓本)①

一、關於墓主夫婦身份及仕履的補充

武德〇〇三和武德〇〇五兩方墓志應爲夫婦墓志，夫人庫狄氏先亡於武德六年(624)，夫崔氏亡於武德八年(626)，分別先後樹立墓志。從夫婦二人的家族介紹來看，當屬當時典型的胡族世家與山東郡姓婚娶類型，不過男方是山東大姓崔氏，夫人乃北方胡族世家。

武德〇〇三墓志墓主爲大唐洛州別駕大將軍崔公妻庫狄夫人，按照唐代一般墓志寫作規範，在介紹其出身時，均先追述其祖上之榮光，記載其祖父庫狄幹（？—553）乃北魏、東魏、北齊世族。今《魏書》《北齊書》《隋書》《北史》有庫狄幹相關記載，他歷任北魏恒州刺史、大都督；東魏太保、太傅、太師、廣平公、開府儀同三司；北齊太宰、章武王。謚爲"景"，因此又稱章武景王。墓志又追述其祖世爵，稱庫狄幹爲齊太尉公太宰章武王，實乃庫狄幹最後的官職及勳職。而稱其家族爲恒州代郡，乃以其任恒州刺史爲家族發祥地和郡望。《魏書·官氏志》載："庫狄氏，後改爲狄氏。"②庫狄氏乃北朝胡族大姓③，北魏孝文帝爲了適應社會經濟發展，施行了一系列改革，其中一條就是採用漢族的門第制度，制定姓族。除帝室元氏及長孫、叔孫、奚氏以外，鮮卑以穆、陸、賀、劉、樓、於、嵇、尉八姓爲首④，將當時鮮卑及其他國內胡族豪强也仿照漢人門第分爲不同的門第。後來《新唐書》卷一百九十九《柳冲傳》中，在論及門第時，唐代史學家柳芳説道："魏（曹魏）氏立九品，置中正，尊世胄，卑寒士，權歸右姓已。其州大中正、主簿，郡中正、功曹，皆取著姓士族爲之，以定門胄，品藻人物。晉、宋因之，始尚姓已。然其別貴賤，分士庶，不可易也。於時有司選舉，必稽譜籍，而考其真僞……'虜姓'者，魏孝文帝遷洛，有八氏十姓，三十六族九十二姓。八氏十姓，出於帝宗屬，或諸國從魏者；三十六族九十二姓，世爲部落大人；并號河南洛陽人。"⑤對唐前魏晉南北朝的門第進行了較爲詳盡的論述。

庫狄氏乃當時武川系北鎮豪族强宗。"庫狄"應讀作"舍狄"，《北齊書》有庫狄幹、庫狄迴洛、庫狄盛等，《周書》有庫狄昌、庫狄峙等，《隋書》有庫狄嶔。庫狄氏見於史傳者除前述諸人外，魏還有庫狄豐樂，北齊有鄭州刺史庫狄伏連、大都督庫狄溫、賊帥庫狄曷賴、姑子庫狄顯安，隋有貝州刺史庫狄士文、庫狄仲錡，唐有魯州刺史庫狄嶔等。⑥

庫狄夫人卒於武德六年，享年五十九歲，應生於北齊天統二年（566）。她作爲北

---

① 《唐代墓志彙編》，第 3—4 頁。
② （北齊）魏收撰：《魏書》，北京：中華書局，1974 年，第 3012 頁。
③ 姚薇元著：《北朝胡姓考》，武漢：武漢大學出版社，2013 年，第 126—128 頁。
④ 王仲犖著：《魏晉南北朝史》，上海：上海人民出版社，1980 年，第 550 頁。
⑤ （宋）歐陽修、宋祁：《新唐書》，北京：中華書局，1975 年，第 5677—5678 頁。
⑥ 《北朝胡姓考》，第 128 頁。

鎮豪族之後，其父、祖皆爲北朝世族，因此她早年也受到了良好的教育。墓志記載她"夫人出自公宫，長於師氏，柔情玉潤，潔志冰清。逾閾待傅之行，非禮不動；内則中饋之敬，造次無違。"雖出身胡族，但長期的漢化，家族早早爲她聘請老師進行傳統漢文化的教育，并將她嫁與當時北方漢族大姓博陵崔氏子。從她丈夫崔長先的墓志得知其殁於武德八年，春秋六十二推知：崔長先應該生於北齊高緯天統元年（565）。兩人年齡相仿，僅年長其妻一歲。而博陵崔氏作爲隋唐山東郡姓①，其墓志則從其十六代祖之漢代崔駰述起，崔駰《後漢書》卷五十二《崔駰列傳》②有載。有關崔駰事文後再論，兹不贅述。而博陵崔長先作爲唐代山東郡姓，其作爲舊門閥，在唐初依然爲時人所崇敬。《貞觀政要》記載：貞觀六年，太宗謂尚書左僕射房玄齡曰："比有山東崔、盧、李、鄭四姓，雖累葉陵遲，猶恃其舊地，好自矜大，稱爲士大夫。每嫁女他族，必廣索聘財，以多爲貴，論數定約，同於市賈，甚損風俗，有紊禮經，既輕重失宜，理須改革。"乃詔吏部尚書高士廉、御史大夫韋挺、中書侍郎岑文本、禮部侍郎令狐德棻等，刊正姓氏，普責天下譜牒，兼據憑史、傳，剪其浮華，定其真僞，忠賢者褒進，悖逆者貶黜，撰爲《氏族志》。士廉等及進定氏族等第，遂以崔幹爲第一等。太宗謂曰："我與山東崔、盧、李、鄭，舊既無嫌，爲其世代衰微，全無官宦，猶自云士大夫。婚姻之際，則多索財物。或才識庸下，而偃仰自高，販鬻松檟，依托富貴，我不解人間何爲重之？且士大夫有能立功，爵位崇重，善事君父，忠孝可稱；或道義清素，學藝通博，此亦足爲門户，可謂天下士大夫。今崔、盧之屬，惟矜遠葉衣冠，寧比當朝之貴？公卿已下，何暇多輸錢物，兼與他氣勢，向聲背實，以得爲榮。我今定氏族者，誠欲崇樹今朝冠冕，何因崔幹猶爲第一等，祇看卿等不貴我官爵耶！不論數代已前，祇取今日官品、人才作等級，宜一量定，用爲永則。"遂以崔幹爲第三等。至十二年書成，凡百卷，頒天下。又詔曰："氏族之美，實繁於冠冕，婚姻之道，莫先於仁義。自有魏失馭，齊氏云亡，市朝既遷，風俗陵替，燕、趙古姓，多失衣冠之緒，齊、韓舊族，或乖禮義之風。名不著於州閭，身未免於貧賤，自號高門之冑，不敦匹嫡之儀，問名唯在於竊貨，結褵必歸於富室。乃有新官之輩，豐財之家，慕其祖宗，競結婚姻，多納貨賄，有如販鬻。或自貶家門，受屈辱於姻婭；或矜其舊望，行無禮於舅姑。積習成俗，迄今未已，既紊人倫，實虧名教。朕夙夜兢惕，憂勤政道，往代蠹害，咸已懲革，唯此弊風，未能盡變。自今已後，明加告示，使識嫁娶之序，務合禮典，稱朕意焉。"③可見當時山東舊貴族在民間的勢力。《貞觀政要》中記載了唐太宗批評當時山東崔、盧、李、鄭舊貴族的種種做派，也從另一方面説明了崔氏等舊貴族在當時社會上的影響力。而兩方墓志所記載的厙狄夫人與崔長先的婚姻，則非常典型地展現了北朝末年至唐初貴族間婚姻結合的範例：厙狄夫人作爲北鎮豪族之女，與博陵崔氏貴族子崔長先結合，胡族豪強與漢族大姓結合，强强聯合，進一步加强了雙方的家族和勢力。厙狄氏與崔氏的結合，雖與太宗所批評的舊貴族的婚姻習俗不太一樣，因爲在崔長先的墓志中我們看到崔長先不同於傳統崔氏舊貴族，在唐代初年的起義及唐王朝的建立過程中應該是立過戰功的。我們隨後

---

① 《新唐書》，第5677頁。
② （宋）范曄撰，（唐）李賢等注：《後漢書》卷五十二，北京：中華書局，1965年，第1703—1722頁。
③ （唐）吴兢編著：《貞觀政要》，上海：上海古籍出版社，1978年，第226—227頁。

再述。

二、關於崔長先的履歷及初唐史實

　　有關唐初起義的記載,不論是新、舊《唐書》還是後來司馬光所編撰的《資治通鑒》中的記載,相對來說史料較少。而碑志材料的出土,無疑彌補了這方面的欠缺。在新、舊《唐書》及《資治通鑒》中,均無有關崔長先的記載。而據墓志記載,崔氏家世清貴,其十六世祖崔駰,乃西漢名士;其曾祖崔軌,曾任北魏中散大夫;祖父崔威,曾任北齊荆州長史;父崔期,曾任北齊東郡太守。從其祖上一直到其父,均可見其家世之榮顯,爲當時博陵崔氏之名門。

　　如前所述,其家族爲初唐山東舊族,爲時人所崇敬。而且墓主崔長先個人"翺翔書圃,游息翰林,聞一知十,得門睹奧。"因此釋褐爲黃州黃陂縣尉,後又"以治政有功,超遷監察御史"。黃陂爲初唐中縣[1],縣尉爲從九品下[2],而他因治政有功被擢升爲監察御史,乃正八品上官,且監察御史"掌分察百僚,巡按郡縣,糺視刑獄,肅整朝儀"[3]。的確,從外官從九品下升爲京官正八品上,且職官顯赫,確爲超遷。後來他又做過許州司兵參軍、襄城郡主簿、新安縣長[4],可見其仕履清晰。而崔長先人生中最大的事情莫過於參加秦王李世民率領軍隊平定河南王世充。有關李世民平定王世充、竇建德之役,應該是唐帝國建立初年最大的戰事。在新、舊《唐書·太宗本紀》都有較爲詳細的記載,從武德三年李世民"七月,總率諸軍攻王世充於洛邑,師次穀州"[5]到武德四年六月凱旋,這場戰事持續前後經歷近乎一年時間。而墓主崔長先也參加了這次大戰,被任命爲"大將軍尚書比部郎中"。而比部郎中乃從五品上官職,職掌"掌句諸司百僚俸料、公廨、贓贖、調斂、徒役課程、逋懸數物,以周知內外之經費而總勾之"[6]。墓志雖對其平定王世充沒有過多記載,但對參與了這次戰役的崔長先在戰事後勤保障中發揮了重要作用,因此當"洛中底定,特蒙褒賞,改授洛州總管府司馬"。唐太宗率軍平定了長安以東對唐王朝威脅最大的兩個敵人竇建德、王世充,徹底奠定了唐王朝的建國根基,也成爲李世民後來與哥哥李建成競爭太子之位的重要功績和籌碼。因此,參與洛陽平定戰爭的秦王府人員均在戰後得到封賞。崔長先此時的洛州總管府司馬屬唐代外官系列——行軍司馬,"掌弼戎政。居則習搜狩,有役則申戰守之法,器械、糧糒、軍籍、賜予皆專焉"[7]。因此墓志也說他"參籌蕃政,贊輯民和",可以說符合他的工作實際。因此隨着戰役的勝利結束,他也被李世民任命爲洛州別駕,成爲當

---

[1] 《新唐書》卷四十一,第1055頁。
[2] (唐)李林甫等撰,陳仲夫點校:《唐六典》卷三十,北京:中華書局,2014年,第752頁。
[3] 《唐六典》卷三十,第381頁。
[4] 新安縣屬河南府。《唐六典》載:"京兆、河南、太原諸縣,令各一人,正六品上。"(第751頁)
[5] (後晉)劉昫等撰:《舊唐書》卷二《太宗本紀》,北京:中華書局,1975年,第26頁。
[6] 《唐六典》卷三十,第194頁。
[7] 《新唐書》卷四十一《地理志》,第1309頁。而行軍司馬爲從四品下職官。見《唐六典》卷三十,第743頁。

時洛陽府一個重要職官①,這也是他最後的官職,而洛州別駕官階爲"從四品下"②。

因此,從崔長先的個人仕履來看,他的一生是非常平順的,從早年釋褐從九品下的縣尉到超遷爲監察御史正八品上,後又歷任許州司兵參軍、襄城郡主簿、新安縣長,到達正六品上官職。而他人生最光榮的就是參加了平定竇建德、王世充的戰事,并因功而最終升任爲上州別駕這個從四品下的中高級官職。從最基層的職官一步步奮鬥爲唐代中高層職官,人生實乃平順顯赫。不僅葆有了舊博陵崔氏家族的榮耀,還在新的王朝因爲參與太宗的平叛行動而爲家族贏得了榮光。因此,在他的墓志最後用了五篇銘贊對他進行贊頌。

兩方墓志分別記載了墓主厙狄夫人和崔長先的人生,因厙狄夫人去世在前,因此厙狄夫人墓志樹立於前,立于武德六年(623)。厙狄夫人于武德六年六月乙巳朔二日景午(即公元 623 年 7 月 3 日),"卒於洛州廨舍",應該是其丈夫崔長先任職爲洛州別駕的官邸。而她作爲"洛州別駕"這樣一個當地高官的夫人,竟匆匆入殮埋葬,"仍以其月五日己酉(公元 623 年 7 月 7 日)權殯於邙山之南原"。按照唐代後期一般的安葬習俗,從死亡到安葬一般要經歷一個時間段。而到了她的丈夫崔長先的墓志中,記載他去世於武德八年七月癸巳朔(公元 625 年 8 月 9 日)"終於公館",應該也是卒於洛州別駕任上,而於次年"武德九年歲次景戌二月庚申朔,廿三日壬午(公元 626 年 3 月 26 日),葬於洛州河南縣東都城北十里千金鄉安善里",其從去世到最後安葬就經歷了七個月之久。因此,其夫人的匆匆安葬就顯得很不平常。其中的原因,不得而知。

在厙狄夫人墓志中,按照唐人墓志的格式,曆述了其家族的榮耀後,簡單記述了她的人生,特別是她與崔長先的結合。墓志最後記載他們有四個子女:第二息行褒、第四息行感、第四女適隴西李氏、第七女適范陽盧氏。而在其夫崔長先的墓志最後,按照時間先後來説,其夫崔長先卒於後,且爲洛州高官,墓志文應該比較完全,但墓志文卻只記載了其長子"前穀州司戶參軍行褒",其他幾個子女的情況則一概沒有,這無疑又是一件頗爲奇怪的事情。

三、墓志中有關時間避諱問題

今周紹良主編《唐代墓志彙編》武德〇〇五爲墓主崔長先墓志,記載其最後的安葬時間爲"武德九年歲次景戌二月庚申朔,廿三日壬午③,葬於洛州河南縣東都城北十里千金鄉安善里。"武德〇〇五其妻厙狄夫人墓志,記載她於"武德六年歲次癸未六月乙巳朔二日景午,卒於洛州廨舍,時年五十有九"。

按:武德九年歲次應爲丙戌,此處記載爲景戌。而武德六年六月二日那一天應爲丙午日,墓志亦錄爲景午。均應屬避諱。陳垣先生《史諱舉例》卷二《避諱之種類》第

---

① 杜佑《通典》卷第三十二"別駕"條解釋爲:別駕從事史一人,從刺史行部,別乘一乘傳車,故謂之別駕。歷代皆有。隋及大唐并爲郡官。杜佑在其中的注中,又引用了《庾亮集》中《答郭豫書》云:"別駕,舊與刺史別乘同流,宣王化於萬里,其任居刺史之半。"強調了別駕的重要性。見《通典》第 890 頁。

② 《唐六典》卷三十,第 743 頁。

③ 二月乃庚申,廿三日壬午,爲公元 626 年 3 月 26 日。

十"避諱改干支名例"中即載:"唐高祖之父名昺,故唐人兼諱丙,凡丙字多改爲景。"①

四、墓志文的點斷問題

武德〇〇五崔長先墓志文,記載其十六代祖爲漢代崔駰,墓志錄爲:漢長岑、長駰即公之十六世祖也。② 應爲漢長岑長駰,即公之十六世祖。

按:文中長岑爲地名,崔駰曾任長岑長,不應點斷,誤爲二人。長岑,即《後漢書·地理志》三十二《郡國》五記載的"樂浪郡"之長岑縣③。而東漢文宗崔駰之最後職官爲長岑長,可見《後漢書》卷五十二《崔駰列傳》記載④。因此後人按照職官稱其爲漢長岑長崔駰,簡稱長岑長駰,因此此處墓志文錄文不應點斷。

武德〇〇三和武德〇〇五兩方墓志作爲厙狄夫人與其夫崔長先的兩方墓志,因爲二人去世時間不同而分別樹立之墓志。墓志內容可以看出北朝末年至唐初的婚宦情況,二人的結合是典型的胡族世家與山東郡姓婚娶類型,不過男方是山東大姓崔氏,夫人乃胡族世家。而崔長先的仕履情況及其參與李世民平定王世充戰事,則可以補充正史對這段歷史記載的不足。同時,墓志在紀年上的避諱及周紹良先生在《唐代墓志彙編》中有關墓志文的點斷上的一點小失誤也值得關注。

---

① 陳垣:《史諱舉例》,上海書店出版社1997年,第15頁。江嵐《唐代墓志天干中"丙"字的避諱》有詳細論述,見《樂山師範學院學報》2006年10月第58—60頁。

② 《唐代墓志彙編》,第3頁。

③ 《後漢書》,第3529—3530頁。

④ 《後漢書》卷五十二《崔駰列傳》,第1722頁。《崔駰列傳》後稱贊崔駰"崔爲文宗,世禪雕龍。建新恥潔,摧志求容。永矣長岑,於遼之陰。不有直道,曷取泥沈。瑗不言祿,亦離冤辱。子真持論,感起昏俗"。見該書第1733頁。

《全宋文》論體文補遺八則

李 由

摘 要： 筆者從南京圖書館藏宋刻孤本（殘）《二十先生回瀾文鑒》中輯得《全宋文》失收的南宋林之奇、鄭湜、戴溪、陳公顯四人八篇論體文，其中陳公顯未見於《全宋文》。這四人活躍於南宋高宗、孝宗朝，來自科舉競爭激烈的福建、浙東地區，這些佚文體現了南宋中前期兩地士人傑出的論體文寫作能力。

關鍵詞：《全宋文》；佚文；林之奇；鄭湜；戴溪；陳公顯

《全宋文》充分利用多種文獻資源，在輯佚方面取得了重大成就。遺憾同時也不可避免的是，限於某些客觀因素，一些重要的文獻資源未被利用，導致在輯佚時有所缺失。南京圖書館藏宋刻孤本（殘）《二十先生回瀾文鑒》中就有不少佚文未被留意。根據此書，我們可以對《全宋文》所輯林之奇、鄭湜、戴溪三人的論體文進行補遺，并另外補充《全宋文》失收的陳公顯的佚文2篇，同時補充修正《全宋文》作者小傳部分的一些叙述。

一、林之奇《冬官》

林之奇（1112—1176），字少穎，號拙齋，侯官（今福建福州）人，紹興二十一年（1151）奏名，賜進士出身，有《拙齋文集》二十卷，《全宋文》在文集之外另輯得佚文25篇，編在第207、208册中。《二十先生回瀾文鑒》後集卷十七收録林之奇論體文5篇：《冬官》《復古論》《抑商賈》《民備》《心術》。除《冬官》外，其餘四篇亦見於《古文集成》，分別題作《復井田論》《抑商賈論》《民事論》《君心論》，《全宋文》已據以輯入。因此，我們可以另外補入的佚文是《冬官》：

《冬官》

秦人之禍，何其酷也！先王之制可使不行於世，而不可使不傳於世。不行於世，猶有待也。若其不傳，雖有作者，不過付之一愾爾。秦人之用心，何心也？己則不行先王之制，而疾後世之勝己者哉？盡取遺集而一除之，所以聾瞽萬世之聞見也。秦人欲禍萬世，而卒以自禍。竹簡之焚未冷，而咸陽之焰漲天；儒士之坑

---

* **作者簡介：** 李由，江蘇省社會科學院文學研究所助理研究員，文學博士，主要從事宋代文學、域外漢籍研究。

基金項目： 國家社科基金青年項目"宋元文章學在日本的傳播與接受研究"（18CZW026）。

未堙,而望夷之變旋踵。殘章斷竹,鱉師耄儒,分付赤帝子孫搜討而收拾之,天意其有在也。

夫理亂絲者無全緒,補弊裘者無粹腋。六經之書,僅存於多闕,萬世之禍,抑由來未息也。《周官》六典,乃闕其一。河間獻王痛王制之不傳,而喜其得是書,蓋曰:"是書猶存,天實憫萬世也。是書不傳,則是不能達天意於萬世也。"於是千金重齎略無難色,唯欲致之耳。抑事有不可必於一時者,天意無亦有待乎? 而獻王不度其不可也,乃求《考工記》以足其書,蓋亦曰:"是書必不可得,姑勿缺然可也。"然百工細事耳,於周家設官本意何與? 欲求先王之制,惟其意而已,不得其意而強取焉,何異拾賤醫之方以補盧扁之書。庸人按之,適足生病。獻王之心蓋亦有不得已焉者。夫不得已而不能自已,雖亂先王之典以貽害於世,亦所不悟。吾故曰:"秦人之禍,萬世未息也。"

必有息其禍者,不經之典,一削去之,其天意之所待乎? 蓋必有深得先王之意,以興一代之制。夫能興一代之制,天之畀付不淺矣。雖典籍并闕,必能以義起,況先王大意尚可考。《書》曰:"司空掌邦事,居四民,時地利",《周官》太宰六典"六曰事典,以富邦國,以任百官,以生萬民",六職"六曰事典①,以富邦國,以養萬民,以生百物"。事雖無傳,意可深考。大抵民之愚,非有常產,必無常心。周之於民,修身以本之,齊家以刑之,禮教以成之,兵刑以防之,是足以善其心矣,則亦惟使其心有常而已,故以事官終焉。②

二、鄭湜《君體三》《相體三》《國體五》

鄭湜,字溥之,一字補之,閩縣(今福建福州)人,乾道二年(1166)進士,無文集傳世,《全宋文》第260册從《宋會要輯稿》《群書考索》《十先生奧論注》《古文集成》等書中輯得其文19篇。而《二十先生回瀾文鑒》後集卷十五收録鄭湜《君體》一、二、三,其中《君體一》《君體二》亦見於《十先生奧論注》續集卷十四、《古文集成》卷三十一,《全宋文》已據二書輯入,因此我們尚可補入《君體三》佚文。後集卷十五收録其《相體一》《相體三》,後集卷十六收有《相體四》,其中《相體一》《相體四》亦見於《十先生奧論注》續集卷十四、卷十五,《全宋文》據此輯入,而將《相體四》改題爲《相體論二》,因此,我們可以根據《二十先生回瀾文鑒》補入《相體三》佚文,而鄭湜原本的《相體二》仍闕。後集卷十六收有《國體》二、三、四、五,其中《國體》二、三、四見於《十先生奧論注》續集卷十五,《全宋文》據此輯入,并依次改題爲《國體論》一、二、三,而實際上,鄭湜原本的《國體一》是亡佚的,我們僅可據《二十先生回瀾文鑒》補入《國體五》。

《君體三》

天下之事欲無悔於後者,毋求快於其始。欲無撓於其末者,毋輕發於其初。何則? 求快於心者,其慮必不深,輕發而不審者,其持必不固,此必至之勢也。是

---

① 《周禮》原文中"典"作"職",此處疑誤。
② (宋)虞祖南評次,(宋)虞夔箋注:《二十先生回瀾文鑒》後集卷十七,南京圖書館藏宋刻本(殘)。

以昔之人主銳於有爲者，其終或至於不敢爲，持重而不敢斷者，既斷則無不成。夫豈勇銳者不足以有爲，而重遲少斷者乃可以濟事耶？曰勇銳而喜斷，非不快也，不幸而蹶，則廢矣。嗟夫！事之所齟齬而難成者，所欠惟斷耳。幸而得英斷之主，又逆慮其終之或病，無乃沮事而不敏於機乎？曰事英主者不憂其不足於斷，而憂其傷於斷也。不足於斷者無成功，而傷於斷者必敗事。且夫一事機必有一利害，一議論必有一是非。一日萬機，利害相萬也，是非亦相萬也。是非利害，雜然至於前，自非虛心循理，平觀而徐察之，未有能得其情者。若夫勇爲之意已勝於中，功利之說已動乎欲，其於斷也必不審矣。

世有三患，亟於求治而望侈，驟於用人而悻多，輕於舉事而無取，皆不審於斷之過也。古人之謀國也，其施也有序，其應也有候。基既立也，然後加之以其所欲爲。所施未及一二，所應未見端倪，而肆然有欲爲之志；政事未修，而有一切富強之望；内治未舉，而有馳騖境外之謀；國勢未振，而有輕視寇仇之心，侵役未起而百弊生，足一動而天下困矣。審於斷者不然也。

天下之事，好利而急進者甚衆，惟上有可探之機，則陰揣其間而投之以其所欲，紛然并進。以談兵籌利爲賢，以立言捷給爲工，自以爲公卿侍臣皆可以舌得而數取之。言均輸摧禁者，即以均輸摧禁遷；言治①鑄農田者，即以冶鑄農田擢；甚者言取中原、繫夷虜如探其懷，使人主動心喜聽，崇秩重爵，無所靳惜。凡此所爲，亟遷而驟擢者，以效驗果何如耶？審於斷者不然也。

夫舉事者，必熟計於成敗之數，泛然不知其終之果成耶，果敗耶，而因人之言嘗試之，其不敗者幸也。夫平居而遷邑，甚重之役也；無故而遣使，非常之請也。策遷之可定，則遷，遷之形已露矣而中寢；料使之可行，則遣，遣之將以嘗敵而適以招嫚。其大者如此，細於此者，驟行而驟變，又何譏耶？審於斷者不然也。

夫銳意求治者，剛大有爲之主也；不次用人者，鼓舞豪傑之術也；不憚於興作者，果敢必行之略也。此三者，乃凡主所不能爲也。然所求之效或未必驗，所用之人或未必當，所行之事或未必有成者，豈非求快於其始而不慮後悔，輕發於初而不察其末之或撓乎？

雖然，天下之好斷而勢不得逞者，非特有所甚躁，又將有所甚怠。其躁也，非吾欲躁也，勇斷之意，鬱結於中，盛而不禁。其怠也，亦非吾欲怠也，勇斷之意屢發不中，解而莫振也。嗟夫，躁者蠹之根也，怠者蠹之先也。功利之臣，惟因其躁也，然後以可喜快意之說，因機而激怒之，以開其蠹；便佞之臣，惟伺其怠也，然後以蕩心易入之樂，乘間而徐中，以養其蠹。昔德宗之始憤藩鎮也，增兵斂財，征伐四出，天下惟憂其躁而已，晚而厭兵，遂以姑息爲政，於是心意之欲益侈，左右之寵益盛，孰料其怠而蠹尤甚於前日之躁也。銳生躁，躁生怠，輕於斷者，非特躁之可憂，而怠亦足畏也。

夫惟養之以深厚，發之以持重，使既作而無悔，天下亦無恨，無躁於前，亦無

---

① 據上下文及文意，此處"治"當爲"冶"之誤。

急於後,則商宗周宣不足爲矣。①

《相體三》

天下之勢,日入於頹墮刓弊,而不能有所建立者,其患安在哉? 患在大臣莫肯以身主天下之議而任其責耳。議之所主,責之所歸也,此大臣所依違而不敢決也。天下之事,豈無所主而能立哉? 今夫萬斛之舟,所恃與共濟者,篙師櫂卒之力也。然使篙師并刺,衆櫂合擊,曰東而東,曰西而西,横斜曲直,莫不如意者,惟視操柁者耳。若夫風濤相軋,洄洑湍駛,操柁者束手旁倪,彷徨却顧而莫敢前,則舟中之人皆弭篙釋櫂,泛乎聽風波之所往而已,安危之責,將誰屬乎? 天下,舟也,百官有司,篙師櫂卒也;所以持天下之柁者,大臣之職也。百官有司惟時緩急與事輕重也,操緩急輕重之權,以身主之,使百官有司莫敢不奮者,是大臣之職也;爲大臣者,上欲避人主之嫌,下欲逃天下之怨,惴惴然左顧右忌,莫敢一舉手,中外汎然不知所適從,孰與任天下之責乎?

昔慶曆初,仁祖厭西師之久,民罷國憊,思正百度以修太平。是時,罷磨勘以別能否,减任子以除濫官,易監司以汰羣吏者,以范文正公主之爾。熙寧初,神廟以大有爲之志,欲理財治兵,强中國以威四夷狄。是時,制置條例,更張法度,一新當世之務者,以荆公主之爾。元祐初,宣仁知百姓困於新法之不便,欲復祖宗之舊,以與天下休息。是時,黜聚斂深刻之吏,力引元老舊臣,以洗除苛法者,以温公主之耳。范公處黨論方興之際,而欲塞小人僥倖之路,力如此其艱也;荆公當衆君子交攻力争之際,而獨持勝流俗之説,勢如此其逆也;温公以主少國疑之難,又以羣小操紹述之論以議其後,變如此其難測也。然范公慨然獨以先天下之憂而憂,後天下之樂而樂爲己任;荆公自謂人臣不當避天下之怨,使天下之怨皆歸己,然後爲盡忠於國;温公急於救患,不顧身事與家事,惟以國事未有所付爲念。雖荆公用心過差,戾世違道,不可班二公,要之,皆不以得喪毁譽死生一動其心,然後能以身任天下之責,力主其議而無所畏避也。

今百度垢翫,庶事弛廢,欲足國裕民,則利入已厚;欲復境土,刷國耻,則兵威不振;欲汰官吏,節浮費,則咈於人情;欲厲風俗,振紀綱,則牽於故習。大臣未有奮然主議曰某敝當去,某事當舉,某人當用者,皆避嫌畏議之過耳。使有如先民者,不以得喪毁譽死生一動其心,出身以當之,則天下豈有不可立之事哉?

或曰:"古之大臣敢以身任天下之事者,以君臣之交信也。君不吾信,舉其類則不肖者怨,杜邪徑則懷奸者嫉,一制度則貴戚毁傷,正過惡則主心疎忌。其身方且摇撼不自安,何暇任天下之議哉? 神宗待荆公不啻先主之於孔明,宣仁尊信温公不啻周文之得大老,故二公敢以身任天下之責。仁祖初以人望驟用范公,眷眷甚親,未幾乃以小人譁譟罷去,終亦安能有所建立哉? 大臣之得君,固未敢望如荆公、温公,能如范公乎? 范公猶不能盡其欲爲之志於慶曆,今豈容盡以天下之責自任乎?"

曰:"爲大臣者,必先度其忘己任我,然後敢居其位。既居其位,則天下之責

---

① 《二十先生回瀾文鑒》後集卷十五。

盡在我矣。尚曰君未吾信,而不任其責可乎?假使人主未能洗去猜慮,大臣亦不當以形跡事其君,要竭誠盡忠,使人主開悟感發而後可。操人之舟者,亦必與人計所當往,使人主先我信也。柁在吾手,主人尚未吾信,吾曰溯,主人曰沿,則亦舟之所當行者諭主人乎?抑亦縱之中流而聽其覆邰乎?嗚呼!既操天下之柁,毋曰人主不我信則已。"①

《國體五》

國無事,視其國有可辦大事之人,足以待天下之有事,然後無憂於國。國無事,其大臣齷齪,其小臣樸樕,可以幸國之長無事耳。天下未有數十年而無事者也,而豪傑俊偉可任事之人,或曠世而不一見焉。天欲扶持人之國而久安之也,能陰相以人而已,不能使人無事也。明主欲爲國長慮却顧者,豈能盡料天下事所從起而逆爲之備哉?亦惟深求力索,陰儲其人以待之,俾事至而國不搖,則善矣。苟事之來也,有必至人之緩急可倚杖者,不可以猝致,則國之安危存亡,將安所寄哉?

漢高帝既平天下,當時所與共起角力而競逐者,悉破滅矣。諸將恃功觖望而難制者悉烹醢矣。荆吳齊趙,形勢易動之地,悉鎮撫以諸劉矣。天下大勢粗定,若無足深憂者,而帝且預指平、勃以爲安劉之備,凛凛乎若事有且旦暮至者。至漢文時,漢之爲漢,不復動搖矣。諸侯王雖太盛,帝撫以德禮,安安不敢萌逆節,匈奴雖屈强,自爲境外之虞,所損金繒不數萬,自足中其欲,此尤不足慮於高帝之時也,而顧謂天下有事周亞夫真可任將兵。卒之禄産之②禄、産之變,賴乎平、勃而安,吳楚之變,得亞夫而逆折之。微三人者,漢不爲漢矣。高、文何料之明,而逆知其人之當用耶?世謂高帝知有吕氏之變,故擬以平、勃,孝文知有吳楚之難,故擬以亞夫。藉令漢無吕氏之變,無吳楚之難,爲國者烏必其不有它事,而不蓄一二臣如平、勃、亞夫者,以爲折衝厭難計乎?方孝惠帝無恙時,吕氏固當家之嚴主母也,寧肯攘其子之天下而畀兄弟之子?其後王諸吕,據兵享國,計出於無聊爾。高帝安能逆知吕氏無聊之計於孝惠無恙之前?孝景不用晁錯之拙謀以激七國之衆怒,假之數年,濞老且死,諸侯王孰敢首難者?使文帝策吳楚之必反,顧肯養當身之患,以遺子孫憂乎?高、文深於世變,有大慮者也,意天下不能久而無事,要當儲其人以待之耳,非出於禄、産、吴、楚之變,適與人會,此高、文所以爲國遠計也。

嗟夫,吕氏之變無聊而後爲之,吳楚之難,生於激而後成,高、文不以無可料之事,而不儲所當用之人,況事有必至之形,天下有可憂之勢,疾徐在數十年之間,所以謀其人而待之者,不尤汲汲於高、文之勢乎?何者?南北者,必爭之勢也。南方所以息肩者,北方之勢分也,勢一,則其毒必萃於南。魏無袁、吕之憂,因荆州之鋒,於是有赤壁之役,而丕、操自是臨江者再,晉人既收巴蜀,平淮南三反,於是有秣陵之舉。東晉所以得安於江左者。以胡羯之相吞噬,欲南收而勢未能也。苻氏既吞强燕,舉河西巴蜀,泝浮索頭,於是有淮淝之役。拓跋氏南據并

---

① 《二十先生回瀾文鑒》後集卷十五。
② "禄産之"三字疑衍。

燕,兼克豫,西摧赫連,開函關,於是有瓜步之役。魏既遷洛,於是長淮失其西北矣。梁有侯景之難而復存者,以魏亂也。陳有明徹之捷而喪師者,以齊入於周也。周爲隋,則陳之勢去矣。

今北方之勢,視符、魏、周、隋何如哉? 彼其開關深閉而不動者,寧以長江不可越,齊盟不可瀆耶? 懲向來之衂,將深謀蓄力,發於吾之所不測耳。然則吾之所謂無事者,寧能若高、文謀其人以待之耶? 君相之契,非心知其足以任吾事而用之以爲天下計也。解后有瘖合媒援之助,則逡巡廟堂;齟齬於一言一事之忤,則擯棄遠外。輕進易退,漫若易州縣之長吏,而不甚重。平居所論者,往往皆常程細務,而鮮及國家之大計,豈爲不足以謀此,姑置之以奉吾指畫耶? 將帥之才,固非人主可以坐而知也,廟堂之臣與邊鄙之臣,又形格勢沮而情不通,是以除擢將帥,不公謀於朝而旁采於左右,彼任將帥者,長於摠戎禦衆與否未可知也。苟馳射擊踘便捷,習語言,識形勢,則可哀斂厚市以自媒矣。夫高、文所以能知平、勃、亞夫者,以當時漢庭公卿大臣,吾皆嘗啜而熟得之,察三人者足以任吾事,故藏之胸中,以待有司之須。平居漠然不知所注意,一旦有緩急安危之機,某人德譽威望可以鎮服內外,爲朝廷之重乎? 某人智略勇勁可以折衝禦侮爲敵國之畏乎? 赤壁、淝水之役,南非不可窺也,吳有周瑜、肅,晉有謝氏父子也;秣陵、采石之舉,北非不可支也,吳無渾、濬之敵,陳無韓、賀之敵也。向者之警,雖以天助得全,然亦中興名臣宿將猶有存者,故可以支捂而待其自潰。孝武即世,後來未有聞天下長無事,誠國之福也,若猶未能無事也,可不思所以待之乎? 雖然,晉自謝安之後而無人,唐自李德裕之後而無人,天下可辦大事之人,亦不易得矣。以不可易得之人,而欲辦天下之大事,然則爲國之憂,孰大於此乎?①

三、戴溪《宣帝》《公孫弘》

戴溪(?—1215),字肖望,一作少望,永嘉(今浙江溫州)人,淳熙五年(1178)省試第一。《全宋文》第283册從《十先生奧論注》等書中輯得其佚文25篇。《二十先生回瀾文鑒》後集卷十九收入戴溪《武帝上》《武帝中》《武帝下》《宣帝》《光帝》5篇文章,除《宣帝》外,其餘4篇《全宋文》已據《十先生奧論注》輯錄(《武帝》上、中、下三篇分別對應《全宋文》中的《武帝》一、二、五)。後集卷二十收錄了戴溪《公孫弘》《蕭望之》《劉向》3篇文章,而《全宋文》也已據《十先生奧論注》輯錄了其中的《蕭望之》《劉向》,因此,借助《二十先生回瀾文鑒》,我們可以補充戴溪《宣帝》《公孫弘》兩篇論體佚文。

《宣帝》

人君自言家法,其殆始於秦漢而下乎? 致治成法,百王所同,三代相因,損益可知矣,其曰夏尚忠、商尚質、周尚文者。天下之勢日趨而不可禦也,其曰虞夏之道寡怨於民,商周之道不勝其敝,世變愈下,民益澆訛,非政之過也。自漢以來,

---

① 《二十先生回瀾文鑒》後集卷十六。

多言周秦,其説曰周以德教爲法,而周失之弱,秦以功利爲法,而秦失之强,秦周之敝,罔密文峻,參周秦之法而并用之,此漢宣帝所謂家法也。且彼天下焉有家法,又焉有天下法?周家忠厚,自有天地以來,未之有改也,而曰此成周之家法也,可乎?秦人反上古之道,行一切之政,自不能保其家,安有其法?漢至宣帝,且六世矣,漢豈有法可守哉?因時制宜,隨其君之資,而雜出於德教功利之間,一得一失,迭爲治亂而已,豈復真以雜霸爲法也?宣帝習聞文、景之寬厚,孝武之材略,以爲漢之家法,純駁若此,此霸王之道也,欲使其子孫憑籍而世守之,亦過矣。法一而已,苟可遵守,不必皆其家之所自立。若背理傷道,雖孝子慈孫,不能私其祖父也。漢之法非壞於元帝也,宣帝之法不可繼也。天有五材而盡用之,其弊也不可没振,總核操切之餘,勢已極矣,惡保其往乎?漢宣帝、唐宣宗皆以强明聰察爲治,其盛也皆足以中興,及其既弊,亦終焉而已矣。故唐之群盗皆生於大中之朝,而王氏代漢之兆,亦萌於呼韓來朝之歲,此豈所謂天道者耶?①

《公孫弘》

漢史臣稱武帝表章六經,立太學,文章焕焉可述,有三代之風。以史考之,當武帝時,五經諸家得立博士者無幾,又博士弟子員才五十人爾。其於文事略有端緒,功亦末矣。然嘗考秦事,始皇雖焚書坑儒,而博士諸生不廢,故關東盗起,二世召博士諸儒生問狀,按誅諸生言反者,其言盗者罷遣之,博士諸生尚無恙也。叔孫通當天下未定,歸漢高帝,拜爲博士,雖倉卒不敢廢也。及文、景時,諸博士具官待問,未有諸生員,比秦殆不及矣。當時挾書除禁,士方向學,天子不爲立學,學者無所宗師。而六經家各自專門教授,士分散四出,各師其師,天子遣掌故往民間受業,亦可謂倒置矣。文翁在蜀,選擇郡縣小吏,遣詣京師,受業博士,多買刀布蜀物,齎計吏以遺博士。天子不能選擇名師教授諸生,而郡太守私遺博士財物爲州郡教士,上亦少愧矣。武帝慨然興廢舉墜,雖不能大滿人意,然後世增廣潤色,學校益盛,自武帝始也。比之文、景,功不既多乎?雖然,公孫弘等不能推廣上意,可恨者多矣。太常擇民年十八已上、儀狀端正者爲博士弟子,是殆爲觀美乎?此與唐擇三衛子弟何異哉?且其立法也略於教,而詳於取,以利禄誘人,此後世之通患也。月書季考,相因無窮,使趨利者有奔競之心,爭名者有嫉忌之患,此豈養人廉恥孝悌之意乎?盍亦反其本而已矣。②

四、陳公顯《班固論》《諸葛亮》

《二十先生回瀾文鑒》後集卷二十收有陳公顯兩篇論體文,即《班固論》《諸葛亮》。陳公顯,《全宋文》未收其文。《二十先生回瀾文鑒》對其有所介紹:"順齋陳公顯,字晦甫,登進士第,有文集行於世。"③據《(淳熙)三山志》,"淳熙五年戊戌姚穎榜"有"陳公

---

① 《二十先生回瀾文鑒》後集卷十九。
② 《二十先生回瀾文鑒》後集卷二十。
③ 《二十先生行實》,《二十先生回瀾文鑒》後集。

顯，祚之孫，字叔晦"①,道光九年《新修羅源縣志》則載："陳公顯，字叔晦，號景峰，祚孫。"②陳祚，字慶長，宣和三年（1121）進士，官宣議郎，《捫虱新話》作者陳善是其從弟。結合這些材料，我們可以對陳公顯略作介紹：陳公顯，字叔晦，一字晦甫，福建羅源人，淳熙五年（1178）進士。其祖陳祚，係宣和三年進士，從祖陳善，作有《捫虱新話》。又《宋會要輯稿》載"嘉泰四年七月十一日通直郎、主管台州崇道觀陳公顯特降兩官，罷宮觀"③，可知陳公顯曾在嘉泰四年（1204）時官至通直郎、主管台州崇道觀，後因事罷宮觀，降兩官。

《班固論》

　　繼聖經而作史，要不外乎實錄，初不可妄爲褒貶於其間也。蓋《春秋》一經，雖曰示褒貶於後世，而其或名或字或氏，皆因其事實而爲之勸戒，然未嘗任一己之見而自爲之。故因魯史而作《春秋》，郭公猶缺其名，夏五猶缺其月，以其褒貶之不可輕也。此後世識不足以窺聖人之萬一，而妄意於聖人之事，益不量其力也甚矣。切嘗因是以求班固作史之失，皆其識見之不足，率意而自爲之，故有是爾。且道不拾遺，何愧於潁川之遜畔？三老願留，何嫌於吏民之愛信？富民之侯，其與搜粟之尉者孰優？中郎之將，其與雲中守爲孰勝？而固錄彼而遺此。以至於高祖肇基王業，九江之助，實出隨、何，而固不爲之立傳；文帝一時富庶，吏治第一，首稱吳公，而固不傳。以是褒貶，何取於褒貶哉？不特此也，壽昌之爲常平也，因時斂散以濟天下，可□④傳，而固不爲之立傳，概見之食貨志；王成之僞增戶口，是挾詐以欺君者，而乃傳之於循吏。以壽昌爲可書之事而莫之傳耶？然立法以爲萬世利，其利害所系非小也。以王成爲能愛民而亦所當傳耶？則傳之所載無非欺詐之具，亦非所當傳也。傳與不傳皆失其宜，此無非固之失也。嗚呼，忠義不傳，而紀信之失未嘗没，湯、周不列酷吏，而舞文深刻，萬世不磨，夫若是之妄爲褒貶，夫亦何取於此哉？昔人謂作史有三長，曰才、學、識，是三者闕一不可也。然則此之任意於是非之間，豈其才、學、識非能兼而有之耶？⑤

《諸葛亮》

　　自古圖天下者，要必有一定之志，而後能爲必勝之謀。其志定，其謀素，而機未可投，則姑惟俟之。若其事之濟否，則君子固歸之天，而亦不敢以成敗例論之也。漢自威、靈以來，上失其柄，宦官之禍纔息，董卓之難以興，繼以曹氏而僭竊之，漸已不可遏，一時之謀臣智士舉皆歸之。雖荀彧之賢，殆所不免，而孔明挾蓋世之才，而顧幡然於霸困無聊之先生，委質於一隅鬥絕之蜀，孔明果何所見哉？其名正，其勢順，彼其胸中殆有定向矣。使驅馳宇内，復漢舊物，孔明處之，誠有

---

① （宋）梁克家修，福州市地方志編纂委員會整理：《（淳熙）三山志》卷三十，北京：方志出版社，2003年，第391頁。

② 《中國地方志集成·福建府縣志輯14·道光新修羅源縣志》，上海書店、巴蜀書社、江蘇古籍出版社，2000年，第514頁。

③ 劉琳等校點：《宋會要輯稿》職官七四，上海：上海古籍出版社，2014年，第5041頁。

④ 此字模糊不清。

⑤ 《二十先生回瀾文鑒》後集卷二十。

餘地。不幸而設施之不竟，君子尤當深嘉痛惜其志謀之不遂，而況敢以成敗論哉？吾觀世之論孔明者不類，或曰曹劉之不敵，天下之所共知也；否則曰孔明以治國之才，而紛紜征伐之沖，則將略非其所長也；又否則曰孔明之始見先主，固未嘗敢爭曹魏而圖孫氏，則其志不在於混一天下也。嗟夫！孔明之不成，蓋英雄之不幸也甚矣。夫淺淺者之爲論者，所識不遠，而所論不宏。見夫章章小效之焜耀耳目者，則震而矜之，其或規摹博大者往往未之見，不幸而垂成忽虧者益甚焉。抑不知自昔英雄豪傑之士，有圖天下之謀者，要先定其志，而後從事，故定三秦、舉燕趙、擊齊而困楚，亦見於淮陰請兵之時；收上谷、定漁陽、取涿郡、收富平，亦出於景弇自請之語。二子之胸中，其志一定，其謀一成，蓋規摹於其初，而印券契鑰於異時。孔明之志視二子何歉哉？而功業之不就，君子要不敢班孔明於二子之下也。嘗論孔明進取之謀，講明固甚熟矣，自其奮臂草廬，一感三顧之恩，而直説以天下之大計，顧斂然不敢與曹操爭鋒，而退然欲與孔明爲援，孔明豈誠甘心於偏方之蜀哉？孔明自蜀，其以間關新造之圖，而迎魏人方鋭之鋒，則不若舒徐退避以伺其變，以吳蜀脣齒之國，而成負隅相持之勢，則不若深交固結，以壯其援，俟其一旦有變，則宛洛秦川之舉，直搗其虛而乘其釁，孔明之志，政在此爾。操雖號勁敵，然假翼戴之名，爲攘竊之舉，世以成敗論人物，故操得在英雄之列。以孔明之忠心義氣，固以漢賊視之，而攘除奸凶，興復漢室，毅然以爲己任。至其後，先主不忍髀肉復生之憂，一皆其與吳爲援之説，而夷陵一戰，卒以飲恨。反復至此，則胸中一定之謀，固已熟策而預料之，誠有不可易者。迫夫曹丕擅國之際，則孔明所謂有變之時也。聘吳之使已遣，則孔明所謂不可援之勢也。然仗義一出，三都回應，祈山一戰，張郃輒敗，則前日宛洛秦川之謀也。蜀師屢出，而糧運不繼，孔明之志以是未遂。一旦渭濱之屯可以持久，而魏人之壁益堅；巾幗之遺，欲以怒敵，而辛□之節且至。又重不幸，而中營以隕星之變告矣。營壘之行，猶足以起天下奇才之嘆，而振旅言旋，而且有走生仲達之嘲。向使孔明尚亡恙，則觀變乘釁，復漢祚而成王業，在兹舉矣。惜其機會方來，而此志不竟。天下不贊蜀，謂之何哉？嗚呼！大廈方隆，梁木告摧，漢不復興，果天意也，非人謀也。①

以上八篇文章分別出自林之奇、鄭湜、戴溪、陳公顯之手，他們活躍於南宋高宗、孝宗朝，其中三人來自福建，一人來自浙江，雖然兩地解額極窄，科舉競爭激烈，但兩地的士人在高宗、孝宗朝仍然取得了令人矚目的成績。而論體文的寫作在宋代科舉考試中占有重要位置，傑出的論體文寫作能力無疑是兩地士人脫穎而出的重要因素。這八篇文章對於我們認識、討論南宋中前期兩地士人的論體文寫作具有相當的參考價值，尤其是《全宋文》失收的陳公顯的文章，也是第一次進入我們的視野，對於補闕文獻之失亦有意義。

---

① 《二十先生回瀾文鑒》後集卷二十。

署名朱熹的《孫氏宗譜序》考釋

孫桂平

摘　要：雖然有文字內容絶大部分相同的《童氏宗譜序》《刁氏宗譜序》存在，但從行文與朱熹生平經歷、思想發展階段、措辭品格、用語風格的契合程度等方面情況綜合判斷，此文應爲朱熹佚文，以題作《孫氏宗譜序》爲是，可將其收入《朱熹文集》。

關鍵詞：《孫氏宗譜序》；朱熹；《童氏宗譜序》；《刁氏宗譜序》

對於現存家譜中出現的古代名人序言，從歷史（文學）文獻工作的角度看，要慎重加以對待。正如葛劍雄所指出的：家譜中的古代名人序跋，相當大一部分是假托僞造的，有的是從其他家譜中抄來的。① 這提醒我們在利用譜序文獻時，要注意兩個問題：一、對於文字內容基本相同的諸家譜序，要辨明誰家是被他家傳抄的原本；二、譜序作者署爲名流的，要考證是否出於假托僞造。兹根據這一學術思路，對署名朱熹的《孫氏宗譜序》進行考釋。

正文内容大致相同的三家譜序

筆者在"民國七年歲次戊午季秋月鐫"的本族《雲岩孫氏宗譜》中②，發現載有一篇《孫氏宗譜序》，落款爲"新安朱熹譔"。該文不見録於朱熹文集各本，曾棗莊等所編《全宋文》也未予收載，全文如下③：

> 厥初生民，一本而已，烏有所謂譜牒哉！及姓氏既繁，宗法乃立，理之自然也。宗法既廢，譜牒則作，又勢之不容已也。晉末有官以守之，唐世有書以志之，其所繫不亦重乎！故河南程子謂譜牒有宗子之遺風，而東萊吕氏痛惜譜牒廢而姓氏不明，有見於此者矣。
>
> 粤自世降俗變，士大夫家至有視譜牒爲無益，不經意者多。及問其上世，則掩口無對。間有能知，又無繼體者以振作之，故不一再傳而泯然無聞。遂使前人

---

* **作者簡介**：孫桂平，廣西藝術學院公共課教學部教授，文學博士，主要從事唐宋文史研究和中國古代藝術文獻研究。

① 葛劍雄：《家譜：作爲歷史文獻的價值和局限》，《歷史教學問題》，1997年第6期，第5頁。

② 雲岩孫氏，舊屬桐城東鄉。《雲岩孫氏宗譜》現藏於安徽省樅陽縣白梅鄉小街（地名）孫傑禮家，爲該譜僅存之孤本，筆者手頭有復印本。

③ 民國七年纂修的《雲岩孫氏宗譜》所載《孫氏宗譜序》爲漢文繁體，不分段，無標點，未斷句。本文所録《孫氏宗譜序》，爲便於理解，予以斷句、標點和分段。

之功德,與草木同朽腐,而瓦礫同毀棄,亦獨何心哉!

予與先生相知之,雅非一日。見先生,以家譜見示,且請序之。[1]展而閱,有若蘇氏之凖宗法,歐陽之法史書,誠得作譜之肯綮也。然名諱行實無所殺,視蘇氏之法爲益厚。前圖而後傳,視歐陽之例爲益詳。而尊卑先後疎戚異同,與夫原之所自出,末之所縣分,若網之有綱,裘之有領,提而振之,井井不紊,使祖功宗德,煥然顯白於千載之下。視彼掩口無對者,豈不大有徑庭乎?

然則先生其賢矣哉!先生有言:莫爲之前,雖美弗彰;莫爲之後,雖盛弗傳。且以堯舜之聖,猶不能傳位於再世。以孔氏襲封號之尊,且幾絕於奸末。[2]何孫氏[3]歷世之遠,而子孫弗替乃爾是!蓋有其故也。彼論世者,一則曰:"積善之家,必有餘慶";一則曰:"公侯子孫,必復其始"。天人感應之理,固如是也。苟爲後者,果能振厥前聞,則感者固應,應復爲感,福慶無窮。弗振者或感而不應,其澤斬矣。若植材而不培養,種苗而不耔溉,欲其茂實,得乎?

今孫氏之若祖若宗,代有顯榮,而克作於前。先生襲芳趾華,而克振於後,所謂盛而感者也。先生生乎數百年之下,而能使數百年之前原本支派絲牽繩聯,無毫髮錙銖爽,得非盛而能傳者歟!盛而能傳,則天之所應,固不能違。而後之所啓,奚但封爵縻官而已哉!慶澤之垂,胤嗣之蕃,得簡簡穰穰而未艾,繩繩蟄蟄而弗替,此又應而感之徵也,他日斯譜又不與之同久而光明哉!若夫出處本末,世次昭穆,則有譜系詳明,予烏容贅。[4]因先生之請,遂書此以告其世。

新安朱熹譔[5]

據筆者所知,另有正文內容大致相同的《童氏宗譜序》《刁氏宗譜序》。《童氏宗譜序》正文比《孫氏宗譜序》少近40字,《刁氏宗譜序》正文比《孫氏宗譜序》少近60字。這三篇序文比較重要的不同之處出現在上述《孫氏宗譜序》劃綫的位置,茲臚列如下:

《童氏宗譜序》[1]處:作"予與堯民先生,生同方,仕同朝,忤權奸、崇正學,相契之深非一日,先生以家譜見示,且請序之"。[2]處:作"且以強如嬴秦之兼統,僅傳位再世"。[3]處:作"童氏",下同。[4]處:與《孫氏宗譜序》相同。[5]處:與《孫氏宗譜序》相同。

《刁氏宗譜序》[1]處:作"刁璹君以家譜見示且請叙之"。[2]處:與《孫氏宗譜序》同。[3]處:作"刁氏",下同。[4]處:缺。[5]處:作"旹"("時"的舊體字,單列一行)熙寧八年乙卯春三月之吉(在"旹"下列一行)賜進士第嘉議大夫蓬州雍鉞頓首拜撰"(再下列一行)。

如上所述,《孫氏宗譜序》與《童氏宗譜序》較大區別在於,《孫氏宗譜序》中"予與先生相知之,雅非一日,見先生,以家譜見示"這幾句,《童氏宗譜序》作"予與堯民先生,生同方,仕同朝,忤權奸,崇正學,相契之深非一日,先生以家譜見示,且請序之"。按照《童氏宗譜序》所述,則童堯民與朱熹爲同僚友好,也出生、成長在福建,或同爲徽州婺源人,曾與朱熹同在朝廷做官,且在官任上與力主"慶元黨禁"的權臣韓侂冑進行過抗爭。

《浙江通志》卷191據《萬曆嚴州府志》載童堯民仕歷:"遂安人,登紹熙四年進士第,纍官至右正言,以言事忤韓侂胄,罷歸。"①由此可知,童堯民係浙江遂安人,爲紹熙四年(1193)陳亮榜進士。在南宋時期,遂安雖與婺源地緣毗鄰,卻不在徽州境内,與朱熹出生、成長的閩地也絶不相合。考朱熹生平,自紹熙四年(1193),至朝廷大開"慶元黨禁",一直到去世的慶元六年(1200)春,其間朱熹僅於紹熙五年(1194)以"焕章閣待制兼侍講"在朝廷46日。童堯民於紹熙四年(1193)纔登陳亮榜進士,若從"選人"(待選京朝官的基層公職人員)做起,至少需要8年左右的時間,纔能官至七品京官右正言。即,童堯民至少要到宋寧宗嘉泰元年(1201),纔能做到右正言,以諫官身份立於朝廷,其時朱熹已經去世。同時我們要注意到,童堯民中進士兩三年後,朝廷即大開"慶元黨禁",其間韓侂胄等大權獨攬,竭力排斥異己。在這期間,童堯民初入仕途,"崇正學"當然可以;但不在朝廷任職,互不當面,"忤權奸"是做不到的。即,根據相關材料判斷,童堯民在朝廷"以言事忤韓侂胄",斷不會發生在朱熹生前,因此朱熹不可能以此將他引爲同道。《童氏宗譜序》以朱熹的口吻强調與童堯民"仕同朝""忤權奸",顯然不能成立。而且,朱熹爲宋高宗紹興十八年(1148)進士,比童堯民中進士早45年,宜屬老前輩,不可能對童堯民以平輩相稱。朱熹思想深邃高尚,評判人物極有分寸,也斷不至於以"相契之深非一日"輕許童堯民這樣一個後來者。顯然,這是後世修譜者以委託假造之語,抬高本族名人童堯民,藉以增高家族聲望。根據上述判斷,《童氏宗譜序》描述朱熹與童堯民的關係,不可信從,該譜序應是從他家轉録并加以調整而成。

《刁氏宗譜序》僞託假造的問題更爲離譜。現已有學者根據《同治增修南部縣志》《南部文史資料選輯》《明清進士名録》整理出《(四川)南部縣歷代進士狀元全名録》,可知雍鉞爲北宋徽宗崇寧五年(1106)進士。按照《刁氏宗譜序》的記述,向雍鉞求序者爲刁璹。刁璹的情況,相關資料記載明確,爲潤州(今江蘇鎮江)人,北宋名士刁約之侄,嘉祐二年(1057)與蘇軾、蘇轍爲同年進士。很難想象,刁璹會向比他遲49年登進士第的雍鉞求序。而且《刁氏宗譜序》明確該譜序的寫作時間爲熙寧八年(1075),其時距雍鉞中進士尚有31年。刁氏家族請一個没有進士身份(一般自然也不可能有顯耀官職)的文人去給族譜寫序,而這根本就不能增加家族聲望,效果會適得其反。《刁氏宗譜序》出現這種情形的原因很簡單,就是後世刁姓修譜者在妄改求譜序者、作譜序者時,對前代歷史人物刁璹、雍鉞生平没有進行考證,只憑所了解的簡單情況落筆,導致了這些低級錯誤。

從文字内容看,《孫氏宗譜序》没有經不住推敲之處。該序也爲《懷寧官莊孫氏宗譜》《皖桐孫氏宗譜》收録。《安慶懷寧官莊孫氏第六次修譜小序》明言此序源自寧國府太平縣長壽鄉水北村孫氏舊譜,這個說法是從宋代舊譜裏一直沿襲下來的,可以說文獻根據明確。

從上述三種譜序的文本面貌看,《孫氏宗譜序》多若干文字,是完整的文本。《童

---

① (清)沈翼機等編纂,嵇曾筠等監修:《浙江通志》,上海:上海古籍出版社,1987年影印文淵閣《四庫全書》,第524册,第269頁。

氏宗譜序》《刁氏宗譜序》少若干字,可能出於所依據的原本文字漫漶難以辨識所導致。三種譜序文字互異之處,《孫氏宗譜序》《刁氏宗譜序》如下幾句相同:"且以堯舜之聖,猶不能傳位於再世。以孔氏襲封號之尊,且幾絶於奸末。"而《童氏宗譜序》無此二句,另作"且以强如嬴秦之兼統,僅傳位再世。"而"若夫出處本末,世次昭穆,則有譜系詳明,予烏容贅"這幾句,《孫氏宗譜序》《童氏宗譜序》有,而《刁氏宗譜序》無。未發現《童氏宗譜序》《刁氏宗譜序》文字相同處而《孫氏宗譜序》相異或缺失的情形。根據這些情況我們可以斷定,《孫氏宗譜序》爲原本,而《童氏宗譜序》《刁氏宗譜序》爲轉抄修改本。

《孫氏宗譜序》署名朱熹能够成立

一、與朱熹思想合轍

在乾道六年(1170)之前,朱熹就不僅是聲動朝野的詩文大家,而且是不願做朝官、有學者風範的理學名家[①]。乾道六年至淳熙六年,是朱熹十年寒泉著述階段。乾道六年(1170),朱熹編成《家禮》,爲宗廟建制提供了理論根據與文獻基礎。這部書一時流行,奠定了朱熹在宗族譜系事業方面的權威地位。之後經過"創立社倉""與湖湘派論戰""與吕祖謙共編《近思録》""鵝湖論争"等,朱熹已經成爲世所公認的碩學名儒。基於這些成就,從淳熙三年(1176)開始,各族編就宗譜而請朱熹作《譜序》,就已經是風氣所向。

乾道八年(1172),朱熹發揮程頤"理一分殊"思想,完成《〈西銘〉解義》一卷。乾道九年(1173),朱熹完成《〈太極圖説〉解》,説明"太極與陰陽"即爲"理與氣"的關係。這兩部書,標志着朱熹理學基礎"本體論"和"宇宙觀"的建立。[②] 在寒泉著述階段,朱熹思考的重點是天理如何作用於人倫,而一直試圖以"人心感應"作爲溝通"天理"與"人倫"的中介環節[③]。早在漢代,"天人感應"就是儒教神學術語,《公羊春秋》派朝臣董仲舒加以完善,并推演出"獨尊儒術"的政治道統。朱熹對董仲舒這一學説做了創造性轉换,力去"天人感應"説的玄秘色彩,宣導人性合於天理,而强調"人心感應"在現實生活中的倫理表現,這是朱熹"寒泉著述"時期最重要的思想特徵。《孫氏宗譜序》主要結合子孫傳衍之道,闡發了"人心感應"對於宗族文明發展的重要作用,體現了朱熹"寒泉著述"階段"探究如何將天理落實於人倫日用"的思想狀態和學術努力。

二、措辭符合朱熹的身份

《孫氏宗譜序》提到了北宋時期的四位學者:程子、東萊吕氏、蘇氏、歐陽。蘇氏指蘇洵,歐陽指歐陽修,程子當指程頤。至於東萊吕氏家族學者衆多,本文所謂的"東萊吕氏",當指與歐陽修、蘇洵交好的吕公著。宋代文化彰明,譜牒學以其有益於宗族家風建設,成就尤爲顯著,而歐陽修、蘇洵、吕公著、程頤均發揮過較大影響。在上述四人中,程頤比吕公著小15歲,比蘇洵小24歲,比歐陽修小26歲。但《孫氏宗譜序》首

---

① 束景南:《朱熹研究》,北京:人民出版社,2008年,第87頁。
② 張立文:《朱熹評傳》(上),南京:南京大學出版社,2011年,第39頁。
③ 王文娟:《朱熹論感應》,《北京社會科學》,2014年,第4—9頁。

推年輩較小的程頤,且稱之爲"子",傳達了服膺道學先哲的思想傾向。而對於年輩較程頤爲長而以才學名世的蘇洵、歐陽修,則徑稱"蘇氏""歐陽"。至於稱吕公著爲"吕氏",特前加"東萊"二字明示其族望,也藉此傳達親切感,説明作者對吕氏家族非常熟悉。《孫氏宗譜序》對上述人物的排序、有區分的稱謂,正反映了朱熹理學致力於繼承北宋道學、朱熹對唐宋古文運動評價適中以及朱熹與東萊吕氏學者吕祖謙交好等情況。

三、用語符合朱熹的風格

《孫氏宗譜序》作者提到,向他求序的孫氏好友經常宣揚"莫爲之前,雖美弗彰;莫爲之後,雖盛弗傳"這一警句,該語出自韓愈《與于襄陽書》。韓愈是漢代之後宋代以前發掘并倡揚孟子"心性學説"的第一人,對於北宋道學乃至朱熹理學的形成,發揮過先導作用。朱熹受韓愈文章影響甚深,曾作《韓文考異》。從中可以看出,朱熹和孫氏好友對韓愈文章都深有研究,且頗爲認同,而這也是二人"相知"的重要思想基礎。至於《孫氏宗譜序》云"厥初生民,一本而已",措辭與朱熹《濟南辛氏宗圖舊序》所述類似:"然究其初,悉皆有辛氏之裔,其實一本矣。"①《孫氏宗譜序》又引當時流行語"積善之家,必有餘慶",語本《周易·坤·文言》,其現實基礎是宋代世家大族的宗族祭祀和祖先崇拜文化盛行②,與蘇軾爲天水王氏家族作《三槐堂銘》所論若相契合:"善惡之報,至於子孫,則其定也久矣。"③《孫氏宗譜序》又引宋代流行的倫理教化語録:"公侯子孫,必復其始。"在《水滸傳》中,曾出現"公侯之家,必復其祖"的説法,用以指示呼延灼。《水滸傳》雖作於元明之交,但所寫是北宋後期時事,而其中所用俗諺,也多是北宋末年至南宋前期的流行語。而這也可以作爲語證,判斷《孫氏宗譜序》的寫作時代。即通過語言分析不難發現,《孫氏宗譜序》是宋人所寫的序文;而用民間習慣用語以宣揚人倫教化,這也符合朱熹語録的風格。

四、可以明確求序者爲孫楙

據現存資料可以得知,徽州太平水北孫氏一脉與朱熹關係密切的,主要有4人。其中3人爲朱熹弟子,萬斯同《儒林宗派》卷十"宋 朱子門人"條下録有"孫自修、孫自任、孫自新"三人。④ 這三人年輩較低,學生來求序,朱熹應不會以"先生"相稱。還有就是孫楙。朱熹爲紹興十八年進士,孫楙是紹興二十四年進士,徽州太平水北孫氏一脉只有他與朱熹年輩相近又相熟識。另一方面,孫楙仕宦歷高宗、孝宗、光宗三朝,爲官有品格,做人有節操,與朱熹交往較多,且爲朱熹所推重。凌迪知《萬姓統譜》卷21載孫楙:

> 纍遷知太平州,尋移温州。學官故有秦檜祠,楙至,亟命撤之。朱晦庵稱其"愛立而教明,古良吏也。"後韓侂冑用事,謝官歸。⑤

---

① 曾棗莊、劉琳主編:《全宋文》,上海/合肥:上海辭書出版社/安徽教育出版社,2006年,第250册,第369頁。
② 王善軍:《宋代的宗族祭祀和祖先崇拜》,《世界宗教研究》,1999年第3期,第114—124頁。
③ 《全宋文》,第91册,第285頁。
④ (清)萬斯同:《儒林宗派》,《影印文淵閣四庫全書》,第458册,第556頁。
⑤ (明)凌迪知:《萬姓統譜》,《影印文淵閣四庫全書》,第956册,第380頁。

根據上述材料可知，孫楙對於主和投降派秦檜是深惡痛絕的，這與朱熹的政治立場一致。韓侂胄在慶元年間(1195—1200)興起"慶元黨禁"，打擊朱熹學術思想的影響，而孫楙即辭官歸鄉，表達了堅定支持朱熹的立場。朱熹在《孫氏宗譜序》里說與徽州水北孫氏好友相知"雅非一日"，以朱熹的盛名、道德與思想境界，一般不會將他人輕許爲"相知"。若將《孫氏宗譜序》中的"先生"當作孫楙，這樣解釋起來就合情合理。

綜上所述，據譜序文本面貌、思想内涵、行文風格以及求序者身份可以確定等幾個方面綜合判斷，《孫氏宗譜序》所署"新安朱熹譔"是可信的。

對其他相關問題的解釋

一、朱熹《孫氏宗譜序》寫作時間的第一種可能性

根據《安慶懷寧官莊孫氏第六次修譜小序》，朱熹《孫氏宗譜序》作於宋孝宗淳熙三年(1176)，這種說法有一定根據。

朱熹在寒泉著述期間，可能去過水北村孫氏家族居地所在的徽州寧國府太平縣境内。淳熙三年(1176)三月中旬，朱熹從閩地啓程前往婺源祖籍地展墓。三月十八日與呂祖謙在開化縣北汪觀國、汪杞兄弟的聽雨軒，講論了七八天的學問。朱熹的這次婺源之行，由三月中旬至六月上旬，歷80餘日。徽州寧國府太平轄境鄰近浙西開化，而婺源就在徽州境内，朱熹此行若到太平轄境内造訪，是較爲方便的。

中國古代家譜是宗族公共文化物品，無論是正在編修的，還是已經印行的，一般情況下是放在家族祠堂内，拿出去給人觀看極爲慎重。《孫氏宗譜序》說："見先生，以家譜見示，且請序之。"這說明，是孫楙從家族請出徽州太平水北孫氏舊族譜或新族譜(已完成或正在撰修)，親自提供給朱熹閱覽。雖然孫楙一直在外居官，但完全有可能藉着居喪或省親等緣由回到家鄉，得以與朱熹相會并向他求得《譜序》，這種解釋是行得通的。

但是，"作於淳熙三年"這個時間判斷，并非《孫氏宗譜序》本文所提供的。朱熹婺源展墓行程的相關記載大致是清晰的，但歷來朱熹年譜中未曾提到淳熙三年朱熹至太平境内或與孫楙會面之事。另外，宋人編集意識強，比較注意文稿的保藏。婺源展墓期間朱熹議論從容，若作《孫氏宗譜序》，應該會收入後來編成的文集中，但歷來《朱熹文集》中均不見此篇。所以"《孫氏宗譜序》作於淳熙三年"這一論斷，仍存在可商榷之處。

二、朱熹《孫氏宗譜序》寫作時間的另一種可能性

孫楙生平現在雖難以詳細了解，但他曾先後任安福知縣、績溪知縣，歷判池、真二州，纍遷知鄆州、太平州、溫州，官至秘閣修撰，這是有史籍記載的。作爲太平水北孫氏的頭面人物，孫楙輾轉多地做官，當然會經過家族授權後代上宗譜，甚至有可能以空閑時間編纂家譜。光宗紹熙四年(1189)，孫楙尚在知溫州任上。知溫州任結束後，轉到朝廷任秘閣修撰，一直到紹熙六年(1195)"慶元黨禁"興起罷官。而朱熹於紹熙五年(1194)八月至十月十四日任煥章閣待制兼侍講，期間與孫楙同在朝廷爲官。朱熹爲皇上侍講，當然要去秘閣查閱資料，而孫楙就在秘閣上班，二人交往機會較多。

作爲相知的同朝官員,孫楸在紹熙五年(1194)與朱熹來往過程中,向他出示本族宗譜并求序,在情理之中。

《孫氏宗譜序》文本存在一些不同尋常之處:一是未明言求序之人,而直接稱呼"先生";二是落款處没有寫作時間。以朱熹寫作態度之嚴謹,結合修譜的規範,這兩個地方顯然是不能省略的,容易讓人生疑。但按照朱熹《孫氏宗譜序》作於紹熙五年(1194)的思路梳理,這兩個問題就能很好地得到解釋。紹熙五年(1194),朱熹在朝廷任焕章閣待制兼侍講,前後僅40餘日,之後即被韓侂胄出内批罷免,此後"僞學逆黨之禁"興起,朝廷許多擁護朱熹理學的官員和知識分子受到牽連。孫楸出於與朱熹交好的緣故,於此時主動離職,而没有被寧宗朝廷歸爲朱熹同黨。但是接着孫楸就面臨一個問題:如何處理朱熹所寫的《孫氏宗譜序》。

以孫楸人品正直,不可能因爲朱熹遭到政治上的打擊,就不用其所作的《孫氏宗譜序》。但慶元黨禁一直延續了6年,期間各級官員受命核查隱藏的"僞學逆黨之徒"并加以嚴懲。而宗譜在核驗户口、應對官司時,經常要提交給官府查閲。如果徽州太平水北孫氏宗譜載明孫楸在紹熙五年(1194)向朱熹求序,那麽孫楸就很容易被坐實爲朱熹同黨,從而給他本人及他的家族帶來不必要的禍患。基於這種考慮,隱去求序者名字和作序時間,并虛晃一招宣稱此序係朱熹作於淳熙三年(1176)來婺源展墓期間,就可以免掉很多麻煩。出於同樣原因,朱熹自然也會銷毁自己所寫的《孫氏宗譜序》文稿,以免由此牽連到孫楸。從這種思路出發,也就可以解釋《朱熹文集》爲什麽没有收録《孫氏宗譜序》。

三、序文絶少提及徽州太平水北孫氏的宗族名人

朱熹深知這一寫法與一般譜序不同,特地做了説明:"若夫出處本末,世次昭穆,則有譜系詳明,予烏容贅。"知而不行,必有隱衷。原因就在於,宋代没有節操的著名文臣孫覿就源自徽州太平水北孫氏[1]。

根據《四庫全書總目·〈鴻慶居士集〉四十二卷提要》,孫覿没有政治節操,爲南宋有識之士所共鄙,如李綱、陳振孫、岳珂等,都曾予以指斥。朱熹對孫覿,也頗不以爲然[2]:

> 孝宗時,洪邁修《國史》,謂靖康時人獨覿在,請詔下覿,使書所見聞靖康時事上之,覿遂於所不快者如李綱等,率加誣辭,邁遽信之,載於《欽宗實録》。其後朱子與人言及,每以爲恨,謂小人不可使執筆。

這當然是對洪邁表示不滿,但也傳達了對孫覿的反感。又,朱熹曾作《記孫覿事》[3]:

> 靖康之難,欽宗幸虜營。虜人欲得某文。欽宗不得已,爲詔從臣孫覿爲之。陰冀覿不奉詔,得以爲解。而覿不復辭,一揮立就,過爲貶損,以媚虜人,而詞甚

---

[1] 孫桂平:《南宋佚文孫自誠〈孫氏合修譜序〉箋釋》,《安慶師範大學學報》(社會科學版),2019年第5期,第12—16頁。
[2] 紀昀等:《欽定四庫全書總目(整理本)》,北京:中華書局,1997年,第2106頁。
[3] 《全宋文》,第252册,第2頁。

精麗,如宿成者。虜人大喜,至以大宗城鹵獲婦餉之,覬亦不辭。其後每語人曰:"人不勝天久矣。古今禍亂,莫非天之所爲,而一時之士,欲以人力勝之,是以多敗事而少成功,而身以不免焉。孟子所謂順天者存,逆天者亡者,蓋謂此也。"或戲之曰:"然則子之在虜營也,順天爲已甚矣。其壽而康也宜哉!"覬慚,無以應,聞者快之。乙巳八月二十三日,與劉晦伯語,録記此事,因書以識云。

《記孫覬事》作於孝宗淳熙十二年(1185),朱熹時年五十六,已爲一代大儒。孫覬爲人做官"怙惡不悛",故事流傳甚廣。朱熹基於儒家文化品格,對孫覬自然一向深惡痛絶。孫覬是武進人,朱熹接受孫楸求序任務之前,未必了解孫覬源出徽州太平水北孫氏一脉。朱熹看過水北孫氏宗譜之後,在撰寫譜序時,如果要述及徽州太平水北孫氏的衍傳情況,表揚水北一脉的名望,就無法不提及官至正三品的原大學士孫覬。爲了不作違心之諛語,朱熹只得虛晃一槍,除求序者孫楸外,不再涉及水北孫氏名流,而多講編修宗族譜系的大道理。

結 論

一、上述《孫氏宗譜序》傳自歷代徽州太平水北一脉的孫氏宗譜,由南宋至今,作爲朱熹所撰序文來歷清楚。

二、作《童氏宗譜序》《刁氏宗譜序》者,行文均有明顯疏漏之處,并且可以判斷出轉抄自《孫氏宗譜序》。

三、可以確定此序係朱熹因孫楸請求而作。作序時間或在宋孝宗淳熙三年(1176)前後,或在紹熙五年(1194),而以後一種時間可能性較大。

據此,《孫氏宗譜序》可以作爲朱熹佚文,收入《朱熹文集》。

梅曾亮集外文二篇及異文對讀劄記二則

蔣明恩

摘　要：彭國忠、胡曉明校點本《柏梘山房詩文集》（上海古籍出版社2012年版）是目前匯集梅曾亮著作最爲齊全的一部作品集，然而仍有疏漏。今從史料、方志及拍賣圖録等文獻中輯録梅曾亮集外文兩篇。另外，梅氏作品以原稿本與改易本兩種形式存世，通過比較發現存在大量異文，現選擇二則進行對讀，以期有裨於梅曾亮相關研究。

關鍵詞：梅曾亮；集外文；異文

梅曾亮（1786—1856），字伯言，江蘇上元（今南京）人，爲桐城派中期扛鼎人物。其詩、古文俱佳，一時推爲祭酒。目前梅曾亮存世作品集，以彭國忠、胡曉明校點本《柏梘山房詩文集》最爲完備，該集以咸豐、同治年間楊以增父子所刻梅曾亮親自手訂《柏梘山房集》爲底本，復參校其他版本編成，同時還輯有《文集補遺》十五篇。然因梅氏交游頗廣，受人請托的代作甚多，仍間有未收入是集者。今就瀏覽所及，輯得佚文二篇。又於閲讀相關文獻時，發現諸多未經改易的原稿文，通過比較得知，其與梅集改易文有較大差異。對讀、考辨這些異文，將有助於進一步完善梅氏作品集及其相關研究。

一、集外文二篇

1. 龍樹寺燕集叙

居高明，遠眺望，蕤賓之月儀也。以先是五月，頗憂三農，群殷北門之祈，莫顧東城之舞。既而一雨騎月，四郊有秋；西山送青，南塘漫白。韓子小亭，乃於閏五月五日觴客於龍樹寺。座得十人，友皆三益。相與過成式之難字，證泰丙之異文。時則陳子頌南將息影朝市，戒行親知。江湖浩然，蓋少斥仗之戀；山林勞矣，孰無銜杯之嗟？爰志歲時，并代《別賦》云爾。

道光二十六年閏五月□五於西山，梅曾亮跋。

按：該文録自清代韓泰華等繪製的《龍樹寺宴集圖卷》①拖尾處，創作時間爲道光二十六年（1846）閏五月初五。文中所叙之龍樹寺燕集，正爲道光二十六年閏端午之

---

* 作者簡介：蔣明恩，華南師範大學文學院博士生，主要從事近代文學研究及桐城派研究。
① 《龍樹寺宴集圖卷》主要描繪道光二十六年龍樹寺閏端午之會，圖卷中畫作爲吴儁所繪，另有梅曾亮、陳慶鏞等人題詩文。是圖初爲吴壽昌收藏，後輾轉至長沙李鳳池之手，現又爲李明哲先生收藏。

會。此次聚會由兵部郎官韓泰華發起,邀請了梅曾亮、陳慶鏞、何紹基、曹懋堅、戴絅孫、劉位坦、沈兆霖、張穆、趙振祚、吳儁等十人參加,其中沈兆霖因病缺席,故而梅曾亮於文中稱"座得十人"。本次雅集除"相與過成式之難字,證泰丙之異文",討論學術問題之外,還爲即將辭官歸鄉的陳慶鏞餞行。梅曾亮於文中所云:"時則陳子頌南將息影朝市,戒行親知。江湖浩然,蓋少斥仗之戀;山林勞矣,孰無衛杯之嗟? 爰志歲時,并代《別賦》云爾。"即言陳慶鏞辭官離京,衆友爲其餞行之事。該次聚會之情狀,被參會畫師吳儁所繪《龍樹寺宴集圖卷》生動記下,圖卷之中還保存了集會者大量詩文作品,梅曾亮《龍樹寺燕集叙》即爲其一。關於是圖,記載明晰,如謝章鋌《課餘偶録》卷一云:"一日,見吳冠英儁所作《龍樹寺燕集圖》,主者韓小亭泰華大令、劉寬夫位坦侍御,中有梅伯言先生《小叙》。"①另外,李明哲、李珂著《龍樹寺與宣南詩社》(北京燕山出版社 2003 年版)對該圖亦有著録。

2. 胡彝軒傳

　　胡先達,號彝軒,永寧人,由廩貢任東光訓導,道光壬午第進士。歷署江蘇溧陽、武進知縣,聽斷明絶,案無留牘。尋補吳江,兩月引疾歸嗣。遵例捐升知府,分發貴州署松桃同知,創建書院,義舉頗多。復引疾歸家居,購本鎮巡政廢署,創立書院,地在縉雲山陽,顔曰"縉雲"。延師課士,一時俊秀誦讀其中,文風丕振。又捐置義冢,以待外來之無葬地者。出其緒餘惠鄉里,以供草差、車差之用。先達剛毅自矢,事無留難,然不稍自貶折,以降其志,故再官而再歸,年六旬卒。著有《縉山草堂制藝試帖》,刊刻行世。子三人,俱以科名顯。②

按:該文録自《(光緒)延慶州志》卷八,又載於《延慶胡氏家譜》(同治三年[1864]續編,光緒十一年[1885]重輯,嘉德堂刊本)。胡先達(1778—1841),字彝軒,延慶州人,道光二年(1822)壬午科進士,與梅曾亮同榜。梅曾亮曾爲其所建縉山書院撰寫過《縉山書院碑記》。《延慶州志》卷八"人物志"中載有胡先達相關文獻一則,文後注"節梅曾亮《胡彝軒傳》",該文即據此校録。另外,梅曾亮《柏梘山房文集》中録有《胡彝軒墓表》一文,其與本文結構上雖有類似,但内容完全不同,因而算梅曾亮兩篇作品。

除以上兩篇佚文之外,筆者瀏覽所及,知還有一篇有待輯佚。具體參證資料如下:

冰署賢友:

　　同年王絅齋其年伯、伯母八十雙壽,祈代作壽文一篇,於初十内付下爲荷,口氣托陸制軍,亦同年也。絅齋曾任學政、主試、祭酒,告養,主講鍾山,其太翁亦老儒也。外底稿一同并附去。

梅曾亮頓首。③

---

① (清)謝章鋌:《謝章鋌集》,長春:吉林文史出版社,2009 年,第 679 頁。
② (清)張惇德纂,何道增重修:《光緒延慶州志》卷八,光緒七年刻本。
③ (清)梅曾亮:《致冰署信札》[EB/OL] https://auction.artron.net/paimai-art5157190531/。

材料中"冰署賢友",當爲李肇增,生卒年不詳。字冰叔,号冰署,甘泉(今揚州西北郊)人,因軍功分發浙江玉環同知。王絧齋,即王煜(1795—1852),字絧齋,又字芝原,安徽滁州人。道光二年(1822)進士。授編修,歷官侍講、庶子右中允,擢國子監司業、升祭酒。曾督雲南學政,主廣西試。道光二十二年(1842)乞假養親回籍,後主講鍾山書院數年。陸制軍,即陸建瀛(1792—1853),字立夫,湖北沔陽(今仙桃)人。亦爲道光二年(1822)進士,歷任雲南、江蘇巡撫,道光二十九年(1849)擢兩江總督。梅曾亮與王煜、陸建瀛爲同榜進士。據材料可知,王煜其年伯、伯母皆八十大壽,王氏邀請梅曾亮代時任兩江總督的陸建瀛爲其年伯、伯母作八十壽序一篇,梅曾亮應允,并表示將如期完成。

二、異文對讀劄記二則

梅曾亮作品集有五次重要刊刻,其中以咸豐、同治年間楊以增父子所刻三種梅氏詩文集最爲精良。楊氏所刻《柏梘山房集》,經梅曾亮親自整理,"復自加墨编定"①。因而,後世諸多梅集版本皆以咸豐改易本爲底本。此外,梅曾亮還有部分作品以原始稿的形式散見於方志、書畫及他人文集之中,而通過比較發現,這些原稿與梅氏咸豐改易本存在很大差異,彭國忠、胡曉明校點本《柏梘山房詩文集》便整理標注出九十餘篇異文。現在此基礎上,再擇二篇異文進行對讀,以補梅集之缺,并探究梅氏文章改易之思路和問題。

1. 與姚柏山書

該文於梅集各版本皆有收錄,且各版本所錄該文幾無差異。瀏覽梅曾亮部分遺墨資料時,見有該文手抄稿,并將梅氏該文手抄稿與咸豐六年梅氏改易本進行對比,發現二者存在巨大差異,現作一對讀。

手稿文:文章神妙之境,弟曾亮不能知,所好者如豬肉貴可食耳。②

咸豐六年本:文章至極之境,非可驟喻;以言有用,則論事者爲要耳。③

比較手稿文和咸豐六年本可知,經梅曾亮改易之後的句子更加精嚴、雅正。手稿文中梅氏將豬肉貴而可食擬作文章,立意不高且比喻也不夠貼切,而咸豐六年本中,梅氏直接抛出自己寫作文章的志向,即"有用"。梅曾亮倡導論事之文,主張文章應具有經世功效,少言程朱性理,確爲對桐城派義理藩籬的一種突破。

手稿文:宋人論事非不暢,然時失之冗。唐人自韓、柳外,多格格不吐,與六朝人同病。無此二失者,惟漢人耳。以宋人之文從字順,加以漢人之言簡意賅,論事之道盡於是矣。④

---

① (清)梅曾亮撰,彭国忠、胡曉明校點:《柏梘山房詩文集》,上海:上海古籍出版社,2012年,第690頁。
② (清)梅曾亮:《梅郎中遺墨册》,第13頁。[EB/OL]https://auction.artron.net/paimai-art83281695/。
③ (清)梅曾亮:《柏梘山房文集》卷二,咸豐六年刊本影印,臺北:華文書局股份有限公司,1969年,第74頁。
④ 《梅郎中遺墨册》,第13頁。

咸豐六年本：宋人文明健酣適，然時失之冗。戰國策士文可謂雄矣，然抑揚太甚有矜氣，令人生不信心。簡而明、多而不令人厭生者，惟漢人耳。苟得其意，而爲宋人之文從字順，論事之道莫善於是矣。①

手稿文中，梅曾亮對漢、六朝、唐、宋諸朝文章皆加以品評，認爲唐與六朝之文除韓、柳外，多有格格不吐之弊；宋人之文雖文字暢達，但失之在冗。因而他推崇漢人文之簡練，并認爲合漢、宋之文，則文章至極之境可達。咸豐六年本中，梅曾亮删去了對唐及六朝文的品評，而加入了對戰國策士之文的評價。認爲其雖然雄放，但抑揚之間的度没有把握好，導致文章稍顯粗淺俗薄，難免有違實失真之弊，這與他一直倡導"吾以是知物之可好於天下者，莫如真也"②的观念顯然不合。綜合梅曾亮這一段話來看，可見其所提倡的便是簡練、暢達的文風，這也與桐城派所追求的爲文之法相應合。

手稿文：屬作某文，尚未就，以心氣未能平靜耶？③
咸豐六年本：屬作文，尚未得就。連日卒卒，固少暇也。④

手稿文中，梅曾亮指出所囑文章未完成的原因是，自己近期心氣未平，因而蹉跎未就。而在咸豐六年本中，梅曾亮所說的原因是自己最近忙碌，因而沒有時間撰寫所囑之文。這一改動，頗有些趣味。手稿文爲作者寫給友人的信件，因此可以随意表達自己的情緒，更加真實可感。而梅曾亮咸豐改易本，有存世的要求，因而會有意隱藏某些情緒。可見，這一改易倒有失真之嫌。

手稿文：古人云，不如意事常七八，此蓋爲任事者言此也，若不任事，此亦不覺有不如意者矣。⑤
咸豐六年本：鄉里中當行之事，力避之則義不可，稍涉之未有終始如意者。⑥

該句手稿文明顯不如咸豐六年改易本洗練雅潔。手稿文稍顯繁冗，而咸豐本則邏輯縝密，説理簡明清晰。這一句的改易也體現了梅曾亮遣詞煉句、精益求精之功。

2. 湯海秋墓志銘

湯海秋即爲湯鵬，湖南益陽人，因與姚瑩相友善，梅曾亮得識之。該文於梅集各版本皆有收錄，於《續古文辭類纂》本、《明清八大家文鈔》《音注梅伯言文》本等也有收錄⑦，然與咸豐改易本有諸多差異⑧。另外，《益陽縣志》卷二十四也錄有此文，與以上諸多版本皆有出入，現對讀如下。

《益陽縣志》：父義昱，妣戴恭人。⑨

---

① 《柏梘山房文集》卷二，第74—75頁。
② 《柏梘山房詩文集》，第115頁。
③⑤ 《梅郎中遺墨册》，第13頁。
④⑥ 《柏梘山房文集》卷五，第75頁。
⑦ 爲簡省表達，以下分別簡稱爲：續《類纂》本、八大家本、音注本。
⑧ 彭國忠、胡曉明校點本《柏梘山房詩文集》對《湯海秋墓志銘》一文諸多版本進行了詳細校注，可看出各版本差異明顯（《柏梘山房詩文集》，第315頁）。
⑨ （清）姚念楊等修，趙裴哲纂：《益陽縣志》卷二十四，同治八年刻本。

續《類纂》本及音注本：父義豈。妣某，恭人。①

咸豐六年本：父義豈，妣□恭人。②

此處咸豐六年本中"妣"後漏一字，續《類纂》本及音注本補爲"某"，而《益陽縣志》中該文補爲"戴"。對此，任訪秋所編《近代文學大系》第十卷散文集中亦補爲"戴"，并稱其所依據版本爲咸豐六年(1856)楊氏刊刻本《柏梘山房文集》。

《益陽縣志》：道光三年，君年甫二十，成進士，所爲制藝播書肆中，士子仿效，弋科第者甚衆。③

續《類纂》本及八大家本：道光三年，君年甫二十，成進士，所爲制藝播書肆中，士子模擬，相接得科舉。④

咸豐六年本：道光三年，君年甫二十，成進士，所爲應試之文，士子模擬，相接得科舉。⑤

此處咸豐六年本中梅曾亮將"所爲制藝，播書肆中"句，簡省爲"所爲應試之文"，本爲表達湯鵬制藝文水平高超。然該版本刪去湯鵬所作制藝文廣泛傳播的內容，而直接過渡到其影響，反倒顯得邏輯不夠緊湊。且《益陽縣志》所錄該文，無士子摹擬湯鵬制藝文而相接得科舉的意思，而是說因爲湯鵬制藝文流播於書肆，士子仿效，多追求科第。

《益陽縣志》：初官禮部主事，兼軍機章京，調補戶部主事，轉員外郎。⑥

續《類纂》本及八大家本：其始官禮部主事，既兼軍機章京，旋補戶部主事，轉貴州司援外郎，擢山東道監察御史。⑦

咸豐六年本：其始官禮部主事，既兼軍機章京，旋補戶部主事，轉貴州司郎中，擢山東道監察御史。⑧

此句各版本之異主要在於，湯鵬是轉員外郎，還是司郎中？從清朝官職等級來看，員外郎位郎中之次，兩者并非一級。而根據姚瑩所作《湯海秋傳》知，湯鵬此時擔任的是貴州司員外郎一職。咸豐六年本中稱"轉貴州司郎中"當有誤，《益陽縣志》中未標出"貴州"，而續《類纂》本及八大家本中"援"當作"員"。

《益陽縣志》：迨擢山東道監察御史，勇言事，未逾月三上章。最後以疏論宗室某，罷御史，仍回戶部員外郎供職，轉郎中。⑨

續《類纂》本及八大家本：於是勇言事，未逾月三上章。最後以宗室尚書叱辱滿司官非國體，言過當，且在已奉旨處分後，罷御史，回戶部郎中，轉四川司郎中。⑩

咸豐六年本：於是勇言事，未逾月三上章。最後以言宗室尚書叱辱滿司官

---

①④⑦⑩ 《柏梘山房詩文集》，第315頁。
②⑤ 《柏梘山房文集》卷十四，第548頁。
③⑥⑨ 《益陽縣志》卷二十四。
⑧ 《柏梘山房文集》卷十四，第548—549頁。

事,在已奉旨處分後,罷御史,回户部郎中,轉四川司郎中。①

此處《益陽縣志》所録文將湯鵬直言上諫之事,放在其升任山東道監察御史之後,邏輯上較縝密,然對湯鵬直言罷官之事僅以"某"字代,不知何故。其他版本皆有詳細説明。另外,《益陽縣志》文中稱湯鵬罷御史後回户部員外郎供職,而其他版本皆作户部郎中。對此,姚瑩《湯海秋傳》作:"罷回户部員外"②,可知湯鵬罷御史後,擔任的官職爲户部員外郎。

《益陽縣志》:吾書出而人以爲古未嘗有是,言雖工勿貴也。③
咸豐六年本:吾書出而人以爲古嘗有是,言雖工弗貴也。④

此處兩個版本表述存在相反情况,即《縣志》文與咸豐六年本相比,多一"未"字。那麼到底哪個版本更符合原意呢?通過閱讀該句上下文,尤其上文中"當震爆人耳目"句可知,湯鵬之書當異於古人。因此,從邏輯上推理,湯鵬之書出,人當以爲古未嘗有。

《益陽縣志》:君娶於羅。⑤
續《類纂》本及八大家本:君娶於某。⑥
咸豐六年本:君娶於□。⑦

此處咸豐六年本中"於"後漏一字,續《類纂》本及八大家本補爲"某",而《益陽縣志》所録該文補爲"羅",任訪秋所編《近代文學大系》第十卷散文集中亦補爲"羅"。

《益陽縣志》:孫惇允、忱允。⑧
咸豐六年本:孫惇允。⑨

此處《益陽縣志》所録該文中,孫有惇允、忱允二人,而其他版本皆只惇允一人,有待進一步考證。

《益陽縣志》:女適李、適杜、適陳。⑩
續《類纂》本及八大家本:女二人,適杜、適李。⑪
咸豐六年本:女□人,適杜、適李。⑫

此處咸豐六年本中"女"後有漏字,續《類纂》本及八大家本補爲"二",而《益陽縣志》所録該文中,女有三人,分别適李、適杜、適陳。對此,有待進一步考證。

《益陽縣志》:以道光二十五年三月九日午時,葬君於縣之東金盤山。⑬
續《類纂》本及八大家本:以道光二十年某月日,葬君於某縣某鄉之原。⑭

---

① 《柏梘山房文集》卷十四,第549頁。
② (清)湯鵬:《湯鵬集》,長沙:岳麓書社,2011年,第1册,第4頁。
③⑤⑧⑩⑬ 《益陽縣志》卷二十四。
④ 《柏梘山房文集》卷十四,第550頁。
⑥⑪⑭ 《柏梘山房詩文集》,第315頁。
⑦⑨⑫ 《柏梘山房文集》卷十四,第551頁。

咸豐六年本:以道光二十□年□月□日,葬君於□縣□鄉□原。①

此處咸豐六年本中湯鵬出葬時間及地點皆不詳,續類纂本及八大家本以時間爲道光二十年,顯然錯誤。而《益陽縣志》所錄該文記錄很清晰,時間具體到了"午時",地點也具體到了"金盤山"。另外,任訪秋所編《近代文學大系》第十卷散文集中爲"以道光二十五年三月九日,葬君於益陽縣東鄉金盤山之原",與《益陽縣志》文所載一致,不知其所依據的版本爲何。

《益陽縣志》:天與以才副之氣,才豪氣猛天所諱。大力者推幸所遂,容頭平進不可意。摧堅患難固厥志,蹶而改圖幾後世。四十萬言眎在笥,魂埋幽兮靈不翳。②

咸豐六年本:天與以才副之氣,神豪語快士所悸。大力者推幸所遂,容頭平進不可意。摧堅犯難壯莫掣,蹶而改圖幾後世。四十餘萬載撅字,魂雖埋幽靈不翳。③

此段銘詞,《益陽縣志》所錄與咸豐六年本除第二句、第五句、第七句、第八句稍有差異之外,其他句基本一致。徐世昌《明清八家文鈔》中評梅曾亮該文云:"文甚矜奮,稱湯君之爲人,惟銘詞未工。"④評价頗为中肯。所改銘詞雖對湯鵬之氣度及成就有所交待,但稍涉滑易,反倒改前之詞更爲自然。

由以上兩篇異文對讀可發現,經由梅曾亮改易後的文章更顯洗練雅潔、精悍簡古,但也正是因爲過分追求精嚴、雅潔,導致改易之文出現一些疏漏、錯亂乃至失真之處。然而值得關注的是,梅氏改易文所呈現的這些問題,并不只限於其個人,桐城派其他作家也普遍存在。可見,在桐城派的文法理論與創作實踐之間,本就存在一定的矛盾。

---

① 《柏梘山房文集》卷十四,第551頁。
② 《益陽縣志》卷二十四。
③ 《柏梘山房文集》卷十四,第552頁。
④ 徐世昌:《明清八家文鈔》卷八,天津徐氏民國二十年自刻本。

■ 古文字研究

"袁器"小議*

董 喆

摘 要：關於師袁簋之"袁"與袁盤和袁鼎之"袁"是否爲同一人，學界或有争議，本文擬從"受賞所賜之物"的角度爲二者是同一人提供佐證，再根據"册命"和"出征"的關係，結合袁盤和袁鼎的"隹（唯）廿又八年五月既望庚寅"認爲在宣王二十八年前後另有一次伐淮夷之事。

關鍵詞：師袁簋；袁盤；袁鼎；袁

現所見彝銘中涉及"袁"者有師袁簋、袁盤和袁鼎，但師袁簋之"袁"與袁盤和袁鼎之"袁"是否爲同一人則莫衷一是，本文擬從"受賞所賜之物"以及"册命"和"出征"的關係兩方面進行探討，爲師袁簋之"袁"與袁盤和袁鼎之"袁"爲同一人提供佐證。

爲方便討論，先列師袁簋銘於下：

王若曰："師袁，蠢淮尸（夷）繇我員（帛）晦臣，今敢博氒（厥）衆叚，反氒（厥）工事，弗速我東馘，今余肇令女（汝）达（率）齊帀（師）、曩、釐、僰尸，左右虎臣正（征）淮尸（夷），即質（贄）氒（厥）邦酋，曰冉、曰荓（袈）、曰鈴、曰達。"師袁虔不怠，夙（夙）夜卹（恤）氒（厥）牆旋，休，既又工，折首執噩（訊），無諆徒馭毆氒（俘）士女、羊牛，孚（俘）吉金。今余弗叚組，余用乍（作）朕後男巤隣殷，其儕（萬）年子＝孫＝永寶用言。

"蠢淮尸（夷）繇我員（帛）晦臣"與兮甲盤的"蠢淮尸（夷）繇我員（帛）晦人"相近，"蠢"字，從蔣玉斌釋，①"繇"字，從李學勤説，義同"久"字②。"晦"字，從郭沫若説，讀爲"賄"，"員晦"即"帛賄"，猶言"貢賦之臣"③。

"今敢博氒（厥）衆叚，反氒（厥）工事，弗速我東馘"一句，"博氒（厥）衆叚"一語，段凱、白于藍與曾侯與鐘之"恃有衆庶"對比，認爲"博"當讀爲"怙"，訓爲"恃"，而"叚"則讀爲"庶"，"博氒衆叚"即"恃有衆庶"，可與典籍習見之"負其衆庶"相參證④，此從段凱、白于藍之説。"反氒工事"一語，郭沫若以爲古者"王官"亦稱"工"，所以"反氒工

---

* 作者簡介：董喆，"古文字與中華文明傳承發展工程"協同攻關創新平臺、湖南大學嶽麓書院中國史專業博士後，主要從事古文字研究。

① 蔣玉斌：《釋甲骨金文中的"蠢"兼論相關問題》，《復旦學報（社科版）》，2018 年第 5 期。
② 李學勤：《兮甲盤與駒父盨》，《新出青銅器研究》，北京：人民美術出版社，2016 年，第 117—123 頁。
③ 郭沫若：《兩周金文辭大系考釋》，上海：上海書店出版社，1999 年，第 143—144 頁。
④ 段凱、白于藍：《應侯視工簋蓋銘"哺氒衆瞻"考》，《考古與文物》，2019 年第 1 期。

事"當讀爲"反厥工吏",義爲"背叛王官"①。"弗速我東馘"之"馘",從孫詒讓説,讀爲"域"②,義同"東國"。"速"即"蹟"字③,吳闓生以爲"弗速"猶"不軌",并舉《詩·小雅·沔水》之"念彼不蹟"以證,此從吳説。④"弗速我東馘"即"不軌於我東國"。

"今余肈令女(汝)遂(率)齊帀(師)、曩、𡐌、㯷㞢,左右虎臣正(征)淮尸(夷)"一句,"曩"即"紀"⑤,"𡐌"張政烺以爲可讀爲"萊",馬承源從之⑥。"㯷"字,吳鎮烽以爲即經傳中之"棘",爲國名,并云:"春秋時期在今山東省境内有兩個棘邑,一爲魯邑,故址在今山東省肥城縣東南,一爲齊邑,在今山東省淄博市東,兩棘邑均因㯷國得名",此從吳説⑦。"㞢"字,又見於史密簋,劉釗以爲當隸定爲"屎",讀爲"殿",劉氏云:"虎臣是周朝的正規軍隊,英勇善戰,戰鬥力强。所以每逢戰事,即衝鋒在前。詢簋説'先虎臣後庸','先'就是指戰争時充當先鋒的意思。師寰簋銘文中的齊師和曩、萊、㯷等國的地方武裝,就是作爲後軍,跟在先鋒部隊虎臣之後進行征伐。"⑧劉釗之説可從,"遂(率)齊帀(師)、曩、𡐌、㯷㞢,左右虎臣正(征)淮尸(夷)"即"率領齊師、紀、棘爲後軍,輔助虎臣征伐淮夷"。

"即𧵘(贅)乎(厥)邦𠷂(酋),曰㭒、曰荾(桼)、曰鈴、曰達"一句,"𠷂"字,又見於小盂鼎:"【執】𠷂二人",吳闓生、郭沫若皆讀爲"酋"⑨,楊樹達從之,以爲讀爲"首"⑩,此處之"𠷂"當讀爲"酋",義爲"首"。"㭒""荾""鈴""達"皆南淮夷酋長之名。"𧵘"字,學者多讀爲"贅",吳闓生以爲"即贅"義爲"就而殲之"⑪,此處所述爲"贅南淮夷之酋長",類似之事亦見於禹鼎之"剮伐鄂侯馭方,無遺壽幼",劉釗讀"剮"爲"踐"⑫,義爲"翦滅","馭方"爲鄂侯,乃鄂之首領,因此"𧵘(贅)乎(厥)邦𠷂(酋)"之"𧵘"應與"剮"字義同,讀爲"踐",訓爲"滅",吳闓生釋"即贅"爲"就而殲之"可從。

"烎(夙)夜卹(恤)乎(厥)牆旟"一句,郭沫若以爲"卹(恤)乎(厥)牆旟"與追簋銘之"卹(恤)乎(厥)死事"同例,"死"通"尸",訓爲"主",因而"牆"當讀爲"將",并舉《春秋》"墙咎如",《公羊》作"將咎如"爲證,郭説可從,"牆旟"即"將事",義爲"所主之事"。

"無諆徒馭毆孚(俘)士女、羊牛"一句,張政烺以爲此處的"毆俘"可與《穀梁傳·隱公五年》:"苞人民、毆牛馬曰侵"對讀,又引汪中説《漢書》"浮邱伯",《鹽鐵論》作"苞

---

① 《兩周金文辭大系考釋》,第 146—147 頁。
② （清）孫詒讓:《古籀拾遺》,北京:中華書局,1989 年,第 37 頁。
③ 劉心源:《奇觚室吉金文述》,載《金文文獻集成》第十三册,香港:明石文化國際出版有限公司,2004 年,第 213—214 頁。
④ 吳闓生:《吉金文録》,香港:萬有圖書公司,1968 年,第 180—181 頁。
⑤ 王獻堂:《黃縣曩器》,《山東古國考》,濟南:齊魯書社,1983 年,第 3 頁。
⑥ 朱鳳瀚等整理:《張政烺批注〈兩周金文辭大系考釋〉》,北京:中華書局,2011 年,第 98 頁。馬承源:《商周青銅器銘文選·三》,北京:文物出版社,1988 年,第 307 頁。
⑦ 吳鎮烽:《考古文選》,北京:科學出版社,2002 年,第 160 頁。
⑧ 劉釗:《談史密簋銘文中的"屎"字》,《古文字考釋叢稿》,長沙:岳麓書社,2005 年,第 101—105 頁。
⑨ 《吉金文録》,第 180—181 頁。
⑩ 楊樹達:《師寰簋跋》,《積微居金文説》,上海:上海古籍出版社,2007 年,第 237—238 頁。
⑪ 《吉金文録》,第 180—181 頁。又《兩周金文辭大系考釋》,第 146—147 頁。
⑫ 劉釗:《利用郭店楚簡字形考釋金文一例》,《古文字考釋叢稿》,長沙:岳麓書社,2005 年,第 140—148 頁。

邱子"以證孚聲、包聲可同音通假,所以"苞人民、毆牛馬曰侵"即"俘人民毆牛馬曰侵"①。此處的"無諆徒馭毆孚(俘)士女、羊牛"統言之即"俘獲的士女、羊牛"。"無諆"一詞,或讀爲"無期"②,或讀爲"無算"③,或讀爲"無欺",義爲"無誤"④,或讀爲"無忌",義爲"無畏"⑤。諸家之說莫衷一是,張政烺引吳鼎之"其眉壽無諆"和子璋壺之"其眉壽無基"以爲"無諆"有"無限"義⑥。如聯繫後文"毆孚(俘)士女、羊牛"來理解,則讀爲"無算"即"無限"更合理,"無諆徒馭毆孚(俘)士女、羊牛"義爲"徒馭所俘獲的士女、羊牛無數"。

"今余弗叚組,余用乍(作)朕後男鼠隣毁",吳闓生以爲"弗叚組"即《禮記·少儀》之"甲不組縢",義爲"解甲而不用"⑦,郭沫若釋爲"弗遐組",義爲"解征轡"⑧,與吳氏之說義近。于豪亮以爲"弗叚組"與"弗敢取""弗敢"義同,"取"爲精母魚部字,"喪"爲心母陽部字,二者聲近且魚陽對轉,所以"取"當讀爲"喪","喪"和"忘"皆從亡聲,故"喪"可讀爲"忘",因此"弗叚組"即"不敢忘"⑨。以上三說"叚"字皆未得解,或讀"叚"爲"可"⑩,但也缺乏確證,"鼠"讀爲"臘祭"之"臘"⑪"後男"從楊樹達說即"長子"⑫。孟蓬生綜述諸說,通過辭例比堪認爲"弗叚組"當理解爲"不敢懈怠",此從孟說⑬。"余用乍(作)朕後男鼠隣毁"義爲"我因而製作我的長子用以臘祭之毁"。

師衺毁的時代,吳其昌、郭沫若、容庚、馬承源皆定爲宣王⑭,該毁弇口鼓腹,圈足外侈,下有三個蹲獸形足,兩側有一對較大的龍獸耳,有垂珥,蓋隆起,上有圈狀捉手,蓋沿和器沿飾獸目交連紋,蓋上和腹部飾瓦紋,圈足飾垂鱗紋,爲《西周青銅器分期斷代研究》中毁的Ⅳ型2式,所以王世民等認爲師衺毁的時代爲西周晚期偏早⑮,若按照"西周晚期偏早"的說法,則應定爲厲王時爲宜。

與師衺毁相關者,還有衺盤與衺鼎。衺盤、衺鼎同銘,但衺鼎爲摹刻本,所以此處以衺盤論之。劉心源認爲師衺毁之"衺"與衺盤之"衺"同⑯,徐中舒亦同此說⑰,所以師衺毁的時代應根據衺盤來推定。爲方便討論,先列衺盤銘文於下:

---

① 《張政烺批注〈兩周金文辭大系考釋〉》,第98—99頁。
② 《奇觚室吉金文述》,第213—214頁。
③⑦ 《吉金文錄》,第180—181頁。
④⑧ 《兩周金文辭大系考釋》,第146—147頁。
⑤ 《商周青銅器銘文選·三》,第307—308頁。
⑥ 《張政烺批注〈兩周金文辭大系考釋〉》,第98頁。
⑨ 于豪亮:《牆盤銘文考釋》,《于豪亮文存》,北京:中華書局,1985年,第25—36頁。
⑩ 王曉鵬:《師衺毁銘文中的"弗叚組"及其他器銘相關詞語考釋》,《華夏考古》,2016年第1期。
⑪ 《古籀拾遺》,第37頁。
⑫ 楊樹達:《師衺毁再跋》,《積微居金文說》,上海:上海古籍出版社,2007年,第351—353頁。
⑬ 孟蓬生:《師衺毁"弗叚組"新解》,復旦大學出土文獻與古文字研究中心網站,2009年2月25日。
⑭ 吳其昌:《金文曆朔疏證》,《國家圖書館藏金文研究資料叢刊》,北京:北京圖書館出版社,2004年,第465—466頁。《兩周金文辭大系考釋》,第146—147頁。容庚:《商周彝器通考》,上海:上海人民出版社,2008年,第42頁。《商周青銅器銘文選·三》,第307—308頁。
⑮ 王世民、陳公柔、張長壽:《西周青銅器分期斷代研究》,北京:文物出版社,1999年,第90—91頁。
⑯ 《奇觚室吉金文述》,第169—172頁。
⑰ 徐中舒:《禹鼎的年代及其相關問題》,《徐中舒歷史論文選輯》,北京:中華書局:1998年,第994—1020頁。

佳(唯)廿又八年五月既望庚寅,王在周康穆宫。旦,王各(格)大(太)室,即立(位)。宰頵右衰入門,立中廷,北嚮。史帶受王令(命)書。王乎(呼)史減冊易(錫)衰:玄衣、黹屯(純)、赤市、朱黃、綜旂、攸(鋚)勒、戈:琱威、厚必(柲)、彤沙。衰拜頴(稽)首,敢對揚天子不(丕)顯叚休令(命),用乍(作)朕皇考龔白(伯)、龔姬寶般(盤)。衰其邁(萬)年子═孫═永寶用。

衰盤有明確的曆日即"廿又八年五月既望庚寅",厲王二十八年五月壬申朔,庚寅爲第十九日,合於"既望",因此夏商周斷代工程專家組據曆日定衰盤爲厲王時器。① 但問題在於衰盤中有"史減",而"史減"又見於四十二年逨鼎,且衰盤的曆日放在宣王雖與長曆不合,但與四十二年逨鼎的曆日却可相調和,而四十二年逨鼎爲宣王時器是確定的,如果定衰盤爲厲王二十八年,那麽到宣王四十二年,"史減"年紀就太大了,所以還是將衰盤定爲宣王時器爲宜②。如果師衰簋之"衰"與衰盤之"衰"爲同一人,根據人名繫聯,師衰簋應與衰盤同爲宣王時器。

師衰簋之"師衰"與衰盤之"衰"是否爲同一人?這可以從受賞所賜之物中進行推定,衰盤中所賜之物爲玄衣、黹屯(純)、赤市、朱黃、綜旂、攸(鋚)勒、戈:琱威、厚必(柲)、彤沙,值得注意的是所賜之物中有"戈",彝銘中涉及賜戈者如下:

垣侯伯晨鼎:"㫃戈"
麥尊:"玄琱戈"
小盂鼎:"威戈二"
害簋:"戈:琱威、彤沙"
休盤:"戈:琱威、彤沙、厚必(柲)"
王臣簋:"戈:畫威、厚必(柲)、彤沙"
五年師旋簋:"戈:琱威、厚必(柲)、彤沙"
師奎父鼎:"戈:胄(琱)威"
師耤簋:"戈:琱威、彤沙"
師𤞷簋:"戈:琱威、□必(柲)、彤屖(沙)"
詢簋:"戈:琱威、厚必(柲)、彤沙"
無叀鼎:"戈:琱威、厚必(柲)、彤沙"

以上十二則材料可分兩類,一類爲述及受賜者身份,一類爲未述及受賜者身份。需要解釋的是麥尊和詢簋,麥尊中"戈"的受賜者是邢侯,而"麥"是邢侯的隨從,記錄了王賜邢侯之事。詢簋的器主"詢"還有一件器物爲師詢簋,可知"詢"的身份是"師"。

在述及受賜身份的材料中,"伯晨"和"邢侯"的身份是"侯",其餘的如"師旋""師奎父""師耤""師𤞷""師詢"的身份皆是"師"。

在未述及身份的器物中,王臣簋因材料不足,暫且不論,其餘如害簋、休盤、小盂

---

① 夏商周斷代工程專家組:《夏商周斷代工程 1996—2000 階段成果報告·簡本》,北京:世界圖書出版公司,2000 年,第 33 頁。

② 李學勤:《眉縣楊家村器銘曆日的難題》,《文物中的古文明》,北京:商務印書館,2008 年,第 495—499 頁。

鼎以及無叀鼎，其器主的身份均與"師"有關，現分別論述。

害簋記載王命害"官嗣尸（夷）僕、小射、底魚"，可知器主"害"的職責是"官嗣尸（夷）僕、小射、底魚"，而由"害"所司之職即可推知"害"的身份。《左傳·昭公七年》"故王臣公，公臣大夫，大夫臣士，士臣皁，皁臣輿，輿臣隸，隸臣僚，僚臣僕，僕臣臺"，俞正燮《癸巳類稿》云："隸則罪人，《周官》所謂'入於罪隸'……，僕則三代奴戮，今罪人爲奴矣。"①由此可知"僕"與"隸"皆有"奴隸"之義，渾言可通，所以此處的"夷僕"應即"夷隸"，"夷隸"見於《周禮》，孫詒讓認爲"夷隸"可與"蠻隸""閩隸""貉隸"合稱爲"四夷之隸"②。《周禮·師氏》條下明言"師氏"的職責之一即"使其屬帥四夷之隸"，害簋中"害"的職責恰爲"官嗣夷僕"，因此"害"應爲"師氏"之官。

休盤中稱器主"休"爲"走馬休"，可見"休"的身份爲"走馬"，"走馬"又見於師兌簋。"走馬"一詞，羅振玉以爲即《周禮》之"校人"③，但依據《周禮·夏官·司馬》，"校人"之屬中有"趣馬"，所以吳闓生認爲"走馬"即"趣馬"④。郭沫若認爲"走馬"是有等級的，郭氏云："蓋走馬若趣馬之職，其中自有等級，其最高者或當於卿，斷非如《周禮》之僅以爲下士也。"⑤郭沫若又以《十月之交》和《雲漢》證之，以爲"趣馬與卿士、冢宰及天子之妃并列，其非賤吏可知，其見於彝銘者，多爲王近侍之臣可知。"⑥張亞初、劉雨贊同郭沫若説，以爲《詩·大雅·雲漢》的"趣馬師氏"是將"趣馬"與"師氏"并稱，而師兌主管全國的走馬，所以師兌是走馬之長，而走馬之長稱爲"師"，正是位高之走馬近於師氏的有力佐證⑦。由此可知，"走馬"應爲"師氏"的下屬，而高級別者亦可稱"師"，休盤之"休"的身份爲"走馬"，所以"休"即使不能稱"師"，也與"師"的身份相類。

小盂鼎的器主是"盂"，在同爲"盂"所作的大盂鼎中有"余隹（唯）即朕小學，女（汝）勿逸余乃辟一人"之語，可知"盂"在康王小的時候曾教導過康王，而小盂鼎又記載"盂"征伐"鬼方"，所以李學勤認爲"盂"的身份應爲"師氏"，李氏云："據《周禮》等書，師氏掌管小學，教育太子、王子和其他貴族子弟，同時又有武官的性質，與鼎銘合。"⑧李氏之説可從，"盂"的身份也應是"師"。

無叀鼎中，器主"無叀"的職務是"官嗣穆王正側虎臣"，毛公鼎有"師氏虎臣"，現今所見的銘文中"司虎臣"者有師酉簋之"師酉"、師克盨之"師克"、詢簋之"詢"、虎簋之"虎"，其中"詢"和"虎"除詢簋與虎簋外還另有師詢簋與師虎簋，由此可知"司虎臣者"多以"師"稱之，而此處"無叀"的職務亦爲"官嗣穆王正側虎臣"，所以"無叀"的身份亦應爲"師"。

綜上，以上涉及"賜戈"的銘文中，王臣簋因材料不足難以推斷，其餘諸篇，除諸侯以外，受賜者的身份皆與"師"有關，又由寰盤可知"寰"被賜予"戈"，而其身份又非諸

---

① 轉引自楊伯峻：《春秋左傳注》，北京：中華書局，1990年，第1284頁。
② 孫詒讓：《周禮正義》，北京：中華書局，1987年，第1008頁。
③ 羅振玉：《遼居乙稿》，《羅振玉學術論著集》第十集上，上海：上海古籍出版社，2010年，第374—375頁。
④ 《吉金文錄》，第191頁。
⑤ 《兩周金文辭大系考釋》，第152—153頁。
⑥ 郭沫若：《金文叢考》，《郭沫若全集·考古編》第5册，北京：科學出版社，2002年，第166頁。
⑦ 張亞初、劉雨：《西周金文官制研究》，北京：中華書局，1986年，第20—21頁。
⑧ 李學勤：《大盂鼎新論》，《李學勤集》，哈爾濱：黑龍江教育出版社，1989年，第155—164頁。

侯,所以"衰"的身份應爲"師",且師衰簋中"師衰"亦有征戰之事,所以從身份上推測,師衰簋之"衰"與衰盤之"衰"應爲一人,因此還是定師衰簋爲宣王時器爲宜。

師衰簋銘記述了宣王時淮夷入侵,王命師衰率領虎臣以齊師、眞、贅、僰爲輔,征伐淮夷得勝,并獲酋、俘士女羊牛之事。因爲師衰簋未載曆日,所以不能確定簋銘所記爲宣王何年之事,徐中舒則直言衰盤記載衰初受王命,僅稱其名爲"衰",師衰簋則受命專征伐,尊之曰"師衰",所以師衰簋作器當在衰盤之後①。李學勤根據銘文中伐淮夷的將帥、動員的兵力和《詩》文都不相吻合,且銘文中提到紀國、萊國均在今山東境,是否配合召公、南仲的進攻,尚未可定,從而認爲師衰簋所記有可能是另一次戰役。② 實際上師衰簋所載與宣王初年伐淮夷并非一事,此點從"册命"和"出征"的關係中亦可證明,現試證之。

對於同一人而言,其"出征"與"册命"之間若存在關聯,則有兩種可能,其一爲因"出征"得勝故而得到"册命",其二爲先予"册命",再令"出征"。

因"出征"得勝故而得到"册命"者如敔簋、虢季子白盤等等,但以上述及"出征"和"册命"皆爲同一篇銘文,彧簋、彧方鼎則是將"出征"和"册命"分別叙述。彧簋云:"隹(唯)六月初吉乙酉,纔(在)壴自,戎伐馭,彧遂有嗣、師氏奔追御戎于棫林,博戎獻。"彧方鼎云:"隹(唯)九月既望乙丑,纔(在)壴自,王姐姜事內史友員易(錫)彧玄衣朱褻衾。"二者均是在"壴自",且彧簋的時間是"六月初吉乙酉",而彧方鼎的時間是"九月既望乙丑",所以"彧"在六月出征,在九月受封賞,由此可知因"出征"得勝故而得到"册命"者,其"出征"與"册命"相距的時間并不長。

先"册命"之後再"出征"者如引簋,引簋云:"王若曰:'引,余既命女(汝)更乃旻(祖)飘(總)嗣齊自,③余唯離命女(汝),易(錫)女(汝)彤一、彡百、馬三(四)匹,敬乃御,毋敗哉,'引拜頴手,對揚王休,同陝追,郙兵,用乍(作)幽公寶簋,子=(子子)孫=(孫孫)寶用。"可見王是先册命"引",而册命的目的是讓"引"出征。除引簋外還有大盂鼎和小盂鼎,大盂鼎是康王對"盂"的册命,時間是康王二十三年,而小盂鼎則是征戰歸來獻俘,時間是二十五年,由此可知若先"册命"再"出征",則"出征"一定在"册命"之後,且二者相距亦不久。

上文已經證明師衰簋與衰盤當爲一人所作,師衰簋講出征淮夷,衰盤講册命,衰盤的時間爲宣王二十八年,根據上述"出征"與"册命"之間關係的推測,則師衰簋所述之征戰應在宣王二十八年前後。

若以上對於師衰簋時代的推定可從,則可推知在宣王二十八年前後另有一次伐淮夷之事,此戰史籍無載,或可補傳世史料之闕。

---

① 《禹鼎的年代及其相關問題》,第994—1020頁。
② 《兮甲盤與駒父盨》,第117—123頁。
③ 飘字,李學勤釋爲"總",參看李學勤:《由沂水新出盂銘釋金文"總"字》,《夏商周文明研究》,北京:商務印書館,2015年,第157—160頁。

試論清華簡同篇文字的"筆劃區分"*

石從斌

摘　要："區分"是漢字形體發展的一條重要規律，對漢字表意的清晰明確、漢字體系的形成完善有着重要作用。清華簡文獻種類豐富，字形衆多，同篇簡文中存在一種特殊的"筆劃區分"現象，却少有學者研究關注。文章結合古文字"區分"的相關理論，對清華簡同篇文字中"筆劃區分"現象的類型、方式、特點與原因做了研究。

關鍵詞：清華簡；同篇文字；筆劃區分

引言

古文字形體演變複雜多樣，同一文字形體産生的筆劃細微差異，可能是書手無意識或習慣性的書寫所致，并無重要的區别作用，學者們對此類"筆劃微别"的形體也較少關注。但古文字發展過程中又存在書寫者有意通過筆劃微别來區分字形的現象。姚孝遂先生討論文字區别形式時提出點畫的相對長短以及點畫相對位置的變異等類型①。裘錫圭先生認爲有些多義字可以通過筆劃上的細微改變，分化出一個新字來分擔部分職務②。林澐先生認爲字形所分擔的語義不加偏旁而製造別的形體的方法是多種多樣的，有時是在原字形上附加極簡單的點劃③。黄德寬師認爲"區分"是制約漢字形體發展的一條重要規律，可避免形近訛混，使同形同音異義字得以分化區别，確立漢字專字專用的秩序，并將其分爲"偏旁區分法""筆劃區分法"和"變形區分法"三類。同時，黄德寬師認爲"筆劃區分法"是利用筆劃的有無、筆劃形態的差别來構成形近字的區分或孳乳新字④。"筆劃區分"作爲一種客觀存在的區分現象，伴隨漢字發展的始終。清華簡所載文獻豐富，字形衆多，但簡文的"筆劃區分"現象，缺乏系統研究。我們以清華簡一至十輯的文字爲研究對象，嘗試分析同篇文字中"筆劃區分"現象的類型、方式、特點與原因，以期對清華簡此類現象有一個較爲清晰的認識。

---

* **作者簡介**：石從斌，清華大學中文系漢語言文字學專業博士生，研究方向爲古文字學。
① 姚孝遂：《古文字的符號化問題》，《古文字學論集》（初編），香港：香港中文大學中國文化研究所、吴多泰中國語文研究中心，1983年，第77—116頁。
② 裘錫圭：《文字學概要》（修訂本），北京：商務印書館，2013年，第217頁。
③ 林澐：《古文字學簡論》，北京：中華書局，2012年，第103頁。
④ 黄德寬：《古文字學》，上海：上海古籍出版社，2019年，第76—82頁。

一、區分類型

"筆劃區分"豐富多樣,從不同角度出發,可劃分不同類型。首先,從區分形體的固定性與流通性出發,我們可將其分爲"固定筆劃區分"與"臨時筆劃區分"兩類。所謂"固定筆劃區分"是指"筆劃區分標誌固定且具有一定的流通性"。"臨時筆劃區分"是書寫者爲了文字表意清晰臨時做出的"筆劃區分",所謂"臨時"一方面體現在書手在其他書手未加區分的形體上實施區分;另一方面又體現在書手採取具有個性化的筆劃標誌區分其他書手也進行區分的形體。其次,從區分目的出發,"筆劃區分"可分爲"區分形近字""區分由假借引起的多詞共一形的字""區分由語義引申形成的多義字"等類型。我們主要從區分目的出發,對清華簡同篇文字的"筆劃區分"現象進行梳理,同時也附帶說明各類型中的"固定筆劃區分"與"臨時筆劃區分"。

(一) 區分形近字

1.《啻門①》"月"與"肉"

月	簡6	簡7	簡7	簡7	簡7
	簡7	簡7	7	簡8	簡8
肉	簡7				

簡6—8:一月始揚,二月乃裹,三月乃形,四月乃固,五月或褰,六月生肉,七月乃肌,八月乃正,九月顯章,十月乃成,民乃時生②。

《啻門》篇"月"與"肉"共現,形體極其相近,外側作包圍狀,中部均有兩斜筆。二形的區分在於:"肉"形左上側的筆劃略微出頭,且中部兩斜筆寫得稍平,而"月"形的包圍狀筆劃一律不出頭。楚簡"月"與"肉"無論單用還是充當偏旁,形體都較爲固定,"月"一般作"✶(清華《三壽》簡11)"、"✶(上博《凡物甲》簡25)","肉"作"✶(清華《趙簡子》簡9)"、"✶(上博《弟子問》簡8)"。因此,《啻門》篇二字的差異應屬固定筆劃區分。

2.《筮法》《攝命》"月"與"夕"

《筮法》"月"與"夕"

月	《享》簡3	《貞丈夫》簡26
夕	《享》簡3	《貞丈夫》簡26

《享》簡3:月夕純牡。
《貞丈夫》簡26—28:月夕乾之萃。

---

① 爲行文方便,文章援引清華簡篇目一律採用簡稱。
② 本文引用的清華簡相關辭例,除個別字外,一律採用寬氏釋文。

《攝命》"月"與"夕"

月	夕簡 32		
夕	夕簡 1	夕簡 10	夕簡 16

簡 32：唯九月既望壬申。
簡 1—2：余一人無晝夕勤卹。
簡 10：汝亦毋不夙夕經德。
簡 16：鮮唯胥以夙夕敬。

上述"月""夕"的筆劃區分有兩類，第一類《筮法》篇"月""夕"的區別在於中部第二筆的傾斜角度。"月"形中部第二筆與第一筆平行，"夕"形中部第二筆與第一筆大致垂直。第二類《攝命》篇"月""夕"的區分在於中部筆劃的多少，"月"形中部有兩筆，"夕"形中部只有一筆。楚簡"月""夕"的第一類筆劃區分還見於清華簡《管仲》，如簡 12 的"月"作"夕"，簡 30"夕"作"夕"。第二類還見於清華簡《耆夜》，如簡 12"月"作"夕"，同簡的"夕"作"夕"。安大簡 103"月"作"夕"，簡 109"夕"作"夕"。望山簡 1.4"月"作"夕"，簡 1.184"夕"作"夕"。值得注意的是，楚簡"月""夕"的第一類筆劃區分的數量遠少於第二種，這反映出楚簡第二類筆劃區分的流通性較高，或許與第二類筆劃區分與甲骨金文一脉相承有關。至於第一類"月""夕"的區分特徵，應是一種後起的寫法，王永昌認爲可能受晉系文字的影響①。

3. 《治政》《乃命二》"天"與"而"

《治政》"天"與"而"

天	天簡 1	天簡 6	天簡 13	天簡 14	天簡 17
	天簡 29	天簡 41	天簡 42	天簡 42	
而	而簡 4	而簡 7	而簡 10	而簡 13	而簡 14
	而簡 16	而簡 21	而簡 22	而簡 23	而簡 25
	而簡 27	而簡 30	而簡 31	而簡 32	而簡 39

上述前八個"天"位於"天下"的辭例中，末一"天"字位於"咎天"的辭例中，均記録{天}②無疑。"而"形十五見，均記録連詞{而}。《治政》篇"天"與"而"的區分主要在於"天"形最下部兩筆作弧形，且弧形中間無波磔，"而"形最下部兩筆有波磔，呈"折肩形"，作"𠆢"或"𠆢"。此外，"而"形中部兩筆多向内勾，"天"形中部兩筆不同時向内勾，也可看作二形的區分特徵。

《乃命二》"天"與"而"

---

① 王永昌：《清華簡文字與晉系文字對比研究》，吉林大學博士論文，2018 年，第 21 頁。
② 本文爲討論方便，統一以"{ }"標記詞。

天	簡9					
而	簡5	簡8	簡11	12	簡14	簡15
	簡4	簡6	簡7			

簡9：天命非忱。

簡5—6：毋或以而密邇、寮朋、宦御之故。

簡8：毋或從而密邇之讒。

簡11：使出入往來而探取情焉。

簡12—13：毋或不相遜教於善，夙夜從事，而相瞖於不共命。

簡14：德將吾言而逝舊念。

簡15：而妄將敚喪，以不得所籌旨。

簡4：毋或非而所及，智求利，樹言創辭。

簡6：毋或譖愬毀憑，免身相上。

簡7：毋或不共公事，而專剬淫。

《乃命二》篇"天"字一見，其中部與下部兩筆的筆勢相近，均作"⌒"形。"而"形九見，形體可分爲兩類，前六個"而"最下部兩筆作"折肩形"，與《治政》篇"而"近似。後三個"而"最下部兩筆作弧形，與《治政》篇"天"近似。如僅據形體分析，我們很容易將簡4、6、7中與《治政》篇"天"相近的""""""形也釋作"天"。但據相關辭例以及比對《禱辭》篇"天"與"而"的筆劃區分標志，《乃命二》後三形仍應爲"而"。

清華簡同篇文字中利用筆劃細微差異區分形近字，還有"土"與"士"、"色"與"卬"、"干"與"弋"、"古"與"由"等例證。由於這些筆劃區分大多比較固定，且爲學者研究熟知，文章不加贅述。我們認爲把握這類筆劃區分現象需與部分指事字區別開來。如"亦"與"大"，從表層結構看，"亦"可視作利用兩點與"大"區分，但考察其深層理據結構，"亦"形的兩點并非區分筆劃而是具有標指作用的指事符號。二形也并非筆劃區分，而是一形在另一形的基礎上創造新字。因此，這類現象不能歸入"筆劃區分"中。

（二）區分由假借引起的多詞共一形的字

1.《邦道》"女"

記錄{焉}	簡12	簡17	簡17	簡17	簡18	簡19
記錄{安}	簡20					

簡12：上亦蔑有咎女(焉)。

簡17：故興善人必熟聞其行，女(焉)觀其貌，女(焉)聽其辭。既聞其辭，女(焉)小穀其事。

簡18：上如以此矩觀女(焉)，則可以知之。

簡19：則亦毋畀女(焉)。

簡20:上不憂,邦家女(安)。

上舉簡12、17、18、19的六"女"形相同,最左側筆劃均呈彎曲狀,可視爲此書手的個性化書寫特徵。簡20的"女"最左側也爲彎曲形,與同篇其他六"女"形當爲同一書手書寫。但與其他六形相比,簡20"女"右上多一撇筆。從相關辭例看,簡12、17、18、19的六"女"字讀作"焉",簡20附加撇筆的"女"讀爲"安"。根據這種規律性的分布可知,書手有意通過撇筆將記錄{焉}與{安}的"女"形進行區分。楚簡其他篇目一般採用"宀"旁有無的方式區分"安"與"焉",未見在右上附加撇筆的區分方式,因此《邦道》二者的差異應屬臨時筆劃區分。

2.《乃命二》"㞷"

記錄{往}	㞷簡11	㞷簡13	㞷簡15
記錄{枉}	㞷簡10		

簡11:使出入㞷(往)來而探取情焉。

簡13:然進退㞷(往)來。

簡15:㞷(往)盡乃心相上。

簡10:毋或取資于上,㞷(枉)圖擅謀,以掩蓋不善。

上舉簡11、13、15的"㞷"形相同,竪筆中部均有一短橫出現,而簡10"㞷"形竪筆中部缺此橫筆。根據上下文辭例,簡11、13、15的"㞷"均讀爲"往",簡10的"㞷"讀爲"枉"。我們認爲簡10"㞷"形竪筆中部短橫的缺失,是書手刻意將其與同篇記錄{往}的"㞷"形區分的結果。這還可從《乃命一》的"㞷"形得到旁證。整理者認爲《乃命一》與《乃命二》爲同一書手書寫,內容也相關聯①。《乃命一》中讀爲"往"的兩"㞷"形竪筆中部均有短橫作"㞷",與《乃命二》的分布相同。這進一步證明了《乃命》篇書手運用短橫的有無對記錄{往}與{枉}的"㞷"形進行區分。楚簡中不見其他篇目出現此類筆劃區分方式,這應是書手臨時區分的結果。

3.《子產》"者"

記錄{者}	者簡14	者簡14	者簡23
記錄{諸}	者簡29		

簡14—15:前者之能役相其邦家,以成名於天下者,身以處之。

簡23:飾美宮室衣裘,好飲食醬釀,以遠屏者。

簡28—29:身、室、邦國、者(諸)侯、天地,固用不悖。

簡14、23的"者"形近似,其中簡14"者"記錄代詞{者},簡23記錄語氣詞{者}。簡29記錄{諸}的"者"與其他三形相比,下部筆劃發生了變化,應是書手爲區分而刻意爲之。楚簡其他篇目雖見此二類形體共現,但均不起區分作用。如上博《容》簡5"者"作"者"、簡30"者"作"者",而簡20"者"作"者"、簡44"者"作"者",這兩類形體均記

---

① 黃德寬主編、清華大學出土文獻研究與保護中心編:《清華大學藏戰國竹簡(玖)》,上海:中西書局,2019年,第175頁。

録{者}。因此,《子産》篇此類筆劃差異應爲書手臨時區分所致。

4.《繫年》"余"

| 記録{舒} | 簡75 | 簡76 | 簡129 |
| 記録{余} | 簡78 | | |

簡75:陳公子徵余(舒)。
簡76:徵余(舒)。
簡129:腄余。
簡78:是余受妻也。

簡75、76、129的"余"形相同,均爲人名,簡78"余"記録人稱代詞{余}。簡75、76、129的"余"形較簡78而言,下部多了一撇筆,應是書手爲了區分刻意爲之。此類筆劃區分罕見於其他楚簡,應是書手的臨時區分。

(三)區分由語義引申形成的多義字

1.《太伯甲》《越公》"大"與"太"

《太伯甲》"大"與"太"

| 大 | 簡11 | | |
| 太 | 簡1 | 簡1 | 簡3 |

《越公》"大"與"太"

大	簡10	簡26	簡35	簡36	簡49	簡51
	簡52	簡54	簡58	簡60	簡61	簡66
	簡67	簡68				
太	簡61					

上古漢語{大}{太}一語分化,{太}應從{大}引申而來,後來讀音稍變,意義有別,成爲兩個不同的詞。《太伯甲》《越公》篇"大"均記録{大},《太伯甲》的"太"位於"太伯"的辭例中,《越公》"太"位於"太甬"的辭例中,二篇均通過右上豎筆的有無將"大""太"進行區分。此類筆劃區分還見於包山簡、望山簡中,可知具有相當大的流通性與固定性。

清華簡同篇文字的筆劃區分有"區分形近字""區分由假借引起的多詞共一形的字""區分由語義引申形成的多義字"三類。從筆劃區分的流通性與固定性着眼,這三類中又存在固定筆劃區分與臨時筆劃區分的不同。固定筆劃區分的流通性較高,臨時筆劃區分是書手爲字形表意清晰臨時做出的區分,流通性較低。但當這些臨時筆劃區分逐漸被人們接受并使用時,它也就獲得了固定筆劃區分的資格。以往的研究比較注重固定筆劃區分,而忽視臨時筆劃區分的重要性。實際上考察同篇文字中的臨時筆劃區分,不僅有利於文字的釋讀和具體文意的理解,更有利於了解書手的書寫習慣，爲不同篇目的書手分類提供參照。

二、區分方式

黃德寬師將"筆劃區分"分爲"利用筆劃相對長短""利用筆劃相對變位""利用筆劃標志"三種方式。① 我們認爲清華簡同篇文字的"筆劃區分"可分爲五類。

（一）利用筆劃相對長短區分

《越公》篇"士"作"⼟"，"土"作"⼟"，二形通過上部第一橫筆的長短區分。《三壽》"王"作"王"，"壬"作"王"，二者通過中間橫筆的長短進行區分。《算表》"七"作"⼟"，"十"作"十"，二形通過豎筆中部橫筆的長短進行區分。我們認爲把握此類筆劃區分方式的關鍵在於兩個字的形體結構與筆劃總數基本一致，僅有個別筆劃的長短不一。這類利用筆劃長短區分的字形在同篇文字中共現，差別非常明顯，也較容易辨別。如果其單獨出現於某些篇目，有時不易辨析，需藉助辭例等因素加以推勘。

（二）利用筆劃的增減區分

黃德寬師認爲"利用筆劃標志區分"是指在不同字上附加標志性筆劃。② 我們認爲這是"筆劃區分"中客觀存在的一類。但考慮到還有通過減省筆劃來區分的方式，我們採用"利用筆劃的增減區分"這一名稱。"利用筆劃的增加區分"的例證，如《邦道》記錄｛焉｝的"女"均作"⼥"，記錄｛安｝的"女"作"⼥"，第二形在右上增加一撇筆。《繫年》記錄人稱代詞｛余｝的形體作"余"，用爲人名的"余"作"余"，第二形在第一形基礎上增加了撇筆。《越公》篇"太"作"太"，"大"作"大"，"太"在"大"形右上增加了一豎筆。"利用筆劃的減省區分"的例證，如《乃命二》記錄｛往｝的"㞷"均作"㞷"，記錄｛枉｝的"㞷"作"㞷"，第二形省減了豎筆中部的短橫。判斷這類運用筆劃增減進行區分的方式，具有相對性，從 A 看 B 是筆劃減省，從 B 看 A 就是筆劃增加。因此，我們應以通行的寫法作爲參照對象，分析形體筆劃的增減。

（三）利用筆劃相對變位區分

黃德寬師認爲"利用筆劃的相對變位區分"指"利用筆劃位置的細微差別和相對變動而形成形近字的區分"③。我們認爲"利用筆劃的相對變位區分"還可細分爲兩類：一類是"筆劃交接關係的微調"，另一類是"筆劃相對位置的變動"。所謂"筆劃交接關係的微調"是指：字形各筆劃的方向、位置均無改變，只是相鄰筆劃之間存在出頭、穿過與否等交接關係的細微調整。如《筮法》篇"也"作"㇄"，"巳"作"㇄"，二形以上部兩豎筆是否穿過橫筆作爲區分。《越公》"疋"作"疋""疋"，"足"作"足"，二者以上部豎筆是否均穿過橫筆進行區分。所謂"筆劃相對位置的變動"是指：字形筆劃的相

---

① 《古文字學》，第 78—79 頁。
②③ 《古文字學》，第 79 頁。

對位置發生較大的改變。如《孺子》"色"作"󰀀","印"作"󰀁","色"的"爪"形在"卩"左側,"印"的"爪"形在"卩"上側。把握此類"利用筆劃相對變位區分"的方式,關鍵在於區分的形體之間只有筆劃相對位置或交接關係的不同,没有筆劃的增減,更没有筆劃上較大的訛變。

(四) 利用筆勢的不同區分

"利用筆勢的不同區分"是指:兩類形體之間没有筆劃長短、增減的不同,没有筆劃位置的改變,只存在相同筆劃在筆勢上的細微差異。如《治政》"天"作"󰀂""󰀃"等形,"而"作"󰀄""󰀅"等形,二者筆劃的多少、位置均相同,其區分在於"天"形最下部兩筆作"弧形","而"形最下部兩筆作"折肩形",同時"天"形中部兩筆不同時向内勾,"而"形中部兩筆一般向内勾。又如《筮法》"天"作"󰀆","而"作"󰀇",二者的區分在於"天"形中部兩筆與下部兩筆筆勢相同,均作"󰀈"形,"而"形中部兩筆與下部兩筆筆勢不同,最下部兩筆作"折肩形",且向外勾。此類利用筆勢不同區分的方式比較隱蔽,如果缺乏對相關字形和辭例的系統梳理,就很難發現其間的區分作用,也很容易造成錯誤釋讀。

(五) 綜合利用多種方式區分

清華簡同篇文字中還存在綜合利用多種方式進行區分,如《命訓》記錄{事}的"事"作"󰀉",記錄{使}的"事"作"󰀊",第二形較第一形而言,減省了右下的撇筆,同時又將上部第一横拉長。二形綜合利用了"根據筆劃相對長短區分""根據筆劃增減區分"兩種方式。《繫年》"亡"作"󰀋","甲"作"󰀌",第二形較第一形而言,不僅中間横筆穿過豎筆,而且在豎筆右側添加了一撇筆。這綜合運用了"根據筆劃相對變位區分"和"根據筆劃增減區分"兩種方式。《三壽》篇"印"作"󰀍","色"作"󰀎",此二形除了"爪"與"卩"相對位置不同外,"色"的"卩"旁中部還減省了豎筆。這綜合運用了"根據筆劃相對變位區分"和"根據筆劃增減區分"等方式。

三、區分特點

(一) 靈活性

清華簡同篇文字的"筆劃區分"具有靈活性,主要表現在三方面:首先,帶有區分標志的筆劃靈活多樣。既可以是增加撇筆、曲筆、横筆、豎筆,也可以是省減筆劃、變位筆劃,甚至是綜合利用多種區分筆劃。如《邦道》"󰀏"在原字形上增加了撇筆;《乃命二》"󰀐"在通行寫法的基礎上減省了豎筆中部的短横;《筮法》"月"與"夕"的區分在於中部第二筆傾斜角度的不同。其次,書寫區分筆劃的部位較爲靈活。區分筆劃既可以寫在文字形體上部、下部、中間,也可以依附在其他筆劃上。如《太伯甲》"󰀑"形添加的豎筆在上部,《繫年》"󰀒"形添加的撇筆在下部。再次,不同書手對同一對象的區分方式靈活。如《治政》"天"作"󰀓","而"作"󰀔",其區分在於"天"形下部兩筆作

"弧形","而"形下部兩筆作"折肩形",且"而"中部兩筆一般向内勾,"天"中部兩筆不同時向内勾。而《太伯甲》"天"作"天","而"作"禾",書手利用二形中部與下部兩筆筆勢的不同進行區分。

(二) 不平衡性

清華簡同篇文字"筆劃區分"的各類型所占比重不一,發展不平衡。從我們劃分的三大類來看,"區分形近字"和"區分由假借引起的多詞共一形的字"數量較多。這是因爲"區分形近字"與"區分由假借引起的多詞共一形的字"與字形表意清晰與否密切相關。同篇文字中出現"形近字"容易造成形體訛混,"由假借引起的多詞共一形的字"使字形承擔職務過多,表意不夠清晰。因此,書手會極力尋找各種筆劃區分方式去克服這些不利於清晰表意的因素。"區分由引申形成的多義字"數量較少,這是因爲同一詞的不同意義之間關係密切,部分引申義之間的差異較小,不易被書手感知。只有在部分詞的引申義距其他意義較遠,且讀音發生細微改變,二者有演變成不同詞的趨勢時,書手纔更容易感知其間的差異,并從字形方面將其區分。

(三) 規約性

清華簡同篇文字的筆劃區分具有規約性,具體表現在三方面:首先,書手採用的區分性筆劃具有規約性。無論書手採用固定筆劃區分還是臨時筆劃區分,其利用的筆劃都是當時文字系統中的基本筆劃,都要受文字系統筆劃類型的制約。如清華簡《越公》篇"土"與"士"的區分利用的是橫筆,《太伯甲》《越公》篇"大""太"的區分利用的是豎筆。如果書手在書寫的過程中利用不屬於當時文字系統内部的筆劃進行區分,則會影響文字的表意。其次,書手利用筆劃區分的方式具有規約性。書手無論是利用筆劃長短、筆劃增減、筆劃變位還是綜合利用多種方式區分,都要遵循所使用區分方式的内在規律,只能在筆劃的層面對字形進行微調,不能破壞整個字形的結構特徵與構造規則。再次,書手利用筆劃區分產生的形體要避免與文字系統的其他字形混同。如《越公》篇"土"作"土","士"作"士",二者以上部橫筆的長短進行區分。如果我們利用筆劃增減的區分方式,在"土"上再加一橫筆與"士"區分,那麼區分後的形體就會跟楚簡中的"壬"混同,這樣依然達不到區分的目的。因此,即使是同篇文字中的臨時筆劃區分,書手也要在這些文字系統内部的規約下進行。

四、區分原因

(一) 字形表意精確性的需求

黄德寬師指出作爲一個符號系統,漢字形體一方面不斷趨向簡便,另一方面字形符號間的區別性特徵也越來越明顯,簡便實用與清晰易辨是漢字形體發展演變的雙重原則。① 我們認爲清華簡同篇文字的"筆劃區分",與字形表意的清晰精確有關。"形近字"使文字符號的易辨度降低;"由假借引起的多詞共一形的字"使同一文字形體承擔的職務過多,缺乏語境與辭例的限制,就難以知曉同一形體記録的具體詞。同時,同篇簡文中"形近字"共現,"由假借引起的多詞共一形的字"共現,更加劇了字形表意的模糊易混。如《治政》"天"與"而"形體近似,如不加以區分,就容易造成字形表意不清,影響文意的理解。《乃命二》篇出現大量"坓"形分别記録{往}與{枉},如果缺乏字形上的差别,就很難知曉具體記録哪一個詞。因此,書手在書寫這些字形時,往往通過筆劃的細微差異予以區分。

(二) 書手個性化書寫的影響

清華簡同篇文字的"筆劃區分"與書手個性化書寫習慣相關。首先,不同書手對"形近字""由假借引起的多詞共一形的字""由引申形成的多義字"是否區分不一。如《子産》篇書手對記録{者}和{諸}的"者"形進行區分,而清華簡其他篇目的書手却未對其加以區别。《子産》篇書手在書寫此篇簡文時,應是感知到這兩類"者"在表意上的區别,并有意將其區分開來。而清華簡其他篇書手可能没有感知到二"者"形記録的詞有巨大區别,或雖知有區别,但習慣性不加區分。其次,不同書手對同一文字形體所運用的區分方式可以不同。從區分方式的大類看,有的書手習慣於運用"筆劃區分",有的則採用"偏旁區分"等其他方式。如清華簡《邦道》篇書手利用"女"形右上撇筆的有無區分{安}和{焉},而《子儀》篇則採用"宀"旁有無的方式進行區分。從區分方式的小類看,部分區分標志的選取也帶有書手的特色。如《治政》《乃命二》的"天"與"而"雖均採用"筆勢不同"這一方式,但不同書手可以有不同筆勢的選擇。

(三) 筆劃區分簡便快捷

相比其他區分方式,利用筆劃的長短、增減、變位等區分更具簡便快捷的優勢。首先,"筆劃"自身形體簡單,書寫方便。無論是利用筆劃的"長短""增減""變位"還是筆勢上的細微差異,都只是對字形的"微調",在書寫上不會太繁瑣,符合漢字形體演變中的"簡便實用"原則。其次,"筆劃區分"相對於"偏旁區分"而言,不需考慮"筆劃"與所記録詞音義間的關聯性,書手可自由選取各種筆劃的差異進行區分。而"偏旁區分"則需考慮附加的偏旁對所記録詞的標示作用。再次,相對於"偏旁區分"而言,在文字形體上增加區分性筆劃的部位更加自由靈活,幾乎没有特殊的限制,也不會對整個字形結構的均衡匀稱產生巨大影響。因此,"筆劃區分"可以使書手運用最經濟的方式達到最直觀的區别效果。

(四) 文字缺乏嚴格統一的規範

黄德寬師認爲漢字規範是漢字運用過程中對規則約定俗成的結果,在學習、使用漢字時群體的趨同心理,使某些用字習慣和規則得以形成和流傳,漢字使用者自覺或

---

① 《古文字學》,第 76 頁。

不自覺地要遵循漢字運用所形成的這些習慣和規則。① 戰國時期,言語異聲,文字異形,缺乏嚴格統一的文字規範。具體到楚系文字内部,一方面時人用字上具有一定的習慣與約定俗成,這導致一部分具有"固定筆劃區分標志"的形體能較爲穩定地出現在楚系出土文字材料中。如前舉的"月"與"肉"、"土"與"士"等。但另一方面楚系文字内部的字詞對應關係錯綜複雜,同一詞可由不同的字形記録,同一字形又可記録若干不同的詞。禤健聰認爲楚系簡帛字詞關係錯綜,歸根到底是因爲當時缺乏明確統一的用字標準。② 我們認爲正是由於楚系文字内部缺乏嚴格統一的規範,書寫者在書寫時纔可以根據自己的需要,臨時添加筆劃標志來達到區分的目的。如《邦道》的"女"加撇筆區分,《乃命二》減省"㞢"形豎筆中部的短横區分等,都是在缺乏統一的文字規範下,書手臨時區分的結果。

結　語

"筆劃區分"是"區分"這一漢字形體演變規律中客觀存在的一類。但正如黄德寬師所説,過去沒有很好研究"區分"這一規律,祇注意到"簡化、繁化、規範化"等現象,這是不夠的。實際上,如果沒有"區分"這一規律的制約,所謂"簡化""規範化"就失去了方向。③ 研究清華簡同篇文字的"筆劃區分",不僅有利於揭示這一客觀存在又容易被忽略的文字現象,而且對具體文字的釋讀、相關文意的理解、書手書寫特徵的歸納等都有積極意義。本文雖然致力於全面認識和理解清華簡同篇文字的"筆劃區分"現象,但更希望能夠以此抛磚引玉,爲將來的這方面研究提供一點思考與幫助。

附記:
本文承蒙黄德寬師審閲指正,賈連翔老師、李聰、侯瑞華、黄一村等師兄均爲本文提供了寶貴意見,謹致謝忱!

---

① 黄德寬:《古漢字發展論》,北京:中華書局,2014 年,第 511 頁。
② 禤健聰:《戰國楚系簡帛用字習慣研究》,北京:科學出版社,2017 年,第 13 頁。
③ 《古文字學》,第 82 頁。

清華簡《筮法》新釋[*]

蔡飛舟

摘　要：清華大學藏戰國竹簡《筮法》，學者研討既久，然而疑義仍存。茲就響、小得、昭穆、上毀四處文字，試作新詮。《筮法》卦中見"響"，常昭示所占事之成功，此與兌秋主收成相關。"小得"與卦中見坎之事無涉，實謂四位卦卦符并無重複而合"三某同某"之格局者。"昭穆"之法，之所以昭下而穆上，實以下卦爲北，上卦爲南，此與祫祭毀廟之主所序昭穆方位相合，又與《卦位圖》上南下北一致。至於"上毀"，則謂上二卦五行之生剋，得以促成某種占果也。

關鍵詞：《筮法》；響；小得；昭穆；上毀

清華大學藏戰國竹簡《筮法》①，學界研習既久，然篇中仍有不少疑義未得疏解。茲謹就響、小得、昭穆、上毀四事，試作新詮。伏惟方家正之。

一、釋響

《筮法》中，八經卦之用於筮占，除乾坤最受重視外，四位中兌卦之出現往往昭示所占事之成功。響爲兌卦之別稱，此自《筮法·支》可推得，當無大疑。《支》："☱䷹（凡）支，響而出，乃述（遂）。☱☱（凡）支，響而內（入），乃復。"（簡五至八）前一例上卦有坤、兌，因下卦恰有坤卦，故響爲兌也。學者或將響解作數字，謂卦中見特殊數字。然響出常吉，而數見多凶，此以響解作數字之不安也。響爲數之古文，學界已有論證。而爲何兌卦有此一別稱，則尚待研討。兌，古音月部定紐。數，侯部山紐。二字音遠，幾不可通，此蓋取其含義相關也。案，考之《筮法》一篇，兌別名響（數）者，疑與兌秋主收成有關。《筮法·卦位圖》云：

> 㝵（奚）古（故）胃（謂）之䨻（震）？司雷，是古（故）胃（謂）之䨻（震）。㝵（奚）古（故）胃（謂）之㮖（勞）？司查（樹），是古（故）胃（謂）之㮖（勞）。㝵（奚）古（故）胃（謂）之兌？司收，是古（故）胃（謂）之兌。㝵（奚）古（故）胃（謂）之羅（離）？司𥜽（藏），是古（故）胃（謂）之羅（離）。（簡四三至五九）

---

* 作者簡介：蔡飛舟，福建師範大學社會歷史學院副教授，文學博士，主要從事易學研究。
　基金項目：國家社科基金青年項目"出土文獻所見先秦象數易例研究"（20CZS011）。
① 原簡圖版見李學勤主編：《清華大學藏戰國竹簡（肆）》，上海：中西書局，2013年，第2—9頁。

四正卦既應四方,又暗合四季。震當春,司雷,萬物蠢動。坎當夏,有所樹立,其勞可知。兌當秋,庶類收成。而離當冬,萬物戢藏,復歸寧靜。《爾雅·釋天》所謂"春爲發生,夏爲長嬴,秋爲收成,冬爲安寧"①是也。《尚書·盤庚上》:"若農服田力穡,乃亦有秋。"②"服田力穡"者,樹而勞也。"乃亦有秋"者,收也。是以一年四季之中,秋主收成,向爲事物成就之標志。此爲作《筮法》者所重,故四位卦中兌卦現,則昭示所占事之成功。數者,縮也。《周禮·春官·司尊彝》"醴齊縮酌"鄭玄注:"故書縮爲數。"③數、縮通假。縮者,斂也,收也。故"數"遞訓可得收斂義。《禮記·樂記》:"春作夏長,仁也;秋斂冬藏,義也。"又案,"數"或可如字讀,謂某種理數。《荀子·天論》:"所志於四時者,已其見數之可以事者矣。"楊倞注:"數謂春作、夏長、秋斂、冬藏,必然之數。"④秋收爲天地理數之極要者,因以"數"特稱之。⑤

　　兌主收成,其現於四位中則吉。若兌中見惡爻,惡爻尚不至抑阻兌之成就,此所謂"ㅠ兌"者。《得》例六:"☲見ㅠ兌,乃亦夏(得)。"(簡十一至十二)"ㅠ兌",謂筮數非常之兌也。⑥

二、釋小得

《筮法·小得》前三例:

　　☲　凸(凡)少(小)夏(得),乃夏(得)之。(例一,簡二四至二五)
　　☲　凸(凡)少(小)夏(得),乃夏(得)之。(例二,簡二六至二七)
　　☲　參(三)同弌(一),乃夏(得)之。(例三,簡二八至二九)

　　《小得》章卦例不明,清華簡整理者未釋。或以爲《小得》前三例,卦中皆有坎,故"小得"當與"坎"相關。⑦案,此說非是。《得》例四:"☲參(三)男同女,乃夏(得)。"(簡七至八)此例右上坎并無特殊,占辭未見"小得",可見以坎爲"小得"特有者,非也。然則所謂"小得"者,究竟何義? 今以《小得》前三例合觀,所謂"小得"者,蓋謂四位卦卦符并無重複而合"三某同某"之格局也。例一、例二俱爲三女同男,據《得》章可知,三左同右、三男同女皆可得,故占詞曰"乃夏(得)之"。而《小得》例三"參(三)同弌(一)",合三左同右,且三左卦符全同,故稱"三同一",此相對"小得"而言,蓋"大得"也。因此,"小得"不過《筮法》"三某同某"無重複卦符格局特徵之説明。此外,《言》

---

① 《爾雅注疏》卷六,清嘉慶江西南昌府學刻《十三經注疏》本,第5頁。
② 《尚書正義》卷九,清嘉慶江西南昌府學刻《十三經注疏》本,第5頁。
③ 《周禮注疏》卷二〇,清嘉慶江西南昌府學刻《十三經注疏》本,第6頁。
④ 《荀子》卷一一,《四部叢刊》景印古逸叢書本,第18—19頁。
⑤ 案,王化平、周燕曰:"占辭中的'數'應該通'速',且占者以兌可通銳。……而銳字由鋒利之義引申出快速、疾的含義。"説見王化平、周燕:《萬物皆有數:數字卦與先秦易筮研究》,北京:人民出版社,2015年,第223頁。彼以數、兌二字入手,尋求訓詁相通,存備一説。
⑥ "ㅠ兌"之討論,詳見拙文《清華簡〈筮法〉補釋》,《周易研究》2015年第2期,第13—15頁。
⑦ 子居曰:"考慮到三個卦例中皆以'坎'爲共同存在的卦,因此推測對'小得'的判斷當是與'坎'卦有關。"説見子居:《清華簡〈筮法〉解析(修訂稿上)》,《周易研究》2014年第6期,第20頁。

《貞丈夫女子》三乾、三坤萃聚之卦，亦可視作"三同一"之一種。

三、釋昭穆

《筮法》篇中語涉"昭穆"者，凡三處：

  ☷☰ 凸（凡）見大人，卲（昭）穆，見。（《見》例三，簡五至六）

  ☷☰ 凸（凡）咎，見述日、妻夫、卲（昭）穆、上毀，亡咎。（《咎》例一，簡七至九）

  凸（凡）果，大事戠（歲）才（在）前，果；中事月才（在）前，果；省（小）事日乃前，果；亓（其）余（餘）卲（昭）穆，果。奴（如）剀（卦）奴（如）肴（爻），卡二（上下）同䐠（狀），果。外事響而出，乃果；內事響而內（入），亦果。（《果》，簡四〇至四二）

第三處不見卦例，則"昭穆"唯有《見》《咎》二例也。簡文"卲"即"佋"之異體，"佋"見《說文》，典籍通作"昭"。《周禮·春官·小宗伯》："辨廟祧之昭穆。"鄭玄注："父曰昭，子曰穆。"①依此，則昭穆者，父子二代之謂也。清華簡整理者原注："此卦例，下乾、坤男女相對，上艮、離亦以少男、中女相對。'昭穆'在宗法指兩個世代，與此卦象相合。《周易》乾、訟、蹇、萃、巽等卦均有'利見大人'。"②整理者解釋未周處，季旭昇已駁正之。季氏解《見》例三曰："艮爲少男，乾爲父，二人屬子與父，不同昭穆。離爲中女，坤爲母，二人屬女與母，亦不同昭穆，子與父爲一昭一穆，女與母亦爲一昭一穆。當然，我們也可以解釋爲兩下卦乾坤屬同一昭穆，兩上卦艮離屬同一昭穆。也就是兩上卦與兩下卦分屬不同昭穆。"③季氏二解中，以後一說爲較勝。下二卦與上二卦，係不同昭穆也。

李怡嚴別有新論，彼以"左昭右穆"爲《筮法》"昭穆"立論，而以篇中"三左同右"、"三右同左"諸卦例所依左右之劃分（即離、艮、震、巽爲左，乾、兌、坤、坎爲右）分析《見》《咎》二例。《見》例三☷☰艮離爲左在上，乾坤爲右在下；《咎》例一☷☰巽離爲左在上，乾坤爲右在下。彼論曰："此二卦例在説明中，皆涉及'昭穆'。而其左右卦的位置，皆爲上面兩個左，下面兩個右。用'左昭右穆'的成語來表示，就成爲由上至下的'昭穆'。我認爲這樣的解釋，要比注釋訴諸'二個世代'自然多了。"④李氏之説試圖結合《見》《咎》二例，以八卦方位之左右及上下尊卑之卦位入手，詮解"昭穆"，別闢新徑。然而"昭穆"與《筮法》中"妻夫"例相近，二者皆親屬之事，"妻夫"取象乾坤相見，則"昭穆"亦當實取乾坤與六子二代之象爲宜。且"昭穆"二例下卦皆爲乾坤，若置此而不顧，終覺未安。

某於"昭穆"二例思之者久，今以乾坤六子及宗廟昭穆方位，試作新解。乾坤爲父

---

① 《周禮注疏》卷一九，第2頁。
② 《清華大學藏戰國竹簡（肆）》，第91頁。
③ 季旭昇：《〈清華四〉芻議：閒問、凡是（徵）、昭穆》，復旦大學出土文獻與古文字研究中心編《出土文獻與古文字研究（第六輯）》，上海：上海古籍出版社，2015年，第283—289頁。
④ 李怡嚴：《術士的占卦秘笈：〈清華簡·筮法〉試探》，《清華學報》2017年第1期，第188頁。

母,震巽坎離艮兑爲六子,《見》《咎》二例,父母皆爲昭,六子皆爲穆。凡父母在下卦,而六子在上卦者,皆可用"昭穆"解。鄙説略同清華簡整理者言及季氏之説,然彼於昭穆方位爲何昭在下,而穆在上一事,皆未解説,兹試補之。案,文公二年《公羊傳》:"大祫者何?合祭也。其合祭奈何?毁廟之主陳於大祖。"鄭玄注:"大祖東鄉,昭南鄉,穆北鄉,其餘孫從王父。父曰昭,子曰穆。昭取其鄉明,穆取其北面尚敬。"①又《説文》於"佋"下曰:"廟佋穆。父爲佋,南面。子爲穆,北面。"②説與鄭注同。古者以東向爲貴,故大祖居西東向,昭穆分居南北,左昭在北而南向,右穆在南而北向。《見》《咎》二例,昭在下,穆在上,實以下卦爲北,上卦爲南,此與祫祭毁廟之主所序昭穆方位正相合也。《筮法·卦位圖》離北在下,坎南在上,以下爲北、上爲南,與二例昭穆方位一致,是其證。

"昭穆"二例,《見》例三☷☷較特殊,以其上下卦男女俱備也。下卦乾坤可解作父母,上卦艮離可解作子婦。此四卦之安排,與《筮法·四位表》圖二相似。

之臣	之子
之妾	立甡
立妻	之躬
也之	立身

(《四位表》圖二,簡三二至三六)

《見》例三,右下乾父、左下坤母,正合《四位表》"躬(躬)身"及"妻"位,右上艮男、左上離女,猶子與婦,而《四位表》相應位置爲"子甡(姓)"與"臣妾"之位,則稍異之。以昭穆論,艮之於乾,猶子也;而《四位表》"子姓",則子及其孫裔也,《禮記·喪大記》"卿大夫、父兄、子姓立于東方"鄭玄注:"子姓,謂衆子孫也。"③以昭穆論,離之於艮,猶婦也;而《四位表》中,"臣妾"則相對"躬身"之位而言,謂己之僕隸。此可見昭穆、《四位表》二法之異。《禮記·樂記》唐孔穎達疏引《禮緯·含文嘉》云:"三綱謂君爲臣綱,父爲子綱,夫爲妻綱矣。"④三代之下,社會已然。就四卦之倫常關係論,昭穆左下從屬右下、左上從屬右上及敬下二位、右上從屬下二位;而《四位表》中,左下從屬右下、右上從屬下二位、左上從屬下二位。而左上臣妾與右上子姓之位關係如何?父之僕臣,地位最卑,蓋疏不間親,僕臣效力於父,其地位固不得逾於子,故《四位表》左上臣妾亦當敬右上子姓也。合而觀之,昭穆可視作《四位表》圖二之特殊情況,在《筮法》作者觀念中,子之婦地位略等於父之臣,而婦從子敬父,臣從父敬子,是其別也。

四、釋上毁

"上毁"見《咎》《瘥》二章:

---

① 《春秋公羊傳注疏》卷一三,清嘉慶江西南昌府學刻《十三經注疏》本,第6頁。
② (漢)許慎:《説文解字》卷八上,清同治十二年陳昌治刻本,第13頁。
③ 《禮記正義》卷四四,清嘉慶江西南昌府學刻《十三經注疏》本,第5頁。
④ 《禮記正義》卷三九,第1頁。

[卦] 凡(凡)咎,見述日、妻夫、卲(昭)穆、上毀,亡咎。(《咎》,簡七至九)
[卦] 凡(凡)瘳,見述日、上毀,瘳。(《瘳》,簡十至十一)

清華簡整理者於《瘳》下注曰:"本卦例上爲兌少女,巽長女,上節卦例巽爲長女,離中女,卦象相似,皆不能男女相配,或即'上毀'之義。"①案,整理者之説非是。男女相配而促成某種結果,《筮法》中必嚴依"旁通"之例。此例在《筮法》中有乾坤與六子二種,篇中常用"妻夫""相見"稱②,見《得》《咎》《死生》《雠》等章。《得》例一:"[卦]妻夫同人,乃昊(得)。"(簡一至二)此所謂"妻夫同人"者,右下坤、左上坤,猶二妻。右上乾與二坤毗鄰,故謂此二妻之夫爲同一人也。同理,《咎》見"妻夫",謂下二卦乾坤旁通,有妻夫之象。而以"相見"稱者,《死生》例七:"[卦]箬(筮)死妻者,相見才(在)上,乃曰死。"(簡十五至十七)《死生》例九:"[卦]箬(筮)死夫者,相見才(在)上,乃曰死。"(簡二一至二三)《雠》例一:"[卦]凡(凡)雠,參(三)男同女二(女,女)才(在)晷(臬)上,妻夫相見,雠。"(簡十八至二〇)《死生》例七、《死生》例九、《雠》例一,皆以二旁通卦同居於上爲事情之完成。又《死生》例八:"[卦]箬(筮)疾者,弌(一)卦(卦)亢之,乃曰酒(將)死。(簡十八至二〇)"此例右下坤與左上乾旁通,然因一相同之艮卦阻隔,未得相見,故將死耳。總此諸例,可知《筮法》蓋以左右二卦旁通爲事之完成。以此觀之,《咎》中"上毀"與"妻夫"同得"亡(無)咎"之占,若依整理者言以上卦二女"不能男女相配"爲"上毀",則同在一例之中,"妻夫"乾坤旁通可得無咎,爲何不通亦得無咎?故整理者之説可疑。又《咎》《瘳》二例中,述日、妻夫、昭穆俱是《筮法》篇中已見之例,則"上毀"者,頗疑其爲某一易例之別稱。

余於《筮法》思之亦久,竊謂所謂"上毀"者,謂上卦五行相剋或相生也,下詳述之。《筮法·卦位圖》云:

東方也,木也,青色。南方也,火也,赤色也。西方也,金也,白色。北方也,水也,黑色也。(簡四九至六〇)

上揭《卦位圖》文,五行獨缺中央土,以其無卦可以當之,故略之也。依《卦位圖》八卦方位,可知東方震、巽屬木;南方坎、坤屬火;西方兌、乾屬金;北方離、艮屬水。五行之施於《筮法》者,多以相剋取義。《筮法·雨宇》:

[卦] 凡(凡)雨,堂(當)日才(在)下,響而内(入),雨。堂(當)日才(在)上,響而出,乃宇(旱)。(《雨宇》例一,簡十二至十五)

[卦] 金木相見才(在)上,会(陰)。水火相見才(在)下,風。(《雨宇》例二,簡十六至十八)

《雨宇》例二,上卦兌金剋巽木,下卦艮水剋坎火。較之例一,内卦與雨相關而外卦與霽相關,例二內卦與風相關而外卦與陰相關,由此可見,上卦掌管陰雨,而下卦掌管風霽。陰積而成雨,風來而雨霽,雲在上而風在下,與理合。唯兌金剋巽木爲何有

---

① 《清華大學藏戰國竹簡(肆)》,第93頁。
② 案,"相見"一名非旁通例之獨有,五行相剋亦以"相見"稱。

陰象，艮水剋坎火爲何有風象，似無因果可尋，蓋五行相剋，便得此象。以例二核之例一，唯左上卦不同，然例一上下卦亦皆是五行相剋者，例一下卦艮水剋坎火，而上卦坤火剋兌金。可見《雨宇》俱以五行相剋爲占。

用五行解卦有一特點頗值注意，坎卦象水，五行取火。而筮占中用五行而不用卦象。由此推之，《筮法·戰》亦可用五行相剋解。《戰》：

  ☷ 凸（凡）是，內戰（勝）外。（《戰》例一，簡二四至二五）
  ☷ 凸（凡）是，外戰（勝）內。（《戰》例二，簡二六至二七）

例一下卦離五行屬水，上卦坎五行屬火，水剋火，故內勝外；例二上卦離五行屬水，下卦離五行屬水，水剋火，故外勝內。以五行筮戰爭，蓋受兵陰陽學說影響。《孫子·虛實》："能因敵變化而取勝者謂之神，故五行無常勝。"①《六韜·五音》："金木水火土，各以其勝攻之。"②張家山漢簡《蓋廬》申胥（伍子胥）對蓋廬（闔閭）之問作答曰："皮（彼）興之以金，吾擊之以火；皮（彼）興之以火，吾擊之以水；皮（彼）興之以水，吾擊之以土；皮（彼）興之以土，吾擊之以木；皮（彼）興之以木，吾擊之以金。此用五行勝也。"（簡二一至二二）③《漢書·藝文志》："陰陽者，順時而發，推刑德，隨斗擊，因五勝，假鬼神而爲助者也。"顏師古注："五勝，五行相勝也。"④可與參看。

以上所論，係《筮法》用五行例之較顯見者。今考《筮法》一篇，五行生剋於上卦，疑又別稱爲"上毀"。前已述及《咎》《瘥》二例中，述日、妻夫、昭穆俱是《筮法》篇中已見之例，則"上毀"者，當是某一易例之別稱。凡涉上卦之事者，有旁通在上、嚮出在上、五行生剋在上三種。旁通蓋兩者相得，以"毀"名之似不可通。嚮卦爲兌，《周易·說卦》兌"爲毀折"，然嚮、兌在《筮法》中并不取毀折義。如此，則唯有五行生剋一例，殆是"上毀"之義。"五行"既見《雨宇》章，彼章俱是相剋例。以此推之，《瘥》章上卦兌金剋巽木，亦是相剋也。唯《咎》章離水生巽木，却是五行相生。倘鄙說"上毀"爲五行之事不誤，則五行相生亦得視作"毀"之一種。水生木，水氣爲木所洩，亦可謂之毀也。至此，某是以知後世命理家言四柱八字，以傷官（我生而陰陽異者）、七殺（剋我而陰陽同者）俱有損於日元者⑤，其術數思想，蓋可溯至戰國也。又案，諸例中，以五行相剋爲主，後世言六壬者，貴以相剋取用，亦是其理。

---

① 《孫子》卷中，《續古逸叢書》景印宋刻武經七書本，第2頁。
② 《六韜》卷三，《續古逸叢書》景印宋刻武經七書本，第23頁。
③ 張家山二四七號漢墓竹簡整理小組編著：《張家山漢墓竹簡》，北京：文物出版社，2006年，第163頁。
④ （漢）班固《漢書》，北京：中華書局，1962年，第1760頁。
⑤ 按，我生而陰陽同者曰食神，剋我而陰陽異者曰正官，二者常以吉論，故不納入。

■ 年譜與傳記

宣城梅氏家族重要文學活動編年[*]

秦 文

摘 要：本文對宣城梅氏家族重要的文學活動進行編年，以重要家族文人學行爲經、親朋師徒及相關者爲緯，以期有益於宣城梅氏家族及安徽地域文學相關研究。

關鍵詞：宣城；梅氏家族；文學活動；編年

宣城梅氏家族是中國古代重要的文學家族，椒衍瓜綿，至今已近1200年，湧現過梅堯臣、梅守德、梅鼎祚、梅膺祚、梅清、梅文鼎、梅庚、梅曾亮等衆多文學家。其家族文學有史可考的發展沿革貫穿宋、元、明、清四朝，繁衍時間之長、影響之深爲古代家族中少見。本文學活動編年所記歲次，以紀年、干支和公曆年次并列，月、日皆採用夏曆。同一年内諸事，有明確時間者，按先後順序排列；無明確時間者，以"是年"標出置後。凡須説明之内容，皆以按語形式分别置於文獻原文後。

宋端拱二年　己丑　989年

梅詢，字昌言，是年中進士。得宋真宗召試中書、直集賢院，賜緋衣銀魚，累官至翰林侍讀學士，遷給事中。著《許昌集》。生平事跡見《宋史》《宣城縣志・名臣傳》。

　　梅詢，字昌言，宣州宣城人。少好學，有辭辨。①
　　五代時，祖遠掾宣城，因家焉。②

宋皇祐三年　辛卯　1051年

梅堯臣，字聖俞，號宛陵，是年中進士。初以蔭補河南主簿，後任太常博士、國子監直講，累遷尚書都官員外郎。工詩，與歐陽修交好。著《宛陵集》六十卷、《唐載記》二十六卷、《毛詩小傳》二十卷，注《孫子》十三篇。生平事跡見《宋史・文苑傳》。

---

* 作者簡介：秦文，合肥工業大學圖書館學科館員，文學博士，主要從事明清文學研究。
　基金項目：教育部人文社會科學研究項目"《梅氏詩略》與宣城梅氏家族文学的生成演变"（JS2019JYRW0064）；合肥工業大學博士學位專項資助基金"宣城梅氏集《梅氏詩略》研究"（JZ2018HGBZ0094）。
① （元）脱脱等撰：《宋史》，北京：中華書局，1985年，第9984頁。
② （清）李应泰等撰：《宣城縣志》，光緒十四年刻本，卷十五，第1A頁。

梅堯臣,字聖俞,宣州宣城人,侍讀學士詢從子也。工爲詩,以深遠古淡爲意,間出奇巧,初未爲人所知。用詢蔭爲河南主簿。錢惟演留守西京,特嗟賞之,爲忘年交,引與酬倡,一府盡傾。歐陽修與爲詩友,自以爲不及。堯臣益刻厲,精思苦學,繇是知名於時。宋興,以詩名家爲世所傳如堯臣者,蓋少也。①

宋嘉祐四年　己亥　1059 年

宋嘉祐年間,梅堯臣撰修家譜,是年延請好友歐陽修作序。此譜未見於世,僅存歐陽修序。

江南氏族,柳芳以梅與列焉,謂其門第爲清流,其繇來亦遠矣,所惜未有甚顯者。初來京師時,聞有許昌公遇知先帝,同朝以爲榮,所在交承之名勝,始歷歷以居宣城者見稱也,他處不言。既而冒居内翰,有心友聖俞,親爲其猶子,而文章、德行尤其家邦百代之標準。自有文字以來,古今載籍無不博究其精詳,況惟其家族之世系與凡先人之遺事欲爲悉譜,容有見畏於肉譜而不呈巧於心匠乎?不任爲之,顧反出其縑素百番,將其幣錦二兩,謙謙然讓其家譜一事於余筆削之,固辭不脱,而强委焉。且曰:"吾子王朝之太史也,制作一麾,則天下人信之。而後世人信之,抑子思所謂'君子言而世爲天下則'是也。我意誠以此,何深拒?"適老泉來,會而見之,亦力爲其請,遂試爲僭成之,其中亦多參用老泉法也。不知聖俞家以爲何如?謹序。②

宋嘉泰二年　壬戌　1202 年

梅師太,行太七,故稱太七公,生於是年。明萬曆家譜以梅遠爲譜系始,定太七公梅師太出自梅堯臣一支,爲始遷山口第一世。

吾族自宋太七公始,有墳墓在山口。③

師太,行太七,由郡城東門州學之西徙居柏梘山口。淳樸太古,紳有厚德,守約安仁,不事矯飾,宜乎天祚碩人,克昌厥後。宋嘉泰二年壬戌五月生。④

明正統四年　己未　1439 年

宣城太守袁旭爲"表先賢以儀後進者",修梅堯臣墳,率諸生行展謁之禮,又據梅氏家藏本重刻《宛陵集》六十卷。

都官員外郎宣城梅堯臣聖俞《宛陵集》六十卷,今宣城太守袁旭廷輔所重刻也。何爲刻之?表先賢以儀後進者,太守職也。始宣城郡政久弛,袁君至,殫志竭慮,薙奸滌穢,期歲之間,横民以戢,良民以妥。修舉學政,爰興教化;表章先

---

① 《宋史》,第 13091 頁。
② 梅朝宗等修:《宛陵宦林梅氏宗譜》,清宣統二年刻本,卷首"歐序"。
③ (清)梅文鼎:《續學堂詩文鈔》,合肥:黄山書社,2014 年,第 316 頁。
④ (清)梅咸福等修:《文峰梅氏宗譜》,光緒十八年敦睦堂刻本,卷四世次,第 1A 頁。

賢,風勵多士。於是修都官之墳,率學諸生行展謁之禮。①

明嘉靖二十年　辛丑　1541 年

梅守德,字純甫,號宛溪,世稱宛溪先生。明嘉靖十七年(1538)戊戌科舉人,是年中進士。由台州推官歷吏、户二科給事中,出知紹興府,升山東曹濮道兵備副使,改督山東學政,遷雲南參政。後以親老爲由歸,屢薦不出。處族事義正詞嚴,鄉人德之。著《滄州摘稿》《無文漫草》《資省名言》《理學詮粹》《景行録》《宣風集》《寧國府志》《宛陵人物傳》《徐州志》《古今家誡》。生平事跡見《宣城縣志·名臣傳》。

　　梅守德,字純甫,少雋朗。……登嘉靖辛丑進士。……遷雲南參政,以母老不赴。歸,建書院講學,世稱宛溪先生。隆慶中屢薦不起。守德敦文學,尚氣節。②

　　公平生襟次開達,剛直無回,而一切出於平易,宗族鄉黨賴之。……其處族事義正詞嚴,即熒惑百端不聽。於郡邑無私謁,獨民情吏事便否慷慨持論,有司唯唯從事,至今鄉人德之。嘗從文成弟子講學,主於見性,不作步趨嚅嚅詳緩態。……明正德五年庚午六月初五日生,萬曆丁丑殁。③

按:家譜載梅守德中明嘉靖丁酉科應天鄉試,有誤。據核,當爲明嘉靖十七年(1538)戊戌科舉人。

明嘉靖三十九年　庚申　1560 年

梅守德修訂家譜,以遠公之父慨公爲譜系始。該譜爲宣城梅氏舊譜,爲其家據實可考的第一本家譜,惜未存於世。光緒十八年(1892)《文峰梅氏宗譜》存其家譜序一篇。

明隆慶六年　壬申　1572 年

嘉靖、隆慶年間,梅鼎祚編《宛雅》,輯宣城一地由唐至明正德年間詩作。是年,《宛雅》八卷編訂完成。此集共輯詩八卷,計六百三十六首。梅鼎祚,字禹金,號胜乐道人,工詩文,兼擅戲曲,與湯顯祖交好。著《鹿裘石室集》,輯《宛雅》《历代文纪》等。生平事跡見《宣城縣志·文苑傳》。

　　梅鼎祚,字禹金,父守德。……性不喜經生業,以古學自任。……與王世貞、汪道昆諸鉅公游,當時海内無不知有禹金者。④

　　鼎祚,字禹金,行印三。生有異徵,長負大志,十八廩諸生,應明萬曆十七年貢選,入北雍。歸,絶意仕進。工古文詞,博極典籍。嘗懸數千金購異書,於省會

---

① 周義敢、周雷編:《梅堯臣資料彙編》,北京:中華書局,2007 年,第 170—171 頁。
② 《宣城縣志》,卷十五,第 11A—12A 頁。
③ 《文峰梅氏宗譜》,卷四世次,第 48B 頁。
④ 《宣城縣志》,卷十八,第 11A—11B 頁。

間搆天逸閣爲藏書之所。坐蕙樓四十年,手不停披,著書億萬卷,爲海內所推戴,四方之請學者屨恆盈戶。……明嘉靖二十八年己酉正月初三日生,萬曆乙卯八月二十四日午時殁。①

逮覽郡乘諸載記,悉亡當人心;間有之,已裁損過半:每令人讀而於邑呼冤也。茲余方束髮,恕錄廣徵,殺青略就,得如千人,凡如千篇。②

明萬曆三年　乙亥　1575年

梅守德感於"先都官集版久訛缺",與宋儀望相商重修事,後成《宛陵梅聖俞詩集》。

明萬曆十一年　癸未　1583年

梅守峻,字貞卿,號大庚,明萬曆十年(1582)壬午科舉人。是年中進士。初授戶部陝西司主事,出參政山西,分守潼關。上薦賢疏約數十,滿朝推爲忠義之臣。著《銓衡奏議》《燕游草》《雲駕樓集》。生平事跡見《宣城縣志·宦業傳》。

梅鶡祚,字仲舉,號曙海,明萬曆十年(1582)壬午科舉人。是年中進士。任翰林院庶吉士、山東道御史,抗疏論貴妃封號,又疏駁海公峻刑,議及兵不當數易,時聞者悚然。後奉命巡按貴州。著《臺中奏議》《吾兼齋詩集》《瀛洲亭草》。生平事跡見《宣城縣志·宦業傳》。

> 梅守峻,守相三弟,號大庚。九歲能文,有神童之稱。督學耿定向首拔之,曰:"此天下奇才也。"攜之歷蘇松、安池諸郡,與諸士較試輒冠軍,諸郡折服。中萬曆癸未會試,聞母病,不俟殿試,先期告歸。③

> 守峻,字貞卿,行孟一,號大庚。習《禮記》。……迨予告歸里,遷祠廟,修族譜,置學田,敬老賑貧,扶孤恤弱。子弟有志詩書者,無不多方薦引,期於有成。蓋在朝在野,人咸賴之,可謂不愧科名矣。……明嘉靖三十七年戊午十二月十三日卯時生,萬曆庚戌殁。④

> 梅鶡祚,字仲舉,登萬曆癸未第,由庶常改御史。⑤

> 鶡祚,字仲舉,行萬三,號曙海。習《易經》。……公生於明嘉靖三十六年丁巳十二月十九日亥時,殁於萬曆丁亥,得年僅三十一。⑥

明萬曆十七年　己丑　1589年

梅守相,字台甫,號春寰,明隆慶四年(1570)庚午科舉人。是年中進士。歷知魏

---

① 《文峰梅氏宗譜》,卷四世次,第97B頁。
② (清)梅鼎祚等輯,彭君華等整理:《宛雅全編》,合肥:黃山書社,2018年,卷首梅鼎祚序,第7頁。
③ 《宣城縣志》,卷十五,第49B—50A頁。
④ 《文峰梅氏宗譜》,卷四世次,第56A—56B頁。
⑤ 《宣城縣志》,卷十五,第46A頁。
⑥ 《文峰梅氏宗譜》,卷四世次,第109B頁。

縣、南昌,升都水司主事,詔開泇河有功,擢山東布政司參議,備兵東昌,奉敕提督七省漕儲,升雲南布政司參政、廣西按察司廉。著《泇河廟祀》。生平事跡見《宣城縣志·宦業傳》。

> 梅守相,號春寰,教諭繼善長子。萬曆己丑進士。……升廣西按察使,致仕歸。守相自幼廉靜寡慾,承父訓,以不愧不欺爲兢兢。授諸弟經,凜如嚴師,皆以次登顯宦。①

> 守相,字台甫,行庸六,號春寰。習《易經》。由邑廩生應明隆慶三年恩貢,中庚申科應天鄉試,登萬曆己丑科焦竑榜進士。……明嘉靖二十一年壬寅三月初一未時生,崇禎辛未歿。②

明萬曆二十六年　戊戌　1598年

梅守和,字季方,號鏡水,亦號二水,明萬曆十三年(1585)乙酉科舉人。是年進士傳臚。禮部主事轉儀制司郎中,從學河南,升本省參政。分守南陽、按察廣西等,升右布政。生平具識人之慧,校試河南,省試取八十人,其所撥領批與選者六十有七,頌者稱其爲梅夫子。遺稿多散佚,存《平緣閣詩集》二卷。生平事跡見《宣城縣志·宦業傳》。

> 梅守和,號鏡水,守相四弟。性廉靜,閉門絕俗,以詩文雄視一世。戊戌舉進士,廷對二甲第一人。……名宦、鄉賢并祀之。③

> 守和,字季方,行孟四,號鏡水。習《禮記》。……公器度端凝,性情貞介。當三兄聯第之時,獨閉戶著書,不肯交通長吏,數與吳中名士爲布衣交,詩文擅絕一時。……明嘉靖四十年辛酉十二月初七日亥時生,萬曆癸丑歿。④

明萬曆二十九年　辛丑　1601年

梅守峻主持修訂家譜,集守字輩族人旁搜互考,增明嘉靖庚申譜所未備。此譜以梅遠爲譜系始,定太七公梅師太出自梅堯臣一支,以譜明序,強宗固族。

明萬曆三十七年　己酉　1609年

袁宏道爲梅守箕撰《文學梅季豹先生傳》,該文收於《文峰梅氏宗譜》卷末"傳"類,是記錄梅守箕生平的重要文獻。梅守箕,字季豹,號文山,邑庠生。擅詩文,與名士茅坤、王世貞多往來。生平事跡見《宣城縣志·文苑傳》。

> 梅守箕,字季豹。豪宕善飲,喜結客,爲文千百言援筆立就。每用古文字作經義,困諸生不第,輒取諸生業焚之,益肆力古文醉。……名著公卿間,然負氣任

---

① 《宣城縣志》,卷十五,第48A—48B頁。
② 《文峰梅氏宗譜》,卷四世次,第55A頁。
③ 《宣城縣志》,卷十五,第50A—50B頁。
④ 《文峰梅氏宗譜》,卷四世次,第56B—57A頁。

俠,耻干謁,家貧。①

　　守箕,字季豹,行孟三,號文山,邑庠生。聰穎絕倫,讀書一目十行俱下。弱冠已善詩文,雖數千言援筆立就,詞義兼美。獨坐一小樓,不窺牖者數年。茅鹿門聘至吳下,唱和甚摯。王元美與公爲忘年交。司成湯睡菴有"座上若無梅季豹,也容他輩作猖狂"之句,其嘆服如此。……明嘉靖三十八年己未十月初二日寅時生。②

明萬曆四十三年　乙卯　1615 年

是年,梅鼎祚爲梅膺祚《字彙》作《增補字彙補》,推《字彙》成書當在此前。梅膺祚,字誕生,明國子監太學生。一生著述頗豐,以《字彙》最負盛名。

　　膺祚,字誕生,行際五,號絃邱。由邑庠增廣生入太學,授北京光祿寺監事。公沉酣書籍,淹雅灝博,著作刊行多種,《字彙》一書收入《四庫》,尤百世不朽。生平嚴氣正性,笑言不苟。爲宗長,督訓嚴毅,通族靡不敬憚。……明嘉靖三十七年戊午二月二十八日辰時生,崇禎甲戌歿。③

明崇禎十一年　戊寅　1638 年

梅朗中交黄宗羲,過往密切。梅朗中,字朗三,郡庠生。

　　朗中,字朗三,行三,郡庠生。……長好聲氣,雅與吳越諸名彦樹幟騷壇,四方風雅之士無不舟車苾宛,願結交去,故譽日廣、藝日進。字法張王,書規元宋,論者謂:"前有禹金,後有朗三,輝映真千古矣!"……生於明萬曆三十五年丁未七月二十七日,歿於崇禎壬午。④

　　之宛上,訪沈眉生徵君,不遇。欲抵安慶,徵君弟治先壽國知之,拉公入城,則梅朗三、麻孟璿三與徐律時、顔庭生十餘人出迎於路,遂寓徐乾岳家,款留十日。至朗三家登三層樓,發其藏書,朗三贈公以《陳旅集》。⑤

明崇禎十二年　己卯　1639 年

梅朗中與黄宗羲、陳貞慧、冒襄、侯方域、方以智等人加入國門廣業社。

　　是時,江右張爾公自烈舉國門廣業之社,四方名士畢集。而與公尤密者,宣城梅朗三、無錫顧子方、宜興陳定生、廣陵冒辟疆、商邱侯朝宗、桐城方密之,無日不相征逐也。⑥

---

① 《宣城縣志》,卷十八,第 9B—10A 頁。
②④ 《文峰梅氏宗譜》,卷四世次,第 58B—59A 頁。
③ 《文峰梅氏宗譜》,卷四世次,第 96A 頁。
⑤ 黄炳垕:《黄宗羲年譜》,北京:中華書局,1993 年,第 17 頁。
⑥ 《黄宗羲年譜》,第 19 頁。

明崇禎十四年　辛巳　1641 年

黄宗羲與梅朗中同游燕子磯。

> 與宣城梅朗三共晨夕者數月。一日出，步燕子磯，看漁舟集岸，斜陽挂網。有言某家多古畫，公與朗三往觀，二更而返。①

清康熙四年　乙巳　1665 年

梅庚、梅素等十三人聚於敬亭山宴飲賦詩，俯仰流連，梅清將衆人所作結集爲《敬亭唱和集》。梅清，字瞿山，清順治十一年（1654）舉人。少承詩禮，英偉豁達，頗擅書畫，當時名士如王士禛、徐元文、施閏章多相與交之。著有《天延閣前後集》《瞿山詩略》等。晚年常集同族子弟觴咏暢叙，編唱和集。另選編家集《梅氏詩略》，主修家譜。生平事跡見《清史稿・文苑傳》《宣城縣志・文苑傳》。

> 梅清，字瞿山，宣城人，宋梅堯臣後也。清英偉豁達，自立於學，以淹雅稱。順治十一年舉人，試禮部不第。朝士争與之交，王士禛、徐元文尤傾倒焉。詩凡數變，自訂《天延閣前後集》。年七十餘，復合編《瞿山詩略》。……畫尤盤礴多奇氣，嘗作《黄山圖》，極烟雲變幻之勝，爲當時所重。②

> 詩詞雄邁雋逸，遨游燕齊吴楚間，名公巨卿無不推轂，昆山徐元文、新城王士禛尤傾服焉。遠近名流至宣，倒屣相迎，銜杯拈韻，主盟騷壇，後學藉以振起。善畫理墨，松尤蒼雄秀拔，爲近來未有。③

> 清，原名士義，臨場以夢授今名。字淵公，行義四，號瞿山。……晚休宛上，集同志觴咏暢叙，日無虚晷。獎借後起，不遺餘力。掌祠政，創垂有紀，督輯家乘，特其一耳。……選《梅氏詩略》等書。……明天啓三年癸亥十二月二十四日子時生，康熙丙子歿。④

清康熙五年　丙午　1666 年

梅清主修、梅文鼎等人輔修的家譜完稿。梅清與梅文鼎商議，定梅師太爲文峰梅氏一世祖，并推斷其出自宋代著名文人梅堯臣一支。此外，梅清以闡幽表微、搜遺補闕爲己任，領梅氏子弟歷時 26 年時間，輯選自宋至明末 108 位族人詩，成《梅氏詩略》前集十二卷。

梅文鼎，字定九，號勿庵。治《易經》，擅曆算，工詩文。與李光地交往密切，後經其引薦得見康熙帝，賜御書扇幅、"績學參微"四字。著有《績學堂詩文集》，天文、算法書八十餘種。生平事跡見《清史稿・疇人傳》《宣城縣志・儒林傳》。

---

① 《黄宗羲年譜》，第 19—20 頁。
② 趙爾巽等撰：《清史稿》，北京：中華書局，1977 年，第 13358 頁。
③ 《宣城縣志》，卷十八，第 24A—24B 頁。
④ 《文峰梅氏宗譜》，卷五世次，第 70A—70B 頁。

梅文鼎,字定九,號勿庵,宣城人。……疇人子弟及西域官生皆折節造訪,有問者,亦詳告之無隱,期與斯世共明之。所著曆算之書凡八十餘種。……乙酉四月十九日,光地與文鼎伏迎河干。越晨,俱召對御舟中,從容垂問,至于移時,如是者三日。……連日賜御書扇幅,頒賜珍饌。臨辭,特賜"續學參微"四大字。越明年,又命其孫毂成内廷學習。……歲在辛丑,卒,年八十有九。上聞,特命有地治者經紀其喪,士論榮之。①

操履純潔,不欺屋漏,其學一以躬行實踐爲宗,而推本於誠敬,絶不爲理學空談。……生平博覽群書,於天文地理莫不切究,而曆算之學用力尤深。②

文鼎,字定九,行鼎一,號勿菴。治《易經》。……尤篤愛同氣,雖分析公事,獨任經營葬地,以妥先靈。債不責均償,惟以敦睦爲念。遇歉歲,捐金糴麥,濟荒掩暴。興祀田,多爲人所難。能主祠政,扶正抑邪,嚴立規條,戒家訟,禁賭博,搆家塾,興文會,勸耕課讀,以振家聲。家廟爲溪水侵基,改建蒲干,斂費鳩工,多方區畫以成功。生平無他嗜,惟好書籍,耄年不釋手。經濟、理學以及諸子百家皆得其要領,而堪輿之學與曆算同稱獨步四方。知交甚廣,名傾都下,裕親王招致詣府,備加禮數。與相國安溪公尤善,所著《曆學疑問》李公進呈御覽,甚蒙獎許。召見御舟三次,皆賜坐移時,賜御書扇幅、"續學參微"四字。③

清康熙六年　丁未　1667年

梅鋗,字爾止。號桐崖,康熙五年(1666)丙午科舉人。是年中進士。知太平縣,多惠政,升至都察院左都御史,康熙親書"攄誠信"賜之。肆力於族中事務,族人鄉黨感其德。生平事跡見《宣城縣志·名臣傳》。

梅鋗,字爾止,康熙丁未進士。……累遷副都御史、巡撫福建,聖祖親書"攄誠信"三字賜之。……閩人崇祀名宦。④

鋗,原名以行,字爾止,行二,號桐崖。敦宗睦族之誼,更有不容湮没者。康熙乙丑,丁陳太夫人艱,懇請當事免合族櫃解銀兩。合族斂以奉公,公却勿受,送入祠,贖山口田地、山產若干。舊祠傾圮,遷建蒲干,首倡買基地一塊,丈計若干,助爲祠址丁田派用,外捐俸銀五百兩,助爲祠費。公歷官四十餘年,廉潔自矢,不染一塵,時稱"天下清官第一"。解組歸田,蕭然寒素,竭蹶奉公,可謂"孝思不匱"者矣。邑人感其德,合請當事崇祀鄉賢祠。明崇禎十一年戊寅六月十九日寅時生,康熙壬辰歿,享年七十有五。⑤

---

① 《清史稿》,第13944—13955頁。
② 《宣城縣志》,卷十五儒林,第10B—11A頁。
③ 《文峰梅氏宗譜》,卷六世次,第90B—91A頁。
④ 《宣城縣志》,卷十五,第17A—17B頁。
⑤ 《文峰梅氏宗譜》,卷七世次,第87B—88A頁。

清康熙十八年　己未　1679 年

清朝開博學鴻詞科,屢試不中的梅文鼎雖未被舉薦,仍自應賦題作《擬璿璣玉衡賦》,可見其進取之心。是年前後,梅庚與當時名士王士禎、朱彝尊、宋犖、施閏章等過往密切。梅庚,字耦長,號雪坪,清康熙二十年(1681)舉人,任泰順縣知縣。性狷介,擅詩文。生平事跡見《清史稿·文苑傳》《宣城縣志·文苑傳》。

> 庚,字耦長。少孤,承其祖鼎祚、父朗中之傳,益昌大之。施閏章見其詩,引爲忘年交。康熙二十年舉人,爲朱彝尊所得士。性狷介,客游京師,不妄投一刺。士禎主禮闈,庚復被黜,士禎贈詩,引爲恨也。後至泰順縣,有惠政,民德之。①

> 資禀穎異,好讀書,博綜該洽,尤深於詩,同里施閏章推許之,名藉藉聞海內。客游京師,一時名公卿無不折節倒屣,至即傾其座人。②

> 原名以庚,字子長。治《易經》。……公生三歲失怙,兼寡兄弟,家故貧,賴孀慈撫育成立。生有異禀,幼負大志,膽識卓越逾成人。親屬遭奇難,念劉太孺人憂感不釋,挺身籌解,卒慰母心。讀書過目不忘,作詩歌輒多警句。鄉前輩見而奇之,曰:"異日竟乃父志,大振宛谿、禹金兩公以來家學者,定此子也。"同里施愚山、高遺山引爲忘年交,詩文往還歲無虛日,自是學益精、名益遠。惟時海內負文章重望者爲王新城、朱繡水、宋商邱諸前輩,索得公詩如獲異寶,推獎不遺餘力,其見重於時如此。……明崇禎十三年庚辰正月二十日辰時生,康熙丁酉殁,享年七十有八。③

> 康熙己未、庚申間,海寧陸冰修每與宣城施愚山、梅耦長夜過予邸舍劇談,至三鼓始散去。④

清康熙二十二年　癸亥　1683 年

家集編纂人員發生變化。此前,協助編纂者有梅夢綍、梅文鼎、梅以俊、梅鋗;是年,協助者爲梅允開、梅日文等。梅允開,字中伯,號石坪,邑諸生。生平事跡見《宣城縣志·文苑傳》。

> 梅允開,字中伯,號石坪,邑諸生。……兀坐小樓,於經史百家之言靡不淹貫。制舉業駘蕩自喜,尤工詩賦,清麗越俗。⑤

清康熙二十六年　丁卯　1687 年

梅枝鳳重刻《梅堯臣詩集》。梅清邀友人於茶峽草堂籌花果詩會,并將花果會衆

---

① 《清史稿》,第 13358—13359 頁。
② 《宣城縣志》,卷十八,第 27B 頁。
③ 《文峰梅氏宗譜》,卷七世次,第 70A—71A 頁。所述"朱繡水"當爲"朱秀水",即朱彝尊,字錫鬯,號竹垞,因其爲秀水人,時人又稱"朱秀水";"宋商邱"當爲"宋商丘",即宋犖,字牧仲,號漫堂,又號西陂,別署綿津山人、滄浪寓公、西陂放鴨翁等,因其爲商丘人,時人又稱"宋商丘"。
④ 王士禎:《漁洋精華錄》,濟南:齊魯書社,1992 年,第 1011 頁。
⑤ 《宣城縣志》,卷十八,第 26B 頁。

人所作結集爲《花果餘音》。是年,梅清、梅庚以舉人身份,梅文鼎以府學生身份任《宣城縣志》分修官。① 梅枝鳳,號東渚。著《石軒集》《東游草》《東渚詩文集》等。生平事跡見於《宣城縣志·文苑傳》。

  梅枝鳳,號東渚。……補葺《都官集》。②
  吾里舊有詩畫會,予與愚山、耕塢、阮懷、木山、晴巖、蒿莝、曉原、方鄴、雪坪,及方外半山、石濤諸公,聯吟潑墨,一時稱盛。二十年來,雖老成半謝,而繼起尤蕃,於是復有花果會之約。始於丁卯九日,歲必數舉,不拘時地。③

清康熙三十年　辛未　1691年

梅文鼎交方苞。

  君所抱曆算之說,好者甚希,惟安溪李文貞及其徒三數人從問焉。君常閉戶殫思,與吾友崑繩、北固游時,偕來就余,而余亦數相過,乃知君博覽群書,於天文、地理莫不究切,得其所以云之意。所爲記、序、書、論,亦有異於人。④

清康熙三十一年　壬申　1692年

康熙於廟堂親贊梅文鼎。

  你們漢人全然不曉得算法,惟江南有個姓梅的他知道些,他俱夢夢。⑤

清康熙四十一年　壬午　1702年

李光地於隨從聖駕南巡時呈梅文鼎《曆學疑問》,該書得康熙帝贊譽。

清康熙四十四年　乙酉　1705年

康熙南巡,於德州召見梅文鼎,賜"績學參微"匾額。

  乙酉南巡,召見於德州舟次者三,從容問答,賜坐移時,賜御書"績學參微"四大字。謂相國曰:"此學世鮮知者,其人佳士,惜老矣!"⑥

清康熙五十一年　壬辰　1712年

梅瑴成爲康熙帝召供奉蒙養齋,御前校對《周易折衷》《朱子全書》,彙編《律書淵源》等,康熙帝親授其曆算知識。梅瑴成,字玉汝,號循齋,謚文穆。得賜舉人、進士,

---

① 纂修名單見《光緒宣城縣志》卷首"康熙丁卯纂修姓氏"。
② 《宣城縣志》,卷十八,第20B—21B頁。
③ (清)梅清:《瞿山詩略》,《四庫全書存目叢書》,濟南:齊魯書社,1997年,集部第222冊,卷二十七《花果餘音序》。
④ (清)方苞:《方苞集》,上海:上海古籍出版社,1983年,第335頁。
⑤ (清)李光地撰,陳祖武校:《榕村語錄》,北京:中華書局,1995年,第815頁。
⑥ 李春光:《清代名人軼事輯覽》,北京:中國社會科學出版社,2004年,第2851頁。

官至左都御史,後遷籍於江寧上元。

　　瑴成,字玉汝,以燕子。……康熙乙未進士,改編修,與修國史。瑴成肄業蒙養齋,以故數學日進。御製《數理精蘊》《曆象考成》諸書,皆與分纂。所著《增删算法統宗》十一卷,《赤水遺珍》一卷,《操縵卮言》一卷。……卒,年八十有三,謚文穆。①

　　梅瑴成,字玉汝,號循齋,徵君文鼎孫、孝廉以燕子也。幼渾默端,重甫七歲授之算,一日而乘除具。……聖祖曰:"梅瑴成固能承其祖學者。"……宣城自前明詹沂、張綸暨、國朝梅鋗、瑴成,凡四都御史,前三人皆清節矯矯著一世,瑴成媲美,實不少讓。②

　　經聖祖授以借根方法,知與古人立天元一術相同,闡揚絕藝,有明三百年所不能知者。③

　　公沉毅寡慾,恒自念山野諸生,受聖祖特達之知,時懼無以報稱。一生不知榮利,不知禍患,無聲華游燕之樂,無玩好耳目之娱,惟盡職奉公,求無歉於心、無餘於力。在朝數十年,莫非兢業刻厲之日也。精誠上達,歷事三聖,并以清潔見知,疊被恩榮,蕭然不異寒素。致仕南歸,見舊村人多屋少,難以復居,乃卜遷江寧,陋巷一椽,閉門寂守。高宗純皇帝南巡,圖書自適而已,恩賜"承學堂"匾額并御製詩。著作皆自訂,詩文不欲付梓。……生於康熙二十年辛酉四月初二亥時,薨於乾隆二十八年癸未十月十六日未時,壽登八十有三。上聞,命禮部賜祭葬如制,賜謚文穆。④

清康熙五十四年　乙未　1715 年

是年,梅瑴成以内廷行走舉人之身,得"一體殿試"資格。賜進士,任翰林院庶吉士。

清乾隆元年　丙辰　1736 年

梅理中乾隆丙辰恩科江南鄉試第一。

清乾隆三年　戊午　1738 年

梅理以舉人身份任《宣城縣志》同修官。⑤ 梅理,字元爕,號生谷。生平事跡見《宣城縣志·文苑傳》。

　　梅理,字元爕,號生谷。生而穎異,童時即以能文稱。未弱冠食餼,學使姚公三辰極加獎賞,以未與選拔,慰之曰:"生當從科甲,大展厥志,無事此也。"乾隆丙辰鄉試,領解南闈。壬戌會試,本房薦元,不售。由明通榜授桃源學教諭,莅任九

---

① 《清史稿》,第 13955—13959 頁。
② 《宣城縣志》,卷十五,第 18B—21A 頁。
③ 陳作霖:《金陵通傳》,光緒三十年刻本,卷三十一,第 1A 頁。
④ 《文峰梅氏宗譜》,卷八世次,第 118B—119A 頁。
⑤ 纂修名單見《光緒宣城縣志》卷首"乾隆戊午重修姓氏"。

年,主修《桃源縣志》。又刻有《勸士錄》,遍示諸生。其貧不能就傅者,招至署中授讀。壬申成進士,授吏部考功司,丁艱旋里,纂修家乘,服闋赴補。丁丑會試充同考官,四月轉文選司。①

理,原名諧長,雍正己酉以乩仙授今名。入泮,字元熒,行詵一,號生谷。治《易經》。……公生而穎異,祖母郭孺人愛憐之,謂他日必當光大吾門。束髮就塾,即有文名。家貧力學,雖負耒荷鋤,恒歌吟道左,旁若無人。……旋卒於京邸,所著詩古文集因此率多散佚。公性孝友,修族譜、主祠政,井井有條。……生於康熙五十二年癸巳二月二十九日子時,歿於乾隆二十二年丁丑五月二十七日巳時。②

清乾隆七年　壬戌　1742 年

梅毂成主持編修宣城梅氏乾隆壬戌譜,梅予援、梅裕長、梅理等人參與,是年完稿。梅予援,字繩波,號米山。是年成進士。生平事跡見《宣城縣志·文苑傳》。梅裕長,字問則,行三,號萊園。生平事跡見《宣城縣志·文苑傳》。

梅予援,字繩波,號薏沙。乾隆壬戌進士,除徐州府學教授。家有天逸閣,多藏書,寢食其中,肆力稽古,博綜該洽,學使李公紫庭以王元美"梅家樹樹花"之句稱之。③

予援,字繩波,行三,號米山,晚號薏沙。由邑廩生中乾隆辛酉科舉人,壬戌金甡榜進士,補授江蘇徐州府教授,敕封翰林院編修。……康熙三十四年乙亥二月二十二日午時生,乾隆丙子歿。④

梅裕長,字問則,號萊園,大中丞鋗之孫、安慶府學訓導勗成子也。幼聰穎,徵君梅勿庵館其家,嘗受業焉。長益嗜學,宜興儲中子、太湖魯亮儕以父執授《史》《漢》諸書。太守黃公叔琪甚器重之,招致公署,談藝竟日,無一語干私,黃益敬禮。中式雍正甲辰恩科舉人,十試春官不第。銓授河南彰德府涉縣知縣。⑤莅任半載,即解組歸,布衣蔬食,授徒課孫。仿香山遺意爲九老會,郡守李公本樟、邑侯凱公音布、高其望時擯輿從顧其廬。乾隆三年纂輯邑志,邑侯吴公飛九敦請,不與。是時,我族方重修宗譜,屬公與族尊秉筆。公則矢勤矢慎,凡閱數寒暑,曲盡敬宗收族之誼,而公之辨本末、權輕重亦概可見矣。康熙二十四年乙丑十月初三日辰時生,乾隆戊子歿。⑥

清乾隆十七年　壬申　1752 年

梅理成進士。梅毂成爲《宛雅》總集作序,自豪之情溢於言表。

---

① 《宣城縣志》,卷十八,第 38A 頁。
② 《文峰梅氏宗譜》,卷九世次,第 83A—83B 頁。
③ 《宣城縣志》,卷十八,第 33A—33B 頁。
④ 《文峰梅氏宗譜》,卷九世次,第 74A 頁。
⑤ 《宣城縣志》,卷十八,第 34A—34B 頁。
⑥ 《文峰梅氏宗譜》,卷九世次,第 91A 頁。

辛未春,張君芸墅自粵東貽書,致《宛雅》一部,曰:"《宛雅》者,公家禹金先生所輯宣城人詩也。……"余重嘉兩君繼美之誼,而此書又肇端於余家,何敢以不文辭?①

清乾隆二十二年　丁丑　1757 年

梅立本,字秋崶,號望園。梅予援次子。乾隆十七年(1752)壬申科舉人。是年成進士,殿試一甲第二名,授翰林院編修、國史館總裁。壬午科江西主考官,終廣西學政。

立本,字秋崶,號望園,一號金粟,行五。郡廩生,應乾隆五年拔貢,朝考取入鑲藍旗官學教習,考職候選州同。壬申恩科,中式北闈舉人,遵例考取內閣中書,補實食俸。以辦事勤謹引見,奉旨軍機處行走。丁丑科進士,殿試一甲第二名,授職翰林院編修、纂修、國史館總裁、壬午科江西主考、癸未科會試同考官、丙戌年廣西學政,行實詳見後傳。康熙五十八年己亥十月初四日亥時生,乾隆戊子歿。②

清乾隆二十六年　辛巳　1761 年

梅瑴成感魏荔彤所編《梅氏叢書》序之冗亂、刊刻未精,是年攜子梅鏐等人對其加以重訂,并入己作《操縵巵言》《赤水遺珍》,名《梅氏叢書輯要》。

經史大部之書,其卷次類皆通長編列,每卷首標書之總名,而分注細目於其下,既展卷瞭然,即初學無難閱讀。今仿此例,釐爲六十卷。③

清乾隆二十七年　壬午　1762 年

乾隆帝南巡至江寧,梅瑴成攜子梅鈫等接駕。

鈫,字用和,行順四,號隅菴,國學生。乾隆壬午南巡,隨文穆公接駕,欽賜舉人。……不樂仕進。晚年倡立文穆公祠於江寧,捐田八百金供祭享公費。壽登九十,雍正元年癸卯十月十五日亥時生,嘉慶十七年壬申正月初三日未時歿。④

清乾隆五十年　乙巳　1785 年

梅冲,字衷淵,號抱葊。是年前後,梅冲與袁枚相識,其所作《隨園八十壽言》可爲證。

冲,字鍾源,行忠五,號抱葊,郡廩生。嘉慶庚申恩科舉人。以子曾亮貴,誥

---

① 《宛雅全編》,卷首梅瑴成序,第2頁。
② 《文峰梅氏宗譜》,卷十世次,第69B頁。
③ (清)梅瑴成編,梅續高重訂:《宣城梅氏叢書輯要》,同治十三年刻本,卷首梅瑴成序。
④ 《文峰梅氏宗譜》,卷九世次,第122B—123A頁。

贈朝議大夫。乾隆二十七年壬午七月十五日午時生,道光六年丙戌十一月二十七日□時歿,享年六十有五。公於學多所涉獵,時推淹雅。著有《勾股淺述》《離騷經解》《然後知齋經義答問》《莊子本義》《陰符經解》《然後知齋詩文集》《增訂事類賦》諸書行世。①

先生年七旬,我呈駢體序。於今又十年,文名更廣布。②

按:家譜記載梅冲字鐘源,据其重訂《梅氏詩略》記,當爲衷淵。

清乾隆五十五年　庚戌　1790 年

姚鼐執掌鍾山書院,梅冲拜其帳下。是年,梅冲撰《壽姚惜抱先生六十》。

大江擁層嵐,桐邑英靈積。累世生大儒,我師奮偉跡。③

清嘉慶八年　癸亥　1803 年

梅曾亮於鍾山書院初晤姚鼐。梅曾亮,原名曾蔭,字伯言,又字葛君,號相月齋居士。道光二年(1822)壬午科進士,官至户部郎中。詩多清麗,工於古文,師承姚鼐,爲道光年間桐城派領袖,宗稷臣、朱琦、龍啓瑞、王拯、邵懿辰、曾國藩等多從其問法。著《柏梘山房詩文集》。生平事跡見《清史稿·文苑傳》。

梅曾亮,字伯言,上元人。少時工駢文。姚鼐主講鍾山書院,曾亮與邑人管同俱出其門,兩人交最篤,同肆力古文,鼐稱之不容口,名大起。……義法本桐城,稍參以異己者之長,選聲練色,務窮極筆勢。道光二年進士,用知縣,援例改户部郎中。居京師二十餘年,與宗稷臣、朱琦、龍啓瑞、王拯、邵懿辰輩游處,曾國藩亦起而應之。京師治古文者,皆從梅氏問法。④

曾亮,字伯言,行一,又行六,號葛君。道光辛巳科順天鄉試舉人,壬午聯捷進士。簽發貴州知縣,援例改户部郎中、貴州司行走,覃恩加一級,誥授朝議大夫。公少喜駢儷之文,及長,更有志於漢唐作者,爲文義法一宗桐城,稍參以歸太僕。成進士後,以不樂外吏,乃入貲爲郎。居京師二十餘年,篤學嗜古,聲名益重。當是時,曾文正公國藩、侍講學士龍公啓瑞、國子監學正劉公傳瑩、侍御史朱公琦等皆以古文詞爲時望所推,傾倒一世,而所業必來質於公,俟其可否爲重輕也。凡當世名公達人碑銘傳志多出其手,所謂"碑版照四裔",公無愧焉。⑤

此間作古文有荆谿吳仲倫,作詩有江寧管同。又梅總憲有一曾孫,忘其名,纔廿一歲,似異日皆當有成就者,亦視其後來功力何如耳。⑥

---

① 《文峰梅氏宗譜》,卷十世次,第 116B 頁。
② (清)袁枚輯:《隨園八十壽言》,南京:江蘇古籍出版社,1993 年,第 54 頁。
③ (清)梅冲重訂:《梅氏詩略》,道光五年敦睦堂刻本,續集卷八,第 1 頁。
④ 《清史稿》,第 13426 頁。
⑤ 《文峰梅氏宗譜》,卷十一世次,第 98B—99A 頁。
⑥ (清)姚鼐撰,盧坡點校:《惜抱軒尺牘》,合肥:安徽大學出版社,2014 年,第 96 頁。

清嘉慶十年　乙丑　1805 年

梅曾亮經其師引薦,得識管同。

　　夏,從惜抱先生游。惜抱遣往見管異之。①

清嘉慶十三年　戊辰　1808 年

梅纘憲以生員身份任《宣城縣志》校訂職務。②

清嘉慶二十一年　丙子　1816 年

梅冲撰《然後知齋四書五經答問》。

　　以家學淵源篤攻經義,從游者率多早達,取其講授所積成《四書五經答問》二十卷,蓋專取古今所稱疑難者而具論之。……即採用舊説,亦搜輯博奥,而抉擇精核,皆學徒所當知者。③

清道光二年　壬午　1822 年

梅曾亮成進士。

清道光三年　乙酉　1823 年

梅冲、梅曾亮等修宣城梅氏道光乙酉譜完稿。

清道光四年　甲申　1824 年

梅曾亮在宣城文峰家塾中講學。

清道光五年　乙酉　1825 年

乾隆年間,梅冲勉循前轍,在重訂梅清所編家集之外,補録康熙中期至道光初年梅氏家族九十位文人詩作,是年付梓。

清道光十年　庚寅　1830 年

宣城知縣梁中孚重刊梅堯臣詩集。

清道光十四年　甲午　1834 年

梅曾亮入貲爲户部郎中。

---

①　(清)梅曾亮:《柏梘山房詩文集》,上海:上海古籍出版社,2005 年,第 670 頁。
②　纂修名單見於《光緒宣城縣志》卷首"嘉慶戊辰重修姓氏"。
③　(清)梅冲:《然後知齋四書五經答問》,嘉慶二十一年承學堂刻本,卷首胡克家序。

清咸豐三年　癸丑　1853 年

太平軍攻占上元。金陵梅氏家藏《梅氏叢書輯要》舊版毀於兵燹。

清同治十三年　甲戌　1874 年

梅纘高恐家學湮没，欲謀補刻，於坊間購書，偕其子梅壽康、侄梅壽祺校讎重刊《宣城梅氏叢書輯要》。

  纘高，原名之珪，字卓庵，行三，又行八，號緒堂。邑庠生。山東臨朐、益都、恩縣知縣，遷濮州知州，以功擢知府三品，銜二品，封典誥，封通奉大夫，賞戴花翎。光緒三年十二月奉旨入祀山東名宦祠，又於光緒五年十二月十八日奉旨旌表建坊，入祀本邑孝悌祠。……告歸後倡修宣城宗祠，重鋟《梅氏叢書》三十餘種。江寧支祠亂後將就傾圮，神主無存，房屋蕩盡，公竭蹶修復，爲力是視，不以責人。於文穆公以下各祖墓歲時祭掃，周曆必親攀慕松楸，依依不忍去。……生於嘉慶十八年癸酉二月二十三日卯時，殁於光緒元年乙亥正月初三日卯時，享年六十有三。①

  始聞南城族人小蘇太守已先我付梓，且感且愧，亟於坊間購閱，乃知其名則文穆公更正之名，而其書則仍魏氏原刻之書。②

清光緒十一年　乙酉　1885 年

宣城梅氏金陵分支譜成。舊時譜帙繁重，印量有限，多藏於宗祠中，經太平天國一役多已損毀。光緒年間，文峰梅氏金陵分支梅壽康不忍見此，訪先人之遺跡，始修梅氏金陵分支家譜。

  壽康，字少庵，號嘯山，行三又行六。國學生，同知銜湖北候補知縣，以績功得保候補。班前遇缺，儘先即補，俟補缺後以直隸州知州用。先換頂戴，嗣因洋務出力，復保加運同銜。生於道光十二年壬辰正月十三日寅時。③

清光緒十八年　壬辰　1892 年

宣城梅氏清光緒壬辰譜成。此譜由梅咸福主持修纂。卷首有秦際唐、胡壽祺、陳兆慶、謝慶增、梅壽康序。

  咸福，字子綏，行一。後選從九品。道光十四年二月三十日辰時生。④

---

① 《文峰梅氏宗譜》，卷十二世次，第 69A—69B 頁。
② 《宣城梅氏叢書輯要》，卷首梅纘高序。
③ 《文峰梅氏宗譜》，卷十三世次，第 49A—49B 頁。
④ 《文峰梅氏宗譜》，卷十三世次，第 59B 頁。

桐城派學者賀培新藏書入藏國家圖書館考述[*]
——兼論藏書家研究的開放性思路

張廷銀　徐慧子

摘　要：桐城派學者賀培新（賀孔才）於1949年新中國成立前夕向國家捐贈的圖書，版本價值雖無十分特別之處，但在這樣一個特殊時刻而有這樣的特殊舉動，其藏書版本價值之外的文化情懷更值得肯定。而因爲一些歷史原因，這批現藏於國家圖書館的圖書，雖前後編有幾種目録，然各個目録之間互有差異，需要在核對原書的基礎上進一步厘整統一。作爲向被視爲守舊象徵的桐城派的重要人物，賀培新收藏大量關於現代、西方文明的書籍，同樣是值得關注的現象。如何對待賀培新這樣的并非十分重要却比較獨特的藏書家及其藏書，應該是當代藏書史研究需要深入思考的問題。

關鍵詞：賀培新；潭西書屋；國家圖書館；桐城派

賀培新（1903—1951），又名賀泳，字孔才，號天游、無逸廬、潭西居士。以字行。河北武强人。藏書家。在新中國成立前夕的1949年3、4月間，賀孔才將其家三代苦心經營之全部藏書及書板無償捐贈給北京圖書館（今國家圖書館），并得到政府的嘉奬。但由於賀氏藏書并不以特别珍稀之本著稱，再加賀孔才本人過早蒙冤離世，其捐贈圖書之事漸爲人所遺忘。這不僅對賀培新本人不公，對歷史不尊重，也反映了藏書史研究視野的局限性。兹據國家圖書館檔案等資料，對賀培新藏書捐藏國家的原始過程稍作臚述，兼述藏書家研究的開放性思路問題。

一、賀氏三代藏書概略

據賀孔才《潭西書屋書目稿·序》[①]，其藏書之原始基礎是乾嘉間其太高祖購藏的書籍。高祖兄弟三人，同治間析產時，分别以紹業堂、述業堂、廣業堂各得其一。光緒間，賀孔才祖父賀濤[②]除了繼承二房述業堂藏書外，又購得三房廣業堂之書。只有

---

* 作者簡介：張廷銀，北京語言大學中華文化研究院教授，文學博士，主要從事中國古代文學及古籍整理研究；徐慧子，國家圖書館展覽部。
① 國家圖書館檔案，又見於王達敏等整理：《賀培新集》，南京：鳳凰出版社，2016年，第416頁。
② 賀濤（1849—1912），光緒十二年（1886）進士，刑部主事，主講信都書院兼冀州講席數年，藏書齋號爲壽真堂。

長房紹業堂之書被售予他人。也就是說,到了賀孔才祖父之時,其太高祖及高祖輩、祖父輩所收藏書籍,差不多有三分之二盡歸賀濤所有。賀濤有子三人:葆初、葆真、葆良。賀葆初早亡,賀葆良則疏於家業,只有賀葆真喜藏書,與嘉業堂劉承幹等有比較多的交往。在其《賀葆真日記》①中,多處記到賀濤、賀葆真父子抄書、藏書的情形。賀葆真雖也有一子賀植新,但他對賀葆良的兩個兒子賀翊新、賀培新却十分關心,將他們帶到北京讀中學和大學,直至步入社會、走上研學之道。這樣看來,賀濤的藏書後來至少有一部分是歸了賀培新之手的,賀培新據此還編撰了《武強賀氏壽真堂藏書目》,收錄 729 部②,其中有 332 部未見於《潭西書屋書目》,或者册數與《潭西書屋書目》著錄的不同。據此可以看出,賀濤藏書中將近一半并未能被賀孔才直接承繼。賀孔才《潭西書屋書目‧序》中歷述賀家幾次分家析產情況,根據賀培新自述,賀氏歷代藏書中之二分之一略強爲賀孔才所繼承,賀孔才潭西書屋的其他書籍,則基本爲其個人所不斷收藏。賀孔才的藏書既有其家族世代遞藏的基礎,也有他個人苦心孤詣的經營。

《潭西書屋書目‧序》介紹,光緒三十年(1904),其祖輩某人之蘊德堂藏書移入北平時,因爲寓室空間有限,不得已暫存於某中學圖書館中,以致書中都被鈐上了該中學之印記。據有關資料,賀培新之兄長賀翊新曾任北京大同中學校長,則賀孔才所說某中學,或即大同中學也。如果我們有機會全面調查國家圖書館所存賀孔才之原藏,將不僅能夠找到這個中學的具體名稱,還可以回答蘊德堂藏書是否歸於賀孔才潭西書屋的問題。

二、賀培新藏書入藏國家圖書館的基本過程

賀培新是一個富有正義感的藏書家。1949 年 3 月 25 日,中共中央機關由河北西柏坡遷入北平,就在這一天,賀培新將家藏萬餘册古籍以及五千餘件文物全部無償捐給了國家③。在新中國即將成立、許多人都面臨對新舊兩個政權做出選擇的關鍵時刻,賀培新的這一舉動不僅是對新政權文化事業的極大支持,對於正處於選擇中的知識分子無疑也具有很大的召喚意義。因此,當時的北平軍事管理委員會特地頒發了嘉獎令:"本市賀孔才先生於北平解放後兩次捐出其所有圖書、文物,獻給人民的北平圖書館及歷史博物館,計圖書一萬二千七百六十八册、文物五千三百七十一件。賀先生忠於人民事業,化私藏爲公有,首倡義舉,足資楷模,本會特予嘉獎。"④《人民日報》予以專門報導,中國歷史博物館同時還舉辦了"賀孔才先生捐贈文物展"。賀培新

---

① 徐雁平整理:《賀葆真日記》,南京:鳳凰出版社,2014 年。
② 此目之鈔本現藏北京大學圖書館,感謝北京大學歷史系朱玉麒教授及其研究生徐姝同學代爲抄錄并核對。
③ 《賀孔才先生捐獻藏書十萬卷》,《人民日報》,1949 年 3 月 31 日,第 2 版。又見於《賀培新集》,第 647 頁。
④ 《賀孔才捐獻圖書文物北平軍管會通令嘉獎》,《人民日報》,1949 年 4 月 28 日,第二版。《賀培新集》,第 647—648 頁。

之後也被委任爲文化部文物局辦公室主任,協助鄭振鐸、王冶秋工作。可謂榮極一時。

據國立北平圖書館 1949 年 3 月 31 日呈報給軍管會文化接管委員會的函,北平圖書館於 3 月 25 日、26 日、28 日分三次移運完畢賀孔才全部藏書,共計 1438 種、12768 册(北平軍事管理委員會的嘉獎令中也是這個册數),其中善本 80 餘種、拓本 70 餘種、舊抄本及稿本 20 餘種,"均稱名貴"①。賀孔才《潭西書屋書目·序》云:"北平解放,適書目草成,遂依目點交國立圖書館,將永爲國家人民所公有。"②可見因爲當時接受、移運時間比較集中,未能一一清點核對,這裏所説的各種數據均是依據賀孔才自己編撰的《潭西書屋書目》,與最終實際接收的數據不完全一致。於是,1950 年 6 月 29 日北平圖書館給文化部文物局報文,呈送賀孔才捐書清册 4 份,報文中説實際收到賀孔才捐贈書籍 17374 册、國史壁畫 80 幅、未裝訂《畿輔藝文志》1 宗、各種書版 4883 塊③。除了當時移運時未提到的國史壁畫、《畿輔藝文志》及各種書版,書籍册數比當時所説的 12768 册多出了 4604 册,却并未提及書籍的種數,不知册數增加是由於前後統計的出入,還是種數有了變化。因爲賀孔才在 1950 年 5 月 8 日致函國立北平圖書館,詢問其捐贈清册事④,因此北平圖書館在給文物局報文的同時,也給賀孔才復函,感謝贈書并寄去清册。其中提到贈書種數仍是 1438,没有説明這個數字是最終清點的結果,還是繼續沿用了賀孔才自己提供的數據。1950 年 7 月 10 日,北平圖書館再次呈文文物局,對賀孔才捐書清册中卷數情况做出解釋:清册中"原册寫卷數者共壹百柒拾肆卷半",係原始目録中注有册數而言,并非在册以外又有壹百柒拾肆卷半⑤。目前還不十分清楚這"壹百柒拾肆卷半"到底指什麽,但可以肯定的是,賀孔才自己的目録與後來北平圖書館清點目録中卷數也出現了不完全一致的情况。此外,在今國家圖書館文津街分館,還有内部工作使用的、編制於 1949 年 3 月的《賀孔才贈書登記簿》,編號自 15001 號起,16086 號止,共有圖書 1084 部⑥。各個目録的計算標準不同,出現的數字也不一樣。可見圖書之著録以及册數、卷數之統計這些看起來非常基礎的工作,都不是那麽輕鬆簡單的事情。

三、賀氏藏書入藏國圖前後幾種目録的差異

在現今國家圖書館檔案室里,同時保存有賀孔才自己編撰的《潭西書屋書目》(以下簡稱潭目)和當時北平圖書館清點後所編製的《賀孔才先生捐贈圖書目録》(以下簡稱賀目),如果將這兩種目録與《賀孔才贈書登記簿》(以下簡稱登記簿)分别進行對

---

① 國家圖書館檔案人字第 53 號"報接收賀孔才捐贈書書"。
② 《賀培新集》,第 416 頁。
③ 國家圖書館檔案民字第 723 號"呈送賀孔才捐書清册四份請核備"。
④ 現藏於國家圖書館檔案室。
⑤ 國家圖書館檔案民字第 768 號"呈文物局陳明賀孔才捐書清册中卷數之解釋請鑒察"。
⑥ 古籍統計之"部"與"種"稍有不同,種指書名、卷數、版本等各有不同,部則指書籍之書名、卷數、版本以及册數完全相同之若干重複,相當於"複本"。

照，會發現互相之間在書籍之有無、數量之多寡以及版本年代等方面都存在一定的差異。比如顧炎武《天下郡國利病書》、李佐賢《古泉匯》，登記簿中都有，而潭目和賀目則均未見；《朱子大全》一百卷，登記簿和賀目有，潭目則未見。最令人不解的是，賀目和登記簿雖然命名不同，但都是針對賀孔才捐書而來，不應該有任何差異，實際上却發現二者不一致的地方比比皆是。比如《大清搢紳全書》《中國大學叢書》等10餘種書籍，賀目中有，但登記簿却不見。同樣的，登記簿中有，却不見於賀目的則更多，據初步統計，有300多種。

1949年4月20日，北平圖書館收到賀孔才函，請求將其贈書中《孔才刻石第四集》等書的複本轉贈給歷史博物館各一部，北平圖書館在承辦該文的"批示"欄，有"請楊先生檢出"等字；1950年1月11日文化部文物局致函北平圖書館，轉贈文物局辦公室主任賀泳（即賀孔才）補捐的《泳齋説印》一書；同年5月7日賀孔才又致函國立北平圖書館，稱其自輯評注的《史記》因爲上半部借出未回，因而在首次交接時只提交了下半部，現在上半部業已還回，於是特意補寄俾完璧。從這些情節可以知道，賀孔才贈書在被移運到北平圖書館之後還發生過增加和減少的情形，登記簿中有而賀目中不見的情況，也許有一部分就是出於如上這樣的原因。但兩者之間竟然有300餘種的差異，準確的原因是什麽，仍然難以解釋。

筆者目前依據的賀目，是國家圖書館檔案室所提供的掃描影印件，或許有遺漏，但300多種書籍，反映在目錄上絶不止一兩頁，不太可能全部屬於遺漏。登記簿顯示的完成時間是1949年3月，說明這是在移運接收賀氏藏書時就同時完成的一份目錄。由於集中接收，時間緊湊，自然不能保證十分的從容，不過，就這份登記簿的記錄看，當時也并没有太過草率。比如《古泉匯》除了書名、作者、刊刻年代、刊刻者等項外，在備注欄中還詳細注明："陳介祺批校并跋，李佐賢批校。五集六十四卷。首集四卷，元集十四卷，亨集十四卷，利集十八卷，貞集十四卷。利集卷八第九葉缺、卷十一第三葉缺。"逐次記錄每集的卷數及缺葉情況，這已經是比較正常的目錄工作狀態了。朱熹《朱子大全》、元楊士弘《唐音》之備注中不僅詳細記錄卷數及缺葉與抄配情況，還對賀目中題爲元刻的版本年代重新進行了訂正，均改爲明刻[①]。這裏雖然没有具體記載依據什麽而改，但熟悉古籍版本厘定尤其是版本修正的人都知道，這肯定是一個比較謹慎的考查過程。這似乎提醒我們，在《賀孔才先生捐贈圖書目錄》和《賀孔才贈書登記簿》之間，更應該相信後者。然而，令人十分不解的是，登記簿成於接受賀氏藏書的有限時間内，賀目則直到接收賀氏藏書的一年之後纔提交，爲什麽登記簿比較審慎而賀目反而相對簡率呢？現在看不到當時工作安排的更詳細資料，估計承擔具體工作的，前後可能是不同的兩撥人，又或者是對某個具體問題的認識前後發生了變化。

看來，關於賀孔才藏書、捐書的幾個目錄之形成及其相互關係，仍然需要做進一

---

① 國家圖書館目前所使用的古籍目錄沿用了"明刻"的版刻年代。而王冬玲：《賀孔才——被歷史遺忘的中華文化保護者》（原載《北京青年報》，2002年4月9日，天天副刊，第32版。又見於王達敏整理：《賀培新集》附《研究資料彙編》）以及崔建利、王雲：《〈徐世昌年譜〉及其編者考論》（原載《民國檔案》，2009年第1期，第135—140頁。又見於王達敏整理：《賀培新集》（附《研究資料彙編》）等則繼續稱元刻本《唐音》、《朱子大全》。

步全面細緻的比對分析。

不僅如此,賀孔才自己的藏書目《潭西書屋書目》,與他爲祖父賀濤藏書所編的《武强賀氏壽真堂藏書目》,除了前文所説數量與書目差異外,在編著體例上也有很大的不同。前者雖有不盡完備之處,但基本是一個較爲正常的書目架構,而後者則僅有書名和册數(記爲若干本),無編撰者姓名、無卷數、無刊刻年代及印刷方式,完全是一個草目。不知道賀孔才爲什麽要編制這樣一份目録?類似於賀孔才這樣的藏書家的書目理念及書目實踐,本身就值得我們去思考。

四、賀氏藏書的突出特點及價值

關於賀氏藏書之特點,鍾姝娟《武强賀氏藏書刻書述略》[①]概括爲三點:重實用,不追求版本之珍奇;突出桐城派文獻特色,多桐城派名家批校本;印譜、碑帖類文獻豐富。這個概括基本符合賀氏藏書之總體特點。這里需要稍作補充的是,賀氏藏書中所體現的現代眼光和開放意識。

由登記簿和賀目可以看出,賀孔才藏書中除了傳統的經史子集類文獻外,還有大量的有關現代科學文化知識及外國思想學術史的書籍。前者如《統計學》《社會學導言》《政治學概論》《經濟學概論》《通貨新論》《貨幣與銀行》《國外匯兑》《物價指數淺説》《商業常識》《小學教育概論》《幼稚園教育概論》《科學方法漫談》《科學單位》《數理叢談》《數學全書》《測量術》《物理學概論》《光的世界》《顯微鏡術與人生》《化學學校》《原子能與宇宙及人生》《氣象學》《日用生物學》《植物學小史》《微生物》《公共衛生學》《内燃機》《傳染病》《造船》《橋梁》《飛行原理》《汽車與公路》《工商組織與管理》《現代會計學》《審計學》《廣告》《染色術》《冶金工程》《新人生觀》《服務與人生》《家庭與婚姻》《婦女運動》《馬克思主義與唯物史觀》《社會主義神髓》等,後者如《西洋哲學小史》《心理學簡編》《邏輯底原理》《西畫概要》《近代西洋繪畫》《蘇聯集體農場法》《訪英日記》《近代法國小説集》《近代俄國小説集》《歐洲大陸小説集》《近代日本小説集》《泰戈爾短篇小説集》《美國短篇小説集》《佛蘭克林自傳》《雪萊傳》《蕭伯納傳》《華盛頓》《盧梭》《歌德》《托爾斯泰傳》《尼赫魯傳》《威尼斯商人》《英雄與美人》《失樂園》《魯賓遜漂流記》《浮士德》《格林童話全集》《茶花女》《易卜生集》《福樓拜短篇小説集》《天方夜譚》《奧德賽》《馬可波羅行記》《美國史略》《歐洲文藝復興史》《澳洲建國史》《現代印度》《南洋史綱要》《歐戰發生史》《華盛頓會議》《日本民族性研究》《歐洲新憲法述評》《東西文化批評》《羅素論文集》等,大約有600種(部),占賀孔才捐書三分之一還强。這自然與賀孔才本人生活的時代有關,在賀孔才時代,中國已經出現了大量關於世界文明的書籍,作爲藏書家,賀孔才不會對此視而不見。但與賀孔才處於同一時期的藏書家并不在少數,如賀孔才這樣積極地大量地收藏關於現代的、西方的文明書籍,似乎并不多見。賀孔才可謂是近代藏書家中面向現代、面對世界的第一人。

賀孔才這樣的收藏眼界不僅對藏書事業有重要的啓發意義,在他個人以及家族

---

① 鍾姝娟:《武强賀氏藏書刻書述略》,《山東圖書館學刊》,2015年第2期,第98—102頁。

也有值得引起我們思考的地方。我們知道，以賀濤爲代表的賀氏家族，是北方桐城派的重要力量。賀濤是吳汝綸、張裕釗的及門弟子，緣此之故，賀濤本人及其子賀葆真等與桐城派之二代、三代保持了密切的交往，在學術、創作等方面深受桐城派之影響。桐城派作爲清代一個隊伍龐大、影響久遠的散文流派，因爲比較推崇秦漢文章、弘揚儒學理學思想、講究義理、反對俚俗，因而到了晚清及近代革新思潮出現後，被視爲保守落後的代表，五四新文化運動中將"桐城謬種"和"玄學妖孽"并列爲亟需摧毀的封建餘孽，即可以看出它留給世人的印象。

賀孔才是賀濤之孫，又拜吳汝綸之子吳闓生爲師，桐城派的基本精神當然會在他的身上留下很深的痕跡。其詩文閎肆典麗，自成格調，所編纂《文編》汲取《古文辭類纂》和《經史百家雜鈔》的精華，張揚桐城派的精神和爲文門徑①。然而，繼承桐城派學術和寫作的精神，并沒有禁錮賀孔才收藏和閱讀的視野。由上面所引舉的書名，完全看不出有任何保守落後的痕跡，相反倒是富有十分激進的革命色彩。這將在較大程度上改變我們對學術師承與藏書理念關係的理解，甚至改變對桐城派的一些偏頗觀點。由此我們也認爲，賀孔才最後積極獻身新中國的文化和建設事業，尤其是無私地將累世辛苦經營的書籍捐贈國家，這完全是真誠自然的藏書家情懷。

五、藏書家及藏書史研究應有更開放的思路

中國是一個典籍豐富、收藏家眾多的國度，其中那些收藏了內容重要、版本珍貴的藏書家，無疑是最需要關注和研究的對象。然而，正如同書籍之重要并不僅僅在於其版本之奇特珍稀，對藏書家的研究也不當局限於書籍的版本角度。與書籍有關的圖書流通、文化傳承以及藏書家的人格修養、心理活動等，都可以作爲研究的內容。藏書家研究應該有更廣泛的領域、更開放的思路，如果只盯着幾部重要典籍的珍稀版本，就是對藏書家的極大不公，更是藏書史研究的自斷其路。

就本文所涉及的賀孔才藏書而言，上文已經提到的賀孔才原藏書的積累過程、入藏北平圖書館（國家圖書館）的經歷、目錄與藏書之對應關係以及賀孔才藏書中所體現的學術傾向、學理思路，等等，都是值得進一步完善和思考的問題，因爲它們都關乎一個問題，即我們是否尊重歷史、是否尊重藏書文化精神的問題。特別是藏書文化精神，我們認爲在現實生活中以及學術研究中被嚴重地低估和淡化了。

我們曾經非常固執地認爲只有重要的人物和重要的書籍，纔是值得關注和研究的。這種以爲掌握了藏書研究重心的觀點，恰好是藏書研究使命的致命缺失。筆者所接觸的繆荃孫、陳垣藏書，其實都沒有特別珍稀的版本，如果以版本珍稀程度來論，他們無疑都不夠研究的條件，但如果不研究他們的藏書及藏書過程，我們對近代中國文化的發展、對文化發展與書籍之密切關係，就會缺少最直接的了解。當然，繆荃孫、陳垣等人的藏書雖然不夠珍稀，但他們的學術影響足夠大，因此，也可能從其他的角度進入研究的視域。相較而言，如賀孔才這樣藏書不夠珍稀、無重要學術影響、無顯

---

① 《賀培新集》，前言，第 2 頁。

赫政治地位的藏書家，境遇就比較恓惶了。但即使如此，就應該嗎？賀孔才身上除了珍稀藏書、顯著影響和顯赫地位，難道就没有值得研究的問題了嗎？

　　賀孔才藏書進入北平圖書館即今國家圖書館後，大多鈐蓋了"一九四九年武强賀孔才捐贈北平圖書館之圖書"長方形朱印。這枚印章是怎麽來的，没有留下相關記載。從當時的捐贈過程看，似乎不太像賀孔才自己刻製并鈐蓋，但這樣的文字表述又好像是出自賀孔才之口，或者是爲了體現賀孔才在特殊時期無私捐贈的心意及精神，而特意做出這樣的表述。其中最有意義的當然是"一九四九"和"捐贈"，前者體現了賀孔才在特殊時刻所做出的重要抉擇，後者則説明這是無償的、無條件贈予，不同於有些藏書家的"捐獻"，總是附有一定的條件。在這樣的特殊時刻而做出這樣的驚人舉動，體現了十分可貴的變私藏爲公藏的無私奉獻精神，而這種精神無論對於延續傳統中國的文化血脉而言，還是對於新中國的文化建設而言，都是非常必要的，應該予以無條件的襃揚，至少可以從學術角度給予足够的關注。十分遺憾的是，在新中國成立不久的"三反"運動中，賀孔才遭到不公平的對待以致蒙冤自盡。賀孔才藏書，特别是藏書捐給國家的舉動竟然也很少有人再提起，這實在是有些不應該。藏書家研究如果只盯着其收藏的那些珍貴典籍而忽視其珍藏典籍以及舍私藏爲公益的精神，研究的意義就減弱了許多。尤其是捨私藏爲公益的精神，在文化設施比較薄弱的時代裏迫切需要，在經濟力量比較雄厚的今天同樣需要。文化事業是一項艱辛細緻的工作，只有更多的人關注并投入，纔有可能實現真正意義上的繁榮和發展。中國一些大型藏書機構的圖書建設，主要依靠了政府的調集和重要藏書家的貢獻，但許多如賀孔才這樣的非重量級藏書家以及無數普通讀者的貢獻，也絶對不可忽視，從認識層面甚至還要更加重視。筆者曾經在國家圖書館所藏一本極其常見的圖書的扉頁上，看到一位來自山西姓馮的公民的贈書題記，大意是自己因病，有一段時間没有給北京圖書館買書贈書了，今天病癒，趕快去新華書店買了這本書，并寄往北京圖書館。對於偌大的北京圖書館來説，這本書當然是無足輕重的；但對於全中國的文化事業來説，這種精神則是十分寶貴的。我們的藏書研究如果因爲這本書及藏書捐書者的身份不够顯赫，而對其漠視甚至歧視，那就是研究者的冷酷與失職。

　　事實上，爲廣大公民提供文化服務的圖書，往往正是那些版本不够珍稀的普通圖書。因爲只有這些圖書數量較大，分布較廣，尤其是還没有因爲要重點保護而易爲普通讀者所接觸。賀孔才的藏書因爲版本較爲普通而被現今國家圖書館分置於文津街的普通古籍中，於是就有更多的學者以及其他讀者看到了曾經爲賀孔才所有的這些古籍，有許多人都對"一九四九年武强賀孔才捐贈北平圖書館之圖書"這枚印章印象深刻，更從鈐有這枚印章的書籍中，獲取了大量的知識與文化。我們還能説賀孔才不重要、賀孔才的藏書不重要嗎？

施愚山詩文新輯

彭君華

摘 要：施愚山(1619—1683)，是清代詩壇有特色、有影響的重要詩人。他的人品、官品，在當世即已獲得很高的聲譽。作爲清初著名詩人、文壇宗匠，與山東詩人宋琬并稱"南施北宋"，頗受當時詩壇名家、大家如王士禛、沈德潛、紀昀等的推崇。他的作品沒有收入刊刻的集子之外而散佚者尚不在少數。本文從其長孫施琮遺存的兩部手稿等著作中，又輯得其詩文信札計約八十篇(首)。

關鍵詞：施愚山；佚詩遺文；搜輯

由何慶善、楊應芹兩位先生整理的《施愚山集》，列入《安徽古籍叢書》，於1992年開始陸續出版，迄今已逾四分之一個世紀。其間，有關愚山先生詩文輯補，較有規模者主要有陸勇強、諸偉奇、章建文、夏建圩等學者。目下，增訂本繁體字版《施愚山集》已經完成出版。新版充分吸納了前述四位的輯補成果。此外，筆者受楊應芹先生之托，整理愚山先生長孫施琮的稿本《愚山先生年譜》和《學餘集客問隨述》，又從《愚山先生年譜》中新輯得愚山先生詩文多首(篇)。還有，筆者主持的《宛雅全編》的整理，亦頗有收穫，均一并收入新版中。新輯者，計詩12首(含佚題殘句、詩序和聯句)，文21篇(含殘篇)，信札47封(含《甲辰四月廿六日書扇示兒淳》)，大體按類編排，依時爲序。其中，字跡漫漶或草書遽難認定者，統加□以示。

施琮(1671—？)，字倚赤，號意園，曾搜集整理乃祖著作，自康熙戊辰(1688)之後，孜孜矻矻，時間長達二十多年。他除了校訂棟亭刻本《學餘集》的訛誤，寫成《學餘集客問隨述》之外，又增訂輯補了愚山先生詩文集，編撰了《愚山先生年譜》。可惜的是，增補本愚山先生詩文集迄今下落不明。

以下詩文輯補，凡只括注年代者，均輯自《愚山先生年譜》。

春日陌頭歌(存序)

余甲午三月客涇川，時水西桃花盛開，一夜風雨敗盡，所謂盲風怪雨活葬西施，因野坐爲此歌。歌成，不覺黯然欲哭。

(順治十一年)

---

* 作者簡介：彭君華，安徽大學安徽省古籍整理出版辦公室編審，從事古籍整理研究及編輯出版。

游慧力寺(擬)

城南古寺客來稀,偶逐春風到竹扉。自笑浮生閒不得,野雲空繞使君衣。

(康熙元年)

丁巳初夏之七日衮山道中偶拈書於東大覺寺

其一
心學於今更不疑,虛中有主百骸隨。欲求存養真消息,冷暖憑君早自知。

其二
不倚詩書紙上尋,詩書處處總徵心。畫前識得無言意,却把韋編用力深。

(康熙十六年)

憶　昔

憶昔宿逆旅,通晨眠未醒。猶憎主人聒,張燈喚客行。中年見衰耗,朝昏集百情。夜闌甫晏息,未曉如有營。寒月皎在户,顧謂東方明。高聲促僮僕,爾不聞鷄鳴?馬力既已竭,畏途仍宵征。道逢濠上叟,笑我勞此生。桑榆不可待,輟駕且歸耕。

(清施念曾、張汝霖《宛雅三編》卷七施閏章下)

送吴九表叔還里

玉笋峰頭正夕曛,石龍城下悵離羣。寒催木葉江湖白,棹入潮聲吴楚分。孤客醉看廬阜月,百年清夢敬亭雲。故園蕪廢親交老,此夜歸心并逐君。

(《宛雅三編》卷七施閏章下)

送梅子翔(枝鳳)

秋風一夕起,庭樹葉皆飛。孤宦百憂集,故人千里歸。岳雲閑不散,江雁去還稀。遲暮兼離别,愁君雪滿衣。(按:陳詩《皖雅初集》卷十九甯國府宣城縣施閏章,首句作朔風一夜至,岳作岱,閑作寒。)

(《宛雅三編》卷廿四詩話下引《池北偶談》)

送沈治先

此去定回首,應知余腸斷。

(《宛雅三編》卷廿四詩話下引《國雅集詩評》)

贈孤山澄心二上人(擬)

地近雙羊好,身隨獨鳥閑。

(《宛雅三編》卷廿四詩話下引《宣城縣志》)

即席奉送念東先生還山聯句二首 仝高念東、王阮亭、宋牧仲、謝方山。

其一

莫教嚴漏促行觴，阮亭。好月遲來縱我狂。念東。九老幾人歸洛社，牧仲。五言今日賦河梁。阮亭。還山白首身猶健，愛客清尊夜未央。愚山。他日登臨重相憶，方山。平泉風物輞川莊。阮亭。

其二

瀟灑由來屬樂天，曠懷今復見菑川。方山。香山舊隱人歸去，長慶新詩世久傳。阮亭。纔罷朝參翻獨笑，愚山。頻耽野飲縱高眠。牧仲。勞君三叠殷勤唱，我已風塵四十年。念東。

（《宛雅三編》卷廿一聯句施閏章）

聖安寺聯句 仝高念東、王阮亭、謝方山、錢介維、袁士旦、宋牧仲。

暮雲如斷山，返照林下寺。阮亭。蕭散乃良覿，斷續幽人至。入門盼寒柯，揖讓爭行次。念東。牆剝古時紅，柏剩經冬翠。士旦。肅肅僧寮清，穆穆禪宮閟。方山。草創緬金元，爰嘗借初地。寺內舊有金世宗、章宗像。元初奉太祖以下神主於寺之瑞像殿。牧仲。金貂會三族，絳節來群帝。爰遡大定年，下泊至元世。剎那人代變，彈指山河異。阮亭。茆社閉天陽，仍歸瞿曇氏。念東。法像窮雕鏤，鄭重先皇界。寺有佛像，出大內。牧仲。鷲嶺舊飛錫，龍馭屢回轡。旃檀佛嘗飛至寺中，元學士程鉅夫有記。百靈走蒼茫，三軍赫鼓吹。愚山。妙相初無言，宛若拈花示。維摩不二門，灼然第一義。念東。畫壁商喜留，吳裝何詭麗。牧仲。絕筆追顧陸，纓絡雜珮璲。方山。天女靜窈窕，雲旗儼容裔。牧仲。勢伏龍虎馴，氣攝魑魅悸。方山。旃檀邈古跡，金粟爛名繪。介維。竹房穿碧烟，苔碣捫綠字。昨聞捷奏宣，黔陽走吳澦。從此罷鼓鼙，花龕得高會。牧仲。殿閣明佛鐙，齋厨出香豉。方山。生菜薦春盤，巨匕削羊胾。介維。難窮祖帳情，時念東將還山。略遣文字戲。愚山。擁鼻發長吟，談天奮高視。酒氣徹鬢眉，墨痕浼指臂。士旦。雅調紛鳳鷟，險語掣鷹鷙。笑驅山可移，怒號星欲墜。韓杜競倔強，皮陸間流易。錯雜成宮商，一滴大海味。愚山。既足張楚軍，亦已拔趙幟。念東。舒嘯和哀猿，振藻慚上駟。牧仲。共擬寒山詩，聊述淨名意。阮亭。鼠鬚爭葳蕤，鴝眼交睥睨。揮毫詑脫兔，敵人不及避。介維。河岳曠遙情，海岱羅奇思。欣感共顛倒，主客謝拘忌。愚山。縶烏錯群賢，旗鼓當大帥。士旦。斗揚號禪窟，東安妙談議。未能離塵垢，稍欲借鉗錘。阮亭。精藍梅吐苞，老樹烏垂翅。蒲牢時一鳴，牟尼靜如睡。士旦。飛甍落罘罳，空垣凋薜荔。牧仲。篆烟縈狻猊，香台蹲甗甀。方山。野馬靜諸天，蒼隼側雙眥。士旦。醉鄉戰已疲，重圍或可潰。天寒僕御愁，促別喧車騎。念東。回聽金琅璫，星河宿檐際。阮亭。

（《宛雅三編》卷廿一聯句施閏章）

學餘詩集自序

先大父逮先大夫，世從事理學，不廢咏歌。閏章生數歲，先大夫口授唐人絕句，使童子群歌相和。時稍悦其音節,長遂好之。愁以之釋,病以之藥,饑渴以之食飲。早孤多難,骨肉零落,每側首獨吟,顧影婆娑,未嘗不歌且涕。然亦坐是曠事而失時。何也？讀書有觸,便廢卷而哦；一字未安,輒推枕不寐。杜老以文爲吾病,韓子目詩爲餘事,良有慨也。

（天啓四年）

茂緑軒詩序

憶予初因孟貞交與治,爲崇禎壬午。性故好詩,然方從事舉子業。後十年所,與治多病,予役在四方,不能數唱酬。今稍力爲詩,而二君皆已死。

（崇禎十五年）

邢孟貞石臼全集序

乙酉冬,始與孟貞稱詩。兩人指歸各以自閟：孟貞疑余或岐之,余亦疑孟貞或予岐,而俱不以相告也。

（順治二年）

燕游草自序

燕都之游,始自丁亥春公車北上。是歲,以多病,未竣闈事即遄歸矣。

（順治四年）

重訂制藝引

制義之道,與時推遷。一時所艷稱爲珠玉錦繡者,不數年而敗繒瓦礫矣。朝華夕謝,時使然也。而其中有不變者存,非徒其辭云爾也。

余舊有制義行於世,賈人數易其板。既歷十年所,不復記憶。一日,長安過客館,見二生咿唔一編,裝帙完好。索觀之,則予舊制義也,中有不足者存。予皭然失笑曰：“若所謂享敝帚以千金耶？是故吾,非今吾也。夫予之窮精殫思,徒事于斯,有年矣。操儒生家言,斤斤求當於聖賢之指。含毫揣摩,如見其人,如聞其聲。懼弗肖也,曲以赴之；懼弗達也,擴而張之；懼弗工弗潔也,追琢而濯磨之。根極理要,斟酌時宜,采春華而佩秋實。蓋未欲以矜氣出之,躁心乘之。而求其毫髮無憾,夐夐乎難言也。”

人情習其所苦則以爲樂,久之而不能忘。長夏休沐,校讎舊稿,取其什伍,非敢自謂可存,聊以志予進身之初服焉。雖然,子雲博麗多奇字,晚乃悔其作賦,曰雕蟲壯夫不爲也；而予猶沾沾於雕蟲之不若,余則陋矣。

丙申嘉平月,愚山自題。

（順治十三年）

學試表引

闈牘之二三場,所以觀士之通達古今,彬彬博雅也。其大者見於經策,固已。至於表,雖雕蟲小技,言或瀰濔,音叶宮商,非才富手嫻,鮮有咄嗟立辦者。

丙申秋，余官比部，推擇學使者，當就閣試，例先書義，表次之。予不事對偶聲律之文久矣，簿領之餘，酒間馬上輒綴數聯，得表十餘通。已而皆不用，爲友人攜去。頃自青還濟，發敝笥，得草稿十之五，辭誠不工，興會偶屬，心手油然，亦足快也。

鄒魯文學性成，必有詳博愷切如敬輿，清逸流暢如子瞻者，其以是爲嚆矢，可乎？丁酉六月朔。

（順治十四年）

海岱人文序

《海岱人文》，先後二集，各序之詳矣。既竣，乃合而論之。

或曰："美哉！泱泱乎《大風》也哉！"或曰："此非傳世之文也，何太自苦爲？"是不然，君子居其位則思其職。官以校士爲職，吾勉其所爲者而已，何憚勞焉？且士懷瑜抱璞，憔悴伊吾，惟恐不見知於人；而人亦庸衆遇之，搖搖乎不敢自信也。拔而張之，鏤其文而行之，其人忻然自幸其學之有益，進而不已；而人亦相與嗟賞之。興起於學，以抑佻達而厲廉恥，不爲無助。連城之璧，無求於卞和氏，而屢獻益勤，至抱而泣諸野。身之不恤，而惟恐璧之不見知於人，此其心即卞和不自解也，所以爲璧知己也。

雖然，人不易知，知人亦不易也。閩章固陋不敏，安知無懷瑜抱璞、戴仁履義之士，覿面失之者乎？而徒沾沾於鏗鏘之文乎？夫知人之明，吾不能學也，不敢不盡其心。上之求下也以實，而下之應舉也以文。文者，實之表也。君子聞人之言，必觀其行。吾與諸生切劘言行，見文者稍有徵矣。其進於是者，將以諸生之言卜之也。

（順治十六年）

觀海集自序

集以"觀海"名者，山左之所作也。山左故海國，又孔、孟聖賢之里。所謂觀於海者難爲水，游於聖人之門者難爲言也。詩文凡若干篇，刪者十之三四，同志之所論定也。

余才不逮古人，學不足爲人師，硜鄙迂闊。違道曠官之慮，憂讒畏譏之意，三年惴惴，未嘗一日釋諸懷。憔悴疲瘵，抑鬱抱痾，蓋難一一爲人告語也。四方愛我者多徵索近詩，病不能應，爰出以災木，而述其概若此。

（順治十七年）

北征詩自序

近罕言詩，蓋奪於事，不暇也。且見天下稱詩者日益多，求所爲進於是者，不即命筆。至傳頌稍間，把杯岸幘，栩栩舟車，山水間觸手成篇，其爲物也，來不可已，去不可追，不得已而遇焉者也。

頃祗役入賀，涉彭蠡，下揚子，渡河而北，自秋徂冬，往還將萬里。其間風濤滯留，山川綿邈，驚砂動地，積雪在衣。間與京洛故舊把酒相勞苦，官亭驛舍，頹倚乍醒，輒得數語，急索筆書之。蓋勞人行役之言，取快俄頃，不自知其工拙古今高下也。

然使無是役也，汨没簿書，神智耗弊，吾又知其不暇爲矣。異日試取讀，所過山川都會、朋舊讌游，歷歷如目前事，尚無忘之。遂次爲《北征詩》。

甲辰十一月廿八日，愧蘿居士閔章漫記。

（康熙三年）

四君詠序

孫徵君夏峰、魏光禄環溪、張學士簣山、熊學士青岳。

四君者，余獲交其三，獨未見熊學士，然竊聞其垓矣。間綴四韻，人不辭漏，事不期詳。匪曰擬古，并不柬寄。（施琮按：後又自删《熊學士》一首）

（康熙十四年）

孝友黄石墓表

先生父鈞色，貧甚，以針工自給。十餘歲，父命世其藝，先生泣不應。明日，又呼，不應。父撻之，問所願，曰："願讀書。"父怒，愈撻之，日惟號泣。鄰翁聞之曰："此佳兒也，何撻爲？"因送之鄉塾，受句讀。

先生早夜勤敏，無嬉弄。父私喜。及學將成，里中推爲童子師。先生朝不廢館業，夕歸而奉養無方。每夜起爲母治湯藥，晨炊上父食，且具一日饌，始疾趨赴館，暮復樵汲爲夜計，歲以爲常。

崇禎乙亥，補邑弟子員。是冬，謝氏翁以女妻之。夫婦養益力。客言於宣令，余公颺折簡延見，深加器許，有澹臺子羽之目。己卯録科，且舉德行。及省試歸，而喪謝氏。時父已歿數歲，而母猶卧病。先是，賴謝以養母；及謝亡，室中無人，先生館翰撰楊公家，距子舍數里，向暮必歸，具藥餌，侍卧起，至手滌溺器。經數歲，人無知者，鄰媪見而賢之，稍聞於邑中。

順治癸、甲間，督學翰林藍公、巡按御史竇公先後按部，邑令王公同春上其事，旌其門閭。由是，里中藉藉稱黄孝子云。

（《宛雅三編》卷三黄石）

大母吴太孺人行略（殘）

閔章幼罹天譴，三歲失先安人，大母哺之。又病痁，屢濱死。

（萬曆四十八年）

閔章九歲失先府君，大母日皇皇泣不孝孤，謂吾曩者寬而，以而父在，今責在而矣。

（天啓六年）

湖西告病乞歸狀

己丑叨中進士，旋補刑曹。一病歲餘，至辛卯方得赴部。

（順治六年）

書慧力寺僧册

壬寅正月朔二日，予以事出城南，得古刹曰慧力，其年最久遠，境稱靈異。雖佛閣壞漏，僧廬寂寥，而倚岫臨溪，林木森蔚，翛然有物外之意。予坐少頃即去，馬上得句曰："城南古寺客來稀，偶逐春風到竹扉。自笑浮生間不得，野雲空繞使君衣。"

閱旬日，半公自白門來訪，語及慧力寺有僧弁山，將修舊業，先於寺後營一亭，規制閒雅。將自竭其力，而後求助於人，蓋亦有可喜者。乃因半公之請，爲書數語。俟落成來游，若果有可記也，當爲之碑其事。

(康熙元年)

題請爲遵諭敬陳荒墾爲裕賦之源而除荒又蘇困之要請照地方情景酌量時宜以豁明累事

竊惟足國足民者，乃帝王經邦之訏謨；而權重權輕者，乃循吏安民之良法。欣逢皇上親理萬幾，惓惓愛民，廣開言路，洵端本澄源之美化，千古喜報之奉會也。今日諸臣言安民之策、裕富之謀，已詳且切矣。臣何敢摭拾套語，以混睿鑒？謹就職言職，試舉臣所守湖西道之地而言之。

湖西三郡，惟臨江最疲。臨轄四縣，惟新喻最困，而新淦次之。新淦已經查勘，止有荒糧千餘石，現在分別開墾，可以漸次成熟。獨是新喻一縣，瘡痍未起，病入膏肓，自戊子年來遭兵燹之後，廬燼民散，或相連十數里，或數十里，無非蔓草封丘，只覺爨烟斷絕。前經按臣笪重光題蠲荒糧共乙萬五千七百零七石乙斗，惟望陸續墾種，以圖生聚。無奈十年內水旱災祲無歲不有，荒逃愈甚。撫臣於康熙二年巡歷臨袁，取道喻郊，見其延袤數十里田盡荒蕪，廬皆瓦礫，檄臣查議，臣謹條報六條。撫臣因題委臨江府同知查勘，臣得而督催之。據查得新喻縣原額荒熟共糧七萬二千二百零二石三斗。除蠲荒之外，尚有五萬六千五百零乙石有奇。最慘者，災傷迭見，民難耕作。又，除逐圖勸墾田地共乙千六百五十八石七斗外，實查出逃絕新荒共五千四百乙十三石六斗，俱經册報，無從着落開墾。且額賦難虧，有司惟知按圖盈索。嗟此孑遺，因荒累熟，因逃累存，非相繼逃竄，即相繼疲絕。似此景況，若不至新荒與舊荒連阡、彼絕與此絕接踵而不已也。

臣目擊心酸，又不敢擅文申請題蠲，以悖每年開荒之例。今幸隨對揚之班瞻天顏於咫尺，復遵頒諭陳言，謹抒愚忠。切見新喻縣所最重者莫過於民命；重視民命，即所以重視額賦。況此癃瘵細氓，熟田尚虞再荒，若勒其開墾，是螳臂當車，不惟力不能勝其任，且驅之立就冥路，究何益於田賦也？伏乞皇上廣好生之德，敕諭撫臣再行確查，或暫時除荒，俟其喘息稍定，徐議招墾碩畫，庶賦可裕而困可蘇，而恩澤流於萬里矣。

(施琮按：此是甲辰秋以湖西道入覲時所陳疏稿，見雜帙中。)

(康熙三年)

新喻縣田地錢糧數目單

原額田地塘共乙萬四百貳十頃七十七畝五分三厘六毛，山在外。該糧共七萬二千二伯零貳石三斗有奇。內除原報荒蕪田乙千九百九十二頃七十七畝九分二厘乙毛，該糧乙萬五千七伯乙石乙斗。餘實在田地塘共八千四伯廿七頃九十九畝六分乙厘五毛，該糧五萬六千五百乙石零。

共墾過原荒田地二百乙十五頃六畝八分九厘八毛六絲五忽。

又墾過新荒田地共六伯三十四頃五十畝四分八厘八絲零。

又查勘出無主逃絕新荒田地共七伯八十二頃六十三畝二分六厘八毛七絲二忽四微六纖。

(《愚山先生年譜》附)

殘衛僉造無丁漕艘勢難足額事疏

竊惟糧運首賴漕艘，造船例係屯丁；每年按籍僉造，考成責在軍廳：利害切身，誰敢怠緩？惟是江西四衛八所，各處荒殘，大非昔比，袁州爲最。袁自元末明初鎮將歐普祥召兵萬餘，占據其地。洪武三年投順，將所招之兵編□於遠衛城守，編六千戶於本衛屯田管運。其時，家戶殷富，計船有一百一十隻。至故明末季，兵荒頻仍，流亡相繼，船漸缺額。

自我朝定鼎，遍搜軍籍，僅餘殘丁一百九十六名，鰥寡孤獨廢疾之人均在數內。有衛無丁，船缺殆盡。節年拮据，朋造一十九隻。後又奉文足額，無處搜括，於一百九十六名內挑選身家稍給者僉爲獨造。共計前後新舊有二十二隻，額數四不及一。而屯丁筋力已枯，每至僉造漕船，環集哀號，或鬻妻子以充費，或棄家室以遠逃。田荒屯廢，額追屯糧銀數，無可追呼，該衛官役且將俸薪工食賠補屯糧，以完考成。何況漕艘重務，可責之鳩形鵠面之殘丁乎？此時，按籍取盈，束手無策。

總之，此一役也，頻年挽運，兄亡弟累，父死子拘，一造動費千金，稍修亦需百兩。船料雖給官□，而承造工費不貲。以原額屯丁六千戶編造之漕船，責之今存一百九十六戶之殘丁，多寡難易相去天淵，民力既竭，官法將窮。

臣伏見皇上力圖省約，視民如傷，不敢不直陳疾苦。爲今之計，莫若將現造之船責令承運，其餘各散軍暫時修養。俟其招集生聚，再圖僉造，勿拘額數。則殘衛不至盡空，而漕運後效可睹矣。

(《愚山先生年譜》附)

康熙丙午清江縣獲虎稟單

獲虎之地，離城廿五里，地名城前汪家村，與十二塅大路相距咫尺。

康熙丙午十二月廿五日事。

(康熙五年)

(制藝)"願無伐善"後二幅

負天下之高行而德色不形者，英達之士能爲之。而其衷實有不可一世之思，吾猶謂其誇鄙。夫立德立功，俗儒驚其不朽，吾黨以爲固然。古有道并神明、思敷水土，而玄圭既錫之年，猶下昌言之拜，聖帝所以譽擅不矜也。吾私心嘗仰之。

慕盛德之若愚而謙下守績者，深謹之士能爲之。而其心未有廓懷若虛之度，吾猶病其矜隆。夫智名勇功，識者僅知蓋藏，碩儒與以淡漠。古有德極而流言、勳高而震主，而風雷未動之時，不陳縢册之忠，風人所以矢歌膚遜也。吾寤寐嘗思之。

(施琮《矩齋先生外傳》)

白岳游記自記

此文向已刻之新安,頃恨其太瑣如帳簿,又喜五老峰一段,不忍焚棄,遂痛刪之,計今已十三年矣。乙巳除夕前三日記。

(康熙四年)

甲寅小册詩自記

是歲人日,聞滇警,郡邑戒嚴。春苦雪。雪後連陰雨半歲。六月,大旱赤地。涉秋,始得雨。九月三日,聞寇陷新安,吾郡人洶洶四竄,棲山填谷。予襆被芒屩,往來東郭南山間,如遷木窮猿,歲暮始還家。蓋一年無安坐而歌矣。

(康熙十三年)

(壬寅)與陳階六札

莆田余先生弦歌敝邑時,弟尚在童子隊中,極蒙品題,至今不敢忘。

(崇禎十一年)

寄沈耕岩札

(一)

章自忝鄉薦,即違素心。己、庚之間,病且逾歲,數瀕於死。

(順治七年)

(二)

蓋授官雲司者三年而後抵部。在部月餘,尋有粵西之役。萬里馳驅,衝炎涉瘴,變生不測,又數瀕於死,僅以身免。

(順治八年)

(三)

上元後一日,薄游新安。意欲從白岳發軔,而褰裳蓮花峰頂,盡攬其勝;取道仙源以歸,問字函丈:真快事也! 不謂到處牽纏,味同雞肋。而先王母卜兆期迫,遂遄歸矣。

(順治十二年)

(四)

近在青原講學,諸子固請要領。不得已,而名之曰"存誠"。孔子之主忠信,曾子之貫以忠恕,《大學》曰"誠意",《中庸》曰"至誠":皆是物也。司馬溫公以誠教人,從"不誑言"始。試一簡點,便未易盡。故知愷愷君子之近而難也。吳幼青曰:"行如司馬文正公,才如諸葛忠武侯,謂有得於聖賢則未也。"言非不深遠。概以此論道,殆東坡所謂"龍肉不得到口"者也。

(康熙五年)

復胡山人札

舟數過龍山，不得見龍山處士，惘然成咏，如途歌里語耳，直寫胸懷，無與於詩。來書洋洋千百言，稱引過甚。所惠詩懇切篤至，又似非貌許而衷違者，益非所敢望。

不佞先世皆理學布衣，以著書明道爲己任，其視雕蟲、取富貴直腐鼠耳。不佞鄙薄，用制科得官，遂以文詞稱。又少嬰疾病，讀書輒憊，不克竟所學，意嘗怏怏。私冀得十年無事，擁書數萬卷，聚海內博聞強記有道之士，尚羊嘯歌，長爲蠹魚，願畢矣。碌碌仕官，非其志也，且又不得有爲於斯世。足下負才績學，不宜老困書生，僕竊爲足下幸。

今天下民窮網密，急在軍需，以催科爲上考，即伊、周、稷、契之才，徇祿則不可，行道則不能，亦當束手失志矣。不佞按部徵宿逋，稍見成效，當事或以爲能。然取民間賣兒鬻女之文以免督過，中夜思之，未嘗不凄然泣下。古之逸民，所以潔身高卧，自放於山巔水涯之間，老死無恨者，蓋爲此也。

（康熙元年）

與王願五札

貸金糶穀，爲屬吏受累，固是苦事，增後來佳話矣。州縣衝疲，猝難應命，然人心不死。得黃金千億，不如留一片墮淚碑。

（康熙元年）

與柏建平札

州縣昔稱勞人耳，今困人已甚，賢者當不樂久居此。然武城彈丸，子游弦歌不廢矣。郎川故巖邑，其民嚚易，動好訕長吏，至扞網不却顧，或者長吏實甚。比聞下車刻厲自守，爲之喜不寐。惟介以立身，和以及物，收士氣於離析之日；征徭期會，則推赤心置父老腹中。呼號告誡，可愕可涕，必有翕然回應者。輿頌既歸，慎勿以情傲人，則上下豫附，事無棘手矣。僕行之已效，不敢不以告執事。

（康熙元年）

與陳伯璣札

（一）

《使粵》諸板，久置高閣。有坐索者，亦不與。其中删去十三四，存者間有改竄。秋冬之間，欲匯前後諸刻爲數卷。今如來教，從元本録六十首，極感阮翁虛懷，然實與私心刺謬。願稍遲付梓，將《使粵》本選目録一通見寄，弟即照改本謄寫馳上。雖未必盡當，必視昔爲妥帖。少陵云："老去漸於詩律細。"往時草草應酬，多忽過。近者訟庭茂草，於此道略加簡點，知"細"字消息。倘先已刻成，存之不用可也。

（康熙元年）

（二）

《國雅》選刻精嚴，別有手眼。陳人敝帚，尤費苦心，愧不敢當。近聞議禁私刻，此道遂將劫灰。惟蓋藏之，再看機會。大抵近日詞場如金戈鐵騎，滿目殺機，履霜可懼，其勢不至於血戰塗地不止，殆造物者復還混沌之大鉗錘也。

（康熙二年）

（三）七月十五

石莊之文，學富而氣盛，一往直瀉，少淡折渟涵之致。大抵綜貫有餘，淘汰不足；鋪揚有餘，蘊藉不足。以視古人深渾峻潔、結構迥殊、渺無梯級者，誠有間矣。要是，有本之學如山珍海錯、饌玉炊金，取諸宮中，咄嗟立辦；非如世俗淺儒，作官庖酒傭，以他人塵羹塗飯作供帳具也。士爲知己者用，後之人必有知者。即以此蒙失言之譏，吾何憾焉？

往嘗見石莊公，以《天傭集序》相質。其發端論道統，直從堯、舜、周、孔叙來，弟亟病其過當。文固與道相輔，然不易言。宋胡忠簡公嘗曰："道六經而文未必六經者有之，道不六經而文必六經者未有也。"艾東卿之學誠富，義誠高，未審于道云何。其文直樸有真氣，長於訓詁，以繼周、孔之傳，可乎？石莊矍然心動色赧，而其文則已授艾氏板行久矣。如此，乃爲有悔。

試以語公霖，今時必不能信。俟其十年讀書後，必不河漢鄙言耳。

韓昌黎一生筆墨應酬不知幾許，其詩文贈送各序僅三十五篇，此外必其盡情焚棄者。觀所謂"作俗下文字，下筆令人慚"者，是也。僕固不能文，偶坐風處，早涼真到，便喙長三尺，可笑可笑！

（施琮按：公自評云："論石莊之文甚當，可傳可傳！"）

（康熙五年）

復萬安李札

災傷之餘，慮有叵測。催科固急，撫恤宜先。即不能免鞭撻，亦當示以哀矜不得已之情，則民之怨者希矣。惴惴杞憂，附布不盡。

（康熙元年）

與李經伯書

執事春秋方富，秉銳而用之，其必有造於□士也。士當貧賤則思仕宦；甫仕宦，必思貧賤。

今之吏有難言者：省會煩苦，寢食於奔走，難一也。法嚴限迫，讞決多欽案，稍不當則生利害，難二也。兩臺諸司，或輕重異同。吏以刻爲明，懦則過於仁，果則過於義。上下剖析，血脉貫通，而折衷於情法之平，難三也。其要在在乎耐煩忍辱，介以律己，和以待人，寬以恤下，敬以事上，恕以宅心，詳以議獄。如是而不濟者，未之有也。

且所謂耐煩忍辱者，三代以下皆然，不獨爲今日言也。貧賤能驕人，富貴則畏人。古之高士輕世肆志，故薄卿相不爲，非柳下氏蒙恥救人之道也。介甫行新法，康節門人多不樂在位。康節聞而止之曰："正賢者盡力之時。使民寬一分，便受一分之賜。"此言良可三復。

且江西之視江南，司理之視州縣，其難易煩簡相去什百。勿謂此席荼苦也，執事亦勉其可爲者而已矣。當路多大賢,吾舌尚在,其何敢吝焉?

率布腹心,鑒納幸甚!

(康熙元年)

復熊少司馬札

近時詩文俱抹煞溫厚和平,競爲哀慘噍殺之聲,筆墨聲氣間已具兵象,安得復享平福?

(康熙二年)

與半山札

巡務歸并,徒費幾斛心血耳。一人擔兩人之擔,惴惴蚊負,而責望者乃欲求倍於昔。諺云:"多一菩薩,添一香爐。"未聞去一菩薩而多加一香爐也。既而思之,我縱不滿人意,不過罷官耳,無官一身輕,是絕美事,何用懊惱?以此近來胸中頓覺坦然。

或謂吉故腴壤,不妨小爲活計。自顧老寡婦,半生苦節,髮黃齒落矣,義不以秋毫自汙。或以爲廉,或以爲拙,牛馬任呼,無所不可。民窮賊急,憂在地方耳。

雲根亭右新置一棕亭,坐眺江城,不讓《輞川圖》。使半公目擊心賞,歡喜何似!書之,發七里山頭一嘆也。

(注:"癸卯二月廿七日。")

(康熙二年)

與無大師札

天氣漸暑,竹林中差可駐錫。致語孟昉,堅心作避暑主人。百丈諸山,秋以爲期。即瑞筠山房,料理粗畢,有愚道人作護法,亦不妨蹔憩蒲團也。

向苦煩惱,近頗得苦行僧法:趨走五十日,僅存皮骨。常飛騎半日,行百五十里,喘息不屬,皆歡喜順受。鼻任人牽,總無歇法。近日,方外人亦不免風鶴。不就中解脫,更從何處得方便門乎?

(注:"癸卯四月初七。")

(康熙二年)

與蔣虎臣札

詩自足以胎禍,況近時漫紙殺氣。聖朝誠寬大,將來不無隱憂。我輩沾沾,尚不吞炭焚研,皆脫兔而不能投林者也。

(注:"癸卯四月廿三。")

(康熙二年)

與高阮懷札

會城聞詩禍云云,一時在坐,惟弟與周、宋兩公相顧錯愕,餘人觴酌自如。多言數窮,不如無言爲得;若不識字,更快活也。綺語故是結習,近日文人錦心繡口,却滿腹荆棘,揮毫吮墨,動以一矢相加遺,終日種毒,毒安得不發?今雖風鶴虛驚,殺機所伏,未可料也。

我輩當以學道爲綱領,則名士氣習自然冰消霧散。即未能盡焚筆硯,不市名亦不賈禍。數月以來,用是砥礪。不敢不聞於知己,且以告幼龍、子長諸君,勿採春華,佩忘秋實也。

癸卯三月廿七。

（康熙二年）

與李翼聖札

文爲道德之餘,詩又文章之餘。不才雖□德寡識,固知雕蟲非壯夫所爲也。循省半生,大概爲名心所誤。既牽纓紱,如觸藩入笠,進止不自由,憂痛相尋,衰徵叠見。内念先祖父之遺緒,外思良師友之切劘,反側彷徨,夜不能寐,未嘗不岌岌震恐,若崩岩墜石將隕於深淵也。

遠承告誡,實獲鄙衷。已將焚筆硯,探討先儒語録矣。且青原、白鷺理學之風未墜,每接對士大夫,倡提誘進,亦稍有助。所苦吏事鞅掌,終是亡羊歧路。歲不我與,思之三嘆!

（康熙二年）

與徐伯調札

"千秋萬歲名,寂寞身後事",思之殊敗人興。"書足記姓名而已",語尤簡淡。文人下筆輒嘐嘐不朽,謂不虛此生,直是指空虛當自家田宅耳。作者千百,不傳一二。即有傳者,其名雖存,其骨已朽,究竟不知阿誰,亦復何與己事?況毀譽愛憎,浮文綺語,作孽不細。我輩苦吟殫思,嘔血成字,年長神散,動輒遺忘,生前且非我有,何謂身後?

記在西湖論詩人,君屈指某某才頗高,但不免驕吝,弟嘆爲知言。然才人結習難忘,小有得意便俯視一切,恐又被旁人冷眼。要須以學道勝之,則言不輕發,驕心浮筆自然滌除。待内力充足,間有發舒,自視如浮雲過眼,識力超然,光采不可磨滅。《易》稱"言有物",《記》曰"言無枝葉",如此立言,則庶乎不朽矣。

弟與足下文字交有年,近有所窺,不敢以不獻,不欲使後人僅目兄爲詩人也。

（康熙二年）

與覺岸札

竹樓夜談,百丈寄語,婆心切矣。墨公來,又甚相鞭策。道心重得一分,則俗情差減一分。比來稍能耐煩懲忿,體中漸輕,夢亦安穩。所苦拖泥帶水,未能專一,恐是蒸沙作飯耳。

董册附注可當怪石供。

長干寺僧有可語者,不妨以修塔記示之,亦禪悦中一篇小文字。

（康熙二年）

復去文札

逋詩債不償,且逃之理學,效董蘿石故轍。而性不能割,因自號愧蘿,可一笑也!《宛陵集》到,又使我婆娑累日矣。

(康熙二年)

復吳六益札

今日獨有布衣差強耳。一入仕宦,則有不堪言者。筆墨蕪廢,其餘事矣。

(康熙二年)

復王大周札

僕嘗謂道之在人,猶水之在地,不掘地則泉不出,不講學則道不明。待罪君子之鄉,不敢忘聖賢之教。自鑄鑪人,交相黽勉,非敢自謂有毫髮得也。

又,人少不知學,長困於制舉業,非其學;壯而宦游,則不得學:是終其身廢學也。有魁傑者,於不得學之時,懷不敢息肩之志,其儦焉不可以終日,惟不及人是懼者,斯其所以大過人者也。

(康熙三年)

(正月八日)又與李太虛札

螺川歸棹遂不一繫,蕭水部空貯斗酒,未免怏怏。雖詩人至省得三五十首應酬,坡翁謂非細事,章竊不云然。我輩之詩,猶草木之華也。性情,其根核也;詩書,其灌溉也。遇佳山水,騷客如時雨春風,心胸怒放,觸手成咏,發不自知,此天地自然之文也;不爾,兀兀窮年,菁華竭矣。

往歲率得詩二三百篇,昨除夕撿集癸卯詩,僅百八十,自訝才盡。向非春夏之間獲侍左右,流連唱和,其寂寥奚翅若是?

先生春秋稱大耋,從杖屨亦不易,不謂咫尺衣帶水靳良會也。樓頭獨立,書此以讓從者。稍遲至仲春,棹一葉,稱八十觴,幸勿令門者拒我。

紙餘復呈短句:

鷺渚舟邊踏月行,蕭灘亭上望君情。梅花欲落美人去,一夜離愁春水生。

(康熙三年)

(正月初九日)又與柏君房札

僕嘗謂孟夫子設生此時,惟有不受牛羊一法,受則罕不立視其死者:蓋深嘆民牧之難爲也。

比聞桐川惠政累累,好音□甚,始信存心利物無時不可爲,前言真妄語耳!邵子有云:"寬得一分,則民受一分之賜。"可銘座右,終身行之。

(康熙三年)

(三月初六日)又與顧赤方札

　　昨歲平秋,登樓獨坐,月亦不皎。追念舊游,不懌而罷。十月望後,憶甘林之樂,得一絕句,言雖不長,咏之黯然。《苦雨》諸作臘盡始遞到,五古、五律俱逼杜陵,律尤多警語。"山鬼黃陵廟,酸風白帝門";"鼓鼙秋戰急,哀哭夜深聞";"城小游魚驚,泥深沒駱駝";"履險戒深入,懸軍聞搗虛";"秋深骨盡痛,山靜夜多聞"。皆沉痛老辣,確乎可傳。詩窮後工,正謂君輩。若今日簿書俗吏,憂危困辱,寢食不遑,復何窮愁著書乎?

（康熙三年）

(六月初十日)又寄錢牧齋書

　　民窮賦逋,急急不可,緩之不敢。兵艘蔽江,哀鴻遍野,驚心墮淚,迫爲書歌,工拙俱不暇問。才既闇弱,向嘗墮七子雲霧,既而浸厭去之。近頗略窺老杜"穩""細"二字,痛刪舊作,存其什伍,壁壘稍變。

（康熙三年）

(六月十一日)又與方大師札

　　蒲團到處,開山作祖,汈林又添一道場矣。文石只堪供佛印,移贈恐難消受。芑老留三夕談,頗探其蘊,大約任道易,聞道難。個中冷暖,從口耳外入者非家珍也。年來惴惴泡影,實求不虛此生。一切訓詁忘盡,却有一知半解,自顧豁然。亦爲歧路亡羊,未得并力下死工夫。煩惱略見得破,尚丟不下。因知業緣無回避處,未能安於所傷,以逍遥游之瓜熟蒂落,未許心慊。世儒墻壁心在,先要曉曉辨儒釋異同。譬如自家無寸椽片瓦,止與鄰家爭論地基,豈不可笑？或欲亟亟合而爲一,或逃此歸彼,或引彼證此,未免多事。汲汲向上做去,千里萬里,三家自有同宿處。途徑稍別,亦自無妨,恐不下戰爭牽合。然此語世儒必謂模棱兩可,蓋我見未除、客氣未净故也。

　　芑翁《字辨》未見示,書成不慮無刻者。《炮莊》剖劂,是胥一世逍遥,善量無盡。所云從其所好,不自欺甚。鄙意正須盡解蒙叟之指,然後開口爲快耳。

　　蠔齋豈真握筆如杵耶？佛印勸東坡丟却浮雲,尋本來面目,直下承當孔、顏面目,亦自有本地風光在。恨不能如來教,絕後重甦、赴湯蹈火之勇,徘徊生死間。但苦心猶豫,此是僧人無成就種子。知耻力行,已百已千,總是破此愚業,無間忙則無生死。又曰：毀譽得喪能一則生死矣。近覺此語有當處。和尚能下一轉語否？無緣相見,以代面談,□□作供,要非人間作業阿堵,即謂之怪石亦可也。

　　大覺庵"金繩覺路"四字發去,特留和尚書款,普示功德。雲棲額偶易"白雲佳處",僧喜不可言,蓋其開山僧號白雲也。事事暗合如此,天下事更何處可容心乎？附及一笑。

（康熙三年）

(六月二十日)又復孟昉札

　　向謂此地蕭然,大率皆無;近思之,轉是一樂。不膻不衝,與野性頗宜,落得一片清涼地耳。頃既蒙聲聞過情之恥,又將奪我清涼地,甚用懊惱。足下乃作世俗周旋耶?

(康熙三年)

與周伯衡札

(一)(七月初四日)

《十九首》之可貴者,以其疏疏落落,自然蘊藉,語不盡而風旨無窮也。近代雕刻揣摩,必印板現成文字。或直吐胸臆,自矜杜老。非乏性情,則減神韻。古體已然,況其下焉者乎?

(康熙三年)

(二)(十月十五日)

詩多淡樸蒼遠、老人愁人語,愈進愈渾,不作一語討好,今日《廣陵散》也。長律云云,蚍蜉撼樹,我公謬以爲可,豈大舜之舍己從人耶?

此道有旁觀乃清者,有寸心獨知者;執己固膠,逐物亦舛。要在多讀古人,平心靜氣,又多朋友講習。久之,則從違取捨人已洞然。

(康熙五年)

與黃俞邵札

日日爲石尤苦惱,欲報長篇,無復詩興。除夕抵家,愈如亂絲不可理矣。

舟溯豫章,始得盡讀尊集,泚筆點污。封裏既久,而郵傳者以事淹滯,遲遲至今,蓋慮他有浮沉也。

此道愈老愈難。風塵作吏,未易與高人韻士、仰屋苦吟者較短長十一;乃爾矢口安談,陋矣。弟嘗謂人各有見,不能強同;要使磨切推敲,即令未盡當,義則可取。知己或亦見許也。

近抄得《邢石臼全集》,雖體過清寒,真是一卷冰雪,不遣隻字近俗。近代中真古人,不得不推此老。

七月十九日。

(康熙四年)

與劉潤伯札

(一)

學問、詩、古文,近皆稍有長進。得拂衣安坐十許年,便可不虛此生。正恐天變時艱,因緣不易耳。弟嘗謂急流勇退,悠游林下,非特天下之高人,正天下之大福人也。

六月初五日。

(康熙四年)

(二)(正月初三)

計仕宦十餘年,吏牘之暇,手不釋卷,口不輟吟,恨少時爲八股沉埋,虛過半生。近年來稍稍有得,所爲詩文,不敢謂泣鬼神,往往披胸寫臆,哀樂之至,顧影低回,淒然欲淚,有感人者。顧中年衰病,文筆稍疲,心悸腕戰,未免惴惴朝露。嘗努力學道,爲生死計,雖就地解脫,時有小受用,終不如撒手拂衣之爲專一也,弟意決矣!

(康熙五年)

與熊雪堂札

文章經國大業,韻語不過緒餘。舊有《白鷺青原會語》及文字近稿,擬匯呈論定,繕寫未竣。

(康熙四年)

寄嚴顥亭(正月廿四)

昔相如爲文,嘗以被蒙頭,含毫腐脣。文章之道,非精思專一,鮮能工美。比來展卷濡翰,不食頃輒屢廢。即欲抽淵、雲之妙思,步揚、班之宏制,時促意亂,豈復庶幾?

間有撰造,事隙悲餘,忽焉遇之,大抵如永叔所謂枕上、馬上耳。徘徊牽曳,或中夜反側,衰疾近殆,殘篇剩句狼藉笥篋。陳思王好人譏彈其文,竊嘆爲篤論。左顧右盼,將復誰語?計平生能文素交十亡六七;自顧泡影,忽焉將繼。美人不永,芳華鮮實。嘗讀曹子植兄弟《與吳質書》,及歐公《送徐無黨序》,泫焉泣下。用是刳形洗心,發憤學道,要詞賦之歸宿,補事業所不逮,而日月已逝矣,能不瞑乎恐後哉?

近輯湖西詩,逐歲爲帙,自文史戒心,不剞劂一字。講業吉州,從者十餘人,亦未刻語錄,將有待也。

署中構一亭一閣,粗領江山,暇則徜徉其中。同人頗多咏言,惜不得佳句爲美譚。

(康熙五年)

復余季廬先生札

(一)(正月三日)

太史公所著書,前輩謂其有闕文,僅存篇目,褚先生爲之附益,如《日者》《龜策》之類是也。以司馬世爲史官,承其父書,當漢帝尚文之世,處幽憂廢辱之地,忍垢苟活,歷數十年成一書,不爲不專且久。其死,缺略不傳,意必有所待。而其《自叙》"凡五十二萬五千字",蓋其編纂刮磨,往復校勘,筆削之勤不可勝計,著書若此之難也。

(康熙五年)

(二)(五月初二)

夫揚雄老悔雕蟲,杜甫詩存入蜀,集中所傳,大抵皆暮年作也。古人文章,殆無不去其少作者。詩文之道,可喜而難工;雖工,無益者也。以君論之,詩尤可以罕作。

微吟短韻,坐荒經史;一字推敲,動至移日。作詩多者,讀書或少。輕俊子弟長浮習而騖虛名。年垂老大,粗知痛癢,鉥心劌腎,夜嘗不寐,遂以耗病。不如是,雖有異才博學,或不能與衆人爭工拙。老去漫興,是杜陵神境,未許他人藉口。夫工詩之難若此,得之時一解頤,置之茫然,旋不省記,若於我家無與也。幸而獲傳,止博得記一姓名,曰某某爲詩人已矣。雕蟲之技無補性命,廢時失學,勞生速死,則徇詩者之過也。

当嘉、隆時，天下士大夫束於八股，株守一經，有能詩賦古文者則尸祝而傳之：物以少貴也。今八股既廢，策論不尚，古學唾手可辦。士無所用心，不得不寓興於詩文，家隋珠而戶和璧矣。欲奮其旅稱雄藝苑，使天下俯首帖耳而歸之，視昔有萬難。

春水之始漲也，懷山決堰，彌漫林谷，平望無際。及其霜降潦收，水歸於壑，而後知江、淮、河、海之大也。蓋自有可大可久者不可掩也。

先生詩文撰著既工且富，精神所至，不患湮沒。聊且輟筆靜坐，息心内觀，務明於生死往來之故，操之甚約，得之不忘，其為樂無已。車敝馬煩，虞淵景迫，惟此為可齎之糗糧耳。斯事既了，興之所至，偶一觸筆，自絕塵俗。何者？文人學道輕車熟路，與訓詁、理學不同也。

（康熙五年）

與陳公霖(七月十五日)

近代鋒刃之象見於詩文，異日必有以文字蒙禍者。尊公集中當再為簡閱，慎之又慎。如某序某篇，其文直瀉無餘蘊。劉舍人曰，文"有隱有秀"，隱者正所以為秀也。名山大川，千岩萬壑，必有雲霧以布護之。蛟龍之在淵、虎豹之在山，皆然。竊謂文人墨士，雖處不諱之朝，不必作直觸忌諱之語：非獨全身，其文亦蘊藉有味也。

（康熙五年）

與王枚臣(十二月十一日)

苦盡甘來，固是學問自然功候。然隨分自盡，即隨地自安，謂兢兢業業即活活潑潑，亦是當下受用。身到乃知之。

王文成曰："戒慎恐懼是本體，不睹不聞是工夫。"語似顛倒。今只將工夫下手處努力毋畏，苦而求甘，自困勉而得□，所謂先難後獲也。自古有現成性命，無見成聖賢也。

（康熙五年）

答沈方鄴書

平生脫手灾木，不自矜慎，繼而悔之，十年來都不復刻。近見海內故舊凋謝，既痛逝者，行且自念，乃撿括拙集刻本流傳者，十刪三四，字句篇目亦稍異同，甯少毋多，甯遲毋速驟。

（清施琮《學餘集客問隨述》上）

示兩孫札

跨、亢兩孫，汝命苦，早失母，吾為汝淚流。然汝有祖母，恩勝汝母。我當年喪母時，未滿三歲，又多病，比汝苦倍也。

（萬曆四十七年）

甲辰四月廿六日書扇示兒淳

命爾淳，歸讀書，勿違予言。爾幼屢病，毋比頑童。爾學未成，毋遂游戲。爾父薄宦不足恃,毋怠毋傲。爾無以饋獻親交,毋過人飲食,毋私受絲粒,甯拙毋巧。毋觀博弈,毋拇戰轟飲。毋入茶酒肆,毋見倡優。毋有疑而不問。毋以小寵辱爲忻戚。人或有責備,毋咈言;或待爾有加禮,毋敢當。孝弟謹信,毋須臾忘。審若是,爾雖離父母二千里,猶膝下也;不然,即朝夕孺慕戀戀,猶之疾視爾父母也。寧使人服爾爲賢子弟,毋目爾爲貴介公子。雖終身布衣,榮于科第文繡萬萬矣。夫素絲一染,不可復白;童心一失,不可復得。吾未老而衰矣,汝臨發,吾不遑食,書此爲訓,汝忍忘乎?爾淳念之。

(康熙三年)

示諸弟札

省吾弟三人書,惟有慨嘆。世路難言,門祚衰冷,那得望我有意外遷擢?叔父年既如此,縱得官,只增悲懼耳。吾計定矣。住此,日費不貲,無可消受。我意苦讀三冬,今纔《尚書》一遍。又病,不能夜坐。回首少壯光陰,悔何及矣!諸弟宜急努力,上慰老親,下不負此生。

他不及。

十月十六日。

(康熙十七年)

示兒札

《除夕》《元旦》二詩,吟咏淒凉。因我應試無暇,屬雪兒謄稿。可粘之廳壁也。

(康熙十八年)

示子札

得正月初五日書,知叔父大人起居不甯,正是我夜欄流淚時也。又心緒如麻,不知叔父起居何似,大抵居則忽忽如有所失,行則茫茫不知所往。惟友人招游西山,往還四日,稍以疲頓遣之耳。

(康熙十八年)

汪志伊著作考述

汪 瑩

摘 要：桐城派發展至乾嘉時期的重要人物汪志伊著述宏富，遍及四部，文學成就不容忽視，然目前學界對其作品關注甚微。兹查閲相關目録書，鈎稽有關史料，加之實地走訪周邊圖書館，統計確屬汪氏著作總計二十種，梳理、考述其中存世或留有綫索的著作十五種，以補既往研究之闕。

關鍵詞：汪志伊；桐城派；著作；考述

乾嘉名臣汪志伊①起於微末，以登科第步入仕途，自三十七歲後輾轉於各地爲官，一生宦海浮沉幾四十載（1779—1817），以政績斐然見推於時，然其公餘不廢吟咏，筆耕不輟，著述頗豐。汪氏其家學宗程朱，素有自己的學統與文統，張敦仁稱其"學問以宋儒爲宗，歸諸踐履篤實，生平事上接下、行政立言，悉本於不欺"，所著"靡不約之可守，殆無一字爲空言"②。據《桐城耆舊傳》《汪氏家譜》《（道光）桐城續修縣志》《中國古籍總目》《續修四庫全書總目提要》及筆者實際訪書情況統計，汪志伊著述凡二十種。其中《蒙養約矩》《學規輯要》《官鑒輯要》《近腐齋筆記》似已失傳，不可窺得全貌，又未能從他處略知一二信息；《近腐齋詩文集》藏於安徽省博物館，無可查閲。本文對汪氏餘下十五種著作按經史子集進行分類，并作簡要論述，期補當下研究諸多闕失。

一、經部

（一）《節韻幼儀》

一卷。該著成書具體年份未得而知，汪志伊《節韻幼儀·序》述其撰書緣由曰：

後世人才不如古者，非降才殊也，從孩提失教始。古人胎教已豫，而家庭與保傅之教之善，不待言矣。後世養子，自能食能言時即戲導以毆駡侮慢爲笑樂，入學而又妄以讀書求富貴爲誘掖，驕惰奢侈，習慣成性，畢生一似嬰兒，禮義廉耻

---

* **作者簡介**：汪瑩，安徽大學文學院中國古代文學專業博士生，主要從事清代文學研究。

① 汪志伊（1743—1818），字莘農，號稼門，又嘗自號實夫，安徽桐城人。乾隆三十六年（1771）舉人，三十八年充《四庫全書》校對，旋因考績優異領知縣銜，後累官至封疆大吏，歷仕乾嘉兩朝。嘉慶二十三年（1818）以疾卒於里第，年七十六。

② 桐城市白陂塘汪氏宗祠八修：《汪氏家譜》卷六，懷寧印刷廠，2013年，第33—34頁。

蕩然矣。求其在家孝於親、敦宗睦族,立朝忠於君、禮賢下士,不數數覯。甚至蕩檢逾閑,傾覆顛仆而莫之省,蓋病根皆伏於蒙養之不正也。養正莫善於禮。耳目手足,非禮無所持循;動靜云爲,非禮無所檢束。而德性之調、人倫之教,罔不賴禮以維之。我國家兢兢於民風士習,教化咸周,凡有董勸之責者,其可忽諸?①

據此亦知,此書乃爲汪志伊仕宦時所著。清人陸世儀文《論小學》嘗言己"欲仿明道之意,採《禮經》中《曲禮》《少儀》,參以近禮,斟酌古今,擇其可通行者編成一書。或三字,或五字,節爲韻語,務令易曉,名曰《節韻幼儀》"②。汪志伊"惜乎其説善而未編有成書",繼閲宋人陳淳著《小學詩禮》,喜其先陸氏爲之,乃反覆體貼,認爲該書"匪特古禮不諧今俗,古字不便童子,即如九容中之'手容恭,足容重',仍如經渾括言之,而未詳如何恭、如何重之儀,則童子安知推其意而見諸行"③? 久之又得閱明人屠羲英著《童子禮》,認爲其"禮法浸備,但語重句長",非童稚所能誦,且其疏漏須補者亦多。④ 基於此,汪志伊一依屠氏之法,"并採《禮經》及諸儒蒙訓,古字易以時字,長句易以短句,節爲韻語四十章",依陸世儀之説仍命其名曰《節韻幼儀》⑤。該著秉持"寧質毋文,寧簡毋繁,以求副'知行并進'之説"⑥的原則,爲文四篇,篇一"檢束身心之儀",篇二"睡眠",篇三"入事父兄、出事師長通行之儀",篇四"學堂肄業之儀"。

該著有清嘉慶間刻本,福建省圖書館有藏;有清同治五年(1866)忻恩圃氏刻本,中國國家圖書館有藏。2017年,該著被收入《小學童蒙學精品》第2輯,由汕頭大學出版社出版。該版在忠於原著的基礎上,删除了部分不適合時下閱讀的内容,節選經典原文,增設淺顯易懂的注釋和白話解讀,并配有相應故事和精美圖片等,圖文并茂,易於通曉。

(二)《九容廣注》

《續修四庫全書總目提要·經部》著録該書二卷,家刻本⑦。今似不傳。關於撰著原因,汪志伊在其文《九容廣注·序》中有詳細説明:

> 予嘗著《節韻幼儀》一書,凡檢束身心,入事父兄,出事師長及學堂肄業之儀,所以導童子於禮法而培其德性者,固已明且備矣。乃行之家塾十歲以外之成童,能知亦漸能行,不復有驕佚習氣,頗收養正之功。惟十歲以内之稚子覺知行并進之艱,質魯者尤未易成誦,因思横渠⑧教人專以知禮成性,變化氣質爲先,我曷弗於先之中更求其先者,爲稚子立一簡易之法?⑨

"古人多言修容,猶今人言習儀也。《禮記·少儀》一篇多言容,而'足容重'九言,尤切

---

① (清)汪志伊:《稼門文詩合鈔·稼門文鈔》卷四,清嘉慶十五年(1810)刻本,第1頁。
② (清)陳弘謀撰:《五種遺規》,南京:鳳凰出版社,2016年,第49頁。
③ 《稼門文詩合鈔·稼門文鈔》卷四,第1—2頁。
④⑤⑥⑨ 《稼門文詩合鈔·稼門文鈔》卷四,第2頁。
⑦ 中國科學院圖書館整理:《續修四庫全書總目提要·經部》,北京:中華書局,1993年,第577頁。
⑧ 張載,字子厚,世稱橫渠先生。北宋著名思想家、哲學家、教育家。理學奠基者之一。

於日用行習動静,語默之節"①。汪志伊認爲"九者於身切近而易曉也",故取《禮經》中之"九容"以爲矩。"但九容曰重、曰恭、曰端、曰止、曰静、曰直、曰肅、曰德、曰莊,其言精而渾"②,即鄭玄之注亦約而該,非稚子所能推其意而見諸行。因此,汪志伊就鄭注而廣之,"先列以要者,即教以義方之意也。次列以毋者,即弗納於邪之意也",此"邪悉去則自歸於正,又即克己復禮之意"。"末則因容而推原於心",是又"望教之者於稚子熟讀之後、臨行之時,提而省之曰:'重不重在足,而所以重不重者在心也'"。③ 汪氏認爲"九容"重要非常,即成童進學《幼儀》之後而抉四書五經之心,發揮於人倫日用之間,亦不過精透"九容"而已,因而又取劉諱所輯《九容嘉言懿行》,并新增數條,附於《九容廣注》之後,"俾有征信教者或於稚子讀《廣注》之後隨時講論以廣其見聞而鼓其志氣"④。錢大昕嘗爲該著作序,稱汪志伊"於庭訓最嚴,既躬行以爲之率,而於童稚時加意焉,謂《少儀》注簡而約,垂髫難以領悟,乃爲一一指點,勗以當行,戒以不可行,若示諸掌,若銘諸紳,而要歸於心之勿放。此豈徒爲童蒙訓哉"⑤。

二、史部

(一)《荒政輯要》

1. 付梓緣由及篇卷結構

關於該著的問世原因,汪志伊言:"嘗見查辦災務多有不善者,甚至一邑中委員各出一件,參差不齊,非遺即濫。雖上司三令五申,總未安協,往往滋弊,釀成事端。非盡印委各員之咎也。蓋章程未定,無所適從,此予《荒政輯要》之所由鏤版也。"⑥全書九卷首一卷,凡八十五篇。每卷卷首或叙列卷緣由、或説明該卷內容由來。卷首"綱目",起提綱挈領之用;卷一"禳彌"(十一篇);卷二"清源"(四篇),通論彌災及用人審户之法,爲後數卷之綱領;卷三"查勘"(四篇);卷四"則例"(二十二篇),臚叙勘災撫恤事宜及現行成例,最爲切要,宜加意講求;卷五"救援"(六篇);卷六"糶糴"(六篇);卷七"糜粥"(十八篇);卷八"防範"(六篇),言賑貸、糶糴、賑鬻、安流彌盗、寬疾慈幼之政,坐言起行,皆有己事可師⑦。卷九"善後"(八篇),言善後之事,而終之以農桑、水利、崇儉、敦化,又爲探原之論。⑧ 首尾照應,詳略得當。該著不僅爲一部重要的荒政著作,而且保留了諸多史料,且其發凡起例,言言扼要,字字謹嚴,體現了桐城派義理、考據、辭章三事合一的文論主張。

---

① 《續修四庫全書總目提要·經部》,第 577 頁。
② 《稼門文詩合鈔·稼門文鈔》卷四,第 2 頁。
③ 《稼門文詩合鈔·稼門文鈔》卷四,第 2—3 頁。
④ 《稼門文詩合鈔·稼門文鈔》卷四,第 3 頁。
⑤ 《續修四庫全書總目提要·經部》,第 577—578 頁。
⑥ (清)汪志伊:《荒政輯要》卷首,清嘉慶十一年(1806)刻本。
⑦ 汪志伊爲宦以來,多次辦理賑災事宜。詳見汪志伊:《行年七十述懷》,《稼門文詩合鈔·稼門詩鈔》卷六。
⑧ 所見該著各種版本,篇卷結構均如此。

2. 成書年份析疑

目前學界對該著進行專門研究的人員僅有兩位,分別爲劉亞中、張秀紅,發表論文共計五篇①,他們均認爲此書成書年份在嘉慶十一年(1806),根據的是《荒政輯要》道光二十九年(1849)尚義堂重刊本中汪志伊自叙:"嘉慶十一年二月皖江汪志伊叙於蘇州節署之平政堂。"然筆者經檢閱相關資料探知,該著的確切成書年份當在嘉慶十年。證據有二:其一,根據劉、紅二人看到的《荒政輯要·叙》可知,嘉慶九年至嘉慶十年,汪志伊奉旨辦理吴中賑灾相關事宜,殆至十年秋間,"寸心惴惴,更恐黄河盛漲,湖水溢流,實爲數百萬生靈田廬之患,其預籌安辦之方,尤未可苟且從事也。古人荒政,散見簡編,良法美意固多,偏見私智亦不少,復加採擇,取其宜古宜今者别類分門,成書十卷"②。只言明《荒政輯要》成書來源,并未説明《荒政輯要》纂成的具體年份。其二,《荒政輯要》最初的版本爲嘉慶十年屏山堂刻本,此版日本國立公文圖書館有藏。該本《荒政輯要·叙》亦爲汪志伊自撰,叙末有言:"嘉慶十年七月朔日皖江汪志伊叙於蘇州節署之平政堂。"内容較之嘉慶十一年本《荒政輯要·叙》大體相同,篇幅則少約半頁。

3. 版本流傳

該著自問世後,時人以其實用價值甚高而亟稱之。是書自嘉慶十年(1805)屏山堂初版後,其後多有再版。筆者就目之所及,可知另有嘉慶十一年蘇藩署刻本和江寧布政司衙門刻本、嘉慶十二年屏山堂刻本、道光五年(1825)刻《致用叢書》本、道光六年安徽府署刻本、道光七年浙江府署刻本、道光十二年來鹿堂刻本、道光二十一年河南聚文齋刻本和錢塘許乃釗刻本、道光二十五年刻本、道光二十七年刻本、道光二十九年尚義堂重刻本、同治八年(1869)楚北崇文書局刻本、同治十年山東尚志堂刻本、光緒六年(1880)貴州藩署刻本,這些版本散落在我國各個圖書館。1989年,該著又被輯入《近代中國史料叢刊》三編第54輯,由臺灣文海出版社影印發行。以下,筆者就日本國立公文圖書館館藏該著嘉慶十年本及安徽省圖書館館藏各種版本進行相關版式著録。

(1)嘉慶十年屏山堂刻本。二册,册一收卷一至卷四,册二收卷五至卷九。頁十八行,行二十四字,小字雙行同。左右雙邊,花口,單黑魚尾,版心鐫有書名、卷次、篇名及頁碼。内封題"翻刻最善""荒政輯要""屏山堂藏版"。鈐"日本政府圖書""淺草文庫"朱印。

(2)嘉慶十一年浙藩署刻本。兩册,册一收卷一至卷四,册二收卷五至卷九。凡一百八十三頁,頁十八行,行二十四字,小字雙行同。左右雙邊,花口,單黑魚尾,版心鐫有書名、卷次、篇名及頁碼。鈐"麈見亭讀一過"及"娜嬛妙境"朱印。首頁鐫"翻刻最善""荒政輯要""浙藩署藏版"。框高20.7厘米,寬27厘米。

(3)嘉慶十二年屏山堂刻本。兩册,册一收卷一至卷四,册二收卷五至卷九,凡一百八十七頁,頁十八行,行二十四字,小字雙行同。左右雙邊,花口,單黑魚尾,版心

---

① 分别爲:《汪志伊〈荒政輯要〉所見之荒政思想》《〈荒政輯要〉的成書原因及其地位》《汪志伊〈荒政輯要〉淺探》《汪志伊〈荒政輯要〉研究》《姚碧、汪志伊的〈荒政輯要〉比較研究》。

② (清)汪志伊:《荒政輯要》卷首,清道光二十九年(1849)尚義堂重刊本。

鐫有書名、卷次、篇名及頁碼。框高20.3厘米,寬27厘米。首頁鐫"翻刻最善""荒政輯要""屏山堂藏版"。卷首有嘉慶十二年二月袁秉直識語。目錄後注記鐫"訓導喻炳敬校"。書後刊"藩轅左首青龍巷内藝文堂向鐫"。

(4)道光五年李宗昉刻《致用叢書》本。兩册,册一收卷一至卷四,册二收卷五至卷九。凡一百八十四頁,頁十八行,行二十四字,小字雙行同。左右雙邊,花口,單黑魚尾,版心鐫有書名、卷次、篇名及頁碼。框高20.3厘米,寬26.8厘米。首頁有道光五年六月李芝齡門人艾暢識語一則,背鐫"聞妙香室集刻致用叢書"。

(5)道光二十一年河南聚文齋刻本。四册,册一收卷一卷二,册二收卷三卷四,册三收卷五至卷七,册四收卷八卷九。凡一百八十六頁,頁二十行,行二十一字,小字雙行同。四周雙邊,花口,單黑魚尾,版心刊有書名、卷次、篇名及頁碼。框高17.7厘米,寬26厘米。每册書根均鈐有"敏果齋七種""荒政輯要"以及本册卷次起訖。卷九末注記鐫"豫省聚文齋朱承刊"。書後有道光二十一年十月許乃釗識語一篇。

(二)《稼門奏稿》

該著現有稿本,不分卷,安慶市圖書館有藏,孤本。三册,紅格紙,楷書抄寫。全書收錄了汪志伊嘉慶十年(1805)至嘉慶十八年間的部分奏稿,册一收錄奏稿時間起訖爲嘉慶十年九月至十二月,册二爲嘉慶十七年四月至六月,册三爲嘉慶十八年五月至七月。内容涉及軍事、政治、民情等多個方面,具有很高的史料價值。安徽省圖書館收有該版縮微品。此外,據《中國古籍總目》,該著另有十二卷本,刻於清嘉慶間,此版山東省圖書館有藏。①

(三)《新修攝山志》

八卷首一卷。該著爲汪志伊於陳毅《攝山志》原書基礎上删補而成,最初的版本爲清乾隆五十五年(1790)蘇州府署刻本,此版中國國家圖書館、首都圖書館、山西省圖書館、南京圖書館等有藏。南京圖書館館藏本三册。内封除書名外,題"乾隆庚戌年""蘇州府署雕板"。頁二十行,行二十二字,左右雙邊,花口,單黑魚尾,版心鐫有書名、卷次、篇名及頁碼。内容蓋分圖說、建置、古跡、人物、高僧、律師、詔敕、碑銘、塔銘、山中銘、建記、藝文、考證等十餘門,厘爲八卷。首一卷載乾隆帝五度南巡時之咏詩、賜匾、賜聯。卷首依次有乾隆五十五年十二月汪志伊《攝山志·序》、乾隆四十九年五月陳毅《攝山志·序》以及康熙三十二年(1693)王澤宏、耿光祚、馬士芳《攝山志》舊誌序。汪氏序述及此書刊刻緣起及經過曰:

> 《攝山志》八卷,江寧陳古漁所輯。戊申夏,余守京口,於役金陵,順游攝山,主持僧出此稿示余,屬以剖劂之任。余維事有輕重,則義有緩急。攝山自明僧紹築廬棲隱,世爲緇流之居。南朝四百八十寺,此其一矣。暢宗風、衍法雨,當問之,其徒余不遑暇?若夫以一山之顯晦系治化之根本,則守土者宜力任之,而又

---

① 《中國古籍總目》編纂委員會編:《中國古籍總目·史部(第6册)》,北京:中華書局、上海:上海古籍出版社,2009年,第3614頁。

昊醉焉？古者天子巡狩，必有駐蹕之地肆覲其方之諸侯，如《書》《禮》所載赫赫可紀。江南於唐虞三代時，僻處荒服，鷟鷟所屆，惟大禹一至會稽，餘皆南岳而已。鍾阜爲金陵巨鎮，猶不隸職方氏之掌，何論攝山？洪惟我朝，累葉重熙；江南殷庶，甲於海内。聖天子勤求民隱，孜孜無已。其嘉惠江南之民者亦最深。自丁丑已迄甲辰，翠華時邁，必蒞兹土；黃童白叟，環山忭舞。天子顧而樂之，作爲歌詩，遠諧岣嶁，夐掩卷阿。又以其時釐正庶務，如籌河工、度海塘、見百官、謁明陵、閲武考士之類，罔有小大，靡不修舉。天章炳耀，情溢乎詞。昔督臣尹文端公扈蹕從游，因有馳驛觀山之喻。於戲！勤民若此，雖《書》《禮》所稱唐虞三代之盛，何以加兹攝山數十里方於古之南岳可也。而謂山志之成可以緩乎哉？爰取陳稿略加刪補，復請嘉定錢辛楣官詹考訂，震澤諸生費玉衡校字，且廣謀於同寅諸君子，佽助蕆工，而敬志其大略如此。至於山圖之形跡，古跡之沿革，編纂之次第，悉仍古漁之舊云。①

該著内容多涉及棲霞寺相關，雖以山志爲名，實則爲棲霞寺志，爲後世佛教研究者所重視。今人對其多有再版。1980年，該著被輯入杜潔洋主編的《中國佛教史誌匯刊》第1輯第34册，於臺北明文書局出版。此版據臺灣"中央圖書館"藏清乾隆五十五年刻本影印而成。1999年，臺北明文書局有限公司整理該著出版。2001年，此書被輯入《故宫珍本叢刊》第252册，於海南出版社出版。此版亦據乾隆五十五年刻本影印。2006年，該著被輯入《中國佛教寺志叢刊》，於揚州廣陵書社出版。2017年，被輯入《南京稀見文獻叢刊》，於南京出版社出版。

(四)《福建鰲峰書院藏書目録》

不分卷。該著有清嘉慶六年至七年(1801—1802)正誼堂刻本，1册，福建省圖書館有藏。

三、子部

(一)《地學簡明》

十七卷。又名《堪輿泄密》。嘉慶七年(1802)汪志伊手稿本，臺灣"中央圖書館"有藏，亦收録於《清代稿本百種彙刊·子部》，列於第93至94册。卷一下列十三則，起"山家五行"至"九星星體"；卷二下列三則，起"枝幹"至"枝龍"；卷三下列三則，起"支壟"至"支龍"；卷四下列四則，起"太祖山"至"龍入首"；卷五下列六則，起"龍出身"至"龍護送"；卷六下列十二則，起"龍旁正"至"龍餘氣"；卷七下列九則，起"龍分三勢"至"結局之聚"；卷八下列十七則，起"穴法"至"有突不葬突"；卷九下列六則，起"穴星三格"至"形應生向"；卷十下列十則，起"朝山證穴"至"分合證穴"；卷十一下列十七則，起"穴忌"至"□岩"；卷十二下列十八則，起"定穴之要"至"八卦定穴"；卷十三下列

---

① (清)陳毅著，汪志伊删補：《攝山志》，清乾隆五十五年(1790)刻本。

二十則,起"續穴忌"至"白玉蟾四喻",附"辨龍真假傷龍學説";卷十四下列四則,起"怪穴"至"巧拙萬金歌";卷十五下列二十六則,起"砂法"至"衆砂説";卷十六下列四十三則,起"水法"至"水形勢";凡二百一十二則。卷十七爲"雜著補遺"。該著對前人的輿地學研究論述多有保留,爲後世相關研究留下了寶貴的材料。

筆者由已掌握的現有資料可知,嘉慶六年(1801)冬,汪志伊里居養疴期間,曾邀姚鼐觀其子正修爲母姚氏新擇安葬之地,姚鼐稱之"殊堪佳妙"①;嘉慶十八年,汪志伊又自卜生壙,與姚鼐談論佳妙與否②;汪志伊文《乘氣實學·序》就郭參軍"乘生氣"一言發表相關論述③;其熱衷於堪輿之學於斯隱微可見。而究其緣由,蓋有深受其三叔汪時馥影響之因。④

(二)《汪氏家範》

一卷。該著現有清乾隆五十五年(1790)承志堂刻本,中國國家圖書館、遼寧大學圖書館有藏。桐城白陂塘八修《汪氏家譜》卷十一亦存有該著全貌。是書成於乾隆五十四年十月,關於該著問世緣由,汪志伊言:

《易》曰:"積善之家,必有餘慶。"《書》曰:"學於古訓,乃有獲。"旨哉斯言!善不可不積,而古訓尤不可離也。當見世家大族前輩老成,多識前言往行以畜其德,其子弟仰承父兄之教,恒於古今典籍中,採其切於人心、近於日用及習而不察、動而易範者,用以牖其愚而端其習。故少年嗜欲所萌,恒有所顧忌而中止,即壯而筮仕,亦有所把握而不摇,則入爲端士,出爲循吏,不隨習俗爲轉移者,何莫非嘉言懿行先入而爲之主哉?及是未有不敗者,余爲此懼,爰輯古訓爲家範,俾知有所遵循,不敢背道而馳,族人其共勉焉。父誡其子,兄詔其弟,則善日積而慶有餘矣。⑤

是編"意嚴匪僻,惟取乎篤論危言;義重貞恒,必准諸人情物理。分門則本末兼該,參觀則內外悉貴"⑥。

(三)《舉業瑣言》

卷數不詳,且今似不傳。該著成於汪志伊任甘肅布政使期間(1793—1795),據《稼門詩鈔》卷六《行年七十述懷》中注語可知該著付梓經過及流傳:"予宰靈石,每月望聚生童於明倫堂訓課之,次年鄉試中式四名。及爲甘藩,暇輒至蘭山書院抽背四書五經,并著《舉業瑣言》以培士風,各省翻刻,諸生頗多得力。"⑦由此,是書內容蓋爲科

---

① (清)姚鼐著,盧坡點校:《與胡雒君》,《惜抱軒尺牘》卷三,合肥:安徽大學出版社,2014年,第43頁。
② 《自署實心藏説》,《稼門文詩合鈔·稼門文鈔》續卷一,第11頁;(清)姚鼐著:《惜抱軒尺牘補編》卷二,《惜抱軒遺書三種》,清光緒五年(1879)桐城徐宗亮刊本,第1頁。
③ 《稼門文詩合鈔·稼門文鈔》續卷四,第14—17頁。
④ 汪時馥(1711—1787),監生,續學,屢試不售,遂棄舉業。精堪輿學,凡佳山水足跡殆遍。
⑤ 《汪氏家譜》卷十一,第1頁。
⑥ 《汪氏家譜》卷十一,第41頁。
⑦ 《稼門文詩合鈔·稼門詩鈔》卷六,第19頁。

舉應試之類。

(四)《棘闈奪命錄》

一卷。該著現有清道光元年(1821)刻本、光緒十九年(1893)刻本,上海市圖書館均有藏。

四、集部

(一)《登岱詩》

一卷。又名《東岳》,作於乾隆五十七年(1792),當年即有汪志伊自刻本。[①] 該著今存有嘉慶元年(1796)刻本,此版爲與《西湖詩》合刊本,南京圖書館有藏。全書無行綫。頁十八行,行二十字,小字雙行同。左右雙邊,細黑口,單黑魚尾,版心鐫有書名及頁碼。該著由嘉定錢大昕評,永嘉周懋曾校刊。著中除錢大昕眉批之外,另有他人復批,批語針對錢氏之評,不知何人所爲。書首有嘉慶元年八月周懋曾序,《登岱詩》卷末有題跋附,依次爲仁和胡高望跋及桐城姚鼐、大興翁方綱、無錫楊芳燦、長洲袁日新題。

據周懋曾序可知,汪志伊嘗將《登岱詩》與《西湖詩》鏤石,且膾炙人口。然周氏認爲"石本不可多得,見聞或隘",故將兩詩"刊爲別本,合裝小幀,笥携袞籠兩勝"[②],亦可作登涉之資。錢大昕對此詩評價頗高,其於末尾評全詩曰:"咏岱宗者多矣,稼門先生此作鋪叙之中間以議論,才大而歸之於切實,氣盛而出之以和平,牢籠萬象、揮斥八極,未嘗一字摹仿古人,而神明規矩,動與古會,蓋不徒得山之氣象,兼得山之骨格,并得山之性情,故能於前賢名作之外別開生面也。"[③]

嘉慶十五年(1810),汪志伊將己詩文分類抄得十七卷以付梓,名曰《稼門文詩合鈔》,其中就收有《登岱詩》,更名《東岳》,并將嘉慶元年本題跋附全部刪去,詩及注不變。《續修四庫全書》收有嘉慶十五年本《稼門文詩合鈔》印本影印本,列於集部第1463册。

(二)《西湖詩》

一卷。作於嘉慶元年(1796)。該著現存有嘉慶元年永嘉周懋曾刻本,即上文與《登岱詩》合刊本。該版《西湖詩》後有汪志伊自記、錢大昕評語。卷末有題跋附,依次爲儀征阮元、無錫秦瀛、長洲袁日新、桐城張曾太題。此詩"體仿記叙",較爲特別,汪氏自記釋此詩叙述次序及緣由曰:

---

① 參見拙作《汪志伊年譜》"乾隆五十七年"條,《古籍研究》,南京:鳳凰出版社,2019年下卷(總第70卷),第237頁。
② (清)汪志伊撰,錢大昕評:《登岱詩 西湖詩》,清嘉慶元年(1796)永嘉周懋曾刻本,第1頁。
③ 《登岱詩》,《登岱詩 西湖詩》,第5頁。

自唐迄今，咏西湖者殆數千家，然雕劃雲石，鐫刻烟波，所以表彰西湖者，抑末也。今特變例，敘水利於前，以爲守土者所宜先。因以其次駢列古逸先賢祠墓，爲佳山水生色不偏廢也。志家分孤山、北山、南山、吴山爲四路，而湖之東西諸景附見南北兩路之間，終覺眉目未清。兹於水利下先及湖心，由是而東、而北、而西、而南，敘次較爲分晰。閲吾詩者，庶如掌上之紋，可循跡而得焉。①

錢大昕贊此詩"寓記叙法於韻語中，有經濟、有考據、有議論、有波瀾，五花八門，自成段落，而大指歸於扶植風教，乂安民生。自有西湖以來，未曾有此鉅制，前賢名作，只得其一鱗片爪而已"②。阮元詩題："游紀平將志傳兼，一編詩史例尤嚴。"袁日新詩稱"以詩作紀古無此"，贊其"可詩可紀亦可史"。值得一提的是，《中國古籍總目》即將此詩歸爲史類。③

此外，該著另存有《武林掌故叢編》本與清光緒十九年(1893)刻本。安徽省圖書館藏光緒十九年本，該版與釋明倫撰，釋寶懿重纂的《雲居聖水寺志》合刊。全詩凡十六頁，頁二十行，行二十字，小字雙行同。四周雙邊，白口，單黑魚尾，版心鐫有書名及頁碼。框高17.2釐米，寬23.4釐米。内封題"西湖詩""光緒癸巳冬月""秋圃蔡玉瀛署 時年二十有八"，牌記刊"嘉惠堂丁氏重梓行"。該版將嘉慶元年本《西湖詩》卷末的汪志伊自記提於詩前，詩後保留錢大昕評語及諸家題跋附不變。嘉慶十五年(1810)本汪志伊《稼門文詩合鈔》中亦收有此詩，該版汪志伊自記復居於詩後，錢大昕評語及諸家題跋附則皆删去。《續修四庫全書》收有嘉慶十五年本《稼門文詩合鈔》印本影印本，列於集部第1463册。2004年，該詩收入由王國平主編的《西湖文獻集成》第26册，於杭州出版社出版。

（三）《養正詩》

四卷，清嘉慶六年(1801)皖江汪氏刻本，中國國家圖書館藏。

（四）《停雲集》

不分卷。今存有稿本，上海市圖書館有藏。

（五）《稼門文詩合鈔》

十七卷。該著最初的版本爲嘉慶十五年(1810)刻本，此版安徽省圖書館有藏。兩册，凡一百九十七頁，頁十八行，行二十四字，小字雙行同。左右雙邊，花口，單黑魚尾，版心鐫有書名、卷次及頁碼。鈐"桐城嚴家板葉半宜園""鐵樵""葉冠英印""桐西鑱橋葉志"印。框高20.2厘米，寬27.4厘米。該著具體分《稼門文鈔》七卷，《稼門詩鈔》十卷。卷首依次有姚鼐嘉慶二十年三月作《稼門集·序》、汪志伊嘉慶十五年作《稼門自序》、稼門山人戴笠像、《稼門文鈔》目錄、《稼門詩鈔》目錄。

據汪志伊自序可知，是編之作爲其將日行政事及見聞所及中有炯然堪作警心、養

---

① ② 《西湖詩》，《登岱詩 西湖詩》，第14頁。
③ 《中國古籍總目·史部(第7册)》，第3970頁。

心之具者,隨意裁爲文與詩,但期伸其欲言之意而已,初不計工拙。而付梓緣由,序中亦有説明:"使并此區區者而散失之,吾後世子孫將何從而知我生平之居心行政也歟?"①姚鼐稱此書"其文則諸子略之儒家言也,其詩則通乎古三百之誼者;此當爲劉向、班固之徒之所取已"②。

《續修四庫全書》收有該著嘉慶十五年刻後印本影印本,列於集部第 1463 册。内容無二,然無鈐印,亦無汪志伊戴笠小像。此外,《中國古籍總目·集部》録有《稼門文鈔》七卷、《詩鈔》十卷、《奏議》十二卷,清嘉慶十五年刻本,中國國家圖書館、中國科學院有藏③;有《稼門文鈔》十卷,錢大昕編次,清嘉慶間刻本,湖南省圖書館有藏④。

---

① 《稼門自序》,《稼門文詩合鈔》卷首。
② (清)姚鼐著,劉季高標校:《稼門集·序》,《惜抱軒詩文集·惜抱軒文集後集》卷一,上海:上海古籍出版社,1992 年,第 274 頁。
③ 中科院藏本無《奏議》。
④ 《中國古籍總目》編纂委員會編:《中國古籍總目·集部(第 4 册)》,北京:中華書局,2012 年,第 1603 頁。

佛經文獻字詞考

曾 良

摘 要：佛經文獻的字詞解讀有一些規律性，值得總結。有的字詞可結合詞法分析幫助理解；有的詞語可以通過異文，梳理和確定其字際關係和字詞關係；通過佛經文獻的大量語例，可以總結古籍中俗寫的一些常見的訛混規律，對於解讀古籍有借鑒作用。

關鍵詞：佛經；字詞；俗寫規律；考釋；字用

佛經有些字詞的理解，必須結合其詞法的分析；佛經中有一些字詞的對應關係，不能按照我們平常字書的意思來理解。我們在閱讀古籍時，也應該關注字詞和字際之間的關係，這樣就不至於搞混。古籍中有些字形的訛混是有規律的，這些都值得我們總結，漢語史研究必須注意這些現象。以下我們略舉幾例。

欣擊

《續高僧傳》卷十四"釋智拔"條："承帝京上德吉藏法師四海標領，三乘明匠，尋詣奉旨，欣擊素心。"①"欣擊"結構關係是并列式，相當於"欣悅"的意思。但"擊"則是"擊節"的縮略。打拍子，表示得意欣悅或贊賞。我們從造詞法來解析它。蔣紹愚先生《漢語歷史詞彙學概要》講到漢語史的造詞法的類別，在"舊詞→新詞"裏，"改造"的小類有"縮略"成詞的，如"同堂→堂"②。我覺得"欣擊"的"擊"是"擊節"的縮略；然後以"擊"作爲語素，與語素"欣"合成"欣擊"一詞。另有"擊贊""擊譽""擊響""會擊""贊擊"等。"擊"作爲"擊節"的縮略，有兩種取義：

（1）語素"擊"作爲"擊節"縮略表示十分喜悅或贊嘆。

《續高僧傳》卷五"釋智藏"條："及生藏也，少而聰敏，常懷退讓，果食衣服，爰及威儀，皆新華先讓，而處下末。由此擊譽鄉閭，敬而尚重。"③"擊譽"即稱譽。

《續高僧傳》卷八"釋僧妙"條："聚徒集業，以弘法樹功，擊響周齊，甚高名望。"④"擊響"指聲響。《續高僧傳》卷十五"釋慧休"條："幽致既舉，慧燭天懸，故使馳名冀

---

* **作者簡介**：曾良，安徽大學文學院教授，主要從事漢語言文字學、佛經文獻和敦煌學研究。
　　基金項目：國家社科基金重大項目"宋元明清文獻字用研究"（19ZDA315）。
① （唐）道宣：《續高僧傳》，北京：中華書局，2014年，第500頁。
② 蔣紹愚：《漢語歷史詞彙學概要》，北京：商務印書館，2015年，第71頁。
③ 《續高僧傳》，第168頁。
④ 《續高僧傳》，第265頁。

都,擊響河、渭。"①

也有單獨使用的。《續高僧傳》卷十二"釋慧覺"條:"覺禀承宏論,備觀幽旨,領略津會,鐫求幽賾,騁馳衆妙,得自胸襟;宗匠加賞相擊,稱爲法器。"②

(2)"擊節"表示擊其節要,即抓住要點、領會大義。

"擊節"還有一個取義,指擊中節點、要點。《續高僧傳》卷十五"釋僧辯"條:"時有智凝法師,學望京華,德隆岳表,辯從問知津,乃經累載,承席覆述,允益同倫,遂使旁疏異解,曲有正量,識者僉悟,擊其大節。"③"擊其大節"似指抓住要點,領悟其大旨。對經典的旨意評點、解釋亦稱"擊節",如佛經中有明代大昭著《楞嚴經擊節》,就是對《楞嚴經》旨意的解釋、評點。明代沙門德清著《妙法蓮華經擊節》,"擊節"也是指抓住宗旨要點,全文没有具體文句的疏通。《卍新續藏》本《法華經大成音義》"扣關擊節",注:"扣關,緊要處難過而能過。擊節,阻隔處不通而能通。謂扣其機關,擊其節要。見《寶訓音義》。"(32/548/a)禪宗典籍有《擊節録》,《中華佛教百科全書》釋《擊節録》云:"宋·雪寶重顯拈古,圜悟克勤擊節。又稱《佛果擊節録》、《圜悟擊節録》。收在《卍續藏》第一一七册。本書係由雪寶重顯拈提古則百則,圜悟克勤就之一一著語評唱而成,其體裁類似《碧巖録》。所謂'擊節',意味對拈古擊節,亦即圜悟之附語評唱,猶如歌詞加上五綫譜而有節有調。本書卷首太淳之序文云(卍續117·449上):'圜悟禪師擊節乎其間,教人不覺手舞足蹈。'"笔者認爲《序文》解釋"擊節"爲打節拍不一定正確。"擊節"是解釋、闡發的意思,謂擊中要害,抓住或領悟要點。我們看下一例子就很清楚:《大正藏》第49册《佛祖統紀》卷二十一:"此一瓣香,奉爲延第一代法智尊者,用酬法恩。然存則人,亡則書;旁不肯者,無吝擊節。"(49/243/a)此"擊節"即指正、指點。

《大正藏》本《隋天台智者大師别傳》:"時有慧邈禪師,行矯常倫,辯迷時聽。自謂門人曰:'我所敷弘,真師子吼;他之所説,是野干鳴。'心眼未開,誰不惑者?先師正引經文,傍宗擊節,研核考問,邈則失徵,揚簸慧風則糠粃可識;淘汰定水故砂礫易明。"(50/192/a)《大慈恩寺三藏法師傳》卷二:"法師隨其所説,領悟無遺,研幽擊節,盡其神秘。"④"擊節"也是指叩擊其要點。

也有語素"擊"作爲"擊節"縮略的。《續高僧傳》卷十五"釋靈潤"條:"沙門智衍,即潤之猶子也,幼攜入道,勖以教宗,承明詞義,深有會擊。"⑤"會擊"即會悟。

或作"贊擊"。《續高僧傳》卷二十二"釋洪遵"條:"先是關内素奉《僧祇》,習俗生常,惡聞異學。乍講《四分》,人聽全稀。還是東川,贊擊成務。"⑥"贊擊"謂宣揚、宣講。同前卷二十三"釋法礪"條:"時慧休法師,道聲遠被,見重世猷。贊擊神理,文義

---

① 《續高僧傳》,第533頁。
② 《續高僧傳》,第404頁。
③ 《續高僧傳》,第517頁。
④ (唐)慧立、宗彦:《大慈恩寺三藏法師傳》,北京:中華書局,2000年,第44頁。
⑤ 《續高僧傳》,第541頁。
⑥ 《續高僧傳》,第840頁。

相接。故得符采相照，律觀高邈，休有功焉。"①

或説"擊賛"。《續高僧傳》卷四"釋玄奘"條："自爾朝宰英達，咸申擊賛，釋宗弘盛，氣接成陰。"②《續高僧傳》卷十"釋浄願"條："自此如常開悟，衆倍前聞，更相擊賛，令響彌遠。"③"擊賛"即宣賛、頌揚。

踶、蹄

S. 706V《維摩詰所説經疏解》："言'名生於不足'者，法本無名，爲物有名，若悟其理，不要其名。如得魚忘詮(筌)，得兔亡踶等也。"④這個"踶"字，同"蹏""蹄"，但這裏并不是足蹄的意思，而是指套野獸足蹄的繩套或者挾套獸蹄的器具。最初就是用捕獸器具套住或夾住獸的蹄子，與蹏相關，所以也名"蹏"。今贛南客家方言還有"裝蹏"的説法，就是此義。當然，還可作動詞，如"繩子蹏穩叮我格脚"（繩子套住了我的脚）。《莊子·外物》："蹄者所以在兔，得兔而忘蹄。"陸德明《釋文》："蹄，兔冒也。又云：兔弶也，繫其脚，故曰蹄也。"成玄英疏："蹄，兔罝也。""蹏"指兔網，也泛指捕獸的網。本來"蹏"詞義的重點是捕鳥獸以繫其脚方式捕獲，即與蹄子有關係，不在意其形制是用夾子還是弶網。《文選》卷五左思《吳都賦》："罦罕瑣結，罠蹏連綱。"李善注引劉逵曰："蹏，兔網。"⑤《大正藏》本《涅槃玄義發源機要》卷一《序》："其體言見心，得兔忘蹄，不知紀極。"(38/15/a)我們可以比較"弶"字。《大正藏》第24册《鼻奈耶》卷一："比丘作弶羂人頸殺，波羅移不受。"⑥校勘記曰："弶羂"二字，宋本、元本、明本《大藏經》和宫本均作"弶縮"。按：俄 Дx02001《鼻奈耶》卷一正作"弶縮"(9/1)。從這可以明白"弶"的形制，玄應《一切經音義》卷十八："弶，今畋獵家施弶以取鳥獸者，其形似弓也。"《玉篇·弓部》："弶，置罟於道也。"《集韻·漾韻》："弶，以弓冒鳥獸。"可知弶似弓形，有伸縮性，既可以是活套索，也可以是有伸縮性的夾子，鳥獸等一套上就無法挣脱。這個"弶"或作"摾"，作動詞跟表示挣脱的"强"以及"犟"有關係。

"蹏"或作"罤""帝"等。希麟《續一切經音義》卷四"筌蹏"條："下弟奚反。莊生云：蹄所以取兔，得兔而忘蹄也。從足帝聲。《玉篇》作罤，云：兔網也。"《大正藏》本《般若心經略疏連珠記》卷上："古德云：體本絶待，名説俱寂故，超言象也。前云筌罤，乃言象之喻而互舉者，欲文妙耳。《周易略例》云：言生於象，故可以尋。言以觀象，象生於意，故可以尋。象以觀意，意以象盡，象以言著，故得意忘象，得象忘言。猶罤者，所以在兔，得兔而忘罤。筌者，所以在魚，得魚而忘筌。"(33/556/a)《大正藏》本唐代湛然《止觀輔行傳弘决》卷三："今則不爾，因罤得兔，得已亡罤。罤何所亡，弗謂爲兔。文字解脱，斯之謂歟？"(46/216/c)《卍新續藏》本《妙經文句私志記》卷二："蹄，即取兔足器。《蒼頡篇》云：取兔之具。《説文》云：取兔之網。邢注《略例》云：蹄，兔罝也。又

---

① 《續高僧傳》，第860頁。
② 《續高僧傳》，第126頁。
③ 《續高僧傳》，第351頁。
④ 方廣錩、吳芳思主編：《英國國家圖書館藏敦煌遺書》，第12册，桂林：廣西師範大學出版社，2013年，第57頁。
⑤ （梁）蕭統：《文選》，北京：中華書局，1977年，第90頁。
⑥ 《大正藏》，第24册，第856頁。

云:此二喻并有《莊子》也。然器具、網名異,實一字。或作蹄,《説文》作罤,《莊子》云:得兔亡蹄。作此蹄字,世俗相承從於此,故今亦爾。"(29/174/b)《大正藏》本《華嚴七字經題法界觀三十門頌》卷下:"見月休觀指,歸家罷問津:得兔忘蹄,得魚忘筌。此頌一念既悟,見一一塵中,同時遍攝,互無障礙,如見月而不觀指端,似到家而罷問關津矣。"(45/705/c)

博、煿、爆

敦煌卷子 S.706V《維摩詰所説經疏解(擬)》:"如薄俱羅尊者,因中施一課訶梨勒,果中護得五中不死,鏊博、釜煮、水溺、魚吞、刀析等不死。"(12/60)"博"字,旁注一"并"字,疑是"餅"之訛。鏊是做餅的用具,但這裏并不是説"博"就是餅的意思,從上下文分析,"博"與"煮""溺""吞""析"應該是個動詞。"博"應該是焙、烤之類的意思,因鏊是烤餅的用具。我們可以查到有關薄俱羅尊者的五不死故事。《大正藏》本《法華義疏》卷一:"'薄拘羅'者,此云善容,持一不殺戒得五不死報:一、釜煮不死;二、熬盤不焦;三、水不溺;四、魚腹不爛;五、刀刃不傷。"(34/460/a)《大正藏》本窺基撰《阿彌陀經疏》:"'薄拘羅'者,此云善容,謂好容儀。過去曾持一不殺戒,今得五不死報:一、釜煮不死;二、鏊搏不燋;三、墮水不溺;四、魚吞不爛;五、刀割不傷。"(37/317/b)"搏"字冠注云:"搏可疑。"《法苑珠林》卷四十二《受請篇·施福部》引《付法藏經傳》:"拘羅年幼,見母作餅,從母索之。後母嫉妬,即捉拘羅擲置鏊上,鏊雖燋熱不能燒害。父從外來,見薄拘羅在熱鏊上,即便抱下。……由施藥故,得是長壽,五處不死:鏊爍不燋,釜煮不爛,水溺不死,魚吞不消,刀割不傷。"①《卍新續藏》本《法華經玄贊攝釋》卷一:"疏:經五不死者:一釜煮不死,二鏊爍不燋,三水溺,四魚腹不爛,五刀破不傷。"(34/38/c)《卍新續藏》本《法華經玄贊要集》卷九:"其父遠出,後母便方煞之,經五不死:一釜煮不死;二□煿不燋;三水溺不亡;四魚吞不爛;五刀割不傷也。"(34/375/b)《卍新續藏》本《四分律隨機羯磨疏正源記》卷五:"昔持不殺戒,得五不死報,無病無夭。五不死者:一、其母早亡,遂因後母惡之,就母求餅,投之餅爐上,父見救援,投火不死。二、又嘗就母求肉,投於釜内湯不死。三、牽母之衣,推於河内。四、大魚吞之。五、會其父買魚歸,割其魚腹,善容在焉。"(40/843/b)對這些材料進行綜合比較,可知"博""搏""煿"是同詞異寫,與"鑠""爍"是近義詞互換。《齊民要術·作酢法》:"有薄餅緣諸麴餅,但是燒煿者,皆得投之。"②《大正藏》本玄奘譯《瑜伽師地論》卷四:"謂彼所攝獄卒以諸有情,置無量逾繕那熱極熱遍極燒然大鐵鏊上,左右轉之,表裏燒煿。"《大正藏》本窺基《妙法蓮華經玄贊》卷六:"謂彼獄卒以諸有情置無量逾繕那三熱大鐵熬上,左右轉之,表裏燒薄。"《卍新續藏》本《涅槃經疏私記》卷四:"謂彼獄卒以諸有情置無量逾繕那三熱大鐵熱上,左右轉之,表裏燒搏。"按:"鐵熱"當作"鐵熬","搏"當作"搏",古籍中俗寫"搏""搏"不別。《大正藏》本不空譯《佛説金毗羅童子威德經》:"取白石如鷄子許,水銀三兩,米粉二兩,烏牛乳半勝,和向銅鐺中,煎之令盡。然後取荏油一合置鐺子中,煿石令燋油盡。"(21/373/b)同前:"取金

---

① (唐)道世:《法苑珠林》,《磧砂藏》本,上海:上海古籍出版社,1991年影印,第322頁。
② 繆啓愉:《齊民要術校釋》,北京:中國農業出版社,1998年,第552頁。

色石如雀卵許,取水銀三兩,生金半兩,慈石一大兩,桃人八顆去皮,取如上等物,并置一處,向生鐵熱中煿之。"(21/373/c)"煿"應該是烤、焙的意思。"煿"亦作"爆",音義同。《集韻》入聲鐸韻:"爆,火乾也。或作煿。"《華嚴經合論》卷六十三:"即如蓮華寶女地獄,以愛心取故,欲愛增上,便成熱銅柱等苦,以熱燒煿,悶絶便死,而復更生。"《磧砂藏》本《經律異相》卷四十三《商人驅牛以贖龍女得金奉親十》:"我龍法有五事苦。何等五？生時龍、眠時龍、婬時龍、瞋時龍,一日之半三過,皮肉落地,熱沙搏身。"①"半"字当作"中"。"搏"字,《高麗藏》《大正藏》本作"煿"。《大正藏》本《摩訶僧祇律》卷三十二:"我龍法有五事苦。何等五？生時龍、眠時龍、婬時龍、瞋時龍、死時龍。一日之中三過,皮肉落地,熱沙爆身。"(22/489/a)校勘記曰:"爆"字,宋本、元本、明本作"暴",宫本作"薄"。《大正藏》本《諸經要集》卷六引《僧祇律》作"曝"(54/48/c),校勘記曰:宋本、元本、明本、宫本作"博"。《大正藏》本《法苑珠林》卷九十一引《僧祇律》作"爊"(53/995/a),校勘記曰:宋本、元本、明本、宫本作"薄"。説明這些例子中的"煿""博""搏""爆""暴""曝""薄"等字面,實際記録的是同一個詞。

《大正藏》本《佛説觀三昧海經》卷五:"佛告阿難:若有衆生殺父害母,罵辱六親,作是罪者命終之時,銅狗張口化十八車,狀如金車,寶蓋在上,一切火焰化爲玉女,罪人遥見心生歡喜:'我欲往中,我欲往中。'風刀解時寒急失聲:'寧得好火,在車上坐,然火自爆。'作是念已,即便命終。"(15/669/a)《高麗藏》本可洪《新集藏經音義隨函録》卷八:"自爆:音博,近火也。亦作'煿'。"(62/545/b)

佃、俱

S.2502《仁王經疏(擬)》:"或就人法并舉(彰),如《勝鬘經》等；或事法雙舉,如彼《方等大集經》等；或法喻佃題,如《華嚴經》等；或人事并立,如《舍利弗問病經》等,如是非一。"(43/17)"佃"字,《大正藏》第85册録作"但"(85/167/b)。從字形上説,確實是"但"字,可具體上下文中當釋讀爲"俱"字。在敦煌卷子中,"俱""但"往往訛混。説《大方廣佛華嚴經》是"法喻俱題",很切合題意。丁福保《佛學大辭典》"華嚴經"條:"(經名)《大方廣佛華嚴經》之略名。大方廣爲所證之法,佛爲能證之人,證得大方廣理之佛也,華嚴二字爲喻此佛者。因位之萬行如華,以此華莊嚴果地,故曰華嚴。又佛果地之萬德如華,以此華莊嚴法身,故曰華嚴。《華嚴略策》曰:'大方廣者,所證法也。佛華嚴者,能證人也。大以體性包含,方廣乃業用周遍,佛謂果圓覺滿。華喻萬行披敷,嚴乃飾法成人,經乃貫穿常法。'《四教儀集注》上曰:'因行如華,莊嚴果德。'此華譬因行也。《探玄記》一曰:'佛非下乘,法超因位,果德難彰,寄喻方顯。謂萬德究竟,環麗猶華,互相交飾,顯性爲嚴。'此華譬果德也。《大日經疏》曰:'華有二種:一者萬行華。二者萬德行。'"②我們還可以《維摩義記》爲證,《大正藏》本《維摩義記》卷一:"或事法雙舉,如彼《方等大集經》等；或法喻俱題,《華嚴經》《法華經》；或人事雙立,如《舍利弗問疾經》等,如是非一。"(38/421/c)

古籍中有關"旦""且""具"俗寫相混語例甚多,僧祐《出三藏記集》卷七載道安《道

---

① (梁)僧旻、寶唱等:《經律異相》,上海:上海古籍出版社,1988年影印,第229頁。
② 丁福保:《佛學大辭典》,上海:上海書店出版社,1991年,第2101頁。

行經序》云:"且其經也,進咨第一義以爲語端,退述權便以爲談首。"①"且"字,《永樂北藏》本《道行般若波羅蜜經》卷首《序》作"具"(17/803/b),當作"且"字。《大正藏》本《中本起經》卷下:"譬如稻田禾稼具熟,而有惡露灾氣,則令善穀傷敗。今使女人入我法律者,必令佛清净大道不得久興盛。"(4/158/b)按:"具熟"當釋讀爲"且熟",因"具"的俗寫或作"具"。而"且"旁或作"具",例參曾良《俗字及古籍文字通例研究》②。可比較《大愛道比丘尼經》卷上:"復譬如稻田禾稼且熟,而有惡露灾氣,則令善穀傷敗。"《洛陽新獲墓志續編》一二《隋伊穆墓志》:"乃祖及考,達世知名。"③"祖"是"祖"字。同前:"但百年之路未窮,難再之悲奄及。"④"但"即"但"字。S.2512《藥師經疏(擬)》:"二乘之人俱知有作四諦,不知無作四諦故,不得秤爲遍知。如來有作無作但知故,秤爲遍知也。"(43/134)《藥師經疏》此處的"但"字,也應該釋讀作"俱"。

永、乖、亦

《大正藏》本《維摩義記》卷二:"順是列名順如釋也。空理是如如與菩提同體義分,同體不亦故曰爲順。"(38/463/b)"亦"字,校勘記曰:原本作"二"。S.721V《維摩義記》卷二作"永"(12/231),看起來像"永",當是"乖"的異寫。"亦"當也是"乖"的訛變所致。我們可以比較 S.721V 類似的情况,S.721V《維摩義記》卷二:"三觀四大,如似毒蛇,性相永反。"(12/238)"永"是"乖"之訛,《大正藏》本《維摩義記》卷二正作"乖"字(38/466/a)。《高麗藏》可洪《新集藏經音義隨函録》卷二十《雜阿毗曇心論》音義:"理永:古懷反,正作乖。"(63/273/c)《大正藏》本《雜阿毗曇心論》卷四:"二取梵音中,亦可言摩,亦可言此,并有竊取義、選擇義,雖實與理乖,而意存求宗,故言選擇;所受非道,故言竊取。"(28/900/b)《新集藏經音義隨函録》卷二十一《佛所行贊》音義:"永離:上古懷反,正作乖。神永:同上,并誤。"(63/304/a)同前:"自永:音乖。"(63/304/a)相關的詞條,據《大正藏》本《佛所行贊》卷二作:"衆生各異趣,乖離理自常。"(4/11/c)又:"死至形神乖,當復云何留?"(4/11/c)又:"世間本自乖,暫會恩愛纏,如夢中聚散,不應計我親。"(4/11/c)又《可洪音義》卷二十一《佛所行贊》音義:"等永:音乖,誤。心永:音乖。"(63/304/b)《佛所行贊》卷二作:"先違本親屬,今與汝等乖。"(4/13/c)又:"我求滅三有,形背而心乖。"(4/13/c)《可洪音義》卷二十一《佛所行贊》音義:"分永:音乖。"(63/304/b)卷二十一《佛所行贊》音義:"永理:上古懷反,正作乖。永離:同上。"(63/304/c)卷二十一《佛所行贊》音義:"不永:音乖。"(63/304/c)《可洪音義》卷二十一《佛所行贊》音義:"永已永:上音永,下音乖。"(63/305/c)此句《佛所行贊》卷四作:"無常不净想,貪愛永已乖。"(4/34/a)《可洪音義》卷二十一《佛所行贊》音義:"神永:音乖。"(63/306/a)《可洪音義》卷二十五《新華嚴經音義》:"殊永:古懷反,正作乖。"(63/521/b)從這些材料可知,古籍中"乖""永"二字俗相混。

蓋"乖"的俗寫與"永"相似。例如:S.2430《勝鬘經疏(擬)》:"彼於不信之人,内

---

① (梁)僧祐:《出三藏記集》,上海:中華書局,1995年,第263頁。
② 曾良:《俗字及古籍文字通例研究》,南昌:百花洲文藝出版社,2006年,第138頁。
③ 喬棟等編:《洛陽新獲墓志續編》,北京:科學出版社,2008年,第12頁。
④ 《洛陽新獲墓志續編》,第12頁。

無智照,稱爲莀(長)夜;起惪(惡)永理,目曰非儀(義)。"(40/310)

古籍中也有"永"字訛作"乖"的,《高麗藏》可洪《新集藏經音義隨函録》卷四《如來興顯經》音義:"乖无:上于丙反,正作永。"(62/373/b)此即"乖无"是"永無"的俗寫。又卷五《等集衆德三昧經》音義:"乖脱:上于丙反,正作永。"(62/430/a)《大正藏》本《等集衆德三昧經》卷上作:"何謂爲戒皆能永脱一切塵勞?"(12/978/a)

鎘、桏

敦煌卷子 S.2714《佛説天公經》:"鎘銅灌作柱,象牙作屋桏,虎珀作屋檜, 鎘真珠作羅網。"①關於"鎘"字,《大正藏》第 85 册録作"鎘"(85/1161/a),不準確。實際右部的"鬲"裏邊從"虫",是"融"的異寫,又加了"金"旁。"鎘"實際就是"融"字。"桏"字,這裏應釋讀爲"椓",《大正藏》本直接録作"椓"(85/1161/a)。俗寫"象""豖"訛混,《唐代墓志彙編》貞觀○一一《譚氏之志》:"丹穴靈鳳,崐山文玉,不待剪拂,何繁彫琢。"②據《唐代墓志銘彙編附考》第一册一九此碑拓片,"琢"字作"瑑"③。"瑑"就是"琢"的俗字。又如"逐"的俗寫或作"逯",《邙洛碑志三百種》三八《隋韻智孫墓志》:"可謂蘭生芳苑,逯芳風而益馨;桂殖月輪,隨月形而轉茂。"④"逯"就是"逐"的俗字。又同前:"但恐陰陽改革,氣序推遷,山逯風移,林從雨變,於是雕兹翠石,刊此瓊文。"⑤《龍龕手鏡·手部》:"捄,音卓,擊也,推(椎)也。又俗音捄(捄)。"⑥"捄"字或俗作"捄",是因爲俗寫"豕""豖""象"往往相混。《中華大藏經》第 59 册可洪《新集藏經音義隨函録》卷七《不空羂索神變真言經》"捄地"條:"上音卓,擊也,正作捄。"(59/784/c)"捄"字録正是"椓",但這裏顯然是"椓(捄)"字。又同前:"捄地:上竹角反。"(59/784/c)我們看一下原經的文字,《大正藏》本《不空胃索神變真言經》卷十三:"可界東西南北四維中心,捄地一千八下,即見地下七寶宫殿。"(20/294/b)同前:"以杖捄地一千八下,輪杖一千八匝。高聲稽請觀世音菩薩:'惟願大悲,救我飢渴。'念滿千聲,其捄地處,湧出泉池,其水清美。"(20/295/b)可知上揭可洪《音義》中的"椓地""捄地"均是"捄地"。古籍中"豖"俗或作"豕","豕"與"象"訛混。《古本戲曲叢刊》二集舊鈔本《遍地錦》第六齣:"(旦)這件東西,果然玉質無瑕,凋喙精巧,必是舊家之物。"(16/45)"喙"當釋讀爲"啄",通"琢"。"凋喙"即彫琢。

"桏"或作"捄",有時訛爲"椓"。《大正藏》本《大威德陀羅尼經》卷十四作:"阿難,彼違背其三十三天,名達舍俱吒(隋云十種椓打)。"(21/815/b)校勘記曰:"椓"字,宋本、元本、明本作"桏"。按:"椓"是"桏"之訛,俗寫"豖""象"相混。也有"椓"訛作"桏"者,可洪《新集藏經音義隨函録》卷七《佛説月光童子經》"爲桏"條:"直全反。"

---

① 方廣錩、吳芳思主編:《英國國家圖書館藏敦煌遺書》,第 48 册,桂林:廣西師範大學出版社,2017 年,第 297 頁。
② 周紹良主編:《唐代墓志彙編》,上海:上海古籍出版社,1992 年,第 17 頁。
③ 毛漢光:《唐代墓志銘彙編附考》第 1 册,臺北:"中央研究院"歷史語言研究所專刊之八十一,1984 年,第 105 頁。
④ 趙君平:《邙洛碑志三百種》,北京:中華書局,2004 年,第 44 頁。
⑤ 《邙洛碑志三百種》,第 44 頁。
⑥ (遼)行均:《龍龕手鏡》,北京:中華書局,1985 年影印,第 216 頁。

(59/772/b)根據反切可知"㯢"當作"橡"。我們再看佛經文字內容,《大正藏》本《佛說月光童子經》:"吾向共議,欲令長者當於門中,鑿作五丈六尺深坑,以炭火適半,細鐵爲㯢,土薄覆上,設衆飲食,以毒著中,若火坑不焚,毒飯足害,便往請佛。"(14/815/b)《永樂北藏》本《佛說月光童子經》亦作"爲㯢"(43/375/a)。《中華大藏經》本《紹興重雕大藏音》卷中《木部》:"㯢:卓音。有處却作'橡'(直緣反)字用,臨文詳之。"(59/524/a)此釋可謂深知俗寫規則。明白古籍中"㯢""橡"相混,對古籍整理有幫助。慧琳《一切經音義》卷六十二"枅栱"條引《淮南子》云:平㯢不斲,撩題不枅。"校勘記曰:"《淮南子》云:平㯢不斲,撩題不枅:今傳本《淮南子》:'樸桷不斲,素題不枅。'"①按:慧琳《音義》引《淮南子》的"㯢"當釋讀爲"橡"字,"橡"與"桷"是同義詞。

《五燈會元》卷十七《三角慧澤禪師》:"師卓拄杖一下。僧曰:'答即便答,又卓個甚麼?'"因爲"㯢"字古籍往往以"卓"音借用之,考慮到"卓"的敲擊義是動詞,故或加"扌"旁作"掉"。《古本小説集成》清刊本《後西游記》第四回:"孫小聖道:'樣樣皆無,也忒覺慢客。就是我肯回,這條鐵棒也不肯空回。'遂拿着鐵棒,東邊指指,西邊掉掉。"②這是孫小聖到西王母宮殿,討要仙桃、丹和酒,仙吏不肯給。"掉"即敲、點的意思。普通話一般説"指點"。《古本小説集成》清刊本《後西游記》第二十一回:"這一班惡人,走到面前,便跳的跳,舞的舞,亂指亂掉。"③同前:"你跑過東,無非做唬嚇之勢;我跑過西,只要揚殺伐之威。指的指,掉的掉,何曾歇手? 罵的罵,嚷的嚷,絕不住聲。"④今贛南客家方言猶有此詞,音讀 duo,都角切,如"細人崽用石頭掉瓦片","用手指腦在檯子上掉節拍"。"掉""㯢"可讀都角切,我們能找到反切材料相印證,玄應《一切經音義》卷十五"㯢杙"條:"都角反。下又作弋,同,餘職反。《爾雅》:樴謂之杙。注云:即橛也。樴音徒得反。"⑤

---

① 徐時儀:《一切經音義三種校本合刊》,上海:上海古籍出版社,2008 年,第 1623 頁。
② 《後西游記》,上海:上海古籍出版社,1990 年影印,第 75 頁。
③ 《後西游記》,第 442 頁。
④ 《後西游記》,第 444 頁。
⑤ 《一切經音義三種校本合刊》,第 325 頁。

《尚書》"厎可績""厎績"新探*
——兼談大禹開闢陸路交通傳說

陳小龍

摘　要:《尚書》中的"厎可績""厎績",古代注疏家多將其中的"績"釋爲"功",於文義并不密合。近代以來學者或據《禹貢》中的"厎績"而認爲《堯典》《皋陶謨》中的"厎可績"乃"可厎績"之誤倒,此説爲人多所採信,其實并無有力證據。"厎績"很可能祗是"厎可績"的省寫。"厎可績""厎績"之"厎"當訓"至","績"當讀爲"跡",意爲"(循/履/遵而)行"。《禹貢》中包含"厎績"的相關文段講述了禹開闢陸路交通的傳説,并且記録了《禹貢》成書年代太行東南麓及西北地方的交通面貌。

關鍵詞:《尚書》;《禹貢》;厎;績

　　《尚書》中的"厎可績"(見《堯典》《皋陶謨》)以及"厎績"(見《禹貢》),一般理解爲"致可以立功""致功",但這些解釋并不密合文意,在《禹貢》文中顯得尤爲突兀。但近代以來除了曾運乾、楊筠如等學者曾做過校改外,探討者并不多,主要問題也依舊相沿未改。本文擬對相關文本作較爲細緻的文獻考察,以求文從字順,并附帶對"厎績"的地理內涵作初步的探討。不足之處敬請批評指正。

一、《堯典》《皋陶謨》"厎可績"解

　　在《尚書》的《堯典》和《皋陶謨》中都出現了包含"厎可績"的語句,由於《史記》的寫作採用了不少《尚書》材料,故而也能找到相關文段。下面將之列爲表格以資對照:

表一

《尚書》	《史記》
帝曰:"格,汝舜!詢事考言,乃言厎可績,三載。汝陟帝位。"(《堯典》)	堯以爲聖,召舜曰:"女謀事至而言可績,三年矣。女登帝位。"(《五帝本紀》)
皋陶曰:"朕言惠可厎行?"禹曰:"俞!乃言厎可績。"(《皋陶謨》)	(皋陶云)"吾言厎可行乎?"禹曰:"女言致可績行。"(《夏本紀》)

　　(一)此處先對二者的用字、語序和文本問題稍作考察。從用字來看,《尚書》本

---

* **作者簡介:**陳小龍,復旦大學中文系博士生,主要從事出土文獻和先秦史研究。
　基金項目:國家社會科學基金青年項目"秦漢簡牘所涉民族史料的搜集、整理與研究"(18CMZ006)。

作"厎"的三處①,《史記》却各不相同,分別作"至""厎""致"。按今天所能見到的漢代《尚書》引文皆作"厎"(見下文),敦煌本《尚書釋文》(P. 3315)的相關文段中字形作厎,也是"厎"字無疑。我們知道,《史記》引用《尚書》文句多採用"譯引"的辦法②,其用字無疑是司馬遷作了改讀的結果。

在《禹貢》中出現了與"厎可績"類似的表述:"覃懷厎績""和夷厎績""原隰厎績"。曾運乾、楊筠如等先生據此認爲:"厎績"是當時的"成語",因而《堯典》與《皋陶謨》中的"厎可績"應爲"可厎績"之誤倒③。這個觀點爲人多所採信。但從上表來看,兩書中的"可"字都在"績"字之前,這至少説明司馬遷的確是按照"厎可績"的思路來理解的。也表明,至少在司馬遷的時代,《尚書》相關句子就已經寫作"厎可績"。像《史記》這樣重要的材料,學者不可能未加留意,曾、楊等先生很可能是認爲這種誤倒發生在司馬遷以前。然而"績"是常用詞,而"厎績"的用例則僅見於《禹貢》,實難以徑指爲"成語"。此外在《禹貢》篇中,還有"厎定""厎平"的説法,這裏的"厎"明顯是作爲一個活躍的構詞成分而存在的,可見"厎"與"績"構成"成語"的意見很可疑。總言之,將"厎可績"校改爲"可厎績"的意見没有堅强的證據。

(二)下面從訓詁和語法角度對"厎可績"中的"厎"稍作分析。《堯典》(僞古文《尚書》割爲《舜典》)謂:"乃言厎可績三年。"《僞孔傳》云:"汝言致可以立功三年矣。"孔穎達《正義》謂:"汝言致可以立功,于今三年。"《皋陶謨》文中同此④。馬融則將"厎"訓爲"定",孫星衍從之⑤。以上是對"厎"的兩種主要看法。

爲便於考察,下面選取當今較有代表性的幾種《尚書》注本,并將其對"乃言厎可績"的譯文用表列出:

表二 ⑥

著者與書名	《堯典》(或《舜典》)譯文	《皋陶謨》譯文
周秉鈞《尚書注譯》	你提的建議用了可以成功	你的話可以實行并且可以成功
屈萬里《尚書今注今譯》	你的建議都可以建立功業	你的話可以建立功業

---

① 陸德明曾見有些本子作"厎",但他認爲:"本或作厎,非也。"見(唐)陸德明:《經典釋文》影印本,北京:中華書局,1983 年,第 37 頁。

② 錢宗武:《今文尚書語言研究》,長沙:岳麓書社,1996 年,第 51 頁。

③ 曾運乾:《尚書正讀》,上海:華東師範大學出版社,2011 年,第 17 頁;楊筠如著、黃懷信標校:《尚書核詁》,西安:陝西人民出版社,2005 年,第 26 頁。

④ (唐)孔穎達疏,十三經注疏整理委員會整理:《尚書正義》,北京:北京大學出版社,2000 年,第 61、131 頁。

⑤ (清)孫星衍:《尚書今古文注疏》,北京:中華書局,1986 年,第 34 頁。

⑥ 周秉鈞:《尚書注譯》,長沙:岳麓書社,2001 年,第 8、26 頁;屈萬里:《尚書今注今譯》,臺北:臺灣"商務印書館",1977 年,第 10、24 頁;顧頡剛、劉起釪:《尚書校釋譯論》,北京:中華書局,2005 年,第 354、503 頁;王世舜、王翠葉譯注:《尚書》,北京:中華書局,2012 年,第 16、40 頁;李民、王建:《尚書譯注》,上海:上海古籍出版社,2004 年,第 13、42 頁。

續表

著者與書名	《堯典》（或《舜典》）譯文	《皋陶謨》譯文
顧頡剛、劉起釪《尚書校釋譯論》	（你）所説的話都可一一見諸實效	你的話完全可以成功地施行
王世舜、葉翠《譯注〈尚書〉》	你的確取得不少成績	你的話是可以實行并獲致功績的
李民、王建《尚書譯注》	（考察了你的言論）你可以取得功業	按你説的去做，一定會取得功績的

從上面五種譯文可知：將"厎"讀爲"致"，大家的意見比較統一，且多將之理解爲程度副詞。在語序上，則或對"厎"不予處理，或按照"誤倒"學説進行解釋。這些見解恐怕都有待商榷。

我們先來對"厎"的用法進行簡單考察。前文已經説到，"厎可績"的傳統語序不可輕易更改。這裏的"可"，據語法學家研究實際上是意義爲"能、得"的助動詞①。若是讀"厎"爲"致"，并將之理解爲一個"致事動詞"②，則相當於説"你的話致使（你）能够立功"，這樣的表達是很奇怪的。而將之理解爲程度副詞，主要承自馬融的訓解。馬氏將此字訓爲"定"，應當與《尚書·大誥》有關③。其文曰："若考作室，既厎法，厥子乃弗肯堂，矧肯構？"這裏的"厎"當然可以訓"定"，但并非副詞。

實際上，"厎"在古書中除訓"致"外，還有"至"的用法。如《詩·小雅·祈父》："靡所厎止。"《小雅·小旻》："伊于胡厎。"此二處《毛傳》與《鄭箋》分別釋云："厎，至也。"又《左傳·襄公九年》："無所厎告。"《昭公二十六年》："未有攸厎。"杜預在注文中并釋爲"至"。與此類似，《堯典》與《皋陶謨》中的"厎可績"之"厎"，無疑也應訓"至"④。鄔可晶先生向筆者指出："在'厎可績''厎績'的語境裏，這種'至''抵'義比較虛，不是實指空間上到達哪裏，而是'抵達、至于……的境地、程度'。"⑤其言甚是。

（三）下面來探討"績"在文中的準確含義。古人將"乃言厎可績"中的"績"直接訓釋爲"功"，實際上是不確切的。《史記》的譯引——"績行"，雖爲學者所忽略，却是最爲貼切的解釋。

將"績"習慣性地理解爲"事""功"，可能是受到了《爾雅·釋詁》的影響。隨着近代以來對古文字材料的研究，目前對於古文獻中"敗績"一詞的厘清正可參照。傳統一般將"敗績"理解爲"大崩""崩壞"或者"車覆"之類意思，其出發點正是將"績"理解爲"功績"。陳夢家先生考辨金文始知傳世文獻中的"敗績"就是銘文中的"敗跡"，但

---

① 李明：《漢語助動詞的歷史演變研究》，北京：商務印書館，2016年，第34頁。
② 關於"致事動詞"的相關問題可參梅廣：《上古漢語語法綱要》，臺北：三民書局，2015年，第360頁。
③ 按該文中的"厎"是除本文要考察的對象而外《尚書》中唯一可能被訓爲"定"的地方。
④ 古書也常用"厎"來表示"至""抵"一類含義，如《國語·周語》："日月厎于天廟。""厎"和"底"在字形上有嚴格區別，朱駿聲云："厎，從广氐聲，與厎礪字迥別"，是也。見（清）朱駿聲：《説文通訓定聲》，北京：中華書局，1984年，第2308頁。但二者在實際使用時往往相混，區分并不嚴格，這主要是由於二者擁有相同的聲素，故可相通。參見張儒、劉毓慶：《漢字通用聲素研究》，太原：山西古籍出版社，2002年，第764—765頁。
⑤ 此處以及上文釋"至"的意見，皆承鄔可晶先生告知。

具體何義他未有進一步的探討。此後,陸宗達先生發現《三體石經》古文中"敗績"之"績"作"速",從而指出"敗績"本當作"敗速",是"車不能循道而行"之意。古代車戰敗跡意味着戰敗,故引申有戰敗之義①。

《說文解字》辵部"跡"下云:"步處也。從辵,亦聲。蹟或從足責。𨒪,籀文跡,從朿。"②許氏將"跡"理解爲"步處",這是它的名詞含義,不過正如上文所見,"跡"也有動詞用法。這裏再稍舉例證作爲考察:動詞的"跡"可分爲兩類,其中的一類義爲"尋求蹤跡",如《漢書·平當傳》云:"宜深跡其道而務修其本。"顔師古注:"跡,謂求其蹤跡也。"睡虎地秦簡《封診式》説道:"能以書從跡其言。"③又居延舊簡云:"以跡候爲職"(214·115);"日跡從第卅隧北盡鉼庭隧。"(北界 2415)另一類的意思爲"循道而行",例如師衰簋:"弗速我東國。"(《集成》04314)此處的"弗速"與《詩·小雅·沔水》的"不跡"類似,都可理解爲"不循道而行",只不過意義有所引申④。顯然"跡"的兩種動詞用法關係密切,都有"循着某種蹤跡而行"的意思。

回到《尚書》來看,孫星衍曾指出:(《夏本紀》)"説績爲績行者,《春秋左氏·哀元年》'復禹之績'。《釋文》云:'本亦作跡。'績跡通。《楚辭》王逸注云:'跡,行也。'《文選》顔延年詩注引《春秋合誠圖》宋注云:'跡,行跡,謂功績也。'是'績行',猶云履而行之也。"⑤"履而行之"猶如"循跡而行",只不過這裏的"跡"指代的是説過的語言。按此説與古文字學的考察成果相近,可謂深中肯綮。由此可見,司馬遷文中的"績行"應屬聯動式。從《表二》來看,周秉鈞、王世舜、葉翠等學者雖然在第二處譯文中保留了"實行"的解釋,但又同時將"功績"一詞混合其中。而劉起釪先生的第二處譯文則處理得更爲合理,他并未按照《僞孔傳》的意見將"績"釋爲"功績""功業"之類的詞,而是譯作"施行"。雖然這并不確切,但明顯是考慮了《史記》以及孫星衍的見解⑥。

綜上所論,在問答的同一語境下所言及的詞彙不應有不同的理解,因此《尚書》文段中的"厎"都當作統一解釋,即訓爲"至"。而《皋陶謨》答語中的"乃言厎可績"之"績"與問句中的"行"相應,當讀爲"跡",可理解爲"履而行之"或"遵而行之"。如按上面的解釋,則不僅密合文義,而且與訓詁及古文字材料相合。下面我們試着將《皋陶謨》中的這段問答用語體文翻譯於下:

> 皋陶問:"我的話果真能至於履而行之(的地步)嗎?"禹説:"當然! 你的話已至能够遵而行之(的程度)。"⑦

---

① 參見田煒:《西周金文字詞關係研究》,上海:上海古籍出版社,2016 年,第 19 頁。
② (漢)許慎著,(宋)徐鉉校定:《説文解字》,北京:中華書局,2013 年,第 33 頁。
③ 睡虎地秦墓竹簡整理小組:《睡虎地秦墓竹簡》,北京:文物出版社,1990 年,第 147 頁。
④ 張世超、孫淩安、金國泰等:《金文形義通解》,京都:中文出版社,1996 年,第 271 頁。
⑤ 《尚書今古文注疏》,第 88 頁。
⑥ 《尚書校釋譯論》,第 429 頁。
⑦ 按此處將"惠"理解爲強調語氣詞,故而翻譯爲"果真"。參見張玉金:《甲骨卜辭中"惠"和"唯"的研究》,《古漢語研究》,1988 年第 1 期,第 9 頁。

二、《禹貢》"厎績"解

前文我們已經將相關篇章中"厎""績"的含義探討清楚了,以此爲基礎,《禹貢》中的"厎績"也就不難明了。古人將"厎績"都釋爲"致功",此與《皋陶謨》注疏有同樣的弊病,即文意不夠密合。下面來作詳細討論。

(一)爲明白"覃懷厎績""和夷厎績""原隰厎績"等句中"厎績"的含義,此處不妨先考察《禹貢》文中與之類似的文例。

表三

州 名	禹治九州叙功
冀州	既載壺口,治梁及岐。既修太原,至于岳陽;覃懷厎績,至于衡漳;恒衛既從,大陸既作①。
兗州	九河既道,雷夏既澤,灉沮會同。桑土既蠶,是降丘宅土。
青州	嵎夷既略,濰淄其道。
徐州	淮沂其乂,蒙羽其藝,大野既豬,東原厎平。
揚州	彭蠡既豬,陽鳥攸居。三江既入,震澤厎定。篠簜既敷,厥草惟夭,厥木惟喬。
荆州	沱潛既道,雲土夢作乂。
豫州	伊、洛、瀍、澗既入于河,滎波既豬,導菏澤,被孟豬。
梁州	岷嶓既藝,沱潛既道。蔡蒙旅平,和夷厎績。
雍州	弱水既西,涇屬渭汭,漆沮既從,灃水攸同。荆岐既旅,終南、惇物,至于鳥鼠。原隰厎績,至于豬野。三危既宅,三苗丕叙。

顧頡剛先生曾對這些辭例的句法進行過探討,并將它們分爲三類:1. 相連之句;2. 似相連之句;3. 不相連之句②。就使用最多的"既"的用法而言,其"相連之句",如:"既修太原,至于岳陽",實爲連詞用法;"不相連之句",如:"嵎夷既略,濰淄其道",實爲副詞用法;"似相連之句"的用法則可以分别歸屬上兩類。"其"在文中有"淮沂其乂,蒙羽其藝""濰淄其道"等用例,是用於主謂之間的助詞用法。雖然詞性有所不同,但它們都可以歸納爲"NP+其/既+VP"的模式,其意爲"某處已經如何了"。

"厎"的用法也不例外。顧頡剛先生將"覃懷厎績,至于衡漳""原隰厎績,至于豬野"歸於"相連之句";"蔡蒙旅平,和夷厎績"歸爲"不相連之句"。實際上這種區分只是取决於它們的上下文,就它們本身來説,"覃懷厎績""原隰厎績""和夷厎績"已經是完整的"NP+厎+VP"的結構,二者間并無不同。"東原厎平"與"震澤厎定"當然也屬這種結構。按我們前文對"厎"的考察,那麽這個句式可以理解爲"某處已至如何了"。觀察這類結構的末尾動詞,可知它們與前面的主語都能很好地對應。若是河流則用"道""從",如:"九河既道""漆沮既從";若是澤藪則用"豬""澤",如:"彭蠡既豬"

---

① 此段經考訂認爲存在錯簡,表文按正確語序寫出。見《尚書校釋譯論》,第 829 頁。
② 顧頡剛:《顧頡剛讀書筆記》,北京:中華書局,2011 年,第 3 册,第 416—417 頁。

"雷夏既澤";若是土地,則用"蠶""藝""宅",如:"桑土既蠶""蒙羽其藝""三危既宅"。與此類似,"績"的所指也應相對具體,是一個用意明確的動詞,而絕非空泛的名詞"功績"。

還有一點需要注意的是,在此類結構中,凡是與人類活動有關的動詞,其前似乎都可以添加一個助動詞"可"。如:"桑土既(可)蠶""蒙羽其(可)藝""岷嶓既(可)藝""三危既(可)宅"。《禹貢》作者似乎是出於音節考慮而有所省略。在前文中我們參考司馬遷與孫星衍的意見將《堯典》與《皋陶謨》中的"績"讀爲"跡"而理解爲"行",《禹貢》文中的"厎績"之"績"也當作如是解。那麼,"覃懷厎績"等三句也當屬於與人類活動有關的文句,因此可分別理解爲"覃懷之地可循道而行""原隰可循道而行""和夷之地可循道而行"。也就是說,這裏的"厎績"很可能是"厎可績"之省,而不是誤倒。

(二)下面從陸路交通的角度進一步來考察"某某厎績"的內涵。

與"厎績"搭配的"覃懷""和夷""原隰"等地名,據古代學者的意見,都當屬平地。其中的"覃懷"爲河內懷縣一帶,地處黄河下游;"和夷"雖頗多爭議,但《孔疏》説是"平地之名",就其詞義而言也屬合理①;"原隰",可按其字面理解爲某片高平和低平之地。可見"厎績"的用法與平原的治理有關。具體來講,這裏說的應該是治理低濕平原且開闢陸路通道之事。按"覃懷厎績,至于衡漳""原隰厎績,至于豬野",此兩段文句孔穎達《正義》解云:"漳在懷北五百餘里,從覃懷致功而北至横漳也。"又謂:"原隰,豳地。從此致功,西至豬野之澤也。"②這裏孔氏雖然解釋了地理方位,但仍嫌不夠準確,實際上是遺漏了重要信息。

在《禹貢》文本中,凡包含"至于""入于"之類的句子,其用法非常值得注意。相關句子舉例如下:

> 浮于江、沱、潛、漢,逾于洛,至于南河。
> 浮于積石,至于龍門西河,會于渭汭。
> 導嶓冢至于荆山;内方至于大别。岷山之陽,至于衡山,過九江,至于敷淺原。
> 導弱水,至于合黎,餘波入于流沙。
> 導黑水,至于三危,入于南海。
> 嶓冢導漾,東流爲漢,又東,爲滄浪之水,過三澨,至于大别,南入于江。

可以發現,含"至于"的句落,通常表述的是水陸道路的貫通。因此,以往將"至于衡漳""至于豬野"中的"至于"二字簡單地理解爲"一直到(某處)",實際上是遺漏了關鍵部分。此二處"至于"在文中應準確地理解爲"通達到(某處)",描述的即是陸路交通的貫通。

我們知道,傳説中,在導水而外,陸路交通的開闢也是禹的重要工作。《禹貢》記:

---

① 《尚書校釋譯論》,第 533、534、721、722、750 頁。
② 《尚書校釋譯論》,第 186 頁。

"禹敷土,隨山刊木。"《僞孔傳》云:"洪水泛濫,禹布治九州之土,隨行山林,斬木通道。"①《夏本紀》記述傳説中的禹:"陸行乘車,水行乘船,泥行乘橇,山行乘檋。左準繩,右規矩,載四時,以開九州,通九道,陂九澤,度九山。"十註釋皆描述了大禹披山達道的辛勞。又王引之《經義述聞》將"蔡蒙旅平""荆岐既旅""九山刊旅"之"旅"訓爲"道",認爲即"紀其道路之通"②。其説至當。因此,"覃懷厎績,至于衡漳""原隰厎績,至于豬野"説的是禹開通"覃懷"到"衡漳","原隰"到"豬野"的陸路交通。

對於《禹貢》中"覃懷"通達"衡漳"所反映的地理意義,自譚其驤等先生以來的考察已經十分詳盡。現在知道,直到戰國時代以前,黄河下游以東仍然是人跡罕至的衝積平原腹地③。所以,處於古時"南陽"附近的"太行——黄河狹帶",成爲了南北交流最便捷的通道④。從懷地沿着太行山東南麓到達横漳水的路綫,就與該道重合。

"原隰"通達"豬野"的道路,也是一條有名的地理孔道。據李峰先生的考察,因隴山的險阻,西北進入渭河平原最重要的通道并不途經渭河上游,而是從固原一帶折而南下。此即漢代所謂的"蕭關道",也是聞名於世的"絲綢之路"所經的要道⑤。該道和此處要討論的這條通道有密切關係。所謂"豬野",《漢書·地理志》認爲即是武威東北的"休屠澤",《水經注》《尚書正義》從之。後世也有其他意見,不過總不外在武威東北附近⑥。"原隰",鄭玄以爲并非泛指,而是《公劉》所謂的"隰原",在豳地⑦。清代學者胡渭不贊同"原隰"爲專指之説,認爲當指渭北渭南遍布的秦中諸原⑧。案胡渭文中考證甚密,較之鄭説爲長,可從。

自渭河平原向西北出發,直至武威,連通的即是渭水流域直至隴山、賀蘭山以西的地理單元。可推知這條通道的東段很可能就是著名的"蕭關道"⑨。1973年,甘肅居延甲渠候官遺址出土了一批漢簡,其中一枚(EPF59:582)記載了長安通達武威、張掖的綫路。該簡記有漢代京兆、右扶風、北地、安定、武威、張掖等郡的二十個地名以及里程,蕭關古道基本可以與之重合⑩。這雖然已經是漢代的情況,但從文物考古以

---

① 《尚書正義》,第159頁。所謂"隨山刊木",裘錫圭先生據豳公盨認爲"應該是關於鯀、禹治水方法的觀念發生變化以後,對'墮山'的一種誤讀。"見裘錫圭著:《燹公盨銘文考釋》,收入《裘錫圭學術文集3·金文及其他古文字卷》,上海:復旦大學出版社,2012年,第149頁。
② (清)王引之著,虞思徵、馬濤、徐煒君點校:《經義述聞》,上海:上海古籍出版社,2018年,第176頁。
③ 譚其驤:《西漢以前的黄河下游河道》,《歷史地理》,1981年創刊號,第48—51頁。
④ (美)李峰著,徐峰譯,湯惠生校:《西周的滅亡(增訂本)》,上海:上海古籍出版社,2016年,第355頁。此處"南陽"是指晉國的地理概念,位於太行山脉南段陽坡,即杜預所謂"山南河北",約當今河南焦作、新鄉、濟源一帶。參見黄鳴:《春秋列國地理圖志》,北京:文物出版社,2017年,第104—105頁。
⑤ 《西周的滅亡(增訂本)》,第40頁。
⑥ (清)胡渭著,鄒逸麟整理:《禹貢錐指》,上海:上海古籍出版社,2013年,第321頁。
⑦ 《尚書正義》,第186頁。
⑧ 《禹貢錐指》,第321—322頁。
⑨ 蕭關在戰國時代就已經設立,但蕭關古道則開發已久。由蕭關進入關中可分爲兩路:一自今甘肅平涼到隴縣,即"回中道";一沿涇水到今彬縣,此道即"蕭關道"。蕭關道的起點在賀蘭山下,由于該道多經平坦河谷,水草充足,因而古時西北民族多循此道進入關中。見史念海:《河山集》四集,西安:陝西師範大學出版社,1991年,第109—114頁。
⑩ 見張德芳主編,肖從禮著:《居延新簡集釋》第5册,蘭州:甘肅文化出版社,2016年,第395—399頁;王開:《陝西古代道路交通史》,北京:人民交通出版社,1989年,第133頁。

及山川形勝來看,此道實際上還要古老得多①。因此,所謂的"原隰厎績,至于豬野",實際上反映了《禹貢》成書年代關中到達武威一帶的交通情況。

綜前所論,《禹貢》所見的"厎績"可讀爲"厎跡","厎"仍然可以理解爲一個虛化的"至",所謂的"某處厎績",可以理解爲"某處已至能夠通行"。在古代傳説中,以往因洪水泛濫而不能往來的九州低地,或相互阻隔的山川,都因大禹的擘畫和整治,從而使居民得以自由往來。對於"厎績"這個短語的探討,使我們對禹治九州傳説的細節有了更多的了解。

附記:

(本文在修改過程中曾蒙鄔可晶、高中正、查飛能、蔡一峰、滕勝霖、李學嘉等師友的幫助,謹致謝忱!)

---

① 涇水是周人的"三川"之一,分布有阮、恭、密、芮等西周古國,周族的故土豳地也在該流域。其上游一直到涇源一帶遍布商周遺址,如有名的長武碾子坡商代遺址、靈台百草坡西周遺址就在其中。清水河流域緊接涇水西源,向北可以直達賀蘭山,也是蕭關道的重要組成路段。目前在位於清水河上游的原州境内也發現了西周早期的銅器墓和車馬坑,其形制實與關中所見無異。不僅如此,涇水上游區域甚至也不乏新石器時代的遺址。所以這片區域的文明進程與關中聯繫緊密,由此可知經由清水河直至渭河平原的交通綫路由來已久。參見路國權:《涇、洛、渭河上游西周文化邊界及相關問題初論》,《考古與文物》,2013年第3期,第49—50頁;又《西周的滅亡(增訂本)》,第54—56頁。

海外回歸醫籍《黎居士簡易方論》疑難字詞考釋

李 明

摘 要:《黎居士簡易方論》是近年從日本回歸的我國宋代醫家所撰的一部精品中醫方書。由於學者們初涉研究的緣故,其中有些疑難字詞,人們認識尚不到位。現以人民衛生出版社 2010 年校點本爲據進行討論,以向《黎居士簡易方論》的校點者及同好求教。

關鍵詞:海外回歸;黎居士簡易方論;疑難字詞;考釋

由南宋醫家黎民壽所撰的《黎居士簡易方論》,乃南宋醫方名著。該書自清代以後逐漸在國内散失,唯有日本尚存元刻殘卷及江户抄本。近年國家中醫研究院將其複製回國,在將其校點後於 2010 年由人民衛生出版社出版①。校點者張志斌先生是我國中醫古籍文獻的行家,故校點堪稱精當。然由於學者們初涉研究的緣故,對其中有些疑難字詞的考釋,似尚存可議之處。現不揣淺陋,將私見公之於衆,以向校點者及同好求教。

本文每條討論,先引《黎居士簡易方論》原文及校注,然後提行以"按"字標出筆者考訂論辨之意。爲方便讀者覆按引文,下文凡引《黎居士簡易方論》者皆用頁碼如"p."標明出處。

1. 上爲末,煉蜜丸梧桐子大,空心飲下三十丸、五十丸。校注:丸:原作"元",後同不注。(p. 58)

按:"元"字不誤,不煩校改。不唯本書多作"元",他書亦常見。宋代陳自明《婦人大全良方》卷五:"右爲細末,煉蜜元如梧桐子大,每日空心,酒下二十元,午前近晚更進一服。"又卷六:"右爲細末,煉蜜元如梧桐子大,空心,桃仁湯吞下十元。"又"右爲細末,煉蜜如櫻桃大,食後夜卧含化一元。"又"右十二味爲細末,煉蜜元如大豆許,每服五元,米飲下;未知,加至七八元。"又"右爲末,煉蜜元如梧桐子大,米飲下一十元,日且服,加至十五元。"元代鄒鉉《壽新養老新書》卷四:"(豨薟草)蜀人服之法:五月五日,六月六日,九月九日,採其葉,去根、莖、花、實,净洗曝乾,入甑中,層層灑酒,與蜜蒸之,如此九過見已,氣味極香美,熬搗篩蜜元服之。云治肝腎風氣,四肢麻痺,骨間疼,腰膝無力。"字又作音近同的"圓"。唐代馮贄《雲仙雜記·檜生藥圓》:"幽燕思仙

---

* **作者簡介:**李明,安慶師範大學人文學院副教授,文學學士,主要从事漢語史研究和古籍整理。
基金項目:國家社會科學基金一般項目"近二十年海外回歸之宋元明清醫籍俗字研究"(14BYY103)。
① (宋)黎民壽著,張志斌點校:《黎居士簡易方論》,《海外回歸中醫善本古籍叢書(續)》(曹洪欣主編),第二册,北京:人民衛生出版社,2010 年。

驛後有五樹檜，忽生藥圓，試摘服之，往往療疾有驗。"宋代林億《備急千金要方》卷三十一："右六味末之蜜圓，以真丹爲色，先含服，如大豆二圓，生薑湯下，日三。"宋代許叔微《類證普濟本事方》卷六："右細末，煉蜜圓如桐子大，酒下二三十圓。"金代成無已《傷寒論方》："右四味搗篩，蜜圓如雞子黃許大，以沸湯數合，和圓研碎，溫服之，日三四，夜二服。"元代鄒鉉《壽親養老新書》卷四："右爲細末，煉蜜圓如彈子大，每服一丸，早晨細嚼，用降氣湯下。"

《說文·丸部》："丸，圜，傾側而轉者。"段玉裁注："圜則不能平立，故從反仄以象之，仄而反覆，是爲丸也。"《抱樸子·內篇·至理》："今醫家通明腎氣之丸，內補五絡之散。"《廣雅·釋詁三》："圜，圓也。"《周禮·考工記·輿人》："圜者中規，方者中矩。"清代汪中《哀鹽船文》："圜者如圈，破者如玦。""丸"本指小而圓的物體，"圓""圜"近代漢語均讀影紐先天韻而音義同，並可指小而圓的物體。元代鄒鉉《壽親養老新書》"圓""丸"同指可證。而"元"與"圓"音近同，故可以"元"記"圓"音表"圓"義。

2. 當歸散 治婦人天癸已過期，經脉不勻，或三四不行，或一月再至，腰腹疼痛。《素問》云：七損七益。謂女子七七數盡，而經脉不依時者，血有餘也，不可止之，但令得依時，不腰痛爲善。校注：七益："七"字疑爲"八"之誤。《素問·陰陽應象大論》作"七損八益"。(p.59)

按："七"非"八"之誤，實乃醫家據具體性別之病症而作的具體問題具體表述。換句話說，其實是就具體所論而對《素問》原文的引而化用。具體地說，就是《素問》所言"七損八益"，是針對男女雙方來說的："八"說的是男，"七"說的是女。後來的論者所言的"七損七益"，是僅對婦女病症來說的。《素問·陰陽應象大論》："歧伯曰：能知七損八益，則二者可調，不知用此，則早衰之節也。"唐代王冰注："女子以七七爲天癸之終，丈夫以八八爲天癸之極，然知八可益，知七可損，則各隨氣分修養天真，終其天年，以度百歲。上古《天真論》曰：女子二七天癸至，月事以時下；丈夫二八天癸至，精氣溢瀉然。陰七可損則海滿而血自下，陽八宜益交會而泄精。由此則七損八益理可知矣。"明代張介賓《類經》卷二釋《素問》"七損八益"曰："七損八益者，乃互言陰陽消長之理，欲知所預防也。如上古《天真論》云：女得七數，男得八數。使能知七之所以損，則女可預防其損而益自在也；能知八之所以益，則男可常守其益而損無涉也。陰陽皆有損益，能知所預，則二才何不可調哉。""互言"二字，道出《素問》"七損八益"一詞的修辭手法，而論說婦人病者的"七損七益"之說，正是對"互言"修辭的正確理解。

宋代陳自明(1190—1270)《婦人大全良方》卷一："許學士云：婦人天癸過期而經脉不調，或三四月不行，或一月再至，腰腹疼痛。《素問》云'七損七益'，謂女子七七數盡而經脉不依時者，血有餘也，不可止之，但令得依時，不腰痛爲善，宜服當歸散。"《黎居士簡易方論》作者黎民壽生平不詳，但據本書作於景定(1260—1264)元年的《包序》"今有旴江黎民壽"及"予嘗與之同預計"等語看，黎氏當與陳自明爲同時代人。再從陳、黎二人文字看，二者當同出自早於他們的前輩醫家許叔微(1079—1154)書。可見，黎書"七損七益"不誤。又元代危亦林《世醫得效方》卷十五："當歸散治天癸過期，經脉不勻，或三四月不行，或一月再至，腰腹疼痛。《素問》云'七損七益'，謂女子七七數盡而經脉不應時者,血有餘也,不可止之,但全得應時,不腰痛爲善。"此亦可爲"七損七益"不誤之力證。

3. 瘦胎枳殻散 常服養胎益氣,安和子臟,治胎中一切惡疾。甘草一兩半、炙,商州枳殻五兩、去瓤、麩炒赤。校注:瓤:原作"穰",據文義改。後同不注。(p. 61)

按:從注文看,本書原文多作"穰",校者以爲皆誤而均校改爲"瓤"。其實,字作"穰"不誤,不煩校改。從造字說,"穰"指黍莖去皮後的柔軟部分。《說文·禾部》:"穰,黍䘺已治者。從禾,襄聲。"段玉裁注:"謂之穰者,莖在皮中如瓜瓤在瓜皮中也。"而"瓤"則爲瓜瓤字。《玉篇·瓜部》:"瓤,瓜實也。"《廣韻·陽韻》:"瓤,瓜實也。"《集韻·陽韻》:"瓤,瓜實也。"後來人們又用以泛指果實的肉。《神異經·南荒經》:"南方大荒之中有樹焉,名曰柤、稼、柜……實長九尺,圍如長,無瓤核。"唐代白居易《荔枝圖序》:"瓤肉瑩白如冰雪,漿液甘酸如醴酪。"宋代范成大《桂海虞衡志·果志》:"(椰)子中瓤白如玉,味美如牛乳。"然"穰"在使用過程中亦用同"瓤"以指果實的肉。《正字通·禾部》:"穰,果實犀,凡果實中之子曰犀穰。與瓤通。"唐代杜甫《秋日夔府詠懷一百韻》:"色好梨勝頰,穰多栗過拳。"五代牛希濟《生查子》:"終日劈桃穰,人在心兒裏。"元代無名氏《氣英布》第四折:"戴一頂描星辰、晃日月,插鷄翎,排鳳翅,玲瓏三角叉,棗穰紫金盔。"清代徐珂《清稗類鈔·飲食類》:"蓮房魚包者,取蓮房,去柄截底,剜穰留其孔。"而在傳世醫家文獻中,"穰"的用例也極常見,限於篇幅,此僅列數例爲證。唐代孫思邈《備急千金要方》卷一:"枳實去穰,藜蘆去頭。"唐代王燾《外台秘要方》卷十一:"右截瓜頭,去穰,入黃連末,火中煨之。候黃連熟,布絞取汁,一服一大盞。"宋代唐慎微《證類本草》卷一:"枳實若干枚者,去穰。"宋代張杲《醫說》卷八:"其方,橘皮去穰,取紅一斤,甘草、鹽各四兩,水五碗,慢火煮乾,焙,搗爲末,點服。"元代王好古《湯液本草》卷下:"青皮,主氣滯消食,破積結膈氣,去穰。"明代朱橚《救荒本草》卷六:"(楮桃樹)其桃如彈大,青綠色,後漸變深紅色乃成熟,浸洗,去穰,取中子入藥。"

4. 育真丹 治婦人三十六種疾,下臟久虛,沉寒痼冷,滯下五色,變易不定,漸見瘦弱。代赭石,紫石英,赤石脂,左顧牡蠣去二頭、取中用。上爲末,米醋和成劑,分爲六錠,入坩鍋內燒通紅,半時辰傾出,放冷,搗爲末……校注:坩:原作"甘",據文義改。(p. 80)

按:"甘"校作"坩",從今人角度看,易明了,但與文字史不合。"坩"字早見於晉,後歷代沿用不廢。晉代謝玄《與姊書》:"昨日疏成後出釣,所獲魚爲鲊二坩,今奉送。"南朝劉義慶《世說新語·賢媛》:"陶公少時作魚梁吏,嘗以坩鲊餉母。"唐代孫思邈《備急千金要方》卷七十一:"右四味搗,篩,內坩子中,以蔥葉中涕和研,臨臥傅病上。"唐代王燾《外台神秘要方》卷三十二:"右五味以水一斗,酒一升,漬一宿,于胡麻油一斗二升,內煎之,爲澤去滓,均分著二坩,各受一斗,掘地著坩,令坩口與地平,土塞坩四畔,令實。"清代曹寅《藥後除食忌》:"百嘗不如雙蹄美,頻年自愧一坩虛。"這些"坩"均指盛食物的陶器,而與"坩鍋"字無關。《玉篇·土部》:"坩,土器也。"宋代司馬光《類篇》卷三十九:"坩,土器也。"《廣韻·談韻》:"坩,坩甄。"《玉篇·瓦部》:"甄,盛五升小甕也。"可證。而據我們掌握的資料,"甘鍋"一詞早見於北宋,字則多作"甘"。宋代蘇轍《龍川略志》卷一:"雜諸藥入甘鍋中,煅之,熔即傾出。"宋代王貺《全生指迷方》卷四:"山西大甘鍋三千個,廣東白圓藤五百斤,陝西明羊角二百斤,羊毛五百斤……"宋代陳自明《婦人大全良方》卷一:"桂心不以多少,甘鍋內煆,微存性,爲末,每服一二錢,米飲調下。"而"坩鍋"則見於明代盧之頤《本草乘雅半偈》卷九:"修治以大坩鍋一個,用礐石四兩杵,入消石等分,攔勻。"《黎居士簡易方論》爲宋人著作,其"甘鍋",自當作"甘"爲是。

5. 震靈丹　朱砂一兩,研,水飛,滴乳香別研,沒藥去砂石,研,五靈脂去石,研,各二兩。上八味,並研停,糯米糊丸雞頭大,曬乾出光,每五粒,空心,溫酒、冷水任下。校注:滴:原作"的",據文義改。(p. 107)

按:明代李時珍《本草綱目·木部·薰陸香》:"[釋名]薰陸即乳香,爲其垂滴如乳頭也。"准此,則"的乳香"正字應爲"滴乳香",但從傳世文獻看,"的乳香"的寫法亦多見,可視爲"滴"的音近同義假字。宋代陳師文《太平惠民和劑局方》卷五:"震靈丹:的乳香別研,五靈脂去沙石,沒藥去石研,各二兩,朱砂水飛過一兩。"宋代楊士瀛《仁齋直指》卷十三、元代危亦林《世醫得效方》卷八"震靈丹"並作"的乳香"。宋代陳敬《陳氏香譜》卷二、元代陶宗儀《說郛》卷九十八、明代朱橚《普濟方》卷二百八十七、清代禦定《香譜》卷下等亦並爲"的乳香"。可證。

6. 蔚金末,井華水調一錢,甚者再服。校注:蔚:疑爲"鬱"之誤。(p. 122)

按:從文獻中"鬱金"多作"蔚金"看,"蔚"不可"疑爲'鬱'之誤"。宋代陳自明《婦人大全良方》卷二十一:"延胡散,延胡索、蔚金、乾葛、桔心、青皮、枳殼制等分。"金代劉完素《宣明方論》卷十四:"定命散,治小兒天吊驚風不能哭泣。梨蘆、川芎、蔚金各等分。"又"桃符丸,治小兒風熱。大黃、郁李仁、黃柏、宣連、蔚金各一分"。可見,將"蔚金"釋爲"鬱金"記音即通假字或更符合字際關係規律。

7. 治小腹急痛,便溺失精,虛熱盜汗,四體倦怠,關節煩痛,口苦舌澀,心怔氣短,日漸羸弱。校注:關:原作"有",據文義改。(p. 139)

按:"有"字於此不可通,當校。而校作"關",從文意說,似沒問題。但從文字致訛規律來說,"關(繁體)"與"有"相去甚遠,"有"當不會是"關(繁體)"之誤。疑此"有"是"支"字之訛,即書手將"支"上"十"誤作"ナ"而致訛。"支節"本指人四肢。《尉繚子·功權》:"將帥者,心也;群下者,支節也。其心動以誠,則支節必力;其心動以疑,則支節必背。"《漢書·王莽傳下》:"軍人分裂莽身,支節肌骨臠分。"亦指四肢關節。漢代張仲景《傷寒論·太陽病下》:"傷寒六七日,發熱,微惡寒,支節煩疼,微嘔。"唐代王珪《外台秘要》卷三十三:"傷寒頭痛壯熱支節煩疼方。"宋代龐安時《傷寒總病論》卷二、金代成天已《傷寒論注釋》卷四並作"支節煩疼"。皆其直接之證。又明代陳繼儒《珍珠船》卷三:"煬帝沈湎失度,每睡,須槌頓勞動方就一夢。侍兒韓俊娥尤得意,每就枕,必令振聳支節。"亦其例。

8. 每酒二升,使朱砂半兩,麝香二銖。如病人只能飲一升酒止用朱砂一分,麝一銖。校注:朱砂一分:"每酒二升使朱砂半兩"而"只能飲一升酒止用朱砂一分",朱砂之用量半兩與一分差距甚大,存疑。(p. 151)

按:此校將此"分"理解爲我國傳統重量單位"斤、兩、錢、分"之"分"而"存疑"。其實,這個"分"當解作"半",即上文"朱砂半兩"的一"半"。也就是酒飲二升的一半——

一升,朱砂用半兩之一半——一分。"分"在古漢語中作"半"解常見,《公羊傳·莊公四年》:"師喪分焉。"何休注:"分,半也。"《荀子·仲尼》:"以齊之分奉之而不足。"楊倞注:"分,半也。"《吕氏春秋·貴生》:"六欲分得其宜也。"高誘注:"分,半也。"《列子·周穆王》:"晝夜分。"張湛注:"分,半也。"皆其證。又,宋代彭乘《墨客揮犀續集》:"固有分夜鐘,曷足怪乎?"梁啓超《澳亞歸舟雜興》:"日出見鷗知島近,宵分聞雨感秋深。"亦其例。

9. 上劑散,每四錢,水一盞半,薑七片,棗二枚,同煎七分,去滓,不拘時候。校注:盞:原作"錢",據文義改。(p. 158)每服五錢,水二盞,生薑三片,煎至一盞。校注:原作"錢",據文義改。(p. 159)每服四錢,水二盞,生薑五片,茶芽少許。校注:原作"錢",據文義改。(p. 166)

按:"錢""盞"同,不煩校改。"盞",是以"從皿"以表義爲"器皿";字"從金",以表其製作材料爲金屬。《漢語大字典》:"錢:酒器。也作'盞'。《字彙補·金部》:'錢,古與盞通,酒器也。'清高祥麟《說文字通·金部》:'《續鐘鼎銘》有雀錢。'"①可證。

10. 上剉米粒大,每二錢,水盞半,生薑十大片,同煎至半盞,去滓,候冷,通口旋呷,徐咽下,食後、臨臥服了,高枕仰臥。校注:冷:原脱,據文義補。(p. 201)

按:原無脱文,校者或因對文意理解欠確切而誤以爲脱"冷"字。其正確標點應是:"同煎至半盞,去滓,候通口,旋呷,徐咽下。"此爲熱服藥,"候通口,旋呷,徐咽下",言待藥湯能進口時,立即吸飲,慢慢咽下。本劑方爲"痰飲喘嗽"門第二方,第一方"半夏湯"在講到服法時說"沸湯點服",第三方"二陳湯"在說到服法時說"熱服",而第二方的服法處於一、三之間:藥湯的温度比"沸湯點服"低些,但比第三方"熱服"高些,即"候通口":待藥湯能進口。若補"冷",將句子斷作"候冷,通口旋呷,徐咽下",不僅與原文服法排列順序不合,而且文意不可通。明代朱橚《普濟方》卷一百四:"右剉米粒大,每二錢,水一盞半,生薑十大片,同煎至半盞,去滓,候通口,旋呷,徐徐咽下,食後臨臥服了,高枕仰臥。"可證。

11. 勞汗當風,寒薄爲皶,鬱乃痤。校注:痤:原作"疿",據《素問》"生氣通天論"改。(p. 356)

按:"疿"與"痤"於此爲同義詞換說,不存在正誤之分,故不必改。《玉篇·疒部》:"疿,熱生小瘡。"《集韻·未韻》:"疿,熱瘍也。"《正字通·疒部》:"疿,今俗以觸熱膚疹如沸者曰疿子。"又《說文·疒部》:"痤,小腫也。"桂馥義證:"小腫也者,《易緯通卦驗》:'人足少陽脉盛,人多病粟疾疫'注云:'粟,痤腫也。'"《玉篇·疒部》:"痤,癤也。""疿""痤"同義,故可同義連語。《素問·生氣通天論》:"汗出見濕,乃生痤疿。"是其證。又明代王肯堂《證治準繩》卷一百十五:"《內經》所謂:汗出風濕,乃生痤疿。又曰:勞汗當風,寒薄爲皶,鬱乃痤疿。"此亦其力證。

12. 辛散酸收淡滲泄,鹹軟苦瀉甘緩急。校注:急:原作"結",據文義改。(p. 363)

按:"結"不誤,改作"急"反不可通。此誤在校注者未弄清楚語義所致。明代朱橚《普濟方》卷一百二十二:"血結不行,破血者,必以苦爲助。……肝者,血之源,血結則

---

① 漢語大字典編輯委員會:《漢語大字典》,武漢:崇文書局、成都:四川辭書出版社,2010年,第4542頁。

肝氣燥。《内經》云:肝苦急,急食甘以緩之,散血緩結。"甘緩結",指患者服食甘物來緩解血結病狀。

13. 喘有氣虛,或因痰壅,或因氣逆,或倚息使。校注:因:原作"用",據文義改。(p. 364)

按:"用"字不誤,不煩校改。此"用"或是作者爲與下文相應位置"因"字避複而有意爲之。《經傳釋詞》卷一:"用,詞之'以'也。《一切經音義》七引《蒼頡篇》曰:'用,以也。''以''用'一聲之轉。凡《春秋·公羊傳》之釋《經》,皆言'何以';《穀梁》則或言'何用'。其實一也。用,亦'以'也,互文耳。"①《漢語大字典》:"以:介詞。2.表示原因,相當於'因'、'因爲'。"②"或用痰壅"與"或因氣逆",正因互文避複而用"用"字。

14. 蟲證歌。校注:蟲:原作"蠱",據目錄改。(p. 396)

按:據目錄而將原文"蠱"改作"蟲",貌似有據,實則改錯了,正確之校應以正文字"蠱"爲據而改目錄字"蟲"。《説文·蟲部》:"蠱,腹中蟲也。"段玉裁注:"自内而蝕,故曰蠱。"《蠱證歌》:"胃中濕熱本生蠱,寸白長蛔各不同。"歌詞所言正指"胃"中之"蠱",也就是《説文》所謂"腹中蟲"。此當是有力的内證。

15. 甘草:生寒瀉火,炙溫健脾。和諸藥而弗克,解百毒以忘尤。校注:尤:據文義,通"憂"。(p. 399)

按:此校或因不明"忘""尤"義而大誤:語意不可通。此"忘"不是忘記之"忘",而是"無"。《漢語大字典》:"忘:無。《史記·孟嘗君列傳》:'非好朝而惡暮,所期物忘其中。'司馬貞索隱:'忘者,無也。'又《平津侯主父列傳》:'高皇帝蓋悔之甚,乃使劉敬往結和親之約,然後天下忘干戈之事。'"③而"尤"非"憂"的通假字,而是其常義"異"。"解百毒以忘尤",是説甘草能解各種草藥之毒。把句子直譯下來就是:解各種藥毒而無不同。我們這個解釋,還可從與"解百毒以忘尤"爲對文關係的上句"和諸藥而弗克"中得到證明。此二句爲工對修辭,其中相對應位置的字,詞性及意義近同。與"忘"相對應的上句"弗"爲否定副詞"不",與"不"相應的"忘",也只有解作否定副詞"無",纔能在修辭上講得通。

16. 婦人艱孕多由氣血兩虛,若氣血充,陰陽和,豈有不孕之理?校注:艱:疑爲"難"字之誤,"艱孕"一詞少見。(p. 466)

按:"艱"字不誤,不煩生疑。《爾雅·釋詁》:"艱,難也。"清代王宏翰《醫學原始》卷二:"幼年多便於記,壯老艱記多忘。"言難記也,即記憶困難。《喻世明言·蔣興哥重會珍珠衫》:"此人向來艱子,後行取到吏部,在北京納寵,連生三子。""子",言孳也,孕育也。"艱子"即不易孕育。此與"艱孕"義近同。明代沈德符《萬曆野獲編》第二八卷:"松江陸宗伯平泉艱子,直到五十九,始得今大行彥章。"亦其例。"艱孕"一語,今人仍説。在"好搜"引擎下就搜到十數例,其中一網友所發短文題目爲《回想起這幾年的艱孕路,忍不住淚流滿面》④,亦可謂力證。

---

① (清)王引之:《經傳釋詞》,長沙:岳麓書社,1985年,第17頁。
② 《漢語大字典》,第123頁。
③ 《漢語大字典》,第2430頁。
④ http://www.lamabang.com/topic/id-6861135.html。

故宮本《王仁昫刊謬補缺切韻》省代號例說

趙 庸

摘　要：故宮本《王仁昫刊謬補缺切韻》一書大量使用省代號。相關的識讀障礙主要集中在省代號連讀成訓、省代號與重文號并用、省代號與"二""之""子"字訛混、省代號"誤奪"這四大方面。文章一一予以例說。省代號的問題和注釋體例糾纏在一起，反映未完全定型的中古韻書面貌。

關鍵詞：故宮本《王仁昫刊謬補缺切韻》；省代號；注釋體例；中古寫本

一、引　言

　　故宮本《王仁昫刊謬補缺切韻》學界習稱"《王三》"（後從此簡稱），抄成時間大致在 7 世紀後 20 年到 8 世紀前 10 年間，是今見最早最接近《切韻》原本、且爲唯一全帙的《切韻》系韻書早期傳本，歷來是韻學研究的重點書目。又因其字形、字音、字義皆備，有字書性質，故而也是小學研究的重要文獻。

　　《王三》楷體手書抄寫，字體工整，基本可順暢閱讀。若遇閱讀滯礙，主要是兩類問題，一是俗字的識讀，二是省代號的識讀。前者學者論述俗字問題時已有較多關注，而且同時代不同文獻的俗字通常有共性表現，所以，《王三》的俗字識讀問題已有較好解決。與前者不同，後者雖然省代號早在竹簡、帛書等出土文獻中已經出現，敦煌寫本文獻中也有不少使用，學界對省代號的運用已經積累了不少認識，但在《王三》省代號的識讀實踐中，障礙仍然存在，原因主要有四個方面。第一，韻書文獻的發展和體例有自己的特點，省代號的使用也有自己的特點。第二，早期韻書收字、注文少，後期韻書總體逐漸增多，減少也偶見，《王三》含省代號的字條或注文不一定在《切韻》系其他韻書中出現，無從參考。第三，《切韻》系各韻書對應字條的注文內容不完全一致，省代號的使用也不整齊，《王三》字條和《切韻》系其他韻書不能嚴整對應的情況很多，想用韻書互校的方法來幫助理解《王三》省代號，實際操作容易受阻。第四，韻書文獻中不少條目字頭屬於字書字，《王三》這些字條注文中的省代號很難藉助其他文獻來進行釋讀。所以，《王三》的省代號識讀問

　　＊　作者簡介：趙庸，華東師範大學中文系語言認知與演化實驗室副教授，文學博士，主要從事中古韻書文獻研究。
　　基金項目：上海市浦江人才計劃項目"音系重組視域下的《切韻》系韻書異讀成因研究"（2020PJC040）；國家社科基金重大項目"西南各民族及'一帶一路'鄰國語言文字中漢字音的數字化整理與研究"（18ZDA296）。

題亟需系統性地解決。

種種原因，至今尚未見有研究成果對《切韻》系韻書或者《王三》的省代號做過全面討論，這對全面認識包括《王三》在內的《切韻》系韻書的語言學、文獻學價值來說是有缺憾的。本文意在補缺這一工作，以《王三》爲代表，對其省代號進行系統識讀和考辨，對規律性的現象加以概括和揭明。

二、《王三》省代號的基本情况

省代號在《王三》中共出現 3967 次，作"〻"形（後文録作"＝"），省代注文中出現的字頭字形，可出現在注文的任一字位。如魚韻央魚反："淤，＝泥。"混韻徒損反："伅，倱＝。"宕韻徂浪反："藏，隱，又庫＝積物。"緝韻許及反："歙，後漢有來＝，又縣名，舒涉反。"

省代號在《王三》中的省代大部分是單次省代，即省代號單次出現，前後不連綴出現另一個省代號，省代號衹省代一次字頭字形，上舉"淤""伅""藏""歙"字條皆是。省代也偶有連綴省代，即省代號前後連綴出現，連續兩次省代字頭字形。如虞韻無主反："膴，周京①＝＝。"屑韻蒲結反："咇，＝＝，香。"《王三》未出現省代號連綴兩次以上的情况。

《王三》省代號的使用并不嚴格，常見注文字和字頭字同形但注文字未作省代的情况（下用波浪綫標識）。如之韻語基反："嶷，九嶷，山名。"篠韻古了反："皎，月光白，《詩》云：'月出皎兮。'"宕韻無浪反："漭，漭浪，大野。"質韻陟栗反："窒，盩窒縣，在扶風。"有時還偶見一條注文中省代號用或不用并存的現象，如篠韻烏皎反："窈，＝窕，又窈窱，美皃。"至韻徐醉反："燧，烽＝，一曰燧人。"緝韻七入反："葺，葺＝，讚聲。"

三、省代號連讀成訓

古代辭書、音義書、類書等常見連讀成訓的注釋體例。即如果注文涉及字頭字，則字頭字在注文中可省略，不過在理解注文文義時需將注文連字頭讀，即將字頭字補回，以達話訓。如 S.6208《時要字樣》以"菟"字注"雄"字，以"書"字注"記"字，以"有"字注"未"字，以"州"字注"冀"字，以"章"字注"句"字②。S.388《正名要録》"本音雖同字義各别例"："藜，藿；蒅，蘆。""沽，洗；酤，酒；姑，且。""希，望；稀，概。""幨，幃；襜，褕，蔽膝。"③

韻書中連讀成訓的體例（下用下劃直綫標識）一貫有之。如 P.3696 之韻："鎡，錤。"④《切三》真韻匠鄰反："螓，蜻，蟲。"《王一》齊韻落稽反："鱺，鰊。"《王三》也有字條例，如山韻咋閑反："<u>埅</u>，門聚。"虞韻扶雨反："<u>咬</u>，咀，嚼兒。"送韻莫弄反："<u>幪</u>，幢。

---

① "京"字誤，《王一》作"原"，是。《詩經·大雅·縣》："周原膴膴，菫荼如飴。"
② 張金泉：《論〈時要字樣〉》，《浙江社會科學》，1993 年第 4 期，第 81 頁。
③ 張湧泉：《敦煌寫本省代號研究》，《敦煌研究》，2011 年第 1 期，第 91 頁。
④ P.3696 卷殘，反切不可見，《切三》《切二》《王一》《王三》《王二》作"渠之反"，《廣韻》作"渠之切"。

又莫紅反。"質韻比蜜反:"䩾,發,寒風皃。"

如遇省代號,《王三》有些字條注文徑讀即可。注文含一個省代號的例子如咍韻古哀反:"㲻,＝夏,樂章。"旨韻職雉反:"砥,＝礪。"隊韻盧對反:"耒,＝耜。又力軌反。"屋韻徒谷反:"里,＝麗,魚罟。"注文含兩個省代號的例子如鹽韻於鹽反:"稽,＝＝,苗美。又於鳩反。"静韻息井反:"睅,＝＝,昭①視。"震韻之閏反:"訰,＝＝,亂。"麥韻莫獲反:"眽,＝＝,姦人視。"而有些字條則需連字頭讀之,即省代號和連讀成訓的體例《王三》兼有。連讀成訓字條的注文實見一個省代號,但理解訓釋時需連字頭重複讀之,如:

炯,＝,旱氣皃。(東韻,徒紅反)

按:《切二》徒紅反:"炯,炯＝,熱皃。"《王二》徒紅反:"炯,＝＝,熱皃,又云星氣。"P.2016"同"紐②:"炯,＝炯,熱氣。"《廣韻》徒紅切:"炯,熱氣炯炯,出《字林》。"《王三》訓釋當讀爲:"炯＝,旱氣皃。"

絼,＝,響盛。(止韻,而止反)

按:《王一》而止反:"絼,＝＝,響盛。"《廣韻》而止切:"絼,絼絼,響盛皃。"《集韻》忍止切:"絼,絼絼,響盛皃。通作耳。"《詩經·魯頌·閟宫》:"龍旂承祀,六轡耳耳。"《原本玉篇殘卷·系部》:"絼,如止反,毛《詩》:'六轡絼＝。'傳曰:'絼＝,然至盛也。'"《龍龕手鏡·系部》:"絼,音耳,＝＝,響盛皃。"《王三》訓釋當讀爲:"絼＝,響盛。"

皪,＝,面皃。(小韻,力小反)

按:《王一》力小反:"皪,皪皪,面白。"《廣韻》力小切:"皪,皪皪,面白。"《集韻》朗鳥切:"皪,皪皪,面白也。"《龍龕手鏡·面部》:"皪,＝＝,面白也。"《玉篇·面部》:"皪,力小切,面白皪皪也。"毛奇齡《越語肯綮錄》:"面瘠白曰皪皪。今越人謂神减而白曰白皪皪。"胡文英《吳下方言考·元韻》:"皪皪,白而無血色貌。吳中謂面白而無血色者,曰面白皪皪。"吳語常州話、蘇州話、上海話、杭州話、紹興話、金華話等今猶言"白皪皪"。《王三》訓釋當讀爲:"皪＝,面皃。"

浰,＝,聲。(至韻,力至反)

按:《王一》力至反:"浰,＝＝,聲。"《廣韻》力至切:"浰,浰浰,水聲。"《玉篇·水部》:"浰,力二、力計二切,浰浰,水聲也。"《文選·(司馬相如)上林賦》:"逾波趨浥,浰浰下瀨。"李善注:"浰浰,水聲也。"《王三》訓釋當讀爲:"浰＝,聲。"

不過,有個别字條,是否爲省代號的連讀成訓,比較難確認。如:

悁,＝悒憂。(仙韻,於緣反)

按:"悁""悒""憂"均有"憂"義。"悁悁"可連言,如《詩經·陳風·澤陂》:"寤寐無

---

① "昭"字誤,《廣韻》《集韻》作"照",是。
② P.2016卷殘,紐首字"同"下但見切上字"徒",切下字及"反"字不可見。

爲,中心悁悁。"劉向《九嘆·惜賢》:"丁時逢殃可奈何兮,勞心悁悁涕滂沱兮。"韓愈《贈別元十八協律》之四:"如何又須別,使我抱悁悁。""悁悒"亦可連言,如王逸《九思·憫上》:"思怫鬱兮肝切剥,忿悁悒兮孰訴苦。"葛洪《抱樸子·博喻》:"達乎通塞之至理者,不悁悒於窮否。"司馬光《和興宗夜直聽雨》:"夫君儲善價,未售不悁悒。"《王三》此條訓釋連字頭讀解爲:"悁＝,悒憂。"或徑解爲:"＝悒,憂。"似均可。《切三》於緣反:"悁,＝邑憂。"《王一》於緣反:"悁,＝悒憂。"P.2014 背於緣反:"悁,＝悒。"皆同《王三》不可辨。《廣韻》於緣切:"悁,憂悒也。"亦未可據斷。暫存疑。

四、省代號與重文號并用

省代號和重文號的關係和區別,張湧泉闡述得很清楚:"其實所謂的省代號和重文省書的重文號,在本質上是一致的,都是對特定的上下文中已經出現過的字詞用符號來代替。不過前者主要見於類書、辭書和音義類寫卷詞目下的注文中,省略符號和被省略的字詞可以隔開若干個其他字;後者則没有文體或正文注文的限制,省略符號總是緊接在被省略的字詞之後。"①

一書中,省代號和重文號有時分用不同的書寫或刻印形狀,如《高麗藏》本可洪《藏經音義隨函録》②,不過更多的情況是兩種符號形狀相同。如果韻書、字書、音義書、類書既有省代號,又有重文號,閱讀時就需要特别留意區别二者,明確省略之字,以正確理解文義。《王三》即此類。《王三》標注"＝"的大部分是省代號,但也有些是重文號。具體到字條,可分兩類情況。第一類,有些字條未使用省代號,祇使用了重文號。這類既有單字重文(例"潣""乾"字條),也有雙字重文(例"佊"字條)。如:

潣,水流浼＝。(軫韻,眉殞反)

按:《説文·水部》:"潣,水流浼浼皃。"《王一》軫韻③:"潣,水流浼＝。"《王二》眉殞反:"潣,水流浼＝。"《廣韻》眉殞切:"水流浼浼皃。"《集韻》準韻美隕切:"潣,《説文》:'水流浼浼皃。'"《玉篇·水部》:"潣,莫殞切,《説文》曰:'水流浼浼皃。'""潣"字訓釋韻書、字書均從《説文》作"浼浼"。《詩經·邶風·新臺》:"新臺有洒,河水浼浼。"亦作"浼浼"。《廣韻》賄韻武罪切"浼""潣"上下字,"潣"字注:"上同。"《説文》"潣"字段注云:"一説潣、浼古今字,故以浼浼釋潣潣。""浼浼""潣潣"同詞異形,"水流浼浼""水流潣潣"均可作。然"浼浼""潣潣"皆叠字聯綿詞,不當雜配作"浼潣"之形。故《王三》此條"＝"爲重文號,重前字"浼",非字頭"潣"之省代。

乾,急攦。＝字呼結反。(没韻,呼骨反)

按:《切三》、P.3694 背、《王二》呼骨反注同《王三》。《唐韻》呼骨反:"乾,急攦也。

---

① 《敦煌寫本省代號研究》,第 88—89 頁。
② 《敦煌寫本省代號研究》,第 91 頁。
③ 《王一》卷殘,反切不可見。

擷字呼結反。"《廣韻》呼骨切:"乾,急擷也。擷,呼結切。"據《唐韻》《廣韻》,《王三》"="當爲"擷"字省略。呼結反,屑韻。"擷",吉聲,質部,中古入屑韻可安。"乾",乞聲,物部,物部中古銳音聲母條件下方入屑韻,呼結反曉母,爲鈍音。"乾"字不得音呼結反。《王三》《王二》《廣韻》屑韻虎結反/切、《集韻》屑韻顯結切收"擷"字,無"乾"字。呼結反、虎結反/切、顯結切音同。要之,《王三》此條"="爲重文號而非省代號,"擷"字相鄰重複出現,故次字位省作"=","="非字頭"乾"之省代。

彼,衰,《論語》:"子西,曰:'彼=哉=!'"(真韻,彼義反)

按:《王一》真韻①:"彼,哀,《論語》'子西彼哉'。"《王二》彼義反:"彼,哀也,《語論》②云'子西彼哉'。"《廣韻》彼義切:"彼,哀也,《論語》云'子西彼哉'。"《集韻》彼義切:"彼,衰也,《論語》'子西彼哉'。"《切韻》系韻書及《集韻》注文典出《論語》,然均簡作"子西彼哉"。《論語·憲問》:"或問子產,子曰:'惠人也。'問子西,曰:'彼③哉彼哉!'"馬融注:"彼哉彼哉,言無足稱。"《王三》引《論語》原句,"子西"前奪"問"字,略失,"彼=哉="即"彼哉彼哉",是。《王三》此爲雙字重文例。古籍書寫常將雙字重文"ABAB"簡作"A=B=",如《武威漢簡·甲本服傳》:"諸侯之子稱公=子=不得禰,先君公子之子稱公=孫=不得祖諸侯,此自卑別於尊者也。"重文句讀作"公子,公子""公孫,公孫"。P.2668《唐天寶二年李筌④進〈闖外春秋〉表》:"臣筌誠惶誠恐,頓=首=,死=罪=,謹言。"重文句讀作"頓首頓首""死罪死罪"。P.3637《新定書儀鏡·與同門書·答書》:"使至枉書,慰喻何甚,仰=止=。"重文句讀作"仰止仰止"。《王三》此條注文所見二"="皆爲重文號,作整詞省代。

第二類,有些字條省代號和重文號共現,通常注文中居前的是省代號,居後的是重文號。如:

鷖,=,岳=。又五刀反。(之韻,語基反)

按:"鷖鷖"連語見《楚辭·(宋玉)招魂》:"土伯九約,其角鷖鷖些。"王逸注:"鷖鷖,猶狺狺,角利貌也。"《廣韻》之韻語其切:"鷖,鷖鷖,獸角兒。又魚力切。"《集韻》之韻魚其切:"鷖,角利兒。《楚辭》:'其角鷖鷖。'"是《王三》注文首字位之"="爲字頭"鷖"之省代號,且當連字頭讀。"岳岳"連語見《楚辭·九思·憫上》:"叢林兮峆峆,株榛兮岳岳。"王逸注:"岳岳,衆木植也。"後詞義擴大,不限於植物,《文選·(王延壽)魯靈光殿賦》:"神仙岳岳於棟間,玉女窺窗而下視。"李善注:"岳岳,立貌。"《玉篇·角部》:"鷖,五其、牛力二切,鷖鷖,猶岳岳也。""岳岳""鷖鷖"皆狀聳立之貌。是故《王三》注文次"="爲重文號,重前字"岳"。

飱,=饋。=字甫文反。(尤韻,息流反)

按:《切三》《王一》息流反字條同《王三》。《王二》息流反:"飱,=饋。=音甫文

---

① 《王一》卷殘,反切不可見。
② "語論"爲"論語"倒誤。
③ 今《論語》傳本此句皆作"彼"字。
④ 題目及正文"筌"字均爲"筌"字俗誤。

反。"《廣韻》息流切:"飧,飧餴。"是《切韻》系韻書均以"飧餴"爲注。《爾雅·釋言》:"餴、饎、稔也。"郭璞注:"今呼飧飯爲餴,饎熟爲餾。"《廣雅·釋器》:"餴謂之飧。"如是,"飧餴"連言,渾言則同,析言則異。"餴"字《切三》《王三》《廣韻》見府文反/切,府文反/切即甫文反。要之,《王三》是條注文首字位之"="爲省代號,省代字頭"飧",次"="爲重文號,重前字"餴"。

五、省代號與"二""之""子"字訛混

古籍文獻中標識符號與文字的訛混現象,前賢已有揭櫫,討論較多的是重文號。重文號和"二"字訛混例,可參看俞樾、張湧泉等的研究①。重文號和"之"字訛混例,可參看徐仁甫、張湧泉等的研究②。重文號和"子"字訛混例,可參看俞樾等的研究③。重文號手書與"二""之""子"字形近,傳抄過程中易誤識誤寫。"省代號淵源於重文號,形狀也與重文號略同。"④因此,省代號也會與"二""之""子"字相亂。《王三》不乏其例。《王三》省代號與"二"字訛混例,如:

  鉿,=尺鋌。(合韻,古沓反)

按:還原省代號,此條注文爲"鉿尺鋌",不可解。《切三》《唐韻》古沓反:"鉿,=⑤尺鋌。"《王二》沓韻⑥古荅反:"鉿,=尺鋌。"俱同《王三》。唯《廣韻》古沓切作:"鉿,二尺鋌。"《集韻》葛合切:"鉿,鋌也。"《廣雅·釋器》:"鉿,鋌也。"既以"鋌"訓"鉿",當可據"鋌"字義就近"鉿"字義。《說文·金部》:"鋌,銅鐵樸也。"《論衡·率性》:"棠谿、魚腸之屬,龍泉、太阿之輩,其本鋌,山中之恒鐵也,冶工鍛煉,成爲銛利。"慧琳《一切經音義》卷二十九:"金鋌,許叔重注《淮南子》云:'鋌者,金銀銅等未成器,鑄作片,名曰鋌。'""鋌"既爲金屬類,待成利器,以長度飾之,於理可安。《廣韻》"二尺鋌",是。《王三》此條省代號爲"二"字之訛。

  皕,=百。(職韻,彼側反)

按:《說文·皕部》:"皕,二百也。"段注:"即形爲義。"《篆隸萬象名義·皕部》"皕"字注:"二百。"《玉篇·皕部》"皕"字注:"二百也。"S.6013 彼側反:"皕,二百。"⑦《王二》職韻彼力反:"皕,二百。"《廣韻》彼側切:"皕,二百。"《集韻》職韻筆力切:"皕,《說

---

① 俞樾:《古書疑義舉例》,北京:中華書局,1954年,第73頁;張湧泉:《敦煌寫本重文號研究》,《文史》,2010年第1輯,第107—127頁。
② 徐仁甫:《廣古書疑義舉例》,北京:中華書局,1990年,第157—159頁;《敦煌寫本重文號研究》,第107—127頁;張湧泉:《重文號和"之"字訛混廣例》,《語文研究》,2015年第4期,第26—28頁。
③ 《古書疑義舉例》,第74頁。
④ 《敦煌寫本省代號研究》,第89頁。
⑤ 《切三》省代號原與"尺"字倒誤,省代號旁識一小鉤,茲徑乙。
⑥ 即合韻。
⑦ 此條據周祖謨摹錄本,影印本周祖謨未收,參周祖謨:《唐五代韻書集存》,北京:中華書局,1983年,第230、229頁。龍宇純所見爲"=百",參龍宇純:《唐寫全本王仁昫刊謬補缺切韻校箋》,香港:香港中文大學,1968年,第720頁。

文》:'二百也。'"皆是。P. 4746、《唐韻》彼側反:"皕,＝百。"同《王三》,省代號均爲"二"字形誤。

《王三》省代號與"之"字訛混例,如:

瓘,玉之。(翰韻,古段反)

按:《説文·玉部》:"瓘,玉也。"《篆隸萬象名義·玉部》:"瓘,古換反,玉名也。"《左傳·昭公十七年》:"若我用瓘斝、玉瓚,鄭必不火。"杜預注:"瓘,珪也。"王引之述聞:"'瓘斝'與'玉瓚'對文,則瓘乃玉石之名。"《王一》古段反:"瓘,玉。"是。《王一》注文末無省代號,而《王三》有之,例甚夥。如尤韻力求反《王一》:"蹓,豆。"《王三》:"蹓,豆＝。"蕩韻薕朗反《王一》:"顙,額。"《王三》:"顙,額＝。"禡韻古訝反《王一》:"嫁,歸。"《王三》:"嫁,歸＝。"屑韻烏結反《王一》:"窫,安。"《王三》:"窫,安＝。"對舉《王一》"瓘,玉"與《王三》"瓘,玉之",可知《王三》"之"爲省代號抄誤。

翕,漢有之侯。(緝韻,許及反)

按:此字《切三》、P. 3799、《王二》、《唐韻》均未收。《廣韻》許及切:"翕,漢有侯翕。""侯翕"爲"翕侯"倒誤。《集韻》緝韻迄及切:"翕,西域諸國官名有翕侯。"《篆隸萬象名義·羽部》:"翕,大氏有五翕候,作此字。"《玉篇·羽部》"翕""翕"上下字,"翕"字注:"同上。"《篆隸萬象名義》"候"爲"侯"字之誤,"翕候"即"翕侯"。《漢書·張騫傳》:"大月氏攻殺難兜靡,奪其地,人民亡走匈奴。子昆莫新生,傅父布就翕侯抱亡置草中。"李奇注:"翕侯,烏孫官名也。"顏師古注:"翕侯,烏孫大臣官號,其數非一,亦猶漢之將軍耳。"據衆書,《王三》當作"漢有翕侯","之"字爲省代號誤抄。

《王三》省代號與"子"字訛混例,如:

貗,豶＝。(虞韻,其矩反)

按:《王一》《王二》其矩反:"貗,豶子。"《廣韻》其矩切:"《爾雅》云:'豶子,貗。'"《集韻》虞韻郡羽切:"貗,獸名,《爾雅》:'豶子,貗。'"《玉篇·豸部》:"貗,力朱切,豶子也。"《爾雅·釋獸》:"豶子,貗。"邢昺疏:"《字林》云:'豶,獸,似豕而肥,其子名貗。'"《王三》省代號爲"子"字抄誤。

狾,蝗＝。(祭韻,職例反)

按:《王一》職例反:"狾,蝗子。"《廣韻》征例切:"狾,蝗子。"《集韻》征例切"狾"字注:"蟲名,蝗子也。"《龍龕手鏡·子部》:"狾,音制,蝗子也。""蝗"後皆作"子"。《王三》"狾"同紐另有"折"旁字五字:"晢,星光。""浙,江別名,會稽。""筯,箪。""鞊,刀鞘。""蟄,臭。"均爲形聲字,以"折"爲聲符,餘者爲形符。"狾"字亦然。"狾"以"子"作形符而有"蝗子"義,甚安。《王三》省代號爲"子"字訛混。

六、省代號"誤奪"

古籍文獻常見文字或符號的誤奪。《王三》省代號也時有誤奪現象。如《王三》洽韻侯夾反："峽,三,山。"該反注文"三"字下《切三》有"峽"字,《王二》有"＝",《王三》當補省代號。另如《王三》尾韻妃尾反："悱,口＝,說。"該反《切三》《王一》作："悱,口悱＝。"《王二》作："悱,口＝＝。"《廣韻》敷尾切："悱,口悱悱也。"《論語・述而》："不憤不啟,不悱不發。"鄭玄注："孔子與人言,必待其人心憤憤、口悱悱,乃後啟發為說之。"《王三》當補省代號。這些例子省代號誤奪的事實都非常清楚,據文義及參考他籍便可識別。不過,《王三》另有不少似當補省代號的注文,是否真存在省代號的奪誤現象,判斷需考慮注釋體例。先舉例如下：

　　譽,毀。(御韻,余據反)

　　按："譽""毀"反義,以"毀"訓"譽"非中古韻書訓釋常法。《王一》余據反："譽,毀譽。"《王三》"毀"下似奪省代號。

　　嶭,嶭。(屑韻,五結反)

　　按：《切三》《王一》《唐韻》《廣韻》五結反/切①："嶭,嶭嶭。"《王二》五結反："嶭,嶭＝。"《王三》徒結反："嶭②,＝嶭,高皃。"杜甫《自京赴奉先縣詠懷五百字》："凌晨過驪山,御榻在嶭嶭。"韓愈《豐陵行》："逾梁下阪笳鼓咽,嶭嶭遂走玄宮間。"蘇軾《次韻答荊門張都官維見和惠泉詩》："泉旁平地衍,泉上山嶭嶭。"均作連語"嶭嶭"。"嶭""嶭"都為入聲字,且疊韻,無遷就平仄而換序之慮。檢眾籍,"嶭嶭"鮮見。如是,《王三》"嶭"下似奪省代號。

　　斷上舉兩字條省代號誤奪,是受了韻書注釋標準體例的影響。如《王三》青韻郎丁反："檸,窓檸。"迥韻乃挺反："薴,葶薴。"櫛韻所櫛反："瑟,琴瑟,樂器。"魂韻盧昆反："崙,崐＝。"厚韻莫厚反："牡,牝＝。"德韻傍北反："匐,匍＝。"祇是,該體例《王三》未一以貫之,仍有大量字條按時俗另例抄寫。

　　連讀成訓的注釋體例讀序自由,可按詞語的習慣用法作順序讀或作逆序讀。以S.6208《時要字樣》為例,順序讀如"議,論",表示"議"為"議論"之"議",另如"渭,水""漱,口"等。逆序讀如"舅,姑",表示"舅"為"姑舅"之"舅",另如"誼,賈""緯,經"等。《王三》"譽""嶭"兩字條即作逆序讀。"譽"字以"毀"為注,義指"譽"是"毀譽"之"毀","嶭"字以"嶭"為注,義指"嶭"是"嶭嶭"之"嶭"。如是,兩字條就不存在省代號誤奪的問題了。

　　《王三》同類例子甚夥,再舉十例。支韻弋支反："㶾,爦。"模韻丁姑反："闍,闉。又時遮反。"齊韻古攜反："胿,臍。"皆韻苦淮反："勑,劾。"庚韻直庚反："盯,瞠,直視皃。"止韻良士反："娌,妯。"清韻布縈反："蚌,負。"昔韻資亦反："𥑐,硴。"陌韻五陌反："鯠,鰡。"陌韻梗百反："澤,陂。"龍宇純校箋《王三》,多判此類為省代號誤奪③,失,不明抄本注釋體例耳。

---

① 《王一》卷殘,反切但見"結反"二字,切上字不可見。
② 原作"嶭",誤,《王一》《王二》《唐韻》《廣韻》作"嶭",是,從錄。
③ "譽""嶭""㶾""盯""娌""蚌""𥑐""鯠""澤"字校語見《唐寫全本王仁昫刊謬補缺切韻校箋》,第448、655、21、225、299、341、672、684、686頁。

七、餘　論

　　由於材料的限制，今人研究中古寫本文獻多用功於敦煌文獻，對中原文獻的涉獵相對較少。《王三》"每面有朱絲欄，書法端正，一絲不苟"，"由宋至清一直藏於帝王内府"①卷末宋濂跋："右吴彩鸞所書刊謬補缺切韻。"種種信息表明，《王三》爲中原寫本，與敦煌文獻分屬兩類。《王三》反映的抄寫體例和語言文字現象對了解當時的寫本文獻來説很有意義。

　　《王三》全書標識符號豐富，有省代號、重文號、鉤乙號、删字號、層次號。後三種符號在《王三》中使用正確，系統一致，無需過多勘校之處，而前二者尤其是省代號需説解之處甚多，和注釋體例糾纏在一起，顯示出未完全定型的中古韻書面貌。上文重點討論了和《王三》省代號相關的四個突出問題，不僅是對《王三》研讀障礙的集中解決，對早期韻書的研究也有幫助。

---

①　《唐五代韻書集存》，第885頁。

■文獻學評論

《安徽文獻總目》出版的價值與意義*

紀健生

摘　要：《安徽文獻總目》是安徽傳世文獻大家底的總賬，是文獻大省乃至學術文化强省的力證，是安徽學術史尤其是文獻學史的基礎，是深化安徽文獻學研究的起點，是補充提升圖書館藏資源的依據，是安徽文獻整理與研究中心的歷史性成果，是"十年一劍"的治學精神和"爲人作嫁"學術倫理的典範，是一部普惠學林的佳作。

關鍵詞：安徽；文獻；《安徽文獻總目》

牛繼清教授等編纂的《安徽文獻總目》近日由黄山書社出版發行。該書目從策劃、立項到完成，歷時十餘年，份量達六卷近600萬字，收録了自先秦至1911年間安徽歷代學者、文人所撰述、輯録的相關文獻以及其他安徽地方文獻，系統反映了皖人著述的歷史全貌。其價值與意義，可得而言者，約有以下八點：

一、安徽傳世文獻大家底的總賬

前輩學者在讀書治學中，受到過書目之益的，都知道文獻書目的重要性，有稱之爲學術"地圖"的，或稱之爲文化家底"賬本"的，也有稱之爲學海"明燈"的。作爲全面反映皖人著述歷史全貌的大型地方文獻書目，《安徽文獻總目》可以説是安徽文獻家底的總賬本。時間上起自先秦，迄於清代結束；空間上以清代康熙分省之區劃爲地域範圍，内容上以中國歷代傳世文獻、公私書目（含海外漢籍）等爲考察範圍，共著録安徽歷代13000餘位作者的33000餘種著作，其中有5700餘位作者的17000餘種著作以不同版本形式存留至今。中國國家標準《文獻著録總則》的"文獻"定義是："記録有知識的一切載體。"安徽歷代學者文人的知識積累與文化智慧凝結而成的、形之於文字記載的全部成果，都在這本總賬上。它的出版，充分拓展了安徽文獻、安徽文化、安徽學術在更大時空維度的影響。

二、文獻大省乃至學術文化强省的力證

過去，我們安徽的學者，尤其是古籍整理與研究界的同仁，毫不懷疑安徽是文獻

---

* 作者簡介：紀健生，淮北師範大學古籍整理研究所原所長。

大省。但對歷史上曾經存在過的與現今尚存的文獻,只能是知其大概,模糊印象,無法確知其數。在搜集、使用與研究時,目無全牛,也就缺乏針對性的定量分析。此前雖有蔣元卿先生《皖人書錄》行世,然時代較早,條件有限,缺漏既多,錯訛亦夥,難如人意。《安徽文獻總目》一出,萬餘位作者的三萬多種著述,齊來眼底,近六千位作者的人均三種著述,唾手可得。以精確的數字,明確的著錄形式,及方便的檢索獲取方式,提供了安徽作爲文獻大省的有力證據。作爲安徽文獻檢索與利用必備的重要工具書,其所揭示的豐富的内容信息,將是安徽歷史學術景觀最全面、最準確的再現,一定會加深社會大衆對歷史省情的認識,提高廣大安徽人民的文化自信與自豪感,激發安徽人民建設美好安徽的積極性。也一定會有力推動安徽鄉邦文獻整理和地方歷史文化研究的進一步繁榮,推動安徽學術强省和文化强省建設步伐的進一步加快。

三、安徽學術史尤其是安徽文獻學史的基礎

文獻是記録知識的載體,也是學術研究的基礎。傳統的文獻定義是"文"與"獻"的集合,即文本記載與耆舊口傳的結合,但其最終還是歸結於紙上的記載。歷史不能重現,學術研究,尤其是歷史意義上的研究,終究要依靠傳世文獻。傳統文獻通常以經、史、子、集四部劃分,若以現代學科分,則舉凡文學、歷史、哲學、藝術、法學、經濟、醫學、農學、工藝等,上自天文,下至地理,中及社會人事,乃至數、理、化等等,皆無所不有。安徽的學術文獻,從來就不是孤立或局部的存在,從老子、莊子,經江永、戴震,直至陳獨秀、胡適,大量的先賢傳世之作,都是中華經典寶藏庫中的重要組成部分,甚而是精髓之所在。有了這部《安徽文獻總目》,安徽文獻的基本面貌,安徽學術文化的深邃内涵,安徽文獻與文獻學發生、發展的歷史,安徽文獻在中華學術史上的重要地位,就昭然若揭了。安徽作爲文獻大省乃至學術文化强省的内因及發展理路,也就清晰可辨了。安徽的學術史,包括文獻學史,都可以此爲基礎,進行重新梳理,甚至重新結構,并與國内學術版圖重新銜接。

四、深化文獻學研究的起點

書目是文獻目録學最重要的也是最基本的體現形式。清代學者王鳴盛在他的《十七史商榷》中强調了目録學的重要性。他引安徽乾嘉學者金榜的話説:"不通漢《藝文志》,不可以讀天下之書。'藝文志'者,學問之眉目,著述之門户也。"又説:"目録之學,學中第一緊要事,必從此問途,方能得其門而入。""凡讀書最切要者,目録之學。目録明,方可讀書;不明,終是亂讀。"《漢書·藝文志》是中國最早的出自國家書目的史志書目,也是中國文獻書目的標志性經典。《安徽文獻總目》在安徽一省歷代文獻的著録功能上,是全面、準確、細緻的,并且充分考慮到工具書的使用效應。在此基礎之上,建立安徽特色的目録學,其學科意義與發展前景是可以預見的。完整的或者説理想的書目,除了將群書簿録甲乙、疏通倫類、條别異同、推闡大義的功能,更有

"辨章學術,考鏡源流",使人"即類求書、因書究學"的作用。以《安徽文獻總目》爲起點,若能再下一番調查研究、深入挖掘并加以精工製作的工夫,撰成《安徽文獻總目提要》之類的著述,讓其目錄學的形式與内涵都充類以盡,做成像《四庫全書總目》那樣的"經典中的經典",則於中華學術功莫大焉。

五、補充提升圖書館藏資源的依據

作爲文獻大省,安徽省的圖書收藏,安徽地方文獻既是必藏品,也應該是館藏特色。反映安徽文獻集散存亡情况的書目,過去公私皆多有編纂,但都不能充分反映安徽文獻的全貌,這給安徽本省文獻的館藏和利用,也帶來一定的影響。借助《安徽文獻總目》之著録成果,安徽省圖書館及各地市和高校圖書館,就可以以此爲根據或綫索,整理庫藏,摸清家底,補充缺量,提升本省文獻館藏的系統性與完整性。還可以與國内外圖書收藏機構、高校及科研單位加强聯繫,互通情報,或者走出去進行調研活動。一則可促進《安徽文獻總目》提供信息的傳播,推動外界對所藏安徽文獻情况的關注,擴大安徽傳世文獻的影響;再則可驗證、落實或補充《總目》的著録信息,促成本省缺藏文獻的各種形式的恢復或回流,完善安徽文獻的收藏利用機制,以利於安徽圖書館事業的更好發展,并造福於從事安徽鄉邦文獻整理與地方歷史文化研究的學者,爲建設安徽學術文化强省提供充分的文獻支撑。

六、安徽文獻整理與研究中心的歷史性成果

淮北師範大學安徽文獻整理與研究中心,在策劃、申報、組建之初,爲建成安徽文獻整理與研究的資料中心、信息中心、研究中心和傳播中心,即把《安徽文獻總目》作爲奠基之首務與持續性目標。中心前身爲吴孟復先生在二十世紀80年代創立的古典文學研究所和古籍整理研究室,後爲淮北師範大學古籍整理研究所,近40年來,一直都是安徽古籍文獻整理與研究的重要力量。牛繼清教授從參與創建和主持安徽文獻整理與研究中心工作以來,在繁重的事務、課程之餘,仍不忘初心,堅持完成《安徽文獻總目》的修纂。先是立項獲得全國高校古委會的資助,又列入安徽省哲學社會科學規劃項目,近年又獲國家出版基金專項資助。自2007年着手搜輯編纂,歷時十年,交由安徽省古籍整理出版辦公室,以"安徽古籍叢書特輯"在黄山書社出版。這不僅是安徽文獻整理與研究中心的標志性成果,更是歷史性的成果。它的出版,充分顯示了安徽文獻整理與研究中心致力於安徽文獻總體研究的初衷與堅守,充實了中心的學術内涵,實現了中心的名實相符,堅定了中心的發展方向,體現了淮北師範大學自吴孟復先生開始的全力關注鄉邦文獻整理與安徽歷史文化研究的學術傳統。

七、普惠學林的佳作

《安徽文獻總目》收録歷史上曾出現過的皖人著述,不論存佚,全數收入。以朝代

爲順序輯錄，同一時代者則以姓氏筆劃爲序排列；每一作者，皆有小傳，著録其所有著述名稱，注明出處；同書異名、卷篇有異均單獨列出，加"又"別之；凡現存著述，羅列其各種版本及收入叢書等狀況，如遇珍稀善本、稿本、抄本、精校本等，則盡可能注明現收藏單位；國内重要圖書收藏單位所藏歷代皖人石刻文獻拓本，亦酌予收録，列於本人著述之後。附有"書名索引""著者索引"，用文史工具書通用的四角號碼檢字法檢索，字頭之拼音與筆劃也轉化爲四角號碼附入，以方便使用者。

作爲一種高質量的目録學著作，也是安徽文獻檢索與利用的重要工具書，其對於國内學術研究，尤其是以安徽文獻爲對象的研究，無疑會起到切實而有效的幫助，必然會受到廣大使用者的青睞。前人有云：將《四庫提要》細讀一至兩遍，即知中國學術之門徑。前面已講到書目的作用和目録之學的重要性，我們期望，也堅信《安徽文獻總目》會起到目録學經典的作用。

八、"十年一劍"的治學精神和"爲人作嫁"的學術倫理典範

學術界有一句人人耳熟能詳的話，叫"板凳要坐十年冷"，説的就是一種"十年磨一劍"的工匠精神。牛繼清爲主纂，趙敏、張晚霞爲副主纂，沉浸書叢，遍搜書海，青燈黄卷，鼠標熒屏，投入精力時間，消耗體力健康，歷時正好十年，方纔打造出這一高質量也是高水平的地方文獻書目。在當下以數量評價水平，以"短平快"秒殺"持久戰"的科研模式下，他們的做法是很不合算的。更有人言，編纂工具書，是一種價值被嚴重低估的學術勞作。甚至有人認爲，編書就是抄書，在電腦和互聯網時代，簡直可以不費吹灰之力。而事實上，編纂有比寫作更複雜、更困難之處在。以《安徽文獻總目》爲例，編纂者在搜輯、整理資料信息的過程中，除了繁雜的技術手段，還要有諸如目録學、版本學、校勘學、輯佚學、辨僞學和考據學等文獻學功力的投入。同時，爲學者是無人不受工具書之益的。陳垣先生爲自己研究需要，手編《中西回史日曆》和《二十史朔閏表》，後所需者衆多，遂慷慨付之出版，惠及學林。這是一種"爲人作嫁"的學術風格，也是以學術爲天下公器、應爲天下人所用的學術倫理的體現。《安徽文獻總目》編纂者這種"十年一劍"的治學精神和"爲人作嫁"的學術倫理，讓人肅然起敬。

站在新起點上的鴻篇巨制*
——讀宗福邦先生等主編《古音匯纂》

孫 磊

摘 要：《古音匯纂》是站在時代新起點上的鴻篇巨制，該書着眼於歷史時空的變化，以廣闊的學術視野，嶄新的編纂體例，多樣的檢索方式，爲漢語語音史研究的拓展提供了極大的便利。武漢大學古籍整理研究所不慕名利而樂守清貧，默默奉獻而堅韌不拔，爲學界樹立了一個新時代的樸學榜樣。

關鍵詞：《古音匯纂》；規模視野；體例方法；創見精神

《故訓匯纂》①推出17年後，其姊妹篇《古音匯纂》②也繼踵問世。這是宗福邦教授帶領的武漢大學古籍整理研究所團隊的又一力作。該辭書匯輯先秦至清末漢字音讀資料，共收録字目13000多個（含異體字），收録注項30餘萬條，注條40餘萬條，規模達1300多萬字。正文按《康熙字典》214個部首編排，字目的音讀材料分别按時代先後分上古音、中古音、近代音三個時段排列。該書在繼承先賢《經籍籑詁》的基礎上，取材於浩瀚的中華古籍，着眼於歷史時空的變化，以廣闊的學術視野，嶄新的編纂體例，多樣的檢索方式，爲漢語史研究的拓展提供了極大的便利。

昔段玉裁《寄戴東原先生書（乙未十月）》曰："音均明而六書明，六書明而古經傳無不可通。"③實爲的論。音韻學作爲小學之一部，既是掌握古典文化的關鍵，也是歷代學人治學入門的途徑。有清一代，古音學昌明，因聲求義，創獲頗豐。工欲善其事，必先利其器。《古音匯纂》從現實需求出發，遵循學術發展的規律，順應時代發展的潮流，應運而生。

一、規模宏大，視野寬廣

（一）書證豐富，旁徵博引

中華文化博大精深，源遠流長。音韻學作爲文字本體之學，其歷史追溯由來已

---

* 作者簡介：孫磊，安徽大學文學院漢語言文字學專業碩士生，主要從事漢語言文字學研究。
  基金項目：教育部人文社會科學研究規劃基金"《唐寫本王仁昫刊謬補缺切韻》多音字研究"（19YJA740055）。
① 宗福邦、陳世鐃、蕭海波主編：《故訓匯纂》，北京：商務印書館，2003年。
② 宗福邦、陳世鐃、于亭主編：《古音匯纂》，北京：商務印書館，2019年。《古音匯纂》是歷代漢字音讀資料的總匯，被列入"十一五"國家重點圖書出版規劃項目，由武漢大學古籍整理研究所編纂，前後歷達22年。
③ （清）段玉裁注：《説文解字注》（第3版），上海：上海古籍出版社，1988年，第805頁下。

久。儘管東漢末始有反切,齊梁間才啓四聲,然先秦諸子早已明聲韻。縱觀古籍文獻,自六朝後音韻蜂出,第至明清,間或反復。其間所出,各有乖互。"觀前賢纂集古音,所用力者在唐前,未脱《經籍籑詁》之藩籬:一則不及唐前經籍史注以外之傳世文獻材料;二則不及五代與宋後衆多韻書、字書之材料;三則不及近代以來考古發現之典籍材料。"①

於此情境下,《古音匯纂》站在新的歷史起點上,以現存所有音注材料作爲基礎,重新進行整理,選取精要,勘正謬誤。該書選録古音資料的原則是唐五代以前求寬求全,宋以後從嚴求典型性和代表性。如此循例,便能補缺前人,從而精益求精。全書收録字目13000多個,規模多達1300萬字。附録中的主要引用書目更是不下百種②,例如,書中僅"相"一字按時代分列的音注材料便多達60條。《古音匯纂》所收音讀材料更便於音韻學的前沿研究。

(二) 得天獨厚,另闢蹊徑

王國維曾言:"一代有一代之文學。"至於音韻,蓋亦如是。歷代學人,諸如段玉裁先生之賢能,未得解"支""脂""之"三韻之異,以其所處時代之故。時至今日,借現代科技之便,我們方能突破歷史時空之桎梏,彌補先人之遺憾。《古音匯纂》正是以其得天獨厚的優勢,另闢蹊徑。

該書以上古音、中古音和現代音爲界,用非常直觀的排列方式,爲我們展示古今語音之流變,梳理漢語史發展之脉絡。在此寬廣的學術視角下,古今漢字語音的歷史變化展露無遺。如"裹"字:"①~,音罪過之過,《穆天子傳》'珠三百里'注。"此爲上古音。"⑥~,古卧反。《唐韻·過韻》'~,包。又音果。'"此爲中古音。"⑰~,古火切。《洪武正韻·哿韻》'裹,包也。'"此爲近代音③。以時間爲綫索,以考證爲根基,找尋音變的蛛絲馬跡,能讓學者用起來更有底氣。此外,將例句與篇名有機結合,既方便讀者分辨時代,又便於檢閲原書,一舉兩得。

但此書因收録範圍過於龐大,又歷經衆手纔得以成書,期間難免疏漏。而書成之後,又因字數限制,不得不壓縮文本,删減篇幅,實乃可惜。

二、體例清晰,多法並用

(一) 層次分明,符號簡易

《古音匯纂》作爲一部疏證豐富、架構時空的大型辭書。在使用時,爲了使得體例清晰,不得不合理安排區間。例如,釋"喪"字時,該書先列《説文》釋義,再舉《廣韻》反切,并加注音韻地位,若遇多音,則分目排開。如此,便能突顯例字的古今音變,使讀

---

① 萬獻初:《"因音辨義"與"以義正音"——從"賁"的音切聚合看〈古音匯纂〉的音義研究價值》,《中國語言學報》第14輯,北京:商務印書館,2010年,第250頁。
② 《古音匯纂》,第1417頁。
③ 《古音匯纂》,第2013頁。

者一目了然。再者,該書還在凡例中建構了一個符號系統。借助這些特殊的符號,讀者便能夠輕易區分各個時段的音讀材料,查看各個漢字的音韻地位,知曉各個音注的來源出處。例如,以實心黑三角號標識各時段的起始,以波浪號代替被注音的字等①。

當然,這種單位的明晰和體例的清晰離不開對於辭書結構的精心設計。不論是字目、字形、條例,還是出處、校勘、索引,它們都在合理的範圍内得以明確。例如,在字目排列上,該書以《康熙字典》二百一十四部部首及其順序排列歸字。同部首的字,以筆劃多少爲序。同部首同筆劃的字,再以橫、豎、撇、點、折爲次。正是這一條條凝聚在内部的合理規則,一個個通俗易懂的符號,使得整部辭書得以結構清晰,層次分明。

(二) 方法多樣,檢字便捷

辭書編纂,以其着眼於實用之故,必也講究方便快捷。前代辭書編纂多有不善,或以音檢字,或以部首查字,或以號碼尋字,其實不周。以音檢字,若字音明了,則輕快無誤;然字音不明,則難以下手。部首檢字,若視而可查,亦可揖選精確;然字有繁難,存有局限。頁碼檢字,若能熟記,自也迅捷;然靠死記,如不常用,極易忘却。

由此看來,檢字之法,各有其優缺點,不可單一使用。或鑒於此,《古音匯纂》突破了此種辭書編纂的局限,把音序檢字法、部首檢字法、四角號碼檢字法有機融合起來,使得檢字便捷成爲可能。這種綜合運用的體例,多樣的方法,必將滿足讀者多樣化的需求。除此之外,爲求簡便,書中還單列引用書目、引用格式、主要參校書目、中文拼音方案、新舊字形對照舉例等,以備讀者所需。

三、推陳出新,以啓山林

(一) 聯繫語境,音義并重

在具體内容的編纂上,《古音匯纂》也顯示出獨特之處。除了十分重視語音流變外,《古音匯纂》還非常重視音義之間的聯繫。例如:"不"字,有三種讀音。一音"fǒu",《廣韻》方久切,屬上古之部幫母。二音"bù",《廣韻》分物切,臻攝合口三等入聲物部非母。三音"fū",《集韻》風無切,遇攝合口三等平聲虞韻非母。爲了使得音義相對,在具體的行文過程中,該書真正做到了在具體的語境中去探求語音,避免誤讀。如:"①~,當做拊。古聲~拊同。《詩·小雅·常棣》'鄂~韡韡'箋。"柎,萼足也。此處"不"當讀如"fū"②。如此循例,音義得以有機統一起來,得到切實合理的揭示。

(二) 與時俱進,開拓創新

《古音匯纂》在編訂過程中,採用電腦技術作爲重要的編纂手段,改變了傳統辭書

---

① 《古音匯纂》,"凡例"第 9 頁。
② 《古音匯纂》,第 5 頁。

的編纂方式,爲國内辭書編纂工作做出新的探索。信息化時代的到來,打破了前代辭書編纂的限制,促進古籍數字化快速、經濟和可持續發展。因此,編寫組改變了當年《故訓匯纂》手抄筆録的工作模式,全面引進電腦資料庫技術從事編纂工作,經過將近十年的辛勤努力,已經初步建成包含100萬條資料的古代音注資料庫①。由此可見,《古音匯纂》可謂是當代韻書與時俱進、開拓創新之果,它的出現,必將填補漢語工具書的空白。

前有《經籍籑詁》爲引,後《故訓匯纂》以爲憑藉,而《古音匯纂》的編撰可謂無所依托。但是武漢大學古籍整理研究所團隊并没有退縮,他們艱難探索,摸着石頭過河,憑藉審慎的科學態度,在分析總結前人經驗的基礎上,逐步確定了編製的宗旨和性質,以此自創辭書體例,圈定收録範圍和引用書目。秉承先賢,有所開創,如此作風,實在令人敬佩。

四、學風扎實,實事求是

(一) 攻堅克難,不畏艱辛

《古音匯纂》的編纂工作是一場攻堅克難的苦戰。單説其所引用和參校之書,就多達167種,零星引用和參校者更是宏富,每種書還有若干版本,要從中選擇優秀版本以資編纂之用,非文獻學精熟者不能爲。但在《古音匯纂》編訂過程中,對於音注材料的處理,武漢大學古籍整理研究所團隊堅持精校精選的原則,既不輕易遺漏,也不輕易接受。正是基於這樣豐富的事實材料,秉持這樣專業的學術精神,運用這樣敏鋭的知識嗅覺,纔使得基數如此巨大的辭書編撰得以成功。

一部鴻篇巨制的背後,必然有着一個精誠團結的團隊。在當今浮囂的大環境中,武漢大學古籍整理研究所整理團隊能够不慕名利而樂守清貧,默默奉獻而堅韌不拔,體現了武漢大學數代學人積澱的樸學精神。以宗福邦先生爲首的這個團隊,爲學界樹立了一個新時代的樸學榜樣。

(二) 慎始慎終,精益求精

《古音匯纂》初稿完成後,吸收了許多同行的寶貴意見,又經學者們的勘誤,歷經數年,纔得以定稿,最終出版。這種真誠可信的態度,科學合理的原則,扎實可靠的學風,必將使得該書大放光芒。

辭書的編纂,絶不是一人一時之功,它需要幾代人的不斷努力,《古音匯纂》亦是如此。從計劃到實施,從選材到架構,武漢大學古籍整理研究所整理團隊前仆後繼,後輩音韻學人都將得益於此。

該書原本收録音注材料十分鴻富,體量巨大,出版社考慮到最終的出版成本,也考慮到與已經出版的《故訓匯纂》體量相當,編纂人員删去了很多相對來説不重要的

---

① 于亭:《〈古音匯纂〉編纂工作研討會綜述》,《長江學術》,2008年,第2期,第177—179頁。

材料。在電子出版已成時尚的今天,如果武漢大學古籍整理研究所和出版社能採用電子出版的方式,將《古音匯纂》原本鴻富的資料分享出來,學界必將受益無窮。如果能像百度百科那樣採用開放式編輯模式,吸納學界力量特別是專業研究人員的校勘成果,則此一巨著的影響更無可限量。

從已知走向未知,把複雜的問題簡單化,一直是音韻學人的不懈追求。相信《古音匯纂》的出版,既是音韻界學術同仁之幸,亦是中華傳統文化之幸。

《張潮全集》(《安徽古籍叢書》第二十九輯)

(清)張潮撰,劉和文整理,束莉、李媛編輯,黃山書社2021年11月版。

張潮(1650—1707),原籍安徽歙縣,寓居揚州,活躍於康熙年間,兼具鹽商、學者、出版人等多重身份,既是清代徽州儒商中的傑出人士,又是江南地區被譽爲"風雅主盟"的文壇精英。《張潮全集》的整理,以反映其著述的全貌爲旨歸,收錄其詩集、詞曲集、文集、雜著、尺牘、小説及輯佚作品共23種,計150萬字。不僅全面梳理和展現了張潮的生平、論著和文艺思想,凸显了其在清代學術、文化發展史中的独到貢獻,也映現出康熙文壇尚待學界進一步探討的某些特有面相。

凝萃·思辨·失語*
——陳家慶《漢魏六朝詩研究》平議

束 莉

摘 要：陳家慶《漢魏六朝詩研究》凝萃傳統文學研究之優長，兼採中古諸史文苑列傳、中古詩歌選本、古今詩學著述之要義，輔以敏鋭的思辨，徵引博富，剪裁恰當，組織精善，新意迭出。但固守"國粹"、拒斥新變的家族文化理念對她的思路造成了一定的局限，該書也存在思想資源貧乏、視角局促、固步自封之弊，最終留下了理論"失語"的遺憾。

關鍵詞：陳家慶；漢魏六朝詩；文苑列傳；章黄學派

在20世紀上半葉林林總總的中國文學史著述中，陳家慶《漢魏六朝詩研究》是耐人深思的一部。陳家慶（1904—1970），湖南寧鄉人，清末民初知名女作家。約於1925年至1929年間，求學於直隸省立女子師範學校（原天津北洋女子師範學堂）、國立東南大學（後改名中央大學、南京大學）、國立北平大學，師從詞學名家劉毓盤、吴梅。其詩文於芊綿清麗中，時見沉痛豪健之語，得到黄侃、林損、高步瀛等師長的激賞。1927年，陳家慶與詩詞名家徐英結爲伉儷，并隨之加入進步文學團體南社。夫妻綢繆，唱和不綴，她先後出版了《碧湘閣集》《碧湘閣近稿》《黄山攬勝集》等作品集；1934年，於執教安徽大學期間，又完成了研究論著《漢魏六朝詩研究》，形成了對中古詩歌的系統評述[①]。該書約三萬八千字，分爲十一章，從多個角度對漢魏六朝（含北朝）詩歌進行了系統梳理、分析。細讀可知，其特色至少有以下兩端。

一、凝萃傳統文學研究之優長

首先，廣收博採，彙集精華。

在該書的結尾，有"參考書目"一項，涵括了該書的徵引範圍，共29種，可分爲以下三類：

---

* **作者簡介**：束莉，安徽大學古籍整理辦公室副編審，文學博士，主要從事魏晉南北朝文學研究。
基金項目：安徽省高校人文社會科學研究重點項目"北朝五史文苑列傳研究"（SK2019A0002）。

① 《碧湘閣集》，安徽大學出版組1933年鉛印本，包括詩（238首）、詞（122首）、文（14篇）三部分。《碧湘閣近稿》，安徽大學出版組石印本，出版時間不詳，包括《黄山記游詞》（收詞21闋）和詩集（收詩38首）兩部分。《黄山攬勝集》，與徐英合著，中華書局（上海）1937年版。《漢魏六朝詩研究》，安徽大學出版組1934年鉛印本。

類別	書名
史書（10 種）	沈約《宋書》（實指其中的文苑列傳，下同）、裴松之《三國志注》、蕭子顯《齊書》、姚思廉《梁書》、姚思廉《陳書》、李延壽《北史》、魏收《魏書》、房玄齡《晉書》、令狐德棻《北周書》、魏徵《隋書》
詩選（3 種）	徐陵《玉臺新詠》、章樵《古文苑注》、郭茂倩《樂府詩集》
古今詩學論著（16 種）	劉勰《文心雕龍》、鍾嶸《詩品》、葉夢得《石林詩話》、嚴羽《滄浪詩話》、顧炎武《日知錄》、沈德潛《古詩源》、沈德潛《説詩晬語》、郎廷槐《師友詩傳錄》、馮定遠《鈍吟雜錄》、馮舒《詩紀匡謬》、潘德輿《養一齋詩話》、劉熙載《詩概》、黃節《詩學》、陳鍾凡《中國韻文通論》、謝無量《中國大文學史》、徐英《國學大綱》

可見，《漢魏六朝詩研究》的取材路徑有三，即：中古諸史文苑列傳、中古詩文選本、古今詩學論著。儘管此一手法在晚清、近代較爲常見，但如果對該書展開文本細讀，便不難發現其融裁的精到，特別是第十章"評論"和第十一章"傳記"部分。如"評論""王粲"條："仲宣才高而善感，世經離亂，尤多哀思。魏文帝曰：'仲宣獨自善於詞賦，惜其體弱，不足起其文。至於所善，古人無以遠過。'鍾嶸曰：'發愀愴之詞，文秀而質羸，在曹、劉間別構一體。方陳思不足，比魏文有餘。'劉勰曰：'仲宣溢才，捷而能密，文多兼善，詞少瑕累。摘其詩賦，則七子之冠冕乎？'沈德潛曰：'王粲《七哀詩》，爲杜少陵《無家別》《垂老別》之祖。'"①短短一百多字，匯集了曹丕《與吳質書》、鍾嶸《詩品》、劉勰《文心雕龍・才略》和沈德潛《説詩晬語》四種評語，全面展現出王粲的創作特點、文學地位及後世影響，使讀者執此一卷，便可諳習古今相關論著的精華，頗具實用價值。

其次，章法嚴密，體例周詳。

該書共分十一章，每章內進一步細緻分類：

分章	分節		
第一章 源流	第一節 五言原始	第二節 七言原始	第三節 六言八言九言原始
第二章 派別	上品 十一人	中品 三十九人	下品 七十二人
第三章 體制	甲、 前期古體詩	乙、 楚調	丙、 後期古體詩
第四章 修辭	一、起句	二、偶句	三、對照句
	四、排句	五、重複句	六、叠字
	七、練字（動字、狀字）	八、連綿詞	
第五章 描寫	一、寫人	二、寫景	三、狀物

---

① 陳家慶：《漢魏六朝詩研究》，安徽大學出版組 1934 年鉛印本，第 62 頁。

续表

分章	分節		
第六章 記事	舉蔡琰《悲憤詩》及漢樂府《孔雀東南飛》爲例，未見具體分節		
第七章 抒情	一、哀傷	二、纏綿	三、壯烈
	四、憤激	五、曠達	六、閑適
	七、感慨	八、希冀	九、想象
第八章 樂府	一、源流	二、體制	三、樂府與古辭
	四、樂府之字句及命題		
第九章 時序	主要採納《文心雕龍·時序》的評述，未見具體分節		
第十章 評論	《古詩十九首》及漢魏六朝詩人評論 52 篇		
第十一章 傳記	漢魏六朝詩人小傳 49 篇		

以上十一章，兼顧作者和作品兩方面。其中圍繞作者展開論述的，爲第二、十、十一章；圍繞作品展開的，則爲第一、三、四、五、六、七、八、九章。前者評述作者之派別、文學成就及生平；後者則針對作品的文體源流、體貌特徵、修辭手法、内容特點進行分析。尤其值得注意的是第八章"樂府"，著者將其作爲五言詩中獨立出來的一脉，對其源流、體制、音辭關係、内容特點予以系統論述，體現出敏鋭的文體意識和嚴謹的治學態度，難能可貴。在爲夫君徐英《國學大綱》一書作跋時，陳家慶尤爲欣賞其"提綱挈領"之力，認爲"統觀全書，如網在綱。條分縷析，皎若列眉"①，而研讀《漢魏六朝詩研究》一書的章節設置，也同樣能發現編纂者的深切用心。

最後，文言述學，簡要精醇。

《漢魏六朝詩研究》一書，通篇爲文言文撰寫，特别是陳家慶的自序，更是極具六朝風味的駢體文。在論述體制方面，她也採用了較爲傳統的方式。如第十一章"傳記"，即沿用自南朝宋范曄《後漢書·文苑傳》開端的傳贊結合的論述方式，古意盎然。這種述學方式的優點是言簡而意豐。例如，人物小傳之後的贊語一欄，陳家慶賦予了其"按語"的功能，在其中表達自己的思索，仔細品讀，能獲得不少啓發。如曹植贊語，不僅肯定他"升堂入室，奇才四溢"的文采，更點出其"听之有声，五音六律"②的音樂造詣，認可他對古典詩歌格律化的推動作用；應璩贊語，則指出其《百一詩》"辭義剛貞，風人之旨"③，梳理出《詩經》"風"詩與《百一詩》之間的精神意脉，頗爲有見。

---

① 徐英：《國學大綱》，上海：華通書局，1933 年，第 315 頁。
② 《漢魏六朝詩研究》，第 85 頁。
③ 《漢魏六朝詩研究》，第 88 頁。

二、學術思辨的呈現

首先,勇於質疑,細心勘定。

在梳理與選擇詩學理論材料時,陳家慶對一些積訟已久的問題,常常能作出獨立的判斷。例如,關於五言詩的起源,《文心雕龍》和《詩品》就有分歧。陳家慶在"源流"一章中談到:"劉彥和曰:'《召南·行露》,始肇半章;孺子《滄浪》,亦有全曲;《暇豫》優歌,遠見春秋;《邪徑》童謠,近在成世;閱時取證,則五言久矣。'鍾仲偉《詩品》:'夏歌曰"鬱陶乎余心",楚謠曰"名余曰正則",雖詩體未全,然是五言之濫觴。'此齊梁人所論五言詩之原始如此。而所舉如《夏歌》出《偽古文尚書》,《孺子》出歌謠,或爲楚調,或爲格言。即《行露》之詞,雖有五言之句,然雜在四言之中,非竟體五言詩也。必求五言之詩,其自東京以後乎?"①可見,對於劉勰、鍾嶸等僅以"五言"這個外在特徵來推求五言詩起源的做法,她并不認同,而是提倡細緻辨析這些五言詩句所從屬的篇目、文體、語境,祛除訛誤,探析正源。類似的辯駁在陳著中多次出現,茲不贅述。鑒於劉勰等論家在中國傳統文論譜系中享有的崇高地位,這樣的質疑可謂難能可貴。

其次,接納新知,重解經典。

在《漢魏六朝詩研究》一書中,設立有"修辭"一章,專論詩歌的字法、詞法、句法;而第五章"描寫"、第六章"記事"、第七章"抒情"談論詩歌的藝術技法,亦可納入"修辭"之列。儘管在中國古典詩話著作中,"煉字""煉句"從來都是繞不開的話題,然而從"代字""動字""狀字""叠字""連綿詞"這樣的分節來看,陳家慶在討論這些話題時,背後的學理支撐已悄然從古典詩學過渡到現代語法學體系。

近代以來,語法概念被引入中國。1898年,馬建忠《馬氏文通》出版,標志着中國人對中文語法體系的思考趨於深入、完備。進入20世紀,語法學著作不斷湧現,作爲分支的修辭學也得到了長足的發展。1932年,陳望道《修辭學發凡》由大江書局(上海)印行;1931年,陳介白《修辭學》由開明書店(上海)印行;1931年,董魯安《修辭學》由文化學社(北平)印行;1931年,薛祥綏《修辭學》由世界書局(上海)印行;1934年,曹冕《修辭學》由商務印書館(上海)印行。這些書籍的出現,迅即引起了學界的熱烈反響:陳望道《修辭學發凡》被公認爲中國現代修辭學的奠基之作,影響至今不衰;薛祥綏《修辭學》於出版次年(1932)即有第三版出現;陳介白《修辭學》亦於次年再版。撰述與閱讀的持續呼應,昭示着近代學界對於修辭學討論的熱忱。以此爲背景,出版於1934年的《漢魏六朝詩研究》,引入修辭學的知識來解讀漢魏六朝詩歌,既是一種創舉,也是現代學術語境下,學人積極研習新知,勉力"預流"的表現。

三、學術變局與著作失語

在《漢魏六朝詩研究》一書的自序中,陳家慶寫道:"余於甲戌之歲,掌教安徽大

---

① 《漢魏六朝詩研究》,第7頁。

學,撰《漢魏六朝詩研究》一書,述其淵源流變,詳其升降得失,以授學者,欲使通其大綱,獲其津逮。"①授課講義與學術著作密切關聯,相互轉化,是20世紀初頗爲醒目的文化現象。然而,并不是所有講義都可以稱之爲著作,區別就在於個人創獲是否豐富。如以上兩節所述,陳家慶此書精心結撰,時出己見,"研究"二字,名實相符。然而,當代學者在比較此書與同時期其他著述之後,又不免感慨:陳著"條分縷析,例證翔實,資料豐富,其爲文著述不在於學術研究之創建發明,而更側重於問題的擺列與資料文獻之彙編"②。作者的自我期許與後人的觀感之間,爲何出現這樣的偏差呢?

通觀《漢魏六朝詩研究》一書,不難發現其中最突出的問題,在於通貫性觀點的缺乏。其中"派別"一章多採鍾嶸《詩品》,"詩序"一章採劉勰《文心雕龍》,"評論"一章採古今詩評,"傳記"一章採中古文苑列傳;"描寫""記事""抒情"三章排比引文,而無評述;作者自身的見地,多穿插於"源流""體制""樂府""傳記"四章,其要義集中於詩藝分析,不及其餘。這樣的結撰方式,是受限於學力、精力,還是有意識的選擇呢? 參照陳家慶求學及著書時的學術環境,可知此種做法并非信手爲之,而包含了她自外於流俗的用心。

前文已述,陳家慶曾於1925年至1929年間,求學於直隸省立女子師範學校(天津)、國立東南大學(南京)、國立北平大學(北京),對南北學風均有濡染。而這一時段,恰好是"五四運動"之後,中國文學史研究範式發生根本性轉變的時期。轉變的標志主要有:

一是在日常生活和學術授受中,文言文基本被白話文取代。

二是文學史成爲演繹文史新思潮的載體。學者通過此一體裁,揄揚白話文學、大衆文學和詩文之外的文體形態,改變了千年相沿的以文言詩文爲菁華的文體價值格局。此一時期,出現了多部有代表性的著作,如謝無量《中國大文學史》(1918),顧實《中國文學史大綱》(1926),胡適《白話文學史》(1928),傅斯年《中國古代文學史講義》(1928),胡小石《中國文學史》(1928),日本學者鈴木虎雄《中國古代文藝史論》(1928),譚正璧《中國文學進化史》(1929),胡雲翼《新著中國文學史》(1932),陸侃如、馮沅君《中國文學史簡編》(1932),鄭振鐸《插圖本中國文學史》(1932),等等。語體上,它們均以白話文寫就;理念上,它們或提倡白話文學、大衆文學,或關注通俗文體,或推演中國文學的進化軌跡,邏輯自洽,個性鮮明。

作爲求學於1920年代末的大學生,對於這些影響深遠的文學史新編,陳家慶自然也耳聞目見,然而數年以後,她親手編著的研究著作,卻呈現出頗爲傳統的面貌,其原因何在呢? 要解答這一問題,可能需要聯繫陳家慶所置身的家族及其文化理念,進行通盤考慮。

陳家慶出身於一個在近代負有盛名的進步家庭。長兄陳家鼎、仲兄陳家鼐,早在清末即追隨孫中山,先後參與了辛亥革命、二次革命、護法運動等一系列重要事件,爲共和政體的建立立下了不朽功勳。此外,陳氏一門愛好風雅。長兄陳家鼎,"喜爲詩,

---

① 《漢魏六朝詩研究》,序言第2頁。
② 龔世學:《漢魏六朝詩研究五種》,鄭州:河南文藝出版社,2015年,《前言》第3頁。

嘗與其同游之章炳麟、劉光漢、黃侃等,效漢魏人詩體,尤非近人所能及"①。他愛好交游,頗有號召力,在北京、武漢等地,均組織過大規模的雅集活動:"癸丑(1913)上巳,集舊京名賢修禊於宣南法源寺,賦詩賞花,到者千人,觴咏竟日,爲數百年來未有之盛舉。……又嘗於丙寅(1926)上巳,觴客於武昌之黃鶴樓,文酒之樂,盛極千古。嘗謂叔季之世,風雅道衰,必欲力挽頹風,爲大雅扶輪之舉,須從本人起,其抱負如此。"②從結交章炳麟、黃侃等國學碩儒,并倡導"力挽頹風"這些行跡來看,政治趨新的陳家鼎,文化立場却頗爲保守。不過他一生致力革命,顛沛流離,並未留下完整的論述,而從陳家慶夫君徐英的著述中,或許可以知悉這個家族更爲明晰的文化傾向。

在代表作《論近代國學》中,徐英對20世紀初的學術現狀表達了憂慮:"近三十年,益無學術之可言。"③康有爲"盡棄前法,一憑臆造";譚嗣同"大言欺世,徒驚俗耳";梁啓超"民國新造,遂嬰寵命,操守之節,遠愧師門";"爲文章雜以俚語及歐西文法,散漫雜遝,略無檢束,遺害之烈,至今未息"。他特別對胡適及其提倡的白話文運動表達了不滿:"皖人有某者,聞其風而説之,而庸鈍薄劣,益無以自立。矜考證以炫時,止於《紅樓》一夢;談誼理以駭俗,誤於《莊子》七篇(其所編《哲學史》,述《莊》最謬)。輕詆孔孟,妄肆邪説;淺論諸子,昧厥原流。或剽剥舊學,依傍新知,皆誣古以惑今,咸罔人而欺己。又不能綴文,轉效語録;不解詩律,妄作新體。晚近百學廢棄,薄年少趨易畏難,某逐奠應聲,窺時俯仰,承風相扇,欲變國俗。然世有真知,未可妄奪,而謬欲假政權以廢文章,斯又昧於勢而不知量己。(曩歲,某及其黨徒欲借政府明命,禁學生讀文言書,卒不可行。)"此外,對於提倡古文的桐城派,他也多次以空疏目之。而他較爲推崇的,則是章太炎、黃侃以及常州屠寄等人的經學、考據學和駢文成就。在他的著作《國學大綱》中,以上傾向也貫穿始終。通過這些表述,可知徐英其人,實從屬於民國時期一個較有規模的知識群體,即"章黃學派"。他們針對新文化運動之後文化界出現的薄古愛今、矯枉過正之弊,提倡珍視包括文言文在内的文化遺産,其發語不免偏激,而用心則殊爲可敬。

對於夫君的這些主張,陳家慶也允稱同道。在爲徐英撰寫的《國學大綱》跋語中,她不諱言自己對該書的欣賞:"提綱挈領,取材精審,陳説瞻富,在近世述作之林,實所罕觀。舉凡書籍製作之原,類族之分,經史流别,漢宋脉絡,莫不考詳同異,辨章得失。至論諸子百家,尤多特識,美言絡繹,勝誼紛陳。文學以詩賦駢散,分述流變;群山萬壑,總赴荆門,龍衮九章,惟挈一領。而'治學'一篇,尤爲體要。統觀全書,如網在綱;條分縷析,皎若列眉。治國學者,手此一編,升堂入室,斯爲階陛。至於文章之雅馴,體例之精嚴,猶餘事耳。"④在《漢魏六朝詩研究》一書中,她也將徐英的著作納入了參考書目,時見引證。

但這份文化情懷,落實到陳家慶的著述中,却引發了一系列奇特的現象:在白話著書漸成通例的情况下,作爲青年學者,她依然執守文言的撰寫方式;當探討的筆觸

---

① 《陳家鼎傳略》,載黃季陸編:《革命人物志》,臺北:"中央文物供應社",1970年,第5集,第193頁。
② 《陳家鼎傳略》,載黃季陸編:《革命人物志》,第5集,第193—194頁。
③ 《青鶴》,1933年,第1卷,第8期,第1—3頁。本段引文同。
④ 《國學大綱》,第315頁。

僅限於文學技法時,她可以引入現代漢語的新成果,却無法採納當下任何一種涉及政治、文化的新説來架構自己的著作;被她視爲名山著作的《漢魏六朝詩研究》一書,也出現了大面積的觀點留白。客觀説來,這種"失語"不免可惜:面臨千年未有的學術變局和性別觀念轉型,作爲活躍在文化前沿地帶的近代才媛,陳家慶具備豐富的文化積累和優越的創作條件。但固守"國粹"的家族文學信念,却形成了一個理論閉環,促使她自覺地屏蔽新説,沿用舊體;只能提出散點的質疑和創見,而難以構成通貫的文學闡釋。然而今天,當我們重讀這部帶有缺憾的詩學著作時,與其苛責前人,不如回到20世紀上半葉的語境中,理解當時學人面對多種學術資源時,他們的判斷、選擇與規避。只有這樣,纔能增益我們對於那個衆聲喧嘩的時代之認識,了解大時代的宏偉篇章之外,文化"微生態"的存在與意義。

一部精益求精的佛教文學論著*
——"江蘇文庫"版《南朝佛教與文學》評介

李小榮　王小天

摘　要：普慧幾經增訂的"江蘇文庫"版《南朝佛教與文學》，是一部精益求精的佛教文學研究論著。其特色有四：(1) 理論的圓融和自洽；(2) 文學與文化的契合；(3) 哲思與文思的統一；(4) 方法的多元與匯通。

關鍵詞：《南朝佛教與文學》；江蘇文庫；評介

改革開放 40 多年來，在中國古代文學史領域，有關佛教與文學之關聯性研究成果甚豐。其中，中古這一時段，因其在佛教中國化進程中所占的特殊地位，往往頗受學人關注，故名家輩出，如季羨林、饒宗頤、孫昌武、陳允吉、陳洪、王小盾、蔣述卓、張伯偉、高華平、王青、陳引馳、陳明諸先生都有突出的成就。而教育部"長江學者"特聘教授普慧先生用二十多年精心打磨的、由江蘇人民出版社 2019 年出版的《南朝佛教與文學》(收入《江蘇文庫·研究編》，後文簡稱"文庫版")，是聚焦於南朝佛教與文學之關聯性研究的一部名著。其初稿是普慧先生 1998 年在山東大學提交的同名博士學位論文，2002 年由中華書局出版(下文簡稱"中華版")後，深受好評和廣泛關注，單知網顯示 CSSCI 期刊之他引數就達 225 次之多。2014 年，以中華版爲基礎的增訂本[①]，又收入范子燁先生主編的《中古文學研究》叢書，它因體例統一之要求而易名爲《中古佛教文學研究》(世界圖書出版西安有限公司 2014 年版)，但絲毫沒有降低其在學術界的地位和影響。2019 年的第二次增訂本，書名未變，卻由中華版的 22.9 萬字增加到了 34.6 萬字，有的章節幾乎是重寫，體現了普慧先生精益求精的治學態度，故最新版的思考更縝密，論斷更精準，行文更暢達。當然，它也是普慧先生長期探索之後最新成果的展示。筆者反復研讀，感覺其突出特色有四：

一、理論的圓融和自洽

湯用彤先生論及佛教東傳華夏後的歷史影響時，有幾個著名的論斷：如謂"蓋自魏晉中華教化與佛學結合以來，重要之事約有二端：一爲玄理之契合，二爲文字之表

---

* **作者簡介**：李小榮，福建師範大學文學院"長江學者"特聘教授，文學博士，主要從事敦煌學、佛教文學研究；王小天，福建師範大學文學院博士生，主要從事宗教文化與中國文學之關係研究。

① 按：增加的主要是有關中古佛典翻譯文學之內容。

現",又説"東晉之世,佛法遂深入中華文化,人民對之益爲熱烈"①。由此可知,東晉是佛教中國化歷史進程的關捩之處,而且,文學之用與華梵哲理之契合,缺一不可。正是基於這一判斷,普慧先生提出"'佛教—文學'的文化系統結構"這一理論框架,指出該系統可以劃分爲三個子系統,即佛教文學、佛教與文學的相互關係、世俗文學家們的佛教活動,其中,第二個子系統是整個大系統結構中最爲豐富、最爲活躍、最爲複雜的方面(第7—8頁)。這一高屋建瓴的理論設計,在我們看來,至少具有兩重指導意義:一則避免了過往研究中片面強調佛教對中古文學發展的決定性影響,意在補充説明佛教與中古文學的相互作用更爲重要;二則揭櫫了佛教與文學相互滲透的特點,表明中古佛教與文學的互動是多層面和多維度的,任何單一的視角或切入點都是盲人摸象之舉,不能全面把握中古漢語文學的全貌,更不能清晰描述中古佛教發展史的軌跡。職是之故,文庫版補寫了第八章"佛教與文學集團及文學流派",介紹了晉末至陳朝與佛教關係密切的六大文學集團以及當時具有重大社會影響的玄言詩派、山水詩派、宮體詩派與佛教之間的互動概況,旨在從時空兩大層面揭示佛教社會活動、佛教社會生活對文學創作和文學流派之生成的影響。與此同時,普慧先生指出:"佛教與文學的關係是密切的,二者的滲透是雙向的。然而,這種雙向式的滲透並不是等量的。從現存的文獻來看,佛教對文學的滲透遠遠大於文學對佛教的滲透。"(第10頁)即便如此,普慧先生依然更側重於從文學角度提出問題(參第10頁),這就深得湯用彤先生研究中古佛教而突出"文字表現"(即文學創作)之心法。從佛教東傳史看,以文字爲載體的譯經,是中土人士接受外來佛教的首要選擇,其方式有口授、抄寫、讀誦等等,不一而足。

二、文學與文化的契合

趙樸初先生生前在多個重要場合反復提倡"佛教是文化",始終致力推動中國佛教文化事業的發展②。趙先生在身體力行的宗教實踐中還有大量的文學創作③,可見佛教文學是其佛教文化事業中不可或缺的重要組成部分。普慧先生在檢討南朝佛教與文學之關係時,同樣首重文化背景,如第一章"佛教的發展與晉宋思想文化的特質"就從南下、過江高僧對東晉文化的影響,劉宋帝王與文人的佛教活動、文人參與的佛學討論及劉宋學術文化重"義理"的特質等層面條分縷析(第13—47頁),由此揭示了佛教文化在晉宋思想轉型中的特殊作用。再如,普慧先生在建構"佛教—文學"的理論系統時,視野極其宏闊:一方面把南朝佛教與文學的互動置於中印文化交流的大思想文化背景之中,另一方面又注意結合原始宗教、漢語言文字、地方風俗等本土文化因素,對南朝佛教和文學聯繫的多樣性、複雜性作出了新的嘗試性的檢討,像論梁陳

---

① 湯用彤:《漢魏兩晉南北朝佛教史》,北京:北京大學出版社,1997年,第297、263頁。
② 參余世磊《賡續慧燈無盡際——趙樸初對"佛教是文化的論述"及其貢獻》,《佛教文化》,2007年第6期,第39—46頁。
③ 具體分析,參王彦明《人間佛教與趙樸初佛教文學略論》,《哈爾濱工業大學學報》(社會科學版),2015年第5期,第90—93頁。

宫體詩歌就從中印生殖文化入手(第 199—216 頁),論"世説體"時又兼及《笑林》,並與佛典譬喻作比較(第 264—269 頁),其結論之新穎,頗能啓示後來者。更爲重要的是,普慧先生每一論證都以堅實的文學文本之細讀爲據,絶不臆想。如第四章"齊梁文人崇佛詩歌之創作"論及"引佛語入詩歌"之特色時(第 142—150 頁),就以"禪""梵""慧""塵、六塵""法""净"等佛教詞彙爲例,並指明該類作品在文學史上的特殊意義:它們在增强作品説理性的同時,也損害了文學特有的審美趣味;當然,其所攜帶的一些佛教時空觀念又開拓了文人詩歌的新思想和思維方式。换言之,佛教文化與文學創作的互動,邊際效應的層次相當複雜。細繹普慧先生之意,他認爲齊梁文人的崇佛詩歌,並未真正達到文化與文學的完美契合。這一歷史任務,待禪宗興起後到王維、王安石、蘇軾、黄庭堅等手中纔算是完滿收官。

三、哲思與文思的統一

湯用彤先生在自我總結佛教史研究方法指出"佛法,亦宗教,亦哲學",又謂"通佛法有二難:一名相辨析難,二微義證解難"①。可見要深入研究佛教,關鍵在於辨析其數量繁多的名相及其關聯性、差異性和歷史成因。衆所周知,在中國佛典翻譯史上,一詞多譯、一詞異譯的現象極爲常見,既有名同實異的概念,也有名異實同的概念,因此,普慧先生對書中的相關術語都加注了梵文,這既有助於還原其生成的歷史語境,又能防止某些不必要的誤讀。進而,普慧先生强烈堅持以辯證唯物主義和歷史唯物主義的基本原則進行哲理思考(第 12 頁,筆者認爲這是極其正確的,也是十分必要的),其所下斷語,分寸感極强,能切中問題之要害,又能一分爲二,實事求是,達成了歷史和邏輯的有機統一。尤其是第九章"佛教與文學理論思想"所論東晉南朝審美虛静説、南朝文學性靈説,對虛静、性靈的語源、佛教哲學意藴及其在各家文藝批評中的具體運用,作了縝密的分析,無論推理的深廣度,還是文字表達的精準度,都大大超越了前賢。此外,本章對《文心雕龍》與《成實論》的結構比較以及對劉勰和著名《成實論》師交往史實的梳理,由此基本厘清了劉勰接受佛教主體思想之所在及相關思想影響其文學思想、文學批評的具體途徑,其論自成一家之説。還有,普慧先生文學鑒賞力極出色,書中對作品的解讀,隨處可見其文思燦然,兹舉一例。如對謝靈運《晚出西射堂》"連嶂迭巘崿,青翠杳深沉。曉霜楓葉丹,夕曛嵐氣陰",他説道"四句中紅緑相對,然緑中又有青翠之分,紅中又有丹、黄之别,色彩可謂絢麗斑斕"(第 69 頁),此處顯然似畫家眼光,詩畫已然融爲一體。

四、方法的多元與匯通

佛教與文學的關聯性研究,本來就屬於跨學科領域,故使用多元與匯通的研究方法自是題中應有之義。對此,普慧先生十分自覺地予以運用。"緒論"談及文獻材料

---

① 《漢魏兩晉南北朝佛教史》,第 635、206 頁。

的處理時,先生便對古代的文獻材料、現代研究材料及域外漢學研究成果的綜理、鑒別提出了獨到見解,指出"如果能把三種材料處理好,就會事半功倍"(第12頁),這可是肺腑之言。事實上,他也時時處處踐行了自己的學術理念。如第二章"佛教哲學與晉宋山水文學",就從般若、净土、涅槃等多個佛教哲學的維度對晉宋山水文學的生成、特色和成因進行觀照,並對林文月、張國星、J. D. 弗羅德舍姆等中外學人的觀點有所折衷調和。

綜上所述,文庫版達到了很高的學術水準。筆者提出一些不成熟的看法:一者從佛教東傳媒介主要是經、像之客觀史實出發,似可把南朝佛像製作、偶像崇拜與文學創作的關係做出更全面的梳理;二者從政治地理學看,南、北朝雖然分治,但期間的文化交往特别是通過僧侣的文化交流並未中斷①,可適度比較一下南、北朝佛教與文學關係的異同並探討其成因,甚至也可以考慮南、北朝佛教文學與海上、陸上絲綢之路的關聯,即不同佛教傳播途徑對南、北朝文學所產生的地域性影響;三者南朝佛教的儀式文學、音樂文學,可以拓展,尤其梁武帝的佛教禮樂文學,可大書特書。此外,個别校對偶有疏漏,像"宗青圖書"之"宗"(第345頁)、"蕭鏈之"之"鏈之"(第346頁),實分别作"丹""鍊子"。不過,瑕不掩瑜,並未降低全書的學術價值。

---

① 劉躍進:《六朝僧侣:文化交流的特殊使者》,《中國社會科學》,2004年第5期,第179—191頁。

CONTENTS

Monograph of Literature and History

Separating(隔)and Not Separating: About Wang Guowei's Criticisms on Jiang Kui
 ·· Zhang Hongsheng (1)

An Analysis of the Divergent Interpretation of Du Fu's *Song for the Painted Landscape Screen of Liu Dan*(《奉先劉少府新畫山水障歌》)·················
 ··· Chen Daogui (14)

A New Interpretation of Yuan Zhen's "Mole"(模勒) ····· Zhuang Wenlong (23)

A New Interpretation of "Ink Play"(墨戲)························ Gu Shubo (37)

A Study on *Biography of the Ten Generals of the Southern Song Dynasty*(《南渡十將傳》)··· Sun Wenqi (48)

Zhang Yan's Poetic Thought and the Back to Ancient Trend of Chinese Literature in Ming Dynasty ······················ Zhang Yue　Liu Minghua (56)

The Characteristic of Tunes of Chen Weisong's Ci(詞) and Its Significance in the History of Ci ···································· Li Rui　Xu Quanliang (69)

A Study on *Juyu Collection*(《娵隅集》)of Zhao Wenzhe ······ Li Xiaoyu (83)

Catalog and Version

The Textual Research into Volume 7—10 of *Zhouyi*(《周易》)of Fuzhou Version
 ·· Zhang Shafei (97)

A Study on the Letters of the Literati in Song Dynasty Collected in *Fengshu Choiced Specimen of Calligraphy*(《鳳墅法帖》)··············· Fu Mei (140)

A Study on the Inherent Relationships about *Haipian Xinjing*(《海篇心鏡》)Series Dictionaries in Ming Dynasty ····························· Li Yingna (156)

A Survey on the Preservation and Evolution of *Chronicle of Qin Zhou*(《秦州志》)in the Years of Emperor Jiajing in the Ming Dynasty ····· Liu Yanxiang (163)

A Study on the First Version of *Jie An's Essays*(《戒庵老人漫筆》)Carved in Emperor Wanli's Bingwu Year ·············· Zhang Li　HaoJing (174)

The Textual Research on the Version Origin of *Stories of Poems*(《本事詩》)in Ming and Qing Dynasty ············· Wang Tong Dong　Xiping (182)

A Brief Exploration of the List of Engravers Who Illustrated the Script Which Carved in Ming Dynasty ······························ Zhang Qingfei (204)

Emendation and Annotation

The Textual Research to the Error Record of "*Yiwenzhi*" of *History of Song*(《宋史·藝文志》)··· Li Dehui (214)

The Emendation Notes on "Dui Yun Yin Xun"(對韻音訓) ⋯⋯⋯⋯⋯⋯⋯⋯⋯⋯⋯⋯⋯⋯⋯⋯⋯⋯⋯⋯⋯⋯⋯⋯⋯⋯⋯⋯⋯ Zhang Yi　Guo Haojie (221)

TextualCollection and Research

The Research on *Epitaph of the Luozhou BieJia General Cui Changxian and His Wife, Mrs. Shedi in Tang Dynasty*(《唐洛州別駕大將軍崔公長先及其妻厙狄夫人墓志》)⋯⋯⋯⋯⋯⋯⋯⋯⋯⋯⋯⋯⋯⋯⋯⋯⋯⋯ Yuan Shuhui (230)

Eight Supplements of "Luntiwen"(論體文) in *Quan Song Wen*(《全宋文》)⋯⋯⋯⋯⋯⋯⋯⋯⋯⋯⋯⋯⋯⋯⋯⋯⋯⋯⋯⋯⋯⋯⋯⋯⋯⋯⋯⋯⋯⋯⋯⋯⋯⋯⋯⋯⋯ Li You (237)

TheTextual Research and Explanation of *Preface to Sun's Genealogy*(《孫氏宗譜序》)Signed as Zhu Xi ⋯⋯⋯⋯⋯⋯⋯⋯⋯⋯⋯⋯⋯⋯ Sun Guiping (246)

Two Essays of Mei Zengliang Left Out by His Collections and Two Comparisons between the Original Version and Redaction ⋯⋯⋯⋯ Jiang Mingen (254)

The Chinese Paleography

TheBrief Discussion on "*Yuan Bronze Ware*"(袁器)⋯⋯⋯⋯⋯⋯⋯ Dong Zhe (261)

A Research on the Distinguishing between Similar Characters' Strokes of the Same Text in *Tsinghua Bamboo Slips* ⋯⋯⋯⋯⋯⋯⋯⋯ Shi Congbin (267)

A New Explanation on the *Tsinghua Bamboo Slips' Shi Fa (Method of Divination)*(《筮法》) ⋯⋯⋯⋯⋯⋯⋯⋯⋯⋯⋯⋯⋯⋯⋯⋯⋯⋯ Cai Feizhou (278)

ChronicleandBiography

The Chronicle of Important Literary Activities of Mei's Clan ⋯⋯ QinWen (284)

The Literature of Anhui

On the New Collection of Books in National Library of ChinaPossessed by He Peixin of Tongcheng School: How to Study the Book Collectors with an Open Strategy ⋯⋯⋯⋯⋯⋯⋯⋯⋯⋯⋯⋯⋯⋯ Zhang Tingyin　Xu Huizi (300)

The Latest Collection of Shi Yushan's Literary Works ⋯⋯⋯ Peng Junhua (307)

A Study on Wang Zhiyi's Works ⋯⋯⋯⋯⋯⋯⋯⋯⋯⋯⋯⋯⋯ Wang Ying (326)

Scholarism Series

A Study on the Wordings of Buddhist Scriptures ⋯⋯⋯⋯⋯⋯ Zeng Liang (336)

A New Exploration of "Di Ke Ji"(底可績)and "Di Ji"(底績) in *Shang Shu*(《尚書》) and Talk about the Legend of Yu the Great Who Opened Up Land Transport ⋯⋯⋯⋯⋯⋯⋯⋯⋯⋯⋯⋯⋯⋯⋯⋯⋯⋯ Chen Xiaolong (344)

Textual Criticisms and Explanations of Difficult Words in the Overseas Returned Medical Book: *Simple Prescription of Li Jushi*(《黎居士簡易方論》)⋯⋯⋯⋯⋯⋯⋯⋯⋯⋯⋯⋯⋯⋯⋯⋯⋯⋯⋯⋯⋯⋯⋯⋯⋯⋯⋯⋯⋯⋯⋯⋯⋯⋯⋯⋯ Li Ming (352)

A Case Study of the Swung Dash in the Imperial Palace Copy of *Wang Renxu Kanmiu Buque Qieyun*(《王仁昫刊謬補缺切韻》)⋯⋯⋯⋯ Zhao Yong (358)

Philology Comment

The Value and Significance of the Publicationof *Catalogue of Anhui Documents*

(《安徽文獻總目》) ·· Ji Jiansheng (367)

A Great Work Standing on a New Footing: A Review of Professor Zong Fubang's *Guyin Huizuan*(《古音匯纂》) ································· Sun Lei (371)

An Objective Review of Chen Jiaqing's Work: *Research on the Poetry of Han, Wei and Six Dynasties*(《漢魏六朝詩研究》) ················· Shu Li (376)

A Monograph on Buddhism Literature for Perfection: A Review of *Southern Dynasty Buddhism and Literature*(《南朝佛教與文學》)Published by "Jiangsu Library" ·························· Li Xiaorong Wang Xiaotian (383)